MANUAL de LICITAÇÕES e CONTRATOS ADMINISTRATIVOS

LEI 14.133, DE 1º DE ABRIL DE 2021

O GEN | Grupo Editorial Nacional – maior plataforma editorial brasileira no segmento científico, técnico e profissional – publica conteúdos nas áreas de concursos, ciências jurídicas, humanas, exatas, da saúde e sociais aplicadas, além de prover serviços direcionados à educação continuada.

As editoras que integram o GEN, das mais respeitadas no mercado editorial, construíram catálogos inigualáveis, com obras decisivas para a formação acadêmica e o aperfeiçoamento de várias gerações de profissionais e estudantes, tendo se tornado sinônimo de qualidade e seriedade.

A missão do GEN e dos núcleos de conteúdo que o compõem é prover a melhor informação científica e distribuí-la de maneira flexível e conveniente, a preços justos, gerando benefícios e servindo a autores, docentes, livreiros, funcionários, colaboradores e acionistas.

Nosso comportamento ético incondicional e nossa responsabilidade social e ambiental são reforçados pela natureza educacional de nossa atividade e dão sustentabilidade ao crescimento contínuo e à rentabilidade do grupo.

Edgar **Guimarães** • Fabrício **Motta** • Luciano **Ferraz**
• Thiago **Marrara** • Victor **Amorim**

Maria Sylvia Zanella
Di Pietro
Coordenação

MANUAL de LICITAÇÕES e CONTRATOS ADMINISTRATIVOS

LEI 14.133, DE 1º DE ABRIL DE 2021

4ª edição revista, atualizada e reformulada

- Os autores deste livro e a editora empenharam seus melhores esforços para assegurar que as informações e os procedimentos apresentados no texto estejam em acordo com os padrões aceitos à época da publicação, e todos os dados foram atualizados pelos autores até a data de fechamento do livro. Entretanto, tendo em conta a evolução das ciências, as atualizações legislativas, as mudanças regulamentares governamentais e o constante fluxo de novas informações sobre os temas que constam do livro, recomendamos enfaticamente que os leitores consultem sempre outras fontes fidedignas, de modo a se certificarem de que as informações contidas no texto estão corretas e de que não houve alterações nas recomendações ou na legislação regulamentadora.

- Fechamento desta edição: *08.11.2024*

- Os autores e a editora se empenharam para citar adequadamente e dar o devido crédito a todos os detentores de direitos autorais de qualquer material utilizado neste livro, dispondo-se a possíveis acertos posteriores caso, inadvertida e involuntariamente, a identificação de algum deles tenha sido omitida.

- **Atendimento ao cliente: (11) 5080-0751 | faleconosco@grupogen.com.br**

- Direitos exclusivos para a língua portuguesa
  Copyright © 2025 by
  Editora Forense Ltda.
  Uma editora integrante do GEN | Grupo Editorial Nacional
  Travessa do Ouvidor, 11 – Térreo e 6º andar
  Rio de Janeiro – RJ – 20040-040
  www.grupogen.com.br

- Reservados todos os direitos. É proibida a duplicação ou reprodução deste volume, no todo ou em parte, em quaisquer formas ou por quaisquer meios (eletrônico, mecânico, gravação, fotocópia, distribuição pela Internet ou outros), sem permissão, por escrito, da Editora Forense Ltda.

- Capa: Fabricio Vale

- **CIP-BRASIL. CATALOGAÇÃO NA PUBLICAÇÃO**
  SINDICATO NACIONAL DOS EDITORES DE LIVROS, RJ

M251
4. ed.

Manual de licitações e contratos administrativos : Lei 14.133, de 1º de abril de 2021 / Edgar Guimarães ... [et al.] ; coordenação Maria Sylvia Zanella Di Pietro. - 4. ed., rev., atual. e reform. - Rio de Janeiro : Forense, 2025.
528 p. ; 24 cm.

Inclui bibliografia
ISBN 978-85-3099-576-8

1. Brasil. [Lei n. 14.133, de 1º de abril de 2021]. 2. Direito administrativo - Brasil. 3. Licitação pública - Legislação - Brasil. 4. Contratos administrativos - Brasil. I. Guimarães, Edgar. II. Pietro, Maria Sylvia Zanella Di.

24-94828   CDU: 342.9(81)

Meri Gleice Rodrigues de Souza - Bibliotecária - CRB-7/6439

Sobre a Coordenadora e os Autores

Coordenadora

Maria Sylvia Zanella Di Pietro

Professora titular aposentada de direito administrativo da USP (FD). Procuradora do Estado de São Paulo aposentada. Doutora *Honoris Causa* pela Universidade Federal de Goiás. Membro da Academia Brasileira de Letras Jurídicas.

Autores

Edgar Guimarães

Advogado. Pós-Doutor em Direito pela Università del Salento (Itália). Doutor e Mestre em Direito Administrativo pela PUC/SP. Bacharel em Ciências Econômicas pela FESP/PR. Professor de Licitação no curso de Pós-graduação da PUC/PR. Consultor Jurídico (aposentado) do Tribunal de Contas do Estado do Paraná. Ex-Presidente do Instituto Paranaense de Direito Administrativo. 2º Vice-Presidente do Instituto Brasileiro de Direito Administrativo. Membro do Instituto dos Advogados do Paraná. Árbitro da Câmara de Arbitragem e Mediação da FIEP/PR. Ex-Conselheiro da OAB/PR. Autor de livros e artigos jurídicos.

Fabrício Motta

Conselheiro do Tribunal de Contas dos Municípios do Estado de Goiás (TCM-GO). Professor Permanente do Programa de Pós-Graduação em Direito e Políticas Públicas (PPGDP – UFG) e do Programa de Pós-Graduação em Prestação Jurisdicional e Direitos Humanos (UFT). Estágio pós-doutoral na *Università del Salento* (Itália). Doutor em Direito do Estado (USP) e Mestre em Direito Administrativo (UFMG). Membro das Diretorias da Atricon e Instituto Rui Barbosa. Ex-Presidente do Instituto Brasileiro de Direito Administrativo (IBDA).

Luciano Ferraz

Advogado e consultor jurídico. Árbitro. Professor associado de Direito Administrativo na UFMG e adjunto de Direito Administrativo e Financeiro na PUC-Minas (Coração Eucarístico). Doutor e Mestre em Direito pela UFMG, com pós-doutorado em Direito pela Universidade Nova de Lisboa.

Thiago Marrara

Professor de direito administrativo da USP (FDRP). Livre-docente (USP). Doutor pela Universidade de Munique (LMU). Fundador e editor da *Revista Digital de Direito Administrativo da USP* (RDDA). Consultor, árbitro e parecerista em direito administrativo, direito regulatório e das infraestruturas.

Victor Amorim

Professor titular do mestrado e doutorado em Administração Pública do IDP. Doutor em Direito do Estado (UnB) e Mestre em Direito Constitucional (IDP). Advogado e consultor jurídico em direito administrativo e regulatório. Membro do Comitê Gestor da Rede Nacional de Contratações Públicas, responsável pela gestão do Portal Nacional de Contratações Públicas (PNCP). Assessor Técnico da Diretoria-Geral do Senado Federal. Atuou como Pregoeiro no TJ/GO, de 2007 a 2010, e no Senado Federal, de 2013 a 2020. Foi Assessor Técnico da Comissão Especial de Modernização da Lei de Licitações do Senado Federal, responsável pela elaboração do PLS nº 559/2013 (2013-2016), que deu origem à Lei nº 14.133/2021.

Apresentação

Após um longo processo legislativo, a Lei nº 14.133/2021 foi publicada como a Nova Lei de Licitações e Contratos Administrativos (LLIC). A exemplo da Lei nº 8.666/1993, trata-se de uma lei exaustiva, repleta de requisitos, procedimentos e minudências, que pouco espaço normativo deixou, de forma expressa, para a competência suplementar dos Estados, Distrito Federal e Municípios. A tendência centralizadora da lei, em favor da União, é reforçada pela norma do art. 187, que permite aos Estados, Distrito Federal e Municípios a aplicação dos regulamentos editados na esfera federal.

Há excesso de formalismo e pormenores de difícil compreensão, caminhando em sentido inverso àquele necessário para a busca da eficiência por meio de contratações mais ágeis, racionais e transparentes. Em razão dessas características, é possível imaginar que pequenos Municípios, órgãos e entidades de menor estrutura percorrerão difícil trajeto de adaptação às novas regras. A dificuldade na aplicação da nova lei (que já sofreu algumas alterações) é sensivelmente aumentada pela enorme quantidade de dispositivos dependentes de regulamentação, a qual vem sendo feita, de modo esparso, na esfera federal, por atos normativos de diferentes modalidades, emanados do Chefe do Executivo ou de Ministérios, e que vão sendo divulgados pelo *site* Gov.br. Apesar destas críticas, é importante buscar no novel diploma os avanços possíveis e contribuir para sua plena efetivação. Com efeito, a nova lei consolida em uma única norma institutos antes tratados na Lei nº 8.666/1993 e em legislação esparsa (como na Lei nº 10.520/2002, que disciplina o pregão, e na Lei nº 12.462/2011, que trata do RDC), mas não se limita a isso: foram criadas várias inovações que exigirão a atenção dos gestores públicos e que conferirão um novo perfil à contratação e às licitações públicas.

A partir da estrutura da LLIC, o livro foi organizado em nove capítulos destinados à ampla análise das novidades e de seus reflexos na configuração do regime jurídico. A obra continua composta por tabelas de correspondência que permitirão, facilmente, visualizar as novidades e compará-las com os textos legislativos precedentes.

O *Manual* oferece aos leitores uma visão que analisa inovações e propõe interpretações sem desconsiderar as primeiras experiências de aplicação e regulamentação da Lei nº 14.133/2021. Ao mesmo tempo, os textos não ignoram a consolidação de práticas administrativas e de orientações jurisprudenciais existentes em razão do grande tempo de vigência da Lei nº 8.666/1993, bem como os incipientes entendimentos dos Tribunais de Contas e órgãos de assessoramento jurídico construídos a partir de situações concretas e consultas.

Após duas edições enfocando as principais inovações trazidas pela Lei nº 14.133/2021, quando comparada com as normas que a antecederam na regulação geral das licitações e contratos, esta obra passa a considerar o novo regime de forma permanente e indeclinável em razão do encerramento da vigência da Lei nº 8.666/1993, em 30-12-2023 (por força do disposto na Lei Complementar nº 198, de 28-6-2023), sem descuidar do tratamento do complexo regime de transição instituído pelo art. 191 da LLIC.

Os autores deste *Manual* possuem produção acadêmica e larga experiência profissional no trato das licitações e contratos. Diante do excesso de regras e da importância de sua correta compreensão, houve por parte dos autores a preocupação de conferir aos textos visão prático-profissional, voltada ao enfrentamento de problemas que surgirão no cotidiano da Administração, mas sem descurar do necessário aprofundamento teórico e do diálogo com a jurisprudência relativa à legislação antecedente.

Pelas razões expostas, este *Manual* continua a ser um guia seguro para os leitores e leitoras conhecerem, compreenderem e, sobretudo, interpretarem e aplicarem a Lei nº 14.133/2021 com racionalidade, tranquilidade e segurança jurídica, buscando os avanços possíveis para aprimorar a eficiência das licitações e contratações.

Maria Sylvia Zanella Di Pietro
(Organizadora)

Sumário

1. **LEI Nº 14.133/2021: ESTRUTURA, INOVAÇÕES, APLICABILIDADE E VIGÊNCIA** (Maria Sylvia Zanella Di Pietro e Thiago Marrara) 1
   1. Estrutura da Lei nº 14.133/2021 1
   2. Pontos de destaque 2
   3. Críticas à Lei nº 14.133/2021 5
   4. Vigência 7
   5. Âmbito de aplicação 8
   6. Aplicação subsidiária a outros tipos contratuais 9

2. **OBJETIVOS E PRINCÍPIOS DA CONTRATAÇÃO PÚBLICA NA LEI Nº 14.133/2021** (Maria Sylvia Zanella Di Pietro e Thiago Marrara) 13
   1. Objetivos da licitação: para que servem? 13
      - 1.1 Vantajosidade 14
      - 1.2 Precificação adequada: sobrepreço, superfaturamento e preços inexequíveis 16
      - 1.3 Inovação tecnológica 17
   2. Princípios jurídicos: definição e utilidades gerais 19
   3. Princípios da contratação pública: confusões e críticas 21
      - 3.1 Legalidade e vinculação ao ato convocatório 22
      - 3.2 Publicidade, transparência e motivação 25
      - 3.3 Impessoalidade, igualdade, julgamento objetivo e competitividade 29
      - 3.4 Eficiência, celeridade, economicidade, planejamento e eficácia 32
      - 3.5 Moralidade, probidade, razoabilidade e proporcionalidade 36
      - 3.6 Segregação de funções 39
      - 3.7 Interesse público 42
      - 3.8 Desenvolvimento nacional sustentável 44
      - 3.9 Segurança jurídica e LINDB 46
   - Referências bibliográficas 48
   - Quadro comparativo 49

3 FASE PREPARATÓRIA DO PROCESSO LICITATÓRIO (Edgar Guimarães) 71

1. Princípio jurídico do planejamento: marca indelével da fase preparatória 71
2. Plano de contratação anual 72
3. Fase preparatória do processo licitatório 73
   - 3.1 Documento de oficialização da demanda 75
     - 3.1.1 Definição do objeto da licitação 76
       - 3.1.1.1 Possibilidade de indicação de marca ou modelo do objeto 76
       - 3.1.1.2 Possibilidade de vedar a aquisição de marca ou produto 78
   - 3.2 Estudo técnico preliminar 78
   - 3.3 Orçamentação do objeto 80
   - 3.4 Elaboração do edital da licitação 81
   - 3.5 Análise dos riscos 82
   - 3.6 A utilização de minutas padrão de editais 83
   - 3.7 Controle prévio de legalidade 84
   - 3.8 Autoridade signatária do edital 85
   - 3.9 Publicidade da licitação 86

Referências bibliográficas 89

Quadro comparativo 89

4 MODALIDADES E RITO PROCEDIMENTAL DA LICITAÇÃO (Victor Amorim) 113

1. Buscando um norte conceitual na Nova Lei de Licitações: "licitação", "processo licitatório" e "procedimento licitatório" 113
2. Continuidade do padrão de modalidades licitatórias estanques 116
3. Critérios para definição das modalidades 117
   - 3.1 Definições e enquadramento de obra, serviços e bens "comuns" e "especiais" 118
     - 3.1.1 Concorrência para "serviços comuns de engenharia" 121
     - 3.1.2 Ainda a "obra comum" 122
   - 3.2 Proposição de um roteiro para definição da modalidade licitatória 123
4. Critérios de julgamento das propostas 124
5. Modos de disputa 126
   - 5.1 A "escolha" do modo de disputa 129
     - 5.1.1 Perspectiva econômica: maximização das ofertas e razoável duração do processo licitatório 130
       - 5.1.1.1 *Design* do mecanismo de disputa: assimetria de informação, alocação de incentivos e maximização de recompensas 130

5.1.1.2 Análise comparativa dos modos de disputa a partir dos pressupostos da "teoria dos leilões" nas licitações com critério de julgamento "menor preço" e "maior desconto" de acordo com a regulamentação do Poder Executivo Federal (Instrução Normativa SEGES/ME nº 73/2022) ... 134

6. Rito procedimental das modalidades licitatórias 138

6.1 Procedimento do leilão 139

6.2 Procedimento do concurso.. 140

6.3 Procedimento do diálogo competitivo... 141

6.4 Procedimento da concorrência e do pregão....................................... 143

6.4.1 A possibilidade de "inversão de fases" 146

6.4.2 A possibilidade de exigência de garantia para participar do certame.. 147

6.4.3 Etapas da fase externa nas modalidades concorrência e pregão.. 147

6.4.3.1 Etapa de divulgação do edital.. 147

6.4.3.1.1 O edital... 147

6.4.3.1.1.1 Previsões específicas e facultativas no edital 148

6.4.3.1.2 Publicidade do edital 148

6.4.3.1.2.1 Publicidade obrigatória dos editais.. 148

6.4.3.1.2.2 A publicidade adicional dos editais.. 151

6.4.3.1.2.3 Regras transitórias excepcionais.... 151

6.4.3.1.3 Prazo mínimo de divulgação do edital 152

6.4.3.1.3.1 Alteração do edital: necessidade de reabertura do prazo de divulgação... 153

6.4.3.1.4 Impugnação.. 154

6.4.3.1.4.1 Legitimidade e formalidade para impugnar 154

6.4.3.1.4.2 Contagem do prazo para impugnação 154

6.4.3.1.4.3 Competência para o julgamento da impugnação 155

6.4.3.1.4.4 Prazo para a resposta à impugnação: efeito suspensivo da impugnação? 155

6.4.3.1.4.5 Impugnação intempestiva: preclusão da alegação de nulidade do edital? 155

6.4.3.1.5 Pedido de esclarecimento 156

6.4.3.2 Etapa de apresentação das propostas.............................. 156

6.4.3.2.1 Etapa de lances 157

6.4.3.3 Etapa de julgamento da proposta.................................. 157

6.4.3.3.1 Critérios de desempate e preferências legais.... 158

6.4.3.3.1.1 Critérios de desempate diante de "empate real" 158

6.4.3.3.1.2 Observância de preferência diante da manutenção do empate.............. 159

6.4.3.3.1.3 A viabilidade da realização de sorteio público para o desempate entre as propostas 160

6.4.3.3.2 Elementos específicos da fase de julgamento das propostas... 161

6.4.3.4 Etapa de habilitação.. 163

6.4.3.4.1 Momento de apresentação da documentação de habilitação 164

6.4.3.4.1.1 Momento de apresentação dos documentos de habilitação no caso de inversão de fases 164

6.4.3.4.2 Exigências de documentos habilitatórios: limites legais e razoabilidade.................................... 165

6.4.3.4.3 Formalidades dos documentos de habilitação... 165

6.4.3.4.4 Realização de diligências para complementação e esclarecimentos acerca do conteúdo da documentação de habilitação........................... 167

6.4.3.4.5 Realização de diligências para saneamento de falhas das propostas e da documentação de habilitação.. 169

6.4.3.5 Etapa recursal 170

6.4.3.5.1 Juízo de admissibilidade em relação à manifestação da intenção de recurso? 171

6.4.3.5.2 Não apresentação das razões recursais no prazo legal.. 172

6.4.3.5.3 Efeito suspensivo 173

6.4.3.5.4 Formalidades e procedimento do julgamento ... 173

6.4.3.5.5 Efeitos da reconsideração por parte da autoridade recorrida 173

6.4.3.6 Encerramento da licitação 174

6.4.3.6.1 Determinação de saneamento dos vícios 174

6.4.3.6.2 Homologação da licitação 175

6.4.3.7 Revogação e anulação da licitação.................................. 175

7. Os agentes públicos responsáveis pela aplicação da Nova Lei de Licitações........... 176

7.1 Requisitos gerais de designação dos agentes públicos que desempenharão as funções essenciais à aplicação da Lei nº 14.133/2021 177

7.2 O "Agente de Contratação" 179

7.2.1 Competências e atribuições do Agente de Contratação 180

7.2.2 Equipe de Apoio ao Agente de Contratação e suporte conferido por terceiros 182

7.2.3 O pregoeiro 183

7.2.4 A Comissão de Contratação 183

Referências bibliográficas.. 184

Quadro comparativo.. 184

5 CONTRATAÇÃO DIRETA: INEXIGIBILIDADE E DISPENSA DE LICITAÇÃO (Fabrício Motta)... 229

Introdução 229

1. Procedimento 230

2. Inexigibilidade de licitação 237

2.1 Aquisição de materiais, de equipamentos ou de gêneros ou contratação de serviços que só possam ser fornecidos por produtor, empresa ou representante comercial exclusivos (art. 74, I).. 238

2.2 Contratação de profissional do setor artístico, diretamente ou por meio de empresário exclusivo, desde que consagrado pela crítica especializada ou pela opinião pública (art. 74, II) 239

2.3 Contratação de serviços técnicos especializados de natureza predominantemente intelectual com profissionais ou empresas de notória especialização, vedada a inexigibilidade para serviços de publicidade e divulgação 241

2.3.1 Contratação dos serviços profissionais de advogado 243

2.4 Objetos que devam ou possam ser contratados por meio de credenciamento (art. 74, IV) 247

2.5 Aquisição ou locação de imóvel cujas características de instalações e de localização tornem necessária sua escolha (art. 74, V)................................ 249

3. Licitação dispensável 250

3.1 Contratação que envolva valores inferiores a R$ 119.812,02 (cento e dezenove mil oitocentos e doze reais e dois centavos), no caso de obras e serviços de engenharia ou de serviços de manutenção de veículos automotores (art. 75, I) e valores inferiores a R$ 59.906,02 (cinquenta e nove mil novecentos e seis reais e dois centavos), no caso de outros serviços e compras (art. 75, II)... 251

3.2 Licitação deserta e licitação fracassada (art. 75, III) 253

3.3 Contratação que tenha por objeto bens, componentes ou peças de origem nacional ou estrangeira necessários à manutenção de equipamentos, a serem adquiridos do fornecedor original desses equipamentos durante o período de garantia técnica, quando essa condição de exclusividade for indispensável para a vigência da garantia (art. 75, IV, "a". Previsão anterior: art. 24, XVII, da Lei nº 8.666/1993) 254

3.4 Contratação de bens, serviços, alienações ou obras, nos termos de acordo internacional específico aprovado pelo Congresso Nacional, quando as condições ofertadas forem manifestamente vantajosas para a Administração (art. 75, IV, "b". Previsão anterior: art. 24, XIV, da Lei nº 8.666/1993) 254

3.5 Contratação que tenha por objeto produtos para pesquisa e desenvolvimento, limitada a contratação, no caso de obras e serviços de engenharia, ao valor de R$ 359.436,08 (trezentos e cinquenta e nove mil quatrocentos e trinta e seis reais e oito centavos) (art. 75, IV, "c") 255

3.6 Transferência de tecnologia ou licenciamento de direito de uso ou de exploração de criação protegida, nas contratações realizadas por Instituição Científica, Tecnológica e de Inovação (ICT) pública ou por agência de fomento, desde que demonstrada vantagem para a Administração (art. 75, IV, "d") 255

3.7 Hortifrutigranjeiros, pães e outros gêneros perecíveis, no período necessário para a realização dos processos licitatórios correspondentes, hipótese em que a contratação será realizada diretamente com base no preço do dia (art. 75, IV, "e". Previsão anterior: art. 24, XII, da Lei nº 8.666/1993) 255

3.8 Compra de bens ou serviços produzidos ou prestados no País que envolvam, cumulativamente, alta complexidade tecnológica e defesa nacional (art. 75, IV, "f". Previsão anterior: art. 24, XXVIII, da Lei nº 8.666/1993) 256

3.9 Materiais de uso das Forças Armadas, com exceção de materiais de uso pessoal e administrativo, quando houver necessidade de manter a padronização requerida pela estrutura de apoio logístico dos meios navais, aéreos e terrestres, mediante autorização por ato do comandante da força militar (art. 75, IV, "g". Previsão anterior: art. 24, XIX, da Lei nº 8.666/1993) 256

3.10 Bens e serviços para atendimento dos contingentes militares das forças singulares brasileiras empregadas em operações de paz no exterior, hipótese em que a contratação deverá ser justificada quanto ao preço e à escolha do fornecedor ou executante e ratificada pelo comandante da força militar (art. 75, IV, "h". Previsão anterior: art. 24, XXIX, da Lei nº 8.666/1993) 256

3.11 Abastecimento ou suprimento de efetivos militares em estada eventual de curta duração em portos, aeroportos ou localidades diferentes de suas sedes, por motivo de movimentação operacional ou de adestramento (art. 75, IV, "i") 256

3.12 Coleta, processamento e comercialização de resíduos sólidos urbanos recicláveis ou reutilizáveis, em áreas com sistema de coleta seletiva de lixo, realizados por associações ou cooperativas formadas exclusivamente de pessoas físicas de baixa renda reconhecidas pelo poder público como catadores de materiais recicláveis, com o uso de equipamentos compatíveis com as normas técnicas, ambientais e de saúde pública (art. 75, IV, "j". Previsão anterior: art. 24, XXVII, da Lei nº 8.666/1993) 257

3.13 Aquisição ou restauração de obras de arte e objetos históricos, de autenticidade certificada, desde que inerente às finalidades do órgão ou com elas compatível (art. 75, IV, "k". Previsão anterior: art. 24, XV, da Lei nº 8.666/1993) 257

3.14 Serviços especializados ou aquisição ou locação de equipamentos destinados ao rastreamento e à obtenção de provas previstas nos incisos II e V do *caput* do art. 3º da Lei nº 12.850, de 2 de agosto de 2013, quando houver necessidade justificada de manutenção de sigilo sobre a investigação (art. 75, IV, "l") 257

3.15 Aquisição de medicamentos destinados exclusivamente ao tratamento de doenças raras definidas pelo Ministério da Saúde (art. 75, IV, "m") 258

3.16 Para contratação com vistas ao cumprimento do disposto nos arts. 3º, 3º-A, 4º, 5º e 20 da Lei nº10.973, de 2 de dezembro de 2004, observados os princípios gerais de contratação constantes da referida Lei (art. 75, V. Previsão anterior: art. 24, XXXI, da Lei nº 8.666/1993) 258

3.17 Para contratação que possa acarretar comprometimento da segurança nacional, nos casos estabelecidos pelo Ministro de Estado da Defesa, mediante demanda dos comandos das Forças Armadas ou dos demais ministérios (art. 75, VI. Previsão anterior: art. 24, IX, da Lei nº 8.666/1993) 261

3.18 Nos casos de guerra, estado de defesa, estado de sítio, intervenção federal ou de grave perturbação da ordem (art. 75, VII. Previsão anterior: art. 24, III, da Lei nº 8.666/1993) 261

3.19 Casos de emergência ou de calamidade pública, quando caracterizada urgência de atendimento de situação que possa ocasionar prejuízo ou comprometer a continuidade dos serviços públicos ou a segurança de pessoas, obras, serviços, equipamentos e outros bens, públicos ou particulares, e somente para aquisição dos bens necessários ao atendimento da situação emergencial ou calamitosa e para as parcelas de obras e serviços que possam ser concluídas no prazo máximo de 1 (um) ano, contado da data de ocorrência da emergência ou da calamidade, vedadas a prorrogação dos respectivos contratos e a recontratação de empresa já contratada (art. 75, VIII. Previsão anterior: art. 24, IV, da Lei nº 8.666/1993) 262

3.20 Para a aquisição, por pessoa jurídica de direito público interno, de bens produzidos ou serviços prestados por órgão ou entidade que integrem a Administração Pública e que tenham sido criados para esse fim específico, desde que o preço contratado seja compatível com o praticado no mercado (art. 75, IX. Previsão anterior: art. 24, VIII, da Lei nº 8.666/1993) 264

3.21 Quando a União tiver que intervir no domínio econômico para regular preços ou normalizar o abastecimento (art. 75, X. Previsão anterior: art. 24, VI, da Lei nº 8.666/1993) 266

3.22 Celebração de contrato de programa com ente federativo ou com entidade de sua Administração Pública indireta que envolva prestação de serviços públicos de forma associada nos termos autorizados em contrato de consórcio público ou em convênio de cooperação (art. 75, XI. Previsão anterior: art. 24, XXVI, da Lei nº 8.666/1993) 266

3.23 Para contratação em que houver transferência de tecnologia de produtos estratégicos para o Sistema Único de Saúde (SUS), conforme elencados em ato da direção nacional do SUS, inclusive por ocasião da aquisição desses produtos durante as etapas de absorção tecnológica, e em valores compatíveis com aqueles definidos no instrumento firmado para a transferência de tecnologia (art. 75, XII. Previsão anterior: art. 24, XXXII, da Lei nº 8.666/1993)............ 267

3.24 Contratação de profissionais para compor a comissão de avaliação de critérios de técnica, quando se tratar de profissional técnico de notória especialização (art. 75, XIII)... 269

3.25 Para contratação de associação de pessoas com deficiência, sem fins lucrativos e de comprovada idoneidade, por órgão ou entidade da Administração Pública, para a prestação de serviços, desde que o preço contratado seja compatível com o praticado no mercado e os serviços contratados sejam prestados exclusivamente por pessoas com deficiência (art. 75, XIV) 269

3.26 Para contratação de instituição brasileira que tenha por finalidade estatutária apoiar, captar e executar atividades de ensino, pesquisa, extensão, desenvolvimento institucional, científico e tecnológico e estímulo à inovação, inclusive para gerir administrativa e financeiramente essas atividades, ou para contratação de instituição dedicada à recuperação social da pessoa presa, desde que o contratado tenha inquestionável reputação ética e profissional e não tenha fins lucrativos (art. 75, XV. Previsão anterior: art. 24, XIII, da Lei nº 8.666/1993) 270

3.27 Para aquisição, por pessoa jurídica de direito público interno, de insumos estratégicos para a saúde produzidos por fundação que, regimental ou estatutariamente, tenha por finalidade apoiar órgão da Administração Pública direta, sua autarquia ou fundação em projetos de ensino, pesquisa, extensão, desenvolvimento institucional, científico e tecnológico e de estímulo à inovação, inclusive na gestão administrativa e financeira necessária à execução desses projetos, ou em parcerias que envolvam transferência de tecnologia de produtos estratégicos para o SUS, nos termos do inciso XII deste *caput*, e que tenha sido criada para esse fim específico em data anterior à entrada em vigor desta Lei, desde que o preço contratado seja compatível com o praticado no mercado (art. 75, XVI, com redação dada pela Lei nº 14.628/2023. Previsão anterior: art. 24, XXXIV, da Lei nº 8.666/1993) 271

3.28 Para contratação de entidades privadas sem fins lucrativos para a implementação: a) de cisternas ou outras tecnologias sociais de acesso à água para consumo humano e produção de alimentos, a fim de beneficiar as famílias rurais de baixa renda atingidas pela seca ou pela falta regular de água; e (art. 75, XVII, incluído pela Lei nº 14.628, de 2023) b) do Programa Cozinha Solidária, que tem como finalidade fornecer alimentação gratuita preferencialmente à população em situação de vulnerabilidade e risco social, incluída a população em situação de rua, com vistas à promoção de políticas de segurança alimentar e nutricional e de assistência social e à efetivação de direitos sociais, dignidade humana, resgate social e melhoria da qualidade de vida (art. 75, XVIII, incluído pela Lei nº 14.628, de 2023)...................... 272

4. Contratações relativas ao enfrentamento da pandemia	272
5. Contratações de obras e serviços em período de calamidade pública	273
Referências bibliográficas	274
Quadro comparativo	275

6 INSTRUMENTOS AUXILIARES DAS LICITAÇÕES E CONTRATAÇÕES (Edgar Guimarães) ... 291

1. Credenciamento	292
1.1 Cabimento	293
1.2 Regras a serem observadas	294
1.3 Publicidade do credenciamento	295
1.4 Apontamentos sobre o regulamento federal	296
1.4.1 Fase preparatória	296
1.4.2 Impugnação ao edital e pedido de esclarecimentos	297
1.4.3 Procedimentos para credenciamento	298
1.4.4 Recursos	299
1.4.5 Publicidade dos credenciados	299
1.4.6 Formalização das contratações	300
1.4.7 Anulação e revogação do credenciamento	301
1.4.8 Descredenciamento: causas e consequências	302
2. Pré-qualificação	303
2.1 Conceito, cabimento e finalidades	303
2.2 Formalização	305
2.3 Acesso à pré-qualificação	305
2.4 Órgão examinador	305
2.5 Pré-qualificação por grupos ou segmentos	306
2.6 Pré-qualificação total ou parcial	306
2.7 Validade da pré-qualificação	307
2.8 Publicidade da pré-qualificação	307
2.9 Licitação restrita a pré-qualificados	308
3. Procedimento de manifestação de interesse – PMI	308
3.1 Conceito e finalidades	308
3.2 Procedimento e regras	309
3.3 Da seleção final do PMI	309
3.4 Instauração de PMI restrito a *startups*	310
4. Sistema de registro de preços	310
4.1 Conceito e cabimento	311
4.2 Vantagens	312

	4.3	Especificidades da fase preparatória da licitação	312
		4.3.1 Procedimento de intenção de registro de preços	312
		4.3.2 Definição de quantidades	313
		4.3.3 Estimativa de valor	314
		4.3.4 Modalidades de licitação e critérios de julgamento	314
		4.3.5 Licitação para SRP e a questão da reserva orçamentária	315
		4.3.6 Edital da licitação	315
	4.4	Formalização do registro de preços	318
		4.4.1 Conteúdo da ata de registro de preços	318
		4.4.2 Formalização da ata de registro de preços	319
		4.4.3 Prazo de vigência da ata de registro de preços	319
		4.4.4 Alterações qualitativas e quantitativas na ata de registro de preços	320
		4.4.5 Controle e gerenciamento da ata de registro de preços	320
		4.4.6 Alteração ou atualização dos preços registrados	321
		4.4.7 Cancelamento do registro do fornecedor e dos preços registrados	321
		4.4.8 Remanejamento das quantidades registradas na ata de registro de preços	321
	4.5	Adesão à ata de registro de preços	322
	4.6	Contratações originárias da ata de registro de preços	324
5.		Registro cadastral	325
	5.1	Licitação restrita a cadastrados	326
	5.2	Controle de desempenho dos contratados	327
		Referências bibliográficas	327
		Quadro comparativo	328

7		CONTRATOS NA NOVA LEI DE LICITAÇÕES E CONTRATOS (Luciano Ferraz)	341
1.		Considerações gerais	341
2.		Regimes jurídicos dos contratos administrativos na Lei 14.133/2021	346
3.		Formalização e cláusulas essenciais dos contratos na Lei 14.133/2021	349
4.		Garantias contratuais na Lei 14.133/2021	350
	4.1	Matriz de alocação de riscos	351
5.		Duração dos contratos na Lei 14.133/2021	353
6.		Execução dos contratos na Lei 14.133/2021	356
	6.1	Fiscalização dos contratos	358
	6.2	Recebimento dos objetos contratuais pela Administração	359
	6.3	Encargos do contrato e responsabilidade do contratado	360
	6.4	Pagamento e ordem cronológica	361

7.	Mutabilidade dos contratos na Lei 14.133/2021	364
	7.1 Fato da Administração	366
	7.1.1 Alterações unilaterais	367
	7.1.2 Alterações bilaterais	369
	7.2 Fato do príncipe	370
	7.3 Teoria da imprevisão	371
	7.4 Caso fortuito e força maior	372
8.	Mecanismos para a manutenção do equilíbrio econômico-financeiro dos contratos na Lei 14.133/2021	372
	8.1 Reajuste	373
	8.2 Repactuação	374
	8.3 Revisão	375
	8.4 Formalização das alterações contratuais e cautelas do contratado	376
9.	Rescisão dos contratos na Lei 14.133/2021	377
	9.1 Rescisão por comportamentos atribuíveis ao contratado	378
	9.2 Rescisão unilateral por comportamentos atribuíveis à Administração	379
	9.3 Rescisão unilateral por motivo de interesse público, caso fortuito e força maior	380
	9.3.1 Rescisão administrativa unilateral do contrato	380
	9.3.2 Rescisão consensual do contrato	381
	9.3.2.1 Mediação e conciliação	382
	9.3.2.2 Comitê de Resolução de Disputas	382
	9.4 Rescisão arbitral	383
	9.5 Rescisão judicial	385
10.	Nulidades dos contratos administrativos e consequências da pronúncia na Lei 14.133/2021	385
	Referências bibliográficas	388
	Quadro comparativo	390

8	**INFRAÇÕES, SANÇÕES E ACORDOS NA NOVA LEI DE LICITAÇÕES** (Thiago Marrara)	429
1.	Introdução: definições básicas e características do sistema sancionador em licitações e contratos	429
2.	Regime sancionatório na legislação precedente	431
3.	Panorama do direito sancionador na Lei 14.133	433
4.	Estrutura do Capítulo I do Título IV da Lei 14.133	434
5.	Tipologia das infrações administrativas	435
6.	Sanções: normas gerais	437
7.	Sanções em espécie	439

MANUAL DE LICITAÇÕES E CONTRATOS ADMINISTRATIVOS

8. Multa moratória 441

9. Abertura do processo sancionador 441

10. Apuração conjunta obrigatória (infração de corrupção) 442

11. Instrução e defesa no processo sancionador 443

12. Decisão do processo sancionador 446

13. Competência para declaração de inidoneidade 446

14. Desconsideração da personalidade jurídica 447

15. Recursos no processo sancionador 451

16. Revisão de sanções 454

17. Divulgação das sanções 455

18. Reabilitação 456

19. O acordo de leniência 457

20. Compromissos de ajustamento de conduta 460

Referências bibliográficas 463

Quadro comparativo 464

9 CONTROLE DAS CONTRATAÇÕES PÚBLICAS (Luciano Ferraz e Fabrício Motta) 475

1. Introdução: controle da Administração Pública 475

2. Controle das contratações públicas em sentido subjetivo: órgãos e entidades 476

    2.1 Controle das contratações em sentido subjetivo: as três linhas de defesa 478

    2.2 Controle das contratações em sentido objetivo: diretrizes para a atividade de controle 480

    2.3 A efetiva implementação das diretrizes do controle 482

    2.4 Critérios para exercício das atividades de controle 484

3. Consequências das atividades do controle 486

4. Cautelaridade administrativa no âmbito dos Tribunais de Contas 488

5. Controle consensual das licitações e contratos pelos órgãos de controle interno e externo 490

Referências bibliográficas 491

Quadro comparativo 492

1

Lei nº 14.133/2021: Estrutura, Inovações, Aplicabilidade e Vigência

MARIA SYLVIA ZANELLA DI PIETRO
THIAGO MARRARA

1. ESTRUTURA DA LEI Nº 14.133/2021

A Lei nº 14.133, de 1º de abril de 2021, com alterações posteriores, é a vigente Lei Nacional de Licitações e Contratos Administrativos (doravante LLIC). Seu extenso texto não trata, porém, apenas de licitações e contratos administrativos. Aborda, igualmente, os procedimentos auxiliares, a contratação direta por dispensa e inexigibilidade, o direito sancionador administrativo e penal por infrações licitatórias e contratuais, a solução de conflitos e o controle da Administração em matéria de contratação pública.

Redigida de modo bastante abrangente, com quase 200 artigos, a LLIC divide-se em cinco títulos, estruturados da seguinte forma:

- O título I, das "disposições preliminares", traz normas sobre aplicação, princípios, definições e agentes públicos que atuam na contratação.
- O título II, das "licitações", contém normas sobre: processo licitatório; fase de preparação; modalidades; critérios de julgamento; disposições setoriais sobre compras, obras, serviços de engenharia e serviços em geral, bem como sobre locação de imóveis; licitações internacionais; divulgação do edital; apresentação das propostas e dos lances; julgamento; habilitação; encerramento; contratação direta por inexigibilidade e por dispensa; alienações e instrumentos auxiliares.
- O título III, dos "contratos administrativos", é bastante ampliado e disciplina a formalização contratual, garantias, alocação de riscos, prerrogativas contratuais da Administração, duração, execução, alteração, extinção, recebimento, pagamento e mecanismos alternativos de solução de controvérsias.
- O título IV, das "irregularidades", engloba normas sobre infrações e sanções administrativas, sobre processo administrativo de responsabilização (PAR), impugnações ao edital, pedidos de esclarecimentos, recursos administrativos e controle da contratação.

- O título V, das "disposições gerais", trata, entre outras coisas, do Portal Nacional de Contratações Públicas – PNCP e de alterações legislativas, como a inclusão de crimes licitatórios no Código Penal, bem como de disposições transitórias e finais, dentre as quais se incluem normas sobre aplicação subsidiária da lei e vigência.

2. PONTOS DE DESTAQUE

A LLIC repetiu muitas das normas da Lei nº 8.666/1993, introduzindo algumas inovações sob inspiração da Lei do Pregão (Lei nº 10.520/2002) e da Lei do RDC (Lei nº 12.462/2011). Muitas das medidas previstas podem ser consideradas como inovadoras se comparadas com a Lei nº 8.666/1993, mas, várias delas, já existiam no direito positivo, seja nas Leis do Pregão e do RDC, seja na Lei de Concessão e Permissão de Serviços Públicos (Lei nº 8.987/1995) e na Lei das Parcerias Público-Privadas (Lei nº 11.079/2004), seja no Estatuto das Empresas Estatais (Lei nº 13.303/2016).

Apesar dessa inspiração em documentos anteriores, quando comparada com as leis mencionadas, a LLIC de 2021 apresenta várias inovações, que serão objeto de aprofundamento nos próximos capítulos. Essas inovações incluem:

- A definição de várias **modalidades de serviços** (art. 6º, incisos XIII a XVIII e XXI).
- A inclusão, entre os regimes de execução do contrato, da **contratação integrada** (em que o contratado elabora e desenvolve os projetos básico e executivo), da contratação **semi-integrada** (em que o contratado elabora o projeto executivo) e o de **fornecimento e prestação de serviço associado** (art. 6º, incisos XXXII, XXXIII e XXXIV), que passam a aplicar-se ao lado das anteriores modalidades de empreitada por preço unitário, empreitada por preço global, empreitada integral e contratação por tarefa.
- A exigência expressa de estudo **técnico preliminar** (ETP) e **termo de referência (TR)** para contratação de bens e serviços (art. 6º, XX e XXIII).
- A introdução de item sobre **agente público,** definido no artigo 6º, inciso V, como o indivíduo que, em virtude de eleição, nomeação, designação, contratação ou qualquer outra forma de investidura ou vínculo, exerce mandato, cargo, emprego ou função em pessoa jurídica integrante da Administração Pública. A definição seria inteiramente desnecessária, porque nada inova em relação ao conceito de agente público, já consagrado na doutrina e jurisprudência do direito administrativo, inclusive na prática administrativa. Mais importante na LLIC são os arts. 7º a 10, que indicam os requisitos a serem observados por agentes públicos que atuem em processos de licitação e pelos que exerçam função de assessoramento jurídico e controle interno da Administração, devendo ser observado o princípio da segregação de funções, inclusive em tarefas de controle da contratação (art. 7º, § 1º).
- A substituição da figura da comissão de licitação pelo **agente de contratação** (art. 6º, inciso LX) e pela **comissão de contratação** (art. 6º, inciso L).
- A previsão de defesa, nas esferas administrativa, controladora e judicial, de autoridades e agentes públicos participantes da licitação, em razão de ato praticado com observância de orientação constante de parecer jurídico (art. 10). Esse mandamento foi questionado pela Associação Nacional dos Procuradores dos Estados e do Distrito Federal – ANAPE perante o STF na ADI 6.915, com o argumento

de violação da distribuição federativa de competências, já que a norma trata de atribuições da advocacia pública e não de contratação pública propriamente dita.

- Quanto às **modalidades de licitação**, não são mais previstos a tomada de preços e o convite. A LLIC abrange somente o pregão, a concorrência, o concurso e o leilão, além de introduzir no ordenamento brasileiro o diálogo competitivo (art. 28, inciso V), definidos no art. 6º, incisos XXXVIII a XLII.
- **A sistematização e a ampliação dos procedimentos auxiliares de licitação**, que passam a abranger: o credenciamento, a pré-qualificação, o procedimento de manifestação de interesse, o sistema de registro de preços e o registro cadastral unificado, incluindo um cadastro de atesto sobre desempenho contratual (art. 28, § 1º, art. 6º, incisos XLIII a XLVI, arts. 81 a 88).
- **A ampliação dos objetivos da licitação** (art. 11), que serão comentados no próximo capítulo.
- A ampliação dos **princípios da licitação**, com inclusão inteiramente inútil e desnecessária de alguns que informam toda a função administrativa do Estado (art. 5º), conforme se comentará oportunamente.
- A possibilidade de restrições à publicidade do orçamento estimado (art. 24, inspirado no artigo 6º da Lei do RDC).
- A reorganização das fases da licitação, abrangendo: a preparatória, a de divulgação do edital, a de propostas e lances, a de julgamento, a de habilitação, a recursal e a de homologação.
- **A inversão nas fases de habilitação e julgamento**, não prevista na Lei nº 8.666, mas já adotada nas Leis do pregão, do RDC, de concessões de serviços públicos e de parcerias público-privadas.
- A **preferência pela forma eletrônica** para realização do procedimento licitatório (art. 17, § 2º).
- A previsão da possibilidade de **exigência de amostra** para o julgamento (art. 17, § 3º) e a possibilidade de avaliação de amostras antecipadamente na pré-qualificação.
- A previsão de **plano de contratações anual** como forma de incremento da transparência e da racionalidade na contratação (art. 12, inciso VII).
- A indicação de técnicas e parâmetros para definição do **valor da contratação** (art. 23).
- Os **modos de disputa** aberto ou fechado (art. 56, com normas semelhantes às do art. 17 da Lei do RDC).
- A previsão de **negociação** com o licitante vencedor e com os demais licitantes na fase de julgamento (art. 61, inspirado no art. 26 da Lei do RDC).
- A possibilidade de **saneamento de erros ou falhas na análise de documentos para habilitação** (art. 64, § 1º).
- A previsão de **responsabilização civil e regressiva do agente público** que agir com dolo ou fraude na elaboração de parecer (art. 73).
- Maiores exigências para **instrução do processo de contratação direta** (art. 72).
- A introdução de novas regras sobre **prazos contratuais e suas prorrogações** (art. 105 e seguintes): são fixados prazos diferenciados conforme a modalidade de contrato, podendo variar de 5 anos (art. 106) a 35 anos (art. 110), havendo ainda a previsão de contratos firmados com prazo indeterminado nos contratos em que a Administração Pública seja a usuária de serviço público oferecido em

regime de monopólio (art. 109), como ocorre, por exemplo, com o serviço postal e o correio aéreo nacional previsto no art. 21, inciso X, da Constituição Federal.

- Novas normas sobre **pagamento**:
  - (i) possibilidade de previsão no edital de pagamento em conta vinculada ou pela efetiva comprovação do fato gerador (art. 142);
  - (ii) em caso de controvérsia sobre a execução do objeto, liberação da parcela incontroversa no prazo previsto para pagamento (art. 143);
  - (iii) possibilidade de remuneração variável (art. 144); e
  - (iv) vedação de pagamento antecipado, salvo, justificadamente, em hipóteses taxativas (art. 145, *caput* e § 1º).
- Novas regras sobre **seguro-garantia** nos contratos de obras e serviços de engenharia (art. 102): em caso de inadimplemento pelo contratado, a seguradora assume a execução do contrato, devendo firmar contrato como interveniente; a emissão do empenho deve ser feita em nome da seguradora ou de quem ela indicar para conclusão do contrato; a seguradora pode subcontratar a conclusão do contrato.
- A definição das **infrações e sanções administrativas**, com indicação das hipóteses de cabimento de cada qual (arts. 155 e 156).
- A previsão da **alocação de riscos**, sendo facultativa a sua definição no instrumento convocatório e no contrato, salvo em determinadas situações (art. 103).
- A possibilidade de **repactuação** nos contratos de serviços contínuos com regime de dedicação exclusiva de mão de obra (definido no art. 6º, XVI), com observância das normas do art. 135.
- A substituição da expressão "rescisão contratual" por "**extinção do contrato**", mantidas, com algumas alterações, as três modalidades já previstas na Lei nº 8.666: unilateral, consensual e por decisão arbitral ou judicial (art. 138).
- A previsão do **direito do contratado à extinção do contrato** em caso de **fato da Administração** (art. 137, § 2º).
- A previsão expressa da possibilidade de utilização de **meios alternativos de resolução de controvérsias**, como a conciliação, a mediação, o comitê de resolução de disputas e a arbitragem (art. 151), com indicação das hipóteses em que são cabíveis (art. 151, parágrafo único).
- A inserção de capítulo sobre **controle das contratações** (art. 169 a 173), abrangendo **gestão de riscos** e **controle preventivo** e compreendendo três **linhas de defesa,** com indicação das medidas passíveis de serem adotadas por cada qual e integradas por:
  - (i) servidores e empregados públicos, agentes de licitação e autoridades que atuam na estrutura de governança do órgão ou entidade;
  - (ii) unidades de assessoramento jurídico e de controle interno do próprio órgão ou entidade; e
  - (iii) órgão central de controle interno da Administração e do Tribunal de Contas.
- A criação do **Portal Nacional de Contratações Públicas – PNCP** para divulgação centralizada e obrigatória dos atos exigidos pela Lei nº 14.133. Em agosto de 2021, a Presidência da República editou o Decreto n. 10.764, que instituiu o Comitê Gestor da Rede Nacional de Contratações Públicas, formado por representantes da União, dos Estados e dos Municípios, e o portal foi definitivamente inaugurado em 9 de agosto de 2021, encontrando-se acessível pela página eletrônica www.pncp.gov.br.

3. CRÍTICAS À LEI Nº 14.133/2021

A Lei nº 14.133 padece do mesmo vício que afetava a Lei nº 8.666/1993, ao disciplinar a licitação e os contratos administrativos de modo a praticamente esgotar todos os aspectos pertinentes a essa matéria. Embora o art. 1º estabeleça que "esta Lei estabelece **normas gerais** de licitação e contratação para as Administrações Públicas diretas, autárquica e fundacionais da União, dos Estados, do Distrito Federal e dos Municípios" (g.n.), na realidade, ela não deixa praticamente nada para Estados, Distrito Federal e Municípios disciplinarem a matéria.

Em razão desse modelo maximalista, de "lei-cartilha", a LLIC afronta o art. 22, inciso XXVII, da Constituição Federal que, com a redação dada pela Emenda Constitucional nº 19/1998, atribui competência privativa à União para legislar apenas sobre "**normas gerais de licitação e contratação**, em todas as modalidades para as administrações públicas, diretas, autárquicas e fundacionais da União, Estados, Distrito Federal e Municípios, obedecido o disposto no artigo 37, XXI, e para as empresas públicas e sociedades de economia mista, nos termos do artigo 173, § 1º, III" (grifos nossos). Ora, a partir do momento em que a LLIC de 2021 ingressa em inúmeros detalhes desnecessários do sistema de contratação, buscando padronizá-los em detrimento da margem de adaptabilidade que se deve garantir aos entes da federação para lidar com suas próprias características, deficiências e capacidades institucionais, fica evidente que o Congresso desrespeita a competência dos demais entes federativos para tratar de aspectos peculiares a cada qual.

Também como ocorre com outras leis promulgadas na esfera federal (como a própria Lei nº 8.666/1993), a Lei nº 14.133/2021 parece elaborada a partir da realidade da União e dos grandes Estados, não se preocupando com as dificuldades que muitos entes federativos, principalmente os Municípios, encontrarão para dar total aplicação às suas normas. Faltam recursos humanos especializados, faltam equipamentos, falta estrutura adequada, especialmente quando a lei impõe tecnologia desproporcional e irrazoável diante dos recursos humanos, materiais e financeiros ao alcance desses entes federativos. É um convite à inobservância da lei. No entanto, é possível observar na nova lei a adoção de diferentes critérios que flexibilizam a ideia de igualdade na aplicação de suas normas por todos os entes federativos.[1] A análise dessa lei permite afastar de alguns artigos o caráter de norma geral, com a inclusão de:

(i) **medidas previstas como discricionárias em vários dispositivos**, entre eles, exemplificativamente, o art. 8º, §§ 2º e 4º, art. 12, VII, art. 17, §§ 1º e 2º, art. 21, *caput* e parágrafo único, art. 22, art. 26, art. 64, § 1º, entre outros; se o próprio legislador não considerou necessário impor solução idêntica para todas as unidades da federação, não há dúvida de que cabe a cada qual adotar, por meio de normas especiais, a solução que lhe parecer a mais adequada; por outras palavras, cada ente federativo pode autolimitar a competência discricionária prevista na lei federal;

(ii) **medidas dependentes de regulamentação** que pode ser feita pelos entes federativos. São mais de 50 dispositivos com essa previsão, além de outros em que não

---

[1] Nesse sentido, v. DI PIETRO, Maria Sylvia Zanella. Norma Geral na Lei nº 14.133/21 – o passado e o futuro da jurisprudência do STF. In: *SLC – Soluções em Licitações e Contratos*. Seção Soluções Autorais, ano 6, agosto 2023, p. 39-50.

se exige regulamentação, mas ainda assim ela é necessária. Nessas matérias, os Estados, o Distrito Federal e os Municípios podem, a seu próprio critério, baixar regulamentos próprios ou adotar os regulamentos baixados na esfera federal, conforme previsto no art. 187 da Lei nº 14.133. Apesar de a Lei silenciar a respeito, entendemos que nada impede que Estados e Municípios adotem os regulamentos uns dos outros no exercício de sua autonomia federativa; e

(iii) **medidas de difícil ou impossível observância por todos os entes federativos**, especialmente por pequenos municípios, como é o caso dos art. 5º, combinado com o art. 7º, § 1º (que trata do princípio da segregação de função), do art. 176 (que fixa prazo para que Municípios com até 20.000 habitantes cumpram os prazos estabelecidos nos arts. 7º e 8º) e do art. 181 (que prevê a obrigatoriedade de instituição de centrais de compras, com a possibilidade de serem constituídos consórcios públicos para a realização de tais atividades). Cabe, nesse aspecto, a aplicação do art. 22 da LINDB (introduzido pela Lei nº 13.655/2018), pelo qual: "na interpretação de normas sobre gestão pública, serão considerados os obstáculos e as dificuldades reais do gestor e as exigências das políticas públicas, a seu cargo, sem prejuízo dos direitos dos administrados". Assim, por exemplo, a segregação de funções não deverá ser interpretada da mesma forma para a União e para um pequeno Município brasileiro, que dificilmente contará com uma equipe ampla e robusta para colocar a lei em prática.

Outra falha imensa da Lei nº 14.133 reside no excesso de formalismo, no excesso de pormenores, no excesso de normas, algumas de difícil compreensão, caminhando em sentido inverso ao da apregoada desburocratização da Administração Pública. Os procedimentos excessivamente formais acabam incentivando a procura por caminhos paralelos, que facilitam a corrupção. O ideal teria sido a elaboração de lei de mais fácil compreensão e aplicação, que criasse procedimento licitatório em que prevalecessem a transparência, a participação, a negociação e facilitassem a atuação dos órgãos de controle.

A estrutura da lei também é ruim em certos aspectos. Por exemplo, o art. 17 estabelece as fases da licitação. No Capítulo II do Título pertinente às licitações, a lei trata da **fase preparatória**. Entre esse capítulo e o Capítulo III, que cuida da fase subsequente (**divulgação do edital de licitação**), a lei trata de assuntos os mais variados, como modalidades de licitação e respectivos procedimentos, critérios de julgamento e respectivos conceitos, compras, obras e serviços de engenharia, regimes de execução dos contratos, serviços em geral, locação de imóveis, licitações internacionais, sem observância de uma sequência lógica no tratamento dos vários temas, misturando normas sobre procedimento licitatório com normas sobre determinadas modalidades de contratos.

Outro problema se verifica no art. 5º, que menciona uma série de princípios que não são específicos do sistema de contratação pública, porque já fazem parte do direito administrativo e constitucional e têm previsão no direito positivo, em especial na Lei nº 9.784/1999 (Lei de Processo Administrativo Federal). Nesse sentido, a LLIC faz inútil referência à Lei de Introdução às Normas do Direito Brasileiro – LINDB, como se ela já não fosse de cumprimento obrigatório desde a data de sua promulgação. A citação é claramente realizada para reforçar o óbvio: as normas gerais de interpretação do direito público também se aplicam ao campo das contratações.

Outro exemplo de excesso normativo se verifica no art. 6º, que contém sessenta incisos, com definições que se repetem, às vezes *ipsis litteris*, em outros capítulos que desenvolvem o mesmo tema. Muitos dos conceitos seriam mais úteis se inseridos no próprio capítulo que os desenvolve. É o caso dos conceitos das modalidades de licitação, dos regimes de execução e dos procedimentos auxiliares da licitação.

4. VIGÊNCIA

A Lei nº 14.133 entrou em vigor no dia 2 de abril de 2021, data de sua publicação, conforme disposto no art. 194. Nessa data, de acordo com o art. 193, em sua redação original:

1) Ficaram revogados os artigos 89 a 108 da Lei nº 8.666, de 21-6-1993, que tratam dos crimes e das penas em matéria de licitações, bem como do processo e do procedimento judicial para sua apuração. Em substituição a esses dispositivos, o art. 178 incluiu o capítulo II-B no Código Penal (Decreto-lei nº 2.848, de 7-12-1940), sobre os "**crimes em licitações e contratos administrativos**".

2) Passou-se a contar o prazo originariamente fixado de dois anos para a revogação definitiva da Lei nº 8.666/1993 (lei de licitações e contratos administrativos), da Lei nº 10.520, de 17-7-2002 (lei do pregão) e dos artigos 1º a 47-A da Lei nº 12.462, de 4-8-2011 (lei do regime diferenciado de contratação – RDC). Isso significa que a LLIC de 2021 não revogou imediatamente os regimes licitatórios e contratuais precedentes, permitindo uma convivência de dois anos entre suas normas e as normas antigas.

A convivência desses regimes, na redação original, tinha como limite temporal a data de 1º de abril de 2023, mas, posteriormente, esse período de transição foi ampliado. Ocorre que, em 31 de março de 2023, a Medida Provisória nº 1.167 foi publicada e alterou a redação do art. 193, inciso II, mudando a data de revogação para 30 de dezembro de 2023. A MP ainda modificou a redação do art. 191, tornando condição para que a Administração optasse pelo regime antigo de licitação ou contratação direta a publicação do edital ou do ato autorizativo da contratação direta até 29 de dezembro de 2023. Em 28 de junho de 2023, a extensão do período de convivência entre o regime antigo e novo passou a contar em Lei (LC 198/2023), porém a mudança feita no art. 191 foi revogada.

Em termos temporais, a vigência da nova legislação engloba, portanto, três cenários diferentes. Em primeiro lugar, para todos os contratos celebrados antes de sua entrada em vigor, vale a legislação revogada até que o contrato seja extinto. Nesse sentido, o art. 190 estabelece que "o contrato cujo instrumento tenha sido assinado antes da entrada em vigor desta Lei continuará a ser regido de acordo com as regras previstas na legislação revogada".

Em segundo lugar, para os contratos celebrados durante o período de transição, era possível escolher o regime antigo ou o novo, proibida a mistura de normas de cada um. É o que se extrai do art. 191 da Lei nº 14.133/2021, de acordo com o qual: "até o decurso do prazo de que trata o inciso II do *caput* do art. 193, a Administração poderá optar por licitar ou contratar diretamente de acordo com as leis citadas no referido inciso, e a opção escolhida deverá ser indicada expressamente no edital ou no aviso ou instrumento de contratação direta, vedada a aplicação combinada desta Lei com as citadas no referido inciso".

Em terceiro lugar, para os contratos celebrados após o regime de transição, deve-se observar o regime da nova legislação, afastando-se as leis anteriores.

Repita-se: pela interpretação combinada dos arts. 190, 191 e 193, inciso II (com a redação dada pela Lei Complementar nº 198/2023), a Lei nº 8.666/1993, assim como o RDC e a Lei do Pregão, continuam a ter aplicação somente nas seguintes hipóteses:

a) para os contratos cujos instrumentos tenham sido assinados antes da entrada em vigor da LLIC de 2021 (art. 190);

b) para os contratos celebrados durante o período de transição, até 30-12-2023, desde que a Administração tenha optado pelo regime das leis anteriores e o indicado expressamente no edital.

Em qualquer dessas hipóteses, ou melhor, seja para contratos administrativos anteriores à publicação da LLIC de 2021, seja para os contratos celebrados durante o período de transição com opção pelo regime das leis antigas, o regime jurídico precedente será aplicado até o momento de extinção dos contratos. Isso significa que contratos regidos por leis revogadas poderão subsistir por vários anos após o decurso do prazo de transição ao fim do ano de 2023.

A princípio, vale destacar que inexiste qualquer opção de se misturar ou combinar os regimes jurídicos da legislação nova e da antiga (art. 191, *caput*). Em outras palavras, durante a transição, não se podia realizar um contrato por meio do limite de dispensa da LLIC de 2021, mas com regime da legislação anterior. Nem se podia utilizar o convite da Lei de 1993 para celebrar um contrato com o regime da Lei de 2021. Entendemos possível, entretanto, aplicar a LLIC vigente como fonte de analogia para contratos celebrados com base na legislação antiga, mas que nela não encontram regras para determinado problema. A LLIC de 2021 não aceita regimes licitatórios e contratuais híbridos, mas isso não impede que seja empregada em técnicas de superação de lacunas, como a analogia.

5. ÂMBITO DE APLICAÇÃO

Quanto aos **entes federativos, aos órgãos e às entidades abrangidos**, a Lei nº 14.133/2021, nos termos do art. 1º, estabelece normas de licitação e contratação para as Administrações Públicas diretas, autárquicas e fundacionais da União, dos Estados, do Distrito Federal e dos Municípios, abrangendo:

I – os órgãos dos Poderes Legislativo e Judiciário da União, dos Estados e do Distrito Federal, e os órgãos do Poder Legislativo dos Municípios, quando no desempenho de função administrativa;

II – os fundos especiais e as **demais entidades controladas direta ou indiretamente pela Administração Pública**, excluídas as empresas públicas, as sociedades de economia mista e as suas subsidiárias, regidas pela Lei nº 13.303, de 30-6-2016, salvo quanto ao art. 178 (que inclui um capítulo no Código Penal sobre os crimes em licitações e contratos administrativos).

É contraditório submeter à LLIC as "**demais entidades controladas direta ou indiretamente pela Administração Pública**" e excluir de sua abrangência **as empresas subsidiárias de empresas públicas e sociedades de economia mista**, que são indiretamente controladas pela Administração Pública. A primeira expressão parece referir-se a outros tipos de entidades que não tenham a natureza de empresa estatal, mas que sejam controladas pela Administração Pública, sem dar qualquer tipo de indicação sobre a natureza jurídica dessas entidades.

Quanto à aplicação da lei às repartições sediadas no exterior, o § 2º do art. 1º prevê regulamentação específica a ser editada por Ministros de Estado, com observância às peculiaridades legais e aos princípios básicos estabelecidos em lei.

Também podem estar sujeitas a condições especiais, nos termos do § 3º do art. 1º, as licitações e contratações que envolvam recursos provenientes de empréstimo ou doação oriundos de agência oficial de cooperação estrangeira ou de organismo financeiro de que o Brasil faça parte.

O § 5º do art. 1º prevê ato normativo do Banco Central para disciplinar as contratações relativas à gestão, direta ou indireta, das reservas internacionais do país, inclusive as de serviços conexos e acessórios.

Quanto às **modalidades de contratos** abrangidos pela Lei nº 14.133, o art. 2º inclui:

I – alienação e concessão de direito real de uso de bens;

II – compra, inclusive por encomenda;

III – locação;

IV – concessão e permissão de uso de bens públicos;

V – prestação de serviços, inclusive os técnico-profissionais especializados;

VI – obras e serviços de arquitetura e engenharia;

VII – contratações de tecnologia da informação e de comunicação.

Quando comparado com o art. 2º da Lei nº 8.666/1993, o art. 2º da LLIC inova ao fazer referência à concessão de direito real de uso e à concessão e permissão de uso de bens públicos, bem como às contratações de tecnologia da informação e de comunicação. No entanto, a inovação é apenas aparente, porque todos esses contratos já eram alcançados pela Lei nº 8.666 ou por legislação esparsa. A concessão de direito real de uso é mencionada no § 3º do art. 23 da Lei nº 8.666 como um tipo de contrato em que é obrigatória a concorrência como modalidade de licitação cabível. Quanto à permissão e concessão de uso de bens públicos de propriedade da União, o art. 121, parágrafo único, da Lei nº 8.666 determina que continuam a reger-se pelas disposições do Decreto-lei nº 9.760, de 5-9-1946; quanto aos bens públicos dos demais entes federativos, têm aplicação as normas legais estabelecidas por cada qual.

6. APLICAÇÃO SUBSIDIÁRIA A OUTROS TIPOS CONTRATUAIS

Pelo art. 192 da Lei nº 14.133, o contrato relativo a **imóvel do patrimônio da União** ou de suas autarquias e fundações continuará regido pela legislação pertinente (fundamentalmente, o Decreto-lei nº 9.760/1946, com alterações posteriores). A esses contratos a LLIC de 2021 aplica-se apenas subsidiariamente. Assim, embora o art. 2º inclua, nos incisos III e IV, a locação e a concessão e permissão de uso de bens públicos, tem-se que entender que, quando tais contratos tenham por objeto bens do patrimônio da União, continua a aplicar-se a legislação específica sobre a matéria, somente incidindo as normas da Lei nº 14.133 em caráter subsidiário. Como o art. 192 faz referência apenas aos bens do patrimônio da União, nada estabelecendo com relação aos bens do domínio de Estados, Distrito Federal e Municípios, a conclusão é a de que, quanto a estes, aplicam-se inteiramente as normas da Lei nº 14.133. É questionável, porém, essa estratégia legislativa de se criar normas nacionais para certos temas que valem apenas para Estados e Municípios, deixando para a União um regime próprio apartado das normas nacionais.

Conforme o art. 184, a lei aplica-se, no que couber e na ausência de norma específica, aos **convênios**, acordos, ajustes e outros instrumentos congêneres celebrados por órgãos e entidades da Administração Pública, na forma estabelecida em regulamento do Poder Executivo federal.

Essa disposição gerou, de início, uma série de dúvidas, sobretudo quando se considera que a LLIC de 2021 não criou um conjunto de normas gerais sobre convênios, tal como havia no art. 116 da Lei nº 8.666/1993. A ausência dessas normas deixou as portas abertas para que a União, os Estados e os Municípios estabelecessem sua própria disciplina sobre os convênios e decidissem como desejariam submetê-los às normas gerais dos contratos administrativos constantes da LLIC.

A lacuna da lei foi em parte suprida pela publicação da Lei nº 14.770, de 22-12-2023, que fez algumas alterações na LLIC, entre elas a inclusão do art. 184-A, no qual previu um **regime simplificado** a ser observado na celebração, execução e prestação de contas de convênios, contratos de repasse e instrumentos congêneres em que for parte a União, com valor global de até R$ 1.500.000,00. Esse regime simplificado exige: (i) plano de trabalho aprovado contendo parâmetros objetivos para caracterizar o cumprimento do objeto (inciso I); (ii) minuta simplificada dos instrumentos (inciso II); e (iii) verificação da execução do objeto mediante visita de constatação da compatibilidade com o plano de trabalho (inciso IV).

Como se verifica pela redação do dispositivo, foi respeitada a competência dos Estados, Distrito Federal e Municípios para legislarem sobre a matéria, já que as regras introduzidas em 2023 na Lei Geral se aplicam apenas à União, conforme decorre do *caput* do art. 184-A.

Além disso, pela norma contida no § 4º do art. 184-A, o regime simplificado a que se refere o *caput* somente se aplica aos convênios, contratos de repasse e instrumentos congêneres celebrados após a publicação da Lei nº 14.770/2023.

A Lei nº 14.770/2023, ainda, inclui dois parágrafos no art. 184: (i) um tratando da hipótese de insuficiência do valor global para execução do objeto em caso de reequilíbrio econômico-financeiro por força maior, caso fortuito, fato do príncipe, fatos imprevisíveis ou previsíveis de consequências incalculáveis (§ 2º); e (ii) outro quanto à permissão para ajustes nos instrumentos celebrados com recursos de transferências voluntárias (§ 3º).

Em relação às **parcerias sociais**, a problemática é distinta. A Lei nº 13.019, de 31-7-2014, com alterações posteriores, disciplina as parcerias entre o Poder Público e o terceiro setor (as chamadas organizações da sociedade civil). Além disso, em seu art. 84, expressa que a LLICA não se aplica aos seus contratos. Assim sendo, existindo essa legislação específica e a vedação de incidência da legislação licitatória geral sobre acordos de cooperação, termos de fomento e termos de colaboração, a eles continuam a aplicar-se unicamente as normas da Lei nº 13.019, que não poderão ser desrespeitadas por Regulamento do Poder Executivo Federal.

Para os demais contratos de cooperação com o terceiro setor e sempre que não haja vedação legal, a LLIC então se aplicará subsidiariamente, no que couber de acordo com a natureza própria desses ajustes, tal como manda o art. 184.

Vale destacar, ainda, que alguns dos contratos referidos na Lei nº 14.133/2021 regem-se basicamente pelo direito privado, com sujeição a algumas normas expressas de direito público. Tal é o caso da compra, alienação, locação de imóvel, seguros, concessão de direito real de uso. A aplicação a esses contratos não é, a princípio, problemática, porque o art. 89 da LLIC de 2021 reconhece expressamente a aplicação supletiva do direito privado sempre que não houver norma própria de direito administrativo.

Outras modalidades de contratos administrativos continuam disciplinados por leis específicas, porém com aplicação subsidiária da Lei nº 14.133. A prestação de **serviços de publicidade** rege-se pela Lei nº 12.232, de 29-4-2010; a concessão de serviço público, precedida ou não de mão de obra pública, continua a reger-se pelas Leis 8.987, de 13-2-1995, e 9.074, de 7-7-1995, como também ocorre com outras modalidades de concessão (energia elétrica, telecomunicações, entre outras), que estão sujeitas a legislação específica, com aplicação subsidiária da Lei nº 14.133. As duas modalidades de parceria público-privada (concessão patrocinada e concessão administrativa) estão reguladas pela Lei nº 11.079, de 30-12-2004, sujeitando-se igualmente aos dispositivos da Lei nº 14.133 subsidiariamente.

Em relação às concessões e PPPs, a aplicação das normas da Lei nº 14.133 deve ocorrer de maneira cautelosa. Os módulos concessórios são contratos de longo prazo, relacionais, baseados em regras próprias de sustentabilidade econômico-financeiro e extremamente abertos à mutabilidade. Por conta disso, não basta que se verifique uma mera lacuna para se aplicarem subsidiariamente os comandos da Lei de Licitações a concessões comuns ou PPPs. É preciso sempre observar a pertinência lógica do comando geral que se deseja empregar para superar a lacuna da legislação concessória.[2] Veja-se o exemplo das limitações sobre o valor do contrato para modificações unilaterais de quantitativos. Esse tipo de limitação não se encaixa adequadamente no modelo concessório, em que, por exemplo, eventos desequilibrantes da relação contratual podem exigir modificações com impactos muito significativos sobre os valores contratados.

---

[2] Nesse sentido, MARRARA, Thiago. Sete impactos da nova Lei de Licitações sobre concessões e PPPs. *Conjur,* edição *on-line*, 4-5-2023, s.p.

2

Objetivos e Princípios da Contratação Pública na Lei nº 14.133/2021

MARIA SYLVIA ZANELLA DI PIETRO
THIAGO MARRARA

1. OBJETIVOS DA LICITAÇÃO: PARA QUE SERVEM?

A Lei nº 14.133 (doravante LLIC) abrange dois importantes artigos a guiar os operadores do sistema de contratações públicas. Ao amplo pacote de princípios contidos no art. 5º, que será posteriormente examinado, somam-se os objetivos gerais consagrados no art. 11, *caput*, que assim dispõe:

> Art. 11. O processo licitatório tem por objetivos: I – assegurar a seleção da proposta apta a gerar o resultado de contratação mais vantajoso para a Administração Pública, inclusive no que se refere ao ciclo de vida do objeto; II – assegurar tratamento isonômico entre os licitantes, bem como a justa competição; III – evitar contratações com sobrepreço ou com preços manifestamente inexequíveis e superfaturamento na execução dos contratos; IV – incentivar a inovação e o desenvolvimento nacional sustentável.

Esse dispositivo legal suscita inúmeras indagações: Como os princípios (art. 5º) diferem dos objetivos (art. 11)? Por que o legislador repetiu alguns princípios como objetivos? O que significam e quais são os limites de aplicabilidade dos objetivos legais?

A resposta à primeira indagação depara-se com dificuldades enraizadas na teoria geral do direito. São frequentes e até cansativas as exposições acerca da natureza dos princípios que, na concepção predominante atualmente, juntam-se às regras para formar o conceito maior de norma jurídica. Ocorre que a teoria do direito tem pouco a oferecer em relação a outros conceitos que usualmente são empregados pela Constituição e pelas leis brasileiras, em especial, os conceitos de "diretriz" e de "objetivo".

Na ausência de firmes teorias, é preciso encontrar uma definição explicativa do art. 11 a partir de conteúdo interno da legislação. Ao que tudo indica, os objetivos despontam como resultados, como consequências ideais que o emprego do processo de contratação deverá acarretar. Objetivos são os alvos da contratação pública. Ao conduzir processos administrativos de seleção de fornecedores, prestadores de serviços e demais contratados, a Administração Pública não se orienta pelo intuito de celebrar um ajuste qualquer. O contrato não é fim que tudo justifica! Além de almejar celebrá-lo para atender às suas necessidades, ao licitar, o órgão público visará à vantajosidade, à promoção da justa competição (*i.e.* da livre-concorrência), à precificação adequada, à inovação e ao desenvolvimento sustentável.

Como alvos, os objetivos não configuram deveres de ação, mas sim parâmetros que revelam se uma ação pública, na licitação, é lícita quanto à sua finalidade e à sua adequação. Os objetivos desempenham papel instrumental essencial ao viabilizar o juízo de razoabilidade ou proporcionalidade em sentido amplo, cuja primeira prova consiste na verificação da aptidão de uma medida para a consecução de finalidades públicas. Seguindo-se esse raciocínio, a definição de certo objeto contratual poderá parecer lícita, mas o art. 11 restará violado se o contrato administrativo, em vez de promover o desenvolvimento nacional sustentável, ocasionar a degradação ambiental, por exemplo. O mesmo ocorrerá caso determinada contratação, com objeto lícito e resultante de um processo regular, permita superfaturamentos e enriquecimento indevido do contratado.

Em última instância, objetivos têm papel central no controle do alinhamento das condutas da Administração Pública, como contratante, com as finalidades estatais. Objetivos permitem juízos de legalidade ao tornarem evidentes os desvios de finalidade, bem como juízos de razoabilidade, principalmente por tornaram patente a adequação ou inadequação de uma medida de contratação. No entanto, para que eles possam cumprir essa dúplice função balizadora, o intérprete necessitará ter em mente seu significado.

Com o intuito de contribuir com esse esclarecimento, dedicamos, inicialmente, alguns comentários sobre os objetivos do art. 11 que não aparecem no rol dos princípios, a saber: a vantajosidade, a precificação adequada e a inovação. Os demais objetivos do art. 11, por estarem repetidos no art. 5º, serão comentados posteriormente, juntamente com os demais princípios gerais da contratação pública.

1.1 Vantajosidade

Toda licitação bem-sucedida pressupõe a escolha de uma proposta e a celebração de um contrato. Contudo, não basta escolher qualquer proposta. É preciso que a vencedora seja "apta a gerar o resultado de contratação mais vantajoso para a Administração Pública, inclusive no que se refere ao ciclo de vida do objeto". Nesse contexto, a vantajosidade indica a necessidade de que o contrato satisfaça as demandas estatais que o justificaram por um conjunto justo de gastos públicos. E esses gastos não se restringem ao valor da proposta, tanto que o legislador não fala de "vantajosidade da proposta", mas sim de "vantajosidade da contratação"!

A referência do inciso I ao "ciclo de vida do objeto" confirma o imperativo de examinar o custo-benefício ao longo de toda a contratação. Tomemos como exemplo a compra de um veículo utilitário por certo Município. Num primeiro cenário, levando em conta o raciocínio simplista de curto prazo, o adquirente estatal comparará os preços dos veículos análogos dos diferentes fabricantes, decidindo-se pela compra do mais barato. Na sua decisão, ignora tudo aquilo que despenderá no futuro ao usar, conservar ou alienar o veículo escolhido. Diferentemente, num segundo cenário, o ente público comparará os veículos, somando-se todos os custos que a aquisição importará, ou seja, tanto o valor de compra, quanto os futuros valores de seguro, das manutenções, da depreciação etc. Nesse segundo cenário, o contratante poderá confirmar ou que o veículo da proposta mais barata é o que gera menos gastos ou, diferentemente, que o veículo mais barato é um falso vencedor, pois, no médio ou longo prazo, ocasionará mais dispêndios totais que veículos de outros licitantes, ainda que constantes de propostas comerciais mais elevadas.

Se a vantajosidade for considerada o melhor custo-benefício numa perspectiva temporal dinâmica, então o adquirente público deverá preferir, na comparação entre veículos que oferecem a mesma utilidade, não aquele de menor preço no ato de compra,[1] senão o que gerará menos gastos públicos totais ao longo de seu ciclo de vida. O problema dessa lógica é que boa parte das licitações são conduzidas de acordo com um critério de menor preço ou maior desconto. Dessa maneira, o órgão público não teria discricionariedade para atingir a vantajosidade da contratação, cabendo-lhe tão somente aplicar o critério de julgamento do edital!

Com a Lei de Licitações de 2021, entretanto, a vantajosidade se descolou do menor preço graças a algumas modificações do direito positivo. Ao tratar do emprego do critério de menor preço, o art. 34, § 1º, expressamente dispõe que os custos indiretos, "relacionados com as despesas de manutenção, utilização, reposição, depreciação e impacto ambiental do objeto licitado, entre outros fatores vinculados ao seu ciclo de vida, poderão ser considerados na definição do menor dispêndio, sempre que objetivamente mensuráveis, conforme disposto em regulamento"!

Esse dispositivo contém uma inovação expressiva, pois introduz no direito brasileiro, de uma vez por todas, a possibilidade de se relativizar o menor preço a partir da consideração de outros custos indiretos de médio ou longo prazo que, por natural, deverão ser apontados no edital. Com isso, o Brasil se aproxima do direito comunitário europeu, que igualmente valoriza os custos do ciclo de vida dos objetos contratados. Afasta-se, assim, o risco de que a vantajosidade seja confundida com o menor preço apresentado na licitação, ou seja, o menor custo numa perspectiva de curtíssimo prazo, ignorando todas as despesas que o objeto, uma vez adquirido, acarretará para o Estado ao longo do tempo, mesmo depois da execução do contrato.

Outro avanço favorável à vantajosidade, na fase de julgamento, é o reconhecimento geral do poder de negociação do órgão contratante. A Lei nº 14.133/2021, nesse aspecto, absorveu uma técnica que surgiu inicialmente na Lei do Pregão e a transformou num poder geral do agente de licitação. Com isso, quebrou a rigidez negocial da legislação passada e tornou possível ao agente contratante tomar medidas mais incisivas para alcançar preços justos à luz dos resultados esperados. É importante frisar que essa negociação não deverá necessariamente acarretar a redução do preço pelo primeiro colocado! Para atender à negociação, o licitante poderá ofertar reduções nos custos indiretos, como manutenções gratuitas, para ficar no exemplo da aquisição de veículos.

Reitere-se que a busca da vantajosidade constitui objetivo que pauta a licitação em sua integralidade e não somente a etapa de julgamento das propostas! Cabe aos agentes públicos competentes refletir sobre as relações de custo-benefício daquilo que se deseja contratar já desde a fase preparatória do certame, ou seja, quando se define o objeto, suas características essenciais, as obrigações de execução contratual, as garantias, a necessidade ou não de seu parcelamento para acirrar a competição e assim por diante. Sob essa perspectiva ampliada, afasta-se qualquer pretensão de se definir a vantajosidade restritivamente como obtenção, pela Administração Pública, do menor preço ou do maior desconto.

---

[1] Nessa linha, cf. também as reflexões de MOREIRA, Egon Bockmann. *Licitação pública*. 2. ed. São Paulo: Malheiros, 2015. p. 98-99.

1.2 Precificação adequada: sobrepreço, superfaturamento e preços inexequíveis

A vantajosidade, guiada pela lógica do custo-benefício dinâmico, é complementada por outro objetivo do processo licitatório: "evitar contratações com sobrepreço ou com preços manifestamente inexequíveis e superfaturamento na execução dos contratos". Essas longas palavras podem ser sumarizadas em comando mais sucinto: a "precificação adequada", conceito cujo entendimento impõe que se resgatem definições fundamentais.

O art. 6º, inciso LVI, trata o sobrepreço como um preço apresentado no processo de contratação "em valor expressivamente maior aos preços referenciais de mercado". Para se chegar a essa conclusão, leva-se em conta ou o valor de um item, em caso de contratação por preço unitário, ou o valor global do objeto, em contratação por tarefa, empreitada por preço global, empreitada integral, semi-integrada ou integrada.

A expressão "preço referencial de mercado" exige atenção. Os mercados privados não se confundem com mercados públicos. O balanço dos riscos é distinto em cada um deles. Não se está afirmando, aqui, que os riscos dos mercados públicos sejam necessariamente maiores ou menores que os privados em todas as situações, pois afirmação do gênero dependeria de exame concreto e muita empiria. Ainda assim, é fato que o regime público de contratação é diferenciado, quer por passar pela licitação, quer por envolver mais burocracia, quer por prever poderes exorbitantes em favor do Estado, como o de alterar unilateralmente o contrato ou de afastar parcialmente a *exceptio non adimpleti contractus*. Esses vários fatores alteram os riscos de contratação e, por si só, impedem que se exija, de um mesmo fornecedor, por um mesmo serviço ou bem, preço idêntico para contratar com o Estado ou para contratar com outros particulares. A mensagem é simples: conquanto certo preço ofertado ao Estado supere o preço no mercado privado, isso não bastará para se confirmar sobrepreço. Se os mercados são distintos, não é possível tomá-los como idênticos, como mesma referência.

Diferentemente do sobrepreço, conceito financeiro restrito ao valor apresentado na licitação, o superfaturamento é definido pelo art. 6º, inciso LVII, como "dano provocado ao patrimônio da Administração, caracterizado, entre outras situações, por: a) medição de quantidades superiores às efetivamente executadas ou fornecidas; b) deficiência na execução de obras e de serviços de engenharia que resulte em diminuição da sua qualidade, vida útil ou segurança; c) alterações no orçamento de obras e de serviços de engenharia que causem desequilíbrio econômico-financeiro do contrato em favor do contratado; d) outras alterações de cláusulas financeiras que gerem recebimentos contratuais antecipados, distorção do cronograma físico-financeiro, prorrogação injustificada do prazo contratual com custos adicionais para a Administração ou reajuste irregular de preços."

Essa definição revela que o superfaturamento equivale a um pagamento a maior e indevido para o contratado, gerando seu enriquecimento ilícito. Isso resulta não de um preço exagerado na licitação (sobrepreço), mas de estratégias comportamentais da pessoa contratada pela Administração, como entregar menos do que vendeu, inventar causas para prorrogar o contrato para receber parcelas adicionais de pagamento e executar o objeto com material mais barato que o pactuado. O superfaturamento não decorre de vícios do preço contido na proposta comercial durante o certame, mas sim de comportamentos praticados ao longo da execução contratual e que elevam indevidamente o pagamento, como a adulteração de qualidade ou de quantidade, a alteração indevida de prazos, de índices de reajuste etc. A lei não é exaustiva na matéria, isto é, o rol de comportamentos gerados de superfaturamento é meramente exemplificativo.

Tanto por sobrepreço, quanto por superfaturamento, a precificação é elevada e se torna inadequada diante daquilo que a Administração Pública contrata para satisfazer suas necessidades. No entanto, existe um terceiro problema de precificação, que consiste na indicação, durante a licitação, de valor irrisório ou menor que o necessário para se executar a obrigação nos parâmetros esperados. A tal respeito, o art. 59, § 2º e § 4º prevê a desclassificação de propostas com preços inexequíveis, além de permitir que a Administração realize diligências para confirmar essa situação. No caso de obras e serviços de engenharia, qualquer preço inferior a 75% do orçado será automaticamente reputado inexequível.

Surge aqui uma indagação frequente: por que um licitante cobraria menos que o necessário? A justificativas para essa ocorrência são das mais diversas ordens, mas nem sempre são mal-intencionadas.

Em primeiro lugar, é possível que o licitante calcule incorretamente os custos que assumirá com a contratação. A inexequibilidade decorre da sua imperícia, de falhas de previsão, de falta de experiência em contratos públicos. Essa causa é decerto mais comum entre microempresas, que sofrem de maior fragilidade técnica e humana, pois nem sempre contam com o apoio necessário para lidar com a complexidade da contratação administrativa.

Em segundo lugar, é concebível que o licitante reduza seu preço passionalmente, ou seja, por se envolver psicologicamente na disputa de modo tão intenso a ponto de comprometer sua racionalidade econômica, O licitante, obcecado por vencer, passa a fazer lances e propostas que, se vencedoras do certame, serão incapazes de sustentar suas atividades ao longo da execução do contrato. Isso tende a ocorrer em pregões e leilões, em que a exigência de lances reduz o tempo de reflexão e cálculo.

Em terceiro lugar, há agentes que intencionalmente baixam seu preço para arruinar concorrentes. Entra em cena o conhecido "preço predatório", o preço menor que o custo, mas praticado com o objetivo de inviabilizar a sobrevivência dos competidores no mercado relevante. Essa estratégia funciona, porque muitos consumidores se orientam somente pelo preço, como a própria Administração Pública em certas licitações. Funciona, ainda, porque o predador terá caminhos futuros para compensar seus prejuízos. Poderá, de um lado, superfaturar o contrato pelas técnicas já mencionadas ou, de outro, tão logo tenha destruído seus concorrentes e assumido o posto de monopolista, poderá elevar seus preços nas contratações futuras com o objetivo de receber aquilo que deixou de ganhar no passado.

Todos esses fatores revelam que o legislador agiu bem não somente ao combater o sobrepreço na licitação e as estratégias de superfaturamento ao longo do contrato administrativo, como também ao vedar a contratação por preços inexequíveis – expediente que, além de colocar em jogo a execução contratual, poderá deflagrar efeitos devastadores para a boa concorrência nos variados mercados públicos. Combater o preço inexequível e o sobrepreço, ao longo da licitação, e atacar o superfaturamento durante o contrato são técnicas que se unem em favor da precificação adequada.

1.3 Inovação tecnológica

Outro objetivo dos processos de contratação a merecer comentários é o do incentivo à inovação, que se atrela a mandamentos constitucionais variados. O art. 23 da Constituição da República estabelece, como tarefa comum da União, dos Estados e dos Municípios, proporcionar meios de acesso à inovação. Já o art. 218, *caput*, prescreve que o Estado "promoverá e incentivará" a inovação e seu § 4º impõe à lei apoiar e estimular as empresas que invistam em pesquisa. O art. 219, *caput*, na mesma linha, declara que o mercado interno integra o patrimônio nacional e será incentivado de modo a viabilizar, entre outras coisas, a "autonomia tecnológica do País". O parágrafo único reforça o mandamento ao prever que o Estado estimulará o fortalecimento da inovação nas empresas, bem como nos demais entes, públicos ou privados.

Diante de tantos dispositivos constitucionais torna-se mais fácil compreender o papel desempenhado pelo art. 11, inciso IV, da Lei de Licitações. Ao contratar, os órgãos estatais deverão estimular a inovação em duplo sentido: quer como fomento ao avanço do setor empresarial nacional, quer como forma de permitir que a Administração Pública absorva novas tecnologias nas tarefas mais diversas e, por conseguinte, aplique-as em favor da coletividade.

Apesar de se tratar de objetivo claro com evidentes benefícios tanto para entes públicos contratantes, quanto para os particulares contratados, inserir a inovação nas contratações não é das tarefas mais simples. Esse objetivo pode ser obstado quer pela busca da vantajosidade, quer pela necessidade de se garantir a competividade e a isonomia nos certames, em favor da livre-iniciativa e da livre-concorrência.

Em outras palavras, contratar serviços e bens mais inovadores implica riscos de experimentar soluções técnicas recentes e não consagradas, além de embutir custos adicionais para compensar os investimentos em pesquisa e desenvolvimento. Não bastasse isso, certas soluções inovadoras, pelo seu custo ou por direitos de propriedade intelectual envolvidos, poderão reduzir excessivamente o número de licitantes ou, em piores situações, alçar algum agente econômico à posição de monopolista. Se isso ocorrer, a competitividade ficará seriamente prejudicada, levando não só a eventuais aumentos de gastos públicos com o contrato, como a um cenário de licitação excludente e, indiretamente, exclusiva. Situações como essa, não raramente, suscitarão questionamentos diversos e gerarão o risco de acusações de improbidade por direcionamento tecnológico.

Certamente por considerar os riscos não desprezíveis de se prestigiar a inovação num sistema de contratação pública que abarca tantos princípios e objetivos, muitas vezes contraditórios entre si, o legislador abriu caminhos diversos para fortalecer essa estratégia de raiz constitucional.

Na fase preparatória da licitação, o art. 81 permite que a PMI seja restrita a *startups* com atuação em inovação. Já na contratação direta, a inovação aparece como motivo para inúmeras modalidades de dispensa, como se vislumbra no art. 75, incisos IV e XVI. Já na fase externa, o art. 26, § 2º, manteve a possibilidade de emprego de margens de preferência, por exemplo, para "bens manufaturados nacionais e serviços nacionais resultantes de desenvolvimento e inovação tecnológica no país [...]".

Além disso, o art. 32, copiando o direito comunitário europeu,[2] introduziu a modalidade licitatória de diálogo competitivo para viabilizar a concepção, desenvolvimento e contratação de objetos inovadores. É preciso ter cautela em relação a essa modalidade procedimental. Seu uso é extremamente restrito, pois ela serve exclusivamente para situações em que o mercado ainda não dispõe de soluções para atender a certa demanda da Administração Pública. É a falta comprovada de soluções mercadológicas que levará o órgão contratante a se unir a agentes econômicos para definir o próprio objeto da contratação. Aqui reside a grande peculiaridade do diálogo: trata-se de licitação sem objeto predefinido! Dito de outro modo: o diálogo visa a desenvolver bens, serviços ou soluções que inexistem. Se houver serviço ou bem capaz de satisfazer a necessidade estatal, então essa modalidade se tornará incabível.

---

2   Cf. MARRARA, Thiago. O diálogo competitivo como modalidade licitatória e seus impactos. *Consultor Jurídico*, 6 de janeiro de 2017. Disponível em: www.conjur.com.br.

Após a edição da Lei de Licitações em 2021, novidades já surgiram no campo da contratação da inovação no sentido de viabilizar o objetivo em comento. A Lei Complementar n. 182, de 1º de junho de 2021, criou o Marco Legal das Startups e, em seu capítulo VI, tratou da "contratação de soluções inovadoras pelo Estado". Nesse capítulo, a Lei prevê que as licitações e contratos envolvendo Startups têm por finalidade resolver demandas públicas que exijam solução inovadora com emprego da tecnológica e promover a inovação no setor produtivo por meio do uso do poder de compra com o Estado.

Sob essas finalidades, permite-se à Administração "contratar pessoas físicas ou jurídicas, isoladamente ou em consórcio, para o teste de soluções inovadoras por elas desenvolvidas ou a ser desenvolvidas, com ou sem risco tecnológico, por meio de licitação na modalidade especial", regida pela própria Lei das Startups. Em seguida, a lei passa a tratar da comissão de licitação, dos critérios de julgamento, da possibilidade de contratação de várias empresas, da habilitação, entre outros aspectos. Em complemento, traz a disciplina de duas figuras contratuais: "o contrato público para solução inovadora" (CPSI) e o subsequente contrato de fornecimento.

Essa Lei Complementar não alterou a Lei de Licitações de 2021, mas sim adicionou uma nova modalidade de licitação e contratação que busca dar vida ao objetivo da inovação e, em especial, valorizar as Startups, definidas na própria lei como "organizações empresariais ou societárias, nascentes ou em operação recente, cuja atuação caracteriza-se pela inovação aplicada a modelo de negócios ou a produtos ou serviços ofertados", respeitadas certas condições legais de faturamento, tempo de existência e finalidade (art. 4º da LC nº 182).

2. PRINCÍPIOS JURÍDICOS: DEFINIÇÃO E UTILIDADES GERAIS

Demorou algum tempo para que os princípios jurídicos fossem reconhecidos como normas. Ainda hoje se encontram, certas vezes, resquícios de um entendimento segundo o qual princípios representariam proposições de conteúdo aberto sem caráter efetivamente vinculante; seriam meros enunciados gerais, vagos, mais simbólicos que normativos. No entanto, tal entendimento não predomina. Passou a época em que se entendiam os princípios como adereços, adornos, elementos decorativos da legislação. Na teoria do direito atualmente consagrada, os princípios se posicionam ao lado das regras como subcategorias de normas jurídicas. Como tais, criam direitos e deveres para algum sujeito, seja ele o cidadão, o legislador, o juiz, o administrador público ou quem o substitua em suas funções.

A despeito do grau variável de generalidade e vagueza de seu enunciado no direito positivo, princípios se diferenciam de regras jurídicas por seu maior grau de flexibilidade e adaptabilidade. Eles são propositalmente formulados como comandos concisos e vagos para que se amoldem às transformações sociais ao longo do tempo e se harmonizem uns com os outros. Enquanto as regras em conflito direto se excluem conforme os critérios da especialidade, da superioridade ou da posterioridade, os princípios se deixam harmonizar mais facilmente.

É perfeitamente concebível afastar a incidência de um princípio sobre determinado caso concreto sem que, para isso, seja necessário negar sua validade jurídica. Um princípio não se torna inválido, não é expulso do ordenamento jurídico, ao abrir espaço para a incidência de outro. Apesar disso, sempre que possível, o maior número de princípios deverá ser observado simultaneamente em um caso concreto. Isso explica a razão de não ser conveniente ao bom funcionamento do direito uma expansão demasiada de princípios.

Princípios configuram, em breve síntese, normas: i) escritas ou não escritas que permeiam o ordenamento e estruturam valorativamente as disciplinas jurídicas; ii) cujos enunciados normativos, quando consagrados no direito positivo, caracterizam-se pela vagueza, pela concisão e pela alta abstração; iii) cujos conteúdos mandamentais se irradiam e se dispersam pelo ordenamento jurídico; iv) cujos efeitos normativos variam e se adaptam de acordo com a situação, o espaço e o tempo e v) cujos destinatários são amplos e imprevistos em sua formulação textual.

De maneira sintética, os princípios cumprem ao menos quatro grandes funções práticas,[3] a saber:

i. "Função diretiva", pois orientam as condutas do legislador, sobretudo na criação do direito administrativo positivo; dos juízes na função de solução de conflitos relacionados com a Administração Pública em suas mais diversas relações jurídicas; do agente público no exercício de suas tarefas e na elaboração de atos, planos, acordos e contratos; bem como dos cidadãos e agentes econômicos em suas relações com o Estado ou como seus delegatários. A nenhum desses sujeitos se autoriza negar ou ignorar os princípios. Na medida do possível perante a situação fática, cabe-lhes concretizar os princípios nas máximas quantidade e intensidade, reduzindo os seus efeitos somente em casos excepcionais mediante ponderação e por necessidade prática de abrir espaço a outro princípio.

ii. "Função interpretativa", uma vez que os princípios guiam em termos valorativos o exame e o manuseio do ordenamento jurídico, atingindo as mais diversas fontes de normas administrativas. A convergência interpretativa ditada pelos princípios transforma o emaranhado caótico, impreciso e imperfeito de fontes e de normas que marca o direito administrativo positivo em um ramo relativamente coerente, racional e funcional. Na falta de codificações nacionais das normas de direito administrativo positivo, o papel dos princípios como instrumentos de racionalização cresce de forma significativa. No entanto, esse papel racionalizante pode ser prejudicado na medida em que os princípios são multiplicados pelo legislador de modo impensado.

iii. "Função integrativa", já que dos princípios deriva um conjunto de mandamentos concretos, sobretudo para o agente público, que lhe permitem agir mesmo diante de lacunas do direito positivo. Ao se colocarem ao lado da analogia e da interpretação extensiva como métodos de integração de lacunas, eles evitam a paralisia do Estado perante eventuais deficiências ou lentidões do processo legislativo ou normativo.

iv. "Função de controle", pois os princípios servem como parâmetro comportamental e como mandamento geral, cuja violação gera responsabilização sob certas circunstâncias. No direito administrativo brasileiro, a violação dolosa de princípios configura ato de improbidade (art. 11 da Lei nº 8.429/1992, alterado pela Lei nº 14.230/2021). Além disso, a afronta a certos princípios dá margem a uso de instrumentos de controle, como a ação popular e a ação civil pública. A essa função

---

[3] MARRARA, Thiago. Breve introito: por que ainda falar de princípios? In: MARRARA, Thiago (org.). *Princípios de direito administrativo*. 2. ed. Belo Horizonte: Fórum, 2021. p. 18.

de controle são direcionadas muitas críticas na atualidade, mormente porque os órgãos de controle brasileiros por vezes empregam os princípios sem a devida concretização e motivação para sustentar acusações frágeis e questionáveis contra agentes públicos e privados. É preciso ter em mente, porém, que o mau uso dos princípios como parâmetro de controle não consiste em uma deficiência dos princípios em si, mas sim de agentes públicos despreparados ou mal-intencionados que os utilizam indevidamente. A solução para abusos no controle não se dará pela extinção de princípios, senão pela capacitação dos agentes públicos e pela punição por acusações abusivas ou temerárias.

3. PRINCÍPIOS DA CONTRATAÇÃO PÚBLICA: CONFUSÕES E CRÍTICAS

Por seu indisputável caráter normativo e diante de suas evidentes utilidades práticas, o legislador conferiu papel de destaque aos princípios que guiam o sistema de contratações públicas no Brasil. Dentro do Título I da Lei nº 14.133/2021, que cuida das disposições preliminares, o capítulo II inclui um pacote extenso de princípios, todos eles espremidos sem grande preocupação lógica no art. 5º, que assim dispõe:

> Art. 5º Na aplicação desta Lei, serão observados os princípios da legalidade, da impessoalidade, da moralidade, da publicidade, da eficiência, do interesse público, da probidade administrativa, da igualdade, do planejamento, da transparência, da eficácia, da segregação de funções, da motivação, da vinculação ao edital, do julgamento objetivo, da segurança jurídica, da razoabilidade, da competitividade, da proporcionalidade, da celeridade, da economicidade e do desenvolvimento nacional sustentável, assim como as disposições do Decreto-lei nº 4.657, de 4 de setembro de 1942 (Lei de Introdução às Normas do Direito Brasileiro).

Esse extenso dispositivo tem um papel inegável para todo o sistema de contratação estatal, pois enumera com detalhes os valores centrais que deverão guiá-lo e, ao assim fazer, orienta e dirige as ações interpretativas, integrativas e executórias tanto dos entes federativos na criação de normas específicas estaduais e municipais, quanto dos entes administrativos, órgãos e agentes públicos que desempenham tarefas de contratação, assim como os órgãos de controle e de solução de controvérsias, além dos particulares que se envolvem em licitações e contratos administrativos.

O art. 5º abre-se com uma reprodução dos cinco princípios constitucionais previstos no art. 37, *caput*, da Constituição da República. Até aí, nenhuma novidade, nem grande utilidade, pois esses princípios não precisariam ser repetidos para ter garantida sua eficácia no campo das contratações públicas. Em seguida, o art. 5º passa a enumerar princípios mais específicos e aderentes à dinâmica da licitação e dos contratos administrativos. Antes de se comentar cada um desses comandos, não se poderia deixar de tecer algumas críticas à estrutura do art. 5º.

A uma, a despeito de sua extensão e prolixidade, o dispositivo em comento peca por deixar de fora princípios essenciais de natureza processual, sobretudo a garantia da defesa e do contraditório, da oficialidade, além do formalismo mitigado. Ainda assim, esses princípios não podem ser ignorados em matéria de contratação pública, na qual se desenvolvem vários tipos de processos administrativos: os processos licitatórios como processos seletivos, os processos de reequilíbrio econômico-financeiro, os processos de revogação e anulação, os processos sancionatórios contratuais, entre outros. De todo modo, o fato de não terem sido mencionados no art. 5º não significa que não incidam nos processos de contratação pública, já que decorrem da Constituição, da LINDB e das leis de processo administrativo.

Nesse sentido, os efeitos da lacuna são mitigados pela parte final do art. 5º, que expressamente requer o respeito à LINDB, diploma nacional que contém, apesar de polêmicas, várias determinações de cunho processual, como a necessidade de estabilização de decisões anteriores e de respeito às orientações gerais. O art. 5º, infelizmente, nada diz sobre as Leis de Processo Administrativo, mas é evidente que, na condução dos variados processos administrativos realizados na contratação, não se poderá ignorar essas fontes legais, já que suas disposições básicas têm aplicação subsidiária para todo e qualquer tipo de processo administrativo no âmbito de cada esfera federativa.

A duas, notam-se certo excesso e imprecisão técnica na redação do art. 5º. Muitos princípios são colocados como se fossem distintos, como a proporcionalidade e a razoabilidade; a transparência e a publicidade e assim por diante. Na verdade, vários dos princípios apontados nada mais são que derivações lógicas dos princípios constitucionais maiores. A razoabilidade e a probidade, por exemplo, decorrem da moralidade; a celeridade, a eficácia e a economicidade extraem-se do princípio da eficiência; a transparência e a motivação ligam-se ao princípio da publicidade; o julgamento objetivo e a igualdade, ao princípio da impessoalidade. Da forma como estruturado, portanto, o art. 5º assume conteúdo bastante redundante e prolixo, mas, quem sabe, isso ocorra propositalmente. Melhor dizendo: é possível presumir que o legislador não tenha buscado estender o número de princípios, mas que tenha desejado evidenciar e frisar pela técnica da repetição o conteúdo essencial do arcabouço principiológico constitucional.

Apontados os conceitos fundamentais e registradas essas breves críticas à Lei nº 14.133 – que de modo algum comprometem a utilidade e a importância do art. 5º –, é hora de destacar o conteúdo básico e o papel dos princípios nele referidos. Para sistematizar essa apresentação, serão utilizados agrupamentos temáticos, ou seja, os princípios que se relacionam ou se sobrepõem materialmente serão tratados em conjunto.

3.1   Legalidade e vinculação ao ato convocatório

A legalidade administrativa, em termos sintéticos, deixa-se separar em respeito à lei ("nada contra a lei") e em reserva de lei ("nada sem lei"). Esses comandos precisam ser lidos com cautela e com a consciência das peculiaridades da contratação pública.

De modo geral, na primeira vertente, a legalidade indica que cabe à Administração Pública atuar sempre à luz das normas que regem com maior ou menor vagueza seus comportamentos ("nada contra a lei"). O Estado é a "empresa" do povo, daí por que a vontade dos entes e órgãos estatais deriva obrigatoriamente de seu "dono", o próprio povo, cujos anseios se assentam na Constituição e nas leis. Por força do Estado de Direito, todas as condutas e atividades estatais necessitam se alinhar ao ordenamento jurídico, inclusive as tarefas complexas que se desenrolam na contratação pública. Se a Constituição ou a lei forem contrariadas, a função do Estado se perderá.

Como o ordenamento jurídico se forma por inúmeros planos de fontes normativas, na prática, a supremacia da "lei" requer exame abrangente. Em outras palavras, é preciso considerar que existem inúmeras camadas ou níveis de legalidade administrativa. Em sentido restritíssimo, a legalidade limita-se à harmonia da ação estatal com as próprias normas infralegais que os inúmeros entes públicos inserem em resoluções, deliberações, portarias etc. Essa perspectiva da legalidade está por trás do princípio da vinculação ao ato convocatório da licitação, como o edital. Ocorre que a legalidade não se esgota nisso!

Em sentido restrito, a relação de legalidade indica a compatibilidade da conduta com leis ordinárias e outros tipos legais, incluindo Medidas Provisórias. É nesse nível que se entende o dever de observar a própria Lei de Licitações como uma lei de normas gerais, uma verdadeira lei nacional, dirigente do comportamento de particulares e, ainda, de entes, órgãos e agentes públicos nos níveis da União, dos Estados e dos Municípios. Mas não só isso: o respeito à lei inclui, ainda, a observância de outras normas básicas, de incidência subsidiária, como as contidas nas leis de processo administrativo e na LINDB.

Em sentido ainda mais amplo, desponta a legalidade como relação de constitucionalidade ou exigência de compatibilidade da conduta com Leis Orgânicas dos Municípios, Constituições Estaduais e, no topo, a Constituição da República. A isso se soma, em perspectiva amplíssima, a legalidade como juridicidade, isto é, vinculação ao direito posto e aos seus valores fundantes, inclusive os não escritos. A juridicidade é, pois, a legalidade em sua feição mais abrangente, reconhecedora do direito como bloco complexo, estruturado a partir de fontes legais e infralegais, bem como de normas explícitas e implícitas.

Nesse panorama, há, portanto, ao menos quatro camadas ou níveis de legalidade. Isso explica por que a supremacia da "lei" jamais poderia ser lida de modo restritivo. A vinculação ao ato convocatório, como uma faceta limitada da legalidade, não é princípio que permita justificar ou afastar o dever de se respeitar a legislação, a Constituição e os grandes valores que permeiam o ordenamento. A aplicação lícita do ato convocatório pressupõe sua leitura harmônica com as camadas superiores de normatividade.

É verdade, porém, que essas camadas de legalidade nem sempre se harmonizam, caso em que se deverá privilegiar a relação mais ampla em detrimento da mais restrita, pois a norma superior prevalece sobre a inferior em razão de seu maior grau de legitimação. Exatamente por isso, a legislação de licitações contém normas relevantes sobre anulação de atos que contenham vícios insanáveis, como a prevista no art. 71, III,[4] e no art. 147.

O art. 147, em especial, prevê que a nulidade do contrato ocorrerá somente após uma avaliação e uma ponderação de diversos fatores, como: os impactos econômicos e financeiros; os riscos sociais e ambientais; o custo da deterioração ou da perda das obrigações executadas; o fechamento de postos de trabalho; os custos para realização de nova licitação etc. Essa lógica de ponderação é confirmada no parágrafo único, que assim prescreve: "Caso a paralisação ou anulação não se revele medida de interesse público, o poder público deverá optar pela continuidade do contrato e pela solução da irregularidade por meio de indenização por perdas e danos, sem prejuízo da apuração de responsabilidade e da aplicação de penalidades cabíveis".

---

[4] "Art. 71. Encerradas as fases de julgamento e habilitação, e exauridos os recursos administrativos, o processo licitatório será encaminhado à autoridade superior, que poderá: I – determinar o retorno dos autos para saneamento de irregularidades; II – revogar a licitação por motivo de conveniência e oportunidade; **III – proceder à anulação da licitação, de ofício ou mediante provocação de terceiros, sempre que presente ilegalidade insanável (...)**. § 1º Ao pronunciar a nulidade, a autoridade indicará expressamente os atos com vícios insanáveis, tornando sem efeito todos os subsequentes que deles dependam, e dará ensejo à apuração de responsabilidade de quem lhes tenha dado causa. (...) § 3º Nos casos de anulação e revogação, deverá ser assegurada a prévia manifestação dos interessados" (Grifos nossos).

Nesse último dispositivo, a Lei de Licitações inova ao relativizar a legalidade diante de interesses públicos primários, o que no fundo expressa sua preocupação de evitar que o respeito à lei venha a ser entendido, na prática, como um autorizativo para negar a Constituição. Em outras palavras, o art. 147 meramente reconhece que a observância da lei em sentido estrito não é um superprincípio, um dever absoluto e incontrastável. A opção legislativa é corretíssima, pois se assenta na ideia de que a legalidade se desdobra em camadas, de modo que a observância do comando legal necessita ser ponderada diante de interesses públicos ancorados no plano da constitucionalidade. A anulação necessita ser examinada a partir da lei e da Constituição!

O reconhecimento das camadas ou níveis de legalidade representa apenas um dos passos à sua operacionalização. É preciso, adicionalmente, ter em mente que existem variados tipos ou padrões de legalidade administrativa, que indicam o maior ou menor grau de vinculação da conduta ao ordenamento jurídico. Quanto mais restritiva for a ação do Estado em relação ao particular, mais clara, explícita e reforçada deverá ser sua legitimação democrática. Em casos assim, demanda-se a "legalidade forte", a legalidade como conformidade estrita da função administrativa ao ordenamento jurídico. Sem previsões relativamente minuciosas, a Administração não poderá agir sob pena de violar a legalidade.

A Constituição da República, nesse sentido, prescreve que "ninguém será obrigado a fazer ou deixar de fazer alguma coisa senão em virtude de lei" (art. 5º, II). Esse mandamento somado ao reconhecimento explícito da legalidade como princípio geral (art. 37, *caput*) consagra a reserva geral de lei para medidas estatais restritivas. Dizendo de outro modo: toda e qualquer ação significativamente limitadora de direitos fundamentais deverá estar prevista na Constituição ou em uma lei em sentido formal, instrumento normativo construído pelos representantes do povo.

Essa sistemática tem impacto expressivo em matéria de contratação pública. Como todos os entes federativos subnacionais podem editar leis para minudenciar a Lei nº 14.133 e Executivos podem editar normativas infralegais para regulamentar certos aspectos das leis, é preciso levar em conta que esses poderes normativos terão que ser exercitados em harmonia com a Constituição e a própria norma geral. Leis subnacionais não deverão inovar naquilo que viole a norma geral prevista. Nem poderão ser editados atos normativos infralegais para criar comandos restritivos de direito sem previsão na legislação de licitações e contratos, a exemplo de normas que prevejam novos tipos de infrações ou novas espécies de sanções.

Por outra ótica, porém, sempre que a legislação subnacional ou as regulamentações infralegais forem editadas para viabilizar, garantir ou ampliar direitos fundamentais, a legalidade mudará de padrão e passará a ser compreendida de maneira branda, como legalidade fraca ou compatibilidade. Se a Administração fosse obrigada a aguardar autorização prévia do legislador para agir em todos os casos, inúmeros direitos fundamentais pereceriam. É por isso que, nessas situações de promoção de direitos, a legalidade assume um padrão de vinculação mais suave e aberto, afastando-se a lógica limitadora da reserva legal.

Em matéria de licitações e contratos, impõe-se certo cuidado nesse assunto. Dada a relevância dos processos para a promoção da isonomia dos agentes de mercado, a busca da vantajosidade e o desenvolvimento, mesmo para edição de normas que seriam aparentemente limitativas de direitos fundamentais, o Congresso Nacional restringe os poderes normativos do Estado. Assim, *e.g.*, o art. 28, § 2º, da Lei nº 14.133/2021 veda a "criação de outras modalidades de licitação ou, ainda, a combinação daquelas" mencionadas no texto legal (a saber: pregão, concorrência, concurso, leilão e diálogo competitivo).

Apesar dessas restrições, em outros momentos, a Lei de Licitações relativiza a legalidade e a rigidez da matéria. Isso se vislumbra, por exemplo, no art. 1º, § 2º, segundo o qual: "As contratações realizadas no âmbito das repartições públicas sediadas no exterior obedecerão às peculiaridades locais e aos princípios básicos estabelecidos nesta Lei, na forma de regulamentação específica a ser editada por ministro de Estado". Outra flexibilização se vislumbra no art. 1º, § 3º, que autoriza o uso de condições especiais e peculiares constantes de Acordos Internacionais aprovados no Congresso e devidamente ratificados ou determinados por agências ou organismos estrangeiros, inclusive quanto à seleção e ao contrato. Essa faculdade valerá se a licitação envolver recurso proveniente de entes estrangeiros ou internacionais de que o Brasil seja parte.

Nessas situações excepcionais ou nas corriqueiras, a legalidade necessitará ser controlada já desde a fase preparatória. O art. 53 exige que o órgão de assessoramento jurídico da Administração faça obrigatoriamente um controle prévio de legalidade da contratação (direta ou licitada) em parecer – imposição que se estende para celebração de acordos de cooperação, como convênios, e outros atos relevantes, como adesão a atas de registros de preços e aditamentos contratuais (§ 4º). Essa obrigatoriedade é dispensada unicamente em situações de baixa complexidade e em outras previstas na lei ou em ato da autoridade jurídica máxima do ente contratante.[5]

Note-se que o legislador se preocupou, muito prudentemente, com a clareza da manifestação jurídica, sobretudo por considerar que o gestor público não é necessariamente especialista na área. Daí a exigência do art. 53, § 1º, inciso II, de que a redação do parecer adote linguagem simples, compreensível, clara e objetiva, devendo apreciar "todos os elementos indispensáveis à contratação" e expor os "pressupostos de fato e de direito levados em consideração na análise jurídica". Como se trata de parecer obrigatório, não se poderá publicar o ato convocatório antes de sua emissão.

Não se poderia finalizar a abordagem da legalidade sem antes alertar para a frequente confusão que certos agentes públicos fazem entre respeito à legalidade e formalismo exacerbado. Legalidade não é sinônimo de burocratismo, de rigidez intensa e injustificável. E isso fica evidente em vários momentos na Lei de Licitações. Por exemplo, ao tratar da documentação de habilitação, o art. 64, § 1º, prevê que a comissão de licitação poderá "sanar erros ou falhas que não alterem a substância dos documentos e sua validade jurídica, mediante despacho fundamentado registrado e acessível a todos, atribuindo-lhes eficácia para fins de habilitação e classificação". Comandos como esse também se encontram em outros diplomas aplicáveis subsidiariamente às licitações, como a LPA federal e a Lei de Desburocratização.

3.2 Publicidade, transparência e motivação

Derivação imediata do Estado democrático e republicano, o princípio da publicidade, ancorado na Constituição, é instrumento imprescindível à concretização de direitos fundamentais e outros valores maiores. Pela perspectiva do particular, a publicidade viabiliza o controle da gestão pública, a defesa de seus interesses e direitos individuais, coletivos

---

[5] A esse respeito, dispõe o art. 53, § 5º, o seguinte: "É dispensável a análise jurídica nas hipóteses previamente definidas em ato da autoridade jurídica máxima competente, que deverá considerar o baixo valor, a baixa complexidade da contratação, a entrega imediata do bem ou a utilização de minutas de editais e instrumentos de contrato, convênio ou outros ajustes previamente padronizados pelo órgão de assessoramento jurídico".

ou difusos, a participação em processos administrativos, inclusive naqueles resultantes em decisões concretas ou normativas que o afetem. Publicidade não é um fim em si mesma, senão um veículo de distribuição de informação essencial à participação, ao controle e à defesa dos direitos. Daí ser frequentemente chamada de princípio instrumental.

Acreditar que a publicidade apenas beneficia o cidadão e prejudica o Estado é engano frequente em nichos mais despreparados da Administração Pública. É preciso combater esse equívoco! Ao exercer a função comunicativa que a Constituição lhe impõe, os entes estatais abrem-se à sociedade e disso extraem vantagens incontáveis. Por ampliar e reforçar o controle das funções administrativas, a publicidade colabora para que o Estado funcione de forma moral, legal e eficiente. Se dependesse apenas de seus mecanismos oficiais, se não se sujeitasse à luz do sol, ao influxo dos controles externos, inclusive o social, certamente muitas condutas ilegais passariam despercebidas e seus autores restariam impunes.

A publicidade no sentido de abertura da máquina estatal à participação coloca a Administração na posição de ouvinte, possibilitando que recolha informações relevantes para a elaboração de decisões mais razoáveis e legítimas. Ao fazê-lo, cria-se um tipo de relação de confiança, de diálogo constante e de contribuição recíproca. Ao tomarem conhecimento dos processos da Administração, participarem de seu desenvolvimento, entenderem as razões do agir público e suas dificuldades, os cidadãos tenderão a aceitar com mais facilidade as medidas administrativas. É a tendência à aceitação que torna, ao final, a publicidade um princípio que, se bem aplicado, também fortalece a legitimidade do Estado e, em um ciclo virtuoso, contribui com o aumento dos graus de eficiência administrativa e estabilidade jurídica.

Para fins analíticos, assim como ocorre com outros princípios, a publicidade desdobra-se em muitas facetas, mas sem que se lhe possa conferir um conteúdo definitivo e imutável.

A "publicidade formal" indica as regras que impõem a divulgação de atos, contratos ou outras medidas estatais ou de seus extratos como requisito de validade e/ou de eficácia jurídica. Na Lei de Licitações, isso se verifica, por exemplo, nas regras: que estabelecem períodos mínimos de divulgação do ato convocatório, contados entre a data de sua publicação até o momento de recebimento de propostas (art. 55); que exigem divulgação de todos os anexos do edital, inclusive a minuta de contrato (art. 25, § 3º)[6], que impõem a divulgação do extrato do contrato firmado ou do ato que autoriza contratações diretas (art. 72, parágrafo único) e que requerem a publicidade do ato convocatório no Portal Nacional de Contratações Públicas (art. 54).

A "publicidade transparência" refere-se aos mecanismos de oferta de informações necessárias ao fortalecimento do controle externo do Estado, inclusive do controle social, para fins de defesa de direitos e interesses coletivos, difusos e individuais perante medidas administrativas concretas ou normativas. A publicidade como transparência é também o que impõe a motivação das decisões, principalmente quando restritivas de direito, a divulgação dos planos e de decisões.

Em favor da transparência, dispõe a Constituição que "todos têm direito a receber dos órgãos públicos informações de seu interesse particular, ou de interesse coletivo ou geral, que serão prestadas no prazo da lei, sob pena de responsabilidade, ressalvadas aquelas

---

[6] Art. 25, § 3º: "Todos os elementos do edital, incluídos minuta de contrato, termos de referência, anteprojeto, projetos e outros anexos, deverão ser divulgados em sítio eletrônico oficial na mesma data de divulgação do edital, sem necessidade de registro ou de identificação para acesso".

cujo sigilo seja imprescindível à segurança da sociedade e do Estado" (art. 5º, XXXIII). A efetiva transparência supõe acesso pleno a informações, ressalvadas, porém, as relativas à segurança do Estado e da sociedade (assim definidas em processo de qualificação regido pela Lei de Acesso à Informação), bem como aquelas cuja divulgação possa violar a vida privada, a intimidade, a honra e a imagem das pessoas, ou valores sensíveis protegidos por leis especiais (como o segredo de indústria e certos dados regulatórios).

Essas situações de restrição são excepcionais por uma simples razão: gestão transparente e direito de acesso andam sempre juntos. Não há transparência sem acesso. Em vista dessa relação, o Estado ora atua em sentido ativo, lançando informações ao público ou a certos indivíduos determinados, ora age de modo passivo, abrindo seus bancos de dados e informações a todos que quiserem acessá-los por iniciativa própria. A Constituição da República e a LAI[7] garantem essas duas facetas da transparência.

A Lei de Licitações segue igualmente essa lógica. O art. 13 reconhece que "os atos praticados no processo licitatório são públicos, ressalvadas as hipóteses de informações cujo sigilo seja imprescindível à segurança da sociedade e do Estado, na forma da lei". Aponta, ainda, que a publicidade poderá ser diferida por razões lógicas "quanto ao conteúdo da proposta até a abertura" e quanto ao orçamento da Administração, nos termos do art. 24.

Adicionalmente, o art. 21 valoriza as formas participativas pró-transparência. Nesse sentido, faculta ao órgão contratante convocar audiência pública, presencial ou a distância, na forma eletrônica, sobre licitação que pretenda realizar, com disponibilização prévia de informações pertinentes e com possibilidade de manifestação de todos os interessados. A consulta pública, por sua vez, também ganha espaço no referido dispositivo, que autoriza seu emprego previamente à licitação para que o órgão contratante receba sugestões por escrito de qualquer cidadão. Já o art. 164, também a valorizar a participação popular, abre a possibilidade de impugnação do edital a qualquer pessoa.

Faceta diversa da publicidade como transparência é a motivação, ou seja, a exposição das justificativas decisórias, a explicitação, de maneira clara, congruente e geralmente prévia, dos elementos passados e futuros que sustentam e recomendam uma determinada ação ou inação estatal. A clareza pede que se apontem os motivos concretamente, vinculados à realidade, sem desnecessária vagueza ou abstração, de modo acessível a todo e qualquer cidadão, sempre que possível a despeito de formação técnica. A congruência indica a necessidade de harmonia e coerência entre os motivos utilizados. E a anterioridade consiste na necessidade de indicar os motivos da decisão antes de se executá-la, determinação que, porém, aceita ressalvas, por exemplo, em relação a medidas cautelares urgentes.

Sinteticamente, os motivos, como conteúdo da motivação, dividem-se em três grupos: (i) os pressupostos fáticos; (ii) os pressupostos jurídicos da medida estatal e (iii) um prognóstico, ou seja, uma análise das consequências da decisão escolhida. Esse último elemento tornou-se parte da motivação em virtude da modificação da LINDB, quando então inseriu no ordenamento pátrio a seguinte disposição: "nas esferas administrativa, controladora e judicial, não se decidirá com base em valores jurídicos abstratos sem que sejam consideradas as consequências práticas da decisão" (art. 20, *caput*). A partir de então, a publicidade impõe que os dois pressupostos e o prognóstico acompanhem formalmente a decisão.

---

[7]   Lei de Acesso à Informação: Lei nº 12.527, de 18-11-2011, regulamentada pelo Decreto nº 7.724, de 16-5-2012, com alterações posteriores.

Essa lógica incide plenamente sobre a motivação para decisões no âmbito da contratação pública, até porque o art. 5º da Lei de Licitações faz remissão expressa à LINDB. Contudo, a motivação nem sempre será necessária – diferentemente dos motivos, todos imprescindíveis e preexistentes! Na prática, a explicitação desses motivos ganha importância conforme se eleve o grau de discricionariedade e o conteúdo restritivo da decisão estatal. Quanto mais opções houver à disposição do administrador, mais trabalho ele terá para explicar a escolha razoável no caso concreto. E quanto mais limitadora de direitos fundamentais for a medida eleita, mais relevante será sua motivação, pois as pessoas atingidas necessitarão conhecer as razões do Estado para exercitar seu direito à ampla defesa.

Na Lei de Licitações, a motivação é valorizada em incontáveis dispositivos. Isso se vê, por ilustração, na decisão que inverte a fase de habilitação e de julgamento (art. 17, § 1º), na que ordena o emprego da licitação presencial em detrimento da virtual (art. 17, § 2º), na que define a padronização em processos de contratação de fornecimento de bens (art. 43, inciso II), na de revogação[8] ou de anulação da licitação e do contrato (art. 71 e art. 147), na decisão de condenação do contratado e na consequente aplicação de sanções (art. 104, inciso IV).

Para além da publicidade como transparência, fala-se de "publicidade interna" para apontar a execução de medidas de divulgação de informações no âmbito da própria entidade estatal ou entre entes estatais, no sentido de promover a coordenação em sentidos intra e interadministrativo, o desenvolvimento dos recursos humanos estatais e a avaliação de políticas públicas.

Na Lei de Licitações, essa vertente da publicidade é visível em vários dispositivos. De um lado, aparecem na lei muitos comandos que valorizam a capacitação dos agentes públicos, apontando a publicidade intraestatal como uma forma de difusão de informações e conhecimentos para melhorar a gestão de licitações e contratos. Nesse sentido, o art. 173 dispõe que os tribunais de contas deverão, por meio de suas escolas de contas, promover eventos de capacitação para os servidores efetivos e empregados públicos designados para o desempenho das funções essenciais à execução da lei de licitações, incluídos cursos presenciais e a distância, redes de aprendizagem, seminários e congressos sobre contratações públicas. Já o art. 18, § 1º, inciso X, ao tratar da fase de preparação da licitação, aponta a necessidade de que os estudos preparatórios prevejam, entre outras coisas, providências prévias à celebração do contrato, "inclusive quanto à capacitação de servidores ou de empregados para fiscalização e gestão contratual".

Também se pode incluir na lógica de publicidade interna, aqui com a finalidade de articulação interadministrativa e interfederativa, a obrigação de os órgãos públicos alimentarem os cadastros nacionais (CEIS e CNEP) com informações sobre as sanções que aplicam, em especial as de impedimento de contratar e de licitar, bem como a declaração de inidoneidade (art. 161, *caput*). Esse tipo de informação é essencial, pois "antes de formalizar ou prorrogar o prazo de vigência do contrato, a Administração deverá verificar a regularidade fiscal do contratado, consultar o Cadastro Nacional de Empresas Inidôneas e Suspensas (Ceis) e o Cadastro Nacional de Empresas Punidas (Cnep) (...)" (art. 91, § 4º).

---

[8] Nos termos do art. 71, § 2º: "O motivo determinante para a revogação do processo licitatório deverá ser resultante de fato superveniente devidamente comprovado".

3.3 Impessoalidade, igualdade, julgamento objetivo e competitividade

O Estado brasileiro constitui *res publica*, construído pelo esforço constante do povo e por ele destinado ao benefício coletivo. Como princípio geral consagrado na Constituição (art. 37, *caput*), a impessoalidade na Administração Pública representa a negação da subjetividade, do capricho e da arbitrariedade. Repele, ainda, o patrimonialismo, consistente na apropriação da máquina estatal por uma pessoa ou grupo delas, e impõe o emprego do aparato e dos recursos públicos em benefício da coletividade, com vistas ao atendimento das necessidades sociais e da consecução das finalidades primárias do Estado (isto é, os interesses públicos primários).

A negação da impessoalidade reside na gestão maliciosamente direcionada à geração de privilégios para determinadas pessoas, no tratamento das entidades estatais como a extensão da vida e do patrimônio do agente público, na administração guiada por sentimentos, convicções religiosas ou ideológicas incompatíveis com os fins públicos, assim como na sua manipulação para destruir os que se oponham ou critiquem o governante.

Di Pietro aponta dois sentidos para o princípio em exposição. De um lado, na perspectiva da Administração em sua relação com a sociedade e, de igual modo, com o mercado, a impessoalidade exige que o Estado e seus agentes públicos se guiem apenas por finalidades legítimas, abstendo-se de conceder privilégios a um ou outro. Diferentemente, na perspectiva da sociedade e do mercado em seu contato com a Administração, o princípio indica que toda ação pública é imputada ao Estado como instituição e não a um ou outro agente público.[9]

Esses dois sentidos se traduzem da seguinte maneira: não interessa, para o particular, quem está atrás do balcão, quem se apresenta como agente público. As pessoas sempre se reportam à Administração Pública em sentido impessoal. Devem ser por ela atendidas e tratadas com respeito e ter satisfeitas suas pretensões legítimas a despeito do indivíduo que esteja no exercício da função pública. Já pela visão do administrador, não interessa quem está à frente do balcão. A atividade administrativa destina-se a todos de igual maneira e sem discriminações. Em apoio a qualquer pessoa, a Administração deverá cooperar para viabilizar o exercício de direitos e o cumprimento de deveres.

No art. 5º da Lei de Licitações, a impessoalidade é desdobrada em subprincípios, com especial destaque para a objetividade e a igualdade. A competitividade, ainda que de maneira menos óbvia, também requer a administração impessoal, mas pode ser promovida, na prática, ora com mecanismos de tratamento isonômico formal, ora por meio de mecanismos inclusivos, com ou sem caráter discriminatório, como se pretende demonstrar a seguir.

Uma primeira faceta da impessoalidade destacada pelo art. 5º é a objetividade, traduzida pela expressão "julgamento objetivo" no campo das contratações públicas. Em sentido geral, no direito administrativo, a objetividade impõe o agir racional e isento de subjetivismos por parte da Administração Pública em direção à finalidade pública que a move nos casos concretos. Essa lógica incide mesmo nas situações em que a norma jurídica confere ao administrador público poder de escolha e lhe abre margem para certo grau de discricionariedade. Os juízos de conveniência e oportunidade não podem prescindir de critérios lógicos, lícitos e morais, que demonstrem como a decisão escolhida concretizará interesses públicos e direitos fundamentais.

---

[9]   DI PIETRO, Maria Sylvia Zanella. *Direito administrativo*. 37. ed. Rio de Janeiro: Forense, 2024. p. 81.

Na contratação, por consequência, a objetividade impõe um agir racional em direção aos objetivos do art. 11 da Lei nº 14.133, como a vantajosidade e o desenvolvimento nacional sustentável. Nesse cenário, a expressão julgamento objetivo, contida no art. 5º, é insuficiente e perigosa, pois pode induzir a falsa impressão de que a objetividade fica limitada ao julgamento. Nada mais incorreto! Trata-se de mandamento que permeia todas as etapas dos processos de contratação, desde a licitação em si como processo seletivo, passando pelas medidas de fiscalização até os processos contratuais punitivos. A objetividade igualmente se impõe nas formas de contratação direta por dispensa e por inexigibilidade.

A Lei de Licitações busca concretizar a objetividade em diversas disposições e, com isso, repelir que os agentes públicos atuem por subjetivismos e em prejuízo da legítima competição dos agentes econômicos interessados em mercados públicos. Exemplos para sustentar essa afirmação não faltam. O art. 53, § 1º, prevê que o parecer jurídico, que avalia a legalidade da licitação, necessita ser guiado por critérios objetivos. O art. 78, ao disciplinar os procedimentos auxiliares, como a pré-qualificação, o registro de preços e o procedimento de manifestação de interesse, impõe o respeito a "critérios claros e objetivos definidos em regulamento". O art. 171, de sua parte, manda que a fiscalização de licitações e contratos adote "procedimentos objetivos e imparciais". Isso revela, pois, que o julgamento objetivo constitui mera parcela de um princípio muito maior.

Não se deve confundir objetividade com igualdade, definida, numa primeira perspectiva, como mandamento primário de tratamento isonômico formal, ou seja, tratamento idêntico de pessoas que se encontrem, presumidamente, em igual situação. Materializando essa lógica, o art. 9º da Lei de Licitações veda que os agentes públicos, atuantes na contratação, estabeleçam preferência ou distinções em razão da naturalidade, sede ou domicílio dos licitantes, ou dispensem tratamento diferenciado de natureza comercial, legal, trabalhista, previdenciária ou de qualquer natureza entre empresas brasileiras ou estrangeiras. No mesmo sentido, mas direcionado ao diálogo competitivo, o art. 32, § 1º, inciso III, veda a divulgação de informações de modo discriminatório que possam implicar vantagem para algum licitante. Já o inciso IX do referido parágrafo faculta à Administração solicitar esclarecimentos ou ajustes às propostas apresentadas no diálogo competitivo, "desde que não impliquem discriminação nem distorçam a concorrência".

Em sentido material, porém, a isonomia permite que a Administração Pública busque equalizar a posição de pessoas em situações desiguais quando essas diferenças gerarem desvantagens significativas na fruição de direitos ou liberdades. Aqui, abre-se espaço para técnicas discriminatórias, com o objetivo de corrigir distorções entre diferentes sujeitos nas relações com o Estado, inclusive no contexto das contratações públicas.

A materializar essa perspectiva da igualdade material, o art. 26 da Lei de Licitações possibilita o uso de margem de preferência para bens manufaturados e serviços nacionais que atendam a normas técnicas brasileiras,[10] bem como para bens reciclados, recicláveis ou biodegradáveis. Aqui, autoriza a lei que se contrate um fornecedor que não apresenta o menor preço, afastando-se o critério de tratamento igualitário formal, mas sem se perder a objetividade, já que as regras discriminatórias seguem critérios universais e transparentes, baseados na própria lei. Outro exemplo se verifica na aplicação dos variados mecanismos

---

[10] O Decreto nº 11.890/2024 regulamenta as margens de preferência no âmbito da Administração Pública federal, define seus tipos e cria a Comissão Interministerial de Contratações Públicas para o Desenvolvimento Sustentável (CICs), uma instância formada por representantes de vários ministérios para cuidar de aspectos técnicos das margens de preferência.

de tratamento discriminatório para empresas de pequeno porte e microempresas, reconhecidos no art. 4º, *caput,* da Lei de Licitações e detalhados na Lei Complementar nº 123/2006.[11]

Cumpre advertir que nem toda técnica inclusiva ou favorável à competitividade será discriminatória. Inclusão e discriminação não são sinônimas. As técnicas pró-competitivas usadas pelo Estado formam um gênero, que abrange ora medidas de tratamento isonômico formal, ora medidas de desequiparação ou de ação afirmativa. Isso se vislumbra no campo da contratação pública muito facilmente. Trata-se, na realidade, de aplicação do princípio da razoabilidade, que permite considerar como válidas determinadas discriminações que, devidamente motivadas, se apresentem como o melhor meio para atingir uma finalidade pública.

Preocupado com a inclusão do maior número de competidores na licitação, o legislador previu na Lei nº 14.133 o princípio do parcelamento do objeto. O art. 40, ao tratar do planejamento da contratação de fornecimento de bens, apresenta o parcelamento como um princípio que deve ser posto em prática sempre que for tecnicamente viável e economicamente vantajoso. O § 2º cuida expressamente do assunto e destaca que, na aplicação do parcelamento, é imperioso considerar: I – a viabilidade da divisão do objeto em lotes; II – o aproveitamento das peculiaridades do mercado local, com vistas à economicidade, sempre que possível, desde que atendidos os parâmetros de qualidade; e III – o dever de buscar a ampliação da competição e de evitar a concentração de mercado.

Nessas disposições se observa que o parcelamento é uma técnica não discriminatória, mas inclusiva. Ainda que não gere discriminação entre os vários licitantes, ao se dividir o objeto em parcelas, o órgão contratante permitirá que empresas menores entrem no jogo competitivo, tornando os mercados públicos mais acessíveis a pessoas que não os disputariam caso o objeto fosse demasiadamente amplo ou complexo. Todavia, o parcelamento não é dever absoluto, o que evidencia o § 3º do art. 40, permitindo afastá-lo, por exemplo, diante das perdas de economia de escala ou de aumento de custos de gestão contratual.

Outra regra pró-competitiva não discriminatória se visualiza no art. 42, que autoriza a prova de qualidade de produto apresentado pelos proponentes como similar ao das marcas eventualmente indicadas no edital. Com finalidade semelhante, o art. 67, tratando da documentação da qualificação técnico-profissional e técnico-operacional, aceita atestados ou outros documentos hábeis emitidos por entidades estrangeiras quando acompanhados de tradução para o português. Já o art. 52, § 6º, prevê que "o edital não poderá prever condições de habilitação, classificação e julgamento que constituam *barreiras de acesso ao licitante estrangeiro...*" (g.n.).

Em suma, partindo-se da premissa de que competividade designa grau significativo de competição e que, em termos jurídicos, sugere à Administração tomar todas as medidas que favoreçam o aumento do número de licitantes nos processos de contratação, atingem-se algumas conclusões importantes.

A primeira é a de que a competitividade pode ser favorecida tanto por medidas baseadas no tratamento igualitário formal, mas inclusivas, como o parcelamento do objeto e a possibilidade de uso de documentos equivalentes, quanto por técnicas de desequiparação, ou ações pró-competitivas discriminatórias, como as margens de preferência e cer-

---

[11] Em detalhes sobre cada um desses mecanismos de discriminação positiva. Cf. MARRARA, Thiago; BARBOSA, Paulo Victor Recchia. Microempresas (ME) e empresas de pequeno porte (EPP) em licitações: comentários aos meios discriminatórios da LC 123 e suas modificações recentes. *Revista de Direito Público Contemporâneo*, v. 1, n. 3, 2017, p. 118.

tas (mas não todas) medidas de favorecimento de microempresas e empresas de pequeno porte previstas na LC nº 123/2006.

A segunda conclusão é a de que a interpretação do art. 9º da Lei de Licitações requer cautela. O fato de a lei impedir que o agente público admita, preveja, inclua ou tolere situações que comprometam, restrinjam ou frustrem o caráter competitivo da licitação não significa que estejam vedadas medidas discriminatórias, desde que contem com suporte normativo explícito no direito positivo, sejam genéricas e tenham fundamento racional.[12] Trata-se, mais uma vez, de aplicação do princípio da razoabilidade que, no caso, identifica-se com o princípio do devido processo legal em sentido substantivo.

A terceira e última conclusão é a de que a competitividade, a despeito de técnicas de isonomia formal ou material, depende necessariamente da objetividade. Na medida em que se cria a confiança no uso de critérios racionais, transparentes e previamente definidos pelo Poder Público para a condução da licitação e dos demais procedimentos envolvidos na contratação, os agentes econômicos serão estimulados a investir tempo e recursos na disputa pela celebração de contratos administrativos. A objetividade, nesse contexto, abrange o julgamento objetivo, mas de modo algum se reduz a esse mandamento constante do art. 5º.

3.4 Eficiência, celeridade, economicidade, planejamento e eficácia

Consagrado inicialmente no Decreto-lei nº 200/1967, o princípio da eficiência foi alçado à categoria de princípio geral da Administração Pública em 1998, ano em que a Emenda Constitucional nº 19 o inseriu no rol de princípios gerais do art. 37, *caput*. Desde então, passou a se espraiar pelo direito positivo, sendo finalmente absorvido pela Lei de Licitações de 2021. Diferentemente da legislação anterior, a LLIC consagra a eficiência e desdobra vários de seus subprincípios, em especial, a celeridade, a economicidade, a eficácia e o planejamento. No passado, a lei geral de 1993 basicamente se resumia a uma única menção pontual à economicidade e outra ao planejamento. Não tratava o assunto de modo tão abrangente, nem consagrava a eficiência de maneira geral.

Sob o contexto normativo renovado, resta saber quais são os impactos desses vários princípios, a começar pelo central: a eficiência. Recorde-se que a consagração da eficiência na Constituição representava, em 1998, uma marca do movimento de administração pública gerencial, cujas raízes se encontravam no Plano Diretor de Reforma do Aparelho do Estado de 1995. Entre outras finalidades, referido plano federal objetivou reduzir o tamanho e o custo do Estado, melhorar a organização e o desempenho dos agentes públicos, bem como gerar uma relação mais harmoniosa e positiva entre Estado e sociedade. Visava, entre outras coisas, combater a cultura da administração ensimesmada, voltada para dentro, meramente preocupada com procedimentos e formulários, lenta, negligente, alheia e indiferente ao atendimento das necessidades da coletividade.

A palavra eficiência, contudo, é polissêmica, assume variados significados. É possível tratar: (i) da eficiência em sentido estrito, que inclui a celeridade e a duração razoável dos processos; (ii) da economicidade; (iii) da efetividade, que aparentemente foi chamada de eficácia na Lei de Licitações e (iv) do planejamento.[13] Para concretizar o princípio em

---

[12] Nessa linha, a respeito dos requisitos para validar medidas discriminatórias no direito administrativo, cf. MELLO, Celso Antonio Bandeira de. *O conteúdo jurídico do princípio da igualdade*. 4. ed. São Paulo: Malheiros, 2021, no geral.

[13] Para outra perspectiva de detalhamento do princípio em questão, baseada nos atributos da racionalização, economicidade e celeridade, cf. GABARDO, Emerson. Princípio da eficiência. In: CAMPILONGO,

sua máxima potência, é preciso que a Administração, inclusive na qualidade de responsável pelas licitações e contratos, dedique-se a respeitar todos esses quatro parâmetros sempre que possível.

O sentido mais evidente de eficiência administrativa equivale a celeridade, flexibilidade, linearidade. Eficiente é o agir da Administração que se desenvolve sem delongas, sem atrasos, limpo de etapas ou atos desnecessários, com o mínimo possível de perda de esforços e recursos financeiros, humanos, sociais e ambientais. A eficiência desponta como característica fundamental dos procedimentos de ação administrativa, daí por que, em sentido estrito, não se confunde com a efetividade ou eficácia, conceitos que designam a qualidade inerente aos resultados, aos produtos, aos atos, planos ou contratos produzidos após os procedimentos administrativos.

A Lei de Licitações destacou a eficiência como princípio e acentuou a celeridade, que, por sua vez, remete o leitor à garantia constitucional da "duração razoável do processo", ancorada no art. 5º, LXXVIII, da CF. Sob essa vertente, a eficiência, confundindo-se com a razoabilidade, exige que certo processo administrativo dure nem mais nem menos que o necessário ao devido atingimento de seus fins. Isso vale para inúmeros processos que se desenvolvem no sistema de contratação pública, como os processos licitatórios em sentido estrito, os processos fiscalizatórios, os processos de reequilíbrio e os processos sancionatórios.

Para garantir a duração razoável, a Lei de Licitações estabelece incontáveis normas de prazo seja para a ação dos particulares (licitantes ou contratados), seja para a prática de atos da Administração, como pareceres, audiências, julgamentos etc. Inovando em comparação com a legislação antiga, a Lei nº 14.133 chega a estabelecer um conjunto de normas gerais próprias sobre prazos no art. 183, que trata, por exemplo, do termo inicial, do termo final e da forma de contagem.

A preocupação com a celeridade não se encerra na previsão das normas sobre prazos. Há mecanismos de conformação dos processos que também se destinam a promovê-la. Por exemplo, a Lei assume a regra geral de que o julgamento deverá anteceder a habilitação; impõe a regra de preferência por processos eletrônicos em detrimento dos presenciais; afasta a necessidade de que se examine a documentação de habilitação e a de classificação de todos os candidatos. A celeridade na contratação é igualmente favorecida por normas que autorizam o uso de modelos de editais e contratos (art. 25, § 1º), que estimulam o uso de catálogos eletrônicos de padronização de comprovas, bem como de procedimentos como o registro de preços e a pré-qualificação.

Se pensada no plano da execução contratual, a celeridade pode ainda ser promovida em certa medida com técnicas de contratação integrada e semi-integrada, desde que se parta da premissa de que o particular contratado logrará providenciar, com muito mais celeridade que a Administração, os projetos necessários à execução contratual. Além disso, o art. 49 expressamente autoriza que a Administração, mediante justificativa expressa, contrate mais de uma empresa ou instituição (sic) para executar o mesmo serviço, "desde que essa contratação não implique perda de economia de escala" e contanto que o objeto aceite a execução concorrente e que essa solução seja conveniente ao Estado.

Celso Fernandes; GONZAGA, Alvaro de Azevedo; FREIRE, André Luiz (coords.). *Enciclopédia jurídica da PUC-SP*. Tomo: Direito Administrativo e Constitucional. Vidal Serrano Nunes Jr., Maurício Zockun, Carolina Zancaner Zockun, André Luiz Freire (coord. de tomo). São Paulo: Pontifícia Universidade Católica de São Paulo, 2017. Disponível em: https://enciclopediajuridica.pucsp.br/verbete/82/edicao-1/principio-da-eficiencia.

Outra faceta da eficiência é a economicidade. A construção e manutenção do Estado dependem principalmente dos esforços contínuos e intensos dos contribuintes, aos quais se impõem incontáveis taxas, contribuições e impostos. Espera-se, por conseguinte, que a Administração compense a população por esses esforços mediante a elaboração e execução de políticas públicas racionais e capazes de promover com a máxima intensidade o amplo rol de direitos fundamentais presentes na Constituição. Para que isso ocorra, os recursos financeiros e humanos do Estado necessitam ser empregados com sabedoria, mediante técnicas de planejamento e buscando-se a melhor relação de custo-benefício.

É essencial ressaltar que economicidade não equivale à economia absoluta, à supressão de toda e qualquer despesa estatal sem a consideração de seus impactos. A economicidade tampouco serve de escusa à omissão estatal ou à negligência do administrador na sua missão de tutelar interesses públicos primários e direitos fundamentais. Na verdade, esse mandamento derivado do princípio constitucional da eficiência exige o gerenciamento racional dos recursos estatais no sentido de se maximizar os benefícios do seu emprego.

No campo das licitações e contratos, não é simples entender essa lógica. Embora a economicidade não se traduza no lema do menor gasto possível, o legislador força o administrador a gastar o mínimo. Isso se vislumbra no art. 34, *caput*, da LLIC, segundo o qual "o julgamento por menor preço ou maior desconto e, quando couber, por técnica e preço considerará o menor dispêndio para a Administração, atendidos os parâmetros mínimos de qualidade definidos no edital de licitação". Ocorre que a valorização do menor dispêndio nem sempre proporciona à Administração a celebração do contrato mais vantajoso para a aquisição de bens, serviços ou obras.

Para contornar esse problema e favorecer a economicidade num sentido de melhor custo-benefício (e não de menor dispêndio), a exigência do art. 34, *caput,* pode ser temperada por algumas estratégias como: (i) a definição adequada do objeto da licitação, de modo a garantir o máximo de qualidade e benefícios pelos recursos que se pretende investir na contratação; (ii) a escolha do tipo contratual mais satisfatório para maximizar resultados, por exemplo, a compra de um bem ou sua locação;[14] (iii) o emprego de contratos de eficiência para prestação de serviços, incluindo ou não a realização de obras e o fornecimento de bens (art. 6º, inciso LIII), que servem para a redução de despesas correntes; (iv) a centralização de compras, que permite atingir maior qualidade com menor custo em virtude das economias de escala que a contratação de elevados volumes de um mesmo objeto gera (art. 19, inciso I); e (v) a consideração dos custos indiretos da contratação, de modo a se evitar que a lógica do menor dispêndio no curto prazo gere um "ralo de recursos financeiros" ao longo da execução ou após a execução do contrato.

A respeito dessa última técnica, absorvendo as regras estrangeiras, o § 1º do art. 34 da Lei nº 14.133 adequadamente prevê que: "Os custos indiretos, relacionados com as despesas de manutenção, utilização, reposição, depreciação e impacto ambiental do objeto licitado, entre outros fatores vinculados ao seu ciclo de vida, poderão ser considerados para a definição do menor dispêndio, sempre que objetivamente mensuráveis, conforme disposto em regulamento". Apesar do avanço, a operacionalidade do dispositivo parece comprometida.

---

[14] Nesse sentido, o art. 44 dispõe o seguinte: "Quando houver a possibilidade de compra ou de locação de bens, o estudo técnico preliminar deverá considerar os custos e os benefícios de cada opção, com indicação da alternativa mais vantajosa". Mais uma vez, confunde-se a eficiência, sob forma de economicidade, com a razoabilidade.

Não fica claro como esses custos indiretos se incorporarão na sistemática de julgamento de licitações do tipo menor preço ou maior desconto.

Uma terceira faceta da eficiência, para além da celeridade e da economicidade, aparece na eficácia. Nesse sentido específico, quer-se ressaltar a efetividade, como atingimento dos resultados de interesse público esperados por uma determinada medida estatal. De nada adianta realizar rapidamente uma licitação que, pela pressa, viole o ordenamento e culmine numa anulação; de nada adianta celebrar rapidamente um contrato de fornecimento de bens, se as mercadorias não forem entregues ou estiverem em qualidade abaixo da esperada; de nada adianta acelerar a preparação de projetos básicos e executivos para se firmar desesperadamente um contrato de obra se essa obra ruir em poucos meses. Note-se bem: enquanto a eficiência em sentido estrito se preocupa com a racionalidade e celeridade dos procedimentos, a eficácia ou a efetividade designa a necessidade de que os resultados atingidos sejam os esperados para satisfazer interesses públicos e direitos fundamentais.

A partir dessa diferenciação, chega-se a duas conclusões: (i) a busca excessiva e cega pela eficiência em sentido estrito, incluindo a celeridade procedimental e a própria economicidade, podem comprometer a eficácia; daí a necessidade de que se busque um equilíbrio entre meios e fins; (ii) não há como se falar de eficácia, num sentido de efetividade, sem planejamento. Como se poderá afirmar que um resultado foi atingido satisfatoriamente pela licitação e pelo contrato se a Administração não souber que resultado busca? O planejamento estatal é essencial, pois é nesse processo que se realiza um diagnóstico da realidade e da situação atual, define-se um cenário ideal, ou seja, fixam-se os resultados que se pretende atingir e, por fim, as medidas eficazes (entre as quais a precisa definição do objeto contratual, capaz de plenamente satisfazer as demandas públicas e atingir os resultados esperados), juntamente com meios de monitoramento e avaliação.

A preocupação com a efetividade é o que justifica a atenção especial que a LLIC confere ao planejamento, tema que se manifesta em inúmeros dispositivos. Apenas para ilustrar, a lei de licitações, já nas definições do art. 6º, trata de estudos preparatórios, anteprojetos, projetos básicos e projetos executivos – todos eles ferramentas de planejamento. O art. 12, inciso VII, de outra parte, trata do plano de contratações anual, que objetiva "racionalizar as contratações dos órgãos e entidades... garantir o alinhamento com seu planejamento estratégico e subsidiar a elaboração das... leis orçamentárias". Esse plano deverá ser divulgado e mantido à disposição do público em página eletrônica e ser observado na realização de licitações e execução contratual (art. 12, § 1º). Já o art. 18 afirma que a fase preparatória da licitação, que foi bastante detalhada na LLIC de 2021, caracteriza-se pelo planejamento e será compatibilizada com o referido plano anual de contratações.

A lei ainda trata do planejamento no art. 40, referente às compras; nos variados dispositivos que cuidam de padronização, como o art. 43,[15] e igualmente em regras sobre a matriz de riscos. Vale realçar que a distribuição de riscos nada mais é que uma técnica destinada a antever as responsabilidades pela ocorrência de eventos futuros, incertos e que impactam negativamente nos contratos administrativos. Sua função maior é planejar respostas para lidar com inconvenientes fáticos futuros, tornando, assim, a licitação e os

---

[15] "Art. 43. O processo de padronização deverá conter: I – parecer técnico sobre o produto, considerados especificações técnicas e estéticas, desempenho, análise de contratações anteriores, custo e condições de manutenção e garantia; II – despacho motivado da autoridade superior, com a adoção do padrão; III – síntese da justificativa e descrição sucinta do padrão definido, divulgadas em sítio eletrônico oficial".

contratos mais previsíveis e estáveis, em favor também da segurança jurídica e da tutela da boa-fé das partes contratantes.

3.5 Moralidade, probidade, razoabilidade e proporcionalidade

A moralidade é outro princípio de hierarquia constitucional consagrado e detalhado no art. 5º da LLIC. Dele derivam inúmeros mandamentos gerais, como a cooperação do Estado com a sociedade (e com o mercado), a razoabilidade e a probidade. Com a exceção da cooperação, todos eles foram apontados pela legislação em comento, inclusive de modo redundante, pois, no Brasil, pode-se considerar que a razoabilidade tem sentido amplo, equivalente à proporcionalidade em sentido amplo do direito alemão. Isso ficará mais claro a seguir. Além disso, a LLIC inovou ao explicitar o princípio da segregação de funções, que tem forte base no princípio em questão.

A primeira vertente da moralidade é a probidade. Segundo esse mandamento geral, os comportamentos e as atividades dos agentes públicos e dos particulares que agem em nome do Estado ou que com ele se relacionam devem respeito a padrões de honestidade, seriedade, profissionalismo, espírito público. Essa exigência, que aparece no sistema de contratação pública, tem fundamentos enraizados de modo explícito em mais de um dispositivo constitucional, em especial o art. 37, § 4º, conforme o qual "os atos de improbidade administrativa importarão a suspensão dos direitos políticos, a perda da função pública, a indisponibilidade dos bens e o ressarcimento ao erário, na forma e gradação previstas em lei, sem prejuízo da ação penal cabível" (art. 37, § 4º).

Esse comando maior foi disciplinado pela Lei nº 8.429/1992 (LIA), alterada pela Lei nº 14.230/2021, e por leis especiais (como o Estatuto da Cidade). Da LIA constam listas de condutas passíveis de punição categorizadas em três grupos de improbidade: i) atos que importam enriquecimento ilícito do agente público ou de particulares vinculados ao Estado (art. 9º); ii) atos que causam prejuízo ao Erário (art. 10); e iii) atos que atentam contra os princípios da administração pública. Essas listas são meramente exemplificativas, salvo a referida no art. 11, que é taxativa.[16] Para cada uma dessas categorias, o legislador definiu condutas ilícitas e previu sanções e procedimentos de apuração de responsabilidade. Em 2016, por força da LC nº 157, inseriu-se no ordenamento jurídico uma quarta categoria de ato de improbidade, que consistia na "concessão ou aplicação indevida de benefício financeiro ou tributário" (art. 10-A). No entanto, com a promulgação da Lei nº 14.230/2021, essa modalidade foi deslocada para o art. 10, inciso XXII, de modo que a tipologia voltou a ser tríplice.[17]

Independentemente das diferenças entre os tipos de atos de improbidade, comportamentos desonestos em matéria de licitações e contratos enquadram-se em praticamente todos eles. E mais: comportamentos desonestos nas contratações poderão redundar em outros tipos de infração, desde aquelas com natureza administrativo-política, denominadas impropriamente como "crimes de responsabilidade", até as infrações disciplinares, regidas por normas próprias dos diferentes níveis federativos. Podem, ainda, ser enquadrados na

---

[16]   Essa taxatividade é de constitucionalidade no mínimo duvidosa, porque permite que atos contrários aos princípios da Administração Pública, embora eivados de improbidade, deixem de ser considerados como atos ilícitos. Por outras palavras, a taxatividade restringe o conceito de improbidade administrativa contido no art. 37, § 4º, da Constituição Federal.

[17]   Em detalhes, cf. MARRARA, Thiago. Atos de improbidade: como a Lei n. 14.230/2021 modificou os tipos infrativos da LIA? *RDDA*, v. 10, n. 1, 2023, p. 162 e seguintes.

Lei Anticorrupção (Lei nº 12.846/2013), cujos tipos de infrações e respectivas sanções se direcionam a pessoas jurídicas que causam danos à Administração Pública. Note-se, apenas, que o § 2º do art. 3º da Lei de Improbidade, introduzido pela Lei nº 14.230/2021, impede que a Lei de Improbidade seja aplicada a pessoas jurídicas contra as quais também incida a Lei Anticorrupção.

Sem prejuízo desses diplomas, cada vez mais a probidade tem sido combatida por normas previstas em Códigos de Ética e outras políticas de integridade adotadas na Administração Pública. Nota-se ao mesmo tempo um movimento de criação, em vários níveis, de normas sobre conflitos de interesses e sobre impedimento e suspeição. No âmbito da União, essas regras se encontram, respectivamente, na Lei nº 12.813/2013 (que cuida do conflito de interesses concomitante ao exercício de cargo ou emprego do Poder Executivo federal e de conflitos posteriores à cessação do vínculo) e na Lei nº 9.784/1999 (que lista hipóteses de impedimento e de suspeição). A violação a essas regras é capaz de redundar tanto em infração disciplinar, quanto em ato de improbidade, bem como em eventual crime contra a Administração Pública.

No campo de tutela da honestidade dentro da Administração Pública, a lei de licitações apresenta dois conjuntos diferentes de normas. De um lado, certas regras fazem remissão às leis gerais que combatem violações à moralidade e à legalidade administrativa, acima mencionadas. Nesse sentido, o art. 158, § 4º, inciso II[18], cita a Lei Anticorrupção, deixando claro que as infrações licitatórias e contratuais podem configurar, simultaneamente, infrações de corrupção. Já o art. 178 trata dos crimes, que agora passam a formar um capítulo próprio introduzido no Código Penal.

É preciso ter em mente, contudo, que o fato de um certo diploma não ter sido expressamente citado pela Lei de Licitações jamais significará que será inaplicável nessa matéria. O sistema sancionador de combate a infrações, inclusive à moralidade administrativa nas licitações e contratos, não se esgota de modo algum na própria Lei de Licitações. O autor de comportamento que importe infração licitatória ou contratual poderá, respeitados certos requisitos, ser reprimido igualmente por infração disciplinar, infração penal, atos de corrupção, infração concorrencial, infração de improbidade e infração ética. Nessas hipóteses, porém, é importante que se respeite a vedação do *bis in idem*, bem como as regras de dosimetria que requerem a consideração dos impactos da responsabilização múltipla, entre as quais a contida no art. 22, § 3º, da LINDB, pelo qual "as sanções aplicadas ao agente serão levadas em conta na dosimetria das sanções de mesma natureza e relativas ao mesmo fato".

De outro lado, a Lei de Licitações contém regras próprias de proteção da probidade. Isso se vislumbra no 155, que tipifica como infração administrativa, por exemplo, "fraudar a licitação ou praticar ato fraudulento na execução do contrato" (inciso IX), "comportar-se de modo inidôneo ou cometer fraude de qualquer natureza" (inciso X) e "praticar atos ilícitos com vistas a frustrar os objetivos da licitação" (inciso XI). Já numa vertente preventiva, que busca promover a honestidade, merece destaque o art. 7º da lei, segundo o qual os agentes públicos que desempenharão as funções na área de licitações e contratos deverão ter formação e qualificação compatível, e não poderão ser "cônjuge ou companheiro de licitantes ou contratados habituais da Administração", nem ter "com eles vínculo de pa-

---

[18]   Art. 158, § 4º, II: "A prescrição ocorrerá em 5 (cinco) anos, contados da ciência da infração pela Administração, e será: (...): II – suspensa pela celebração de acordo de leniência previsto na Lei nº 12.846, de 1º de agosto de 2013".

rentesco, colateral ou por afinidade, até o terceiro grau, ou de natureza técnica, comercial, econômica, financeira, trabalhista e civil".

Na mesma linha, mas voltando-se aos particulares, o art. 14 prevê inúmeras hipóteses de proibição de participação na licitação ou na execução de contratos, ainda que firmados diretamente. Essas vedações atingem, por exemplo, o autor de projetos; pessoas que se encontrem em situação de impedimento ou inidoneidade; pessoas que mantenham vínculo com o dirigente do órgão contratante ou com agente público que atue na contratação; empresas controladoras, coligadas ou controladas; e pessoa física condenada judicialmente, nos cinco anos anteriores à divulgação do edital, por exploração de trabalho infantil, submissão de trabalhadores a condições análogas à de escravo ou por contratação ilegal de adolescentes.

Uma técnica interessante, presente no art. 25, § 4º, da LLIC, consiste no dever de exigir, em contratações de obras, serviços e fornecimentos de grande vulto, a obrigatoriedade de implantação de integridade pelo licitante vencedor no prazo de 6 meses da celebração do contrato. Note-se bem: a lei avançou, mas não transformou os programas de integridade em um requisito de contratação ou de participação na licitação! Em primeiro lugar, a exigência somente se direciona a contratos de grande vulto – o que é razoável, pois vencedores de contratos mais simples nem sempre têm condições financeiras e estruturais para organizar tais programas. Em segundo lugar, a implantação não tem que ser prévia à contratação, mas sim posterior – regra que se mostra adequada, pois evita que licitantes não vencedores tenham que estruturar previamente tais programas sem saber se efetivamente serão contratados e manterão relações com o Estado.

Outros comandos gerais que se extraem do princípio da moralidade e se materializam no art. 5º da Lei de Licitação são a razoabilidade e a proporcionalidade. Para evitar confusões terminológicas, a palavra razoabilidade, a despeito de sua raiz anglo-americana, será aqui empregada como sinônimo de proporcionalidade em sentido amplo, nos termos do direito germânico, enquanto a mera proporcionalidade servirá como sinônimo de proporcionalidade em sentido estrito. Qual a função desses princípios e como eles se desdobram na legislação de licitações?

Sempre que o Estado agir com base em uma margem de escolha, inclusive no campo das contrações, será preciso examinar a razoabilidade de sua conduta diante dos interesses públicos primários, dos direitos fundamentais e de medidas alternativas que poderiam ser empregadas para atingir o mesmo fim público. Na tarefa de elaboração e edição de leis, fala-se de razoabilidade legislativa. Diferentemente, quando a discricionariedade surge como margem de escolha dada pela lei ao administrador público, ganha espaço a discussão acerca da razoabilidade administrativa.

Para se avaliar de modo concreto a observância da razoabilidade (ou proporcionalidade em sentido amplo) dos comportamentos da Administração Pública, o direito alemão desenvolveu um método que envolve três etapas, baseado no exame: i) da adequação; ii) da necessidade e iii) da proporcionalidade em sentido estrito. Esses três parâmetros incorporam verificações quanto à eficácia de certa medida estatal, bem como quanto ao respeito de direitos fundamentais e ao balanceamento de interesses públicos. Por consequência, na prática, a descoberta da razoabilidade pressupõe mensurar, avaliar e ponderar os efeitos das medidas estatais, compará-las com suas alternativas possíveis e, inclusive, com a chamada "alternativa zero", ou seja, a inação estatal.

Repita-se: a razoabilidade somente estará assegurada quando uma ação ou omissão estatal, realizada com base em margem de discricionariedade mais ou menos ampla, cumprir simultaneamente as regras da adequação, da necessidade e da proporcionalidade.

Certa medida será *adequada* quando mostrar aptidão para atingir a finalidade pública que a direciona. Entretanto, conquanto se mostrem igualmente adequadas, duas ou mais medidas possíveis deflagrarão efeitos restritivos distintos sobre direitos fundamentais. Aí entra em jogo a necessidade, que somente restará respeitada com a escolha da medida capaz de atingir o fim público e, ao mesmo tempo, limitar com a menor intensidade os direitos fundamentais. A medida necessária é a mais branda entre as adequadas. Afinal, caso se comprove que o Estado é capaz de desempenhar suas funções mediante ações menos agressivas da vida privada, dos direitos fundamentais, por certo não será moral que opte, sem necessidade, por medidas mais limitativas ou interventivas.

A comprovação da adequação e da necessidade não basta para atingir a proporcionalidade em sentido amplo ou, na terminologia aqui preferida, a razoabilidade. Há um terceiro requisito a ser preenchido simultaneamente, designado como *proporcionalidade em sentido estrito*. Nesta última etapa, impõe-se verificar se os benefícios da medida estatal escolhida compensarão os malefícios que dela derivarão. Cumpre investigar o custo-benefício da ação pública. Na hipótese de se constatar que os benefícios superarão os malefícios, a razoabilidade despontará se confirmará no caso concreto.

À luz dessas definições, como a Lei de Licitações absorveu, implícita ou explicitamente, a razoabilidade? Uma primeira expressão desse princípio se encontra no art. 12, inciso III, que estabelece o seguinte: "o desatendimento de exigências meramente formais que não comprometam a aferição da qualificação do licitante ou a compreensão do conteúdo de sua proposta não importará o afastamento da licitação ou a invalidação do processo". O mesmo artigo, no inciso V, prevê ainda que "o reconhecimento de firma somente será exigido quando houver dúvida de autenticidade, salvo imposição legal".

A razoabilidade igualmente aparece com muita força para conter o poder de anulação contratual. Nesse sentido, o art. 147 da Lei de Licitações revela-se bastante interessante ao prever a necessidade de ponderação de benefícios e malefícios de uma medida anulatória, ou seja, impor um juízo de proporcionalidade em sentido estrito. O problema desse comando é que ele é tão complexo, detalhado e exagerado, que dificilmente um agente público, principalmente em um pequeno Município, logrará cumpri-lo integralmente.

Ainda para exemplificar, a razoabilidade se embute dentro do sistema de controle de infrações licitatórias e contratuais. O art. 156, § 5º, ao disciplinar a declaração de inidoneidade, deixa implícito que a autoridade competente para aplicar essa sanção deverá realizar um juízo de adequação e necessidade. Como a declaração de inidoneidade incide contra o autor dos mesmos comportamentos que ensejam a sanção de impedimento de licitar ou contratar, a escolha pela sanção mais gravosa (a inidoneidade) não será livre. Deverá tão somente ocorrer, sempre motivadamente, quando a gravidade do comportamento revelar que o impedimento de licitar ou contratar não cumpre satisfatoriamente a função repressiva da sanção. Ademais, nesse exame, embora a legislação não o diga, há que se fazer um juízo de proporcionalidade em sentido estrito. Afinal, ao retirar por longos anos um agente econômico dos mercados públicos, a punição com a inidoneidade, embora adequada diante da gravidade de certa infração, poderá acarretar mais malefícios ao Estado e à sociedade que benefícios, caso em que deverá ser afastada.

3.6   Segregação de funções

A intensa preocupação do legislador com a moralidade nas contratações públicas foi o que justificou a menção não somente à probidade, à razoabilidade e à proporcionalidade, como também ao princípio da segregação de funções. Embora a nomenclatura pareça estranha aos estudiosos do direito administrativo, na verdade, a segregação é uma velha conhecida!

Foi na jurisprudência do Tribunal de Contas da União que esse princípio floresceu! De um lado, nota-se sua aparição como estratégia de reforço do controle interno no processamento das despesas públicas. De outro, o Tribunal o aborda como limitador da participação de empresas em licitações. Fabrício Motta, ao tratar do tema, faz relevante sistematização da jurisprudência que se formou no TCU para explicitar casos em que a segregação deve ocorrer:

> (...) o agente fiscalizador não pode ser, ao mesmo tempo executor, em um mesmo contrato administrativo (Acórdão 140/2007-Plenário); agente que atesta liquidação de serviços não pode ser o mesmo a autorizar o pagamento (Acórdão 185/2012-Plenário); fiscalização e supervisão do contrato devem ser realizadas por agentes administrativos distintos (Acórdão 2296/2014-Plenário); verificação de legalidade não deve ser realizada por instância diretamente subordinada à área responsável pela contratação (Acórdão 1682/2013-Plenário); é vedado o exercício, por uma mesma pessoa, das atribuições de pregoeiro e de fiscal do contrato celebrado (Acórdão 1375/2015-Plenário); solicitação de compra não deve ser efetuada por comissão de licitação (Acórdão 4227/2017-Primeira Câmara); um mesmo servidor não pode ser integrante da comissão de licitação e responsável pelo setor de compras (Acórdão 686/2011-Plenário); servidor não pode participar da fase interna do pregão eletrônico (como integrante da equipe de planejamento) e da condução da licitação, como pregoeiro ou membro da equipe de apoio (Acórdão 1278/2020-Primeira Câmara); pregoeiro não deve ser responsável pela elaboração do edital (Acórdão 3381/2013-Plenário).[19]

Essa jurisprudência evidentemente inspirou o Congresso Nacional a consagrar a segregação de funções como princípio geral das contratações públicas no art. 5º da Lei nº 14.133 e a detalhar algumas de suas implicações. Resta saber qual é o conteúdo nuclear desse princípio e quais são os limites para sua aplicação.

Algumas respostas podem ser colhidas no art. 7º, segundo o qual as diferentes entidades estatais designarão "agentes públicos para o desempenho das funções essenciais à execução" da Lei de Licitações. No § 1º, exige-se que tais designações respeitem "o princípio da segregação das funções". Nessa toada, veda-se que o mesmo agente público seja designado para atuação simultânea em duas ou mais funções suscetíveis a riscos, de modo a reduzir a possibilidade de ocultação de erros e de ocorrência de fraudes na respectiva contratação. Essa lógica estende-se, por força do § 2º, aos "órgãos de assessoramento jurídico e de controle interno da Administração".

Do art. 7º e seus parágrafos extraem-se conclusões importantes. A principal delas é a definição do princípio da segregação como um comando que veda o exercício de múltiplas funções "suscetíveis a riscos" por uma mesmo agente. A lógica por trás disso é simples. Quanto mais as tarefas e as informações sobre a contratação e a gestão de recursos públicos ficarem contidas nas mãos de um agente isolado, mais facilmente poderão ser ocultados erros, fraudes, falhas e infrações, sobretudo de corrupção. Ao se envolver vários agentes num processo de contratação, automaticamente as informações e as tarefas serão

---

[19] MOTTA, Fabrício. Segregação de funções nas licitações e contratos. *CONJUR*, edição on-line de 06 de maio de 2021, s.p.

compartilhadas e a efetividade do controle se elevará. Tendencialmente, quanto mais agentes públicos participarem das etapas da contratação, mais fácil será o controle de falhas e de violações do ordenamento, o que certamente contribuirá para a moralização das licitações, da gestão dos contratos e dos gastos públicos.

Isso revela que o primeiro sentido do princípio da segregação é *interna corporis*. Seus comandos atingem os agentes públicos, mormente os de chefia e direção, que têm a incumbência de designar os responsáveis pelas várias etapas da contratação e das despesas públicas. Aqui, a segregação opera pela imposição de dispersão de tarefas por vários agentes públicos, respeitando-se, por óbvio, a necessidade de que tenham qualificação técnico-profissional para desempenhá-las. Assim, por ilustração, não se deve atribuir aos mesmos servidores, na licitação, tarefas da fase preparatória (interna) e da fase externa (competitiva), ou de condução da fiscalização do contrato e de apuração de infrações contratuais em processos sancionadores.

Vale resgatar, mais uma vez, algumas manifestações do TCU sobre o assunto. No Acórdão 1.442/2015, destaca-se que, nas unidades gestoras, "funções de autorização, aprovação, execução, controle e contabilização das operações" deverão ser separadas, evitando-se o acúmulo de atribuições". Já no Acórdão 924/2013, o Tribunal aponta o seguinte: quem executa uma função não pode ser, ao mesmo tempo, aquele que efetua seu controle. Assim, a falta de segregação de funções em órgãos que lidam com expressivos volumes de recursos públicos apresenta um "elevado potencial de risco de dano ao Erário".

Alerte-se, porém, que a segregação é um princípio e não uma regra. Por sua natureza jurídica, necessita ser ponderada e adaptada a outros princípios. Necessita ser concretizada com razoabilidade, levando em conta as condições reais de organização administrativa e operação de cada órgão público. Não há como se exigir o mesmo padrão de segregação para um grande ministério, que conta com centenas de servidores para cuidar de suas contratações, e uma minúscula secretaria municipal, que dispõe de escassos agentes para executar a mesmíssima Lei de Licitações. Agir de forma contrária, ou seja, interpretar a segregação de modo idêntico para diferentes realidades administrativas implicará lançar os órgãos públicos mais pobres, frágeis e vulneráveis em uma situação de constante ilegalidade.

Além desse necessário alerta, é imprescindível verificar se o princípio da segregação de funções poderá gerar impactos para a competividade na licitação. Em outras palavras, o órgão contratante pode barrar a participação de uma determinada pessoa num certame com fundamento nesse princípio? Há algumas evidências que permitem aceitar essa interpretação.

De um lado, o TCU tem se posicionado nesse sentido. No caso debatido no Acórdão 4.204/2014, certa empresa denunciou a Companhia Docas do Estado de São Paulo (CODESP) pelo fato de que, ao abrir licitação para "implantação e execução do programa de monitoramento ambiental das áreas dragadas" em porto, a companhia proibira a participação no certame de empresa que desempenhasse os serviços de dragagem no mesmo porto – situação em que se encontrava a empresa denunciante. Para se defender, a CODESP afirmou que a vedação tinha amparo no princípio da segregação das funções, "pois não faria sentido a empresa contratada fiscalizar, em nome da administração pública, os próprios serviços de dragagem executados".

O TCU, favorável à denunciada, aduziu que "a segregação de funções decorre do princípio da moralidade e consiste na *necessidade de repartir funções para que os responsáveis não exerçam atividades incompatíveis umas com as outras*, especialmente aquelas que envolvam a prática de atos e, posteriormente, fiscalização desses mesmos atos" (g.n.). Destarte, não se considerou ilegal a vedação criada pela CODESP em sua licitação, pois evitava que uma mesma empresa celebrasse contrato de fiscalização e passasse a ser fiscal de si mesma como responsável por outros serviços operacionais no mesmo porto.

Em outro caso, objeto do Acórdão 140/2007, o voto que fundamentou a decisão assim esclareceu: "*Não faz sentido que o órgão executor e fiscalizador sejam o mesmo. Com fundamento no princípio da segregação de funções, como garantia da independência da fiscalização, é fundamental que o agente fiscalizador não seja ao mesmo tempo executor. Mais ainda, é essencial que o agente que fiscaliza detenha independência e não tenha compromissos ou relações com o órgão executor. Atribuir a execução e fiscalização a um mesmo agente seria ir contra todos esses princípios*" (g.n.).

De outro lado, a legislação de licitações, já desde 1993, prevê regras que buscam evitar esses conflitos de interesses e impõem uma segregação de funções a atingir aqueles que disputam os contratos administrativos. Aqui, a segregação não deflagra efeitos para dentro da Administração, mas para fora, de modo a atingir os licitantes.

A esse respeito, o art. 9º, § 1º, veda a participação, direta ou indireta, na licitação ou na execução do contrato, de "agente público de órgão ou entidade licitante ou contratante, devendo ser observadas as situações que possam configurar conflito de interesses no exercício ou após o exercício do cargo ou emprego, nos termos da legislação que disciplina a matéria". Ademais, o art. 14 impede a participação na licitação ou na celebração do contrato, por exemplo, do autor do anteprojeto, do projeto básico ou do projeto executivo. Nos dois artigos mencionados, a confusão de papéis gera conflitos de interesses e facilita a ocultação de falhas, erros e infrações em detrimento da moralidade.

É imprescindível observar, contudo, que esse emprego do princípio da segregação de funções limita o princípio da competitividade e o objetivo da vantajosidade nas contratações públicas. Reflexamente, restringe liberdades econômicas e direitos fundamentais daqueles que intentem entrar em disputa pela celebração de contratos administrativos. Em assim sendo, impossível afastar a reserva legal nos termos do art. 5º, inciso II, da Constituição da República. Os órgãos contratantes poderão se valer da segregação de funções para vedar a participação em licitações de certos particulares em cenários de risco de lesão à moralidade e à efetividade do controle somente quando essa exclusão estiver lastreada em dispositivo expresso da legislação, como o art. 9º ou o art. 14 da Lei de Licitações ou dispositivo equivalente de outras leis, e encontrar justificativa em relação ao fim a atingir (relação entre meios e fins).

3.7 Interesse público

O princípio do interesse público não consta expressamente do texto constitucional, mas faz, inegavelmente, parte do direito constitucional não escrito. Trata-se de um princípio que, gostem ou não alguns, permeia obrigatoriamente tudo o que o Estado faz, ainda quando opera em campos mais privados. A razão para essa afirmação é de ordem lógica.

Caso os indivíduos, por suas próprias forças, fossem capazes de tutelar todos os seus bens jurídicos e atingir benefícios coletivos que almejassem, por que seria criado o Estado e a ele se destinaria grande parte de seu patrimônio por meio de tributos? Se os indivíduos pudessem satisfazer a todas as necessidades das gerações presentes e futuras, certamente não haveria qualquer Estado. A realidade, porém, é outra. Existem tarefas e objetivos que pedem esforço coletivo e continuado no tempo; tarefas e objetivos que se tornam viáveis somente mediante a união de esforço da coletividade por meio de instituições próprias, com funções e tarefas metaindividuais. Eis a razão de existir da Administração Pública.

No contexto democrático, as entidades estatais cumprem funções e perseguem finalidades maiores que os indivíduos lhes imputam pela Constituição e pelas leis exatamente porque eles, na quase totalidade dos casos, jamais lograriam concretizá-las sozinhos.

Ao se falar de interesse público no direito administrativo e, por conseguinte, no campo das contratações públicas, quer-se simplesmente indicar os objetivos e valores cuja realização ou proteção a sociedade atribuiu ao Estado em favor de todos indistintamente. O texto constitucional brasileiro é pródigo nesse aspecto, pois consagra como interesses públicos: a defesa do consumidor; a promoção da concorrência; a promoção da saúde e da educação; a proteção da criança e do adolescente; a tutela do ambiente histórico, urbano e natural; a promoção da cultura nacional; a erradicação da pobreza e das desigualdades regionais etc.

O interesse público é expressão categorial que abarca todos esses objetos e objetivos. Cumpre ao Estado desempenhar suas atividades em direção à sua concretização. Quando realiza licitação, contrata e gerencia instrumentos contratuais, a Administração tem o compromisso com a Constituição não só numa perspectiva estática, mas igualmente no sentido de colaborar para que os objetivos maiores eleitos pelo povo como interesses públicos sejam alcançados. Na verdade, nem seria necessário que a lei de licitações se referisse a desenvolvimento nacional sustentável, quer como princípio, quer como objetivo, da mesma forma que menciona a ordem urbanística, a saúde pública e a proteção da cultura. Não importa se esses interesses públicos estão ou não reproduzidos no texto da Lei de Licitações. Afinal, o Estado, ao licitar e contratar, não deixa de ser Estado, não renúncia à sua missão originária de agir pelo povo e para o povo.

Não se deve confundir os interesses gerais da coletividade com outros interesses instrumentais das entidades estatais. Para visualizar essa diferença, mostra-se oportuno comparar os "interesses públicos primários", como os acima mencionados, com os "interesses secundários", que abarcam os interesses quotidianos das entidades estatais, como os de adquirir alimentos, alienar alguns bens inservíveis, reorganizar suas funções etc. Uma licitação para compra de material de escritório por uma universidade pública somente será compatível com o princípio do interesse público caso a aquisição (interesse secundário) se destine a promover alguma finalidade estatal maior, como o ensino, a cultura e a extensão, como tarefas centrais da universidade contratante (interesse público primário).

Com apoio na distinção entre interesse público primário e meros interesses secundários, é possível sustentar que: (a) não é qualquer interesse da Administração que serve para justificar suas ações; (b) o interesse secundário somente se legitima na medida em que compatível com algum interesse primário e (c) o interesse público primário deve ser demonstrado no caso concreto, ou seja, a expressão "interesse público" não se presta a um emprego retórico, vazio, vago, abstrato no intuito de, falsa e magicamente, fundamentar qualquer ação pública.

É por esses e outros motivos que parte da doutrina contemporânea tem abandonado a antiga expressão "princípio da *supremacia do interesse público*".[20] O termo "supremacia" passa a indevida ideia de que os interesses do Estado prevaleceriam a todo custo e em todo caso, inclusive em relação a direitos fundamentais. Para evitar essa falsa leitura, é mais adequado falar de um princípio do interesse público, como bem aponta a Lei de Licitações, sem qualquer referência à "supremacia".

---

[20] Cf., por exemplo, MARQUES NETO, Floriano de Azevedo. Interesses públicos e privados na atividade estatal de regulação. In: MARRARA, Thiago. *Princípios de direito administrativo*. 2. ed. Belo Horizonte: Fórum, 2021. p. 519 e seguintes.

Em termos práticos, o princípio do interesse público justifica uma série de institutos na dinâmica da contratação pública. Sem o intuito de ser exaustivo, vale mencionar: (i) a revogação por motivo de conveniência ou oportunidade (ou seja, não qualquer interesse secundário do ente contratante, mas um verdadeiro interesse público primário que é colocado em risco por um fato superveniente – art. 71, inciso III e § 2º, da Lei de Licitações); (ii) a busca da vantajosidade, que representa uma expressão da economicidade e da preocupação com a boa gestão dos recursos financeiros, formados com o esforço do povo; (iii) a possibilidade de indicação de marcas na licitação, quando se justificar, por exemplo, para viabilizar a padronização de objeto ou para facilitar a compreensão do objeto pelo mercado (art. 41); (iv) a recomendação do parcelamento do objeto para promover a competividade em favor da livre-iniciativa e da proteção de empresas de menor porte (art. 47); (v) a adoção de medidas discriminatórias em favor de microempresas e empresas de pequeno porte, como a restrição do procedimento de manifestação de interesse, as *startups* dedicadas à inovação (art. 81, § 4º) e as várias medidas do Estatuto da Microempresa e da Empresa de Pequeno Porte; (vi) o uso de margens de preferência para favorecer, por exemplo, produtores de bens manufaturados e serviços nacionais que atendam às normas técnicas brasileiras (art. 26); e (vii) a possibilidade de o edital exigir que percentual da mão de obra empregada na execução contratual seja constituído por mulheres vítimas de violência doméstica e egressos do sistema prisional (art. 25, § 9º).

3.8 Desenvolvimento nacional sustentável

A mera referência genérica ao princípio do interesse público no art. 5º já bastaria para evidenciar que o Estado, como contratante, não atua à margem da Constituição e de seus compromissos umbilicais com o povo. No entanto, desde a legislação antiga, procurou-se destacar alguns interesses públicos no texto da Lei de Licitações, a exemplo, do "desenvolvimento nacional sustentável" – que apareceu inicialmente na Lei nº 8.666, de 1993, por inserção promovida pela Lei nº 12.349, de 2010.

Essa expressão, ora apresentada como princípio no art. 5º, ora como objetivo no art. 11, tem um conteúdo complexo, que alberga não um, mas vários interesses públicos primários simultaneamente. Ao se referir a desenvolvimento, o legislador busca acentuar que os vultosos recursos financeiros aplicados em contratos públicos devem ser guiados, na medida do possível, à produção de externalidades positivas e à geração de utilidades sociais. Ao licitar e contratar, o estado deve usar seus recursos para estimular boas práticas de mercado, bem como inovações úteis à sociedade e ao meio em que vive o cidadão. É aí, pois, que a contratação pública se alia ao desenvolvimento como uma marcha na qual as condições de fruição e exercício de direitos fundamentais são ampliadas gradualmente.

Desenvolvimento não se confunde com crescimento econômico! Trata-se de uma marcha de aumento da fruição de direitos fundamentais pela coletividade. Exatamente por isso, é possível que se verifique crescimento econômico, inclusive do PIB *per capita*, sem qualquer desenvolvimento efetivo. É verdade que o avanço na acumulação de riqueza pela sociedade e pelo Estado pode auxiliar e facilitar o processo de desenvolvimento, mas isso somente ocorrerá se essa riqueza for bem empregada. Aqui, aparecem duas outras facetas do desenvolvimento: a social e a ambiental. O desenvolvimento ocorre somente quando esses três planos (econômico, social e ambiental) se fortalecem e progridem simultaneamente, ainda que em velocidades distintas.

É essencial observar que a Lei de Licitações não fala de mero desenvolvimento, senão de desenvolvimento "nacional" e "sustentável". O primeiro adjetivo indica a preocupação com o progresso das nações brasileiras, cada qual constituída por diferentes grupos sociais e distribuídas por regiões com graus de desenvolvimento distintos. As contratações necessitam favorecer, na medida do possível, o avanço dos diferentes grupos e áreas e, mais que isso, reduzir as desigualdades regionais e sociais – objetivo central do Estado brasileiro, consagrado no art. 3º, inciso III, da Constituição da República.

Não é por outra razão que a Lei de Licitações prevê as já citadas margens de preferência, bem como medidas interessantíssimas de promoção da economia local, como a prevista no art. 25, § 2º. Nos termos desse dispositivo, "desde que, conforme demonstrado em estudo técnico preliminar, não sejam causados prejuízos à competitividade do processo licitatório e à eficiência do respectivo contrato, *o edital poderá prever a utilização de mão de obra, materiais, tecnologias e matérias-primas existentes no local da execução, conservação e operação do bem, serviço ou obra*" (g.n.).

O segundo adjetivo que caracteriza o desenvolvimento como um princípio e objetivo das contratações públicas remete à sustentabilidade, que, por sua vez, divide-se em duas vertentes. Sob uma perspectiva material, aponta a já destacada necessidade de se somarem avanços simultâneos no plano social, econômico e ambiental para que se fale de um verdadeiro processo de desenvolvimento. Sob a perspectiva temporal, a sustentabilidade indica, complementarmente, que o desenvolvimento das gerações presentes deverá absorver um ritmo compatível com a manutenção das condições para a garantia dos direitos fundamentais das futuras gerações. Sob essa lógica, a contratação sustentável é a que se direciona ao bem-estar da sociedade atual e ao cuidado com as futuras. O desejo de desenvolvimento presente tem um limite que é justamente a garantia das condições de desenvolvimento para grupos de pessoas que sequer existem. Essa lógica parte da premissa de que muitos bens e recursos são escassos, devendo ser geridos e consumidos com parcimônia e sabedoria.

Nas licitações, a preocupação transgeracional deve ser traduzida principalmente no desenho do objeto do contrato e das obrigações relativas à sua execução, embutindo-se deveres de resguardo dos recursos naturais e de proteção da dignidade das futuras gerações. A própria definição de projeto básico no art. 6º, inciso XXV, da Lei nº 14.133, confirma essa lógica, ao mencionar seu papel para o "adequado tratamento do impacto ambiental do empreendimento". Mas não é só isso. Ofensas à sustentabilidade ora despontam como causa de exclusão da própria capacidade de licitar ou contratar. Nesse sentido, o art. 14 afasta da contratação pública "pessoa física ou jurídica que, nos 5 (cinco) anos anteriores à divulgação do edital, tenha sido condenada judicialmente... por exploração de trabalho infantil... ou contratação de adolescentes nos casos vedados pela legislação trabalhista". Já o art. 68, inciso VI, ao tratar da habilitação fiscal, social e trabalhista, reforça essa lógica ao exigir que os licitantes declarem cumprir o disposto no art. 7º, inciso XXXIII, da Constituição da República. Ainda o inciso I do § 9º do art. 25, regulamentado pelo Decreto nº 11.430/2023, inclui a opção de o edital exigir que o percentual mínimo da mão de obra responsável pela execução do objeto da contratação seja constituído por mulheres vítimas de violência doméstica.

Na vigência da Lei nº 8.666/1993, foi baixado o Decreto nº 7.746, de 5-6-2012, que regulamentou o art. 3º (que previa os princípios da licitação), para estabelecer critérios, práticas e diretrizes para a promoção do desenvolvimento nacional sustentável nas contratações realizadas pela administração pública federal, e instituir a Comissão Intersetorial de Sustentabilidade na Administração Pública (CISAP). Esse Decreto foi recepcionado pela Lei nº 14.133/2021.

O Tribunal de Contas da União (TCU) dedicou-se ao tema, tendo divulgado relatório sobre "Sustentabilidade na Administração Pública Federal", que foi resultado de auditoria realizada em mais de 100 órgãos e entidades públicas federais. Nesse relatório, o TCU propõe a criação do Índice de Acompanhamento da Sustentabilidade na Administração Pública (IASA), que seria um método para avaliação das práticas de sustentabilidade adotadas no âmbito da Administração Pública. Para esse fim, foram definidos 11 critérios ou eixos temáticos estabelecidos na auditoria, entre os quais racionalização do uso de energia elétrica, da água e do papel, requisitos de acessibilidade, implementação de processo eletrônico, gestão de resíduos e coleta seletiva, contratações públicas sustentáveis, conscientização e capacitação, adesão a programas de sustentabilidade. Tal auditoria e as propostas do TCU constam do Acórdão 1.752/2011, do Plenário. Na realidade, desse acórdão é que resultou a publicação do Decreto nº 7.746/2012. Também é relevante o Acórdão 1.056/2017, do Plenário do TCU, no qual foram apontados os resultados da referida auditoria. Ambos são importantes para adequada compreensão e aplicação do princípio do desenvolvimento nacional sustentável.

Importante orientação no sentido de aplicação do princípio do desenvolvimento nacional sustentável consta do Guia Nacional de Licitações Sustentáveis, elaborado pela Advocacia-Geral da União (AGU) e que está em sua 6ª edição, de 2023. Esse Guia prevê a obrigatoriedade de adoção de critérios de sustentabilidade socioambiental e de acessibilidade, em praticamente todas as fases da licitação, abrangendo o planejamento, a seleção de fornecedor, a execução contratual, a fiscalização e a gestão de resíduos sólidos. Ainda indica os principais dispositivos da Lei nº 14.133 que envolvem medidas de sustentabilidade e aponta o procedimento da contratação sustentável, em quatro passos: (i) 1º passo: verificação da possibilidade de reuso de bens; (ii) 2º passo: sustentabilidade no planejamento, abrangendo o estudo preliminar, o termo de referência, os projetos básico e executivo, a minuta de contrato, o edital (com previsão inclusive de critérios de sustentabilidade como requisitos de aceitabilidade da proposta e da habilitação); (iii) 3º passo: análise do equilíbrio entre os princípios da isonomia, vantajosidade e sustentabilidade; (iv) 4º passo: sustentabilidade na gestão e fiscalização do contrato, bem como na gestão de resíduos sólidos.

Não há dúvida, portanto, de que os critérios de sustentabilidade devem estar presentes em todas as fases da licitação. No entanto, é muito importante, para esse fim, a fase preparatória do procedimento, porque nela é que são preparados o estudo técnico preliminar e o planejamento, inclusive o plano de contratações anual, a elaboração do edital e da minuta do contrato.

No sentido de promover a sustentabilidade, ademais, incluem-se as hipóteses de dispensa de licitação constantes do art. 75, incisos XVI, XVII e XVIII.

3.9 Segurança jurídica e LINDB

Assim como o princípio do interesse público, o princípio da segurança jurídica constitui um mandamento constitucional não escrito. Não se manifesta concisa e expressamente em nenhum comando do texto maior, mas inegavelmente está nele implícito. Isso explica por que o legislador o indica em inúmeras leis e por que a Administração jamais poderia ignorá-lo, inclusive no campo das licitações e contratos.

No plano infraconstitucional, a segurança jurídica ganhou destaque inicial em leis de processo administrativo, tal como se vislumbra na LPA federal (art. 2º, parágrafo único e art. 54, da Lei nº 9.784/1999). Algumas décadas mais tarde, mais especificamente em 2018, foi destrinchada em um conjunto de regras inseridas na Lei de Introdução às Normas do

Direito Brasileiro (LINDB), cujos impactos nas licitações foram observados por Cristiana Fortini.[21] Não é por outro motivo que o art. 5º da Lei de Licitações menciona o princípio e faz remissão direta a esse diploma de incidência nacional.

Para se identificar como a Lei de Licitações incorpora a segurança jurídica, é preciso entender de início seu conteúdo essencial. Para tanto, retoma-se a sucinta e precisa lição de Paulo Modesto,[22] que tripartiu o princípio em questão em: (i) segurança do direito; (ii) segurança no direito e (iii) segurança pelo direito.

A "segurança do direito" indica a capacidade de o direito positivo ser compreendido e aplicado facilmente. Isso requer (i) que os textos normativos sejam construídos de modo objetivo, claro, preciso, (ii) que as leis sejam editadas de modo harmônico, e (iii) que a normatividade administrativa seja simplificada sempre que possível. Da segurança do direito resulta a necessidade de se construir o ordenamento de tal maneira que seus operadores e os cidadãos nele encontrem sem grandes dificuldades um mínimo de respostas claras para guiar com estabilidade e tranquilidade sua vida social e suas relações jurídicas.

Os parâmetros para o cumprimento da segurança do direito encontram-se principalmente na Lei Complementar nº 95/1998, que trata da redação, alteração e consolidação de leis, servindo igualmente para atos normativos infralegais. Essa lei desponta como guia quotidiano de todos os Poderes e níveis federativos em matéria de licitações e contratos! Diz-se isso, porque os Estados, o Distrito Federal e os Municípios poderão editar leis próprias para suplementar as normas gerais contidas na Lei nº 14.133 e, além disso, o Poder Executivo, nas três esferas, terá que expedir atos regulamentares de diversos comandos legais.

Ao se valerem de seus poderes de criação de fontes normativas legais e infralegais sobre licitações e contratos, a observância da segurança do direito será imprescindível para evitar que o emaranhado de normas nessa matéria se torne ainda mais complicado, hermético e de difícil aplicação. Ao legislarem e regulamentarem a matéria, minudenciando as normas gerais da Lei nº 14.133, entes públicos deverão tornar o sistema mais previsível, lógico, simples e eficaz – meta cujo atingimento pressupõe a boa redação e estruturação das normas.

Considerando essas competências e diante do princípio em comento, a própria Lei de Licitações oferece ferramentas interessantes. Para evitar a multiplicação de textos regulamentares, necessários a dar exequibilidade à Lei, o art. 187 prevê que os Estados, o Distrito Federal e os Municípios estão autorizados a adotar os regulamentos editados pela União – ao que se deve agregar, por força da autonomia federativa, que Municípios usem regulamentos de Estados e vice-versa. Essa opção, reconhecida pelo Congresso, quando utilizada por expressa decisão de cada ente federativo subnacional, trará o benefício de evitar o aumento quantitativo de textos normativos, e reduzirá as chances de choques e antinomias jurídicas, bem como os custos de compreensão do sistema licitatório, em favor da segurança do direito.

A segunda vertente do princípio em exame é a "segurança no direito", que impõe a proteção de direitos adquiridos, coisa julgada, ato jurídico perfeito, da jurisprudência consolidada etc. Trata-se aqui da proteção da confiança legítima, da boa-fé subjetiva, das situ-

---

[21] FORTINI, Cristiana. Princípio da segurança jurídica e sua relevância na revogação de licitações. In: MARRARA, Thiago (org.). *Princípios de direito administrativo*. 2. ed. Belo Horizonte: Fórum, 2021. p. 124.

[22] MODESTO, Paulo. Legalidade e autovinculação da administração pública. In: MODESTO, Paulo (org.). *Nova organização administrativa brasileira*. Belo Horizonte: Fórum, 2010. p. 128 e seguintes.

ações passadas e estabilizadas juridicamente. À luz dessa dimensão material, a segurança implica tutela das posições jurídicas e estabilidade das relações jurídicas formadas entre Estado e particulares, sobretudo diante de novas iniciativas estatais, como a modificação de posicionamentos ou interpretações.

A Lei de Licitações traz alguns dispositivos que materializam essa preocupação protetiva das posições jurídicas. O art. 71, por exemplo, ao prever a possibilidade de anulação e de revogação da licitação exige, entre outras coisas, que se restrinja a anulação a situações em que o vício se mostre insanável, além de danoso. O art. 147 vai na mesma linha ao restringir a possibilidade de anulação contratual mediante a exigência de ponderação de uma série de fatores contratuais e extracontratuais. O art. 190, de outra parte, para proteger situações jurídicas, prevê que "o contrato cujo instrumento tenha sido assinado antes da entrada em vigor" da Lei 14.133 "continuará a ser regido de acordo com as regras previstas na legislação revogada".

Da LINDB igualmente se extraem mandamentos que prestigiam a segurança no direito tanto em favor do particular, quanto do próprio agente público. Os art. 22 e 23 tratam de interpretação da norma de direito público e exige que nela sejam considerados os "obstáculos e as dificuldades reais do gestor", bem como as "exigências das políticas públicas a seu cargo". O art. 22, § 1º, estende a necessidade de consideração das circunstâncias práticas que condicionam ou limitam a ação do agente para juízos acerca da legalidade de atos, contratos, processos e normas. O art. 23 cuida do tema da interpretação e busca proteger posições jurídicas em curso. Sempre que houver uma modificação de interpretação ou de orientação, de modo a se criar novo dever ou condicionamento para pessoa física ou jurídica que se beneficia de interpretação ou orientação anterior mais branda, a Administração deverá criar regime de transição, ou seja, de adaptação gradual, razoável, com prazos e medidas especiais para os que tiveram sua segurança jurídica afetada pela nova interpretação. O art. 24 da LINDB segue tratando de interpretação ao impor, no exame de legalidade de atos, contratos, normas ou processos, a consideração de interpretações e orientações vigentes à época em que eles foram praticados. Orientação, no entender do legislador, é um indicativo da interpretação da Administração constante de "atos públicos de caráter geral", como guias, cartilhas e documentos de esclarecimento, bem como da jurisprudência judicial ou administrativa, e dos costumes. O art. 30, por fim, estimula o uso de regulamentos, súmulas administrativas e consultas para gerar segurança jurídica num sentido de ampliação da previsibilidade, além de impor o respeito a essas manifestações orientativas, que terão caráter vinculante – norma que expressa a proteção da confiança legítima.

A terceira e última faceta do princípio é a "segurança pelo direito", que se refere à disponibilidade de meios de proteção efetiva contra qualquer tipo de lesão ou ameaça de lesão a direitos e interesses. Na Lei de Licitações, isso se vislumbra em incontáveis normas que mencionam, por exemplo, o direito de defesa (*e.g.*, art. 71, I), a possibilidade de impugnação de atos convocatórios (art. 164), o direito à produção de provas (art. 158), o direito à interposição de pedidos de reconsideração e recursos (art. 165) e o direito conferido aos licitantes, aos contratados e a qualquer pessoa de representarem aos órgãos de controle interno ou ao Tribunal de Contas irregularidades na aplicação da legislação (art. 170, § 4º).

REFERÊNCIAS BIBLIOGRÁFICAS

DI PIETRO, Maria Sylvia Zanella. *Direito administrativo*. 37. ed. Rio de Janeiro: Forense, 2024.

FORTINI, Cristiana. Princípio da segurança jurídica e sua relevância na revogação de licitações. In: MARRARA, Thiago (org.). *Princípios de direito administrativo*. 2. ed. Belo Horizonte: Fórum, 2021.

GABARDO, Emerson. Princípio da eficiência. Enciclopédia jurídica da PUC-SP. In: CAMPILONGO, Celso Fernandes; GONZAGA, Alvaro de Azevedo; FREIRE, André Luiz (coords.). Tomo: Direito Administrativo e Constitucional. Vidal Serrano Nunes Jr., Maurício Zockun, Carolina Zancaner Zockun, André Luiz Freire (coord. de tomo). São Paulo: Pontifícia Universidade Católica de São Paulo, 2017. Disponível em: https://enciclopediajuridica.pucsp.br/verbete/82/edicao-1/principio-da-eficiencia.

MARQUES NETO, Floriano de Azevedo. Interesses públicos e privados na atividade estatal de regulação. In: MARRARA, Thiago. *Princípios de direito administrativo*. 2. ed. Belo Horizonte: Fórum, 2021.

MARRARA, Thiago. O diálogo competitivo como modalidade licitatória e seus impactos. *Consultor Jurídico*, 6 jan. 2017. Disponível em: www.conjur.com.br. Acesso em: 1º fev. 2021.

MARRARA, Thiago (org.). *Princípios de direito administrativo*. 2. ed. Belo Horizonte: Fórum, 2021.

MARRARA, Thiago; BARBOSA, Paulo Victor Recchia. Microempresas (ME) e empresas de pequeno porte (EPP) em licitações: comentários aos meios discriminatórios da LC 123 e suas modificações recentes. *Revista de Direito Público Contemporâneo*, v. 1, n. 3, p. 118-139, 2017 (disponível on-line).

MELLO, Celso Antonio Bandeira de. *O conteúdo jurídico do princípio da igualdade*. 4. ed. São Paulo: Malheiros, 2021.

MODESTO, Paulo. Legalidade e autovinculação da administração pública. In: MODESTO, Paulo (org.). *Nova organização administrativa brasileira*. Belo Horizonte: Fórum, 2010.

MOREIRA, Egon Bockmann. *Licitação pública*. 2. ed. São Paulo: Malheiros, 2015.

MOTTA, Fabrício. Segregação de funções nas licitações e contratos. *CONJUR*, edição on-line de 6 de maio de 2021.

SILVA, Magno Antônio da. O princípio da segregação de funções e sua aplicação no controle processual das despesas: uma abordagem analítica pela ótica das licitações públicas e das contratações administrativas. *Revista do TCU*, n. 128, 2013.

Quadro comparativo

Lei nº 14.133/2021	Leis nºˢ 8.666/1993, 10.520/2002 e 12.462/2011
Lei de Licitações e Contratos Administrativos.	**L. 8.666/93** ~~Regulamenta o art. 37, inciso XXI, da Constituição Federal, institui normas para~~ licitações e contratos ~~da Administração Pública e dá outras providências.~~
O PRESIDENTE DA REPÚBLICA Faço saber que o Congresso Nacional decreta e eu sanciono a seguinte Lei:	**O PRESIDENTE DA REPÚBLICA** Faço saber que o Congresso Nacional decreta e eu sanciono a seguinte Lei:
Título I Disposições **Preliminares**	~~Capítulo I~~ ~~DAS~~ DISPOSIÇÕES ~~GERAIS~~

Lei nº 14.133/2021	Leis nºˢ 8.666/1993, 10.520/2002 e 12.462/2011
CAPÍTULO I **DO ÂMBITO DE APLICAÇÃO DESTA LEI**	~~Seção I~~ ~~Dos Princípios~~
Art. 1º Esta Lei estabelece normas gerais de licitação e **contratação para as Administrações Públicas diretas, autárquicas e fundacionais** da União, dos Estados, do Distrito Federal e dos Municípios, **e abrange:**	Art. 1º Esta Lei estabelece normas gerais ~~sobre~~ licitações e ~~contratos administrativos pertinentes a obras, serviços, inclusive de publicidade, compras, alienações e locações no âmbito dos Poderes~~ da União, dos Estados, do Distrito Federal e dos Municípios.
I – os órgãos dos Poderes Legislativo e Judiciário da União, dos Estados e do Distrito Federal **e os órgãos do Poder Legislativo dos** Municípios, **quando no desempenho de função administrativa;** **II –** os fundos especiais e **as** demais entidades controladas direta ou indiretamente **pela Administração Pública.**	Parágrafo único. ~~Subordinam-se ao regime desta Lei, além dos~~ órgãos ~~da administração direta,~~ os fundos especiais, ~~as autarquias, as fundações públicas, as empresas públicas, as sociedades de economia mista~~ e demais entidades controladas direta ou indiretamente ~~pela União,~~ Estados, ~~Distrito Federal e~~ Municípios. [...] **Art. 117.** ~~As obras, serviços, compras e alienações realizados pelos~~ órgãos dos Poderes Legislativo e Judiciário ~~e do Tribunal de Contas regem-se pelas normas desta Lei, no que couber, nas três esferas administrativas.~~
§ 1º Não são abrangidas por esta Lei as empresas públicas, as sociedades de economia mista e as suas subsidiárias, regidas pela Lei nº 13.303, de 30 de junho de 2016, ressalvado o disposto no art. 178 desta Lei.	**Sem correspondente**
§ 2º As contratações **realizadas no âmbito das** repartições **públicas** sediadas no exterior **obedecerão às** peculiaridades locais e **aos** princípios básicos **estabelecidos nesta** Lei, na forma de regulamentação específica **a ser editada por ministro de Estado.**	**L. 8.666/93** **Art. 123.** ~~Em suas licitações e~~ contratações ~~administrativas, as~~ repartições sediadas no exterior ~~observarão as~~ peculiaridades locais e ~~os~~ princípios básicos ~~desta~~ Lei, na forma de regulamentação específica.
§ 3º Nas licitações e contratações que envolvam recursos provenientes de **empréstimo** ou doação oriundos de agência oficial de cooperação estrangeira ou **de** organismo financeiro de que o Brasil seja parte, **podem** ser admitidas: **I –** condições decorrentes de acordos internacionais aprovados pelo Congresso Nacional **e ratificados pelo Presidente da República;** **II – condições peculiares à seleção e à contratação constantes de normas e procedimentos das agências ou dos organismos, desde que:** **a) sejam exigidas** para a obtenção **do empréstimo** ou doação; **b)** não conflitem **com os princípios constitucionais em vigor;**	**L. 8.666/93** **Art. 42.** [...] § 5º ~~Para a realização de obras, prestação de serviços ou aquisição de bens com~~ recursos provenientes de ~~financiamento~~ ou doação oriundos de agência oficial de cooperação estrangeira ou organismo financeiro ~~multilateral~~ de que o Brasil seja parte, ~~poderão ser admitidas, na respectiva licitação, as~~ condições decorrentes de acordos, ~~protocolos, convenções ou tratados~~ internacionais aprovados pelo Congresso Nacional, ~~bem como as normas e procedimentos daquelas entidades, inclusive quanto ao critério de seleção da proposta mais vantajosa para a administração, o qual poderá contemplar, além do preço,~~

Lei nº 14.133/2021	Leis nºˢ 8.666/1993, 10.520/2002 e 12.462/2011
c) sejam indicadas no respectivo contrato de empréstimo ou doação e tenham sido objeto de parecer favorável do órgão jurídico do contratante do financiamento previamente à celebração do referido contrato; d) sejam objeto de despacho motivado pela autoridade superior da administração do financiamento. (VETADO)	outros fatores de avaliação, desde que por elas exigidos para a obtenção do financiamento ou da doação, e que também não conflitem com o princípio do julgamento objetivo e sejam objeto de despacho motivado do órgão executor do contrato, despacho esse ratificado pela autoridade imediatamente superior.
§ 4º A documentação encaminhada ao Senado Federal para autorização do empréstimo de que trata o § 3º deste artigo deverá fazer referência às condições contratuais que incidam na hipótese do referido parágrafo.	Sem correspondente
§ 5º As contratações relativas à gestão, direta e indireta, das reservas internacionais do País, inclusive as de serviços conexos ou acessórios a essa atividade, serão disciplinadas em ato normativo próprio do Banco Central do Brasil, assegurada a observância dos princípios estabelecidos no *caput* do art. 37 da Constituição Federal.	Sem correspondente
Art. 2º Esta Lei aplica-se a: I – alienação e concessão de direito real de uso de bens; II – compra, inclusive por encomenda; III – locação; IV – concessão e permissão de uso de bens públicos;	L. 8.666/93 Art. 2º As obras, serviços, inclusive de publicidade, compras, alienações, concessões, permissões e locações da Administração Pública, quando contratadas com terceiros, serão necessariamente precedidas de licitação, ressalvadas as hipóteses previstas nesta Lei.
V – prestação de serviços, inclusive os técnico-profissionais especializados; VI – obras e serviços de arquitetura e engenharia; VII – contratações de tecnologia da informação e de comunicação.	Sem correspondente
Art. 3º Não se subordinam ao regime desta Lei:	Sem correspondente
I – contratos que tenham por objeto operação de crédito, interno ou externo, e gestão de dívida pública, incluídas as contratações de agente financeiro e a concessão de garantia relacionadas a esses contratos;	L. 8.666/93 Art. 121. [...] Parágrafo único. Os contratos relativos a imóveis do patrimônio da União continuam a reger-se pelas disposições do Decreto-lei nº 9.760, de 5 de setembro de 1946, com suas alterações, e os relativos a operações de crédito interno ou externo

Lei nº 14.133/2021	Leis nºs 8.666/1993, 10.520/2002 e 12.462/2011
	~~celebrados pela União ou~~ a concessão de garantia ~~do Tesouro Nacional continuam regidos pela legislação pertinente, aplicando-se esta Lei, no que couber.~~
II – contratações sujeitas a normas previstas em legislação própria.	Sem correspondente
Art. 4º **Aplicam-se às** licitações e contratos **disciplinados por esta Lei as disposições constantes dos arts. 42 a 49 da Lei Complementar nº 123, de 14 de dezembro de 2006.**	**L. 8.666/93** **Art. 5º-A.** ~~As normas de~~ licitações e contratos ~~devem privilegiar o tratamento diferenciado e favorecido às microempresas e empresas de pequeno porte na forma da lei.~~
§ 1º As disposições a que se refere o *caput* **deste artigo não são aplicadas:** **I – no caso de licitação para aquisição de bens ou contratação de serviços em geral, ao item cujo valor estimado for superior à receita bruta máxima admitida para fins de enquadramento como empresa de pequeno porte;** **II – no caso de contratação de obras e serviços de engenharia, às licitações cujo valor estimado for superior à receita bruta máxima admitida para fins de enquadramento como empresa de pequeno porte.** **§ 2º A obtenção de benefícios a que se refere o** *caput* **deste artigo fica limitada às microempresas e às empresas de pequeno porte que, no ano-calendário de realização da licitação, ainda não tenham celebrado contratos com a Administração Pública cujos valores somados extrapolem a receita bruta máxima admitida para fins de enquadramento como empresa de pequeno porte, devendo o órgão ou entidade exigir do licitante declaração de observância desse limite na licitação.** **§ 3º Nas contratações com prazo de vigência superior a 1 (um) ano, será considerado o valor anual do contrato na aplicação dos limites previstos nos §§ 1º e 2º deste artigo.**	Sem correspondente
CAPÍTULO II **DOS PRINCÍPIOS**	Sem correspondente
Art. 5º **Na aplicação desta Lei, serão observados** os princípios da legalidade, da impessoalidade, da moralidade, da publicidade, **da eficiência, do interesse público,** da probidade administrativa,	**L. 8.666/93** Art. 3º ~~A licitação destina-se a garantir a observância do princípio constitucional da isonomia, a seleção da proposta mais vantajosa para a~~

Lei nº 14.133/2021	Leis nºˢ 8.666/1993, 10.520/2002 e 12.462/2011
da igualdade, **do planejamento, da transparência, da eficácia, da segregação de funções, da motivação,** da vinculação **ao edital,** do julgamento objetivo, **da segurança jurídica, da razoabilidade, da competitividade, da proporcionalidade, da celeridade, da economicidade e do desenvolvimento nacional sustentável, assim como as disposições do Decreto-Lei nº 4.657, de 4 de setembro de 1942 (Lei de Introdução às Normas do Direito Brasileiro).**	~~administração e a promoção do desenvolvimento nacional sustentável e será processada e julgada em estrita conformidade com~~ os princípios ~~básicos~~ da legalidade, da impessoalidade, da moralidade, da igualdade, da publicidade, da probidade administrativa, da vinculação ~~ao instrumento convocatório,~~ do julgamento objetivo ~~e dos que lhes são correlatos.~~
	Lei 12.462/2011 ~~Art. 3º As licitações e contratações realizadas em conformidade com o RDC deverão observar os princípios da legalidade, da impessoalidade, da moralidade, da igualdade, da publicidade, da eficiência, da probidade administrativa, da economicidade, do desenvolvimento nacional sustentável, da vinculação ao instrumento convocatório e do julgamento objetivo.~~
CAPÍTULO III DAS DEFINIÇÕES	**L. 8.666/93** ~~Seção II~~ Das Definições
Art. 6º Para os fins desta Lei, considera**m**-se:	**Art. 6º** Para os fins desta Lei, considera-se:
I – **órgão: unidade de atuação integrante da estrutura da Administração Pública;**	**Sem correspondente**
II – **entidade: unidade de atuação dotada de personalidade jurídica;**	**Sem correspondente**
III – Administração Pública: administração direta e indireta da União, dos Estados, do Distrito Federal e dos Municípios, inclusive as entidades com personalidade jurídica de direito privado sob controle do poder público e **as** fundações por ele instituídas ou mantidas;	**L. 8.666/93** **Art. 6º [...]** XI – Administração Pública – ~~a~~ administração direta e indireta da União, dos Estados, do Distrito Federal e dos Municípios, ~~abrangendo~~ inclusive as entidades com personalidade jurídica de direito privado sob controle do poder público e ~~das~~ fundações por ele instituídas ou mantidas;
IV – Administração: órgão **ou** entidade **por meio do** qual a Administração Pública atua;	XII – Administração – órgão~~,~~ entidade ~~ou unidade administrativa pela~~ qual a Administração Pública ~~opera e~~ atua ~~concretamente~~;

Lei nº 14.133/2021	Leis nºˢ 8.666/1993, 10.520/2002 e 12.462/2011
V – **agente público: indivíduo que, em virtude de eleição, nomeação, designação, contratação ou qualquer outra forma de investidura ou vínculo, exerce mandato, cargo, emprego ou função em pessoa jurídica integrante da Administração Pública;** VI – **autoridade: agente público dotado de poder de decisão;**	Sem correspondente
VII – contratante: **pessoa jurídica integrante da Administração Pública responsável pela contratação;**	XIV – Contratante – ~~é o órgão ou entidade signatária do instrumento contratual~~;
VIII – contratado: pessoa física ou jurídica, **ou consórcio de pessoas jurídicas,** signatária de contrato com a Administração;	XV – Contratado – ~~a~~ pessoa física ou jurídica signatária de contrato com a Administração Pública;
IX – **licitante: pessoa física ou jurídica, ou consórcio de pessoas jurídicas, que participa ou manifesta a intenção de participar de processo licitatório, sendo-lhe equiparável, para os fins desta Lei, o fornecedor ou o prestador de serviço que, em atendimento à solicitação da Administração, oferece proposta;**	Sem correspondente
X – compra: aquisição remunerada de bens para fornecimento de uma só vez ou parceladamente, **considerada** imediata aquela com prazo de entrega **de** até **30** (trinta) dias da **ordem de fornecimento;**	Art. 6º [...] III – Compra – ~~toda~~ aquisição remunerada de bens para fornecimento de uma só vez ou parceladamente; Art. 42 [...] § 4º ~~Nas compras para entrega~~ imediata, ~~assim entendidas~~ aquelas com prazo de entrega até trinta dias da ~~data prevista para apresentação da proposta, poderão ser dispensadas~~.
XI – serviço: atividade **ou conjunto de atividades** destinada**s** a obter determinada utilidade, **intelectual ou material,** de interesse **da** Administração;	L. 8.666/93 Art. 6º [...] II – Serviço – ~~toda~~ atividade destinada a obter determinada utilidade de interesse ~~para a~~ Administração, ~~tais como: demolição, conserto, instalação, montagem, operação, conservação, reparação, adaptação, manutenção, transporte, locação de bens, publicidade, seguro ou trabalhos técnico-profissionais~~;
XII – obra: toda **atividade estabelecida, por força de lei,** como privativa das profissões de arquiteto e engenheiro que implica intervenção no meio ambiente por meio de um conjunto harmônico de ações que, agregadas, formam um todo que inova o espaço físico da natureza ou acarreta alteração substancial das características originais de bem imóvel;	I – Obra – toda ~~construção, reforma, fabricação, recuperação ou ampliação, realizada por execução direta ou indireta~~;

Lei n° 14.133/2021	Leis n°s 8.666/1993, 10.520/2002 e 12.462/2011
XIII – bens e serviços comuns: aqueles cujos padrões de desempenho e qualidade podem ser objetivamente definidos pelo edital, por meio de especificações usuais **de** mercado;	**L. 10.520/2002** Art. 1º [...] Parágrafo único. Consideram-se bens e serviços comuns, para os fins e efeitos deste artigo, aqueles cujos padrões de desempenho e qualidade possam ser objetivamente definidos pelo edital, por meio de especificações usuais no mercado.
XIV – bens e serviços especiais: aqueles que, por sua alta heterogeneidade ou complexidade, não podem ser descritos na forma do inciso XIII do *caput* **deste artigo, exigida justificativa prévia do contratante;** **XV – serviços e fornecimentos contínuos: serviços contratados e compras realizadas pela Administração Pública para a manutenção da atividade administrativa, decorrentes de necessidades permanentes ou prolongadas;** **XVI – serviços contínuos com regime de dedicação exclusiva de mão de obra: aqueles cujo modelo de execução contratual exige, entre outros requisitos, que:** **a) os empregados do contratado fiquem à disposição nas dependências do contratante para a prestação dos serviços;** **b) o contratado não compartilhe os recursos humanos e materiais disponíveis de uma contratação para execução simultânea de outros contratos;** **c) o contratado possibilite a fiscalização pelo contratante quanto à distribuição, controle e supervisão dos recursos humanos alocados aos seus contratos;** **XVII – serviços não contínuos ou contratados por escopo: aqueles que impõem ao contratado o dever de realizar a prestação de um serviço específico em período predeterminado, podendo ser prorrogado, desde que justificadamente, pelo prazo necessário à conclusão do objeto;**	**Sem correspondente**
XVIII – serviços técnicos especializados **de natureza predominantemente intelectual: aqueles realizados em** trabalhos relativos a:	**L. 8.666/93** **Art. 13.** ~~Para os fins desta Lei, consideram-se~~ serviços técnicos ~~profissionais~~ especializados ~~os~~ trabalhos relativos a:
a) estudos técnicos, planejamentos, projetos básicos **e projetos** executivos;	I – estudos técnicos, planejamentos **e** projetos básicos ~~ou~~ executivos;

Lei nº 14.133/2021	Leis nºˢ 8.666/1993, 10.520/2002 e 12.462/2011
b) pareceres, perícias e avaliações em geral;	II – pareceres, perícias e avaliações em geral;
c) assessorias **e** consultorias técnicas e auditorias financeiras **e** tributárias;	III – assessorias ~~ou~~ consultorias técnicas e auditorias financeiras ~~ou~~ tributárias;
d) fiscalização, supervisão **e** gerenciamento de obras **e** serviços;	IV – fiscalização, supervisão ~~ou~~ gerenciamento de obras ~~ou~~ serviços;
e) patrocínio ou defesa de causas judiciais **e** administrativas;	V – patrocínio ou defesa de causas judiciais ~~ou~~ administrativas;
f) treinamento e aperfeiçoamento de pessoal;	VI – treinamento e aperfeiçoamento de pessoal;
g) restauração de obras de arte e de bens de valor histórico;	VII – restauração de obras de arte e bens de valor histórico.
h) controles de qualidade e tecnológico, análises, testes e ensaios de campo e laboratoriais, instrumentação e monitoramento de parâmetros específicos de obras e do meio ambiente e demais serviços de engenharia que se enquadrem na definição deste inciso;	**Sem correspondente**
XIX – notória especialização: **qualidade de** profissional ou **de** empresa cujo conceito, no campo de sua especialidade, decorrente de desempenho anterior, estudos, experiência, publicações, organização, aparelhamento, equipe técnica ou outros requisitos relacionados com suas atividades, permit**e** inferir que o seu trabalho é essencial e **reconhecidamente** adequado à plena satisfação do objeto do contrato;	**L. 8.666/93** **Art. 25 [...]** § 1º ~~Considera-se de~~ notória especialização ~~o~~ profissional ou empresa cujo conceito no campo de sua especialidade, decorrente de desempenho anterior, estudos, experiências, publicações, organização, aparelhamento, equipe técnica, ou ~~de~~ outros requisitos relacionados com suas atividades, permit~~a~~ inferir que o seu trabalho é essencial e ~~indiscutivelmente o mais~~ adequado à plena satisfação do objeto do contrato.
XX – estudo técnico preliminar: documento constitutivo da primeira etapa do planejamento de uma contratação que caracteriza o interesse público envolvido e a sua melhor solução e dá base ao anteprojeto, ao termo de referência ou ao projeto básico a serem elaborados caso se conclua pela viabilidade da contratação;	**Sem correspondente**
XXI – serviço de engenharia: toda atividade ou conjunto de atividades destinadas a obter determinada utilidade, intelectual ou material, de interesse para a Administração e que, não enquadradas no conceito de obra a que se refere o inciso XII do *caput* deste artigo, são estabelecidas, por força de lei, como privativas das profissões de arquiteto e engenheiro ou de técnicos especializados, que compreendem: **a) serviço comum de engenharia: todo serviço de engenharia que tem por objeto ações, objetivamente padronizáveis em termos de**	

Lei nº 14.133/2021	Leis nºs 8.666/1993, 10.520/2002 e 12.462/2011
desempenho e qualidade, de manutenção, de adequação e de adaptação de bens móveis e imóveis, com preservação das características originais dos bens; b) serviço especial de engenharia: aquele que, por sua alta heterogeneidade ou complexidade, não pode se enquadrar na definição constante da alínea *a* deste inciso;	**Sem correspondente**
XXII – obras, serviços e **fornecimentos** de grande vulto: aqueles cujo valor estimado **supera R$ 200.000.000,00 (duzentos milhões de reais);**[23]	**L. 8.666/93** **Art. 6º [...]** V – Obras, serviços e ~~compras~~ de grande vulto – aquelas cujo valor estimado ~~seja superior a 25 (vinte e cinco) vezes o limite estabelecido na alínea "c" do inciso I do art. 23 desta Lei;~~
XXIII – **termo de referência: documento necessário para a contratação de bens e serviços, que deve conter os seguintes parâmetros e elementos descritivos:**	**Sem correspondente**
a) definição do objeto, **incluídos sua natureza, os quantitativos, o prazo do contrato e, se for o caso, a possibilidade de sua prorrogação;**	**L. 10.520/2002** Art. 3º-[...] II – a definição do objeto ~~deverá ser precisa, suficiente e clara, vedadas especificações que, por excessivas, irrelevantes ou desnecessárias, limitem a competição;~~ **L. 12.462/2011** Art. 5º O objeto ~~da licitação deverá ser definido de forma clara e precisa no instrumento convocatório, vedadas especificações excessivas, irrelevantes ou desnecessárias.~~
b) **fundamentação da contratação, que consiste na referência aos estudos técnicos preliminares correspondentes ou, quando não for possível divulgar esses estudos, no extrato das partes que não contiverem informações sigilosas;** c) **descrição da solução como um todo, considerado todo o ciclo de vida do objeto;**	**Sem correspondente**

---

[23] Esses valores são atualizados constantemente por Decreto. Em 2023, o Executivo da União editou o Decreto nº 11.871 e elevou o valor para R$ 239.624.058,14. Quando se considera a realidade financeira, orçamentária e operacional dos Estados e Municípios, dificilmente muitos contratos superarão esse valor. Melhor seria o legislador deixar a definição para cada ente federativo, pois, obviamente, não se trata de norma geral.

Lei nº 14.133/2021	Leis nºs 8.666/1993, 10.520/2002 e 12.462/2011
d) requisitos da contratação; e) modelo de execução do objeto, que consiste na definição de como o contrato deverá produzir os resultados pretendidos desde o seu início até o seu encerramento; f) modelo de gestão do contrato, que descreve como a execução do objeto será acompanhada e fiscalizada pelo órgão ou entidade; g) critérios de medição e de pagamento; h) forma e critérios de seleção do fornecedor; i) estimativas do valor da contratação, acompanhadas dos preços unitários referenciais, das memórias de cálculo e dos documentos que lhe dão suporte, com os parâmetros utilizados para a obtenção dos preços e para os respectivos cálculos, que devem constar de documento separado e classificado; j) adequação orçamentária;	Sem correspondente
XXIV – anteprojeto: **peça técnica com todos os subsídios necessários à elaboração do projeto básico, que deve conter, no mínimo, os seguintes elementos:**	**L 12.462/2011** **Art. 9º** [...] § 2º [...] I – o instrumento convocatório deverá conter anteprojeto de engenharia que contemple os documentos técnicos destinados a possibilitar a caracterização da obra ou serviço, incluindo:
a) demonstração e justificativa do programa de necessidades, **avaliação de demanda do público-alvo**, **motivação técnico-econômico-social do empreendimento,** visão global dos investimentos e definições **relacionadas** ao nível de serviço desejado;	a) a demonstração e a justificativa do programa de necessidades, a visão global dos investimentos e as definições quanto ao nível de serviço desejado;
b) condições de solidez, **de** segurança **e de** durabilidade;	b) as condições de solidez, segurança, durabilidade e prazo de entrega, observado o disposto no *caput* e no § 1º do art. 6º desta Lei;
c) **prazo de entrega;**	Sem correspondente
d) estética do projeto arquitetônico, **traçado geométrico e/ou projeto da área de influência, quando cabível;**	c) a estética do projeto arquitetônico; e
e) parâmetros de adequação ao interesse público, **de** economia na utilização, **de** facilidade na execução, **de** impacto ambiental e **de** acessibilidade;	d) os parâmetros de adequação ao interesse público, à economia na utilização, à facilidade na execução, aos impactos ambientais e à acessibilidade;

Lei nº 14.133/2021	Leis nºˢ 8.666/1993, 10.520/2002 e 12.462/2011
f) proposta de concepção da obra ou do serviço de engenharia; g) projetos anteriores ou estudos preliminares que embasaram a concepção proposta; h) levantamento topográfico e cadastral; i) pareceres de sondagem; j) memorial descritivo dos elementos da edificação, dos componentes construtivos e dos materiais de construção, de forma a estabelecer padrões mínimos para a contratação;	Sem correspondente
XXV – projeto básico: conjunto de elementos necessários e suficientes, com nível de precisão adequado para **definir e dimensionar** a obra ou **o** serviço, ou **o** complexo de obras ou **de** serviços objeto da licitação, elaborado com base nas indicações dos estudos técnicos preliminares, que assegure a viabilidade técnica e o adequado tratamento do impacto ambiental do empreendimento e que possibilite a avaliação do custo da obra e a definição dos métodos e do prazo de execução, devendo conter os seguintes elementos:	**L. 8.666/93** **Art. 6º [...]** IX – Projeto Básico – conjunto de elementos necessários e suficientes, com nível de precisão adequado, para ~~caracterizar~~ a obra ou serviço, ou complexo de obras ou serviços objeto da licitação, elaborado com base nas indicações dos estudos técnicos preliminares, que assegurem a viabilidade técnica e o adequado tratamento do impacto ambiental do empreendimento, e que possibilite a avaliação do custo da obra e a definição dos métodos e do prazo de execução, devendo conter os seguintes elementos:
a) **levantamentos topográficos e cadastrais, sondagens e ensaios geotécnicos, ensaios e análises laboratoriais, estudos socioambientais e demais dados e levantamentos necessários para execução da solução escolhida;**	a) **desenvolvimento da** solução escolhida **de forma a fornecer visão global da obra e identificar todos os seus elementos constitutivos com clareza;**
b) soluções técnicas globais e localizadas, suficientemente detalhadas, de forma a **evitar, por ocasião da** elaboração do projeto executivo **e da** realização das obras e montagem, a necessidade de reformulações ou variantes **quanto à qualidade, ao preço e ao prazo inicialmente definidos;**	b) soluções técnicas globais e localizadas, suficientemente detalhadas, de forma a ~~minimizar~~ a necessidade de reformulação ou ~~de~~ variantes ~~durante as fases de~~ elaboração do projeto executivo ~~e de~~ realização das obras e montagem;
c) identificação dos tipos de serviços a executar e **dos** materiais e equipamentos a incorporar à obra, bem como **das** suas especificações, **de modo a assegurar** os melhores resultados para o empreendimento **e a segurança executiva na utilização do objeto, para os fins a que se destina, considerados os riscos e os perigos identificáveis,** sem frustrar o caráter competitivo para a sua execução;	c) identificação dos tipos de serviços a executar e ~~de~~ materiais e equipamentos a incorporar à obra, bem como suas especificações ~~que assegurem~~ os melhores resultados para o empreendimento, sem frustrar o caráter competitivo para a sua execução;
d) informações que possibilitem o estudo e a **definição** de métodos construtivos, **de** instalações provisórias e **de** condições organizacionais para a obra, sem frustrar o caráter competitivo para a sua execução;	d) informações que possibilitem o estudo e a ~~dedução~~ de métodos construtivos, instalações provisórias e condições organizacionais para a obra, sem frustrar o caráter competitivo para a sua execução;

Lei nº 14.133/2021	Leis nºs 8.666/1993, 10.520/2002 e 12.462/2011
e) subsídios para montagem do plano de licitação e gestão da obra, **compreendidos** a sua programação, a estratégia de suprimentos, as normas de fiscalização e outros dados necessários em cada caso;	e) subsídios para montagem do plano de licitação e gestão da obra, ~~compreendendo~~ a sua programação, a estratégia de suprimentos, as normas de fiscalização e outros dados necessários em cada caso;
f) orçamento detalhado do custo global da obra, fundamentado em quantitativos de serviços e fornecimentos propriamente avaliados, **obrigatório exclusivamente para os regimes de execução previstos nos incisos I, II, III, IV e VII do** *caput* **do art. 46 desta Lei;**	f) orçamento detalhado do custo global da obra, fundamentado em quantitativos de serviços e fornecimentos propriamente avaliados;
XXVI – projeto executivo: conjunto **de** elementos necessários e suficientes à execução completa da obra, **com o detalhamento das soluções previstas no projeto básico, a identificação de serviços, de materiais e de equipamentos a serem incorporados à obra, bem como suas especificações técnicas,** de acordo com as normas técnicas pertinentes;	**L. 8.666/93** **Art. 6º** [...] X – Projeto Executivo – ~~o~~ conjunto ~~dos~~ elementos necessários e suficientes à execução completa da obra, de acordo com as normas pertinentes ~~da Associação Brasileira de Normas Técnicas – ABNT~~; **L. 12.426/2011** **Art. 2º** [...] V – projeto executivo: conjunto dos elementos necessários e suficientes à execução completa da obra, de acordo com as normas técnicas pertinentes; e
XXVII – matriz de riscos: cláusula contratual definidora de riscos e de responsabilidades entre as partes e caracterizadora do equilíbrio econômico-financeiro inicial do contrato, em termos de ônus financeiro decorrente de eventos supervenientes à contratação, contendo, no mínimo, as seguintes informações: **a) listagem de possíveis eventos supervenientes à assinatura do contrato que possam causar impacto em seu equilíbrio econômico-financeiro e previsão de eventual necessidade de prolação de termo aditivo por ocasião de sua ocorrência;** **b) no caso de obrigações de resultado, estabelecimento das frações do objeto com relação às quais haverá liberdade para os contratados inovarem em soluções metodológicas ou tecnológicas, em termos de modificação das soluções previamente delineadas no anteprojeto ou no projeto básico;** **c) no caso de obrigações de meio, estabelecimento preciso das frações do objeto com relação às quais não haverá liberdade para os contratados inovarem em soluções metodológicas ou tecnológicas, devendo haver obrigação de aderência entre a execução e a solução**	**Sem correspondente**

Lei nº 14.133/2021	Leis nᵒˢ 8.666/1993, 10.520/2002 e 12.462/2011
predefinida no anteprojeto ou no projeto básico, consideradas as características do regime de execução no caso de obras e serviços de engenharia;	Sem correspondente
XXVIII – empreitada por preço unitário: **contratação da** execução da obra ou do serviço por preço certo de unidades determinadas;	**L. 8.666/93** **Art. 6º** [...] VIII – [...] b) empreitada por preço unitário – quando se contrata a execução da obra ou do serviço por preço certo de unidades determinadas; **L. 12.426/2011** **Art. 2º** [...] III – empreitada por preço unitário: quando se contrata a execução da obra ou do serviço por preço certo de unidades determinadas;
XXIX – empreitada por preço global: **contratação da** execução da obra ou do serviço por preço certo e total;	**L. 8.666/93** **Art. 6º** [...] VIII – [...] a) empreitada por preço global – quando se contrata a execução da obra ou do serviço por preço certo e total; **L. 12.426/2011** **Art. 2º** [...] II – empreitada por preço global: quando se contrata a execução da obra ou do serviço por preço certo e total;
XXX – empreitada integral: **contratação de** empreendimento em sua integralidade, compreendida a totalidade das etapas **de** obras, serviços e instalações necessárias, sob inteira responsabilidade **do** contrata**do** até sua entrega ao contratante em condições de entrada em operação, com características adequadas às finalidades para **as quais** foi contrata**do** e atendidos os requisitos técnicos e legais para sua utilização **com** segurança estrutural e operacional;	**L. 8.666/93** **Art. 6º** [...] VIII – [...] e) empreitada integral – quando se contrata um empreendimento em sua integralidade, compreendendo todas as etapas das obras, serviços e instalações necessárias, sob inteira responsabilidade da contratada até a sua entrega ao contratante em condições de entrada em operação, atendidos os requisitos técnicos e legais para sua utilização em condições de segurança estrutural e operacional e com as características adequadas às finalidades para que foi contratada; **L. 12.426/2011** **Art. 2º** [...] I – empreitada integral: quando se contrata um empreendimento em sua integralidade, compreendendo a totalidade das etapas de obras, serviços

Lei n° 14.133/2021	Leis n°s 8.666/1993, 10.520/2002 e 12.462/2011
	e instalações necessárias, sob inteira responsabilidade da contratada até a sua entrega ao contratante em condições de entrada em operação, atendidos os requisitos técnicos e legais para sua utilização em condições de segurança estrutural e operacional e com as características adequadas às finalidades para a qual foi contratada;
XXXI – **contratação por** tarefa: **regime de contratação de** mão de obra para pequenos trabalhos por preço certo, com ou sem fornecimento de materiais;	**L. 8.666/93** **Art. 6°** [...] VIII – [...] d) tarefa – quando se ajusta mão-de-obra para pequenos trabalhos por preço certo, com ou sem fornecimento de materiais; **L. 12.426/2011** **Art. 2°** [...] VI – tarefa: quando se ajusta mão de obra para pequenos trabalhos por preço certo, com ou sem fornecimento de materiais.
XXXII – contratação integrada: **regime de contratação de obras e serviços de engenharia em que o contratado é responsável por** elaborar e desenvol**ver** os projetos básico e executivo, execu**tar** obras e serviços de engenharia, **fornecer bens ou prestar serviços especiais e realizar** montagem, teste, pré-operação e as demais operações necessárias e suficientes para a entrega final do objeto;	**L. 12.462/11** **Art. 9°** [...] § 1° A contratação integrada compreende a elaboração e o desenvolvimento dos projetos básico e executivo, a execução de obras e serviços de engenharia, a montagem, a realização de testes, a pré-operação e todas as demais operações necessárias e suficientes para a entrega final do objeto.
XXXIII – contratação semi-integrada: regime de contratação de obras e serviços de engenharia em que o contratado é responsável por elaborar e desenvolver o projeto executivo, executar obras e serviços de engenharia, fornecer bens ou prestar serviços especiais e realizar montagem, teste, pré-operação e as demais operações necessárias e suficientes para a entrega final do objeto; **XXXIV – fornecimento e prestação de serviço associado: regime de contratação em que, além do fornecimento do objeto, o contratado responsabiliza-se por sua operação, manutenção ou ambas, por tempo determinado;** **XXXV – licitação internacional: licitação processada em território nacional na qual é admitida a participação de licitantes estrangeiros, com a possibilidade de cotação de preços em moeda estrangeira, ou licitação na qual o objeto contratual pode ou deve ser executado no todo ou em parte em território estrangeiro;**	**Sem correspondente**

Lei nº 14.133/2021	Leis nºˢ 8.666/1993, 10.520/2002 e 12.462/2011
XXXVI – serviço nacional: serviço prestado **em território nacional**, nas condições estabelecidas pelo Poder Executivo federal;	**L. 8.666/93** **Art. 6º** [...] XVIII – serviços nacionais – serviços prestados no País, nas condições estabelecidas pelo Poder Executivo federal;
XXXVII – produto manufaturado nacional: produto manufaturado produzido no território nacional de acordo com o processo produtivo básico ou com as regras de origem estabelecidas pelo Poder Executivo federal;	XVII – produtos manufaturados nacionais – produtos manufaturados, produzidos no território nacional de acordo com o processo produtivo básico ou com as regras de origem estabelecidas pelo Poder Executivo federal;
XXXVIII – concorrência: modalidade de licitação **para contratação de bens e serviços especiais e de obras e serviços comuns e especiais de engenharia, cujo critério de julgamento poderá ser:** **a) menor preço;** **b) melhor técnica ou conteúdo artístico;** **c) técnica e preço;** **d) maior retorno econômico;** **e) maior desconto.**	**L. 8.666/93** **Art. 22.** [...] § 1º Concorrência é a modalidade de licitação entre quaisquer interessados que, na fase inicial de habilitação preliminar, comprovem possuir os requisitos mínimos de qualificação exigidos no edital para execução de seu objeto.
XXXIX – concurso: modalidade de licitação para escolha de trabalho técnico, científico ou artístico, **cujo** critério **de julgamento será o de melhor técnica ou conteúdo artístico, e para concessão** de prêmio ou remuneração ao vencedor;	**Art. 22.** [...] § 4º Concurso é a modalidade de licitação entre quaisquer interessados para escolha de trabalho técnico, científico ou artístico, mediante a instituição de prêmios ou remuneração aos vencedores, conforme critérios constantes de edital publicado na imprensa oficial com antecedência mínima de 45 (quarenta e cinco) dias.
XL – leilão: modalidade de licitação para alienação de bens imóveis ou de bens móveis inservíveis ou legalmente apreendidos a quem oferecer o maior lance;	**Art. 22.** [...] § 5º Leilão é a modalidade de licitação entre quaisquer interessados para a venda de bens móveis inservíveis para a administração ou de produtos legalmente apreendidos ou penhorados, ou para a alienação de bens imóveis prevista no art. 19, a quem oferecer o maior lance, igual ou superior ao valor da avaliação.
XLI – pregão: modalidade de licitação **obrigatória** para aquisição de bens e serviços comuns, **cujo critério de julgamento** poderá ser **o de menor preço ou o de maior desconto;**	**L. 10.520/2002** Art. 1º Para aquisição de bens e serviços comuns, poderá ser adotada a licitação na modalidade de pregão, que será regida por esta Lei.
XLII – diálogo competitivo: modalidade de licitação para contratação de obras, serviços e compras em que a Administração Pública realiza diálogos com licitantes previamente selecionados mediante critérios objetivos, com o	**Sem correspondente**

Lei nº 14.133/2021	Leis nºˢ 8.666/1993, 10.520/2002 e 12.462/2011
intuito de desenvolver uma ou mais alternativas capazes de atender às suas necessidades, devendo os licitantes apresentar proposta final após o encerramento dos diálogos; XLIII – credenciamento: processo administrativo de chamamento público em que a Administração Pública convoca interessados em prestar serviços ou fornecer bens para que, preenchidos os requisitos necessários, se credenciem no órgão ou na entidade para executar o objeto quando convocados;	Sem correspondente
XLIV – pré-qualificação: procedimento **seletivo prévio** à licitação, **convocado por meio de edital, destinado à análise das** condições de habilitação, **total ou parcial, dos interessados ou do objeto;**	**L. 12.462/2011** **Art. 30.** ~~Considera-se~~ pré-qualificação permanente ~~o~~ procedimento ~~anterior~~ à licitação ~~destinado a identificar:~~ I – ~~fornecedores que reúnam~~ condições de habilitação ~~exigidas para o fornecimento de bem ou a execução de serviço ou obra nos prazos, locais e condições previamente estabelecidos; e~~ II – ~~bens que atendam às exigências técnicas e de qualidade da administração pública.~~
XLV – sistema de registro de preços: **conjunto de procedimentos para realização,** mediante contrata**ç**ão **direta ou licitação nas** modalida**de**s pregão **ou** concorrência, **de registro formal de preços relativos a prestação de** serviços**, a obras e a aquisição e locação** de bens **para contratações futuras;**	**L. 8.666/93** Art. 15. ~~As compras, sempre que possível, de~~verão: [...] II – ~~ser processadas através de~~ sistema de registro de preços; [...] § 3º ~~O~~ sistema de registro de preços ~~será re-gulamentado por decreto, atendidas as pe-culiaridades regionais, observadas as seguin-tes condições:~~ I – ~~seleção feita~~ mediante concorrência; II – ~~estipulação prévia do sistema de controle e atualização dos~~ preços ~~registrados;~~ III – ~~validade do registro não superior a um ano.~~ **L. 10.520/2002** **Art. 11**. ~~As compras e~~ contratações de bens e serviços ~~comuns, no âmbito da União, dos Esta-dos, do Distrito Federal e dos Municípios, quan-do efetuadas pelo~~ sistema de registro de preços ~~previsto no art. 15 da Lei nº 8.666, de 21 de ju-nho de 1993, poderão adotar a~~ modalidade ~~de pregão, conforme regulamento específico.~~
XLVI – ata de registro de preços: documento vinculativo e obrigacional, com característica de compromisso para futura contratação, no	Sem correspondente

Lei nº 14.133/2021	Leis nºs 8.666/1993, 10.520/2002 e 12.462/2011
qual são registrados o objeto, os preços, os fornecedores, os órgãos participantes e as condições a serem praticadas, conforme as disposições contidas no edital da licitação, no aviso ou instrumento de contratação direta e nas propostas apresentadas; **XLVII – órgão ou entidade gerenciadora:** órgão ou entidade da Administração Pública responsável pela condução do conjunto de procedimentos para registro de preços e pelo gerenciamento da ata de registro de preços dele decorrente; **XLVIII – órgão ou entidade participante:** órgão ou entidade da Administração Pública que participa dos procedimentos iniciais da contratação para registro de preços e integra a ata de registro de preços; **XLIX – órgão ou entidade não participante:** órgão ou entidade da Administração Pública que não participa dos procedimentos iniciais da licitação para registro de preços e não integra a ata de registro de preços;	Sem correspondente
L – comissão **de contratação: conjunto de agentes públicos indicados** pela Administração, **em caráter** permanente ou especial**, com a função de receber, examinar e julgar documentos relativos às licitações e aos procedimentos auxiliares;**	**L. 8.666/93** **Art. 6º** [...] XVI – Comissão – comissão, permanente ou especial, ~~criada~~ pela Administração com a função de receber, examinar e julgar ~~todos os~~ documentos ~~e procedimentos~~ relativos às licitações e ao ~~cadastramento de licitantes.~~
LI – catálogo eletrônico de padronização de compras, serviços e obras: sistema informatizado, de gerenciamento centralizado **e com indicação de preços**, destinado a permitir a padronização d**e** itens a serem adquiridos pela Administração Pública **e** que estarão disponíveis para a licitação;	**L. 12.462/2011** **Art. 33.** Ө catálogo eletrônico de padronização de compras, serviços e obras ~~consiste em~~ sistema informatizado, de gerenciamento centralizado, destinado a permitir a padronização d**o**s itens a serem adquiridos pela administração pública que estarão disponíveis para a ~~realização de~~ licitação.
LII – **sítio eletrônico** oficial: **sítio da internet, certificado digitalmente por autoridade certificadora, no qual o ente federativo** divulga **de forma centralizada as informações e os serviços de governo digital dos seus órgãos e entidades;**	**L. 8.666/93** **Art. 22. [...]** ~~XIII – Imprensa Oficial – veículo~~ oficial de ~~divulgação da Administração Pública, sendo para a União o Diário Oficial da União, e, para os Estados, o Distrito Federal e os Municípios, o que for definido nas respectivas leis;~~
LIII – contrato de eficiência: **contrato cujo** objeto **é** a prestação de serviços, que pode incluir a realização de obras e o fornecimento de bens, com o objetivo de proporcionar economia ao contratante, na forma de redução de despesas	**L. 12.462/2011** **Art. 23** [...] § 1º Ө contrato de eficiência ~~terá por~~ objeto a prestação de serviços, que pode incluir a realização de obras e o fornecimento de bens, com

Lei nº 14.133/2021	Leis nºˢ 8.666/1993, 10.520/2002 e 12.462/2011
correntes, remunerado o contratado com base em percentual da economia gerada;	o objetivo de proporcionar economia ao contratante, na forma de redução de despesas correntes, ~~sendo~~ o contratado remunerado com base em percentual da economia gerada.
LIV – seguro-garantia: seguro que garante o fiel cumprimento das obrigações assumidas **pelo contratado**;	**L. 8.666/93** **Art. 6º** [...] VI – Seguro-Garantia – ~~o~~ seguro que garante o fiel cumprimento das obrigações assumidas ~~por empresas em licitações e contratos~~;
LV – produtos para pesquisa e desenvolvimento: bens, insumos, serviços e obras necessários para atividade de pesquisa científica e tecnológica, desenvolvimento de tecnologia ou inovação tecnológica, discriminados em projeto de pesquisa;	**Art. 6º** [...] XX – produtos para pesquisa e desenvolvimento – bens, insumos, serviços e obras necessários para atividade de pesquisa científica e tecnológica, desenvolvimento de tecnologia ou inovação tecnológica, discriminados em projeto de pesquisa ~~aprovado pela instituição contratante~~.
LVI – sobrepreço: preço orçado para licitação ou contratado em valor expressivamente superior aos preços referenciais de mercado, seja de apenas 1 (um) item, se a licitação ou a contratação for por preços unitários de serviço, seja do valor global do objeto, se a licitação ou a contratação for por tarefa, empreitada por preço global ou empreitada integral, semi-integrada ou integrada; **LVII – superfaturamento: dano provocado ao patrimônio da Administração, caracterizado, entre outras situações, por:** **a) medição de quantidades superiores às efetivamente executadas ou fornecidas;** **b) deficiência na execução de obras e de serviços de engenharia que resulte em diminuição da sua qualidade, vida útil ou segurança;** **c) alterações no orçamento de obras e de serviços de engenharia que causem desequilíbrio econômico-financeiro do contrato em favor do contratado;** **d) outras alterações de cláusulas financeiras que gerem recebimentos contratuais antecipados, distorção do cronograma físico-financeiro, prorrogação injustificada do prazo contratual com custos adicionais para a Administração ou reajuste irregular de preços;**	**Sem correspondente**
LVIII – reajusta**mento em sentido estrito: forma de manutenção do equilíbrio econômico-financeiro de contrato consistente na aplicação do índice de correção monetária previsto no contrato,** que deve retratar a variação efetiva do custo de produção, admitida a adoção de índices específicos ou setoriais;	**L. 8.666/93** **Art. 40.** [...] ~~XI – critério de~~ reajuste, que deverá retratar a variação efetiva do custo de produção, admitida a adoção de índices específicos ou setoriais, ~~desde a data prevista para apresentação da proposta, ou do orçamento a que essa proposta se referir, até a data do adimplemento de cada parcela~~;

Lei nº 14.133/2021	Leis nºˢ 8.666/1993, 10.520/2002 e 12.462/2011
LIX – repactuação: forma de manutenção do equilíbrio econômico-financeiro de contrato utilizada para serviços contínuos com regime de dedicação exclusiva de mão de obra ou predominância de mão de obra, por meio da análise da variação dos custos contratuais, devendo estar prevista no edital com data vinculada à apresentação das propostas, para os custos decorrentes do mercado, e com data vinculada ao acordo, à convenção coletiva ou ao dissídio coletivo ao qual o orçamento esteja vinculado, para os custos decorrentes da mão de obra; LX – agente de contratação: pessoa designada pela autoridade competente, entre servidores efetivos ou empregados públicos dos quadros permanentes da Administração Pública, para tomar decisões, acompanhar o trâmite da licitação, dar impulso ao procedimento licitatório e executar quaisquer outras atividades necessárias ao bom andamento do certame até a homologação.	Sem correspondente
CAPÍTULO IV **DOS AGENTES PÚBLICOS** Art. 7º Caberá à autoridade máxima do órgão ou da entidade, ou a quem as normas de organização administrativa indicarem, promover gestão por competências e designar agentes públicos para o desempenho das funções essenciais à execução desta Lei que preencham os seguintes requisitos: I – sejam, preferencialmente, servidor efetivo ou empregado público dos quadros permanentes da Administração Pública; II – tenham atribuições relacionadas a licitações e contratos ou possuam formação compatível ou qualificação atestada por certificação profissional emitida por escola de governo criada e mantida pelo poder público; e III – não sejam cônjuge ou companheiro de licitantes ou contratados habituais da Administração nem tenham com eles vínculo de parentesco, colateral ou por afinidade, até o terceiro grau, ou de natureza técnica, comercial, econômica, financeira, trabalhista e civil. § 1º A autoridade referida no *caput* deste artigo deverá observar o princípio da segregação de funções, vedada a designação do mesmo agente público para atuação simultânea em funções mais suscetíveis a riscos, de modo a reduzir a possibilidade de ocultação de erros e de ocorrência de fraudes na respectiva contratação.	Sem correspondente

Lei nº 14.133/2021	Leis nºs 8.666/1993, 10.520/2002 e 12.462/2011
§ 2º O disposto no *caput* e no § 1º deste artigo, inclusive os requisitos estabelecidos, também se aplica aos órgãos de assessoramento jurídico e de controle interno da Administração. Art. 8º **A licitação será conduzida por agente de contratação, pessoa designada pela autoridade competente, entre servidores efetivos ou empregados públicos dos quadros permanentes da Administração Pública, para tomar decisões, acompanhar o trâmite da licitação, dar impulso ao procedimento licitatório e executar quaisquer outras atividades necessárias ao bom andamento do certame, até a homologação.** § 1º **O agente de contratação será auxiliado por equipe de apoio e responderá individualmente pelos atos que praticar, salvo quando induzido a erro pela atuação da equipe.**	Sem correspondente
§ 2º **Em licitação que envolva bens ou serviços especiais, desde que observados os requisitos estabelecidos no art. 7º desta Lei, o agente de contratação poderá ser substituído por** comissão **de contratação formada** por, no mínimo, 3 (três) membros, **que** responderão solidariamente por todos os atos praticados pela comissão, **ressalvado o membro que expressar** posição individual divergente fundamentada e registrada em ata lavrada na reunião em que **houver** sido tomada a decisão.	**L. 8.666/93** **Art. 51.** ~~A habilitação preliminar, a inscrição em registro cadastral, a sua alteração ou cancelamento, e as propostas serão processadas e julgadas por~~ comissão ~~permanente ou especial~~ de, no mínimo, 3 (três) membros~~, sendo pelo menos 2 (dois) deles servidores qualificados pertencentes aos quadros permanentes dos órgãos da Administração responsáveis pela licitação~~. [...] § 3º ~~Os membros das~~ comissões ~~de licitação~~ responderão solidariamente por todos os atos praticados pela Comissão, ~~salvo se~~ posição individual divergente ~~estiver devidamente~~ fundamentada e registrada em ata lavrada na reunião em que ~~tiver~~ sido tomada a decisão. **Lei 12.462/11** Art. 34. [...] § 2º ~~Os membros da~~ comissão ~~de licitação~~ responderão solidariamente por todos os atos praticados pela comissão, ~~salvo se~~ posição individual divergente ~~estiver~~ registrada ~~na~~ ata da reunião em que houver sido ~~adotada a respectiva~~ decisão.
§ 3º As regras relativas **à atuação do agente de contratação e da equipe de apoio,** ao funcionamento da comiss**ão de contratação e à atuação de fiscais e gestores de contratos** de que trata esta Lei serão estabelecidas em regulamento, **e deverá ser prevista a possibilidade de eles contarem com o apoio dos órgãos de assessoramento jurídico e de controle interno para o desempenho das funções essenciais à execução do disposto nesta Lei.**	**L. 12.462/2011** **Art. 34** [...] § 1º As regras relativas ao funcionamento das comissões ~~de licitação e da comissão de cadastramento~~ de que trata esta Lei serão estabelecidas em regulamento.

Lei nº 14.133/2021	Leis nºs 8.666/1993, 10.520/2002 e 12.462/2011
§ 4º Em licitação que envolva bens ou serviços especiais cujo objeto não seja rotineiramente contratado pela Administração, poderá ser contratado, por prazo determinado, serviço de empresa ou de profissional especializado para assessorar os agentes públicos responsáveis pela condução da licitação.	Sem correspondente
§ 5º Em licitação na modalidade pregão, o agente responsável pela condução do certame será designa**do** pregoeiro.	**L. 10.520/2002** **Art. 3º** [...] IV – a autoridade competente designará, dentre os servidores do órgão ou entidade promotora da licitação, o pregoeiro e respectiva equipe de apoio, cuja atribuição inclui, dentre outras, o recebimento das propostas e lances, a análise de sua aceitabilidade e sua classificação, bem como a habilitação e a adjudicação do objeto do certame ao licitante vencedor.
Art. 9º É vedado ao agente público **designado para atuar na área de licitações e contratos, ressalvados os casos previstos em lei:**	**L. 8.666/93** **Art. 3º** [...] § 1º É vedado aos agentes públicos:
I – admitir, prever, incluir ou tolerar, nos atos que **praticar, situações** que: a) comprometam, restrinjam ou frustrem o caráter competitivo **do processo licitatório**, inclusive nos casos de **participação de** sociedades cooperativas; b) estabeleçam preferências ou distinções em razão da naturalidade, da sede ou **do** domicílio dos licitantes; c) **sejam** impertinentes ou irrelevantes para o objeto específico do contrato;	I – admitir, prever, incluir ou tolerar, nos atos de convocação, cláusulas ou condições que comprometam, restrinjam ou frustrem o seu caráter competitivo, inclusive nos casos de sociedades cooperativas, e estabeleçam preferências ou distinções em razão da naturalidade, da sede ou domicílio dos licitantes ou de qualquer outra circunstância impertinente ou irrelevante para o específico objeto do contrato, ressalvado o disposto nos §§ 5º a 12 deste artigo e no art. 3º da Lei nº 8.248, de 23 de outubro de 1991;
II – estabelecer tratamento diferenciado de natureza comercial, legal, trabalhista, previdenciária ou qualquer outra entre empresas brasileiras e estrangeiras, inclusive no que se refere a moeda, modalidade e local de pagamento, mesmo quando envolvido financiamento de agência internacional;	**L. 8.666/93** **Art. 3º, § 1º [...]** II – estabelecer tratamento diferenciado de natureza comercial, legal, trabalhista, previdenciária ou qualquer outra, entre empresas brasileiras e estrangeiras, inclusive no que se refere a moeda, modalidade e local de pagamentos, mesmo quando envolvidos financiamentos de agências internacionais, ressalvado o disposto no parágrafo seguinte e no art. 3º da Lei nº 8.248, de 23 de outubro de 1991.
III – opor resistência injustificada ao andamento dos processos e, indevidamente, retardar ou deixar de praticar ato de ofício, ou praticá-lo contra disposição expressa em lei.	Sem correspondente

Lei nº 14.133/2021	Leis nºs 8.666/1993, 10.520/2002 e 12.462/2011
§ 1º Não poderá participar, direta ou indiretamente, da licitação ou da execução **do contrato agente público** de órgão ou entidade **licitante ou contratante, devendo ser observadas as situações que possam configurar conflito de interesses no exercício ou após o exercício do cargo ou emprego, nos termos da legislação que disciplina a matéria.**	**Art. 9º** Não poderá participar, direta ou indiretamente, da licitação ou da execução de obra ou serviço e do fornecimento de bens a eles necessários: [...] III – servidor ou dirigente de órgão ou entidade contratante ou responsável pela licitação.
§ 2º **As vedações de que trata este artigo estendem-se a terceiro que auxilie a condução da contratação na qualidade de integrante de equipe de apoio, profissional especializado ou funcionário ou representante de empresa que preste assessoria técnica.**	§ 4º O disposto no parágrafo anterior aplica-se aos membros da comissão de licitação.
Art. 10. Se as autoridades competentes e os servidores públicos que tiverem participado dos procedimentos relacionados às licitações e aos contratos de que trata esta Lei precisarem defender-se nas esferas administrativa, controladora ou judicial em razão de ato praticado com estrita observância de orientação constante em parecer jurídico elaborado na forma do § 1º do art. 53 desta Lei, a advocacia pública promoverá, a critério do agente público, sua representação judicial ou extrajudicial. § 1º Não se aplica o disposto no *caput* deste artigo quando: I – o responsável pela elaboração do parecer jurídico não pertencer aos quadros permanentes da Administração; (VETADO) II – provas da prática de atos ilícitos dolosos constarem nos autos do processo administrativo ou judicial. § 2º Aplica-se o disposto no *caput* deste artigo inclusive na hipótese de o agente público não mais ocupar o cargo, emprego ou função em que foi praticado o ato questionado.	Sem correspondente

3

Fase Preparatória do Processo Licitatório

EDGAR GUIMARÃES

1. PRINCÍPIO JURÍDICO DO PLANEJAMENTO: MARCA INDELÉVEL DA FASE PREPARATÓRIA

A Lei nº 14.133/2021 introduziu ao rol de princípios clássicos das licitações (legalidade, impessoalidade, moralidade, igualdade, publicidade, probidade administrativa, vinculação ao instrumento convocatório e julgamento objetivo) mais 14 (quatorze) novos princípios, entre os quais, o princípio do planejamento.

O artigo 5º da nova lei apresenta um verdadeiro "festival principiológico". A ampliação do rol de princípios norteadores das licitações vai na contramão do atual movimento observado no Direito Público de se evitar instituir comandos legais de baixa densidade normativa, que se utilizam de fórmulas abertas e flexíveis, por contribuírem para a ampliação da imprevisibilidade e da insegurança jurídica na gestão pública.

É passível de severas críticas a invocação excessiva e demasiadamente rasa de princípios jurídicos pelas autoridades públicas como único fundamento de suas decisões. Atos nas esferas administrativa, controladora ou judicial muitas vezes são praticados tendo como fundamento único um ou mais princípios jurídicos, sem a explicitação, de forma aprofundada, sobre o raciocínio lógico que levou a autoridade a extrair daquela norma-princípio o comando normativo aplicado no caso concreto.

A utilização recorrente de princípios como fundamentos retóricos contribui para um cenário de instabilidade da realidade jurídico-administrativa brasileira, na medida em que concedem ao agente público uma carga elevada de discricionariedade, possibilitando empregá-los para justificar decisões que, muitas vezes, não encontram amparo no ordenamento pátrio, ou mesmo para fundamentar atos distintos em situações fáticas idênticas.

Não obstante nossa oposição quanto ao "festival principiológico" encontrado na lei, fato é que o legislador houve por bem erigir o planejamento à categoria de princípio jurídico das licitações e contratações públicas. Neste particular aspecto, tal medida merece nossos aplausos, pois é inegável que, com raras exceções, a Administração Pública tem graves deficiências de planejamento das contratações e especialmente de controle na execução contratual, gerando significativos riscos para a entidade pública e para os agentes envolvidos no processo – risco de responsabilização por erros e ilegalidades.

Em sentido amplo é possível afirmar que planejamento é um processo que visa determinar a direção a ser seguida para se alcançar determinado resultado. Possibilita a percepção da realidade fática de certa situação, a avaliação das alternativas e dos possíveis caminhos a serem trilhados. Trata-se, pois, de um processo de avaliação e deliberação prévia que organiza e racionaliza ações, antevendo resultados, e que tem por escopo atingir, da melhor forma possível, os objetivos predefinidos.

Para as contratações, constitui atividade estratégica dirigida a permitir a execução eficiente da ação pública, ou seja, possibilitar a aplicação da melhor alternativa existente para a satisfação da necessidade com o menor dispêndio burocrático (tempo, recursos humanos, entre outros) e financeiro.

No ambiente público o planejamento apresenta-se como ferramenta indispensável à concretização das atividades da máquina estatal que visam ao atingimento do interesse público. Em sede de licitações não poderia ser diferente. O planejamento material, concreto e eficaz de uma licitação tem tamanha importância a ponto de ser possível sustentar que se trata de fator determinante para o sucesso ou fracasso da competição e da própria contratação almejada.

2. PLANO DE CONTRATAÇÃO ANUAL

O PCA – plano de contratação anual, instrumento previsto no *caput* do artigo 18 da Lei nº 14.133/2021, objetiva *racionalizar as contratações dos órgãos e entidades, garantir o alinhamento com o planejamento estratégico e subsidiar a elaboração das respectivas leis orçamentárias*[1]. A nosso ver a sua *função primária* é atender ao princípio jurídico do planejamento, alcançando, inclusive, a boa gestão do orçamento, tendo em vista que servirá de base para elaboração da lei orçamentária anual. Assim, resta evidente que deverá, necessariamente, ser finalizado em momento anterior a elaboração da respectiva LOA[2], a qual estabelece as despesas e as receitas a serem realizadas no exercício seguinte e, segundo imposição constitucional, deve ser votada e aprovada pelo Parlamento.

Em uma visão mais ampla é possível afirmar que referido plano tem como *função secundária*, entre outras, mitigar aquisições desnecessárias, fracionamentos ilegais de objetos/despesas, bem como contratações com recursos orçamentários insuficientes ou até mesmo que possam comprometer o orçamento público.

A Lei nº 14.133/2021 não dispõe, taxativamente, sobre o conteúdo do plano de contratação anual. Por se tratar de instrumento de planejamento que oferecerá subsídios para LOA, faz-se necessária a previsão de todas as despesas a serem realizadas no exercício seguinte, o que demandará não só um minucioso exame dos gastos pretéritos, como também, a verificação daqueles contratos que irão expirar ao longo do ano seguinte, por exemplo, contratos de prestação de serviços de natureza contínua, entre outros.

Além desta análise pretérita de gastos que servirá de parâmetro para uma projeção futura, é fundamental que se estabeleça uma previsão de novas despesas de acordo com o planejamento de médio e longo prazo da entidade, identificando os projetos, atividades e metas que deverão ser executadas ao longo do exercício seguinte.

---

[1] Conforme artigo 12, inciso VII, da Lei nº 14.133/2021.

[2] A Lei Orçamentária Anual – LOA é o instrumento de planejamento de curto prazo, um ano, utilizado com objetivo de gerenciar as receitas e despesas públicas em cada exercício financeiro.

Uma vez finalizado, em homenagem aos princípios jurídicos da publicidade e da transparência, a nova lei determina que o plano de contratação anual deve ser divulgado e mantido em sítio eletrônico oficial, acessível a qualquer pessoa, e observado pelo respectivo ente da federação por ocasião da instauração de licitações e execução de contratos.

Em que pese a Lei nº 14.133/2021 silenciar a respeito do momento em que o plano poderá ser utilizado, sustentamos que a sua eficácia se dá a partir da mencionada divulgação em sítio oficial, passando, a partir de então, a produzir os efeitos jurídicos desejados pelo legislador ordinário.

Assim, a partir da sua eficácia a efetiva utilização se dará em dois momentos distintos, quais sejam: (i) no ano de sua elaboração e publicidade, servirá de subsídio para a lei orçamentária anual; (ii) no exercício seguinte à elaboração e publicidade deverá ser observado por ocasião das licitações e contratações.

No tocante às licitações e contratações, é possível afirmar a existência de uma vinculação entre o objeto a ser licitado e a sua previsão no plano de contratação anual. Em outras palavras, regra geral só será possível licitar algo que tenha sido previsto, é o que se depreende do artigo 18, § 1º, inciso II, da Lei nº 14.133/2021, ao determinar que o estudo técnico preliminar – instrumento que será objeto de nossa análise mais adiante –, deve demonstrar a previsão da contratação no plano, de modo a indicar o seu alinhamento com o planejamento da Administração.

Entendemos que não há sentido algum em despender um longo e minucioso trabalho prevendo contratações e os respectivos gastos a serem realizados no exercício seguinte – elementos que irão subsidiar a LOA – e, simplesmente, ignorar aquilo que fora estabelecido. Em assim procedendo, o gestor público, além de violar o princípio do planejamento, torna o plano de contratação anual uma mera peça de ficção.

No entanto, é forçoso reconhecer que certas demandas podem surgir no curso do exercício financeiro, fruto de situações totalmente imprevisíveis e excepcionais. Nesta hipótese, por ocasião da instauração do processo de contratação caberá ao gestor público motivar sua decisão de contratar um bem ou serviço não previsto no plano de contratação anual, justificando, sobretudo, a inocorrência de falha no planejamento e que tal necessidade a ser atendida teve origem em fato superveniente, imprevisível e excepcional.

Por fim, consoante a disposição do artigo 12, inciso VII, da Lei nº 14.133/2021, o plano de contratual anual não é obrigatório, é meramente facultativo[3], todavia, dada a sua importância e, até mesmo, por se tratar de um valioso instrumento voltado ao planejamento e a boa gestão orçamentária da Administração Pública, é de todo recomendável a sua elaboração e observância por parte de todos os entes federativos.

3. FASE PREPARATÓRIA DO PROCESSO LICITATÓRIO

Na atualidade, em razão de uma de uma interpretação sistemática do regime jurídico das licitações e contratos instituído pela Lei nº 14.133/2021, temos sustentado que o processo de contratação se estrutura em três fases interligadas entre si: o planejamento (fase preparatória ou interna), a seleção do fornecedor (fase externa) e a execução do contrato. Cada uma dessas fases possui grande relevância e finalidades específicas para a realização completa e adequada da contratação pública.

---

[3] Diferentemente da disciplina da Instrução Normativa da Secretaria de Gestão do Ministério da Economia nº 01, de 10/01/2019, que torna obrigatória a sua elaboração.

Na fase interna do certame são praticados todos os atos preparatórios e necessários para o desencadeamento da competição, ao passo que, na externa tem-se a concreta e material competição entre os interessados, com a apresentação dos respectivos envelopes, fase de habilitação, julgamento e classificação de propostas, entre outros procedimentos.

A Lei nº 8.666/1993 não prescrevia um rol de atos a serem praticados na fase interna, sequer estabelece um rito procedimental rígido a ser seguido. De uma interpretação sistemática é possível concluir que nesta etapa ocorre, entre outras providências, a identificação da necessidade a ser atendida, a definição do objeto, a autorização para a deflagração do processo, a verificação da existência de dotação orçamentária com saldo suficiente, a estimativa do impacto orçamentário-financeiro, elaboração da minuta do edital e contrato e sua aprovação jurídica.

Diferentemente da Lei nº 8.666/1993, a nova lei de licitação e contratação pública, além de elevar o planejamento à categoria de princípio jurídico, como dito antes, dispensou um minucioso tratamento à fase preparatória dos certames, notadamente fruto da conjugação de algumas instruções normativas[4] editadas pelo Governo federal ao longo dos últimos anos.

Primeiramente é preciso chamar a atenção para a expressa prescrição do *caput* do artigo 18 da Lei nº 14.133/2021 no sentido de que a fase preparatória é marcada pelo planejamento e deve compatibilizar-se com o plano de contratação anual e com as leis orçamentárias, bem como abordar todas as considerações técnicas, mercadológicas e de gestão que podem interferir na contratação.

Ao dispor que o primeiro dever de todo gestor público no processo da licitação é a sua preparação, resta evidenciada uma nítida preocupação com o planejamento, por meio do qual será possível, entre outros aspectos, a configuração do objeto a ser contratado, bem como de todas as informações relevantes de ordem técnica, jurídica, administrativa, orçamentária e econômico-financeira.

Da dicção legal antes mencionada, os atos que a compõe devem, necessariamente, estar em perfeita harmonia com o plano de contratação anual e a lei orçamentária.

O efetivo início da fase em análise é marcado pela instauração de um processo específico, contendo todos os elementos formais e materiais do planejamento. De acordo com o artigo 18 da Lei nº 14.133/2021 os atos a serem praticados são os seguintes:

> Art. 18. A fase preparatória do processo licitatório é caracterizada pelo planejamento e deve compatibilizar-se com o plano de contratações anual de que trata o inciso VII do *caput* do art. 12 desta Lei, sempre que elaborado, e com as leis orçamentárias, bem como abordar todas as considerações técnicas, mercadológicas e de gestão que podem interferir na contratação, compreendidos:
>
> I – a descrição da necessidade da contratação fundamentada em estudo técnico preliminar que caracterize o interesse público envolvido;
>
> II – a definição do objeto para o atendimento da necessidade, por meio de termo de referência, anteprojeto, projeto básico ou projeto executivo, conforme o caso;

---

[4] IN da Secretaria de Gestão do Ministério do Planejamento, Desenvolvimento e Gestão nº 05/2017 (contratação de serviços); IN da Secretaria de Gestão do Ministério da Economia nº 01/2019 (elaboração do plano anual de contratação); IN da Secretaria de Governo Digital do Ministério da Economia nº 01/2019 (contratação de solução de TI); IN da Secretaria de Gestão do Ministério da Economia nº 40/2020 (elaboração de estudo técnico preliminar); IN da Secretaria de Gestão do Ministério da Economia nº 73/2020 (procedimento para pesquisa de preços).

III – a definição das condições de execução e pagamento, das garantias exigidas e ofertadas e das condições de recebimento;

IV – o orçamento estimado, com as composições dos preços utilizados para sua formação;

V – a elaboração do edital de licitação;

VI – a elaboração de minuta de contrato, quando necessária, que constará obrigatoriamente como anexo do edital de licitação;

VII – o regime de fornecimento de bens, de prestação de serviços ou de execução de obras e serviços de engenharia, observados os potenciais de economia de escala;

VIII – a modalidade de licitação, o critério de julgamento, o modo de disputa e a adequação e eficiência da forma de combinação desses parâmetros, para os fins de seleção da proposta apta a gerar o resultado de contratação mais vantajoso para a Administração Pública, considerado todo o ciclo de vida do objeto;

IX – a motivação circunstanciada das condições do edital, tais como justificativa de exigências de qualificação técnica, mediante indicação das parcelas de maior relevância técnica ou valor significativo do objeto, e de qualificação econômico-financeira, justificativa dos critérios de pontuação e julgamento das propostas técnicas, nas licitações com julgamento por melhor técnica ou técnica e preço, e justificativa das regras pertinentes à participação de empresas em consórcio;

X – a análise dos riscos que possam comprometer o sucesso da licitação e a boa execução contratual;

XI – a motivação sobre o momento da divulgação do orçamento da licitação, observado o art. 24 desta Lei.[5]

Em que pese ser louvável a iniciativa do legislador em prescrever com clareza as providências a serem levadas a efeito na fase preparatória, é preciso reconhecer a criação de uma excessiva burocracia, pois, os atos e procedimentos ali estabelecidos devem ser praticados para qualquer objeto a ser contratado, desde o mais simples ao mais complexo, o que irá demandar um tempo razoável, além de uma boa estrutura administrativa muitas vezes inexistente em algumas entidades públicas.

3.1   Documento de oficialização da demanda

Ainda que a Lei nº 14.133/2021 não tenha definido um conceito ou conteúdo específico para o documento de oficialização da demanda, entendemos ser imprescindível a elaboração e sua juntada ao processo de contratação.

O motivo para formarmos essa compreensão é simples: em um regime afetado pelo princípio da indisponibilidade dos recursos e interesses públicos, a única razão que legitima a celebração de um contrato por órgão ou entidade integrante da Administração Pública, o qual impõe o desembolso de recursos públicos, é a existência de uma necessidade que não pode ser satisfeita por meios e recursos próprios. E, nesse caso, tendo em vista o dever de as contratações públicas observarem os princípios da economicidade e da eficiência, é a necessidade que condiciona e legitima a definição da solução e das demais condições fixadas para a execução do ajuste.

---

[5]   O Decreto Federal nº 10.947/2022 regulamentou o inciso VII do *caput* do art. 12 para dispor sobre plano de contratações anual e instituir o Sistema de Planejamento e Gerenciamento de Contratações no âmbito da administração pública federal direta, autárquica e fundacional.

Desse modo, a fim de viabilizar o desenvolvimento do processo, bem como permitir a realização do adequado controle sobre esse agir, impõe-se registrar formalmente a necessidade que motiva e enseja a celebração do contrato.

Essa atribuição recai sobre a área requisitante, possuidora da aludida necessidade e, nesses termos, pode descrevê-la adequadamente, com indicação de todas as regras de negócio que precisarão ser observadas no momento da definição da solução mais vantajosa. Nesse ato, a área requisitante também deverá informar, por exemplo, a quantidade do objeto a ser contratada; aspectos relacionados com os objetivos estratégicos e as necessidades corporativas do órgão ou entidade, bem como o seu alinhamento ao Planejamento Estratégico Institucional e o Plano de Contratações Anual, se houver.

Nesses termos, o documento de oficialização da demanda pode ser compreendido como aquele que contém o detalhamento da necessidade da área requisitante da solução a ser provida por meio da contratação.

3.1.1 Definição do objeto da licitação

A especificação do objeto a ser licitado se constitui em um dos pontos mais sensíveis do processo licitatório, pois, em nosso sentir, se trata de elemento determinante para o sucesso ou fracasso de uma contratação.

Há muito, temos sustentado que por ocasião da definição do objeto, a entidade promotora da licitação se encontra, em larga medida, no exercício de um poder vinculado, devendo, assim, especificar com precisão e clareza, a natureza e dimensão e, sobretudo, os requisitos mínimos aceitáveis em razão de uma dada necessidade pública a ser satisfeita, não sendo toleradas pela ordem jurídica quaisquer exigências excessivas, desnecessárias ou impertinentes.

A definição do objeto nos termos ora defendidos, cumpre finalidades nucleares no processo licitatório[6], pois, (i) possibilita que os eventuais interessados em participar do certame licitatório tenham a exata compreensão daquilo que se pretende colocar em disputa e ser contratado pela Administração Pública; (ii) ofereçam propostas de preços boas e firmes, equivalentes aos encargos que terão de assumir se vencedores da licitação; (iii) prestigia o julgamento objetivo, impossibilitando o cotejo de objetos distintos ofertados pelos licitantes; (iv) afasta eventuais direcionamentos e conluios que resultam na frustração da competição.

3.1.1.1 Possibilidade de indicação de marca ou modelo do objeto

A vedação à indicação de marca ou modelo de certo objeto em uma licitação não é absoluta, é relativa, portanto, cabe sustentar que em algumas situações, e observados determinados requisitos, é juridicamente possível.

No tocante à licitação para aquisição de bens, a Lei nº 14.133/2021 positivou algumas regras que, em caráter excepcional e com a necessária fundamentação, possibilitam, não só indicar marcas e modelos, mas também, vedar a aquisição de certa marca ou produto.

---

[6] Dada a relevância da definição do objeto em um processo licitatório, o Tribunal de Contas da União sumulou esta temática nos seguintes termos: "Súmula 177. A definição precisa e suficiente do objeto licitado constitui regra indispensável da competição, até mesmo como pressuposto do postulado de igualdade entre os licitantes, do qual é subsidiário o princípio da publicidade, que envolve o conhecimento, pelos concorrentes potenciais das condições básicas da licitação, constituindo, na hipótese particular da licitação para compra, a quantidade demandada uma das especificações mínimas e essenciais à definição do objeto do pregão".

Conforme disposição do artigo 41, I, da LLIC, a indicação de marca ou modelo poderá ocorrer validamente se fundamentada em uma das seguintes hipóteses: (i) seja em decorrência de processo administrativo de padronização; (ii) haja necessidade de manter a compatibilidade com plataformas e padrões já existentes; (iii) quando certa marca ou modelo comercializados por vários particulares forem os únicos capazes de atender a necessidade pública; (iv) quando a indicação de marca ou modelo servirem apenas como referência.

O artigo 40, inciso V, alínea "a", da Lei nº 14.133/2021 determina, expressamente, que, por ocasião do planejamento, a Administração Pública deve observar o princípio da padronização, considerando a compatibilidade de especificações estéticas, técnicas ou desempenho de certo bem.

Padronizar, na lição do saudoso Diogenes Gasparini[7], significa igualar, uniformizar, estandardizar. Padronização, por sua vez, quer dizer: adoção de um *standard*, um modelo.

Pela dicção do citado dispositivo legal é possível concluir que a padronização não se trata de uma mera faculdade outorgada ao administrador público, ao contrário, é um dever a ele imposto em razão dos benefícios obtidos com tal procedimento. Portanto, padronização é a regra que, uma vez não adotada, deve receber a necessária justificativa.

Instituída a padronização por meio de um processo administrativo instaurado para este fim específico, é inegável que princípios como da eficiência e da economicidade restarão atendidos de forma satisfatória, na medida em que, dentre outros benefícios, haverá uma agilização das atividades administrativas preparatórias da contratação, redução de custos com manutenção e assistência técnica, segurança na aquisição de bens de boa qualidade e, sobretudo, compatíveis com aqueles comumente utilizados pela Administração Pública.

Com a padronização, é legal a indicação de marca ou modelo em edital de licitação. Cabe assinalar que, uma vez instituída a padronização, isto, por si só, não afasta a instauração de uma licitação, pois existindo uma pluralidade de particulares capazes de fornecer o produto padronizado não é possível levar a efeito uma contratação direta por meio de dispensa ou inexigibilidade.

A compatibilidade técnica em razão de padrões, plataformas ou sistemas em funcionamento na Administração Pública representa circunstância autorizadora da indicação de marca/modelo. Tal necessidade de se manter uma compatibilidade técnica é comumente constatada no campo da informática. De qualquer forma, torna-se imprescindível um parecer técnico que fundamente esta circunstância, podendo, em certos casos, resultar até mesmo em uma inexigibilidade de licitação em razão do fornecedor ou produtor exclusivo.

A lei ainda prescreve que, quando apenas uma marca ou modelo comercializados por diversos particulares forem os únicos capazes de atender à certa demanda, a indicação no edital da licitação é possível, pois não haverá a frustração da competição, tendo em vista a existência de uma pluralidade de possíveis fornecedores.

Por fim, a Lei nº 14.133/2021, ao incorporar jurisprudência do Tribunal de Contas da União, estabelece que uma marca ou modelo podem ser indicadas como mera referência, não impossibilitando, portanto, o oferecimento de outras desde que similares às indicadas. Nesta hipótese, é necessário que o edital defina com precisão as condições de aceitabilidade de bem ofertado como similar.

---

[7]   GASPARINI, Diogenes. Padronização. *ILC – Informativo de Licitações e Contratos*, Curitiba: Zênite, nº 21, nov. 1995.

3.1.1.2 Possibilidade de vedar a aquisição de marca ou produto

Mediante processo administrativo autônomo e prévio à licitação, em que se assegure o contraditório e a ampla defesa, a Administração Pública poderá fazer constar do edital uma vedação à aquisição de certa marca ou produto.

Tal possibilidade será juridicamente sustentável apenas quando, por meio do mencionado processo administrativo, restar comprovado que uma marca ou produto adquiridos e utilizados anteriormente não atendem as condições mínimas necessárias exigidas para a satisfação de uma necessidade pública.

3.2 Estudo técnico preliminar

O Estudo Técnico Preliminar – ETP é uma figura que foi importada da Instrução Normativa da Secretaria de Gestão do Ministério da Economia nº 40, de 22 de maio de 2020. De acordo com a nova lei, trata-se *da primeira etapa do planejamento de uma contratação que caracteriza o interesse público envolvido e a sua melhor solução e dá base ao anteprojeto, ao termo de referência ou ao projeto básico a serem elaborados caso se conclua pela viabilidade da contratação.*[8]

Como função primeira, o ETP apresenta a necessidade a ser atendida e a melhor solução encontrada, permitindo, assim, a avaliação da viabilidade técnica e econômica da contratação.[9] No tocante ao seu efetivo conteúdo, a lei foi muito detalhista ao estabelecer os seguintes elementos:

> Art. 18, § 1º
>
> I – descrição da necessidade da contratação, considerado o problema a ser resolvido sob a perspectiva do interesse público;
>
> II – demonstração da previsão da contratação no plano de contratações anual, sempre que elaborado, de modo a indicar o seu alinhamento com o planejamento da Administração;
>
> III – requisitos da contratação;
>
> IV – estimativas das quantidades para a contratação, acompanhadas das memórias de cálculo e dos documentos que lhes dão suporte, que considerem interdependências com outras contratações, de modo a possibilitar economia de escala;
>
> V – levantamento de mercado, que consiste na análise das alternativas possíveis, e justificativa técnica e econômica da escolha do tipo de solução a contratar;
>
> VI – estimativa do valor da contratação, acompanhada dos preços unitários referenciais, das memórias de cálculo e dos documentos que lhe dão suporte, que poderão constar de anexo classificado, se a Administração optar por preservar o seu sigilo até a conclusão da licitação;
>
> VII – descrição da solução como um todo, inclusive das exigências relacionadas à manutenção e à assistência técnica, quando for o caso; VIII – justificativas para o parcelamento ou não da contratação;
>
> IX – demonstrativo dos resultados pretendidos em termos de economicidade e de melhor aproveitamento dos recursos humanos, materiais e financeiros disponíveis;

---

[8] Conforme artigo 6º, inciso XX, da Lei nº 14.133/2021.

[9] Conforme artigo 18, § 1º, da Lei nº 14.133/2021.

X – providências a serem adotadas pela Administração previamente à celebração do contrato, inclusive quanto à capacitação de servidores ou de empregados para fiscalização e gestão contratual;

XI – contratações correlatas e/ou interdependentes;

XII – descrição de possíveis impactos ambientais e respectivas medidas mitigadoras, incluídos requisitos de baixo consumo de energia e de outros recursos, bem como logística reversa para desfazimento e reciclagem de bens e refugos, quando aplicável;

XIII – posicionamento conclusivo sobre a adequação da contratação para o atendimento da necessidade a que se destina.

Em razão do nível de detalhamento do estudo técnico preliminar a fase preparatória se tornará muito mais burocrática e morosa, sem contar nas dificuldades que serão enfrentadas pelas entidades públicas que não dispõem de pessoal em número suficiente para o desempenho de tais atribuições.

De acordo com a vontade do legislador, o estudo técnico preliminar servirá de base para elaboração do anteprojeto, do termo de referência ou do projeto básico, conforme o caso.

É digno de nota que, *grosso modo*, todas estas figuras se prestam a delinear o objeto, estimar o quanto será gasto, descrever a solução adequada, demonstrar os resultados pretendidos, os possíveis impactos ambientais e as medidas mitigadoras etc. Enfim, são elementos que devem estar contidos no anteprojeto, no termo de referência ou projeto básico, ou seja, o legislador optou pelo excesso de burocracia e formalismo ao criar estudo técnico preliminar que, a nosso ver se trata de um documento praticamente inútil que poderia ser totalmente dispensado.

Em que pese a Lei nº 14.133/2021 estabelecer um amplo conteúdo para o ETP, mediante justificativa da autoridade competente apenas alguns dos seus elementos poderão ser dispensados. Assim, foi fixado um conteúdo mínimo, senão vejamos: a descrição da necessidade da contratação, considerado o problema a ser resolvido sob a perspectiva do interesse público (inciso I); as estimativas das quantidades para a contratação, acompanhadas das memórias de cálculo e dos documentos que lhes dão suporte, que considerem interdependências com outras contratações, de modo a possibilitar economia de escala (inciso IV); a estimativa do valor da contratação, acompanhada dos preços unitários referenciais, das memórias de cálculo e dos documentos que lhe dão suporte, que poderão constar de anexo classificado, se a Administração optar por preservar o seu sigilo até a conclusão da licitação (inciso VI); as justificativas para o parcelamento ou não da contratação (inciso VIII) e o posicionamento conclusivo sobre a adequação da contratação para o atendimento da necessidade a que se destina (inciso XIII).

Ainda que se considere o mínimo acima indicado, reafirmamos nosso entendimento no sentido de ser um documento despiciendo, por contemplar informações que, em sua maioria, também deverão estar previstas no anteprojeto, no termo de referência ou no projeto básico.[10]

---

[10] Em 03/05/2021 foi editada a Medida Provisória 1.047, que foi convertida na Lei nº 14.217/2021, dispondo sobre uma série de medidas excepcionais para a aquisição de bens e a contratação de serviços, inclusive de engenharia, e insumos destinados ao enfrentamento da pandemia da covid-19 que impactaram o planejamento, simplificando e até mesmo dispensando a prática de certos atos da fase preparatória. É o que se depreende do art. 8º da Lei nº 14.217/2021, que dispensa a elaboração de estudos preliminares, quando se tratar de bens e serviços comuns; o gerenciamento de riscos

3.3 Orçamentação do objeto

Para que a Administração Pública possa instaurar o processo licitatório visando adquirir determinado bem ou contratar certo serviço, ela deve conhecer previamente a realidade do mercado, não só no que diz respeito aos bens e serviços disponíveis, como também os potenciais fornecedores e os preços médios que estão sendo praticados naquele dado momento.

As informações produzidas são de suma importância, até porque, servirão de base para a prática de outros atos requeridos pela lei. No que toca ao *quantum* que será despendido com a contratação pretendida, não se trata de opção ou mera de faculdade, mas de um dever imposto à entidade promotora da licitação de estimar o valor do futuro contrato na fase preparatória do certame.

Tal procedimento que, na nossa visão se constitui em elemento essencial do planejamento orçamentário, se faz necessário ainda em razão de que o "preço estimado é um dos parâmetros de que dispõe a Administração para julgar licitações e efetivar contratações. Deve refletir o preço de mercado, levando em consideração todos os fatores que influenciam na formação dos custos".[11]

A estimativa da despesa[12] levada a efeito nesta etapa do processo é fundamental para o planejamento da licitação.[13] Este procedimento fornece elementos para, por exemplo,

---

da contratação somente será exigível durante a gestão do contrato; e admite a apresentação de termo de referência simplificado ou de projeto básico simplificado. Tais medidas desburocratizam o processo de contratação possibilitando, assim, uma maior agilidade na obtenção de bens, insumos e serviços para atendimento da pandemia do covid-19.

[11] Brasil. Tribunal de Contas da União. *Licitações e contratos*: orientações & jurisprudência do TCU. 4. ed. Brasília: TCU, 2010. p. 86.

Neste sentido, confira-se a seguinte decisão do Tribunal de Contas da União: Licitações. *DOU* de 20.09.2011, S. 1, p. 156. Ementa: o TCU deu ciência ao (...) de que a ausência de orçamento estimado em planilhas de quantitativos e preços unitários, no anexo do edital, contraria o § 2º, inc. II, do art. 40 da Lei nº 8.666/1993, prejudicando a transparência na definição da composição do objeto, em vista a proporcionar melhores parâmetros de comparação de preços (Acórdão nº 7.988/2011 – 1ª Câmara).

[12] A Lei nº 14.133/2021 prescreve a seguinte metodologia para estimar o valor da contratação:

"Art. 23. O valor previamente estimado da contratação deverá ser compatível com os valores praticados pelo mercado, considerados os preços constantes de bancos de dados públicos e as quantidades a serem contratadas, observadas a potencial economia de escala e as peculiaridades do local de execução do objeto.

§ 1º No processo licitatório para aquisição de bens e contratação de serviços em geral, conforme regulamento, o valor estimado será definido com base no melhor preço aferido por meio da utilização dos seguintes parâmetros, adotados de forma combinada ou não:

I – composição de custos unitários menores ou iguais à mediana do item correspondente no painel para consulta de preços ou no banco de preços em saúde disponíveis no Portal Nacional de Contratações Públicas (PNCP);

II – contratações similares feitas pela Administração Pública, em execução ou concluídas no período de 1 (um) ano anterior à data da pesquisa de preços, inclusive mediante sistema de registro de preços, observado o índice de atualização de preços correspondente;

III – utilização de dados de pesquisa publicada em mídia especializada, de tabela de referência formalmente aprovada pelo Poder Executivo federal e de sítios eletrônicos especializados ou de domínio amplo, desde que contenham a data e hora de acesso;

IV – pesquisa direta com no mínimo 3 (três) fornecedores, mediante solicitação formal de cotação, desde que seja apresentada justificativa da escolha desses fornecedores e que não tenham sido obtidos os orçamentos com mais de 6 (seis) meses de antecedência da data de divulgação do edital;

V – pesquisa na base nacional de notas fiscais eletrônicas, na forma de regulamento".

3.4 Elaboração do edital da licitação

verificar a existência de dotação orçamentária com saldo suficiente para fazer frente à pretensão, fixar preço máximo e, quando for o caso, cumprir as disposições constantes da Lei Complementar n° 101/2000, popularmente conhecida como lei de responsabilidade fiscal.

3.4 Elaboração do edital da licitação

A licitação pode ser entendida como o processo administrativo por meio do qual a Administração Pública, assegurada a igualdade de participação a todos os possíveis interessados, seleciona a proposta mais vantajosa ao interesse público, conforme regras previamente definidas e divulgadas.

Logo, para o seu processamento, exige-se a elaboração do instrumento convocatório ou edital de licitação. Trata-se de ato administrativo de natureza regulamentar, na medida em que define todo um regramento que será aplicado para o desenvolvimento da licitação e da consequente contratação dela decorrente. Dessa feita, enquanto as leis, decretos, instruções normativas, portarias etc. contêm regras gerais e abstratas que devem ser observadas para o processamento das licitações e dos contratos administrativos, o edital consigna normas específicas para um determinado certame.

Para o processamento das contratações submetidas à disciplina instituída pela Lei n° 14.133/2021, a elaboração do instrumento convocatório deve respeitar, em especial, as regras gerais contidas no seu artigo 25.

Da análise dos elementos da fase preparatória da licitação e com base na compreensão de como se estrutura o processo de contratação podemos afirmar que o edital de licitação deve ser construído a partir de informações consignadas em documentos produzidos anteriormente, em especial naquele que materializa a demanda, no estudo técnico preliminar, na análise de riscos, se houver, e no termo de referência ou projeto básico.

Diferentemente da Lei n° 8.666/1993, que no seu artigo 40 definia claramente a estrutura a ser observada para a elaboração do edital de licitação, a Lei n° 14.133/2021 não traz previsão similar, o que nos remete à análise sobre a melhor forma para se estruturar esse documento no novo regime licitatório.

Não obstante o silêncio da Lei n° 14.133/2021 acerca da estrutura que o edital deve apresentar, julgamos possível continuar sustentando que ele deve ser formado por um **preâmbulo**, com indicação do número de ordem em série anual, o nome da repartição interessada e de seu setor, a menção de que será regida por aquela lei, o local, dia e hora para recebimento das propostas, bem como para início da abertura; um **corpo**, com as regras e conteúdo previsto no *caput* do artigo 25 em exame; e eventuais **anexos**.

Acerca dos elementos do edital indicados no artigo 25 da Lei n° 14.133/2021, entendemos tratar-se de um rol exemplificativo e não exaustivo. Significa dizer que outras informações, em que pese não arroladas no mencionado artigo, são obrigatórias. Nesse sentido, indicamos a necessidade de constar do edital a fonte orçamentária que fará frente à despesa

---

[13] Conforme disposição do art. 8° da Lei n° 14.217/2021, em caráter excepcional, poderá ser dispensada, mediante justificativa da autoridade competente, a estimativa de preços na fase preparatória da contratação. Além desta possibilidade de dispensa, se elaborada a estimativa, os preços obtidos não impedem a contratação pelo Poder Público por valores superiores decorrentes de oscilações ocasionadas pela variação do mercado, desde que observadas algumas condicionantes no referido artigo.

oriunda do futuro contrato.[14] Da mesma forma, a indicação expressa do número da licitação, do nome da repartição interessada e de seu setor e da legislação aplicada ao certame também são elementos que, apesar de não estarem previstos no rol do artigo 25, são necessários para conferir a devida segurança jurídica ao processamento do certame licitatório.

Tratando-se, portanto, de um rol exemplificativo, entendemos que o edital deverá conter, no mínimo:

a) o objeto da licitação;

b) as regras relativas à convocação para participar da licitação;

c) condições de participação, elencando, de modo taxativo e expresso, quem não poderá disputar licitação ou participar da execução de contrato, direta ou indiretamente;

d) regras relativas ao processamento do certame, especialmente a indicação do meio no qual a competição ocorrerá (presencial ou eletrônico) e da modalidade de licitação adotada;

e) regras a respeito do processamento da disputa e julgamento das propostas, com especial atenção para a indicação do modo de disputa e do critério de julgamento;

f) critérios que serão aplicados para o exame de aceitabilidade e exequibilidade das propostas;

g) requisitos para habilitação;

h) condições para interpor impugnações ao edital, bem como recursos em face das decisões proferidas;

i) prazo e condições para assinatura do contrato ou retirada do instrumento equivalente;

j) as penalidades que serão aplicadas em razão da prática de infrações no curso da licitação e no curso da execução contratual;

k) os procedimentos que serão adotados para a fiscalização e a gestão do contrato;

l) os prazos, termos e condições para a execução e entrega do objeto contratado; e

m) as condições para recebimento provisório e definitivo, liquidação e pagamento.

3.5   Análise dos riscos

Com o objetivo de planejar o processo de contratação como um todo, a Lei nº 14.133/2021 determina que na fase preparatória da licitação a entidade promotora do certame analise os riscos que possam comprometer o sucesso da licitação e a boa execução do contrato.

Em que pese entendermos que esta análise é procedimento importante e salutar, que possibilita prever questões incidentais à licitação e à própria execução contratual, bem como estabelecer medidas que possam afastá-las ou ao menos mitigá-las, o legislador

---

[14]   Tal orientação é confirmada pela disposição constante do artigo 150 da LLIC, assim encontrado: "Art. 150. Nenhuma contratação será feita sem a caracterização adequada de seu objeto e sem a indicação dos créditos orçamentários para pagamento das parcelas contratuais vincendas no exercício em que for realizada a contratação, sob pena de nulidade do ato e de responsabilização de quem lhe tiver dado causa".

deveria ter estabelecido a sua obrigatoriedade apenas para contratação de objetos de valores expressivos. Todavia, em mais uma passagem da lei marcada pelo excesso de burocracia e formalismo, a análise de riscos deve ser realizada tanto para aquisição de material de expediente, quanto para uma obra de engenharia e até mesmo nas contratações diretas por dispensa ou inexigibilidade.

A Lei nº 14.133/2021 não especifica regras, diretrizes ou um detalhamento mínimo, sequer o tipo de documento que deve ser elaborado na fase preparatória da contratação para materializar a análise de risco. Cremos que ela pode se apresentar por meio de parecer, informação, mapa, gráfico ou qualquer outro expediente que identifique os eventuais incidentes na contratação e as medidas a serem adotadas visando evitá-los ou atenuá-los.

É preciso ainda esclarecer que a análise de riscos não se confunde com matriz de riscos. Na exata dicção legal[15], o edital da licitação poderá contemplar matriz de alocação de riscos entre o contratante e contratado e, neste caso, se constituirá em "cláusula contratual definidora de riscos e de responsabilidades entre as partes e caracterizadora do equilíbrio econômico-financeiro inicial do contrato, em termos de ônus financeiro decorrente de eventos supervenientes à contratação".

Como visto, a previsão da matriz de risco no instrumento convocatório e na condição de cláusula do contrato, se trata de mera liberalidade da entidade promotora da licitação que, se implementada, poderá ser idealizada a partir de elementos e informações constantes da análise de riscos.

Assim, concluímos que elaboração da análise de riscos é ato obrigatório para toda e qualquer licitação, até mesmo nas hipóteses de dispensa e inexigibilidade, a ser levado a efeito na fase preparatória da contratação. Por sua vez, matriz de risco é facultativa e se constitui em cláusula do ato convocatório e do instrumento de contrato.

3.6   A utilização de minutas padrão de editais

Diversamente da Lei nº 8.666/1993, que não tratava da possibilidade de a Administração Pública se valer de minutas de editais e de termos de contrato padronizadas, o § 1º do artigo 25 da Lei nº 14.133/2021 estabelece que "Sempre que o objeto permitir, a Administração adotará minutas padronizadas de edital e de contrato com cláusulas uniformes".

Vale ressaltar que, antes da promulgação da Lei nº 14.133/2021, o Tribunal de Contas da União já havia se posicionado pela possibilidade da utilização de minutas de editais e de contratos padronizados. Nesse sentido, no voto proferido pelo Ministro Relator no Acórdão nº 1.504/2005 – Plenário, foi mencionado que a padronização seria desejável nos procedimentos licitatórios que tivessem o mesmo objeto e guardassem proporção em relação às quantidades, pois liberaria recursos humanos e materiais para serem utilizados nos procedimentos que demandassem atuação individualizada.

Em manifestação posterior, no Acórdão nº 3.014/2010 – Plenário, a Corte de Contas federal ratificou a possibilidade de a entidade jurisdicionada "utilizar excepcionalmente minuta-padrão, previamente aprovada pela Assessoria Jurídica, quando houver identidade de objeto – e este representar contratação corriqueira – e não restarem dúvidas acerca da possibilidade de adequação das cláusulas exigidas no contrato pretendido às cláusulas previamente estabelecidas na minuta-padrão".

---

[15]   Lei nº 14.133/2021, art. 22, c/c art. 6º, inciso XXVII.

Observamos, contudo, que a utilização de minutas de termo de referência, edital e contrato padronizados não dispensará, jamais, a respectiva juntada nos autos do processo administrativo de contratação, das justificativas da necessidade e de adequação do objeto e dos termos licitatórios e contratuais àquela situação.

3.7 Controle prévio de legalidade

Objetivando garantir práticas contínuas e permanentes de gestão de riscos e de controle preventivo, a Lei nº 14.133/2021 estabeleceu três linhas de defesa, sendo a segunda integrada pelas unidades de assessoramento jurídico e de controle interno do próprio órgão ou entidade (artigo 169, inciso II).

A partir de uma interpretação sistemática das disposições da LLIC, vislumbramos que o advogado público ganhou papel de destaque, tendo em vista o alto grau de responsabilidade decorrente das várias atribuições a ele conferidas.

A primeira delas – talvez a de maior relevância – está prevista no artigo 53 da Lei nº 14.133/2021, segundo o qual "Ao final da fase preparatória, o processo licitatório seguirá para o órgão de assessoramento jurídico da Administração, que realizará controle prévio de legalidade mediante análise jurídica da contratação".

Diferentemente da Lei nº 8.666/1993 que, ao menos textualmente, determinava em seu artigo 38, parágrafo único, que "*As minutas de editais de licitação, bem como as dos contratos, acordos, convênios ou ajustes devem ser previamente examinadas e aprovadas por assessoria jurídica da Administração*", a Lei nº 14.133/2021 prevê, expressamente, a necessidade de o órgão de assessoramento jurídico da Administração realizar o controle prévio de legalidade do processo, o que, a nosso ver, amplia as atribuições do advogado público, na medida em que sua análise deve incidir e envolver o processo de contratação como um todo, ou seja, desde o seu ato inaugural até a minuta de edital e/ou contrato.

A ampliação desse controle é deveras salutar e merece especial atenção, notadamente se consideradas as repercussões no processo de contratação. Trata-se de um verdadeiro filtro de legalidade que possibilita a correção de eventuais falhas ou vícios, afastando, preliminarmente, os riscos ao interesse público norteador de toda a atividade estatal.

Uma interpretação literal e isolada do artigo 53 da LLIC poderia levar à conclusão no sentido de que apenas o processo licitatório estaria sujeito ao controle prévio de legalidade. Contudo, afastamos qualquer cogitação nesse sentido, na medida em que o § 4º desse artigo define que "o órgão de assessoramento jurídico da Administração *também realizará controle prévio de legalidade de contratações diretas, acordos, termos de cooperação, convênios, ajustes, adesões a atas de registro de preços, outros instrumentos congêneres e de seus termos aditivos*".

Para nós, a interpretação sistemática dos dispositivos citados firma o entendimento de que a Lei nº 14.133/2021 impõe ao órgão de assessoramento jurídico da Administração a incumbência de realizar o controle prévio de legalidade dos processos de contratação, independentemente da forma adotada para selecionar o futuro contratado – licitação, contratação direta ou mesmo adesão a uma ata de registro de preços.

Registramos, contudo, que, nos termos previstos pelo § 5º do artigo 53, em situações excepcionais definidas em ato da autoridade jurídica máxima competente, admite-se dispensar a realização do controle prévio de legalidade. Para definição dessas situações excepcionais, deve ser considerado o baixo valor, a baixa complexidade da contratação, a entrega imediata do bem ou a utilização de minutas de editais e instrumentos de contrato, convênio ou outros ajustes previamente padronizados pelo órgão de assessoramento jurídico.

Cap. 3 · FASE PREPARATÓRIA DO PROCESSO LICITATÓRIO | 85

É importante esclarecer que, consoante estabelece o artigo 19, inciso IV da Lei nº 14.133/2021, os órgãos de assessoramento jurídico e de controle interno da Administração deverão auxiliar na elaboração e instituição de modelos de minutas de editais, de termos de referência, de contratos padronizados e de outros documentos aplicados no processo de contratação, o que não se confunde ou autoriza delegar e eles o dever de elaborar tais minutas padronizadas.

Ainda, de acordo com o disposto no § 3º do artigo 8º da LLIC, compete aos órgãos de assessoramento jurídico e de controle interno auxiliar o agente de contratação, o pregoeiro e as respectivas equipes de apoio no desempenho das funções essenciais para o processamento das licitações.

Nesse sentido, podemos afirmar que a competência para responder impugnações e pedidos de esclarecimentos apresentados em face do edital de licitação não pode ser delegada ao órgão de assessoramento jurídico, cujo dever envolve apenas auxiliar os agentes competentes para o exercício dessas atribuições.

Em vista desse contexto, entendemos ser imprescindível garantir ao advogado público uma atuação com absoluta autonomia e independência, com liberdade para compreender e interpretar o Direito aos seus olhos, sem medo de desagradar seus superiores e sem correr o risco de ser cooptado por interesses político-partidários.

3.8 Autoridade signatária do edital

A Lei nº 14.133/2021 não prevê, ao menos expressamente, quem deve ser o agente administrativo responsável pela elaboração e aprovação dos editais das licitações. No nosso entendimento, sequer seria razoável a lei conter previsão nesse sentido, pois cabe a ela definir normas gerais sobre licitação e contratação e regramento a respeito dessa matéria, enquanto a organização interna e distribuição de competências e atribuições no âmbito de cada órgão e entidade administrativa envolve norma de caráter específico e não geral.

Por essa razão, em que pese a Lei nº 14.133/2021 não arrolar a elaboração do edital como uma das atribuições do agente de contratação ou do pregoeiro, julgamos não haver impedimento nesse sentido, mas desde que a competência para promover a aprovação e assinatura desse ato remanesça com autoridade superior, a rigor, o ordenador de despesa.

Isso porque, se o agente de contratação ou pregoeiro aprovarem o instrumento convocatório por eles próprios elaborado, a mesma autoridade que elaborou/aprovou tal instrumento será a responsável por aplicar essas regras no processamento do certame e, sendo assim, julgamos haver prejuízo ao controle dos atos administrativos, bem como afronta ao princípio jurídico da segregação de funções. Por essa razão, a fim de privilegiar o princípio da segregação de funções, entendemos não ser possível àquele que cria as regras também aprová-las e aplicá-las e vice-versa.

Não se deve perder de vista que, na forma prevista pelo § 3º do artigo 8º da Lei nº 14.133/2021, "*As regras relativas à atuação do agente de contratação e da equipe de apoio, (...) serão estabelecidas em regulamento, (...) para o desempenho das funções essenciais à execução do disposto nesta Lei*".

Assim, com base no princípio da segregação de funções, o qual compreendemos ser "*princípio inerente ao controle interno, que estabelece o dever de assegurar a separação de atribuições entre servidores distintos nas várias fases de um determinado processo, em especial as funções de autorização, aprovação, execução, controle e contabilização das operações*",[16]

---

[16] GUIMARÃES, Edgar; SAMPAIO, Ricardo. *Dispensa e inexigibilidade de licitação*: aspectos jurídicos à luz da Lei nº 14.133/2021. Rio de Janeiro: Forense, 2022. p. 29.

em nossa ótica, caberá ao regulamento assegurar que o agente de contratação e o pregoeiro não sejam competentes pela aprovação e assinatura do edital.

Ademais, acrescentamos a prescrição da Lei nº 9.784/99, que regula o processo administrativo no âmbito da Administração Pública Federal, segundo a qual não podem ser objeto de delegação a edição de atos de caráter normativo (artigo 13, inciso I). Ora, tratando-se o edital de um ato administrativo de caráter eminentemente normativo, a delegação da competência para sua aprovação e consequente assinatura resta taxativamente vedada pela lei federal, devendo remanescer com a autoridade superior, como, por exemplo, o ordenador de despesa.

Tendo em vista essas razões, nada impede que o agente de contratação e o pregoeiro recebam competência para elaborar o edital. Todavia, não poderão aprovar e, consequentemente assinar esse ato na condição de autoridade signatária. Ademais, esses atos (aprovação e assinatura) envolvem competência afeta à autoridade superior e incompatíveis com a aplicação das regras aprovadas.

3.9   Publicidade da licitação

Na medida em que uma das finalidades do edital é conferir publicidade à licitação, despertando o interesse do maior número possível de pretensos particulares em participar do certame e contratar com a Administração, assegurando assim a ampliação da competitividade e, como consequência, aumentando a chance de obter uma proposta mais vantajosa, faz-se necessário conferir ampla divulgação de seus termos.

Uma das principais novidades da Lei nº 14.133/2021 foi a criação do Portal Nacional de Contratações Públicas, que, nos termos do seu artigo 174, inciso I, consiste em um sítio eletrônico oficial destinado à divulgação centralizada e obrigatória dos atos exigidos pela lei.

Com base nesse dispositivo legal, todos os atos para os quais a Lei nº 14.133/2021 exige publicidade deverão ter seu inteiro teor disponibilizado no Portal Nacional de Contratações Públicas, independentemente de previsão legal que imponha a divulgação em outros veículos ou mesmo da opção de o órgão ou entidade adotar espontaneamente quaisquer outros meios.

No que se refere às licitações, o artigo 54 da Lei nº 14.133/2021 prescreve, claramente, que *"A publicidade do edital de licitação será realizada mediante divulgação e manutenção do inteiro teor do ato convocatório e de seus anexos no Portal Nacional de Contratações Públicas (PNCP)".*

Na medida em que todos os órgãos e entidades da Administração Pública, de todas as esferas governamentais, são obrigados a divulgar e manter o inteiro teor do ato convocatório e de seus anexos no Portal Nacional de Contratações Públicas, entendemos que a Lei nº 14.133/2021 acabou por criar o verdadeiro mercado público de contratações. A ideia de mercado na sua acepção física, ou seja, um lugar, um espaço público que reúne todas as ofertas de contratação com a Administração Pública.

Em nosso sentir, dita previsão legal é inconstitucional, na medida em que a União invadiu a competência dos Estados, do Distrito Federal e dos Municípios ao legislar sobre normas específicas de licitação e contratação de caráter obrigatório para estas pessoas políticas.

Vale lembrar que compete à União legislar sobre normas gerais de licitação/contratação e que tal competência não abrange os meios a serem utilizados para a publicidade de atos baixados por Estados, Municípios e Distrito Federal. A Constituição Federal de 1988 cria níveis de poderes políticos com autonomia para se auto-organizarem administrativa, financeira e orçamentariamente. Assim, cada ente integrante da federação dispõe de competência para definir o meio para a publicidade das suas licitações e contratações, o órgão de imprensa oficial, criar sítios eletrônicos oficiais, enfim, deliberar sobre a forma de divulgação dos seus próprios atos.

Ainda sobre a publicidade das licitações, cabe anotar que, em razão da rejeição ao veto inicialmente aposto pelo Presidente da República ao § 1º do artigo 54 da Lei nº 14.133/2021, a previsão contida nesse dispositivo foi restabelecida. Assim, em termos práticos, além de divulgar o inteiro teor do edital de licitação e de seus anexos no Portal Nacional de Contratações Públicas, a Administração também é obrigada a promover *"a publicação de extrato do edital no Diário Oficial da União, do Estado, do Distrito Federal ou do Município, conforme a fonte do recurso, ou, no caso de consórcio público, do ente de maior nível entre eles, bem como em jornal diário de grande circulação"*.

Nos dias atuais, considerando o alcance e o fácil acesso às informações divulgadas na rede mundial de computadores, seja no Portal Nacional de Contratações Públicas seja em sítios eletrônicos oficiais, para nós, revela-se incompreensível a orientação adotada pelo Congresso Nacional ao resgatar essa obrigatoriedade, afinal, não parece lógico e tampouco sensato, acreditar que a publicação do aviso de licitação no Diário Oficial e em jornal diário de grande circulação alcançará um universo maior de interessados em contratar com a Administração Pública. Além disso, tendo em vista que o Portal Nacional de Contratações Públicas é um sítio eletrônico oficial, a divulgação do inteiro teor do edital e de seus anexos nesse veículo já confere a necessária oficialidade para esse ato, o que dispensaria qualquer publicação no Diário Oficial.

Cumpre destacar que, conforme estabelece o § 2º do artigo 54 em exame, *"é facultada a divulgação adicional e a manutenção do inteiro teor do edital e de seus anexos em sítio eletrônico oficial do ente federativo do órgão ou entidade responsável pela licitação ou, no caso de consórcio público, do ente de maior nível entre eles, admitida, ainda, a divulgação direta a interessados devidamente cadastrados para esse fim"*.

Essa previsão está diretamente associada à disciplina contida no artigo 175 da Lei nº 14.133/2021, segundo a qual *"Sem prejuízo do disposto no artigo 174 desta Lei, os entes federativos poderão instituir sítio eletrônico oficial para divulgação complementar e realização das respectivas contratações"*.

Os dispositivos citados deixam claro o caráter facultativo de se promover a divulgação adicional do inteiro teor do edital e de seus anexos em sítio eletrônico oficial do ente federativo do órgão ou entidade responsável pela licitação. Daí porque, mais uma vez, ressaltamos que o fato de o órgão ou entidade divulgar a íntegra do edital e anexos em seu sítio eletrônico oficial não substituirá o dever de promover a divulgação no Portal Nacional de Contratações Públicas, haja vista que aquela divulgação possui caráter meramente complementar.

Por fim, cabe assinalar a previsão contida no § 3º do artigo 54 da Lei nº 14.133/2021, segundo a qual *"Após a homologação do processo licitatório, serão disponibilizados no Portal Nacional de Contratações Públicas (PNCP) e, se o órgão ou entidade responsável pela licitação entender cabível, também no sítio referido no § 2º deste artigo, os documentos elaborados na fase preparatória que porventura não tenham integrado o edital e seus anexos"*.

Como exemplo de documento elaborado na fase preparatória, que porventura não tenha integrado o edital e seus anexos, citamos a orçamentação que definiu o preço estimado da licitação, isso porque, conforme prevê o artigo 24 da Lei nº 14.133/2021 *"Desde que justificado, o orçamento estimado da contratação poderá ter caráter sigiloso, sem prejuízo da divulgação do detalhamento dos quantitativos e das demais informações necessárias para a elaboração das propostas, (...)".*

Tendo em vista a necessária divulgação do inteiro teor do edital e de seus anexos, a Lei nº 14.133/2021 fixa prazos mínimos de publicidade.

Novamente, de forma diversa daquela prevista na revogada Lei nº 8.666/1993 que, como regra, define tais prazos com base na modalidade de licitação escolhida para o processamento do certame, a Lei nº 14.133/2021 adota como critério a conjugação da natureza do objeto e do critério de julgamento ou, então, apenas o critério de julgamento, conforme se depreende do seu artigo 55.

Acrescente-se que, especificamente para a modalidade diálogo competitivo, a Lei nº 14.133/2021 prescreve no § 1º do artigo 32 que *"a Administração apresentará, por ocasião da divulgação do edital em sítio eletrônico oficial, suas necessidades e as exigências já definidas e estabelecerá prazo mínimo de 25 (vinte e cinco) dias úteis para manifestação de interesse na participação da licitação".*

Em relação aos prazos para a divulgação dos processos licitatórios, alguns aspectos ainda merecem registro. O primeiro deles cinge-se ao disposto no § 1º do artigo 55, o qual estabelece que *"Eventuais modificações no edital implicarão nova divulgação na mesma forma de sua divulgação inicial, além do cumprimento dos mesmos prazos dos atos e procedimentos originais, exceto quando a alteração não comprometer a formulação das propostas".*

Essa regra já constava da Lei nº 8.666/1993 e, tal como na aplicação daquele regime, entendemos que a interpretação literal desse dispositivo não encontra amparo. Isso porque, com base nesse método interpretativo, somente se faria necessário promover nova divulgação na mesma forma da inicial, além do cumprimento dos mesmos prazos dos atos e procedimentos originais, se a alteração comprometesse a formulação apenas das propostas. Ora, além dos casos em que a alteração afeta a formulação das propostas, consideramos ser igualmente indispensável promover nova divulgação na mesma forma da inicial, além do cumprimento dos mesmos prazos dos atos e procedimentos originais, nas hipóteses em que a alteração promovida no edital afete os requisitos de habilitação, as condições para participação no certame ou, ainda, os requisitos essenciais para execução do contrato. Em todas essas hipóteses a alteração pode afetar a efetiva disputa.

Outro aspecto que merece destaque diz respeito à novidade implementada pela regra constante do § 2º do artigo 55 em exame, a qual estabelece que *"Os prazos previstos neste artigo poderão, mediante decisão fundamentada, ser reduzidos até a metade nas licitações realizadas pelo Ministério da Saúde, no âmbito do Sistema Único de Saúde (SUS)".*

Por último, diferentemente da Lei nº 8.666/1993, a Lei nº 14.133/2021 não prevê, ao menos textualmente, que os prazos de publicidade *"serão contados a partir da última publicação do edital resumido ou da expedição do convite, ou ainda da efetiva disponibilidade do edital ou do convite e respectivos anexos, prevalecendo a data que ocorrer mais tarde"* (artigo 21, § 3º). No entanto, a LLIC dispõe no § 3º do seu artigo 54 que *"Todos os elementos do edital, incluídos minuta de contrato, termos de referência, anteprojeto, projetos e outros anexos, deverão ser divulgados em sítio eletrônico oficial na mesma data de divulgação do edital, sem necessidade de registro ou de identificação para acesso".*

Com base em interpretação finalística da norma legal e com amparo nos princípios da publicidade, da competitividade e da isonomia, entendemos que a contagem do prazo para divulgação do edital somente se inicia com a divulgação do inteiro teor do edital, incluídos minuta de contrato, termos de referência, anteprojeto, projetos e outros anexos, em todos os veículos exigidos pela Lei nº 14.133/2021, prevalecendo para efeito de início da contagem a data que ocorrer mais tarde. Do contrário, sem que o pleno alcance das informações fosse assegurado, poderia ter início a contagem dos prazos legais, o que, obviamente, frustraria a eficácia da divulgação da licitação.

REFERÊNCIAS BIBLIOGRÁFICAS

BRASIL. Medida Provisória nº 1.047, de 3 de maio de 2021. *Diário Oficial da República Federativa do Brasil*, Poder Executivo, Brasília, DF, 4 maio.

BRASIL. Tribunal de Contas da União. *Licitações e contratos*: orientações & jurisprudência do TCU. 4. ed. Brasília: TCU, 2010.

DALLARI, Adilson Abreu. *Aspectos jurídicos da licitação*. São Paulo: Saraiva, 1997.

DI PIETRO, Maria Sylvia Zanella. *Temas polêmicos sobre licitações e contratos*. São Paulo: Malheiros, 2006.

GASPARINI, Diogenes. Padronização. *ILC – Informativo de Licitações e Contratos*, Curitiba: Zênite, nº 21, nov. 1995.

GUIMARÃES, Edgar. *Controle das licitações públicas*. São Paulo: Dialética, 2002.

GUIMARÃES, Edgar; ABDUCH SANTOS, José Anacleto. *Lei das estatais*: comentários ao regime jurídico licitatório e contratual da Lei nº 13.303/2016. Belo Horizonte: Fórum, 2017.

GUIMARÃES, Edgar; NIEBUHR, Joel de Menezes. *Registro de preços*: aspectos práticos e jurídicos. Belo Horizonte: Fórum, 2013.

GUIMARÃES, Edgar; SAMPAIO, Ricardo. *Dispensa e inexigibilidade de licitação*: aspectos jurídicos à luz da Lei nº 14.133/2021. Rio de Janeiro: Forense, 2022.

Quadro comparativo

Lei nº 14.133/2021	Leis nos 8.666/1993, 10.520/2002 e 12.462/2011
Título II **Das Licitações**	**Sem correspondente**
CAPÍTULO I **DO PROCESSO LICITATÓRIO**	**Sem correspondente**
Art. 11. **O processo licitatório** tem por objetivos: I – **assegurar** a seleção da proposta **apta a gerar o resultado de contratação** mais vantajoso para a Administração **Pública, inclusive no que se refere ao ciclo de vida do objeto;** II – assegurar tratamento isonômico entre os licitantes**, bem como a justa competição;** III – **evitar contratações com sobrepreço ou com** preços **manifestamente inexequíveis e superfaturamento na execução dos contratos;** IV – incentivar a inovação **e o** desenvolvimento nacional sustentável**.**	**L. 8.666/93** **Art. 3º** ~~A licitação destina-se a garantir a observância do princípio constitucional da isonomia,~~ a seleção da proposta mais vantajosa para a administração ~~e a promoção do~~ desenvolvimento nacional sustentável ~~e será processada e julgada em estrita conformidade com os princípios básicos da legalidade, da impessoalidade, da moralidade, da igualdade, da publicidade, da probidade administrativa, da vinculação ao instrumento convocatório, do julgamento objetivo e dos que lhes são correlatos.~~ [...]

Lei nº 14.133/2021	Leis nºs 8.666/1993, 10.520/2002 e 12.462/2011
	Art. 5º ~~Todos os valores~~, preços e ~~custos utiliza-~~ ~~dos nas licitações terão como expressão monetá-~~ ~~ria a moeda corrente nacional, ressalvado o dis-~~ ~~posto no art. 42 desta Lei, devendo cada unidade~~ ~~da Administração, no pagamento das obrigações~~ ~~relativas ao fornecimento de bens, locações, re-~~ ~~alização de obras e prestação de serviços, obe-~~ ~~decer, para cada fonte diferenciada de recursos,~~ ~~a estrita ordem cronológica das datas de suas~~ ~~exigibilidades, salvo quando presentes relevan-~~ ~~tes razões de interesse público e mediante pré-~~ ~~via justificativa da autoridade competente, devi-~~ ~~damente publicada.~~ **Lei 12.462/2011** Art. 1º [...] § 1º ~~O RDC~~ tem por objetivos: [...] III – incentivar a inovação ~~tecnológica; e~~ assegurar tratamento isonômico entre os licitantes e a seleção da proposta mais vantajosa para a administração pública.
Parágrafo único. A alta administração do órgão ou entidade é responsável pela governança das contratações e deve implementar proces-sos e estruturas, inclusive de gestão de riscos e controles internos, para avaliar, direcionar e monitorar os processos licitatórios e os res-pectivos contratos, com o intuito de alcançar os objetivos estabelecidos no *caput* deste ar-tigo, promover um ambiente íntegro e confiá-vel, assegurar o alinhamento das contratações ao planejamento estratégico e às leis orçamen-tárias e promover eficiência, efetividade e efi-cácia em suas contratações. Art. 12. **No processo licitatório, observar-se--á o seguinte:** **I – os documentos serão produzidos por es-crito, com data e local de sua realização e as-sinatura dos responsáveis;**	**Sem correspondente**
II – os valores, **os** preços e **os** custos utilizados terão como expressão monetária a moeda cor-rente nacional, ressalvado o disposto no art. **52** desta Lei;	**L. 8.666/93** **Art. 5º** ~~Todos~~ os valores, preços e custos utiliza-dos ~~nas licitações~~ terão como expressão monetá-ria a moeda corrente nacional, ressalvado o dis-posto no art. ~~42~~ desta Lei, ~~devendo cada unidade~~ ~~da Administração, no pagamento das obrigações~~ ~~relativas ao fornecimento de bens, locações, reali-~~ ~~zação de obras e prestação de serviços, obedecer,~~ ~~para cada fonte diferenciada de recursos, a estrita~~ ~~ordem cronológica das datas de suas exigibilida-~~ ~~des, salvo quando presentes relevantes razões de~~ ~~interesse público e mediante prévia justificativa da~~ ~~autoridade competente, devidamente publicada.~~

Lei nº 14.133/2021	Leis nºs 8.666/1993, 10.520/2002 e 12.462/2011
III – o desatendimento de exigências meramente formais que não comprometam a aferição da qualificação do licitante ou a compreensão do conteúdo de sua proposta não importará seu afastamento da licitação ou a invalidação do processo; IV – a prova de autenticidade de cópia de documento público ou particular poderá ser feita perante agente da Administração, mediante apresentação de original ou de declaração de autenticidade por advogado, sob sua responsabilidade pessoal; V – o reconhecimento de firma somente será exigido quando houver dúvida de autenticidade, salvo imposição legal; VI – os atos serão preferencialmente digitais, de forma a permitir que sejam produzidos, comunicados, armazenados e validados por meio eletrônico; VII – a partir de documentos de formalização de demandas, os órgãos responsáveis pelo planejamento de cada ente federativo poderão, na forma de regulamento, elaborar plano de contratações anual, com o objetivo de racionalizar as contratações dos órgãos e entidades sob sua competência, garantir o alinhamento com o seu planejamento estratégico e subsidiar a elaboração das respectivas leis orçamentárias. § 1º O plano de contratações anual de que trata o inciso VII do *caput* deste artigo deverá ser divulgado e mantido à disposição do público em sítio eletrônico oficial e será observado pelo ente federativo na realização de licitações e na execução dos contratos. § 2º É permitida a identificação e assinatura digital por pessoa física ou jurídica em meio eletrônico, mediante certificado digital emitido em âmbito da Infraestrutura de Chaves Públicas Brasileira (ICP–Brasil).	Sem correspondente
Art. 13. Os atos **praticados no processo licitatório são** públicos, **ressalvadas as hipóteses de informações cujo** sigilo **seja imprescindível à segurança da sociedade e do Estado, na forma da lei.** Parágrafo único. **A publicidade será diferida:**	**L. 8.666/93** **Art. 3º** [...] § 3º A licitação não será sigilosa, sendo públicos e acessíveis ao público os atos de seu procedimento, salvo quanto ao conteúdo das propostas, até a respectiva abertura.

Lei nº 14.133/2021	Leis nºs 8.666/1993, 10.520/2002 e 12.462/2011
I – quanto ao conteúdo das propostas, até a respectiva abertura;	**L. 12.462/2011** **Art. 6º** Observado o disposto no § 3º, o orçamento previamente estimado para a contratação será tornado público apenas e imediatamente após o encerramento da licitação, sem prejuízo da divulgação do detalhamento dos quantitativos e das demais informações necessárias para a elaboração das propostas. [...] § 3º Se não constar do instrumento convocatório, a informação referida no caput deste artigo possuirá caráter sigiloso e será disponibilizada estrita e permanentemente aos órgãos de controle externo e interno.
II – **quanto ao orçamento da Administração, nos termos do art. 24 desta Lei.**	**Sem correspondente**
Art. 14. Não poder**ão disputar** licitação **ou participar** da execução de contrato, direta ou indiretamente:	**L. 8.666/93** Art. 9º Não poderá participar, direta ou indiretamente, da licitação ou da execução de obra ou serviço e do fornecimento de bens a eles necessários:
I – autor **do anteprojeto,** do projeto básico ou **do projeto** executivo, pessoa física ou jurídica, **quando a licitação versar sobre obra, serviços ou fornecimento de bens a ele relacionados;**	I – o autor do projeto, básico ou executivo, pessoa física ou jurídica;
II – empresa, isoladamente ou em consórcio, responsável pela elaboração do projeto básico ou **do projeto** executivo, **ou empresa** da qual o autor do projeto seja dirigente, gerente, **controlador,** acionista ou detentor de mais de 5% (cinco por cento) do capital com direito a voto, responsável técnico ou subcontratado, **quando a licitação versar sobre obra, serviços ou fornecimento de bens a ela necessários;**	II – empresa, isoladamente ou em consórcio, responsável pela elaboração do projeto básico ou executivo ou da qual o autor do projeto seja dirigente, gerente, acionista ou detentor de mais de 5% (cinco por cento) do capital com direito a voto ou controlador, responsável técnico ou subcontratado;
III – **pessoa física ou jurídica que se encontre, ao tempo da licitação, impossibilitada de participar da licitação em decorrência de sanção que lhe foi imposta;**	**Sem correspondente**
IV – **aquele que mantenha** vínculo de natureza técnica, comercial, econômica, financeira, trabalhista ou **civil com dirigente do órgão ou entidade contratante ou com agente público que desempenhe função na licitação ou atue na fiscalização ou na gestão do contrato, ou que deles seja cônjuge, companheiro ou parente em linha reta, colateral ou por afinidade, até o terceiro grau, devendo essa proibição constar expressamente do edital de licitação;**	**L. 8.666/93** Art. 9º [...] § 3º Considera-se participação indireta, para fins do disposto neste artigo, a existência de qualquer vínculo de natureza técnica, comercial, econômica, financeira ou trabalhista entre o autor do projeto, pessoa física ou jurídica, e o licitante ou responsável pelos serviços, fornecimentos e obras, incluindo-se os fornecimentos de bens e serviços a estes necessários.

Lei nº 14.133/2021	Leis nºs 8.666/1993, 10.520/2002 e 12.462/2011
V – empresas controladoras, controladas ou coligadas, nos termos da Lei nº 6.404, de 15 de dezembro de 1976, concorrendo entre si; **VI – pessoa física ou jurídica que, nos 5 (cinco) anos anteriores à divulgação do edital, tenha sido condenada judicialmente, com trânsito em julgado, por exploração de trabalho infantil, por submissão de trabalhadores a condições análogas às de escravo ou por contratação de adolescentes nos casos vedados pela legislação trabalhista.** **§ 1º O impedimento de que trata o inciso III do _caput_ deste artigo será também aplicado ao licitante que atue em substituição a outra pessoa, física ou jurídica, com o intuito de burlar a efetividade da sanção a ela aplicada, inclusive a sua controladora, controlada ou coligada, desde que devidamente comprovado o ilícito ou a utilização fraudulenta da personalidade jurídica do licitante.**	Sem correspondente
§ 2º A critério da Administração e exclusivamente a seu serviço, o autor dos projetos e a empresa a que se referem os incisos I e II do _caput_ deste artigo **poderão** participar no **apoio das atividades de planejamento da contratação, de** execução **da** licitação **ou de gestão do contrato, desde que sob** supervisão **exclusiva de agentes públicos do órgão ou entidade.**	**L. 8.666/93** **Art. 9º** [...] § 1º É~~ permitida a participação~~ do autor do projeto ~~ou~~ da empresa a que se refere o inciso II deste artigo, ~~na~~ licitação ~~de obra ou serviço, ou na execução, como consultor ou técnico, nas funções de fiscalização,~~ supervisão ~~ou gerenciamento, exclusivamente a serviço da Administração interessada.~~
§ 3º Equiparam-se aos autores do projeto as empresas integrantes do mesmo grupo econômico.	Sem correspondente
§ 4º O disposto neste artigo não impede a licitação ou **a** contratação de obra ou serviço que inclua como encargo do contratado a elaboração do **projeto básico e do** projeto executivo, **nas contratações integradas, e do projeto executivo, nos demais regimes de execução.**	**L. 8.666/93** **Art. 9º** [...] § 2º O disposto neste artigo não impede a licitação ou contratação de obra ou serviço que inclua a elaboração de projeto executivo como encargo do contratado ~~ou pelo preço previamente fixado pela Administração.~~
§ 5º Em licitações e contratações realizadas no âmbito de projetos e programas parcialmente financiados por agência oficial de cooperação estrangeira ou por organismo financeiro internacional com recursos do financiamento ou da contrapartida nacional, não poderá participar pessoa física ou jurídica que integre o rol de pessoas sancionadas por essas entidades ou que seja declarada inidônea nos termos desta Lei.	Sem correspondente

Lei nº 14.133/2021	Leis nºˢ 8.666/1993, 10.520/2002 e 12.462/2011
Art. 15. **Salvo vedação devidamente justificada no processo licitatório, pessoa jurídica poderá** participar **de** licitação em consórcio, observa**das** as seguintes normas:	**L. 8.666/93** **Art. 33.** ~~Quando permitida na~~ licitação ~~a~~ participação ~~de empresas~~ em consórcio, observar-~~se-ão~~ as seguintes normas: **L. 12.462/2011** **Art. 14.** [...] Parágrafo único. Nas licitações disciplinadas pelo RDC: I – será admitida a participação de licitantes sob a forma de consórcio, conforme estabelecido em regulamento; e II – poderão ser exigidos requisitos de sustentabilidade ambiental, na forma da legislação aplicável.
I – comprovação d**e** compromisso público ou particular de constituição de consórcio, subscrito pelos consorciados;	**L. 8.666/93** **Art. 33. [...]** I – comprovação d~~o~~ compromisso público ou particular de constituição de consórcio, subscrito pelos consorciados;
II – indicação da empresa **líder do** consórcio, **que será** responsável **por sua representação perante a Administração;**	II – indicação da empresa responsável ~~pelo~~ consórcio ~~que deverá atender às condições de liderança, obrigatoriamente fixadas no edital;~~
III – admi**ssão**, para efeito de **habilitação** técnica, **d**o somatório dos quantitativos de cada consorciado e, para efeito de **habilitação** econômico-financeira, **d**o somatório dos valores de cada consorciado;	III – ~~apresentação dos documentos exigidos nos arts. 28 a 31 desta Lei por parte de cada consorciado;~~ admitindo-se, para efeito de ~~qualificação~~ técnica, o somatório dos quantitativos de cada consorciado~~;~~ e, para efeito de ~~qualificação~~ econômico-financeira, o somatório dos valores de cada consorciado~~, na proporção de sua respectiva participação, podendo a Administração estabelecer, para o consórcio, um acréscimo de até 30% (trinta por cento) dos valores exigidos para licitante individual, inexigível este acréscimo para os consórcios compostos, em sua totalidade, por micro e pequenas empresas assim definidas em lei;~~
IV – impedimento de **a** empresa consorciada **participar**, na mesma licitação, de mais de um consórcio ou **de forma isolada**;	IV – impedimento de ~~participação~~ de empresa consorciada, na mesma licitação, ~~através~~ de mais de um consórcio ou ~~isoladamente;~~
V – responsabilidade solidária dos integrantes pelos atos praticados em consórcio, tanto na fase de licitação quanto na de execução do contrato.	V – responsabilidade solidária dos integrantes pelos atos praticados em consórcio, tanto na fase de licitação quanto na de execução do contrato.
§ 1º **O edital deverá** estabelecer para o consórcio acréscimo de **10% (dez por cento)** a 30% (trinta por cento) **sobre o** valor exigido **de** licitante individual **para a habilitação econômico-financeira, salvo justificação.**	**Art. 33** [...] III – ~~apresentação dos documentos exigidos nos arts. 28 a 31 desta Lei por parte de cada consorciado, admitindo-se, para efeito de qualificação técnica, o somatório dos quantitativos de~~

Lei nº 14.133/2021	Leis nºˢ 8.666/1993, 10.520/2002 e 12.462/2011
§ 2º **O** acréscimo **previsto no § 1º deste artigo não se aplica a**os consórcios compostos, em sua totalidade, **de** micro**empresas** e pequenas empresas, assim definidas em lei.	~~cada consorciado, e, para efeito de qualificação econômico-financeira, o somatório dos valores de cada consorciado, na proporção de sua respectiva participação, podendo a Administração estabelecer,~~ para o consórcio, um acréscimo de ~~até~~ 30% (trinta por cento) ~~dos~~ valores exigidos ~~para~~ licitante individual, ~~inexigível este~~ acréscimo ~~para~~ os consórcios compostos, em sua totalidade, por micro e pequenas empresas assim definidas em lei;
§ 3º O licitante vencedor **é** obrigado a promover, antes da celebração do contrato, a constituição e o registro do consórcio, nos termos do compromisso referido no inciso I **do *caput*** deste artigo.	**Art. 33 [...]** § 2º O licitante vencedor ~~fica~~ obrigado a promover, antes da celebração do contrato, a constituição e o registro do consórcio, nos termos do compromisso referido no inciso I deste artigo.
§ 4º **Desde que haja justificativa técnica aprovada pela autoridade competente, o edital de licitação poderá estabelecer limite máximo para o número de empresas consorciadas.** § 5º **A substituição de consorciado deverá ser expressamente autorizada pelo órgão ou entidade contratante e condicionada à comprovação de que a nova empresa do consórcio possui, no mínimo, os mesmos quantitativos para efeito de habilitação técnica e os mesmos valores para efeito de qualificação econômico-financeira apresentados pela empresa substituída para fins de habilitação do consórcio no processo licitatório que originou o contrato.** Art. 16. **Os profissionais organizados sob a forma de cooperativa poderão participar de licitação quando:** I – **a constituição e o funcionamento da cooperativa observarem as regras estabelecidas na legislação aplicável, em especial a Lei nº 5.764, de 16 de dezembro de 1971, a Lei nº 12.690, de 19 de julho de 2012, e a Lei Complementar nº 130, de 17 de abril de 2009;** II – **a cooperativa apresentar demonstrativo de atuação em regime cooperado, com repartição de receitas e despesas entre os cooperados;** III – **qualquer cooperado, com igual qualificação, for capaz de executar o objeto contratado, vedado à Administração indicar nominalmente pessoas;** IV – **o objeto da licitação referir-se, em se tratando de cooperativas enquadradas na Lei nº 12.690, de 19 de julho de 2012, a serviços especializados constantes do objeto social da cooperativa, a serem executados de forma complementar à sua atuação.**	**Sem correspondente**

Lei nº 14.133/2021	Leis nºˢ 8.666/1993, 10.520/2002 e 12.462/2011
Art. 17. O **processo** de licitação observará as seguintes fases, em sequência:	**L. 12.462/2011** **Art. 12.** O ~~procedimento~~ de licitação ~~de que trata esta Lei~~ observará as seguintes fases~~, nesta ordem~~:
I – preparatória;	I – preparatória;
II – **de divulgação do edital de licitação**;	II – ~~publicação do instrumento convocatório~~;
III – **de** apresentação de propostas **e** lances, **quando for o caso**;	III – apresentação de propostas ~~ou~~ lances;
IV – **de** julgamento;	IV – julgamento;
V – **de** habilitação;	V – habilitação;
VI – recursal;	VI – recursal; **e**
VII – de homologação	VII – ~~encerramento~~.
§ 1º A fase **referida n**o inciso V do *caput* deste artigo poderá, mediante ato motivado **com explicitação dos benefícios decorrentes**, anteceder as **fases** referidas nos incisos III e IV do *caput* deste artigo, desde que expressamente previsto no **edital de licitação**.	Parágrafo único. A fase ~~de que trata~~ o inciso V do *caput* deste artigo poderá, mediante ato motivado, anteceder as referidas nos incisos III e IV do *caput* deste artigo, desde que expressamente previsto no ~~instrumento convocatório~~.
§ 2º As licitações ser**ão** realizadas preferencialmente sob a forma eletrônica, admitida a **utilização da forma** presencial, **desde que motivada, devendo a sessão pública ser registrada em ata e gravada em áudio e vídeo.**	**Lei nº 12.462/2011** **Art. 13.** As licitações ~~deverão~~ ser realizadas preferencialmente sob a forma eletrônica, admitida a presencial.
§ 3º **Desde que previsto no edital, na fase a que se refere o inciso IV do *caput* deste artigo, o órgão ou entidade licitante poderá, em relação ao licitante provisoriamente vencedor, realizar análise e avaliação da conformidade da proposta, mediante homologação de amostras, exame de conformidade e prova de conceito, entre outros testes de interesse da Administração, de modo a comprovar sua aderência às especificações definidas no termo de referência ou no projeto básico.**	**Sem correspondente**
§ 4º Nos procedimentos realizados por meio eletrônico, a Administração poderá determinar, como condição de validade e eficácia, que os licitantes pratiquem seus atos em formato eletrônico.	**Lei nº 12.462/2011** **Art. 13.** [...] Parágrafo único. Nos procedimentos realizados por meio eletrônico, a administração ~~pública~~ poderá determinar, como condição de validade e eficácia, que os licitantes pratiquem seus atos em formato eletrônico.

Lei nº 14.133/2021	Leis nᵒˢ 8.666/1993, 10.520/2002 e 12.462/2011
§ 5º Na hipótese excepcional de licitação sob a forma presencial a que refere o § 2º deste artigo, a sessão pública de apresentação de propostas deverá ser gravada em áudio e vídeo, e a gravação será juntada aos autos do processo licitatório depois de seu encerramento. § 6º A Administração poderá exigir certificação por organização independente acreditada pelo Instituto Nacional de Metrologia, Qualidade e Tecnologia (Inmetro) como condição para aceitação de: I – estudos, anteprojetos, projetos básicos e projetos executivos; II – conclusão de fases ou de objetos de contratos; III – material e corpo técnico apresentados por empresa para fins de habilitação.	Sem correspondente
CAPÍTULO II **DA FASE PREPARATÓRIA** **Seção I** **Da Instrução do Processo Licitatório**	Sem correspondente
Art. 18. A fase preparatória do **processo licitatório é caracterizada pelo planejamento e deve compatibilizar-se com o plano de contratações anual de que trata o inciso VII do** *caput* **do art. 12 desta Lei, sempre que elaborado, e com as leis orçamentárias, bem como abordar todas as considerações técnicas, mercadológicas e de gestão que podem interferir na contratação, compreendidos:**	**L. 10.520/2002** **Art. 3º** A fase preparatória ~~do pregão observará o seguinte:~~
I – **a descrição d**a necessidade da contratação **fundamentada em estudo técnico preliminar que caracterize o interesse público envolvido;**	I – ~~a autoridade competente justificará~~ a necessidade de contratação ~~e definirá o objeto do certame, as exigências de habilitação, os critérios de aceitação das propostas, as sanções por inadimplemento e as cláusulas do contrato, inclusive com fixação dos prazos para fornecimento;~~
II – a definição do objeto **para o atendimento da necessidade, por meio de termo de referência, anteprojeto, projeto básico ou projeto executivo, conforme o caso;**	II – a definição do objeto ~~deverá ser precisa, suficiente e clara, vedadas especificações que, por excessivas, irrelevantes ou desnecessárias, limitem a competição;~~ **L. 8.666/93** **Art. 40.** [...] I – objeto ~~da licitação, em descrição sucinta e clara;~~
III – **a definição das** condições **de execução** e pagamento, **das garantias exigidas e ofertadas e das** condições de recebimento;	**L. 8.666/93** **Art. 38.** [...] XIV – condições de pagamento~~, prevendo:~~ [...] **Art. 40.** [...] XVI – condições de recebimento ~~do objeto da licitação;~~

Lei nº 14.133/2021	Leis nºs 8.666/1993, 10.520/2002 e 12.462/2011
IV – o orçamento estimado, **com as composições dos** preços **utilizados para sua formação**;	**L. 8.666/93** **Art. 40.** [...] § 2º [...] II – orçamento estimado ~~em planilhas de quantitativos e~~ preços ~~unitários;~~
V – **a elaboração do** edital **de licitação**;	**L. 8.666/93** **Art. 38.** [...] I – edital ~~ou convite e respectivos anexos, quando for o caso;~~
VI – **a elaboração de** minuta de contrato, **quando necessária, que constará obrigatoriamente como** anexo do edital **de licitação**;	**L. 8.666/93** **Art. 40.** [...] § 2º ~~Constituem~~ anexos do edital, ~~dele fazendo parte integrante~~: [...] III – a minuta do contrato ~~a ser firmado entre a Administração e o licitante vencedor;~~
VII – **o regime de fornecimento de bens, de prestação de serviços ou de execução de obras e serviços de engenharia, observados os potenciais de economia de escala;**	**Sem correspondente**
VIII – **a modalidade de licitação, o** critério de julgamento, **o modo de disputa e a adequação e eficiência da forma de combinação desses** parâmetros, **para os fins de seleção da proposta apta a gerar o resultado de contratação mais vantajoso para a Administração Pública, considerado todo o ciclo de vida do objeto;**	**L. 8.666/93** **Art. 40.** [...] VII – critério ~~para~~ julgamento, ~~com disposições claras e~~ parâmetros ~~objetivos;~~
IX – **a motivação circunstanciada das condições do edital, tais como justificativa de exigências de qualificação técnica, mediante indicação d**as parcelas de maior relevância técnica **ou** valor significativo **do objeto, e de qualificação econômico-financeira, justificativa dos critérios de pontuação e** julgamento **das** propostas técnicas, **nas licitações com** julgamento por **melhor técnica ou** técnica e preço, **e justificativa das regras pertinentes à participação de empresas em consórcio;**	**L. 8.666/93** **Art. 20.** ~~No~~ julgamento ~~pela~~ melhor ~~combinação de técnica e preço, deverão ser avaliadas e ponderadas~~ as propostas técnicas e ~~de~~ preço ~~apresentadas pelos licitantes, mediante a utilização de parâmetros objetivos obrigatoriamente inseridos no instrumento convocatório.~~ **Art. 30.** [...] § 2º As parcelas de maior relevância técnica e ~~de~~ valor significativo, ~~mencionadas no parágrafo anterior, serão definidas no instrumento convocatório.~~
X – **a análise dos riscos que possam comprometer o sucesso da licitação e a boa execução contratual;**	**Sem correspondente**

Lei n° 14.133/2021	Leis n°s 8.666/1993, 10.520/2002 e 12.462/2011
XI – a motivação sobre o momento da divulgação do orçamento da licitação, observado o art. 24 desta Lei.	Sem correspondente

§ 1° O estudo técnico preliminar a que se refere o inciso I do *caput* deste artigo deverá evidenciar o problema a ser resolvido e a sua melhor solução, de modo a permitir a avaliação da viabilidade técnica e econômica da contratação, e conterá os seguintes elementos:

I – descrição da necessidade da contratação, considerado o problema a ser resolvido sob a perspectiva do interesse público;

II – demonstração da previsão da contratação no plano de contratações anual, sempre que elaborado, de modo a indicar o seu alinhamento com o planejamento da Administração;

III – requisitos da contratação;

IV – estimativas das quantidades para a contratação, acompanhadas das memórias de cálculo e dos documentos que lhes dão suporte, que considerem interdependências com outras contratações, de modo a possibilitar economia de escala;

V – levantamento de mercado, que consiste na análise das alternativas possíveis, e justificativa técnica e econômica da escolha do tipo de solução a contratar;

VI – estimativa do valor da contratação, acompanhada dos preços unitários referenciais, das memórias de cálculo e dos documentos que lhe dão suporte, que poderão constar de anexo classificado, se a Administração optar por preservar o seu sigilo até a conclusão da licitação;

VII – descrição da solução como um todo, inclusive das exigências relacionadas à manutenção e à assistência técnica, quando for o caso;

VIII – justificativas para o parcelamento ou não da contratação;

IX – demonstrativo dos resultados pretendidos em termos de economicidade e de melhor aproveitamento dos recursos humanos, materiais e financeiros disponíveis;

X – providências a serem adotadas pela Administração previamente à celebração do contrato, inclusive quanto à capacitação de servidores ou de empregados para fiscalização e gestão contratual;

XI – contratações correlatas e/ou interdependentes;

Lei nº 14.133/2021	Leis nºˢ 8.666/1993, 10.520/2002 e 12.462/2011
XII – descrição de possíveis impactos ambientais e respectivas medidas mitigadoras, incluídos requisitos de baixo consumo de energia e de outros recursos, bem como logística reversa para desfazimento e reciclagem de bens e refugos, quando aplicável; XIII – posicionamento conclusivo sobre a adequação da contratação para o atendimento da necessidade a que se destina. § 2º O estudo técnico preliminar deverá conter ao menos os elementos previstos nos incisos I, IV, VI, VIII e XIII do § 1º deste artigo e, quando não contemplar os demais elementos previstos no referido parágrafo, apresentar as devidas justificativas. § 3º Em se tratando de estudo técnico preliminar para contratação de obras e serviços comuns de engenharia, se demonstrada a inexistência de prejuízo para a aferição dos padrões de desempenho e qualidade almejados, a especificação do objeto poderá ser realizada apenas em termo de referência ou em projeto básico, dispensada a elaboração de projetos.	Sem correspondente
Art. 19. Os órgãos da Administração com competências regulamentares relativas às atividades de administração de materiais, de obras e serviços e de licitações e contratos deverão: I – instituir instrumentos que permitam, preferencialmente, a centralização dos procedimentos de aquisição e contratação de bens e serviços;	Sem correspondente
II – **criar** catálogo eletrônico de padronização de compras, serviços e obras, **admitida a adoção do catálogo do Poder Executivo federal por todos os entes federativos;**	L. 12.462/2011 Art. 29. [...] IV – catálogo eletrônico de padronização. Art. 33. O catálogo eletrônico de padronização de compras, serviços e obras ~~consiste em sistema informatizado, de gerenciamento centralizado, destinado a permitir a padronização dos itens a serem adquiridos pela administração pública que estarão disponíveis para a realização de licitação.~~
III – instituir sistema informatizado de acompanhamento de obras, inclusive com recursos de imagem e vídeo; IV – instituir, com auxílio dos órgãos de assessoramento jurídico e de controle interno, modelos de minutas de editais, de termos de referência, de contratos padronizados e de outros documentos, admitida a adoção das minutas do Poder Executivo federal por todos os entes federativos;	Sem correspondente

Lei nº 14.133/2021	Leis nºˢ 8.666/1993, 10.520/2002 e 12.462/2011
V – promover a adoção gradativa de tecnologias e processos integrados que permitam a criação, a utilização e a atualização de modelos digitais de obras e serviços de engenharia.	Sem correspondente
§ 1º O catálogo referido no **inciso II do** *caput* deste artigo poderá ser utilizado em licitações cujo critério de julgamento seja **o** de menor preço ou **o** de maior desconto e conterá toda a documentação e **os** procedimentos **próprios** da fase interna de licita**ções**, assim como as especificações dos respectivos objetos, conforme disposto em regulamento.	**L. 12.462/2011** **Art. 33.** [...] Parágrafo único. O catálogo referido no *caput* deste artigo poderá ser utilizado em licitações cujo critério de julgamento seja ~~a oferta~~ de menor preço ou de maior desconto e conterá toda a documentação e procedimentos da fase interna da licitaç~~ã~~o, assim como as especificações dos respectivos objetos, conforme disposto em regulamento.
§ 2º A não utilização do catálogo eletrônico de padronização de que trata o inciso II do *caput* ou dos modelos de minutas de que trata o inciso IV do *caput* deste artigo deverá ser justificada por escrito e anexada ao respectivo processo licitatório. § 3º Nas licitações de obras e serviços de engenharia e arquitetura, sempre que adequada ao objeto da licitação, será preferencialmente adotada a Modelagem da Informação da Construção (*Building Information Modelling* – BIM) ou tecnologias e processos integrados similares ou mais avançados que venham a substituí-la. Art. 20. **Os itens de consumo adquiridos para suprir as demandas das estruturas da Administração Pública deverão ser de qualidade comum, não superior à necessária para cumprir as finalidades às quais se destinam, vedada a aquisição de artigos de luxo.** § 1º **Os Poderes Executivo, Legislativo e Judiciário definirão em regulamento os limites para o enquadramento dos bens de consumo nas categorias comum e luxo.** § 2º **A partir de 180 (cento e oitenta) dias contados da promulgação desta Lei, novas compras de bens de consumo só poderão ser efetivadas com a edição, pela autoridade competente, do regulamento a que se refere o § 1º deste artigo.** ~~§ 3º Os valores de referência dos três Poderes nas esferas federal, estadual, distrital e municipal não poderão ser superiores aos valores de referência do Poder Executivo federal.~~ **(VETADO)**	Sem correspondente

Lei nº 14.133/2021	Leis nºˢ 8.666/1993, 10.520/2002 e 12.462/2011
Art. 21. **A Administração poderá convocar, com** antecedência mínima de **8 (oito)** dias úteis, audiência pública, **presencial ou a distância, na forma eletrônica, sobre licitação que pretenda realizar, com disponibilização prévia de informações pertinentes, inclusive de estudo técnico preliminar e elementos do** edital **de** licitação, **e com possibilidade de** manifesta**ção de** todos os interessados**.**	**L. 8.666/93** Art. 39. ~~Sempre que o valor estimado para uma licitação ou para um conjunto de licitações simultâneas ou sucessivas for superior a 100 (cem) vezes o limite previsto no art. 23, inciso I, alínea "c" desta Lei, o processo licitatório será iniciado, obrigatoriamente, com uma~~ audiência pública ~~concedida pela autoridade responsável com~~ antecedência mínima de ~~15 (quinze)~~ dias úteis ~~da data prevista para a publicação do~~ edital, ~~e divulgada, com a antecedência mínima de 10 (dez) dias úteis de sua realização, pelos mesmos meios previstos para a publicidade da~~ licitação, ~~à qual terão acesso e direito a todas as informações pertinentes e a se~~ manifestar todos os interessados.
Parágrafo único. A Administração também poderá submeter a licitação a prévia consulta pública, mediante a disponibilização de seus elementos a todos os interessados, que poderão formular sugestões no prazo fixado.	**Sem correspondente**
Art. 22. **O edital poderá** contemplar matriz de alocação de riscos entre **o** contratante e o contratado, **hipótese em que o cálculo do** valor estimado da contratação poderá considerar taxa de risco compatível com o objeto da licitação **e com os riscos** atribuíd**o**s ao contratado, de acordo com metodologia predefinida pel**o ente federativo.**	**L. 12.462/2011** **Art. 9º [...]** § 5º ~~Se o anteprojeto~~ contemplar matriz de alocação de riscos entre a ~~administração pública~~ e o contratado, o valor estimado da contratação poderá considerar taxa de risco compatível com o objeto da licitação e ~~as contingências~~ atribuídas ao contratado, de acordo com metodologia predefinida pela ~~entidade contratante.~~
§ 1º A matriz de que trata o *caput* **deste artigo deverá promover a alocação eficiente dos riscos de cada contrato e estabelecer a responsabilidade que caiba a cada parte contratante, bem como os mecanismos que afastem a ocorrência do sinistro e mitiguem os seus efeitos, caso este ocorra durante a execução contratual.** **§ 2º O contrato deverá refletir a alocação realizada pela matriz de riscos, especialmente quanto:** **I – às hipóteses de alteração para o restabelecimento da equação econômico-financeira do contrato nos casos em que o sinistro seja considerado na matriz de riscos como causa de desequilíbrio não suportada pela parte que pretenda o restabelecimento;** **II – à possibilidade de resolução quando o sinistro majorar excessivamente ou impedir a continuidade da execução contratual;**	**Sem correspondente**

Lei nº 14.133/2021	Leis nºˢ 8.666/1993, 10.520/2002 e 12.462/2011
III – à contratação de seguros obrigatórios previamente definidos no contrato, integrado o custo de contratação ao preço ofertado. § 3º Quando a contratação se referir a obras e serviços de grande vulto ou forem adotados os regimes de contratação integrada e semi-integrada, o edital obrigatoriamente contemplará matriz de alocação de riscos entre o contratante e o contratado. § 4º Nas contratações integradas ou semi-integradas, os riscos decorrentes de fatos supervenientes à contratação associados à escolha da solução de projeto básico pelo contratado deverão ser alocados como de sua responsabilidade na matriz de riscos. Art. 23. O valor previamente estimado da contratação deverá ser compatível com os valores praticados pelo mercado, considerados os preços constantes de bancos de dados públicos e as quantidades a serem contratadas, observadas a potencial economia de escala e as peculiaridades do local de execução do objeto. § 1º No processo licitatório para aquisição de bens e contratação de serviços em geral, conforme regulamento, o valor estimado será definido com base no melhor preço aferido por meio da utilização dos seguintes parâmetros, adotados de forma combinada ou não: I – composição de custos unitários menores ou iguais à mediana do item correspondente no painel para consulta de preços ou no banco de preços em saúde disponíveis no Portal Nacional de Contratações Públicas (PNCP);	Sem correspondente
II – **contratações** similares **feitas** pela Administração Pública, **em execução ou concluídas no período de 1 (um) ano anterior à data da pesquisa de preços, inclusive mediante sistema de registro de preços, observado o índice de atualização de preços correspondente;**	**L. 12.462/2011** **Art. 9º** [...] § 2º [...]: II – o valor estimado da contratação será calculado com base nos valores praticados pelo mercado, nos valores pagos pela administração pública em serviços e obras similares ou na avaliação do custo global da obra, aferida mediante orçamento sintético ou metodologia expedita ou paramétrica.
III – **utilização de dados de pesquisa publicada em mídia especializada,** de tabela de referência formalmente aprovada **pelo Poder Executivo** federal **e de sítios eletrônicos especializados ou de domínio amplo, desde que contenham a data e hora de acesso;**	**L. 12.462/ 2011** **Art. 8º** [...] § 4º No caso de inviabilidade da definição dos custos consoante o disposto no § 3º deste artigo, a estimativa de custo global poderá ser apurada por meio da utilização de dados contidos em tabela de referência formalmente aprovada por órgãos ou entidades da administração pública federal, em publicações técnicas especializadas, em sistema específico instituído para o setor ou em pesquisa de mercado.

Lei nº 14.133/2021	Leis nºˢ 8.666/1993, 10.520/2002 e 12.462/2011
IV – pesquisa direta com no mínimo 3 (três) fornecedores, mediante solicitação formal de cotação, desde que seja apresentada justificativa da escolha desses fornecedores e que não tenham sido obtidos os orçamentos com mais de 6 (seis) meses de antecedência da data de divulgação do edital; V – pesquisa na base nacional de notas fiscais eletrônicas, na forma de regulamento. § 2º No processo licitatório para contratação de obras e serviços de engenharia, conforme regulamento, o valor estimado, acrescido do percentual de Benefícios e Despesas Indiretas (BDI) de referência e dos Encargos Sociais (ES) cabíveis, será definido por meio da utilização de parâmetros na seguinte ordem:	Sem correspondente
I – **composição de** custos unitários menores ou iguais à mediana **do item** correspondente d**o** Sistema de Custos **Referenciais de Obras** (Sicro), **para** serviços e obras **de infraestrutura de transportes, ou d**o Sistema Nacional de Pesquisa de Custos e Índices d**e** Construção Civil (Sinapi), **para as demais obras e serviços de engenharia**;	**L. 12.462/2011** **Art. 8º** [...] § 3º ~~O custo global de obras e serviços de engenharia deverá ser obtido a partir de~~ custos unitários ~~de insumos ou serviços~~ menores ou iguais à mediana ~~de seus~~ correspondentes ao Sistema Nacional de Pesquisa de Custos e Índices da Construção Civil (Sinapi), ~~no caso de construção civil em geral,~~ ou na tabela do Sistema de Custos ~~de Obras Rodoviárias~~ (Sicro), ~~no caso de~~ obras e serviços ~~rodoviários.~~
II – utilização de dados de pesquisa publicada em mídia especializada, de tabela de referência formalmente aprovada **pelo Poder Executivo federal e de sítios eletrônicos** especializad**os ou de domínio amplo, desde que contenham a data e a hora de acesso;**	**L. 12.462/11** Art. 8º [...] § 4º ~~No caso de inviabilidade da definição dos custos consoante o disposto no § 3º deste artigo, a estimativa de custo global poderá ser apurada por meio da utilização de dados contidos em~~ **tabela de referência formalmente aprovada** ~~por órgãos ou entidades da administração pública federal, em publicações técnicas~~ **especializada**~~s, em sistema específico instituído para o setor ou em pesquisa de mercado.~~
III – contratações similares feitas pela Administração Pública, em execução ou concluídas no período de 1 (um) ano anterior à data da pesquisa de preços, observado o índice de atualização de preços correspondente; **IV – pesquisa na base nacional de notas fiscais eletrônicas, na forma de regulamento.**	Sem correspondente
§ 3º **Nas** contratações realizadas **por** Municípios, Estad**os** e Distrito Federal, desde que não envolvam recursos da União, **o valor previamente estimado da contratação**, a que se refere o *caput*	**L. 12.462/2011** **Art. 8º** [...] § 6º ~~No caso de~~ contratações realizadas ~~pelos governos~~ municipais, estaduais e do Distrito Federal,

Lei nº 14.133/2021	Leis nºˢ 8.666/1993, 10.520/2002 e 12.462/2011
deste artigo, poderá **ser definido por meio da utilização** de outros sistemas de custos adotados pelo respectivo ente **federativo.**	desde que não envolvam recursos da União, ~~o custo global de obras e serviços de engenharia~~ a que se refere o § 3º deste artigo poderá ~~também ser obtido a partir~~ de outros sistemas de custos ~~já adotados pelos respectivos entes e aceitos pelos respectivos tribunais de contas.~~
§ 4º Nas contratações diretas por inexigibilidade ou por dispensa, quando não for possível estimar o valor do objeto na forma estabelecida nos §§ 1º, 2º e 3º deste artigo, o contratado deverá comprovar previamente que os preços estão em conformidade com os praticados em contratações semelhantes de objetos de mesma natureza, por meio da apresentação de notas fiscais emitidas para outros contratantes no período de até 1 (um) ano anterior à data da contratação pela Administração, ou por outro meio idôneo.	Sem correspondente
§ 5º No processo licitatório para contratação de obras e serviços de engenharia sob os regimes de contratação integrada ou semi-integrada, o valor estimado da contratação será calculado nos termos do § 2º deste artigo, acrescido ou não de parcela referente à remuneração do risco, e, sempre que necessário e o anteprojeto o permitir, a estimativa de preço será baseada em orçamento sintético, balizado em sistema de custo definido no inciso I do § 2º deste artigo, devendo a utilização de metodologia expedita ou paramétrica e de avaliação aproximada baseada em outras contratações similares ser reservada às frações do empreendimento não suficientemente detalhadas no anteprojeto.	**Lei 12.462/11** **Art. 9º [...]** **§ 2º** No caso de contratação integrada: [...] II – o valor estimado da contratação **será calculado** com base nos valores praticados pelo mercado, nos valores pagos pela administração pública em serviços e obras similares ou na avaliação do custo global da obra, aferida mediante orçamento sintético ou metodologia expedita ou paramétrica.
§ 6º Na hipótese do § 5º deste artigo, será exigido dos licitantes ou contratados, no orçamento que compuser suas respectivas propostas, no mínimo, o mesmo nível de detalhamento do orçamento sintético referido no mencionado parágrafo.	Sem correspondente
Art. 24. **Desde que justificado**, o orçamento estimado **da** contratação **poderá ter** caráter **sigiloso,** sem prejuízo da divulgação do detalhamento dos quantitativos e das demais informações necessárias para a elaboração das propostas, e, **nesse caso:**	**L. 8.666/93** **Art. 3º [...]** ~~§ 3º A licitação não será sigilosa, sendo públicos e acessíveis ao público os atos de seu procedimento, salvo quanto ao conteúdo das propostas, até a respectiva abertura.~~

Lei nº 14.133/2021	Leis nºˢ 8.666/1993, 10.520/2002 e 12.462/2011
I – **o sigilo não prevalecerá para** os órgãos de controle interno e externo; ~~II – o orçamento será tornado público apenas e imediatamente após~~ **a fase de julgamento de propostas**. (VETADO)	**L. 12.462/2011** Art. 6º ~~Observado o disposto no § 3º~~, o orçamento ~~previamente~~ estimado ~~para a~~ contratação será tornado público apenas e imediatamente após ~~o encerramento da licitação~~, sem prejuízo da divulgação do detalhamento dos quantitativos e das demais informações necessárias para a elaboração das propostas. ~~§ 1º Nas hipóteses em que for adotado o critério de julgamento por maior desconto, a informação de que trata o caput deste artigo constará do instrumento convocatório.~~ ~~§ 2º No caso de julgamento por melhor técnica, o valor do prêmio ou da remuneração será incluído no instrumento convocatório.~~ ~~§ 3º Se não constar do instrumento convocatório, a informação referida no caput deste artigo possuirá~~ caráter sigiloso ~~e será disponibilizada estrita e permanentemente~~ aos órgãos de controle externo e interno.
Parágrafo único. Na hipótese **de licitação** em que for adotado o critério de julgamento por maior desconto, **o preço estimado ou o máximo aceitável** constará **do edital da licitação**.	Art. 6º [...] § 1º Nas hipóteses em que for adotado o critério de julgamento por maior desconto, ~~a informação de que trata o caput deste artigo~~ constará ~~do instrumento convocatório~~.
Art. 25. O edital **deverá** conter o objeto da licitação **e as regras relativas à convocação, ao** julgamento, **à habilitação, a**os recursos **e às penalidades da licitação, à fiscalização e à gestão do contrato, à entrega** do objeto **e às** condições de pagamento.	**L. 8.666/93** **Art. 40.** O edital conterá ~~no preâmbulo o número de ordem em série anual, o nome da repartição interessada e de seu setor, a modalidade, o regime de execução e o tipo da licitação, a menção de que será regida por esta Lei, o local, dia e hora para recebimento da documentação e proposta, bem como para início da abertura dos envelopes, e indicará, obrigatoriamente, o seguinte:~~ I – objeto da licitação, ~~em descrição sucinta e clara; [...]~~ ~~III – sanções para o caso de inadimplemento;~~ [...] ~~VIII – critério para julgamento, com disposições claras e parâmetros objetivos;~~ [...] IX– condições de pagamento, ~~prevendo:~~ [...] XV – ~~instruções e normas para~~ os recursos ~~previstos nesta Lei;~~ XVI – ~~condições de recebimento~~ do objeto ~~da licitação;~~

Lei nº 14.133/2021	Leis nºs 8.666/1993, 10.520/2002 e 12.462/2011
§ 1º **Sempre que o objeto permitir, a Administração adotará** minutas padroniza**das de edital e** de contrato **com cláusulas uniformes**.	**L. 12.462/2011** **Art. 4º** Nas licitações e contratos de que trata esta Lei serão observadas as seguintes diretrizes: [...] II – padronização de instrumentos convocatórios e minutas de contratos, previamente aprovados pelo órgão jurídico competente;
§ 2º Desde que, **conforme demonstrado em estudo técnico preliminar**, não **sejam causados** prejuízos **à competitividade do processo licitatório e** à eficiência do respectivo **contrato, o edital poderá prever a** utilização de mão de obra, materiais, tecnologias e matérias-primas existentes no local da execução, conservação e operação do bem, serviço ou obra.	V – utilização, sempre que possível, nas planilhas de custos constantes das propostas oferecidas pelos licitantes, de mão de obra, materiais, tecnologias e matérias-primas existentes no local da execução, conservação e operação do bem, serviço ou obra, desde que não se produzam prejuízos à eficiência na execução do respectivo objeto e que seja respeitado o limite do orçamento estimado para a contratação; e
§ 3º **Todos os elementos do edital, incluídos minuta de contrato, termos de referência, anteprojeto, projetos e outros anexos, deverão ser divulgados em sítio eletrônico oficial na mesma data de divulgação do edital, sem necessidade de registro ou de identificação para acesso.**	**L. 8.666/93** **Art. 21.** Os avisos contendo os resumos dos editais das concorrências, das tomadas de preços, dos concursos e dos leilões, embora realizados no local da repartição interessada, deverão ser publicados com antecedência, no mínimo, por uma vez: I – no Diário Oficial da União, quando se tratar de licitação feita por órgão ou entidade da Administração Pública Federal e, ainda, quando se tratar de obras financiadas parcial ou totalmente com recursos federais ou garantidas por instituições federais; II – no Diário Oficial do Estado, ou do Distrito Federal quando se tratar, respectivamente, de licitação feita por órgão ou entidade da Administração Pública Estadual ou Municipal, ou do Distrito Federal; III – em jornal diário de grande circulação no Estado e também, se houver, em jornal de circulação no Município ou na região onde será realizada a obra, prestado o serviço, fornecido, alienado ou alugado o bem, podendo ainda a Administração, conforme o vulto da licitação, utilizar-se de outros meios de divulgação para ampliar a área de competição.
§ 4º **Nas contratações** de obras, serviços e **fornecimentos** de grande vulto, o edital **deverá prever a** obrigatori**edade de implantação de programa de integridade pelo licitante vencedor, no prazo de 6 (seis) meses, contado da celebração do contrato, conforme regulamento que disporá sobre as medidas a serem adotadas, a forma de comprovação e as penalidades pelo seu descumprimento.**	**L. 8.666/93** **Art. 40.** O edital [...] indicará, obrigatoriamente, o seguinte: § 8º No caso de obras, serviços e compras de grande vulto, de alta complexidade técnica, poderá a Administração exigir dos licitantes a metodologia de execução, cuja avaliação, para efeito de sua aceitação ou não, antecederá sempre à análise dos preços e será efetuada exclusivamente por critérios objetivos.

Lei nº 14.133/2021	Leis nºˢ 8.666/1993, 10.520/2002 e 12.462/2011
§ 5º O edital poderá prever a responsabilidade do contratado pela: I – obtenção do licenciamento ambiental; II – realização da desapropriação autorizada pelo poder público. § 6º Os licenciamentos ambientais de obras e serviços de engenharia licitados e contratados nos termos desta Lei terão prioridade de tramitação nos órgãos e entidades integrantes do Sistema Nacional do Meio Ambiente (Sisnama) e deverão ser orientados pelos princípios da celeridade, da cooperação, da economicidade e da eficiência.	Sem correspondente
§ 7º Independentemente do prazo de duração do contrato, será obrigatória a previsão no edital de índice de reajustamento de preço com data-base vinculada à data do orçamento estimado e com a possibilidade de ser estabelecido mais de um índice específico ou setorial, em conformidade com a realidade de mercado dos respectivos insumos.	**L. 8.666/93** **Art. 40.** O edital conterá no preâmbulo o número de ordem em série anual, o nome da repartição interessada e de seu setor, a modalidade, o regime de execução e o tipo da licitação, a menção de que será regida por esta Lei, o local, dia e hora para recebimento da documentação e proposta, bem como para início da abertura dos envelopes, e indicará, obrigatoriamente, o seguinte: [...] XI – critério de reajuste, que deverá retratar a variação efetiva do custo de produção, admitida a adoção de índices específicos ou setoriais, desde a data prevista para apresentação da proposta, ou do orçamento a que essa proposta se referir, até a data do adimplemento de cada parcela; **Art. 55.** São cláusulas necessárias em todo contrato as que estabeleçam: [...] III – o preço e as condições de pagamento, os critérios, data-base e periodicidade do reajustamento de preços, os critérios de atualização monetária entre a data do adimplemento das obrigações e a do efetivo pagamento;
§ 8º Nas licitações de serviços contínuos, observado o interregno mínimo de 1 (um) ano, o critério de reajustamento será por: I – reajustamento em sentido estrito, quando não houver regime de dedicação exclusiva de mão de obra ou predominância de mão de obra, mediante previsão de índices específicos ou setoriais;	Sem correspondente

Lei nº 14.133/2021	Leis nos 8.666/1993, 10.520/2002 e 12.462/2011
II – repactuação, quando houver regime de dedicação exclusiva de mão de obra ou predominância de mão de obra, mediante demonstração analítica da variação dos custos.	**L. 8.666/93** Art. 65. Os contratos regidos por esta Lei poderão ser alterados, com as devidas justificativas, nos seguintes casos: [...] II – por acordo das partes: [...] d) para restabelecer a relação que as partes pactuaram inicialmente entre os encargos do contratado e a retribuição da administração para a justa remuneração da obra, serviço ou fornecimento, objetivando a manutenção do equilíbrio econômico-financeiro inicial do contrato, na hipótese de sobrevirem fatos imprevisíveis, ou previsíveis porém de consequências incalculáveis, retardadores ou impeditivos da execução do ajustado, ou, ainda, em caso de força maior, caso fortuito ou fato do príncipe, configurando álea econômica extraordinária e extracontratual.
§ 9º O edital poderá, na forma **disposta** em regulamento, exigir que percentual mínimo **da** mão de obra **responsável pela execução do objeto da contratação** seja **constituído por**: I – **mulheres vítimas de violência doméstica;** II – oriundos ou egressos do sistema prisional.	**L. 8.666/93** Art. 40. [...] § 5º A Administração Pública poderá, nos editais de licitação para a contratação de serviços, exigir da contratada que um percentual mínimo de sua mão de obra seja oriundo ou egresso do sistema prisional, com a finalidade de ressocialização do reeducando, na forma estabelecida em regulamento.
Art. 26. No processo de licitação, poderá ser estabelecida margem de preferência para:	**L. 8.666/93** Art. 3º [...] § 5º Nos processos de licitação, poderá ser estabelecida margem de preferência para:
I – **bens** manufaturados e serviços nacionais que atendam a normas técnicas brasileiras;	I – produtos manufaturados e para serviços nacionais que atendam a normas técnicas brasileiras; e
II – bens **reciclados, recicláveis ou biodegradáveis, conforme regulamento**.	II – bens e serviços produzidos ou prestados por empresas que comprovem cumprimento de reserva de cargos prevista em lei para pessoa com deficiência ou para reabilitado da Previdência Social e que atendam às regras de acessibilidade previstas na legislação.
§ 1º A margem de preferência de que trata o **caput** deste artigo:	**L. 8.666/93** Art. 3º [...] § 6º A margem de preferência de que trata o § 5º será estabelecida com base em estudos revistos periodicamente, em prazo não superior a 5 (cinco) anos, que levem em consideração:

Lei nº 14.133/2021	Leis nºˢ 8.666/1993, 10.520/2002 e 12.462/2011
I – será definida **em decisão fundamentada do** Poder Executivo federal, **no caso do inciso I do** *caput* **deste artigo;**	**L. 8.666/93** **Art. 3º** [...] § 8º As margens de preferência por produto, serviço, grupo de produtos ou grupo de serviços, a que se referem os §§ 5º e 7º, serão definidas pelo Poder Executivo federal, não podendo a soma delas ultrapassar o montante de 25% (vinte e cinco por cento) sobre o preço dos produtos manufaturados e serviços estrangeiros.
II – **poderá ser de até 10% (dez por cento)** sobre o preço dos **bens e** serviços **que não se enquadrem no disposto nos incisos I ou II do** *caput* **deste artigo;**	**L. 8.666/93** **Art. 3º** [...] ~~§ 8º As margens de preferência por produto, serviço, grupo de produtos ou grupo de serviços, a que se referem os §§ 5º e 7º, serão definidas pelo Poder Executivo federal, não podendo a soma delas ultrapassar o montante de 25% (vinte e cinco por cento)~~ sobre o preço dos ~~produtos manufaturados e~~ serviços ~~estrangeiros.~~
III – poderá ser estendida a bens **manufaturados** e serviços originários d**e** Estados Partes do Mercado Comum do Sul (Mercosul)**, desde que haja reciprocidade com o País prevista em acordo internacional aprovado pelo Congresso Nacional e ratificado pelo Presidente da República.**	**L. 8.666/93** **Art. 3º** [...] § 10. ~~A margem de preferência a que se refere o § 5º~~ poderá ser estendida, ~~total ou parcialmente, aos~~ bens e serviços originários d~~os~~ Estados Partes do Mercado Comum do Sul – Mercosul.
§ 2º Para os **bens** manufaturados **nacionais** e serviços nacionais resultantes de desenvolvimento e inovação tecnológica no País, **definidos conforme regulamento do Poder Executivo federal,** a margem de preferência **a que se refere o** *caput* **deste artigo poderá ser de até 20% (vinte por cento).**	§ 7º Para os ~~produtos~~ manufaturados e serviços nacionais resultantes de desenvolvimento e inovação tecnológica ~~realizados~~ no País, ~~poderá ser estabelecido~~ margem de preferência ~~adicional àquela prevista no § 5º.~~
~~§ 3º Os Estados, e o Distrito Federal poderão estabelecer margem de preferência de até 10% (dez por cento) para bens manufaturados nacionais produzidos em seus territórios, e os Municípios poderão estabelecer margem de preferência de até 10% (dez por cento) para bens manufaturados nacionais produzidos nos Estados em que estejam situados.~~ (VETADO) ~~§ 4º Os Municípios com até 50.000 (cinquenta mil) habitantes poderão estabelecer margem de preferência de até 10% (dez por cento) para empresas neles sediadas.~~ (VETADO)	**Sem correspondente**

Lei nº 14.133/2021	Leis nºs 8.666/1993, 10.520/2002 e 12.462/2011
§ 5º **A margem de preferência** não se aplica aos bens **manufaturados nacionais** e aos serviços **nacionais se a** capacidade de produção **desses bens** ou de prestação **desses serviços** no País **for** inferior:	**L. 8.666/93** § 9º ~~As disposições contidas nos §§ 5º e 7º deste artigo~~ não se aplicam aos bens e aos serviços ~~cuja~~ capacidade de produção ou prestação no País ~~seja~~ inferior:
I – à quantidade a ser adquirida ou contratada; ou	I – à quantidade a ser adquirida ou contratada; ou
II – aos quantitativos fixados **em razão do parcelamento do objeto**, quando for o caso.	II – ao quantitativo fixado ~~com fundamento no § 7º do art. 23 desta Lei~~, quando for o caso.
§ 6º Os editais de licitação para a contratação de bens, serviços e obras poderão, mediante prévia justificativa da autoridade competente, exigir que o contratado promova, em favor de órgão ou entidade integrante da Administração Pública ou daqueles por ela indicados a partir de processo isonômico, medidas de compensação comercial, industrial **ou** tecnológica ou acesso a condições vantajosas de financiamento, cumulativamente ou não, na forma estabelecida pelo Poder Executivo federal.	§ 11. Os editais de licitação para a contratação de bens, serviços e obras poderão, mediante prévia justificativa da autoridade competente, exigir que o contratado promova, em favor de órgão ou entidade integrante da administração pública ou daqueles por ela indicados a partir de processo isonômico, medidas de compensação comercial, industrial~~,~~ tecnológica ou acesso a condições vantajosas de financiamento, cumulativamente ou não, na forma estabelecida pelo Poder Executivo federal.
§ 7º Nas contratações destinadas à implantação, **à** manutenção e ao aperfeiçoamento dos sistemas de tecnologia de informação e comunicação considerados estratégicos em ato do Poder Executivo federal, a licitação poderá ser restrita a bens e serviços com tecnologia desenvolvida no País produzidos de acordo com o processo produtivo básico de que trata a Lei nº 10.176, de 11 de janeiro de 2001.	§ 12. Nas contratações destinadas à implantação, manutenção e ao aperfeiçoamento dos sistemas de tecnologia de informação e comunicação~~,~~ considerados estratégicos em ato do Poder Executivo federal, a licitação poderá ser restrita a bens e serviços com tecnologia desenvolvida no País e produzidos de acordo com o processo produtivo básico de que trata a Lei nº 10.176, de 11 de janeiro de 2001.
Art. 27. Será divulgada, **em sítio eletrônico oficial**, a cada exercício financeiro, a relação de empresas favorecidas em decorrência do disposto no **art. 26 desta Lei**, com indicação do volume de recursos destinados a cada uma delas.	§ 13. Será divulgada ~~na internet,~~ a cada exercício financeiro, a relação de empresas favorecidas em decorrência do disposto ~~nos §§ 5º, 7º, 10, 11 e 12 deste artigo~~, com indicação do volume de recursos destinados a cada uma delas.

4

Modalidades e Rito Procedimental da Licitação

VICTOR AMORIM

1. BUSCANDO UM NORTE CONCEITUAL NA NOVA LEI DE LICITAÇÕES: "LICITAÇÃO", "PROCESSO LICITATÓRIO" E "PROCEDIMENTO LICITATÓRIO"

A Lei nº 8.666/1993 – e, de certa forma, as Leis nº 10.520/2002 e nº 12.462/2011 –, sob a chancela da doutrina, consagrou a concepção segundo a qual o *procedimento administrativo de contratação pública* compõe-se de três etapas ou fases sequenciais e inter-relacionadas: a ***preparatória*** (também chamada de "fase de planejamento"); a ***seleção dos fornecedores*** (também chamada de "fase externa"); e a ***contratual***.

A Nova Lei de Licitações (LLIC) incorpora essa "clássica" estrutura segmentada do procedimento de contratação pública, sendo possível, inclusive, delimitar topograficamente os dispositivos respectivos:

a) *fase preparatória*: Capítulo II do Título II;
b) *fase externa*: Capítulos IV ao VII do Título II;
c) *fase contratual*: Título III.

Apesar do longo rol de conceitos legais vertidos no art. 6º, não consta da Lei nº 14.133/2021 a definição dos termos "licitação", "processo licitatório" e "procedimento licitatório".

Em verdade, é a própria Constituição Federal de 1988 – primeiro diploma constitucional que se dedicou à disciplina expressa das contratações públicas – que traz, no inciso XXI do art. 37, uma delimitação conceitual decisiva para a compreensão do que seria "licitação".

> XXI – ressalvados os casos especificados na legislação, as obras, serviços, compras e alienações serão contratados mediante **processo de licitação pública** que assegure igualdade de condições a todos os **concorrentes**, com cláusulas que estabeleçam obrigações de pagamento, mantidas as condições efetivas da proposta, nos termos

da lei, o qual somente permitirá as exigências de qualificação técnica e econômica indispensáveis à garantia do cumprimento das obrigações. [grifou-se]

Tal dispositivo constitucional estabelece, como derivação dos princípios da Administração Pública expressados no *caput* do mesmo art. 37, o dever geral de realizar "processo de licitação pública" para se viabilizar a contratação de "obras, serviços, compras e alienações" pelo Poder Público. Interessante ressaltar que, na dicção constitucional, trata-se de um "processo" de "licitação pública", pressupondo, pois, a procedimentalização da competição para demonstração da adequação da escolha pela Administração por um determinado particular e como meio de densificação dos princípios constitucionais da legalidade, impessoalidade, moralidade, publicidade e eficiência. Mas, para atingir o propósito deste tópico, nos parece bastante revelador o inciso XXI do art. 37 começar pela "exceção", que se trata dos casos de contratação direta, ou seja, casos nos quais a Administração realiza a contratação sem que, previamente, tenha realizado um "processo de licitação pública". Sendo mais claro: exceto nos casos de contratação direta (inexigibilidade e dispensa), por haver multiplicidade de interessados em contratar com o Poder Público e sendo viável o estabelecimento de critérios comparativos que assegurem "igualdade de condições a todos os concorrentes", a Administração deverá realizar "processo de licitação pública". Por conseguinte, em uma ótica constitucional, a expressão "licitação" pressupõe disputa, concorrência, competição... Daí o uso de sinônimos como: "certame", "prélio", "hasta", entre outros. Em conclusão, ainda que a Lei nº 14.133/2021 não tenha expressado um conceito legal de "licitação", por uma necessária leitura da norma à luz da CRFB, nos parece evidente que falar em "licitação" é falar em "fase de seleção de fornecedores".

A seu turno, quanto às expressões "processo licitatório" e "procedimento licitatório", considerando a discussão doutrinária entre "processo" e "procedimento"[1], não se vislumbra linear técnica de utilização dos termos no novo diploma. Diversamente do observado na Lei nº 8.666/1993[2], a LLIC vale-se da expressão "procedimento licitatório" em apenas 3 (três) oportunidades. Já, quanto ao termo "processo licitatório", há 37 (trinta e sete) referências ao longo do texto legal.

No sistema da Lei nº 14.133/2021, o uso da expressão "processo licitatório" parece conduzir à percepção da adoção, por parte do legislador, da premissa de que seria o *processo* um *procedimento em contraditório*, notadamente na *fase externa*, dada a potencialidade de contraposição de interesses entre licitantes (reciprocamente entre si) e a Administração.[3]

Com esteio na leitura do inciso IX do art. 6º; da alínea "a" do inciso I do art. 9º; do § 5º do art. 15; § 2º do art. 25, inciso VIII do art. 32; § 6º do art. 75; inciso III do art. 79; inciso I do § 2º do art. 81; § 6º do art. 88, infere-se a correlação do termo "processo licitatório" com a *fase de seleção dos fornecedores*. O que, como visto anteriormente, mostra-se compatível com a compreensão constitucional do "processo de licitação pública" de que trata o inciso XXI do art. 37 da Constituição Federal.

---

[1] Para o "estado da arte" de tal discussão doutrinária, vide: CUNHA, Bruno Santos. *Aplicabilidade da Lei Federal de Processo Administrativo*. São Paulo: Almedina, 2017. p. 30-40.

[2] A Lei nº 8.666/1993, em seu art. 4º, de forma expressa, evidenciou a "opção" pela expressão "procedimento": "o procedimento licitatório previsto nesta lei caracteriza ato administrativo formal, seja ele praticado em qualquer esfera da Administração Pública".

[3] Vide, nesse sentido: JUSTEN FILHO, Marçal. *Comentários à Lei de Licitações e Contratações Administrativas*. São Paulo: RT, 2021. p. 17 e 255-256.

Fazendo coro à percepção de Celso Antônio Bandeira de Mello[4], optamos por passar ao largo de tal discussão doutrinária que se detém no embate entre "processo" e "procedimento", realçando a lógica de procedimentalização da vontade administrativa, por meio de um *iter*, de um "ritual" previamente estabelecido em lei, de produção sequencial e organizada de atos, posto ser inerente ao Estado Democrático de Direito.

> Por se tratar de um procedimento administrativo, a licitação deve ser compreendida com um conjunto ordenado e sucessivo de atos praticados por agentes públicos (ou nesta condição) e por particulares objetivando a consecução de um efeito final consubstanciado na seleção da proposta de contratação mais vantajosa.
>
> Desse modo, **a vontade da Administração em empreender uma contratação materializa-se no procedimento**, porquanto "no domínio da atuação pública, que toda a expressão de vontade se subordina sempre, à luz dos postulados de um Estado de Direito, a um procedimento normativamente disciplinado" (OTERO, 2016, p. 21).
>
> **Daí a importante compreensão da procedimentalização da atividade administrativa, assegurando amplo controle social e participação dos interessados**, destacando-se, inclusive, a ideia sacramentada no art. 4º da Lei nº 8.666/1993 de direito público subjetivo à fiel observância do procedimento estabelecido na legislação de regência. Afinal, como pontua Otero (2016, p. 32), "seguir o procedimento administrativo é obedecer ao itinerário que o legislador achou mais justo, adequado e racional para se obter a expressão da vontade administrativa", de modo que "**o procedimento se torna fonte de legitimação decisória, permitindo que a aceitabilidade social das decisões se faça independentemente de seu conteúdo**".[5] [grifou-se]

De uma leitura sistemática da LLIC e orientada pelo disposto no inciso XXI do art. 37 da CRFB, extrai-se da expressão "licitação" uma associação com a noção legal de "processo licitatório" e, por conseguinte, com a *fase externa* ou a *fase de seleção do fornecedor*. Afinal, basta verificarmos o contexto de inserção da palavra *licitação* em expressões como: "afastamento *da licitação*" (art. 12, III); "disputar *licitação*" (art. 14, *caput*); "participar *da licitação*" (art. 14, III); "conclusão *da licitação*" (art. 18, § 1º, VI); "modalidades *de licitação*" (art. 28); "competitividade *da licitação*" (art. 31, § 3º); "edital *de licitação*" (art. 53); entre outras. Para reforço do argumento ora exposto, basta verificar a própria definição e o bem jurídico tutelado nos tipos incluídos no Código Penal (Decreto-Lei nº 2.848/1940) pelo art. 178 da Lei nº 14.133/2021: art. 337-F ("frustração do caráter competitivo de licitação"); art. 337-I ("perturbação de processo licitatório"); art. 337-J ("violação de sigilo em licitação"); art. 337-K ("afastamento de licitante"); § 2º do art. 337-M (participação em "licitação" por pessoa declarada inidônea).

E não se pode olvidar que as hipóteses que constituem exceção ao dever de licitar (hipóteses de contratação direta) qualificam-se justamente pela antinomia à expressão "li-

---

4 "Não há como negar que a nomenclatura mais comum no Direito Administrativo é procedimento, expressão que se consagrou entre nós, reservando-se, no Brasil, o nomen juris processo para os casos contenciosos, a serem solutos por um 'julgamento administrativo', como ocorre no 'processo tributário' ou nos 'processos disciplinares de servidores públicos'. **Não é o caso de armar-se um 'cavalo de batalha' em torno de rótulos**" [grifou-se] (BANDEIRA DE MELLO, Celso Antônio. *Curso de direito administrativo*. 26 ed. São Paulo: Malheiros, 2009. p. 481).

5 AMORIM, Victor Aguiar Jardim de. *Licitações e contratos administrativos*: teoria e jurisprudência. 4. ed. Brasília: Senado Federal, 2021. p. 24.

citação", que pressupõe, no contexto, a compreensão de *disputa*, de *certame*. Afinal, fala-se em dispensa "*de licitação*" e em inexigibilidade "*de licitação*". Ou seja, a Administração deve realizar um procedimento de contratação direta, mas não realizará uma "licitação" (*certame*), não havendo, pois, em tais situações, "fase externa" ou "fase de seleção do fornecedor" propriamente dita.

Em decorrência da leitura constitucional e sistêmica externada neste tópico, entende-se por inadequada a "opção" do legislador em estabelecer, no inciso I do art. 17 da LLIC, que a "fase preparatória" integra o "processo de licitação" propriamente dito. Em verdade, nos pareceria mais adequado o uso da expressão "processo de contratação pública" nos seguintes dispositivos da Lei nº 14.133/2021: caput do art. 17; caput do art. 18; §§ 1º, 2º e 5º do art. 23; *caput* e inciso I do § 1º do art. 53; e § 1º do art. 145; §§ 1º ao 3º do art. 171.

Cumpre salientar que tal discussão é elementar para o desenvolvimento de temas estruturais do presente capítulo, em especial quanto às modalidades licitatórias disciplinadas na Lei nº 14.133/2021 e a delimitação das atribuições e competências dos agentes públicos responsáveis pela condução de tais modalidades (art. 8º).

2. CONTINUIDADE DO PADRÃO DE MODALIDADES LICITATÓRIAS ESTANQUES

A partir de uma rápida leitura dos artigos 17 e 28 da Lei nº 14.133/2021, quanto ao "desenho" do jogo licitatório, constata-se que a "nova" Lei de Licitação não se dignou a "romper" – de modo considerável – o padrão adotado na Lei nº 8.666/1993. Afinal, na novel norma repetiu-se o dogma das modalidades licitatórias estanques.

Considera-se "modalidade licitatória" a forma de realização do procedimento. Logo, a partir de tal definição, cada modalidade representaria um procedimento próprio, com estrutura operacional prefixada.

> As diversas "modalidades" representam, na verdade, diversas formas de regular o procedimento de seleção. As diversas espécies de procedimentos distinguem-se entre si pela variação quanto à complexidade de cada fase do procedimento e pela variação quanto à destinação de cada uma dessas fases.[6]

O fato é que, na LLIC, foram extintas as modalidades "tomada de preços" e "convite" e foram mantidas as modalidades "concorrência", "leilão" e "concurso", não podendo nos esquecer da consagração da modalidade "pregão", com vida *quase*[7] própria na Lei nº 10.520/2002. E, com não pouco alarde, foi criada a modalidade "diálogo competitivo", com clara inspiração no modelo denominado "diálogo concorrencial" adotado na União Europeia, conforme regulamentação vertida no art. 30º da Diretiva 2014/24/UE[8].

Passemos à delimitação das modalidades conforme os conceitos legais informados na LLIC:

---

[6] JUSTEN FILHO, Marçal. *Comentários à Lei de Licitações e Contratos Administrativos*. São Paulo: RT, 2021. p. 440.

[7] Digamos "quase própria" em razão do comando estabelecido no art. 9º da Lei do Pregão de aplicação subsidiária da Lei nº 8.666/1993.

[8] Inteiro teor, em língua portuguesa, disponível em: <https://eur-lex.europa.eu/legal-content/PT/TXT/?uri=celex%3A32014L0024>.

CONCORRÊNCIA	"modalidade de licitação para **contratação de bens e serviços especiais e de obras e serviços comuns e especiais de engenharia**, cujo critério de julgamento poderá ser: a) menor preço; b) melhor técnica ou conteúdo artístico; c) técnica e preço; d) maior retorno econômico; e) maior desconto" (art. 6º, XXXVIII) (grifou-se).
PREGÃO	"modalidade de licitação obrigatória para **aquisição de bens e serviços comuns**, cujo critério de julgamento poderá ser o de menor preço ou o de maior desconto" (art. 6º, XLI) (grifou-se).
LEILÃO	"modalidade de licitação para **alienação de bens imóveis ou de bens móveis inservíveis ou legalmente apreendidos a quem oferecer o maior lance**" (art. 6º, XL) (grifou-se).
CONCURSO	"modalidade de licitação para **escolha de trabalho técnico, científico ou artístico**, cujo critério de julgamento será o de melhor técnica ou conteúdo artístico, e para concessão de prêmio ou remuneração ao vencedor" (art. 6º, XXXIX) (grifou-se).
DIÁLOGO COMPETITIVO	"modalidade de licitação para **contratação de obras, serviços e compras** em que a Administração Pública realiza diálogos com licitantes previamente selecionados mediante critérios objetivos, com o intuito de desenvolver uma ou mais alternativas capazes de atender às suas necessidades, devendo os licitantes apresentar proposta final após o encerramento dos diálogos" (art. 6º, XLII) (grifou-se).

Assim como na Lei nº 8.666/1993, tem-se na LLIC a manutenção das premissas de cabimento das modalidades "leilão" (para *alienação* de bens da Administração) e "concurso" (para *seleção de trabalho* de natureza técnica, científica ou artística mediante concessão de prêmio ou remuneração ao vencedor).

Uma distinção[9] a se ressaltar reside no fato de que, com a Lei nº 14.133/2021, o "leilão" passa a ser a modalidade absoluta para alienação de bens da Administração, sejam móveis ou imóveis, independentemente do valor estimado ou da forma de transferência ou aquisição do patrimônio pela Administração.

3. CRITÉRIOS PARA DEFINIÇÃO DAS MODALIDADES

Afora contratações específicas (alienações e seleção de trabalho de natureza técnica, científica ou artística), no tocante à **contratação de obras e serviços e aquisição de bens**, o grande desafio do aplicador da norma – assim como se passava nas Leis nº 8.666/1993 e nº 10.520/2002[10] – relaciona-se aos critérios para o adequado enquadramento da modalidade licitatória: *concorrência, pregão* ou *diálogo competitivo*?

---

[9]   Conforme sistemática da Lei nº 8.666/1993, a alienação de bens imóveis por meio da modalidade leilão dar-se-ia somente quando: i) avaliados, isolada ou globalmente, até R$ 1.430.000,00 (art. 17, § 6º); ii) quando a integração do respectivo bem imóvel ao patrimônio da Administração haja derivado de procedimentos judiciais ou de dação em pagamento (art. 19). Assim, afora tais hipóteses, seria a concorrência a modalidade, por excelência, para a alienação de bens imóveis.

[10]   Para tanto, vide: AMORIM, Victor Aguiar Jardim de. *Licitações e contratos administrativos*: teoria e jurisprudência. 3. ed. Brasília: Senado Federal, 2020. p. 84-85.

Sabe-se que a LLIC, para as modalidades que se prestam à contratação do mesmo tipo de objeto (obra, serviço e bem), abandona o critério de observância do valor estimado então adotado no art. 23 da Lei nº 8.666/1993 para a *concorrência*, a *tomada de preços* e o *convite*.

Baseada na experiência observada no parágrafo único do art. 1º da Lei nº 10.520/2002, sustentada em conceitos jurídicos indeterminados[11], a Lei nº 14.133/2021, quanto à *concorrência*, ao *pregão* e ao *diálogo competitivo*, estrutura a avaliação de definição da modalidade a partir de três critérios, cuja incidência é cumulativa:

Tipo do objeto	Obra
	Serviço
	Bem
Domínio uniforme do mercado relevante acerca da execução e/ou fornecimento	Comum (há domínio)
	Especial (não há domínio)
"Viabilidade de definição precisa" e/ou "disponibilidade no mercado" da solução apta ao atendimento da necessidade da Administrativa	Presente
	Ausente

3.1 Definições e enquadramento de obra, serviços e bens "comuns" e "especiais"

Considerando os dois primeiros critérios ora informados, cumpre salientar que a LLIC, em seu art. 6º, apresenta os conceitos legais de "obra", "serviço", "bens e serviços comuns", "bens e serviços especiais" e "serviços de engenharia":

> Art. 6º Para os fins desta Lei, consideram-se:
>
> [...]
>
> XI – **serviço**: atividade ou conjunto de atividades destinadas a obter determinada utilidade, intelectual ou material, de interesse da Administração;
>
> XII – **obra**: toda atividade estabelecida, por força de lei, como privativa das profissões de arquiteto e engenheiro que implica intervenção no meio ambiente por meio de um conjunto harmônico de ações que, agregadas, formam um todo que inova o espaço físico da natureza ou acarreta alteração substancial das características originais de bem imóvel;
>
> XIII – **bens e serviços comuns**: aqueles cujos padrões de desempenho e qualidade podem ser objetivamente definidos pelo edital, por meio de especificações usuais de mercado;
>
> XIV – **bens e serviços especiais**: aqueles que, por sua alta heterogeneidade ou complexidade, não podem ser descritos na forma do inciso XIII do *caput* deste artigo, exigida justificativa prévia do contratante;

---

[11] "Padrões de desempenho e qualidade", "objetivamente definidos pelo edital" e "especificações usuais no mercado".

XXI – **serviço de engenharia**: toda atividade ou conjunto de atividades destinadas a obter determinada utilidade, intelectual ou material, de interesse para a Administração e que, não enquadradas no conceito de obra a que se refere o inciso XII do *caput* deste artigo, são estabelecidas, por força de lei, como privativas das profissões de arquiteto e engenheiro ou de técnicos especializados, que compreendem:

a) **serviço comum de engenharia**: todo serviço de engenharia que tem por objeto ações, objetivamente padronizáveis em termos de desempenho e qualidade, de manutenção, de adequação e de adaptação de bens móveis e imóveis, com preservação das características originais dos bens;

b) **serviço especial de engenharia**: aquele que, por sua alta heterogeneidade ou complexidade, não pode se enquadrar na definição constante da alínea "a" deste inciso;

Observa-se que o conceito de "obra", consignado no inciso XII do art. 6º da Lei nº 14.133/2021, apresenta conotação completamente diversa daquela então constante no inciso I do art. 6º da Lei nº 8.666/1993[12]. A LLIC veicula parâmetros dinâmicos para o enquadramento da situação concreta no conceito de "obra", orientando-se não por atividades preestabelecidas ("construção", "reforma", "fabricação", "recuperação" ou "ampliação"), mas sim pela dimensão projetada do resultado da execução: **inovação *significativa* do espaço físico** e/ou **alteração *substancial* das características originais de bem imóvel**.

Na seara das atividades correlatas ao ramo de engenharia e arquitetura (profissões reguladas pela Leis nº 5.194/1966 e nº 12.378/2010), há que se avaliar, com precedência, o enquadramento do objeto como "obra". Por exclusão, não se tratando de "obra", recai-se no conceito de "serviço", devendo, a partir de então, avaliar se se está diante de um "serviço comum" ou um "serviço especial" de engenharia.

Frise-se que, na esteira do art. 6º, XIII, e do art. 29 da LLIC, tratando o objeto de bem ou serviço "comum" – inclusive o "serviço comum de engenharia" –, obrigatoriamente deverá ser adotada a modalidade pregão que, por sua vez, pressupõe a realização do julgamento da proposta com base no menor dispêndio para a Administração, admitindo-se como critérios, portanto, apenas o "menor preço" ou o "maior desconto".

Na Lei nº 14.133/2021, o enquadramento de um bem ou serviço como "comum", tem como parâmetro os seguintes conceitos jurídicos indeterminados vertidos no inciso XIII do art. 6º e no *caput* do art. 29: "padrões de desempenho e qualidade objetivamente definidos pelo edital" e "especificações usuais no mercado".

Por ser a redação do inciso XIII do art. 6º da LLIC idêntica àquela adotada no parágrafo único do art. 1º da Lei nº 10.520/2002, entende-se pela viabilidade de aplicação dos entendimentos doutrinários e jurisprudenciais acerca dos "bens e serviços comuns" já desenvolvidos desde o início da década de 2000.

Não há antinomia intrínseca entre bens e serviços "comuns" e "complexos". *A perspectiva de adjetivação do objeto da contratação deve ser pautada pela ótica do mercado relevante.* Afinal, ainda que ostente características complexas de execução e que demande o acompanhamento de um responsável técnico detentor de qualificação profissional específica, tal serviço **será considerado "comum" se houver, por parte do mercado relevante, pleno domínio das técnicas de sua realização, permitindo**

---

[12] "I – Obra – toda construção, reforma, fabricação, recuperação ou ampliação, realizada por execução direta ou indireta".

uma proposição objetiva e padronizada de execução do objeto. É esse o entendimento que se extrai da expressão "especificações usuais de mercado" utilizada no parágrafo único do art. 1º da Lei nº 10.520/2002.[13] [grifou-se]

Na linha do que já resta assentado pelo Tribunal de Contas da União,

[...] a complexidade do serviço não é o fator decisivo para inseri-lo, ou não, no conceito de 'serviço comum', mas sim o domínio do mercado sobre o objeto licitado. Caso apresente características padronizadas (de desempenho e de qualidade) e se encontre disponível, a qualquer tempo, em um mercado próprio, o serviço pode ser classificado como serviço comum [...] "bem ou serviço comum" deve ser entendido como aquele que detém características padronizadas, identificável por denominação usual no mercado. Portanto, a noção de "comum" não está vinculada à estrutura simples de um bem ou de um serviço. Do mesmo modo, a estrutura complexa também não é razão bastante, por si só, para retirar a qualificação de "bem ou serviço comum".[14] [grifou-se]

Nessa linha, merece destaque o Enunciado nº 26 da I Jornada de Direito Administrativo do Conselho da Justiça Federal, realizada no mês de agosto de 2020:

A Lei n. 10.520/2002 define o bem ou serviço comum baseada em critérios eminentemente mercadológicos, de modo que a complexidade técnica ou a natureza intelectual do bem ou serviço não impede a aplicação do pregão se o mercado possui definições usualmente praticadas em relação ao objeto da licitação.[15]

Para tanto, considerando serem o "menor preço" e o "maior desconto" os critérios de julgamento admitidos para as licitações de bens e serviços comuns (art. 6º, XIII, LLIC), somente será possível a adoção do pregão se as especificações do bem ou do serviço, dada a maturidade do mercado relevante (ainda que especializado ou com universo de *players* reduzido), forem passíveis de incorporação no edital do certame, em disposições objetivas e padronizadas[16]. Ou seja, apenas em tal contexto, no qual se poderá mensurar com objetividade e segurança o resultado final da futura contratação, é que será adequado empreender uma disputa concorrencial tendo como critério o "menor preço" ou o "maior desconto".

Com efeito, o enquadramento de um bem ou serviço como comum dependerá das particularidades do caso concreto, não se mostrando viável que eventual regulamento venha a estabelecer uma lista taxativa ou predefinida. Ocorrendo tal configuração, há que se adotar a modalidade pregão, independentemente do valor estimado para a contratação. Daí nosso entendimento quanto à imprescindibilidade de manifestação da área técnica

---

[13] AMORIM, Victor Aguiar Jardim de. *Licitações e contratos administrativos*: teoria e jurisprudência. 3 ed. Brasília: Senado Federal, 2020. p. 93.

[14] Trecho do voto do Ministro Benjamin Zylmer no Acórdão TCU nº 1.046/2014-Plenário.

[15] Disponível em: <https://www.cjf.jus.br/cjf/corregedoria-da-justica-federal/centro-de-estudos--judiciarios-1/publicacoes-1/Jornada%20de%20Direito%20Administrativo%20-%20Enunciados%20aprovados/jornada-de-direito-administrativo-enunciados-aprovados/@@download/arquivo>. Acesso em: 15 abr. 2021.

[16] Cf. AMORIM, Victor Aguiar Jardim de. *Licitações e contratos administrativos*: teoria e jurisprudência. 3. ed. Brasília: Senado Federal, 2020. p. 94.

Cap. 4 · MODALIDADES E RITO PROCEDIMENTAL DA LICITAÇÃO | 121

na fase de planejamento da licitação, quanto ao enquadramento do bem ou serviço como "comum" ou não.

3.1.1 Concorrência para "serviços comuns de engenharia"

A despeito da taxatividade do inciso XLI do art. 6º no sentido de ser "obrigatória" a adoção da modalidade pregão no caso de "aquisição de bens e serviços comuns" e da previsão contida na parte final do parágrafo único do art. 29, surge a necessidade de enfrentar a referência aos "serviços comuns de engenharia" nas hipóteses de cabimento da concorrência, de acordo com a redação do inciso XXXVIII do art. 6º da LLIC.

À primeira vista, parece haver contradição entre os mencionados dispositivos da Lei nº 14.133/2021 no ponto em que prevê a adoção obrigatória do pregão para serviços comuns (incluindo os de engenharia), e, ao mesmo tempo, prevê o cabimento da concorrência para "serviços *comuns* e especiais de engenharia".

Para tanto, é preciso destacar que a manutenção da referência aos "serviços comuns de engenharia" no conceito de concorrência se justifica pelo histórico da tramitação dos projetos legislativos (PLS nº 559/2013 e PL nº 1.292/1995) que deram origem à Lei nº 14.133/2021, em especial no transcurso da elaboração e aprovação dos substitutivos na Comissão Especial e no Plenário da Câmara dos Deputados[17].

No texto do substitutivo aprovado pela Comissão Especial da Câmara dos Deputados em 05/12/2018[18], previu-se o afastamento da modalidade pregão para licitação de qualquer tipo de "serviços de engenharia" (parágrafo único do art. 28). Por seu turno, foi desenvolvido no inciso XX do art. 6º do substitutivo da Comissão Especial, o conceito de "obras e serviços comuns de engenharia".

Note-se que o conceito de concorrência veiculado no inciso XXXVIII do mesmo art. 6º do substitutivo – que continha a expressão "serviços comuns e especiais de engenharia", partindo do pressuposto da exclusão de qualquer serviço de engenharia do âmbito do pregão – foi mantido pelo Plenário da Câmara dos Deputados e pelo Senado Federal, que viria, por fim, a ser adotado na Lei nº 14.133/2021.

Ocorre que, no substitutivo apresentado no Plenário da Câmara dos Deputados no dia 17/06/2019[19], após o acatamento de diversas emendas, houve significativa alteração na sistemática das licitações de serviços de engenharia, diante dos seguintes fatos: *i*) introdução de novos conceitos de "obra" e "serviço de engenharia"; *ii*) exclusão do conceito de "obras comuns" então existente no inc. XX do art. 6º do substitutivo da Comissão Especial; *iii*) a previsão expressa do cabimento do pregão para os "serviços comuns de engenharia".

Todavia, como efeito de tais alterações, não houve a exclusão da referência aos "serviços comuns de engenharia" no conceito de concorrência, que só se justificava, na sis-

---

[17] Para maior compreensão acerca do histórico da tramitação dos projetos de lei que deram origem à LLIC, vide: AMORIM, Victor. *A origem da Nova Lei de Licitações*. Observatório da Nova Lei de Licitações, mai. 2022. Disponível em: <https://www.novaleilicitacao.com.br/2022/03/25/a-origem-da-nova-lei-de-licitacoes/>.

[18] Disponível em: <https://www.camara.leg.br/proposicoesWeb/prop_mostrarintegra?codteor=1698056&filename=SBT-A+1+PL129295+%3D%3E+PL+1292/1995>. Acesso em: 15 abr. 2021.

[19] Disponível em: <https://www.camara.leg.br/proposicoesWeb/prop_mostrarintegra?codteor=1765896&filename=PPR+1+PL129295+%3D%3E+PL+1292/1995>. Acesso em: 15 abr. 2021.

temática do projeto de lei, quando, até o substitutivo da Comissão Especial, tais serviços estariam excluídos do escopo do pregão.

De toda forma, restou aprovada pelo Poder Legislativo e sancionada pelo Presidente da República a redação do inciso XXXVIII do art. 6º da LLIC, de modo que não é dado ao intérprete simplesmente ignorar palavras e expressões da lei, como se inúteis e desnecessárias fossem. Daí a necessidade de proposição de uma interpretação conciliadora dessa aparente incoerência legal, no seguinte sentido:

i)   em regra, tratando-se de serviço comum de engenharia na qual caibam os critérios de "menor preço" ou "maior desconto", adotar-se-ia o pregão;

ii) em casos excepcionais, dada a conformação do mercado, quando se vislumbre relevante variação de aptidão técnica na execução dos serviços – ainda que pareça paradoxal diante da própria compreensão do conceito de "serviços comuns" –, diante da insuficiência dos critérios de julgamento atrelados ao menor dispêndio para a Administração, admitir-se-ia a realização de concorrência do tipo "melhor técnica e preço".

Não obstante tal proposição, o fato é que, com a aproximação procedimental entre pregão e concorrência na LLIC, os efeitos deletérios decorrentes da adoção equivocada de modalidade licitatória para os serviços de engenharia, conforme reiterados julgados do TCU (anulação do certame e responsabilização dos agentes), tendem a ser mitigados ou mesmo afastados, já que, no final das contas, realizando-se o pregão ou a concorrência, seria observado igual procedimento.

3.1.2   Ainda a "obra comum"

Da observação da redação do inciso XXXVIII do art. 6º, do § 3º do art. 18 e da alínea "a", inciso II, art. 55, constata-se que a Lei nº 14.133/2021, sem a respectiva conceituação (vide motivo no tópico anterior), utiliza a expressão: "obras comuns" de engenharia.

Como visto no tópico anterior, no conceito de "obra e serviço comum de engenharia" vertido no inciso XX do art. 6º do substitutivo da Comissão Especial da Câmara dos Deputados há uma correlação com os mesmos pressupostos de enquadramento da modalidade pregão: "padrões de desempenho e qualidade" que "possam ser objetivamente definidos pela Administração por meio de especificações usuais de mercado".

Pelo contexto do assunto vertido no § 3º do art. 18[20] e nas alíneas "a" e "b" do inc. II do art. 55[21], percebe-se que a distinção entre "obra comum" e "obra especial", na sistemá-

---

[20]   "§ 3º Em se tratando de estudo técnico preliminar para contratação de **obras e serviços comuns de engenharia**, se demonstrada a inexistência de prejuízo para a aferição dos padrões de desempenho e qualidade almejados, **a especificação do objeto poderá ser realizada apenas em termo de referência ou em projeto básico, dispensada a elaboração de projetos**".

[21]   "Art. 55. Os prazos mínimos para apresentação de propostas e lances, contados a partir da data de divulgação do edital de licitação, são de:

[...]

II – no caso de serviços e obras:

a) 10 (dez) dias úteis, quando adotados os critérios de julgamento de menor preço ou de maior desconto, **no caso de serviços comuns e de** *obras e serviços comuns* **de engenharia**;

b) 25 (vinte e cinco) dias úteis, quando adotados os critérios de julgamento de menor preço ou de maior desconto, **no caso de serviços especiais e de** *obras e serviços especiais* **de engenharia**".

tica da LLIC, apresenta repercussão em relação aos requisitos de especificação do objeto e ao prazo mínimo de divulgação do edital[22].

Tratando-se de "obra" (art. 6º, XII, da LLIC), é salutar que o setor da Administração que detenha conhecimento técnico acerca das atividades de engenharia e arquitetura se manifeste sobre o enquadramento da obra em questão como "comum" ou não, tendo em vista a existência ou não de pleno domínio do mercado acerca de sua execução e resultado.

Afinal, pela leitura, *a contrario sensu*, do § 1º do art. 36 da LLIC, tratando-se de "obra comum" impõe-se a adoção dos critérios de julgamento "menor preço" ou "maior desconto", de modo que:

a) o prazo mínimo de divulgação seria de 10 (dez) dias úteis (art. 55, II, "a", LLIC);
b) admitir-se-ia a dispensa da elaboração de projetos desde que "demonstrada a inexistência de prejuízo para a aferição dos padrões de desempenho e qualidade almejados", sendo necessário apenas o "projeto básico" (art. 18, § 3º, LLIC).

Não se pode olvidar que o fato de o objeto da contratação ser uma "obra comum" não implicará o cabimento da modalidade pregão, porquanto a LLIC, no parágrafo único do art. 29, deixou patente que "*o pregão não se aplica às contratações de serviços técnicos especializados de natureza predominantemente intelectual e de obras e serviços de engenharia*", excetos os "serviços comuns de engenharia".

A bem da verdade, quanto à definição de modalidades, entende-se que, sendo a obra "comum", dado o pleno domínio do mercado acerca de sua execução e a viabilidade da Administração caracterizar, de forma padronizada, suas especificações, não se estará diante dos pressupostos para a caracterização do cabimento do *diálogo competitivo*, restando, por conseguinte, apenas a adoção da modalidade *concorrência*.

3.2 Proposição de um roteiro para definição da modalidade licitatória

Com esteio nos três critérios para definição da modalidade anteriormente informados, vislumbra-se o seguinte norte para a definição de utilização da *concorrência*, do *pregão* e do *diálogo competitivo*:

---

[22] Para melhor compreensão da temática, vide: CAVALCANTE, Rafael Jardim. *Um ensaio sobre 'obras comuns de engenharia' na Nova Lei de Licitações e Contratos Administrativos*. Observatório da Nova Lei de Licitações e Contratos, fev. 2021. Disponível em: <http://www.novaleilicitacao.com.br/2021/02/05/um-ensaio-sobre-obras-comuns-de-engenharia-na-nova-lei-de-licitacoes-e-contratos-administrativos/>. Acesso em: 15 abr. 2021.

4. CRITÉRIOS DE JULGAMENTO DAS PROPOSTAS

Os critérios de julgamento da proposta devem ser condizentes com a estrutura do objeto licitado e consistirem no meio mais adequado para se alcançar, de forma mais eficiente possível, a vantajosidade da contratação almejada pela Administração. Afinal, de acordo com o inciso I do art. 11 da LLIC, um dos objetivos da licitação é "assegurar a seleção da proposta apta a gerar o resultado de contratação mais vantajoso para a Administração Pública".

Nesse sentido, um dos aspectos a serem contemplados na fase de planejamento da licitação é justamente avaliar "a modalidade de licitação, o critério de julgamento, o modo de disputa e a adequação e eficiência da forma de combinação desses parâmetros, para os fins de seleção da proposta apta a gerar o resultado de contratação mais vantajoso para a Administração Pública, considerado todo o ciclo de vida do objeto" (art. 18, VIII).

Os critérios de julgamento previstos na Lei nº 14.133/2021 encontram-se arrolados no art. 33:

CRITÉRIO DE JULGAMENTO	PARÂMETRO	MODALIDADE APLICÁVEL
MENOR PREÇO (art. 34)	considerará o menor dispêndio para a Administração, apurado a partir do valor nominal (R$) da proposta	Pregão Concorrência Diálogo Competitivo[23]
MAIOR DESCONTO (art. 34)	considerará o menor dispêndio para a Administração, apurado a partir do percentual de desconto (%) sobre o valor estimado do objeto em disputa	
MELHOR TÉCNICA OU CONTEÚDO ARTÍSTICO (art. 35)	o fator preponderante para a escolha do vencedor não é o preço, mas critérios de qualidade e especificidade indispensáveis para o alcance do interesse público	Concurso Concorrência
TÉCNICA E PREÇO (arts. 36 a 38)	os fatores "técnica" e "preço" serão considerados de acordo com proporções previamente consignadas em edital. Não há, pois, prevalência de qualquer dos fatores, mas um procedimento objetivo de aferição da média ponderada das valorizações das propostas técnicas e de preço	Concorrência Diálogo Competitivo
MAIOR LANCE	será considerada a melhor proposta aquela que corresponder ao maior valor nominal ofertado	Leilão

---

[23] Ainda que nos pareça de difícil aplicação, não se pode eliminar a possibilidade hipotética de cabimento dos critérios "menor preço" e "maior desconto" para a modalidade diálogo competitivo.

CRITÉRIO DE JULGAMENTO	PARÂMETRO	MODALIDADE APLICÁVEL
MAIOR RETORNO ECONÔMICO (art. 39)	utilizado exclusivamente para a celebração de contrato de eficiência[24], considerará a maior economia para a Administração, e a remuneração deverá ser fixada em percentual que incidirá de forma proporcional à economia efetivamente obtida na execução do contrato	Concorrência Diálogo Competitivo

De se notar que o rol dos critérios de julgamento e o regramento atinente à possibilidade de combinação ou adoção isolada dos modos de disputa adotado na Lei nº 14.133/2021 foram, quase que integralmente, inspirados na experiência do *Regime Diferenciado de Contratação* (RDC), mais precisamente nos artigos 18 a 23 da Lei nº 12.462/2011. Tal constatação, notadamente no tocante ao critério de "maior retorno econômico", é salutar no sentido de incorporação das práticas e dos entendimentos sedimentados para a modelagem das licitações objetivando a celebração dos chamados "contratos de eficiência".

Cumpre salientar que o § 2º do art. 37 preconiza ser necessária adoção dos critérios de julgamento da proposta de "melhor técnica" ou "técnica e preço" para as licitações, com valor estimado superior a R$ 359.436,08 (trezentos e cinquenta e nove mil quatrocentos e trinta e seis reais e oito centavos), conforme atualização realizada pelo Decreto nº 11.871/2023, nos termos do art. 182 da LLIC, e que se destinem à contratação dos seguintes serviços técnicos especializados de natureza predominantemente intelectual previstos nas alíneas *a*, *d* e *h* do inciso XVIII do *caput* do art. 6º da Lei nº 14.133/2021, quais sejam:

– estudos técnicos, planejamentos, projetos básicos e projetos executivos;
– fiscalização, supervisão e gerenciamento de obras e serviços;
– controles de qualidade e tecnológico, análises, testes e ensaios de campo e laboratoriais, instrumentação e monitoramento de parâmetros específicos de obras e do meio ambiente e demais serviços de engenharia que se enquadrem na definição do inciso XVIII do art. 6º da LLIC.

Diante da contratação de tais serviços, deverá ser estabelecido no edital o critério de "melhor técnica" (art. 35) ou de "técnica e preço" (art. 36). A regra do § 2º do art. 37 torna-se preferencial em face dos pressupostos de enquadramento dos citados critérios de julgamento definidos no parágrafo único do art. 35 e no § 1º do art. 36:

> Art. 35. O julgamento por melhor técnica ou conteúdo artístico considerará exclusivamente as propostas técnicas ou artísticas apresentadas pelos licitantes, e o edital deverá definir o prêmio ou a remuneração que será atribuída aos vencedores.

---

[24] De acordo com o inciso LIII do art. 6º da LLIC, entende-se por contrato de eficiência o "contrato cujo objeto é a prestação de serviços, que pode incluir a realização de obras e o fornecimento de bens, com o objetivo de proporcionar economia ao contratante, na forma de redução de despesas correntes, remunerado o contratado com base em percentual da economia gerada".

Parágrafo único. O critério de julgamento de que trata o *caput* deste artigo poderá ser utilizado para a contratação de projetos e trabalhos de natureza técnica, científica ou artística.

Art. 36. O julgamento por técnica e preço considerará a maior pontuação obtida a partir da ponderação, segundo fatores objetivos previstos no edital, das notas atribuídas aos aspectos de técnica e de preço da proposta.

§ 1º O critério de julgamento de que trata o *caput* deste artigo será escolhido quando estudo técnico preliminar demonstrar que a avaliação e a ponderação da qualidade técnica das propostas que superarem os requisitos mínimos estabelecidos no edital forem relevantes aos fins pretendidos pela Administração nas licitações para contratação de:

I – serviços técnicos especializados de natureza predominantemente intelectual, caso em que o critério de julgamento de técnica e preço deverá ser preferencialmente empregado;

II – serviços majoritariamente dependentes de tecnologia sofisticada e de domínio restrito, conforme atestado por autoridades técnicas de reconhecida qualificação;

III – bens e serviços especiais de tecnologia da informação e de comunicação;

IV – obras e serviços especiais de engenharia;

V – objetos que admitam soluções específicas e alternativas e variações de execução, com repercussões significativas e concretamente mensuráveis sobre sua qualidade, produtividade, rendimento e durabilidade, quando essas soluções e variações puderem ser adotadas à livre escolha dos licitantes, conforme critérios objetivamente definidos no edital de licitação.

Como regra geral, de acordo com o § 2º do art. 36 da LLIC, adotado o critério "técnica e preço", a partir dos elementos levantados na fase preparatória, deverá ser observada a ponderação proporcional entre as propostas técnicas e as propostas de preços, havendo a limitação máxima de 70% de valoração para a proposta técnica.

Contudo, quando utilizado o critério "técnica e preço" para a contratação de serviços técnicos especializados de natureza predominantemente intelectual previstos nas alíneas *a*, *d* e *h* do inciso XVIII do *caput* do art. 6º da Lei nº 14.133/2021, em conformidade com o inciso II do § 2º do art. 37, a proporção de ponderação entre a proposta técnica e a proposta de preço será, necessariamente, de "70% (setenta por cento) de valoração da proposta técnica". Trata-se, pois, de uma regra especial, pela qual a ponderação entre as propostas "técnica" e "de preço" já foi fixada *ex lege*.

5. MODOS DE DISPUTA

Nos termos do art. 56 da LLIC, serão admitidos na fase de seleção do fornecedor, os seguintes "modos de disputa" que, a depender do critério de julgamento da proposta, serão adotados **de forma isolada ou conjunta**:

MODO DE DISPUTA	DEFINIÇÃO
ABERTO	"hipótese em que os licitantes apresentarão suas propostas por meio de lances públicos e sucessivos, crescentes ou decrescentes"
FECHADO	"hipótese em que as propostas permanecerão em sigilo até a data e hora designadas para sua divulgação"

Ao prever, na parte final do *caput* do art. 56, a possibilidade de combinação dos dois modos de disputa, a Lei nº 14.133/2021 admite, por conseguinte, a estruturação de mais dois modos de disputa: "aberto e fechado" e "fechado e aberto".

Note-se ser intrínseco ao modo de disputa "aberto" (e, também, para a etapa "aberta" dos modos "aberto e fechado" e "fechado e aberto") a realização de uma fase de lances. Contudo, não consta da LLIC maior detalhamento acerca do fluxo operacional da fase de lances, seja na adoção isolada no modo aberto, seja na combinação entre os modos aberto e fechado. O que há, em verdade, é a definição de "lances intermediários" no § 3º do art. 56[25] e a previsão, no § 4º do art. 56[26] e no art. 57[27], quanto à possibilidade de: a) estabelecimento, no edital, de intervalo mínimo de diferença de valores entre os lances; b) reabertura da disputa aberta quando "a diferença em relação à proposta classificada em segundo lugar for de pelo menos 5% (cinco por cento)".

Por seu turno, o modo de disputa "fechado", assim como consagrado nas modalidades da Lei nº 8.666/1993, segue a clássica modelagem de preços selados, com uma única oferta por licitante que se mantém sigilosa até o momento procedimental para sua revelação, não havendo, portanto, oportunidade de redução dinâmica ao longo do procedimento.

Será admitida a utilização, de forma isolada, do modo "aberto" para os critérios de julgamento: "menor preço", "maior desconto", "maior oferta" e "maior retorno econômico" (o lance corresponderá ao percentual de economia que se estima gerar durante determinado período, expressa em unidade monetária). A própria LLIC, de forma expressa no § 2º do art. 56, estabelece que "a utilização do modo de disputa aberto será vedada quando adotado o critério de julgamento de técnica e preço". Por sua vez, será admitida a utilização, *de forma isolada*, do modo "fechado" quando adotado o critério de julgamento "melhor técnica e preço", "melhor técnica ou conteúdo artístico" e "maior retorno econômico".

Já o § 1º do art. 56 da Lei nº 14.133/2021 preconiza que "a *utilização isolada* do modo de disputa "fechado" será vedada quando adotados os critérios de julgamento de "menor preço" ou "maior desconto" (grifou-se).

Dessa forma, consoante regramento da LLIC, é possível assim resumir a correlação entre os modos de disputa e os critérios de julgamento das propostas:

MODO DE DISPUTA	CRITÉRIOS DE JULGAMENTO
Aberto (adoção isolada)	Menor preço
	Maior desconto
	Maior oferta
	Maior retorno econômico

---

25 "§ 3º Serão considerados intermediários os lances:
I – iguais ou inferiores ao maior já ofertado, quando adotado o critério de julgamento de maior lance;
II – iguais ou superiores ao menor já ofertado, quando adotados os demais critérios de julgamento".

26 "§ 4º Após a definição da melhor proposta, se a diferença em relação à proposta classificada em segundo lugar for de pelo menos 5% (cinco por cento), a Administração poderá admitir o reinício da disputa aberta, nos termos estabelecidos no instrumento convocatório, para a definição das demais colocações".

27 "Art. 57. O edital de licitação poderá estabelecer intervalo mínimo de diferença de valores entre os lances, que incidirá tanto em relação aos lances intermediários quanto em relação à proposta que cobrir a melhor oferta".

MODO DE DISPUTA	CRITÉRIOS DE JULGAMENTO
Fechado (adoção isolada)	Melhor técnica e preço
	Melhor técnica ou conteúdo artístico
	Maior retorno econômico
Aberto-Fechado (adoção combinada)	Menor preço
	Maior desconto
	Maior retorno econômico
Fechado-Aberto (adoção combinada)	Menor preço
	Maior desconto
	Maior retorno econômico

Sob a égide da Lei nº 10.520/2002, o Poder Executivo Federal, por meio do Decreto nº 10.024/2019, ao regulamentar o pregão eletrônico, estabeleceu, em seus artigos 32 e 33, o delineamento operacional dos modos "aberto" e "aberto e fechado", tratando-se de importante orientação para a análise das potencialidades da estruturação dos modos de disputa previstos na Lei nº 14.133/2021, em especial diante de licitações do tipo "menor preço" ou "maior desconto". Já, com o advento da LLIC, a matéria passou a ser regulamentada no âmbito da Administração direta, autárquica e fundacional vinculada ao Poder Executivo Federal pela Instrução Normativa SEGES/ME nº 73, de 30 de setembro de 2022, que, em comparação com o citado Decreto nº 10.024/2019, repetiu a mesma conformação dos modos "aberto" (art. 23)[28] e "aberto e fechado" (art. 24),[29] trazendo a regulamentação do

---

[28] "Art. 23. No modo de disputa aberto, de que trata o inciso I do caput do art. 22, a etapa de envio de lances durará dez minutos e, após isso, será prorrogada automaticamente pelo sistema quando houver lance ofertado nos últimos dois minutos do período de duração desta etapa.

§ 1º A prorrogação automática da etapa de envio de lances, de que trata o caput, será de dois minutos e ocorrerá sucessivamente sempre que houver lances enviados nesse período de prorrogação, inclusive quando se tratar de lances intermediários.

§ 2º Na hipótese de não haver novos lances na forma estabelecida no caput e no § 1º, a etapa será encerrada automaticamente, e o sistema ordenará e divulgará os lances conforme disposto no § 2º do art. 22.

§ 3º Definida a melhor proposta, se a diferença em relação à proposta classificada em segundo lugar for de pelo menos 5% (cinco por cento), o agente de contratação ou a comissão de contratação, quando o substituir, auxiliado pela equipe de apoio, poderá admitir o reinício da disputa aberta, nos termos estabelecidos no edital de licitação, para a definição das demais colocações.

§ 4º Após o reinício previsto no § 3º, os licitantes serão convocados para apresentar lances intermediários.

§ 5º Encerrada a etapa de que trata o § 4º, o sistema ordenará e divulgará os lances conforme disposto no § 2º do art. 22".

[29] "Art. 24. No modo de disputa aberto e fechado, de que trata o inciso II do caput do art. 22, a etapa de envio de lances terá duração de quinze minutos.

§ 1º Encerrado o prazo previsto no caput, o sistema encaminhará o aviso de fechamento iminente dos lances e, transcorrido o período de até dez minutos, aleatoriamente determinado, a recepção de lances será automaticamente encerrada.

§ 2º Após a etapa de que trata o § 1º, o sistema abrirá a oportunidade para que o autor da oferta de valor mais baixo ou de maior percentual de desconto e os autores das ofertas subsequentes com

modo "fechado e aberto" (art. 25)[30] de forma similar àquela existente para o pregão presencial no então Decreto nº 3.555/2000.

5.1   A "escolha" do modo de disputa

A possibilidade de "escolha" do modo de disputa não se trata de uma novidade inaugurada pelo Decreto Federal nº 10.024/2019, haja vista a previsão contida no art. 16 da Lei 12.462/2011 (Regime Diferenciado de Contratações Públicas) e no art. 52 da Lei nº 13.303/2016 (Lei das Estatais).

Na mesma linha do que se observa nas Leis nº 12.462/2011 e nº 13.303/2016, também no art. 56 da LLIC não sobressai nenhum comando, premissa ou preferência entre os modos de disputa ou mesmo instituição de critérios atrelados ao objeto da contratação quando da "escolha" pelo agente público competente.

Com efeito, entende-se que tal "escolha" não está normativamente vinculada, de modo que, em termos jurídicos, o agente público não se encontra ancorado ou aferrado a nenhuma orientação apriorística.

Em suma, é válido concluir que, observadas as expressas vedações previstas nos §§ 1º e 2º do dispositivo, há uma presunção jurídica de eficiência e adequação de qualquer um dos modos de disputa instituídos pelo art. 56 da Lei nº 14.133/2021.

A LLIC não fixou, de forma pontual, o momento procedimental nem qual agente público seria competente para estabelecer o modo de disputa a ser adotado no procedimen-

---

valores ou percentuais até dez por cento superiores ou inferiores àquela, conforme o critério adotado, possam ofertar um lance final e fechado em até cinco minutos, que será sigiloso até o encerramento deste prazo.

§ 3º No procedimento de que trata o § 2º, o licitante poderá optar por manter o seu último lance da etapa aberta, ou por ofertar melhor lance.

§ 4º Na ausência de, no mínimo, três ofertas nas condições de que trata o § 2º, os autores dos melhores lances subsequentes, na ordem de classificação, até o máximo de três, poderão oferecer um lance final e fechado em até cinco minutos, que será sigiloso até o encerramento do prazo, observado o disposto no § 3º.

§ 5º Encerrados os prazos estabelecidos nos §§ 2º e 4º, o sistema ordenará e divulgará os lances conforme disposto no § 2º do art. 22".

[30]   "Art. 25. No modo de disputa fechado e aberto, de que trata o inciso III do caput do art. 22, somente serão classificados automaticamente pelo sistema, para a etapa da disputa aberta, na forma disposta no art. 23, com a apresentação de lances, o licitante que apresentou a proposta de menor preço ou maior percentual de desconto e os das propostas até 10% (dez por cento) superiores ou inferiores àquela, conforme o critério de julgamento adotado.

§ 1º Não havendo pelo menos 3 (três) propostas nas condições definidas no caput, poderão os licitantes que apresentaram as três melhores propostas, consideradas as empatadas, oferecer novos lances sucessivos, na forma disposta no art. 23.

§ 2º Definida a melhor proposta, se a diferença em relação à proposta classificada em segundo lugar for de pelo menos 5% (cinco por cento), o agente de contratação ou a comissão de contratação, quando o substituir, auxiliado pela equipe de apoio, poderá admitir o reinício da disputa aberta, nos termos estabelecidos no edital de licitação, para a definição das demais colocações.

§ 3º Após o reinício previsto no § 2º, os licitantes serão convocados para apresentar lances intermediários, podendo optar por manter o seu último lance.

§ 4º Encerrada a etapa de que trata o § 3º, o sistema ordenará e divulgará os lances conforme disposto no § 2º do art. 22".

to licitatório, apesar de preconizar, no inciso VIII do art. 18, que a definição do modo de disputa já deve ser contemplada no bojo da fase preparatória da licitação.

De plano, não obstante ser discricionária, a opção pelo modo de disputa deverá ser delineada de forma clara nos instrumentos de planejamento da licitação (estudo preliminar e/ou termo de referência).

Após o apontamento do modo de disputa mais adequado conforme critérios de cada órgão ou entidade promotora da licitação, em atenção ao art. 18, VIII, da LLIC, se faz necessária a expressa definição da "opção" no ato convocatório. A formalização da decisão sobre qual a forma de disputa a ser adotada se materializa com a aprovação, por parte da autoridade competente, da minuta de edital.

Conclui-se que, por restar materializada na etapa de planejamento da contratação (antes de publicação do aviso de licitação), a competência e/ou a responsabilidade pela "escolha" do modo de disputa não recai sobre o agente de contratação responsável pela condução da fase externa do certame (art. 8º da LLIC), de forma que sua atribuição quanto ao tema restringe-se aos aspectos operacionais, a partir da seleção da "opção" de disputa (conforme preconizado no ato convocatório) no ato do cadastro da licitação no sistema.

Vale salientar que, na hipótese de realização de um mesmo certame com diversos itens autônomos, por se tratar cada item de uma licitação materialmente independente, não haveria, *a priori*, óbice à adoção de modos de disputa distintos para cada item[31]. Contudo, caso haja o agrupamento, o modo de disputa deverá ser comum a todos os itens que compõem o grupo.

De toda forma, seria inadmissível a previsão de incidência simultânea dos dois modos de disputa para o mesmo "item" ou "grupo", como uma espécie de "carta na manga" da Administração a ser sacada no ato de abertura da fase de lances.

A investigação acerca da adequação da escolha do modo de disputa demanda uma compreensão para além de uma perspectiva jurídico-normativa, considerando que a aferição da adequação do desenho do mecanismo de disputa tem como parâmetro a busca pela eficiência na realização da licitação.

5.1.1 Perspectiva econômica: maximização das ofertas e razoável duração do processo licitatório

5.1.1.1 *Design* do mecanismo de disputa: assimetria de informação, alocação de incentivos e maximização de recompensas

A investigação acerca da adequação da escolha do modo de disputa demanda uma compreensão para além de uma perspectiva jurídico-normativa, considerando que a aferição da adequação do desenho do mecanismo de disputa tem como parâmetro a busca pela eficiência na realização da licitação, compreendida a "eficiência", em seu sentido econômico, como a *maximização do bem-estar social*[32].

---

[31] É preciso registrar que o sistema "Compras.Gov.Br" não está parametrizado de tal forma. Ao ser cadastrada uma nova licitação, ainda que composta de diversos itens autônomos, a Administração somente poderá consignar no sistema um único modo de disputa, que será aplicado para todos os itens que compõem o certame.

[32] "[...] o que está subjacente a esse tipo de raciocínio é que os recursos da sociedade são escassos e podem ser empregados para finalidades diversas (usos concorrentes), mas excludentes, que não

Em termos diretos, o melhor modo de disputa possível não é aquele que simplesmente tenha o condão de esgotar ao máximo as possibilidades de lances (como uma leitura fácil e opaca poderia sugerir ser o caso do modo "aberto"), mas sim aquela forma de disputa que venha a materializar uma concepção adequada da eficiência do processo licitatório sem descurar das necessidades primárias e secundárias da Administração. Com efeito, o melhor modo de disputa seria aquele que correspondesse a um "mecanismo de concorrência", que conjugasse, em equilíbrio, a "maximação das ofertas" e a "razoável duração do processo licitatório".

Afinal, não se mostraria eficiente um modelo de disputa que, a despeito de esgotar a possibilidade de lances, fosse de execução morosa e complexa para a Administração, demandando um dos recursos mais caros para a atividade administrativa e para a sociedade: o tempo! Logo, ainda que haja um mecanismo ideal para a obtenção do "menor preço", para aferir a sua eficiência, devem ser, necessariamente, contemplados os custos transacionais para a Administração.

Por conseguinte, na análise dos modos de disputa de que trata o art. 56 da NLL ("aberto", "fechado" e "aberto e fechado"), é preciso soltar as amarras de uma visão obtusa e estritamente jurídica do princípio da eficiência em matéria de licitações, muitas vezes reduzida à busca indecorosa pelo menor preço nominal. Por tal razão, neste artigo, não nos dedicaremos à infrutífera tarefa de, baseados nos regimes do pregão eletrônico, RDC e nas licitações das estatais, comparar os modos de disputa a partir do cotejamento objetivo das médias de "economia" em determinado período de tempo (diferença entre o preço estimado e o preço adjudicado). Ainda que o universo de análise seja restrito a um mesmo objeto, as variáveis econômicas seriam tantas que qualquer conclusão peremptória pareceria mero sofisma.

Assim, é preciso pontuar: a análise ora empreendida não tem por finalidade indicar qual seria o "melhor" modo de disputa para se obter o menor dispêndio para a Administração nas licitações. Nosso objetivo, nesse despretensioso artigo, é tão somente refletir acerca do "desenho" dos modos de disputa sob a perspectiva da Análise Econômica do Direito.

Para tanto, cumpre reputar a licitação como mecanismo pelo qual, a partir de revelação incentivada de informações, procura-se o "equilíbrio" entre a busca dos interesses da Administração e a maximização das recompensas objetivas pelos licitantes. Nessa perspectiva, a licitação seria um "jogo" pelo fato de a revelação das informações (tanto por parte do jogador-licitante quanto por parte do jogador-Administração) tender a um equilíbrio entre as estratégias dos *players*, pois há codependência entre as ações dos jogadores.

> [...] licitação é um mecanismo de coordenação que de acordo com as informações estabelecidas pelo Governo e pelos licitantes acaba por estabelecer diversos *equilibria* [...] na construção das regras de licitação, muitas vezes estaremos diante de um jogo bayesiano simultâneo, caracterizando um mecanismo de revelação direto.[33]

---

necessariamente gerarão o mesmo nível de bem-estar social. Dessa forma, a eficiência alocativa se preocupa com a escolha que gere o maior nível de bem-estar possível. Uma escolha será alocativamente eficiente se não houver qualquer outra alocação dentro da fronteira de possibilidades que gere um bem-estar maior para a sociedade" (GICO JR., Ivo T. Bem-estar social e o conceito de eficiência. *SSRN Electronic Journal*, out. 2019).

[33] NÓBREGA, Marcos. *Direito e economia da infraestrutura*. Belo Horizonte: Fórum, 2020. p. 30.

Extrai-se de tal constatação a importância da chamada "teoria dos jogos" na análise dos mecanismos de concorrência, porquanto lida com a "análise de comportamento estratégico onde os tomadores de decisão interagem, sendo que o resultado de suas ações depende também das ações dos outros"[34].

De acordo com Marcos Nóbrega[35], as licitações no Brasil são "jogos de informação incompleta", pelos quais se busca o "melhor preço" (tipo ideal), e o "melhor valor" jamais corresponderá ao "valor real de mercado", mas apenas à informação disponível para a Administração (referencial) agregada à valoração dada pelos concorrentes[36]. Indubitavelmente, como concluiu William Vickrey[37], a *assimetria de informação* é inerente aos leilões *lato sensu*. Assim, como não detém o conhecimento seguro acerca do "preço" de determinado objeto, a Administração se vale da licitação como mecanismo "para revelar informação e determinar a melhor proposta com base na informação recebida"[38].

É mister observar que, na qualidade de "comprador", a Administração tem a assimetria de informação como um problema fundamental, devendo desenvolver os mecanismos de licitação justamente para reduzi-la ou atenuá-la, gerando incentivos eficazes de revelação de informações confiáveis (ou sinceras) por parte dos licitantes. Busca-se, nesse desiderato, evitar a chamada "seleção adversa", bem estudada por George Akerlof, em seu célebre artigo "The Market for Lemons: quality uncertainty and the market mechanism"[39].

Compreendida a licitação como um "jogo", mostra-se elementar contemplar os comportamentos estratégicos dos jogadores, a interação entre os tomadores de decisão e a dependência entre as ações dos *players*.

Afinal, em tal "jogo", considerando que as pessoas agem a partir de incentivos (maximização de recompensa)[40], há que se apurar, a partir de uma análise de comportamento, a "racionalidade" dos jogadores para ofertarem seus lances para, dessa forma, no "desenho do mecanismo de disputa", alocar, de maneira eficiente, os incentivos para a revela-

---

[34] HILBRECHT, Ronald O. Uma introdução à teoria dos jogos. In: TIMM, Luciano Benetti. *Direito e economia no Brasil.* Indaiatuba: Foco, 2019. p. 109.

[35] NÓBREGA, Marcos. *Direito e economia da infraestrutura.* Belo Horizonte: Fórum, 2020. p. 31.

[36] Para tanto, vide: NÓBREGA, Marcos; CAMELO, Bradson; TORRES, Ronny Charles L. *Pesquisa de preços nas contratações públicas em tempos de pandemia.* Disponível em: <https://ronnycharles.com.br/pesquisa-de-precos-nas-contratacoes-publicas-em-tempos-de-pandemia/>: "Via de regra, a pesquisa de preços nas licitações públicas pretende identificar o preço de referência, para determinada contratação. É ilusório imaginar que ela, no mais das vezes, encontrará exatamente o preço transacional ou mesmo o propalado preço justo da contratação. A função dessa pesquisa é apresentar um parâmetro, uma referência necessária à valoração pelo poder público, elemento importante para a definição do preço contratado. Assim, a precificação envolve diversos fatores e a estimativa de custos nas contratações públicas, em regra, indica um parâmetro (preço de referência), uma baliza do valor potencialmente apresentado pelo mercado. Apenas ao final do procedimento de uma licitação ou mesmo de uma contratação direta, podemos falar que alcançamos o preço transacional".

[37] VICKREY, William. Counterspeculation, Auctions, and Competitive Sealed Tenders. *The Journal of Finance*, v. 16, n. 1, mar. 1961, p. 8-37. Disponível em: <https://www.jstor.org/stable/2977633?seq=1>.

[38] NÓBREGA, Marcos. *Direito e Economia da Infraestrutura.* Belo Horizonte: Fórum, 2020, p. 35.

[39] AKERLOF, George. The Market for Lemons: quality uncertainty and the market mechanism. *The Quarterly Journal of Economics*, v. 84, ago. 1970, p. 488-500. Disponível em: <https://academic.oup.com/qje/article-abstract/84/3/488/1896241?redirectedFrom=fulltext>.

[40] Para tanto, sugere-se a leitura de: NÓBREGA, Marcos. *Direito e economia da infraestrutura.* Belo Horizonte: Fórum, 2020. p. 24-34; 42-47; GICO JR., Ivo. Introdução ao direito e economia. *In*: TIMM, Luciano Benetti. *Direito e economia no Brasil.* Indaiatuba: Foco, 2019. p. 18-21; 26-28.

ção da informação e, assim, maximizar os interesses da Administração na escolha da proposta mais vantajosa e com menores custos de transação possíveis ("tempo do processo").

> [...] a conduta dos agentes econômicos é racional maximizadora [...] A grande implicação desse postulado para a juseconomia é que se os agentes econômicos ponderam custos e benefícios na hora de decidir, então, uma alteração em sua estrutura de incentivos poderá leva-los a adotar uma outra conduta, a realizar outra escolha. Em resumo, pessoas respondem a incentivos.
>
> [...]
>
> Se as pessoas respondem a incentivos, então, do ponto de vista de uma ética consequencialista, as regras de nossa sociedade devem levar em consideração a estrutura de incentivos dos agentes afetados e a possibilidade de que eles mudem de conduta caso essas regras sejam alteradas.[41]

E, especificamente no tocante aos leilões, pontua Marcos Nóbrega:

> Os indivíduos não irão repartir informações privadas ou exercer esforços que não possam ser observados se não houver apropriados incentivos. Assim, a ideia correta de eficiência não é a de Pareto, mas, sim, aquela de maximização de incentivos.[42]
>
> [Afinal, a] licitação é, em essência, um mecanismo de revelação de informação. Dessa forma, meios de revelar informações confiáveis é ponto fulcral para melhoria da eficiência do sistema.[43]

Questiona-se, assim, qual a racionalidade de conduta do licitante nas licitações do tipo "menor preço" ou "maior desconto"? Ou melhor: qual a tendência de comportamento nas licitações com lances sequenciais, nas quais os licitantes têm conhecimento gradual da valoração atribuída ao objeto do certame?

Da literatura especializada relacionada à chamada "teoria dos leilões" (*auction theory*) constata-se um padrão comportamental: os licitantes desejam ofertar um mínimo valor possível que maximize seu lucro a cada rodada![44] Por tal razão, é de uma inocência elementar esperar que o licitante, já na primeira oportunidade, apresente sua melhor proposta.

Nesse contexto, a própria Administração ocupa uma posição de "jogador-desenhista" do jogo, sobressaindo, como estratégia ínsita à disputa nas licitações pelo "menor preço" ou "maior desconto", a própria divulgação gradual e momentaneamente oportuna de informações acerca da valoração do objeto, não necessariamente a critério do agente de contratação, uma vez que algumas funcionalidades operacionais são automatizadas e desenhadas pelo responsável pelo desenvolvimento do sistema eletrônico.

Há um elemento estratégico importante para o desenho do mecanismo na Lei nº 14.133/2021: quando adotado o critério de julgamento "menor preço" ou "maior descon-

---

[41] GICO JR., Ivo. Introdução ao direito e economia. *In*: TIMM, Luciano Benetti. *Direito e economia no Brasil*. Indaiatuba: Foco, 2019. p. 19 e 21.

[42] NÓBREGA, Marcos. *Direito e economia da infraestrutura*. Belo Horizonte: Fórum, 2020. p. 26.

[43] NÓBREGA, Marcos. *Direito e economia da infraestrutura*. Belo Horizonte: Fórum, 2020. p. 47.

[44] Para tanto, vide os estudos de Alvin Roth e Lloyd Shapley mencionados em NÓBREGA, Marcos. *Direito e economia da infraestrutura*. Belo Horizonte: Fórum, 2020. p. 42-43.

to", sendo obrigatória a adoção isolada do modo de disputa "aberto" ou a combinação "aberto e fechado" ou "fechado e aberto" (art. 56, § 1º, da NLL), deve ser assegurada a possibilidade de os licitantes observarem os lances uns dos outros, e, especificamente nos certames eletrônicos, ter-se-ia apenas o conhecimento do "valor do lance", mas não de sua autoria.

5.1.1.2 Análise comparativa dos modos de disputa a partir dos pressupostos da "teoria dos leilões" nas licitações com critério de julgamento "menor preço" e "maior desconto" de acordo com a regulamentação do Poder Executivo Federal (Instrução Normativa SEGES/ME nº 73/2022)

A partir dos constructos alhures desenvolvidos e tendo em vista, com a vigência da Lei nº 14.133/2021, a perspectiva de prevalência prática das licitações do tipo "menor preço" e "maior desconto", para empreender uma análise comparativa entre os modos de disputa, valer-nos-emos da regulamentação promovida pelo Poder Executivo Federal, materializada pela Instrução Normativa SEGES/ME nº 73/2022.

MODO DE DISPUTA	CARACTERÍSTICAS	VANTAGENS	DESVANTAGENS
MODO ABERTO (art. 23)	**Licitação do tipo "dinâmica"** *Jogo de informação incompleta* "puro", com conhecimento sequencial dos preços privados, conforme estratégia do licitante.	Esgotamento das estratégias de maximização dos lucros	Determinação do "melhor preço" baseada na busca da maximização sem o incentivo decorrente da surpresa quanto ao conhecimento das demais ofertas. Por se tratar de jogo de informação incompleta puro fomenta a figura conhecida por "licitante coelho", além de aumentar o risco da ocorrência de "seleção adversa". Potencializa a desigualdade de disputa ao permitir estratégia de dilação forçada do tempo de duração da disputa, gerando alijamento, por desinteresse, dos licitantes com menor poder econômico e estrutural. Tal estratégia de uso abusivo do poder econômico pode, ainda, constituir mecanismo de afastamento factual e abusivo do tratamento privilegiado conferido às MEs/EPPs por força da Lei Complementar nº 123/2006. Para licitações com múltiplos "itens" e "grupos", dada a inexistência de um limite temporal de encerramento da disputa, a modelagem poderá representar alto custo transacional para a Administração.

Cap. 4 · MODALIDADES E RITO PROCEDIMENTAL DA LICITAÇÃO | 135

MODO DE DISPUTA	CARACTERÍSTICAS	VANTAGENS	DESVANTAGENS
MODO ABERTO E FECHADO (art. 24)	**Combinação de uma etapa do tipo "dinâmica" com uma etapa final de lance "selado"** *Jogo de informação incompleta* (etapa aberta) agregado com *jogo não cooperativo* (etapa fechada). ***Etapa aberta***: liberação gradual dos preços privados ("calibragem"), com "tempo aleatório" e faixa de classificação para a etapa fechada (incentivo para adoção de uma estratégia dominante correspondente a oferta de preços mais próximos à valoração real do objeto pelo licitante). *Etapa fechada*: por envolver um lance final e sigiloso, o licitante tende a seguir sua "estratégia dominante" (seu "melhor preço"), uma vez que não terá o conhecimento prévio da estratégia dos demais concorrentes. Trata-se, nesse ponto, de um "jogo não cooperativo", no qual o jogador escolhe suas ações independentemente das estratégias dos demais jogadores.	O fator "surpresa" do lance final e fechado após a liberação gradual dos preços privados na "etapa aberta" potencializa o incentivo à revelação da informação. A "classificação" para a etapa fechada aliada à possibilidade de uma nova rodada da etapa fechada resulta em redução do risco de "seleção adversa". Viabiliza a composição de preços dos licitantes subsequentes mais próxima da real valoração subjetiva do proponente, postvistoo que não influenciado pelo conhecimento das demais propostas.	A previsão de uma "faixa de corte" para viabilizar a participação na etapa "fechada" pode poderá incentivar as ofertas de lances irreais e inconsistentes na etapa "aberta"[45], favorecendo a prática do chamado "licitante coelho", além de admitir estratégias de conluio para configuração da disputa na etapa fechada[46].

---

[45] Daí a relevância de o Agente de Contratação/Pregoeiro valer-se da prerrogativa de excluir os lances manifestamente inexequíveis, conforme previsto no § 4º do art. 21 da Instrução Normativa SEGES/ME nº 73/2022.

[46] O que é mitigado pelo sigilo de autoria das propostas e dos lances.

MODO DE DISPUTA	CARACTERÍSTICAS	VANTAGENS	DESVANTAGENS
MODO FECHADO E ABERTO (art. 25)	**Combinação de uma etapa inicial de proposta "selada" com uma etapa de lances do tipo "dinâmica"** *Jogo não cooperativo* (apresentação "fechada" de proposta) agregado com posterior *jogo de informação incompleta* "puro" (etapa de lances do tipo aberta), com conhecimento sequencial dos preços privados, conforme estratégia do licitante. **Etapa inicial fechada**: apresentação de propostas "seladas", previamente cadastradas no sistema. Até então, tem-se um jogo não cooperativo entre os licitantes, porquanto não há conhecimento das ofertas e estratégica dos demais competidores. Assim, objetivando "incentivar" uma maior aproximação entre o preço selado inicial e aquele que corresponderia à avaliação do licitante, o *caput* do art. 25 da IN nº 73/2022 estabelece uma "faixa de corte" para a etapa aberta de disputa (a melhor proposta e aquelas até 10% superiores). **Etapa aberta**: etapa aberta de disputa de lances com a mesma estrutura do "modo aberto" estabelecida no art. 23 da IN nº 73/2022, mas restrita aos licitantes classificados de acordo com a "faixa de corte".	Em comparação com o modo "aberto", a grande vantagem do modo "fechado e aberto" seria aliar o mecanismo de incentivo de esgotamento das estratégias de maximização dos lucros dos licitantes (correspondente à etapa aberta de disputa) com a otimização da fase de lances decorrente da aplicação de uma "faixa de corte" (culminando na restrição de abrangência do universo de competidores aptos à etapa aberta) e o incentivo ao início da etapa aberta com ofertas mais próximas dos valores subjetivos de cada concorrente, tendo em vista que a aplicação da "faixa de corte" estimularia melhores preços para que o licitante não corra o risco de não ser classificado para os lances.	Considerando que a IN nº 73/2022, para todos os modos de disputa, suprimiu a etapa de "verificação inicial de conformidade" das propostas cadastradas (como previsto no art. 28 do Decreto Federal nº 10.024/2019), vislumbra-se que a abertura "automática" da sessão e da fase de disputa constitui uma desvantagem em potencial para o modo "fechado e aberto", em especial a etapa "fechada". Diferentemente do que se observa no pregão presencial (Decreto nº 3.555/2000), em que se viabiliza a análise detida pela Administração das condições mínimas e da ausência de indícios de inexequibilidade da melhor proposta apresentada inicialmente (e que servirá como parâmetro para a verificação da "faixa de corte"), não haverá nas licitações regidas pela IN nº 73/2022 a possibilidade de o Agente de Contratação/Pregoeiro mitigar o risco de afetação indevida do universo de competidores apto a passar para a etapa aberta de disputa em razão de uma eventual oferta de menor preço irreal (seja por negligência ou mesmo de forma intencional). Dessa forma, o desenho da etapa "fechada" do modo "fechado e aberto" na IN nº 73/2022 intensifica os riscos de conluio, da prática de "coelho" e de seleção adversa. Em tal ponto, até mesmo como sugestão, parece-nos razoável e factível restabelecer um procedimento prévio de verificação das propostas (especialmente quanto ao preço) como, até então, era observado no art. 28 do Decreto Federal nº 10.024/2019 e no próprio sistema "Compras.Gov.Br". Quanto às desvantagens do momento e da dinâmica da etapa de lances, vide coluna correspondente à análise do modo "aberto".

Diante do quadro apresentado – que, de maneira alguma, tem a pretensão de reunir, de forma exaustiva, as vantagens e as desvantagens de cada modo de disputa –, é possível concluir que, para as licitações do tipo "menor preço" ou "maior desconto", o modo "aberto e fechado", ao ser abstratamente comparado ao modo "aberto", apresenta uma "modelagem" mais eficaz no tocante à revelação incentivada de informações confiáveis por parte dos licitantes, aliada à maximização dos interesses da Administração na escolha da proposta mais vantajosa e com menores custos de transação possíveis.

Afinal, a combinação entre as etapas "aberta" e "fechada" potencializa o incentivo de revelação da melhor valoração subjetiva acerca do objeto por parte dos concorrentes e o fato de haver a delimitação máxima de tempo de duração da disputa (no máximo, 30 minutos) reduz os custos de transação para a Administração[47].

Por seu turno, o modo "aberto", a despeito de possibilitar o esgotamento completo das ofertas, pois a disputa só se encerra quando não mais houver registro de lance (seja de "o lance de menor valor", seja o "lance intermediário"), apresenta desvantagens consideráveis, como o risco de "seleção adversa", estratégia de desestímulo de participação[48] e abuso de poder econômico[49], práticas colusivas materializadas na figura do "licitante coelho"[50] e, a

---

[47] Em igual sentido, é a conclusão de Albano, Dimitri, Pacini e Spagnolo acerca dos "leilões em duas etapas": "When both winner's curse and time length are strong concerns, the buyer may favour the two-stage sealed bid tendering format" (ALBANO; G. L.; DIMITRI, N.; PACINI, R.; SPAGNOLO, G. Information and competitive tendering. *In*: DIMITRI, N.; PIGA, G.; SPAGNOLO, G. *Handbook of Procurement*. New York: Cambridge University Press, 2006. p. 166).

[48] De acordo com Albano, Dimitri, Pacini e Spagnolo, "long-lasting auctions may be psychologically exhausting for participants, even when they are experienced and skilful". Ademais, "should a dynamic auction be too long such costs would increase as well as the costs of personnel specifically dedicated by the participants to the auction. This last point could make the auction too costly for some bidders, who may choose not to participate" (ALBANO; G. L.; DIMITRI, N.; PACINI, R.; SPAGNOLO, G. Information and competitive tendering. *In*: DIMITRI, N.; PIGA, G.; SPAGNOLO, G. *Handbook of Procurement*. New York: Cambridge University Press, 2006. p. 158-159).

[49] O fato de não haver delimitação de tempo de duração da disputa no "modo aberto" e diante da possibilidade de prorrogação automática da fase de lances pelo simples registro de "lance intermediário" (art. 32, § 1º, Decreto Federal nº 10.024/2019), pode incentivar um comportamento por parte das licitantes com melhor estrutura operacional (humana e tecnológica) no sentido de retardar ao máximo o tempo de encerramento da disputa e, assim, após longo tempo, promover o desinteresse por parte de concorrente que não tenha condições de se dedicar ao acompanhamento integral da fase de lances. Assim, o licitante menos estruturado, ao ter sua melhor oferta coberta pelo licitante procrastinador, certamente perderá a oportunidade de agir diante do novo comportamento de seu concorrente. A estratégia de procrastinação poderá ser operacionalizada a partir do registro oportuno de "lance intermediário" que, para provocar a prorrogação do tempo de disputa, não necessariamente precisa representar o melhor valor do certame, e tal registro poderá, inclusive, ser automatizado pelo uso do "robô", ou mesmo realizado por um funcionário da licitante exclusivamente dedicado a tal propósito. Nesse sentido, sobre os "leilões dinâmicos", acrescentam Albano, Dimitri, Pacini e Spagnolo: "However, the auction can turn out to be too long, simply because the last two active bidders may decide to slow down the pace at which the auction evolves by submitting at each round bids just below the validity threshold. Moreover, if participation is costly, inexperienced and poorly informed bidders may be deterred from entering if they believe that more experienced and better informed ones will sooner or later outbid them" (ALBANO; G. L.; DIMITRI, N.; PACINI, R.; SPAGNOLO, G. Information and competitive tendering. *In*: DIMITRI, N.; PIGA, G.; SPAGNOLO, G. *Handbook of Procurement*. New York: Cambridge University Press, 2006. p. 160-161).

[50] Para tanto, vide ALBANO; G. L.; DIMITRI, N.; PACINI, R.; SPAGNOLO, G. Information and competitive tendering. *In*: DIMITRI, N.; PIGA, G.; SPAGNOLO, G. *Handbook of Procurement*. New York: Cambridge University Press, 2006. p. 158: "Collusion can be sustained more easily in a dynamic auction for a

depender da quantidade de itens em disputa e da premência da necessidade administrativa, um alto custo transacional para a Administração[51]. Em similar intensidade, também de observa a potencialidade de tais riscos na modelagem do modo "fechado e aberto" estabelecida pelo art. 25 da Instrução Normativa SEGES/ME nº 73/2022.

Ainda que se diga que a fixação do intervalo mínimo entre os lances de que cuidam o art. 57 da NLL[52] e o § 1º do art. 22 da Instrução Normativa SEGES/ME nº 73/2022 objetiva justamente coibir ou evitar tais desvantagens, o fato é que se trata, a bem da verdade, não de instrumento de alocação de incentivo para revelação de informação confiável por parte do licitante, mas sim de um mecanismo para redução do tempo da disputa, apenas isso. O intervalo mínimo tem a equivocada pretensão de imiscuir-se na estratégia comportamental dos licitantes, porquanto afeta a dinâmica de valoração do objeto. E mais: se utilizado de forma temerária, poderá ocasionar o bloqueio da disputa, além de alijar ofertas viáveis ao longo da fase de lances e, assim, ao forçar uma redução muitas vezes sem aderência à valoração subjetiva do próprio licitante, promover a "maldição do vencedor".

Ademais, há que reconhecer que a Administração Pública brasileira, em todos os níveis federativos, é carente de condições de definir, com rigor científico e com lastro em dados empíricos, um adequado intervalo entre os lances. Assim, ou se adota uma postura pragmática de "anular" o intervalo (fixando-se uma diferença mínima de R$ 0,01, por exemplo) ou uma postura de estabelecer um intervalo fora da realidade do mercado e que, ao final, potencializará as desvantagens do "modo aberto".

6. RITO PROCEDIMENTAL DAS MODALIDADES LICITATÓRIAS

Ainda que a Lei nº 14.133/2021 tenha conferido considerável margem para regulamentação atinente ao fluxo operacional das licitações, em especial no que tange à forma eletrônica – que passa a ser uma regra de preferencialidade (art. 17, § 2º) –, a estrutura procedimental elementar das modalidades licitatórias foi fixada no art. 17 (concorrência e pregão); no art. 30 (concurso); art. 31 (leilão) e art. 32 (diálogo competitivo).

Logo, considerando que a edição de atos normativos secundários – decorrentes da função regulamentar (art. 84, IV, CF) – para a fiel execução da lei não poderá acarretar inovação na ordem jurídica, será inviável que os regulamentos venham a subverter o "es-

---

single contract rather than in a sealed bid tendering since members of a bidding ring may punish immediately a defecting bidder. In the case of multiple contracts, bidders may also use bids as communication devices. In general, the longer a dynamic auction the easier coordination among bidders since they have a higher number of opportunities (e.g. in the various rounds) of agreeing on the allocation of contracts".

[51] Vide, nesse sentido, ALBANO; G. L.; DIMITRI, N.; PACINI, R.; SPAGNOLO, G. Information and competitive tendering. *In*: DIMITRI, N.; PIGA, G.; SPAGNOLO, G. *Handbook of Procurement*. New York: Cambridge University Press, 2006. p. 158: "Long-lasting auctions, however, may substantially increase organizational costs for running the bidding process and wages/fees of the specialized personnel working on behalf of suppliers. If the buyer organizes a high number of auctions per year, it may be unfeasible to have many auctions running for a very long time at the same time. These considerations apply to standard dynamic formats as well as to online dynamic auctions. The latter have become increasingly more widespread, since in many instances they have proved to be a flexible and powerful way to conduct procurement activity".

[52] Conforme dispõe o § 1º do art. 22 da Instrução Normativa SEGES nº 73/2022, caso sejam adotados os modos "aberto" e "fechado e aberto", será obrigatória a fixação de intervalo mínimo de diferença de valores ou de percentuais entre os lances.

queleto" estrutural dos procedimentos das modalidades licitatórias então fixados na LLIC, de modo que o espaço de conformação regulamentar deverá ficar adstrito ao fluxo operacional propriamente dito[53].

A rigor, para todas as modalidades é preferível a forma eletrônica, devendo, por se tratar de exceção à regra, ser devidamente justificada na fase preparatória do procedimento a adoção da forma presencial. A se observar a experiência de justificativas então adotadas a partir dos comandos externados no já revogado art. 1º, § 2º, do Decreto Federal nº 5.504/2005 e no art. 1º, § 4º, do Decreto Federal nº 10.024/2019, além de eventual desvantagem contextual para a Administração no uso da forma eletrônica, caso seja alegado motivo de ordem operacional, é crucial que a justificativa seja lastreada em elementos empíricos que comprovem a eventual inviabilidade técnica.

De todo modo, adotada a forma presencial, como dispõe o § 2º do art. 17 da LLIC, deverá a sessão pública ser registrada em ata e gravada em áudio e vídeo.

6.1 Procedimento do leilão

Na modalidade leilão, os interessados comparecem em data preestabelecida para o ato e formulam suas propostas verbalmente, não havendo, portanto, sigilo com relação ao conteúdo das propostas que, uma vez formuladas, vinculam o proponente até que advenha outra mais elevada que o desobrigue e, por consequência, obrigue o novo proponente.

Todo bem móvel ou imóvel a ser leiloado será previamente avaliado pela Administração para fixação do preço mínimo de arrematação.

O leilão será precedido da divulgação do edital em sítio eletrônico oficial, com antecedência mínima de 15 (quinze) dias úteis (art. 55, III, LLIC), com o seguinte conteúdo mínimo (art. 31, § 2º):

> I – a descrição do bem, com suas características, e, no caso de imóvel, sua situação e suas divisas, com remissão à matrícula e aos registros;
>
> II – o valor pelo qual o bem foi avaliado, o preço mínimo pelo qual poderá ser alienado, as condições de pagamento e, se for o caso, a comissão do leiloeiro designado;
>
> III – a indicação do lugar onde estiverem os móveis, os veículos e os semoventes;
>
> IV – o sítio da internet e o período em que ocorrerá o leilão, salvo se excepcionalmente for realizado sob a forma presencial por comprovada inviabilidade técnica ou desvantagem para a Administração, hipótese em que serão indicados o local, o dia e a hora de sua realização;
>
> V – a especificação de eventuais ônus, gravames ou pendências existentes sobre os bens a serem leiloados.

De acordo com o § 3º do art. 31 da LLIC, "além da divulgação no sítio eletrônico oficial, o edital do leilão será afixado em local de ampla circulação de pessoas na sede da Administração e poderá, ainda, ser divulgado por outros meios necessários para ampliar a publicidade e a competitividade da licitação".

---

[53] Acerca da temática dos "regulamentos e hierarquia normativa", vide: AMORIM, Victor Aguiar Jardim de. *Licitações e contratos administrativos*: teoria e jurisprudência. 4. ed. Brasília: Senado Federal, 2021, p. 37-39.

Enfatiza o § 4º do art. 31 da Lei nº 14.133/2021 que não será exigido no leilão o registro cadastral prévio e não haverá fase de habilitação.

Uma vez concluída a fase de lances e superada a fase recursal, deverá a licitação ser homologada, devendo o vencedor arrematante efetivar o pagamento, consoante as condições e prazos previamente estabelecidos no edital.

O leilão pode ser conduzido, de forma unipessoal, por um servidor designado pela Administração (chamado *Leiloeiro Administrativo*) ou por um "Leiloeiro Oficial"[54]. Nesse último caso, conforme expressa previsão do § 1º do art. 31 da LLIC, a seleção do "leiloeiro oficial" deverá se dar "mediante credenciamento ou licitação na modalidade pregão", adotando-se "o critério de julgamento de maior desconto para as comissões a serem cobradas, utilizados como parâmetro máximo os percentuais definidos na lei que regula a referida profissão e observados os valores dos bens a serem leiloados".

No âmbito do Poder Executivo Federal, foi editado o Decreto nº 11.461/2023, que estabelece a regulamentação acerca dos procedimentos operacionais do leilão, na forma eletrônica.

6.2   Procedimento do concurso

O *concurso* é a modalidade licitatória utilizada para a escolha de trabalho técnico, artístico ou científico, mediante a instituição de prêmios ou remuneração aos vencedores, com base em critérios previamente estipulados em edital. Não deve, portanto, ser confundido com o concurso de provas e títulos necessários à seleção de candidatos para investidura em cargos e empregos públicos.

Nos concursos destinados à elaboração de projeto, o vencedor deverá ceder à Administração Pública, nos termos do art. 93 da LLIC[55], todos os direitos patrimoniais relativos ao projeto e autorizar sua execução conforme juízo de conveniência e oportunidade das autoridades competentes.

O concurso deve ser procedido de edital próprio, no qual estarão especificadas a qualificação exigida dos participantes, as diretrizes e forma de apresentação de trabalho, bem como as condições de sua realização e o prêmio ou remuneração a ser concedida ao vencedor.

---

[54]   A profissão de "Leiloeiro Oficial" é regulamentada pelo Decreto nº 21.981/1932, devendo os profissionais capacitados estarem registrados na Junta Comercial.

[55]   "Art. 93. Nas contratações de projetos ou de serviços técnicos especializados, inclusive daqueles que contemplem o desenvolvimento de programas e aplicações de internet para computadores, máquinas, equipamentos e dispositivos de tratamento e de comunicação da informação (*software*) – e a respectiva documentação técnica associada –, o autor deverá ceder todos os direitos patrimoniais a eles relativos para a Administração Pública, hipótese em que poderão ser livremente utilizados e alterados por ela em outras ocasiões, sem necessidade de nova autorização de seu autor.

§ 1º Quando o projeto se referir a obra imaterial de caráter tecnológico, insuscetível de privilégio, a cessão dos direitos a que se refere o *caput* deste artigo incluirá o fornecimento de todos os dados, documentos e elementos de informação pertinentes à tecnologia de concepção, desenvolvimento, fixação em suporte físico de qualquer natureza e aplicação da obra.

§ 2º É facultado à Administração Pública deixar de exigir a cessão de direitos a que se refere o *caput* deste artigo quando o objeto da contratação envolver atividade de pesquisa e desenvolvimento de caráter científico, tecnológico ou de inovação, considerados os princípios e os mecanismos instituídos pela Lei nº 10.973, de 2 de dezembro de 2004".

A convocação deve ser feita por edital, com prazo mínimo de divulgação de 35 dias úteis (art. 55, IV, LLIC). Ainda que a Lei nº 14.133/2021 não apresente disposição específica quanto à competência para o julgamento do concurso[56], afigura-se como salutar, para observância dos princípios e objetivos previstos nos arts. 5º e 11 da lei, que a modalidade seja conduzida por um órgão colegiado (comissão especial), de preferência composto por servidores de reconhecido conhecimento e/ou formação correlata quanto à temática do objeto do concurso, mostrando-se, pois, razoável a aplicação da hipótese prevista no § 2º do art. 8º na LLIC.

6.3 Procedimento do diálogo competitivo

Como visto anteriormente, é excepcional o cabimento do diálogo competitivo, estando restrito, pois, às hipóteses expressamente previstas nos incisos I e II do art. 32 da Lei nº 14.133/2021:

> Art. 32. A modalidade diálogo competitivo **é restrita a contratações em que a Administração**:
>
> I – vise a contratar objeto que envolva as seguintes condições:
>
> a) **inovação tecnológica ou técnica**;
>
> b) **impossibilidade de o órgão ou entidade ter sua necessidade satisfeita sem a adaptação de soluções disponíveis no mercado**; e
>
> c) **impossibilidade de as especificações técnicas serem definidas com precisão suficiente** pela Administração;
>
> II – verifique a **necessidade de definir e identificar os meios e as alternativas que possam satisfazer suas necessidades**, com destaque para os seguintes aspectos:
>
> a) a solução técnica mais adequada;
>
> b) os requisitos técnicos aptos a concretizar a solução já definida;
>
> c) a estrutura jurídica ou financeira do contrato;
>
> [grifou-se]

Por uma visão pragmática acerca do cabimento do diálogo competitivo, vale transcrever as palavras de um dos maiores estudiosos do tema no Brasil, o professor Rafael Sérgio de Oliveira:

> A novidade é o diálogo competitivo, cujo escopo é a adjudicação de contratos dotados de complexidade técnica, jurídica ou financeira. Trata-se de um instituto oriundo do Direito Europeu cujo foco inicial foi incentivar os Estados-Membros da União Europeia a promoverem parcerias público-privadas, as PPP's. **A ideia subjacente nessa modalidade de licitação é a de que o setor privado pode contribuir para as soluções públicas.** Por isso, ele é apropriado para aquelas situações nas quais o poder público sabe da sua necessidade, mas não sabe como supri-la. **No diálogo competitivo**, *o objeto da contratação é concebido no curso da licitação.*
>
> [...]

---

[56] Como fora previsto no § 5º do art. 51 da Lei nº 8.666/1993: "No caso de concurso, o julgamento será feito por uma comissão especial integrada por pessoas de reputação ilibada e reconhecido conhecimento da matéria em exame, servidores públicos ou não".

Essa modalidade é apta para casos complexos, sendo, por isso, de aplicação restrita. **Na Europa, poucos são os países que se valem dessa espécie de procedimento, apesar de o terem positivado no seu direito interno**. Ele é bastante utilizado na Inglaterra e na França.[57] [grifou-se]

Quanto ao procedimento em si, mais uma vez nos valemos das lições de Rafael Sérgio de Oliveira:

> A peculiaridade desse procedimento é que antes do julgamento das propostas há uma etapa de qualificação técnica e econômico-financeira e outra de diálogo com os candidatos. A qualificação e julgamento das propostas pouco se diferem do que existe na concorrência na forma como regulada hoje, sendo a fase de qualificação, digamos assim, equivalente à habilitação técnica e econômico-financeira. Na etapa do diálogo, cada candidato apresenta a sua solução à Administração. Reparemos que se trata de diálogo mesmo, pois cada licitante apresenta sua proposta de objeto do contrato de maneira individualizada para a Administração. Escolhida a solução, parte-se para o julgamento das propostas, que deve ocorrer de acordo com um dos critérios de julgamento previstos [...].[58]

Destarte, o procedimento do diálogo competitivo[59] é estruturado, basicamente, em três etapas distintas:

1ª ETAPA	Pré-seleção	Realização da seleção prévia dos candidatos aptos a participar do certame, conforme critérios de qualificação previamente estabelecidos em edital. Por força do inciso I, § 1º, do art. 32 da Lei nº 14.133/2021, o procedimento inicia-se com a divulgação do edital, contendo, necessariamente, as "necessidades e as exigências" da Administração, a fim de que o mercado compreenda os termos do diálogo e, assim, manifeste interesse na participação. O mesmo inciso I estabelece o prazo mínimo de divulgação do ato convocatório de 25 (vinte e cinco) dias úteis. Frise-se que "os critérios empregados para pré-seleção dos licitantes deverão ser previstos em edital, e serão admitidos todos os interessados que preencherem os requisitos objetivos estabelecidos" (art. 32, § 1º, II, da LLIC).

---

[57] OLIVEIRA, Rafael Sérgio de. *10 tópicos mais relevantes do projeto da nova Lei de Licitação e Contrato*. Observatório da Nova Lei de Licitações, dez. 2020. Disponível em: <http://www.novaleilicitacao.com.br/2020/12/18/10-topicos-mais-relevantes-do-projeto-da-nova-lei-de-licitacao-e-contrato/>. Acesso em: 15 abr. 2021.

[58] OLIVEIRA, Rafael Sérgio de. *10 tópicos mais relevantes do projeto da nova Lei de Licitação e Contrato*. Observatório da Nova Lei de Licitações, dez. 2020. Disponível em: <http://www.novaleilicitacao.com.br/2020/12/18/10-topicos-mais-relevantes-do-projeto-da-nova-lei-de-licitacao-e-contrato/>. Acesso em: 15 abr. 2021.

[59] Para maior aprofundamento do instituto, vide comentários do Prof. Rafael Sérgio de Oliveira ao art. 32 da Lei nº 14.133/2021 lançados na obra coletiva: FORTINI; Cristiana; OLIVEIRA, Rafael Sérgio Lima de; CAMARÃO, Tatiana. *Comentários à Lei de Licitações e Contratos Administrativos*. Belo Horizonte: Fórum, 2022. v. 1, p. 390-421.

2ª ETAPA	*Diálogo*	Concluída a qualificação prévia dos candidatos, inicia-se o diálogo com os licitantes pré-selecionados.

Na fase de diálogo, os candidatos devem ser tratados de forma isonômica, sendo vedado à Administração "revelar a outros licitantes as soluções propostas ou as informações sigilosas comunicadas por um licitante sem o seu consentimento" (art. 32, § 1º, IV).

Será vedada a "divulgação de informações de modo discriminatório que possa implicar vantagem para algum licitante" (art. 32, § 1º, III).

Da leitura do inciso VII do § 1º do art. 32, admite-se que a etapa de diálogo seja seccionada em fases sucessivas, "caso em que cada fase poderá restringir as soluções ou as propostas a serem discutidas".

Adiante, conforme incisos V e VIII, o que determina a conclusão da etapa de diálogo não é um prazo preestabelecido, mas sim a identificação efetiva por parte da Administração quanto à "solução ou as soluções que atendam às suas necessidades". Feita a identificação, a Administração deverá "declarar que o diálogo foi concluído", e, assim, "juntar aos autos do processo licitatório os registros e as gravações da fase de diálogo". |
| 3ª ETAPA | *Competição* | Após a declaração de conclusão do diálogo, como antecedente da etapa de julgamento das propostas, deverá a Administração deverá "iniciar a fase competitiva com a divulgação de edital contendo a especificação da solução que atenda às suas necessidades e os critérios objetivos a serem utilizados para seleção da proposta mais vantajosa e abrir prazo, não inferior a 60 (sessenta) dias úteis, para todos os licitantes pré-selecionados" apresentarem suas propostas (§ 1º, VIII).

A seleção da proposta vencedora dar-se-á de acordo com critérios divulgados no edital referente à fase competitiva, "assegurada a contratação mais vantajosa como resultado".

Cumpre salientar que o inciso IX do § 1º admite, na fase de julgamento das propostas, que a Administração solicite "esclarecimentos ou ajustes às propostas apresentadas, desde que não impliquem discriminação nem distorçam a concorrência entre as propostas". |

O diálogo competitivo, necessariamente, será conduzido de forma colegiada, ou seja, por uma "comissão de contratação" composta de, no mínimo, três servidores efetivos, admitida a contratação de profissionais para assessoramento técnico de tal comissão (art. 32, § 1º, XI). Em tal hipótese, os profissionais contratados deverão assinar termo de confidencialidade e abster-se de atividades que possam configurar conflito de interesses.

6.4 Procedimento da concorrência e do pregão

De forma expressa, é consignado no *caput* do art. 29 da Lei nº 14.133/2021 que "a concorrência e o pregão seguem o rito procedimental comum a que se refere o art. 17 desta Lei". Ou seja, de antemão, percebe-se que foi conferida uma unicidade da estrutura procedimental básica entre o pregão e a concorrência.

E vejamos, nos incisos II a VII do art. 17, a estrutura procedimental básica para a realização da *fase de seleção dos fornecedores* propriamente dita:

> Art. 17. O processo de licitação observará as seguintes fases, em sequência:
>
> [...]
>
> II – de divulgação do edital de licitação;
>
> III – de apresentação de propostas e lances, quando for o caso;
>
> IV – de julgamento;
>
> V – de habilitação;
>
> VI – recursal;
>
> VII – de homologação.

A partir do que já consta da Lei nº 10.520/2002, de se notar que a estrutura adotada do citado art. 17 da LLIC em si não é uma novidade, porquanto foi mantida a estrutura "tradicional" do pregão (fase de propostas antecedente à fase de habilitação; previsão de etapa de lances e fase recursal única). Interessante observar que a modalidade concorrência na LLIC é, então, estruturada a partir da experiência consagrada do pregão. Nos dizeres do professor Rafael Sérgio de Oliveira, a concorrência foi "apregoada"[60]. Assim, em comparação com a sistemática do art. 43 da Lei nº 8.666/1993, é autorizado compreender que, na Lei nº 14.133/2021, estamos diante de uma "nova" *concorrência*.

Levando em conta o rito procedimental básico preconizado no art. 17 da LLIC e o estabelecimento, como regra, de condução unipessoal dos procedimentos (*caput* do art. 8º), é dado concluir que a Lei nº 14.133/2021 consagrou como modelo licitatório elementar o "pregão" então instituído pela Medida Provisória nº 2.026, de 4 de maio de 2000, que, após sucessivas reedições, foi convertida na Lei nº 10.520, de 17 de julho de 2002[61].

---

[60] OLIVEIRA, Rafael Sérgio de. *10 tópicos mais relevantes do projeto da nova Lei de Licitação e Contrato.* Observatório da Nova Lei de Licitações, dez. 2020. Disponível em: <http://www.novaleilicitacao. com.br/2020/12/18/10-topicos-mais-relevantes-do-projeto-da-nova-lei-de-licitacao-e-contrato/>. Acesso em: 15 abr. 2021.

[61] No Direito pátrio, a primeira referência ao pregão com os contornos procedimentais semelhantes ao que hoje o instituto possui ocorreu na Lei nº 9.472, de 16 de julho de 1997, norma que versa sobre os serviços de telecomunicações e a Agência Nacional de Telecomunicações (ANATEL). Os dispositivos relacionados ao pregão (arts. 54 a 57) são provenientes do Projeto de Lei nº 2.648/1996 (posteriormente apensado ao projeto principal: PL nº 821/1995), oriundo do Poder Executivo, cujo texto foi elaborado no âmbito do Ministério das Telecomunicações (formalizada por meio da Exposição de Motivos nº 231, de 10 de dezembro de 1996, assinada pelo então Ministro das Telecomunicações, Sérgio Motta). Segundo noticia Fernandes, a inserção de uma nova estrutura procedimental licitatória no anteprojeto elaborado pelo Ministério das Telecomunicações (que deu origem ao PL nº 2.648/1996), foi resultado de sugestões formuladas pela equipe de consultores, capitaneada por Carlos Ari Sundfeld, então contratada pela pasta para auxiliar no projeto de reestruturação do setor de telecomunicações durante o primeiro mandato de Fernando Henrique Cardoso (FERNANDES, Ciro Campos Christo. Política de Compras e Contratações: Trajetória e Mudanças na Administração Pública Federal Brasileira. Tese de Doutorado (Orientador: Marco Aurélio Ruediger). Rio de Janeiro, Escola Brasileira de Administração Pública e de Empresas da FGV, 2010, p. 181-183). Ainda de acordo com Fernandes, "como nova modalidade de licitação, o pregão resultava de elaboração em grande medida original, extraída da experiência dos leilões das privatizações, adotados como procedimento que permitia a intensificação da competição. A equipe de Sundfeld concebeu a sua aplicação adaptada à compra de bens e serviços com características padronizadas, facilmente encontráveis no mercado. O novo procedimento destinar-se-ia às aquisições rotineiras da agência reguladora a ser

Cap. 4 · MODALIDADES E RITO PROCEDIMENTAL DA LICITAÇÃO | 145

Como visto anteriormente, a diferença entre "pregão" e "concorrência" situa-se no cabimento dos critérios de julgamento e no objeto passível de ser licitado. Mas, em termos procedimentais, a despeito de pontuais distinções e particularidades do fluxo operacional decorrentes de regulamentação, poder-se-ia dizer que, adotado o critério "menor preço" ou "maior desconto", não haveria, a rigor, qualquer distinção no procedimento do pregão e da concorrência[62].

Portanto, está posto o "esqueleto" do procedimento do pregão e da concorrência:

---

1) ***divulgação do edital*** e apreciação de eventuais impugnações e pedidos de esclarecimentos;

2) abertura da sessão pública com a ***apresentação das propostas***;

3) "*quando for o caso*"[63], realização da ***fase de lances***;

4) ***negociação*** a ser entabulada com o proponente da melhor oferta (art. 61);

5) ***julgamento da proposta*** mais bem classificada de acordo com os critérios explicitados no edital;

6) análise da ***habilitação*** do licitante provisoriamente vencedor;

7) ***fase recursal*** única (art. 165, § 1º);

8) ***adjudicação***[64] e ***homologação*** (art. 71, IV).

---

criada. Outras inovações surgiram de sugestões da comunidade jurídica, em 1997, como a inversão de fases e do contato com contratações dos organismos internacionais" (ob. cit., p. 184). Dado o fato de a ANATEL ter obtido sucesso com a implementação de tal procedimento licitatório, não obstante os questionamentos quanto à constitucionalidade do próprio art. 56 da Lei nº 9.472/1997 (acerca do panorama doutrinário sobre a (in)constitucionalidade do art. 56 da Lei nº 9.472/1997, bem como as conclusões exaradas pelo STF na ADI nº 1.668-DF, vide a seminal obra: MONTEIRO, Vera. *Licitação na modalidade pregão*. São Paulo: Malheiros, 2010, p. 30-36), foi publicada a Medida Provisória nº 2.026, de 4 de maio de 2000, instituindo o pregão para toda Administração Pública federal (acerca dos bastidores políticos na Casa Civil que influenciaram a decisão por estender o uso da modalidade pregão para todos os órgãos e entidades da União via medida provisória, vide FERNANDES, Ciro Campos Christo. *Política de Compras e Contratações*: Trajetória e Mudanças na Administração Pública Federal Brasileira. Tese de Doutorado (Orientador: Marco Aurélio Ruediger). Rio de Janeiro, Escola Brasileira de Administração Pública e de Empresas da FGV, 2010, p. 184-185). O diploma normativo referido foi reeditado diversas vezes e depois renumerado para Medida Provisória nº 2.182, de 21 de agosto de 2001, que também sofreu inúmeras reedições até a conversão em lei. Repare-se que a previsão inicial do instituto na norma provisória admitia a sua aplicação apenas em âmbito federal, o que era de constitucionalidade duvidosa, já que normas sobre modalidades de licitação são consideradas normas gerais, nos termos do art. 22, XXVII, da Constituição. Tal situação foi superada com a conversão da Medida Provisória nº 2.182 na Lei nº 10.520, de 17 de julho de 2002, que instituiu o pregão no âmbito da União, Estados, Distrito Federal e Municípios.

[62] Nesse sentido, observa-se que o Poder Executivo Federal, por meio da Instrução Normativa SEGES nº 73/2022, optou por regulamentar a matéria não por "modalidade" e sim por "critério de julgamento".

[63] A expressão "quando for o caso" contida no inciso III do art. 17 da LLIC justifica-se porque, na modalidade concorrência, poderá haver a adoção de critérios de julgamento que admitam a utilização isolada do modo de disputa "fechado" que não pressupõe, assim, a realização de fase de lances.

[64] Conforme redação do inciso IV do art. 71 da LLIC, adjudicação do objeto caberia "à autoridade superior". Todavia, reputamos não haver óbice à eventual previsão em regulamento no sentido do que consta no inciso XX do art. 4º da Lei nº 10.520/2002, conferindo a atribuição ao agente de contratação para adjudicar o objeto quando não houver manifestação imediata da intenção de recurso (art. 165, § 1º, LLIC).

Para melhor compreensão dos contornos da adoção do modelo do "pregão" pela Lei nº 14.133/2021, é oportuno pontuar os principais reflexos do novo diploma em relação à estrutura da modalidade então delineada pela Lei nº 10.520/2002:

Prazo mínimo de divulgação do edital:

– *Bens*: 08 (oito) dias úteis (art. 55, I, "a")

– *Serviços comuns:* 10 (dez) dias úteis (art. 55, II, "a")

Possibilidade de **inversão de fases**, iniciando-se pela habilitação (art. 17, § 1º)

Possibilidade de estabelecimento de **orçamento sigiloso** (art. 24)

Possibilidade de **exigência de garantia para participar do certame** não superior a 1% do valor estimado da licitação (art. 58)

Adoção "discricionária" dos **modos de disputa** "aberto", "aberto e fechado" ou "fechado e aberto", vedada a utilização apenas do modo "fechado" (art. 56, § 1º)

Possibilidade de fixação de **intervalo mínimo de diferença entre os lances** (art. 57)

Possibilidade de **reinício da disputa aberta** (art. 56, § 4º)

Momento de **apresentação da habilitação**: apenas do licitante vencedor (art. 63, II)

Dada a ausência de previsão legal, passa a ser **desnecessária a motivação para registro da intenção recursal** (art. 165, § 1º, I)

Em suma, comparando as Leis nº 10.520/2002 e nº 14.133/2021, percebe-se haver novas e variadas formas de "desenho" do procedimento do pregão na LLIC, em especial com as possibilidades de combinação entre três modos de disputa, orçamento sigiloso e inversão de fases.

6.4.1 A possibilidade de "inversão de fases"

No § 1º do art. 17 da LLIC, é prevista a possibilidade de a Administração, "mediante ato motivado com explicitação dos benefícios decorrentes" e "desde que expressamente previsto no edital de licitação", inverter as fases de propostas e de habilitação. Ou seja, o procedimento iniciar-se-ia com a fase de habilitação, prosseguindo para a apresentação das propostas e da etapa de lances ("quando for o caso") apenas os licitantes que tenham sido habilitados.

Em que pese o objetivo da norma de buscar a semelhante eficiência e celeridade do procedimento do pregão na Lei nº 10.520/2002, diante da particularidade e sensibilidade de alguns objetos, a "inversão de fases" pode-se mostrar como medida salutar para atenuar os riscos de participações aventureiras e conferir maior segurança para a Administração quanto à avaliação de propostas apenas em relação aos fornecedores que, previamente, tenham demonstrado sua aptidão na fase de habilitação.

Nesse mesmo intento, precisamos lembrar de importantes instrumentos auxiliares que poderão ser acoplados aos procedimentos licitatórios como a pré-qualificação (de licitantes e de produtos) prevista no art. 81 da LLIC, afastando, assim, as distorções e críticas quanto ao rito do estabelecido na Lei nº 10.520/2002, notadamente em relação a uma pressuposta baixa qualidade de disputa decorrente da verificação das condições de contratar com a Administração somente após o fim da disputa e, também, por um fetiche dos agentes públicos – fomentado, em grande parte, pelos órgãos de controle – na busca de menor preço, desatrelado de uma preocupação com a qualidade e performance da solução a ser contratada.

6.4.2 A possibilidade de exigência de garantia para participar do certame

De maneira similar ao previsto no art. 31, III, da Lei nº 8.666/1993, a LLIC, em seu art. 58, prevê a possibilidade de exigência de garantia de proposta "como requisito de pré--habilitação".

No caso, a garantia, que "não poderá ser superior a 1% (um por cento) do valor estimado para a contratação", deverá ser apresentada juntamente com a proposta, cabendo ao licitante optar por uma das modalidades previstas no § 1º do art. 96 da Lei nº 14.133/2021: caução em dinheiro ou em títulos da dívida pública, seguro-garantia ou fiança bancária.

Interessante observar que, na LLIC, diante da inexistência de vedação no sentido do que fora estabelecido no art. 5º, I, da Lei nº 10.520/2002, admite-se a exigência de garantia de proposta quando adotada a modalidade *pregão*.

6.4.3 Etapas da fase externa nas modalidades concorrência e pregão

6.4.3.1 Etapa de divulgação do edital

6.4.3.1.1 O edital

O edital – também denominado de *ato* ou *instrumento* convocatório) – consiste no ato por meio do qual se convocam os interessados em participar do certame licitatório e estabelece as condições que o regerão. Trata-se, portanto, de documento obrigatório para todas as modalidades de licitação.

São as seguintes as funções desempenhadas pelo edital:

a) confere publicidade à licitação;
b) identifica o objeto licitado e delimita o universo das propostas;
c) circunscreve o universo de proponentes;
d) estabelece os critérios para análise e avaliação dos proponentes e propostas;
e) regula atos e termos processuais do procedimento;
f) fixa as cláusulas do futuro contrato.

Quanto ao seu conteúdo, de forma diversa do detalhado rol "mínimo" então adotado pelo art. 40 da Lei nº 8.666/1993, o art. 25 da LLIC preconiza: "O edital deverá conter *o objeto da licitação* e as regras relativas à *convocação*, ao *julgamento*, à *habilitação*, aos *recursos* e às *penalidades* da licitação, à *fiscalização e à gestão do contrato*, à *entrega do objeto* e às *condições de pagamento*" [grifou-se]. No tocante ao procedimento do certame em si, é evidente que o ato convocatório, na linha do inciso VIII do art. 18, deverá explicitar objetivamente qual seria a modalidade de licitação, o critério de julgamento e o modo de disputa a ser adotado, devendo tal definição ser desenvolvida motivadamente na fase preparatória orientada pela "adequação e eficiência da forma de combinação desses parâmetros, para os fins de seleção da proposta apta a gerar o resultado de contratação mais vantajoso para a Administração Pública, considerado todo o ciclo de vida do objeto".

Ademais, o § 7º do mesmo art. 25, positivando entendimento solidificado pelo TCU, estabelece que, "independentemente do prazo de duração do contrato, **será obrigatória a previsão no edital de índice de reajustamento de preço**, com data-base vinculada à data do orçamento estimado e com a possibilidade de ser estabelecido mais de um índice específico ou setorial, em conformidade com a realidade de mercado dos respectivos insumos" [grifou-se].

Frise-se que, nas contratações de obras, serviços e fornecimentos de grande vulto[65], de acordo com o § 4º do art. 25 da Lei nº 14.133/2021, é obrigatório que o edital estabeleça a "obrigatoriedade de implantação de programa de integridade pelo licitante vencedor, no prazo de 6 (seis) meses, contado da celebração do contrato, conforme regulamento que disporá sobre as medidas a serem adotadas, a forma de comprovação e as penalidades pelo seu descumprimento".

Infere-se da leitura do § 3º do art. 25 da LLIC, que são anexos necessários do edital: minuta de contrato, termo de referência/projeto básico e, quando for o caso, anteprojeto e projetos.

6.4.3.1.1.1 Previsões específicas e facultativas no edital

Afora o conteúdo básico previsto no *caput* do art. 25, a Lei nº 14.133/2021 antecipa as seguintes possibilidades (caráter facultativo) de previsão nos atos convocatórios:

– "matriz de alocação de riscos entre o contratante e o contratado, hipótese em que o cálculo do valor estimado da contratação poderá considerar taxa de risco compatível com o objeto da licitação e com os riscos atribuídos ao contratado, de acordo com metodologia predefinida pelo ente federativo" (art. 22);

– "utilização de mão de obra, materiais, tecnologias e matérias-primas existentes no local da execução, conservação e operação do bem, serviço ou obra" (art. 25, § 2º);

– responsabilidade do contratado pela: *i)* obtenção do licenciamento ambiental; *ii)* realização da desapropriação autorizada pelo poder público (art. 25, § 5º);

– exigência de alocação de percentual mínimo da mão de obra responsável pela execução do objeto da contratação seja constituído por: *i)* mulheres vítimas de violência doméstica; *ii)* oriundos ou egressos do sistema prisional (art. 25, § 9º);

– exigência da "necessidade de o licitante atestar que conhece o local e as condições de realização da obra ou serviço, assegurado a ele o direito de realização de vistoria prévia", admitida "a possibilidade de substituição da vistoria por declaração formal assinada pelo responsável técnico do licitante acerca do conhecimento pleno das condições e peculiaridades da contratação" (art. 63, §§ 2º e 3º).

6.4.3.1.2 Publicidade do edital

6.4.3.1.2.1 Publicidade obrigatória dos editais

6.4.3.1.2.1.1 Disponibilidade do edital e seus anexos no Portal Nacional de Contratações Públicas

A publicidade mínima exigida pela LLIC em relação ao Portal Nacional de Contratações Públicas se dá não com a mera veiculação de aviso de licitação (como observado no regime da Lei nº 8.666/1993 e da Lei nº 10.520/2002), mas sim com a "divulgação" e a "manutenção" do "inteiro teor" do edital e seus respectivos anexos.

---

[65] De acordo com o inciso XXII do art. 6º da LLIC, consideram-se "obras, serviços e fornecimentos de grande vulto: aqueles cujo valor estimado supera R$ 200.000.000,00 (duzentos milhões de reais)". Note-se que, nos termos do art. 182 do LLIC, tal valor será atualizado, anualmente, pelo Poder Executivo Federal.

Nos termos do art. 174 da Lei nº 14.133/2021, o PNCP trata-se de um "sítio eletrônico oficial" que se destina, precipuamente[66], à "divulgação centralizada e obrigatória" dos atos exigidos na LLIC por parte de todos os entes federativos (União, Estados, Municípios e Distrito Federal), em especial os editais de licitação (art. 54) e os contratos administrativos (art. 94).

A instituição do PNCP visa promover a densificação dos princípios da Administração Pública insculpidos no art. 37 da Constituição da República Federativa do Brasil no que tange à publicidade, transparência e eficiência da gestão pública, constituindo-se como instrumento de maximização da transparência ativa em âmbito nacional para, assim, potencializar o exercício do controle social e promover a indução de padronização e espelhamento de boas práticas entre os órgãos e entidades de todo o País.

De acordo com o § 1º do art. 174 da Lei nº 14.133/2021, a gestão do PNCP compete ao Comitê Gestor da Rede Nacional de Contratações Públicas (CGRNCP), colegiado de composição interfederativa[67]. O funcionamento e a constituição do CGRNCP foram regulamentados pelo Decreto Federal nº 10.764/2021, sendo a designação formal de seus membros materializada em ato do então Ministro da Economia[68].

6.4.3.1.2.1.2 Publicação do "extrato do edital" em Diário Oficial e em "jornal diário de grande circulação"

Além da disponibilização da íntegra do edital e seus anexos no PNCP, conforme comando do *caput* do art. 54, também se mostra obrigatório para todos os órgãos e entidades da União, Estados, Distrito Federal e Municípios a publicação do "aviso de licitação" ou – como denominado pela LLIC – de "extrato do edital" nos seguintes veículos de comunicação:

DIÁRIO OFICIAL	Trata-se do veículo de imprensa oficial do respectivo ente federado. Deverão ser admitidos tanto os Diários Oficiais impressos quanto os digitais, desde que certificado digitalmente por autoridade certificadora. Quando a licitação for promovida por consórcio público (regulado pela Lei nº 11.107/2005), dispõe o § 1º do art. 54 que o "aviso de licitação" deverá ser publicado no Diário Oficial "do ente de maior nível entre eles". Tal expressão deve ser lida em conformidade com a Constituição Federal, que pressupõe a autonomia plena entre os entes federados, não havendo que se falar em uma relação hierárquica. Na verdade, por "maior nível" deverá ser considerada a maior abrangência territorial quando relacionados a União e Estados, a União e Municípios ou Estados e Municípios. Portanto, no caso de composição interfederativa do consórcio, a publicação deverá ser realizada na imprensa oficial daquele ente que ostente maior abrangência territorial: em caso de consórcio entre União, Estados e/ou Municípios, publicação no Diário Oficial da União; em caso de consórcio entre Estados e Municípios, publicação no Diário Oficial do Estado. Contudo, havendo consórcio com mais de um Estado ou apenas entre Municípios, não havendo que se falar "de maior nível entre eles", defendemos a necessidade de publicação nos Diários Oficiais de todos os entes consorciados.

---

[66] Diz-se "precipuamente" porque, consoante preconiza o § 3º do art. 174 da LLIC, o PNCP deverá contemplar uma série de outras funcionalidades além da publicidade centralizada de editais e contratos.

[67] Para melhor compreensão, vide: AMORIM, Victor. Portal Nacional de Contratações Públicas (PNCP): por que precisamos falar sobre o Comitê Gestor?. *Observatório da Nova Lei de Licitações*, jun. 2024. Disponível em: <https://www.novaleilicitacao.com.br/2024/06/07/portal-nacional-de-contratacoes--publicas-pncp-por-que-precisamos-falar-sobre-o-comite-gestor/>.

[68] A primeira designação formal de seus membros foi materializada com a publicação da Portaria do Ministério da Economia nº 9.728, de 24.08.2021, tendo sido o autor deste capítulo um dos integrantes nomeados, na qualidade de representante do Poder Legislativo.

	A parte final do § 1º do art. 54 estabelece como obrigatória a publicação do "aviso de licitação" em "jornal diário de grande circulação" referente a todo e qualquer certame a ser promovido por órgão e entidade da União, Estados, Distrito Federal e Municípios, independentemente da modalidade, do critério de julgamento e/ou do valor estimado do objeto.

A parte final do § 1º do art. 54 estabelece como obrigatória a publicação do "aviso de licitação" em "jornal diário de grande circulação" referente a todo e qualquer certame a ser promovido por órgão e entidade da União, Estados, Distrito Federal e Municípios, independentemente da modalidade, do critério de julgamento e/ou do valor estimado do objeto.

Assim como anteriormente observado na Lei nº 8.666/1993, a expressão "grande circulação" trata-se de um conceito jurídico indeterminado.

O único parâmetro objetivo traçado pelo § 1º seria quanto à sequência diária de "publicação" do jornal, de modo que por "jornal diário" deve se compreender a publicação do periódico sem interregno de datas.

A seu turno, quanto à abrangência da circulação, como a LLIC não estabelece o âmbito em si ("local", "regional" ou "nacional"), reputa-se que, ao menos, a publicação do aviso deverá ocorrer em jornal que circule na região do local no qual fique sediado o órgão promotor da licitação.

Por se tratar de conceito indeterminado, destacamos a relevância de definição, mediante parâmetros objetivos e verificáveis, das premissas de enquadramento do jornal como de "grande circulação"[69].

JORNAL DIÁRIO DE GRANDE CIRCULAÇÃO

Em relação à expressão "jornal de grande circulação", ainda com esteio na previsão do art. 21, III, da Lei nº 8.666/1993, cumpre registrar o entendimento da Consultoria Zênite segundo o qual se trataria de "periódico que tem ampla circulação no território do estado, ou seja, um periódico bastante aceito e consumido pela população, em se tratando do estado, que atinja quase todos os municípios, senão todos. O mesmo sentido deve ser dado com relação ao município, o jornal local deverá atingir a quase todas as classes e faixas da população. A Administração não poderá aceitar contratar com jornais que atinjam apenas uma categoria de profissionais, ou apenas uma parte da sociedade"[70].

Desde a Lei nº 8.666/1993, a jurisprudência é bastante vacilante acerca de uma densificação conceitual abstrata de "jornal de grande circulação", deixando para as particularidades do caso concreto a avaliação do enquadramento[71].

Sobre a controvérsia, destaca-se a seguinte passagem do voto do Ministro Menezes Direito no REsp nº 41.969/DF:

"A questão da grande circulação é uma matéria muito controvertida [...] É muito difícil fazer essa consideração de jornal de grande ou de pequena circulação, porque são vários os fatores que devem ser considerados. Não é a frequência da circulação, não é a quantidade da circulação. Há jornais que têm uma destinação específica de publicação de editais, que têm uma pequena circulação, mas, uma circulação dirigida, e essa circulação dirigida, muitas vezes, e, frequentemente isso ocorre, a meu juízo, substitui o conceito de grande circulação para aquele caso concreto."[72]

Por fim, reputamos ser razoável a admissão de jornais publicados em meio digital, desde que assegurado o amplo acesso e atendidos os requisitos quanto à publicação diária e a abrangência e alcance de seu público-alvo em vista do interesse sociopolítico gerado com as matérias ordinariamente veiculadas no período eletrônico.

---

[69] Registre-se que, no exercício de sua competência normativa suplementar, o Estado de Goiás, por meio da Lei Estadual nº 17.928/2012, estabeleceu, no art. 2º, XVI, o conceito de "jornal estadual de grande circulação" como o periódico que "possua tiragem diária e abrangência de distribuição em no mínimo 60% (sessenta por cento) dos municípios do Estado, estes com pelo menos o mesmo percentual de participação no total da população estadual, atestadas por certificador independente, de notório reconhecimento regional ou nacional".

[70] *Revista Zênite de Licitações e Contratos – ILC*, Curitiba: Zênite. n. 37, p. 239, mar. 1997.

[71] Vide, nesse sentido, os acórdãos do TCU nº 4.016/2020, 2ª Câmara, e nº 10.076/2020, 1ª Câmara.

[72] STJ, REsp 41.969/DF, Rel. Min. Costa Leite, j. 14.04.1998.

6.4.3.1.2.2 A publicidade adicional dos editais

Quanto à divulgação adicional, observa-se que o inciso LII do art. 6º da LLIC conceitua como "sítio eletrônico oficial" o "sítio da internet, certificado digitalmente por autoridade certificadora, no qual *o ente federativo* divulga de forma centralizada as informações e os serviços de governo digital dos seus órgãos e entidades".

Veja que, assim como o § 2º do art. 54, o transcrito inciso LII fala em sítio eletrônico "do ente federativo", dando a entender que haveria apenas um único sítio eletrônico para o respectivo ente, o que contemplaria todos os Poderes e órgãos autônomos daquela esfera federativa. Ocorre que, em nosso entender, compete a cada ente federativo, no pleno exercício de sua autonomia constitucional, estabelecer o que se entende por "meio oficial", podendo, destarte, conferir ao sítio de cada órgão e entidade o *status* de "sítio eletrônico oficial". Em verdade, é o que se defende: em cada ente federativo, cada Poder e órgão com autonomia constitucional (Ministério Público e Tribunal de Contas) terá seu próprio "sítio eletrônico oficial", não havendo que se falar, para fins de publicidade adicional, em um único sítio.

Assim, em nossa ótica, as disposições da Lei nº 14.133/2021 que preestabelecem a compreensão de meio oficial de divulgação de atos administrativos devem ser qualificadas como "normas específicas", admitindo-se, pois, disciplina diversa nas leis estaduais e municipais.

6.4.3.1.2.3 Regras transitórias excepcionais

Além do regime transitório geral previsto no art. 191 da LLIC, foram previstas no art. 176 algumas condições excepcionais para Municípios com até 20.000 (vinte mil) habitantes, entre as quais o cumprimento, no prazo máximo de 6 (seis) anos da publicação da Lei nº 14.133/2021, "das regras relativas à divulgação em sítio eletrônico oficial" (art. 176, III).

Em tal contexto, dispõe o parágrafo único do mesmo art. 176 que, "enquanto não adotarem o PNCP", tais Municípios deverão:

> I – publicar, em diário oficial, as informações que esta Lei exige que sejam divulgadas em sítio eletrônico oficial, admitida a publicação de extrato;
>
> II – disponibilizar a versão física dos documentos em suas repartições, vedada a cobrança de qualquer valor, salvo o referente ao fornecimento de edital ou de cópia de documento, que não será superior ao custo de sua reprodução gráfica.

Há, portanto, para os Municípios com até 20.000 habitantes a possibilidade legal de não veiculação no PNCP das matérias vertidas no § 2º do art. 174 da LLIC até 1º de abril de 2027.

A seu turno, o § 2º do art. 175[73] trata de uma disposição de caráter transitório para os Municípios em geral (independentemente da população e da abrangência territorial): até 31 de dezembro de 2023, deverão "realizar divulgação complementar de suas contratações mediante publicação de extrato de edital de licitação em jornal diário de grande circulação local". Ocorre que, com a derrubada do veto aposto ao § 1º do art. 54 (regra geral de publicidade obrigatória), restou inócua a regra específica e transitória veiculada no § 2º

---

[73] Dispositivo originalmente vetado pelo Presidente da República. Contudo, o Congresso Nacional derrubou o veto.

do art. 175, já que, para todos os entes federativos, além da disponibilidade da íntegra do ato convocatório no PNCP, o aviso de licitação deverá ser obrigatoriamente publicado em diário oficial e em jornal diário de grande circulação.

6.4.3.1.3 Prazo mínimo de divulgação do edital

Assim como observado no art. 21, § 2º, da Lei nº 8.666/1993 e no art. 4º, V, da Lei nº 10.520/2002, quanto à divulgação do edital, a LLIC, em seu art. 55, estabelece prazos mínimos a serem compreendidos entre a data da efetiva publicidade do edital e a data designada para a abertura do certame.

De acordo com a sistemática adotada pelo citado art. 55, a adequada identificação dos prazos mínimos será orientada por três aspectos: *natureza do objeto* (no caso de contratação de obras e serviços e aquisição de bens), *critério de julgamento* e *regime de execução* (no caso de obras e serviços de engenharia):

AQUISIÇÃO DE BENS	quando adotados os critérios de julgamento de *menor preço* ou de *maior desconto*	8 (oito) dias úteis
	quando adotados os demais critérios de julgamento	15 (quinze) dias úteis
CONTRATAÇÃO DE SERVIÇOS E OBRAS	quando adotados os critérios de julgamento de *menor preço* ou de maior desconto, no caso de *serviços comuns* e de *obras e serviços comuns de engenharia*	10 (dez) dias úteis
	quando adotados os critérios de julgamento de *menor preço* ou de *maior desconto*, no caso de *serviços especiais* e de *obras e serviços especiais de engenharia*	25 (vinte e cinco) dias úteis
	quando o regime de execução for de *contratação integrada*	60 (sessenta) dias úteis
	quando o regime de execução for o de *contratação semi-integrada* ou quando adotado os critérios "*técnica e preço*", "*maior retorno econômico*" ou "*melhor técnica*"	35 (trinta e cinco) dias úteis
para licitação em que se adote o critério de julgamento de MAIOR LANCE		15 (quinze) dias úteis
para licitação em que se adote o critério de julgamento de TÉCNICA E PREÇO ou de MELHOR TÉCNICA OU CONTEÚDO ARTÍSTICO		35 (trinta e cinco) dias úteis

É preciso salientar a existência de norma excepcional, de natureza "específica" para a Administração Pública Federal, prevista no § 2º do art. 55 da LLIC no sentido da possibilidade, "mediante decisão fundamentada", de serem os prazos de divulgação "reduzidos até a metade nas licitações realizadas pelo Ministério da Saúde, no âmbito do Sistema Único de Saúde (SUS)".

Em observância à regra do *caput* e do inciso I do § 1º do art. 183 c/c *caput* do art. 54 da LLIC, considera-se dia do começo do prazo o primeiro dia útil seguinte ao da disponibilização do edital no PNCP. A contagem do prazo não deve ser peremptória, ou seja, a data de abertura do certame não deve estar incluída no dia do término do prazo estabelecido, afinal, o prazo entre a disponibilização efetiva do edital no PNCP e a abertura do certame é prazo destinado à ausência da sessão de recebimento das propostas.

Os prazos de divulgação são contatos em dias "úteis", correspondentes, na dicção do inciso III do art. 183, aos "dias em que ocorrer expediente administrativo no órgão ou entidade competente". Valendo-se do disposto no art. 183, § 2º, da Lei nº 14.133/2021, entende-se por dia de expediente aquele em que o órgão ou entidade operar com todos os seus serviços e agentes, o que exclui dias de ponto facultativo ou sujeitos a regime de plantão.

6.4.3.1.3.1 Alteração do edital: necessidade de reabertura do prazo de divulgação

A partir da leitura do § 1º do art. 55 da Lei nº 14.133/2021, depreende-se que qualquer modificação no edital exige divulgação pela mesma forma como se deu o texto original, reabrindo-se o prazo inicialmente estabelecido. A regra confirma a necessidade de republicação do edital e a consequente reabertura do prazo de divulgação sempre que o conteúdo do ato convocatório for alterado. Contudo, tal regra é afastada se, "inquestionavelmente", tal alteração "não comprometer a formulação das propostas".

Logo, a depender da intensidade e da repercussão prática da alteração promovida no caso concreto, deverá a Administração avaliar, de forma criteriosa, se a modificação tem o potencial de influir na formulação das propostas ou se repercute substancialmente na ampliação ou redução do universo potencial de competidores.

Acerca do tema, sob a égide da Lei nº 8.666/1993, extrai-se dos julgados do TCU[74] o entendimento pela necessidade de reabertura do prazo quando as modificações de fato afetarem a formulação das propostas (alteração de especificação do objeto e da forma de fornecimento, por exemplo) ou acarretarem a ampliação ou restrição das condições de participação (alteração na exigência dos documentos de habilitação, por exemplo).

Ainda que as modificações não atinjam diretamente a proposta, mas apenas os documentos de habilitação (ampliando ou restringindo a participação em relação ao texto original do edital), a republicação será necessária. Como vaticinado pelo TCU, impõe-se a republicação "mesmo em hipóteses que resultem na ampliação do universo de competidores, a fim de viabilizar que os novos possíveis interessados contem com tempo hábil para a elaboração de suas propostas"[75].

A aplicação do § 1º do art. 55 da LLIC sempre demandará um ato decisório da Administração, pois, se houver a republicação, presume-se que a alteração influenciou na formulação das propostas. Por sua vez, se houver algum tipo de modificação (em geral, por meio de "errata") sem republicação, reputa-se que restou avaliado que a retificação não afetou substancialmente a formulação das ofertas e as condições de participação.

Quanto à forma da republicação, o citado § 1º menciona que a publicidade deve ocorrer "na mesma forma de sua divulgação inicial", de modo que, caso a Administração tenha optado por conferir publicidade superior ao mínimo normativo exigido – v.g., a divulgação adicional de que trata o § 2º do art. 54 da Lei nº 14.133/2021 –, deverá manter o mesmo padrão na nova divulgação, assim entendido: o mesmo meio de veiculação.

Por fim, a partir da mesma expressão, entendemos que o prazo de divulgação do edital inicialmente estabelecido pela Administração deverá ser observado na nova divulgação,

---

[74] Nesse sentido, vide: Acordãos nº 552/2008-Plenário, nº 930/2008-Plenário e nº 6.750/2018-1ª Câmara.

[75] Trecho do item 9.2.2 do Acórdão TCU nº 1.197/2010-Plenário, rel. Min. Augusto Sherman, julgado em 26/05/2010.

ainda que tenha sido ampliado em relação ao prazo mínimo fixado na hipótese aplicável no art. 55 da LLIC, porquanto, se houve tal majoração, presume-se que se trata de uma decisão aderente à complexidade do caso concreto e a necessidade de conferir maior tempo para o mercado compreender e se preparar para os termos da disputa.

6.4.3.1.4 Impugnação

A impugnação tem por objetivo possibilitar qualquer pessoa a apontar à Administração a existência de *vícios de legalidade, irregularidades* e *inconsistências* nos editais e respectivos anexos, de modo a viabilizar a sua correção e adequação.

O fundamento constitucional é identificado no direito de petição consagrado no art. 5º, XXXIV, "a", da CRFB, segundo o qual, "são a todos assegurados, independentemente do pagamento de taxas, o direito de petição aos Poderes Públicos em defesa de direitos ou contra ilegalidade ou abuso de poder".

No âmbito da Lei nº 14.133/2021, o direito à impugnação encontra expressa previsão no art. 164:

> Art. 164. Qualquer pessoa é parte legítima para impugnar edital de licitação por irregularidade na aplicação desta Lei ou para solicitar esclarecimento sobre os seus termos, devendo protocolar o pedido até 3 (três) dias úteis antes da data de abertura do certame.
>
> Parágrafo único. A resposta à impugnação ou ao pedido de esclarecimento será divulgada em sítio eletrônico oficial no prazo de até 3 (três) dias úteis, limitado ao último dia útil anterior à data da abertura do certame.

6.4.3.1.4.1 Legitimidade e formalidade para impugnar

Ao contrário do que se observava no art. 41 da Lei nº 8.666/1993, o *caput* do art. 164 da LLIC confere ampla legitimidade para a impugnação, podendo ser apresentada por "qualquer pessoa", seja física ou jurídica, independentemente de seu potencial de figurar como licitante e mesmo de eventual justificativa do interesse ou objetivo com a formulação da peça impugnatória.

Não foi estabelecida qualquer formalidade específica para a petição de impugnação, inferindo-se, pelo menos, a forma escrita, a identificação do impugnante e a admissibilidade de sua apresentação por meio eletrônico, ainda que se trate de certame presencial.

6.4.3.1.4.2 Contagem do prazo para impugnação

Ao contrário dos prazos de divulgação do edital, cuja contagem se dá de forma prospectiva ("para frente"), observando o art. 183 da LLIC, a tempestividade para o exercício do direito de impugnar o edital e de apresentar pedido de esclarecimento é estabelecida a partir da metodologia de contagem retroativa ("para trás"), dado o uso do termo "até" no *caput* do art. 164. Veja que o termo "até" conduz ao entendimento do dever de se incluir o terceiro dia útil anterior como data apta para o exercício do direito de impugnação.

Por conseguinte, até o terceiro dia útil anterior à abertura do certame, ainda se mostra possível apresentar o pedido de impugnação. Trata-se de uma compreensão pretérita acerca do art. 41 da Lei nº 8.666/1993, que, a nosso ver, é compatível com a sistemática do prazo de que trata o citado art. 164 da LLIC.

6.4.3.1.4.3 Competência para o julgamento da impugnação

Não há na Lei nº 14.133/2021 indicação expressa da autoridade competente para apreciar a impugnação. Logo, a definição da competência é transferida para os regulamentos e normatizações internas dos órgãos públicos.

Por fim, saliente-se que da decisão do agente competente no sentido da improcedência da impugnação caberia recurso à autoridade competente (sem efeito suspensivo), nos termos do art. 56 da Lei nº 9.784/1999.

6.4.3.1.4.4 Prazo para a resposta à impugnação: efeito suspensivo da impugnação?

De acordo com o parágrafo único do art. 164 da LLIC, o prazo de resposta à impugnação é de "de até 3 (três) dias úteis, limitado ao último dia útil anterior à data da abertura do certame".

A resposta não deve se limitar à ciência específica do impugnante, devendo a resposta (em sua integralidade), por expressa previsão legal, ser divulgada no sítio eletrônico oficial do órgão promotor da licitação para conhecimento público.

A partir da leitura da Lei nº 14.133/2021, constata-se a ausência de previsão normativa de concessão de efeito suspensivo automático decorrente da mera apresentação da impugnação. Ou seja, a rigor, impugnado o edital, o prazo de divulgação do certame continua a transcorrer normalmente.

Contudo, é preciso evidenciar a imprescindibilidade de a Administração responder à impugnação "último dia útil anterior à data da abertura do certame". Assim, não havendo resposta do órgão licitante, a medida que se impõe é a suspensão do certame.

6.4.3.1.4.5 Impugnação intempestiva: preclusão da alegação de nulidade do edital?

Considerando a existência de previsão legal quanto ao prazo para impugnação, é de se indagar: e se a impugnação for formalizada fora do prazo? Deve ser simplesmente ignorada?

Para responder a tais questionamentos, é preciso fazer uma breve análise do poder-dever da Administração de anular os atos administrativos maculados por vício de legalidade.

De acordo com o inciso III do art. 71 da LLIC, a autoridade competente para a aprovação do procedimento deverá anular a licitação "sempre que presente ilegalidade insanável", de que tenha tomado conhecimento de ofício ou por provocação de terceiros.

Quando não partir de ofício da própria Administração, a constatação do vício de legalidade poderá ser motivada mediante provocação de terceiros, não necessariamente participantes do processo licitatório. Por se tratar de questão de ordem pública, a provocação da análise do vício de legalidade por qualquer cidadão não está sujeita a preclusão. Desse modo, quanto ao vício de legalidade, a Administração deverá, ao menos, apreciar eventuais alegações advindas de "qualquer pessoa" independentemente do prazo, seja na oportunidade da impugnação, seja durante a realização do certame.

Logo, mesmo que seja intempestiva a impugnação, é salutar que a Administração deva avaliar, ainda que perfunctoriamente, se a peça apresenta algum apontamento de ilegalidade nas disposições do edital. Com efeito, em termos processuais, diante da inexistência de preclusão da alegação da matéria, o mais adequado é que o agente competente aprecie a impugnação, não a conhecendo por ausência do pressuposto da tempestividade, mas, em razão da autotutela da Administração, analisar de ofício o mérito concernente à eventual ilicitude nas exigências editalícias.

6.4.3.1.5 Pedido de esclarecimento

No mesmo art. 164, ao tratar da impugnação, a Lei nº 14.133/2021 prevê a possibilidade de "qualquer pessoa" solicitar esclarecimentos acerca dos termos do edital e de seus anexos, devendo, para tanto, protocolar o pedido até três dias úteis antes da data de abertura do certame.

Vale salientar o entendimento já sedimentado pelo TCU acerca do caráter vinculativo da resposta formulada: "esclarecimentos prestados administrativamente para responder a questionamento de licitante têm natureza vinculante para todos os participantes do certame, não se podendo admitir, quando da análise das propostas, interpretação distinta, sob pena de violação ao instrumento convocatório" (Acórdão nº 299/2015-Plenário).

Conclui-se que a resposta publicada adere aos termos do edital, vinculando os licitantes e a própria Administração quando do julgamento das propostas, habilitação e demais atos decisórios relativos à condução do certame e julgamento dos eventuais recursos.

6.4.3.2 Etapa de apresentação das propostas

Preliminarmente, convém ressaltar que a forma de realização dos procedimentos licitatórios poderá se dar pela via "presencial" ou "eletrônica", havendo, a bem da verdade, um comando de preferencialidade pela forma eletrônica consubstanciado no § 2º do art. 17 da Lei nº 14.133/2021.

Portanto, no que tange à apresentação das propostas, a sistemática do fluxo do procedimental será afetada a depender da forma de realização da licitação.

Quanto à forma presencial, não consta da LLIC maiores detalhamentos acerca do procedimento de preparação, entrega e recepção não apenas das propostas, mas, também, dos demais documentos de habilitação necessários à comprovação da qualificação do licitante, a exemplo do que se observa no art. 43 da Lei nº 8.666/1993 e no art. 4º, VII e XII, da Lei nº 10.520/2002. Dessa forma, o espaço de conformação procedimental ficará a cargo do instrumento convocatório, observado, a depender da instância e da vinculação do órgão ou entidade promotora da licitação, eventual regulamentação específica sobre a matéria, assim, *v.g.*, como se observa no Decreto Federal nº 3.555/2000.

Da mesma forma, a Lei nº 14.133/2021, ao tratar da forma eletrônica das licitações, apenas refere-se à aspectos gerais quanto às características dos documentos (art. 12, VI e § 2º; art. 17, § 4º; art. 65, § 2º; art. 68, § 1º) e à necessidade de uma plataforma de realização dos certames (art. 174, II e § 3º, IV; art. 175). Por conseguinte, as minúcias procedimentais deverão ser tratadas nos devidos regulamentos e/ou nos editais, devendo, contudo, ser observada a respectiva parametrização e adequação do fluxo na plataforma eletrônica a ser utilizada. A seguir a prática observada no pregão eletrônico e, também, no RDC eletrônico, a apresentação das propostas far-se-á por meio de prévio cadastro da oferta no sistema eletrônico (observando-se as exigências específicas, como *upload* de anexos e campos mínimos para preenchimento) até a data e horário previstos para a abertura da sessão pública.

6.4.3.2.1 Etapa de lances

No caso de adoção do modo de disputa "aberto" – seja isoladamente, seja de forma combinada com o modo "fechado" –, impõe-se a realização de uma etapa de lances nos termos do inciso III do art. 17 e do inciso I e §§ 3º e 4º do art. 56 e do art. 57 da Lei nº 14.133/2021.

Como dito no tópico 5 deste capítulo, não consta da LLIC maior detalhamento acerca do fluxo operacional da etapa de lances, de modo que as condições específicas de operacionalização serão estabelecidas em regulamento e/ou no próprio ato convocatório.

6.4.3.3   Etapa de julgamento da proposta

O julgamento é o ato por meio do qual a Administração, através do agente responsável pela condução do certame, realiza a avaliação da compatibilidade substancial do teor das propostas com os requisitos mínimos fixados no ato convocatório.

Ressalte-se que tal julgamento não é discricionário. A Administração encontra-se vinculada aos critérios estabelecidos no ato convocatório, devendo primar pela busca da proposta cujo resultado se mostre o mais vantajoso, tendo em vista o critério de julgamento estabelecido no edital.

Como corolário dos princípios setoriais da licitação vertidos no art. 5º da LLIC, em especial o "julgamento objetivo" e a "vinculação ao edital", arrola o art. 59 as situações que resultarão na desclassificação das propostas:

> Art. 59. Serão desclassificadas as propostas que:
>
> I – contiverem vícios insanáveis;
>
> II – não obedecerem às especificações técnicas pormenorizadas no edital;
>
> III – apresentarem preços inexequíveis ou permanecerem acima do orçamento estimado para a contratação;
>
> IV – não tiverem sua exequibilidade demonstrada, quando exigido pela Administração;
>
> V – apresentarem desconformidade com quaisquer outras exigências do edital, desde que insanável.

De se notar que, basicamente, a atividade de julgamento das propostas compreende uma análise de correlação entre as exigências fixadas no edital quanto à conformação do objeto e as especificações do serviço ou do bem ofertado pelos licitantes. Em tal exercício, diante de omissões ou falhas meramente formais ou sanáveis, o agente de contratação deverá realizar as diligências necessárias ao esclarecimento e/ou saneamento para, enfim, em caráter de definitividade avaliar a compatibilidade substancial do teor da proposta com os requisitos mínimos fixados no ato convocatório.

Diante da incompatibilidade substancial em face dos critérios estabelecidos e da inviabilidade de saneamento dos vícios porventura constatados, nos termos dos incisos I, II e V do art. 59 da Lei nº 14.133/2021, impõe-se a desclassificação da proposta.

Por seu turno, os incisos III e IV do mesmo art. 59 tratam das hipóteses de desclassificação das propostas atreladas ao fator preço e tendo como parâmetro de análise o valor estimado da contratação:

a) preço final, após a fase de lances e a tentativa de negociação promovida pelo agente de contratação (art. 61), **acima do valor estimado**: necessária desclassificação da proposta em razão da parte final do inciso II do art. 59 da LLIC;

b) preço consideravelmente **inferior ao valor estimado** que gere suspeita quanto à viabilidade econômico-financeira da oferta de duas naturezas:

b.1) *presunção absoluta de inexequibilidade*, quando a inviabilidade da oferta seja manifesta e evidentemente irrefutável: o agente de contratação procederá à desclassificação da proposta, de forma justificada e demonstrando – a partir do conjunto de indícios e em cotejamento com os dados oriundos da estimativa de valor de mercado – a implausibilidade de comprovação idônea da viabilidade econômico-financeira da oferta.

b.2) *presunção relativa de inexequibilidade*, quando os valores ofertados "*forem inferiores a 75% (setenta e cinco por cento) do valor orçado pela Administração*" (§ 4º): o agente de contratação, nos termos do inciso IV e do § 2º do art. 59, deverá necessariamente conceder ao licitante a oportunidade de afastar tal presunção mediante a comprovação da exequibilidade dos preços praticados, sendo-lhe vedado desclassificar, de pronto, a proposta. Note-se que tal entendimento foi chancelado pelo TCU em sede do Acórdão nº 803/2024-Plenário, com o seguinte enunciado: "O critério definido no art. 59, § 4º, da Lei 14.133/2021 conduz a uma presunção relativa de inexequibilidade de preços, sendo possível que a Administração conceda à licitante a oportunidade de demonstrar a exequibilidade da sua proposta, nos termos do art. 59, § 2º, do mesmo diploma legal".

Ainda que o § 4º do art. 59 da Lei nº 14.133/2021 se refira a "obras e serviços de engenharia", não vemos óbice à aplicação de tal parâmetro a todo e qualquer tipo de objeto (compras e demais serviços).

6.4.3.3.1 Critérios de desempate e preferências legais

A despeito da previsão contida no art. 9º da LLIC quanto à vedação de estabelecimento de cláusulas discriminatórias no julgamento das propostas, a legislação admite exceções para a consecução dos seguintes objetivos:

a) *facilitação de acesso das microempresas (ME) e empresas de pequeno porte (EPP) ao mercado público*: art. 179 da CRFB e art. 44 da Lei Complementar nº 123/2006;

b) *promoção do desenvolvimento nacional (art. 5º; art. 11, IV, da Lei nº 14.133/2021)*:

b.1) critérios de desempate em prol de bens e serviços produzidos ou prestados por empresas sediadas regionalmente, empresas brasileiras, empresas que invistam em pesquisa e no desenvolvimento de tecnologia no País e empresa que comprovem a prática de mitigação dos efeitos adversos da mudança do clima (*art. 60, § 1º, da LLIC*);

b.2) estabelecimento de margem de preferência (art. 26 da LLIC).

6.4.3.3.1.1 Critérios de desempate diante de "empate real"

De acordo com o próprio § 2º do art. 60 da Lei nº 14.133/2021, nas licitações realizadas sob a égide da LLIC, observadas as disposições de seu art. 4º, deverão ser observados pela Administração os benefícios previstos para as micro e pequenas empresas na fase de julgamento das propostas previstos no art. 44 da Lei Complementar nº 123/2006.

Se, após a aplicação dos benefícios previstos na LC nº 123/2006 e, quando for o caso, das margens de preferência, restar configurado o "empate real" (exata equivalência conforme o critério de julgamento previsto no edital) entre duas ou mais propostas, aplicar-se-ão os *critérios de desempate* na ordem sequencial prevista no art. 60 da LLIC:

1º	disputa final, hipótese em que os licitantes empatados poderão apresentar nova proposta em ato contínuo à classificação	Em tal situação, ocorrendo o empate real, haverá uma oportunidade procedimental de "disputa final", conforme os termos de regulamento ou do próprio edital, na qual os licitantes apresentaram uma oferta definitiva e tendente a reorientar a classificação final.
2º	avaliação do desempenho contratual prévio dos licitantes, para a qual deverão preferencialmente ser utilizados registros cadastrais para efeito de atesto de cumprimento de obrigações previstos na LLIC	Trata-se de disposição dependente de regulamentação[76] e/ou disposição específica no edital, que estabelecerá as métricas e parâmetros objetivos para a verificação do "desempenho contratual prévio".
3º	desenvolvimento pelo licitante de ações de equidade entre homens e mulheres no ambiente de trabalho, conforme regulamento	Trata-se de disposição dependente de regulamentação específica[77], no sentido de serem estabelecidos os parâmetros e certificações necessárias para a aferição da adoção efetiva das ações de equidade de gênero.
4º	desenvolvimento pelo licitante de programa de integridade, conforme orientações dos órgãos de controle	Trata-se de disposição dependente de regulamentação específica (inclusive no próprio edital), a partir das orientações provenientes dos órgãos de controle interno e externo.

6.4.3.3.1.2 Observância de preferência diante da manutenção do empate

Se, mesmo diante da aplicação sucessiva dos quatro critérios de desempate previstos no *caput* do art. 60, restar mantido o empate entre duas ou mais propostas, o § 1º do mesmo dispositivo institui uma ordem sequencial de preferência, que seria decisiva para a indicação do vencedor:

---

[76] Nesse sentido, vale destacar a conclusão do TCU firmada no Acórdão nº 5.764/2024-Plenário no sentido de que "o critério de desempate previsto no art. 60, II, da Lei 14.133/2021 ainda está pendente de regulamentação que defina os critérios para a correta avaliação do desempenho prévio dos licitantes".

[77] No âmbito do Poder Executivo Federal, foi editado o Decreto nº 11.430/2023 que, no § 1º do art. 5º, estabelece as "ações de equidade" de que trata o inciso III do caput do art. 60 da Lei nº 14.133/2021. Contudo, tal regulamentação foi apenas parcial, porquanto previu-se no § 2º do art. 5º do citado decreto que "Ato do Secretário de Gestão e Inovação do Ministério da Gestão e da Inovação em Serviços Públicos disporá sobre a forma de aferição, pela administração, e sobre a forma de comprovação, pelo licitante, do desenvolvimento das ações de que trata o § 1º". Por seu turno, cumpre salientar que o Senado Federal promoveu a completa regulamentação das condições de aplicabilidade do inciso III do art. 60 da LLIC por meio do Ato da Diretoria-Geral nº 36/2023 (disponível em: <https://adm.senado.leg.br/normas/ui/pub/normaConsultada?idNorma=14381997>).

§ 1º Em igualdade de condições, se não houver desempate, será assegurada preferência, sucessivamente, aos bens e serviços produzidos ou prestados por:

I – empresas estabelecidas no território do Estado ou do Distrito Federal do órgão ou entidade da Administração Pública estadual ou distrital licitante ou, no caso de licitação realizada por órgão ou entidade de Município, no território do Estado em que este se localize;

II – empresas brasileiras;

III – empresas que invistam em pesquisa e no desenvolvimento de tecnologia no País;

IV – empresas que comprovem a prática de mitigação, nos termos da Lei nº 12.187, de 29 de dezembro de 2009.

6.4.3.3.1.3 A viabilidade da realização de sorteio público para o desempate entre as propostas

Caso o empate persista após a observância dos *critérios de desempate* de que trata o *caput* do art. 60 e diante da insuficiência ou inaplicabilidade factual da *ordem de preferência* instituída no § 1º, entende-se pelo cabimento de um sorteio público, ainda que a Lei nº 14.133/2021 seja silente a respeito. Para tanto, é salutar que a aplicação do sorteio esteja expressamente prevista no ato convocatório.

Nesse sentido, merece destaque o entendimento da Advocacia-Geral da União exarado no Parecer nº 00031/2024/DECOR/CGU/AGU (NUP: 71000.048053/2023-54):

I. Há a possibilidade da aplicação do sorteio como critério último de desempate, após a aplicação dos critérios previstos no art. 60 da Lei n. 14.133/2021, em persistindo a situação de empate no julgamento dos procedimentos licitatórios.

II. Com fulcro no disposto no art. 37, *caput* e inc. XXI, da CRFB/88 e no art. 5º da Lei n.º 14.133/2021, em atenção aos princípios da vinculação ao edital, do julgamento objetivo, impessoalidade, eficiência, da transparência e da segurança jurídica, para a aplicação do sorteio como critério último de desempate, após a aplicação dos critérios previstos no art. 60 da Lei n. 14.133/2021, em persistindo a situação de empate no julgamento dos procedimentos licitatórios, deve haver expressa previsão no edital.

O TCU também se manifestou sobre o tema em sede do Acórdão nº 723/2024-Plenário: "utilização do sorteio como critério de desempate sem que haja previsão no edital, uma vez que, por não estar previsto expressamente no ordenamento jurídico, em especial na Lei 14.133/2021, não pode ser utilizado sem sua previsão no instrumento convocatório, em atenção aos princípios da vinculação ao edital, da impessoalidade e da segurança jurídica".

Diante de tal cenário, em 2024, foi realizada alteração na Instrução Normativa SEGES/ME nº 73/2022[78], sendo estabelecido expressamente que, nas licitações eletrônicas com

---

[78] A alteração foi promovida pela Instrução Normativa SEGES/MGI nº 79/2024 ao inserir o § 3º no art. 28 da Instrução Normativa SEGES/ME nº 73/2022: "§ 2º Permanecendo empate após aplicação de todos os critérios de desempate de que trata o *caput*, proceder-se-á a sorteio das propostas empatadas a ser realizado em ato público, para o qual todos os licitantes serão convocados, vedado qualquer outro processo".

Cap. 4 · MODALIDADES E RITO PROCEDIMENTAL DA LICITAÇÃO | 161

critério de julgamento "menor preço" ou "maior desconto", "permanecendo empate após aplicação de todos os critérios de desempate" previstos no art. 60 da LLIC, "proceder-se-á a sorteio das propostas empatadas a ser realizado em ato público, para o qual todos os licitantes serão convocados, vedado qualquer outro processo".

6.4.3.3.2 Elementos específicos da fase de julgamento das propostas

Notadamente quanto à fase de julgamento das propostas, a Lei nº 14.133/2021, no § 3º do art. 17 e no § 1º do art. 42, positiva importantes procedimentos de análise das ofertas cuja viabilidade, há muito, já era reconhecida pela jurisprudência do Tribunal de Contas da União:

> Art. 17. [...]
>
> § 3º Desde que previsto no edital, na fase a que se refere o inciso IV do *caput* deste artigo, o órgão ou entidade licitante poderá, em relação ao licitante provisoriamente vencedor, **realizar análise e avaliação da conformidade da proposta, mediante homologação de amostras, exame de conformidade e prova de conceito**, entre outros testes de interesse da Administração, de modo a comprovar sua aderência às especificações definidas no termo de referência ou no projeto básico.
>
> Art. 42. [...]
>
> § 1º O edital poderá exigir, como **condição de aceitabilidade da proposta, certificação de qualidade do produto por instituição credenciada pelo Conselho Nacional de Metrologia, Normalização e Qualidade Industrial** (Conmetro). [grifou-se]

Para os casos nos quais o produto pretendido pela Administração demande processo de fabricação específico por parte do fornecedor, o § 2º do art. 42 da LLIC prevê a possibilidade de a própria Administração disponibilizar um "protótipo do objeto" a fim de que os licitantes tenham um referencial concreto das características do objeto. Em tal caso, de acordo com o citado § 2º, seja para fins de julgamento da proposta, seja como "condição para firmar o contrato", poderá a Administração, desde que previsto no edital, exigir a apresentação de amostras aderente ao protótipo referencial.

Consoante a dicção do inciso II do art. 41 da LLIC, a exigência de amostra ou prova de conceito poderá se dar não apenas "na fase de julgamento das propostas ou de lances", mas, também, "no procedimento de pré-qualificação permanente" ou "no período de vigência do contrato ou da ata de registro de preços".

> Art. 41. No caso de licitação que envolva o fornecimento de bens, a Administração poderá excepcionalmente:
>
> [...]
>
> II – **exigir amostra ou prova de conceito** do bem no *procedimento de pré-qualificação permanente*, **na fase de julgamento das propostas ou de lances**, ou no *período de vigência do contrato ou da ata de registro de preços*, desde que previsto no edital da licitação e justificada a necessidade de sua apresentação;
>
> [...]
>
> Parágrafo único. A exigência prevista no inciso II do *caput* deste artigo restringir-se-á ao licitante provisoriamente vencedor quando realizada na fase de julgamento das propostas ou de lances. [grifou-se]

Como tendência observada no texto da Lei nº 14.133/2021, consta, ainda, a incorporação e o detalhamento de premissas de entendimentos do TCU acerca da admissibilidade de indicação/vedação de marcas[79] e, ainda, da controversa exigência de "carta de solidariedade"[80]:

> Art. 41. No caso de licitação que envolva o fornecimento de bens, a Administração poderá excepcionalmente:
>
> I – **indicar uma ou mais marcas ou modelos**, desde que formalmente justificado, nas seguintes hipóteses:
>
> a) em decorrência da necessidade de *padronização do objeto*;
>
> b) em decorrência da necessidade de manter a *compatibilidade com plataformas e padrões já adotados pela Administração*;
>
> c) quando determinada marca ou modelo comercializados por mais de um fornecedor forem os *únicos capazes de atender às necessidades* do contratante;
>
> d) quando a descrição do objeto a ser licitado puder ser mais bem compreendida pela identificação de determinada marca ou determinado modelo aptos a servir apenas como referência;
>
> [...]
>
> III – **vedar a contratação de marca ou produto**, quando, mediante processo administrativo, *restar comprovado que produtos adquiridos e utilizados anteriormente pela Administração não atendem a requisitos indispensáveis* ao pleno adimplemento da obrigação contratual;
>
> IV – **solicitar, *motivadamente*, carta de solidariedade** emitida pelo fabricante, que assegure a execução do contrato, *no caso de licitante revendedor ou distribuidor*.
> [grifou-se]

A bem da verdade, a alínea "d" do citado inciso I do art. 41 trata da positivação de uma prática já há muito observada nos editais: indicação de marca de bem ou produto não em caráter de obrigatoriedade, mas apenas para fins referência de especificação. Tal experiência já fora adotada no art. 47, I, "c", da Lei nº 13.303/2016[81] (Lei das Estatais).

Em tal situação, indicada uma marca ou um modelo como referência, com o propósito de viabilizar a aferição da similaridade, o art. 42 da Lei nº 14.133/2021 institui um rol de meios idôneos de "prova de qualidade" do produto:

> Art. 42. A prova de qualidade de produto apresentado pelos proponentes como similar ao das marcas eventualmente indicadas no edital **será admitida por qualquer um dos seguintes meios:**

---

[79] Nesse sentido, vide enunciado da Súmula nº 270 do TCU: "em licitações referentes a compras, inclusive de softwares, é possível a indicação de marca, desde que seja estritamente necessária para atender exigências de padronização e que haja prévia justificação".

[80] Vide, nesse sentido, os Acórdãos nº 1.805/2015, nº 1.473/2016 e nº 2.273/2016, todos do Plenário.

[81] "Art. 47. A empresa pública e a sociedade de economia mista, na licitação para aquisição de bens, poderão:
I – indicar marca ou modelo, nas seguintes hipóteses:
[...]
c) quando for necessária, para compreensão do objeto, a identificação de determinada marca ou modelo apto a servir como referência, situação em que será obrigatório o acréscimo da expressão 'ou similar ou de melhor qualidade'".

I – **comprovação de que o produto está de acordo com as normas técnicas** determinadas pelos órgãos oficiais competentes, pela Associação Brasileira de Normas Técnicas (ABNT) ou por outra entidade credenciada pelo Inmetro;

II – **declaração de atendimento satisfatório emitida por outro órgão ou entidade** de nível federativo equivalente ou superior que tenha adquirido o produto;

III – **certificação, certificado, laudo laboratorial ou documento similar que possibilite a aferição da qualidade e da conformidade do produto ou do processo de fabricação**, inclusive sob o aspecto ambiental, emitido por instituição oficial competente ou por entidade credenciada. [grifou-se]

6.4.3.4 Etapa de habilitação

Na fase de habilitação, afere-se se o interessado em contratar com o Poder Público apresenta as qualificações e os requisitos exigidos pelo edital.

Segundo dispõe o art. 62 da Lei nº 14.133/2021, poderá ser dos interessados em contratar com a Administração, exclusivamente, documentação relativa à *habilitação jurídica*, à *qualificação técnica* (nas dimensões *operacional* e *profissional*), à *qualificação econômico-financeira* e à *regularidade fiscal, social e trabalhista*.

HABILITAÇÃO JURÍDICA (ART. 66)	Art. 66. A habilitação jurídica visa a demonstrar a capacidade de o licitante exercer direitos e assumir obrigações, e a documentação a ser apresentada por ele limita-se à comprovação de existência jurídica da pessoa e, quando cabível, de autorização para o exercício da atividade a ser contratada.
HABILITAÇÃO TÉCNICA (ART. 67)	Art. 67. A documentação relativa à qualificação técnico-profissional e técnico-operacional será restrita a: I – apresentação de profissional, devidamente registrado no conselho profissional competente, quando for o caso, detentor de atestado de responsabilidade técnica por execução de obra ou serviço de características semelhantes, para fins de contratação; II – certidões ou atestados, regularmente emitidos pelo conselho profissional competente, quando for o caso, que demonstrem capacidade operacional na execução de serviços similares de complexidade tecnológica e operacional equivalente ou superior, bem como documentos comprobatórios emitidos na forma do § 3º do art. 88 desta Lei; III – indicação do pessoal técnico, das instalações e do aparelhamento adequados e disponíveis para a realização do objeto da licitação, bem como da qualificação de cada membro da equipe técnica que se responsabilizará pelos trabalhos; IV – prova do atendimento de requisitos previstos em lei especial, quando for o caso;
HABILITAÇÃO TÉCNICA (ART. 67)	V – registro ou inscrição na entidade profissional competente, quando for o caso; VI – declaração de que o licitante tomou conhecimento de todas as informações e das condições locais para o cumprimento das obrigações objeto da licitação.

HABILITAÇÃO ECONÔMICO--FINANCEIRA (ART. 69)	Art. 69. A habilitação econômico-financeira visa a demonstrar a aptidão econômica do licitante para cumprir as obrigações decorrentes do futuro contrato, devendo ser comprovada de forma objetiva, por coeficientes e índices econômicos previstos no edital, devidamente justificados no processo licitatório, e será restrita à apresentação da seguinte documentação: I – balanço patrimonial, demonstração de resultado de exercício e demais demonstrações contábeis dos 2 (dois) últimos exercícios sociais; II – certidão negativa de feitos sobre falência expedida pelo distribuidor da sede do licitante.
REGULARIDADE FISCAL, SOCIAL E TRABALHISTA (ART. 68)	Art. 68. As habilitações fiscal, social e trabalhista serão aferidas mediante a verificação dos seguintes requisitos: I – a inscrição no Cadastro de Pessoas Físicas (CPF) ou no Cadastro Nacional da Pessoa Jurídica (CNPJ); II – a inscrição no cadastro de contribuintes estadual e/ou municipal, se houver, relativo ao domicílio ou sede do licitante, pertinente ao seu ramo de atividade e compatível com o objeto contratual; III – a regularidade perante a Fazenda federal, estadual e/ou municipal do domicílio ou sede do licitante, ou outra equivalente, na forma da lei; IV – a regularidade relativa à Seguridade Social e ao FGTS, que demonstre cumprimento dos encargos sociais instituídos por lei; V – a regularidade perante a Justiça do Trabalho; VI – o cumprimento do disposto no inciso XXXIII do art. 7º da Constituição Federal.

6.4.3.4.1 Momento de apresentação da documentação de habilitação

Consoante o art. 63, II, da Lei nº 14.133/2021, "será exigida a apresentação dos documentos de habilitação apenas pelo licitante vencedor, exceto quando a fase de habilitação anteceder a de julgamento". Ou seja, salvo quando adotada a inversão de fases de acordo com o previsto no § 1º do art. 17, em regra, deverá ser "exigida" a apresentação da documentação de habilitação apenas após a conclusão da fase de julgamento das propostas, já com a indicação do licitante provisoriamente vencedor.

Em especial nas licitações eletrônicas, o comando do inciso II do art. 63 da LLIC demanda aprofundamento regulamentar (em ato normativo secundário ou, em sua ausência, no edital) a fim de ser especificado o procedimento operacional detalhado quanto à "apresentação dos documentos de habilitação", notadamente quanto ao prazo e à forma de envio/anexação dos arquivos na plataforma de realização do certame, sem prejuízo da possibilidade de adoção da documentação já existente em cadastro unificado de fornecedores de que trata o art. 87 da Lei nº 14.133/2021.

6.4.3.4.1.1 Momento de apresentação dos documentos de habilitação no caso de inversão de fases

No caso de inversão de fases, observado o que dispõe o inciso III do art. 63 da LLIC, a documentação de habilitação deverá ser apresentada por todos os concorrentes na oportunidade da abertura do certame.

Especificamente em relação à documentação de "regularidade fiscal", se houver a inversão de fases, tais documentos não poderão ser exigidos quando da apresentação da habilitação pelo licitante, mas apenas no "momento posterior ao julgamento das propostas".

6.4.3.4.2 Exigências de documentos habilitatórios: limites legais e razoabilidade

Em relação à qualificação técnica e econômica, os artigos 67 e 69 da LLIC preceituam que a exigência de habilitação *"será restrita"* à apresentação dos documentos arrolados em seus incisos. Entende-se, assim, que a Administração, ao definir os requisitos de habilitação no edital, deve não só observar os limites legais, como também a razoabilidade das exigências, que, dentro da segurança de execução contratual pretendida, representem o menor cerceamento à competição.

Deve-se identificar e utilizar o patamar mínimo que permite estabelecer a segurança da execução do objeto licitado. A finalidade é ampliar a possibilidade de competição, de forma a abarcar todos os interessados que, minimamente, estão aptos a contratar o objeto. Dessa forma, busca-se, dentro da margem de segurança identificada, a proposta de preço mais vantajosa à Administração.

Por representar restrição de acesso ao mercado público, qualquer exigência para fins de habilitação deverá estar prevista em *ato normativo primário, de modo que* carecem de legalidade as exigências fundadas em *atos normativos secundários* (decretos, instruções normativas, resoluções, portarias etc.). Nesse sentido, quanto à qualificação técnica, o próprio inciso IV do art. 67 da Lei nº 14.133/2021 prevê a possibilidade de comprovação pelos licitantes de outros requisitos técnicos, desde que "previstos em lei especial".

Entende-se aplicável ao sistema da LLIC as premissas consubstanciadas no enunciado da Súmula nº 272 do TCU, segundo o qual, "no edital de licitação, é vedada a inclusão de exigências de habilitação e de quesitos de pontuação técnica para cujo atendimento os licitantes tenham de incorrer em custos que não sejam necessários anteriormente à celebração do contrato". Daí, já no momento da habilitação, serem vedadas exigências relativas à necessidade de a empresa contar com estabelecimento na localidade da execução do futuro contrato, determinada estrutura ou maquinário ou mesmo funcionários específicos, porquanto tais providências demandariam custos para viabilizar a participação da licitante no certame.

No intento de simplificação, o inciso III do art. 70 da LLIC admite expressamente a possibilidade de dispensa, total ou parcial, da exigência de documentação de habilitação nos seguintes casos: *i)* contratações para entrega imediata[82]; *ii)* contratações em valores inferiores a 1/4 (um quarto) do limite para dispensa de licitação para compras em geral; *iii)* nas contratações de produto para pesquisa e desenvolvimento até o valor de R$ 359.436,08 (trezentos e cinquenta e nove mil quatrocentos e trinta e seis reais e oito centavos), conforme atualização realizada pelo Decreto nº 11.871/2023, nos termos do art. 182 da LLIC[83].

6.4.3.4.3 Formalidades dos documentos de habilitação

Nos termos do art. 70 da LLIC, a documentação necessária à habilitação da poderá ser "apresentada em original, por cópia ou por qualquer outro meio expressamente admi-

---

[82] De acordo com o inciso X do art. 6º da LLIC, considera-se como compra imediata "aquela com prazo de entrega de até 30 (trinta) dias da ordem de fornecimento".

[83] Valor anualmente atualizado de acordo com o art. 182 da LLIC.

tido pela Administração", admitindo-se a sua substituição por registro cadastral emitido por órgão ou entidade pública, desde que previsto no edital e o registro tenha sido feito em obediência ao disposto na Lei nº 14.133/2021.

O inciso I do citado art. 70, diferentemente do *caput* do art. 32 da Lei nº 8.666/1993, não exige, *de per si*, a "prova de autenticidade" de "cópia" de documento, sendo viável que a Administração, por exemplo, estabeleça em seu edital que, em caso de "cópia simples" de documento, a exigência de apresentação de original ou de cópia autenticada somente se dará quando houver fundada dúvida quanto à legitimidade.

Consagrando a tendência de desburocratização já instituída no § 2º do art. 22 da Lei nº 9.784/1999 e no art. 3º, I, da Lei nº 13.726/2018, dispõe o art. 12, V, da LLIC que, salvo expressa imposição legal, somente será exigido o reconhecimento de firma "quando houver dúvida de autenticidade".

No que tange à formalidade documental, merece destaque a diretriz de "atos digitais" consubstanciada no inciso VI e no § 2º do art. 12; no § 4º do art. 17; no § 2º do art. 65, no § 1º do art. 68; no § 3º do art. 91 da Lei nº 14.133/2021:

> Art. 12. No processo licitatório, observar-se-á o seguinte:
> [...]
> VI – os atos serão preferencialmente digitais, de forma a permitir que sejam produzidos, comunicados, armazenados e validados por meio eletrônico;
> [...]
> § 2º É permitida a identificação e assinatura digital por pessoa física ou jurídica em meio eletrônico, mediante certificado digital emitido em âmbito da Infraestrutura de Chaves Públicas Brasileira (ICP-Brasil).
> Art. 17. [...]
> § 4º Nos procedimentos realizados por meio eletrônico, a Administração poderá determinar, como condição de validade e eficácia, que os licitantes pratiquem seus atos em formato eletrônico.
> Art. 65. [...]
> § 2º A habilitação poderá ser realizada por processo eletrônico de comunicação a distância, nos termos dispostos em regulamento.
> Art. 68. [...]
> § 1º Os documentos referidos nos incisos do *caput* deste artigo poderão ser substituídos ou supridos, no todo ou em parte, por outros meios hábeis a comprovar a regularidade do licitante, inclusive por meio eletrônico.
> Art. 91. [...]
> § 3º Será admitida a forma eletrônica na celebração de contratos e de termos aditivos, atendidas as exigências previstas em regulamento.

Em relação aos documentos produzidos em língua estrangeira, da leitura do § 4º do art. 67 da LLIC, salvo se comprovada a inidoneidade da entidade emissora, entende-se pela desnecessidade de tradução juramentada (na linha do previsto no § 5º do art. 32 da Lei nº 8.666/1993), bastando a apresentação do documento acompanhado de tradução simples para o português[84].

---

[84] Frise-se que tal entendimento se mostra compatível com o disposto no art. 22, § 1º, da Lei nº 9.784/1999 e no art. 224 do Código Civil.

6.4.3.4.4 Realização de diligências para complementação e esclarecimentos acerca do conteúdo da documentação de habilitação

Objetivando a melhor delimitação acerca dos pressupostos e dos limites para a realização de diligências se comparado com a redação do § 3º do art. 43 da Lei nº 8.666/1993, a LLIC, no *caput* do art. 64, estabelece a possibilidade de substituição e apresentação de novos documentos de habilitação desde que necessário para:

I – *complementação de informações* acerca dos documentos já apresentados pelos licitantes e desde que necessária para apurar fatos existentes à época da abertura do certame;

II – *atualização de documentos* cuja validade tenha expirado após a data de recebimento das propostas.

Caso a diligência promovida pelo agente de contratação resulte na *produção* ou *encaminhamento* de um documento que materialize uma situação já existente ao tempo da abertura da licitação, consoante a dicção do inciso I do art. 64 da LLIC, seria plenamente admissível a sua juntada em momento processual posterior àquele indicado para a apresentação da documentação de habilitação (art. 63, II).

A contrario sensu, seria vedada a juntada de documento que comprove a existência de uma situação ou de um fato cuja conclusão ou consumação se deu de forma superveniente à data de abertura do certame.

Cumpre salientar que a redação do art. 64 da LLIC positiva a compreensão de instrumentalidade da licitação já consagrada na jurisprudência dos Tribunais Superiores e das Cortes de Contas no sentido de reconhecer que o procedimento licitatório não deve ser pautado num formalismo exacerbado que desvirtue sua finalidade e o equipare a uma "gincana" na qual interessa apenas o cumprimento da etapa definida, indiferentemente de sua razão de ser.

Em *leading case* de destaque, o TCU, no Acórdão nº 1.758/2003-Plenário, entendeu ser regular, no âmbito de procedimento licitatório, a conduta da autoridade que procedeu à juntada posterior de comprovação de regularidade fiscal da licitante por meio de diligência promovida com base no art. 43, § 3º, da Lei nº 8.666/1993. Segundo o TCU, tal juntada não configuraria irregularidade, mas praticidade, celeridade e otimização do certame. O apego excessivo à letra da lei pode acarretar equívocos jurídicos, porquanto não traduzem seu sentido real. No Acórdão nº 2.627/2013-Plenário, por sua vez, a Corte de Contas federal concluiu ser indevida a inabilitação de licitante em razão da apresentação de atestado de capacidade técnica com data posterior à da abertura do certame, uma vez que tal documento tem natureza declaratória – e não constitutiva – de uma condição preexistente. Julgou-se equivocada a decisão do pregoeiro pela inabilitação de licitante em razão de "apresentação de atestado de capacidade técnica com data posterior à da licitação". Em relação a esse ponto, o relator (Ministro Valmir Campelo) registrou que "o atestado de capacidade técnica tem natureza declaratória – e não constitutiva – de uma condição preexistente. É dizer que a data do atestado não possuiu qualquer interferência na certificação propriamente dita, não sendo razoável sua recusa pelo simples fato de ter sido datado em momento posterior à data da abertura do certame. O que importa, em última instância, é a entrega tempestiva da documentação exigida pelo edital, o que, de acordo com o informado, ocorreu".

Trata-se, assim, de um juízo de verdade real em detrimento do pensamento dogmático segundo o qual o que importa é se o licitante apresentou os documentos adequadamente, subtraindo-se o fato de esse mesmo licitante reunir ou não as condições de contratar com a Administração ao tempo da realização do certame.

Quanto ao tema, cumpre ainda registrar entendimento do TCU acerca do inciso I do art. 64 da LLIC manifestado no julgamento do Acórdão nº 1.211/2021 – Plenário no sentido de que a "vedação à inclusão de novo documento, prevista no art. 43, § 3º, da Lei 8.666/1993 e no art. 64 da Nova Lei de Licitações (Lei 14.133/2021), não alcança documento ausente, comprobatório de condição atendida pelo licitante quando apresentou sua proposta, que não foi juntado com os demais comprovantes de habilitação e/ou da proposta, por equívoco ou falha, o qual deverá ser solicitado e avaliado pelo pregoeiro". Ainda que a menção ao dispositivo da Lei nº 14.133/2021 tenha se dado em caráter *obter dictum* no voto do relator[85], Ministro Walton Alencar, há que se reconhecer, conforme expressa dicção do *caput* e do inciso I do art. 64 da LLIC, que a juntada "posterior" de documento, no contexto de averiguação das condições de habilitação do licitante, somente seria possível "em sede de diligência", o que pressupõe um comando decisório por parte do agente de contratação decorrente de uma avaliação antecedente da documentação habilitatória então apresentada. Ou seja, será o agente de contratação quem avaliará os pressupostos concretos de incidência da possibilidade prevista no art. 64, I, da LLIC, de modo que o "documento novo" será produzido ou apresentado como resultado de uma diligência reputada como cabível e necessária pela Administração.

Com o objetivo de se conferir a devida segurança jurídica na aplicação do art. 64, I, da Lei nº 14.133/2021 nas licitações eletrônicas, é salutar que haja a definição precisa em regulamento (ou no edital) acerca do prazo e da forma de envio/anexação dos arquivos na plataforma de realização do certame, porquanto, deve haver um marco de preclusão procedimental claro quanto à oportunidade de apresentação da documentação de habilitação por parte do licitante vencedor, abrindo-se a possibilidade de envio de documentos supervenientes apenas em "sede de diligência" determinada pelo agente de contratação. Daí a importância de tal agente motivar não apenas a decisão de admitir a realização da diligência, mas também quando compreender ser a diligência impertinente e/ou desnecessária.

Nesse sentido, é salutar trazer à luz o teor do Enunciado nº 10 do Conselho da Justiça Federal[86], aprovado no 1º Simpósio de Licitações e Contratos da Justiça Federal, realizado em 2022:

---

[85] Destaca-se o seguinte trecho do voto do Ministro Walton Alencar no Acórdão nº 1.211/2021-Plenário: "Cito ainda o disposto no art. 64 da nova Lei de Licitações (Lei 14.133 de 1º de abril de 2021), que revogará a Lei 8.666/1993 após decorridos 2 anos da sua publicação oficial [...] O dispositivo reproduz a vedação à inclusão de novos documentos, prevista no art. 43, § 3º, da Lei 8.666/1993; porém, deixa salvaguarda a possibilidade de diligência para a complementação de informações necessárias à apuração de fatos existentes à época da abertura do certame, o que se alinha com a interpretação de que é possível e necessária a requisição de documentos para sanear os comprovantes de habilitação ou da proposta, atestando condição pré-existente à abertura da sessão pública do certame. Assim, nos termos dos dispositivos citados, inclusive do art. 64 da Lei 14.133/2021, entendo não haver vedação ao envio de documento que não altere ou modifique aquele anteriormente encaminhado. Por exemplo, se não foram apresentados atestados suficientes para demonstrar a habilitação técnica no certame, talvez em razão de conclusão equivocada do licitante de que os documentos encaminhados já seriam suficientes, poderia ser juntado, após essa verificação no julgamento da proposta, novos atestados de forma a complementar aqueles já enviados, desde que já existentes à época da entrega dos documentos de habilitação".

[86] Disponível em: <https://www.cjf.jus.br/cjf/corregedoria-da-justica-federal/centro-de-estudos-judiciarios-1/publicacoes-1/cjf/corregedoria-da-justica-federal/centro-de-estudos-judiciarios-1/publicacoes-1/licita-contat-jf>.

A juntada posterior de documento referente à comprovação dos requisitos de habilitação de que trata o inciso I do art. 64 da Lei n. 14.133/2021 contempla somente os documentos necessários ao esclarecimento, à retificação e/ou complementação da documentação efetivamente apresentada/enviada pelo licitante provisoriamente vencedor, nos termos do art. 63, inciso II, da LLICCA, em conformidade com o marco temporal preclusivo previsto no regulamento e/ou no edital.

Considerando que, na própria dicção do inciso XXI do art. 37 da CRFB, a licitação é um "processo", e que o regramento atinente à comprovação dos requisitos de habilitação constitui um dos núcleos essenciais do procedimento apto a assegurar a "igualdade de condições entre todos os concorrentes", busca-se o estabelecimento – de preferência no edital – de um marco preclusivo objetivo para a apresentação dos documentos habilitatórios, afastando, assim, a compreensão do inciso I do art. 64 da LLIC como uma porta sempre aberta para apresentação de documentos a qualquer tempo, sob a genérica alegação de "esquecimento", "equívoco" ou "falha" do licitante, termos assaz abstratos e de difícil verificação objetiva diante da dinâmica característica dos procedimentos licitatórios[87].

6.4.3.4.5 Realização de diligências para saneamento de falhas das propostas e da documentação de habilitação

Diante da existência de vícios e falhas nos atos praticados ao longo do processo licitatório, seja pela Administração, seja pelos próprios licitantes, em consonância com o art. 55

---

[87] Para tanto, a título de sugestão, cumpre apresentar a redação da minuta-padrão de edital de pregão eletrônico adotada no Senado Federal, devidamente atualizada em conformidade com a Lei nº 14.133/2021 pela Comissão de Minutas-Padrão de Editais e Contratos, na forma do Ato da Comissão Diretora nº 16/2008 e do Ato do Primeiro-Secretário nº 49/2009:

"12.6 – Encerrado o prazo para envio da documentação de que trata o item 12.4, poderá ser admitida, mediante decisão fundamentada do Pregoeiro, a apresentação de novos documentos de habilitação para:

a) a aferição das condições de habilitação da licitante decorrentes de fatos existentes à época da abertura do certame;

b) atualização de documentos cuja validade tenha expirado após a data de recebimento das propostas;

c) suprir a ausência de documento de cunho declaratório emitido unilateralmente pela licitante;

d) suprir a ausência de certidão e/ou documento de cunho declaratório expedido por órgão ou entidade cujos atos gozem de presunção de veracidade e fé pública.

12.6.1 – A apresentação de documentos de que trata o subitem 12.6 será realizada em observância ao disposto no item 12.7 e, findo o prazo assinalado sem o envio da nova documentação, restará preclusa essa oportunidade conferida ao licitante, implicando sua inabilitação."

Conforme se observa dos dispositivos editalícios transcritos, partindo dos pressupostos que embasam o entendimento do TCU no Acórdão nº 1.211/2021-Plenário, a "segunda chance" conferida ao licitante no item 12.6 da minuta-padrão, busca configurar uma oportunidade explícita para a apresentação de novos documentos adequados aos limites do art. 64 da LLIC. Contudo, na hipótese de ausência de encaminhamento da "nova" documentação, mesmo após a explícita oportunidade conferida pelo edital, restará afastado o "esquecimento", o "equívoco" ou a "falha" do licitante, como aduz a Corte de Contas.

da Lei nº 9.784/1999[88] e com a Súmula nº 473 do STF[89], a Lei nº 14.133/2021 evidencia a diretriz de busca pelo saneamento, impondo-se a anulação apenas diante da impossibilidade da convalidação, ou seja, quando se está diante de vício insanável.

Tal diretriz é consubstanciada no art. 169, § 3º, I, ao se estabelecer o dever de os agentes públicos em geral, "quando constatarem simples impropriedade formal", adotarem "medidas para o seu saneamento".

Em semelhante sentido, o inciso III do art. 12 da LLIC dispõe que, no processo licitatório, "o desatendimento de exigências meramente formais que não comprometam a aferição da qualificação do licitante ou a compreensão do conteúdo de sua proposta não importará seu afastamento da licitação ou a invalidação do processo". E, especificamente quanto à habilitação, o § 1º do art. 64 assegura a prerrogativa da Administração em "sanar erros ou falhas que não alterem a substância dos documentos e sua validade jurídica, mediante despacho fundamentado registrado e acessível a todos, atribuindo-lhes eficácia para fins de habilitação e classificação".

Não apenas nos casos de omissão ou obscuridade nos documentos de habilitação e/ou da proposta, mas, havendo alguma falha formal, há, a bem da verdade, não uma faculdade, mas um poder-dever do agente de contratação de realizar a diligência, superando-se o dogma do formalismo excessivo e prestigiando a razoabilidade e a busca da eficiência, a ampliação da competitividade e a proposta mais vantajosa para a Administração.

6.4.3.5   Etapa recursal

Alterando a sistemática recursal então observada na Lei nº 8.666/1993 e reproduzindo o modelo então adotado na Lei nº 10.520/2002 e na Lei nº 12.462/2011, a LLIC estabelece, nos incisos I e II do § 1º do art. 165, a *unicidade* quanto ao *momento* de interposição do recurso e quanto à *apreciação* do pleito recursal.

> Art. 165. Dos atos da Administração decorrentes da aplicação desta Lei cabem:
>
> I – recurso, no prazo de 3 (três) dias úteis, contado da data de intimação ou de lavratura da ata, em face de:
>
> [...]
>
> b) julgamento das propostas;
>
> c) ato de habilitação ou inabilitação de licitante;
>
> [...]
>
> § 1º Quanto ao recurso apresentado em virtude do disposto nas alíneas "b" e "c" do inciso I do *caput* deste artigo, serão observadas as seguintes disposições:
>
> I – a intenção de recorrer deverá ser manifestada imediatamente, sob pena de preclusão, e o prazo para apresentação das razões recursais previsto no inciso I do *caput* deste artigo será iniciado na data de intimação ou de lavratura da ata de habilitação

---

[88] "Art. 55. Em decisão na qual se evidencie não acarretarem lesão ao interesse público nem prejuízo a terceiros, os atos que apresentarem defeitos sanáveis poderão ser convalidados pela própria Administração."

[89] "A administração pode anular seus próprios atos, quando eivados de vícios que os tornam ilegais, porque dêles não se originam direitos; ou revogá-los, por motivo de conveniência ou oportunidade, respeitados os direitos adquiridos, e ressalvada, em todos os casos, a apreciação judicial."

ou inabilitação ou, na hipótese de adoção da inversão de fases prevista no § 1º do art. 17 desta Lei, da ata de julgamento;

II – a apreciação dar-se-á em fase única.

Mesmo quando adotada a inversão das fases de habilitação e propostas na forma do § 1º do art. 17 da LLIC, mantém-se a estrutura única da fase recursal (interposição e apreciação).

Tem-se, por conseguinte, a *unirrecorribilidade* dos atos decisórios exarados pelo agente de contratação no âmbito da *fase externa* da licitação, havendo apenas uma única oportunidade para a interposição de recurso, cuja matéria pode envolver qualquer etapa procedimental, aspecto ou ocorrência da fase externa da licitação.

Conforme dispõe expressamente o inciso I do § 1º do art. 165 da Lei nº 14.133/2021, dada a concentração da fase recursal, entendemos que a oportunidade para a interposição do recurso deverá ser observada, na própria sessão pública, após a emissão, pelo agente de contratação, do ato decisório final que implica o encerramento do certame[90], porquanto é plenamente possível – e até frequente – que o certame seja concluído sem que haja um licitante vencedor, como nos casos de licitação fracassada ou anulada, por exemplo.

Tão logo emitido o ato decisório final do certame (declarando o licitante vencedor, o fracasso do certame ou a anulação do procedimento), deverá o licitante interessado, sob pena de preclusão, manifestar-se expressamente quanto à **intenção de recorrer** na *própria sessão pública*. Caso a licitante não manifeste o interesse em recorrer na oportunidade da sessão, decairá o seu direito de recurso.

Diversamente do que consta do art. 4º, XVIII, da Lei nº 10.520/2002, não é exigido pela Lei nº 14.133/2021 que a manifestação da intenção de recorrer seja "motivada". Com efeito, a manifestação da intenção de recurso deverá ser admitida pelo agente de contratação independentemente da externalização de motivo.

Assim, posta a intenção de recurso, o recorrente disporá do prazo de até 3 (três) dias úteis para apresentação das razões recursais contados da "*data de intimação ou de lavratura da ata de habilitação ou inabilitação*" ou, na hipótese de inversão de fases de que trata o § 1º do art. 17 da LLIC, da data de intimação ou de lavratura da "*ata de julgamento*". Após a "*intimação pessoal ou de divulgação da interposição do recurso*", os demais licitantes disporão do mesmo prazo de 3 (três) dias úteis para apresentação das contrarrazões recursais (art. 165, § 4º).

6.4.3.5.1 Juízo de admissibilidade em relação à manifestação da intenção de recurso?

Ainda que a LLIC tenha afastado a necessidade de "motivação" da intenção recursal, afigura-se aplicável para a fase recursal única, de certa forma, o consolidado entendimento

---

[90] A despeito de nossa contrariedade, é preciso informar que o Poder Executivo Federal, na Instrução Normativa SEGES/ME nº 73/2022, adotou uma interpretação acerca do art. 165 da LLIC bem peculiar. Pelo art. 40 da norma, depreende-se que a sistemática dos recursos nas licitações eletrônicas foi estruturada da seguinte forma: 1) haverá a "segmentação" da oportunidade de registro da INTENÇÃO DE RECURSO: uma primeira oportunidade após a "aceitação da proposta" e uma segunda oportunidade após a "habilitação"; 2) as RAZÕES RECURSAIS serão apresentadas em momento único, com o ato "final" do procedimento pelo Pregoeiro/Agente de Contratação ("habilitação", no rito comum; "aceitação da proposta", no caso de rito invertido).

do TCU acerca da prerrogativa do Pregoeiro em aferir os pressupostos legais da "intenção de recorrer", devendo se limitar a verificar se a intenção manifestada pelo licitante reúne os requisitos de admissibilidade.[91]

É evidente que, em face da ausência da exposição objetiva do conteúdo da irresignação do licitante quando do registro da intenção, não se mostra possível aferir requisitos de admissibilidade como o "interesse recursal" e a "motivação".

Por sua vez, reputamos ser viável por parte do agente de contratação a avaliação dos pressupostos de admissibilidade recursal atrelados à condição do licitante que manifesta a intenção, como a "sucumbência" e a "legitimidade", e, ainda, o pressuposto objetivo de adequação ao prazo para registro da intenção ("tempestividade"), porquanto o inciso I do § 1º do art. 165 da LLIC exige que tal manifestação seja *imediata*.

Sucumbência	A sucumbência implica derrota do interessado, somente aquele que não logrou êxito em sua pretensão de sagrar-se vitorioso no certame é que atende a esse pressuposto.
Tempestividade	A manifestação da intenção de recurso deverá ocorrer no prazo previsto no ato convocatório.
Legitimidade	Só há legitimidade quando a parte que interpuser o recurso for a parte sucumbente. Logo, não seria admissível que o vencedor recorra da decisão que o declarou vencedor. Da mesma forma, não seria cabível recorrer da decisão de desclassificação/inabilitação de terceiros.

6.4.3.5.2 Não apresentação das razões recursais no prazo legal

Dispensada a necessidade de motivação da intenção de recurso, entendemos que, pela sistemática recursal da Lei nº 14.133/2021, não mais se mantém a celeuma então observada na Lei nº 10.520/2002 acerca da não apresentação das razões recursais após o acolhimento da intenção recursal pelo Pregoeiro.

Na LLIC, mesmo com a manifestação tempestiva da intenção de recurso – e presentes os pressupostos da "sucumbência" e da "legitimidade" –, como não houve, em sede de "motivação", a delimitação da matéria recursal, há uma dependência processual necessária da apresentação das razões recursais para a efetivação do recurso propriamente dito.

Dessa forma, concluímos que, diante da não apresentação das razões recursais no prazo legal, o recurso propriamente dito não é concretizado, permitindo, assim, a continuidade da instrução processual (art. 71 da LLIC) sem a necessidade de apreciação e julgamento do pleito recursal, porquanto, inexistente.

---

[91] "Em sede de pregão eletrônico ou presencial, o juízo de admissibilidade das intenções de recurso deve avaliar tão somente a presença dos pressupostos recursais (sucumbência, tempestividade, legitimidade, interesse e motivação), constituindo afronta à jurisprudência do TCU a denegação fundada em exame prévio de questão relacionada ao mérito do recurso" (Acórdão nº 694/2014-Plenário).

6.4.3.5.3 Efeito suspensivo

Nos termos do *caput* do art. 168 da Lei nº 14.133/2021, interposto recurso contra decisão do agente de contratação haverá efeito suspensivo automático, a perdurar até o efetivo julgamento por parte da autoridade competente.

O termo inicial do efeito suspensivo corresponde ao momento do acolhimento da intenção de recorrer e não a partir do momento da apresentação das razões recursais.

6.4.3.5.4 Formalidades e procedimento do julgamento

De acordo com o art. 165, § 2º, da LLIC, o recurso "será dirigido à autoridade que tiver editado o ato ou proferido a decisão recorrida". Ou seja, a peça, contendo as razões recursais, deve ser endereçada ao agente de contratação, porquanto se trata da autoridade que proferiu a decisão objeto do recurso. Tal previsão se justifica em razão da possibilidade de reconsideração (juízo de retratação). Somente na hipótese de não reconsideração da decisão, os autos serão remetidos à autoridade hierarquicamente superior para o efetivo *julgamento* do recurso.

Vale salientar que o agente de contratação (autoridade que proferiu a decisão recorrida) não é competente para realizar o julgamento do recurso. Na verdade, como existe a possibilidade de reconsideração, caso tal agente mantenha sua decisão, deve apenas apresentar informações nos autos administrativos para subsidiar o julgamento do recurso pela autoridade superior.

Uma vez protocolada a peça contendo as razões recursais, o agente de contratação deve manifestar-se no prazo máximo de 3 (três) dias úteis. Se reconsiderar sua decisão, deverá realizar os atos decorrentes, inclusive desconstituindo retroatividade aos atos praticados posteriormente à decisão objeto do recurso. Se mantiver a decisão, deverá apresentar as informações e "fazer subir" o recurso (efeito devolutivo), ou seja, encaminhá-lo à autoridade superior

Recebidos os autos, a autoridade superior deve proferir decisão sobre o recurso (julgamento) no prazo máximo de 10 (dez) dias úteis, sob pena de responsabilidade.

6.4.3.5.5 Efeitos da reconsideração por parte da autoridade recorrida

Com base na redação constante do § 2º do art. 165 da Lei nº 14.133/2021, constata-se a necessidade de uma primeira manifestação por parte da autoridade que praticou o ato recorrido (agente de contratação ou comissão de contratação). Nessa etapa, ao utilizar a conjunção subordinativa condicional "*se*", o mencionado dispositivo legal descortina os dois caminhos possíveis para o recurso administrativo: i) *reconsideração* da decisão, implicando o desfazimento do ato decisório anterior e sua substituição por outro; ii) *manutenção* da decisão (*não reconsideração*), prestando as informações e subindo os autos à autoridade superior para efetivo julgamento do recurso.

Assim, ao conferir ao agente de contratação a competência para "reconsiderar" a decisão recorrida, a LLIC estabelece uma condição para a subida do recurso à autoridade superior: a não retratação quanto ao ato ou a decisão recorrida.

Ao reconsiderar a decisão, o agente de contratação estará emitindo um novo ato decisório e, dessa forma, desconstituindo a decisão anteriormente adotada, desfazendo os atos subsequentes. Reitera-se que, na hipótese de reconsideração, não haverá a subida do recurso para julgamento por parte da autoridade superior.

6.4.3.6 Encerramento da licitação

Consoante dispõe o art. 71 da Lei nº 14.133/2021, uma vez "encerradas as fases de julgamento e habilitação, e exauridos os recursos administrativos, o processo licitatório será encaminhado à autoridade superior", que poderá proferir os seguintes atos decisórios:

Por óbvio, caso haja reconsideração pelo agente de contratação, com a desconstituição retroativa dos atos subsequentes à decisão recorrida – o que, em geral, convencionou-se a chamar de "volta de fase" –, haverá a prática de novos atos decisórios e que, consequentemente, poderão ser objeto de recurso na oportunidade processual adequada.

a) determinar o retorno dos autos para **saneamento de irregularidades**;
b) **revogar a licitação** por motivo de conveniência e oportunidade;
c) proceder à **anulação da licitação**, de ofício ou mediante provocação de terceiros, sempre que presente ilegalidade insanável;
d) adjudicar o objeto e **homologar a licitação**.

6.4.3.6.1 Determinação de saneamento dos vícios

Constatado vício na prática de ato no curso da condução da licitação – por desconformidade/contrariedade à lei ou ao edital –, o inciso I do art. 71 da Lei nº 14.133/2021, em convergência com o disposto no art. 55 da Lei nº 9.784/1999[92] e com a Súmula nº 473 do STF[93], estabelece o **dever** da autoridade superior de avaliar a viabilidade de *saneamento* – ou *convalidação* – da irregularidade.

Assim, não se tratando de vício insanável e não havendo "lesão ao interesse público nem prejuízo a terceiros" (art. 55 da Lei nº 9.784/1999), sempre será preferível o saneamento/convalidação do ato, em todas as suas modalidades: *ratificação, reforma e conversão*[94-95], que, por sua vez, apresentam repercussão retroativa (*ex tunc*)[96].

---

[92] "Art. 55. Em decisão na qual se evidencie não acarretarem lesão ao interesse público nem prejuízo a terceiros, os atos que apresentarem defeitos sanáveis poderão ser convalidados pela própria Administração".

[93] A administração pode anular seus próprios atos, quando eivados de vícios que os tornam ilegais, porque deles não se originam direitos; ou revogá-los, por motivo de conveniência ou oportunidade, respeitados os direitos adquiridos, e ressalvada, em todos os casos, a apreciação judicial.

[94] Conforme classificação de MOREIRA NETO, Diogo de Figueiredo. *Curso de direito administrativo*. 16 ed. Rio de Janeiro: Forense, 2014, p. 241:
  – **ratificação**: "ato administrativo derivado pelo qual a Administração, suprindo falha ou corrigindo defeito de competência, declara íntegro e válido desde a origem, o ato viciado quanto a este elemento";
  – **reforma**: "ato administrativo derivado pelo qual se elimina de um ato defeituoso a sua parte viciada, mantendo-se a eficácia da parte sadia";
  – **conversão**: "ato administrativo derivado pelo qual se opera a metamorfose de um ato com vício de legalidade, aproveitando-se os elementos válidos, para articular-se um novo ato, mantida a mesma finalidade, justificativa do emprego da sanatória".

[95] Adota a mesma classificação: OTERO, Paulo. *Direito do procedimento administrativo*. Coimbra: Almedina, 2016. v. 1, p. 675-678.

[96] Nesse sentido: MOREIRA NETO, Diogo de Figueiredo. *Curso de direito administrativo*. 16. ed. Rio de Janeiro: Forense, 2014. p. 241; OTERO, Paulo. *Direito do procedimento administrativo*. Coimbra: Almedina, 2016. v. 1, p. 674.

Logo, estando diante de *vício insanável*, será inviável o saneamento, impondo-se, pois, a anulação do ato ou, conforme o caso, de todo o processo licitatório.

6.4.3.6.2 Homologação da licitação

A homologação é o ato de controle pelo qual a autoridade competente, a quem incumbir a deliberação final sobre o procedimento licitatório, concorda e confirma os atos realizados pelo agente responsável pela fase externa da licitação.

A autoridade competente deverá ser hierarquicamente superior ao agente de contração ou aos servidores que, conforme o caso, sejam integrantes da comissão de contração, a qual, em regra, é aquela que determinou a abertura da licitação, mas poderá ser qualquer outra indicada no edital, no regulamento ou na lei.

A concordância refere-se a dois aspectos: à *legalidade* dos atos praticados pelo agente de contratação na condução da fase externa e à *conveniência* de ser mantida a licitação.

É importante ressaltar que, segundo o TCU, no caso de vícios que maculem o procedimento, a ocorrência da homologação (por presumir a certificação de regularidade do certame) não atrai de forma absoluta a integral responsabilidade da autoridade competente:

> A responsabilidade da autoridade que homologa a licitação se atém à verificação do cumprimento das macroetapas que compõem o procedimento, de fatos isolados materialmente relevantes e de questões denunciadas como irregulares que tenham chegado ao seu conhecimento, não sendo exigível que a fiscalização a seu cargo abranja todos os dados contidos no procedimento licitatório.[97]

6.4.3.7 Revogação e anulação da licitação

De acordo com o inciso II e o § 2º do art. 71 da LLIC, a autoridade competente para a aprovação do procedimento somente pode *revogar* a licitação "por motivo de conveniência e oportunidade", desde que o motivo determinante seja "resultante de fato superveniente devidamente comprovado".

Por sua vez, a mesma autoridade, nos termos do inciso III do citado art. 71, diante de "ilegalidade insanável" de que tenha tomado conhecimento "de ofício ou mediante provocação de terceiros", poderá realizar a anulação da licitação. Em tal caso, deverá a autoridade indicar "expressamente os atos com vícios insanáveis, tornando sem efeito todos os subsequentes que deles dependam, e dará ensejo à apuração de responsabilidade de quem lhes tenha dado causa" (§ 1º). Reitere-se, assim, que a anulação da licitação somente será cabível quando os vícios apontados não forem passíveis de saneamento.

Assim, enquanto a *anulação* decorre da existência de vício de legalidade, a *revogação* ocorre no âmbito da discricionariedade administrativa, por razões de conveniência e oportunidade, e desde que haja motivo superveniente devidamente comprovado e pertinente. Observe-se que, tanto a anulação quanto a revogação podem ocorrer no curso do procedimento licitatório.

---

[97] Enunciado do Acórdão nº 3.176/2016-Plenário, Rel. Min. Ana Arraes, julgado em 07/12/2016.

Estabelece o § 3º do art. 71 que, "nos casos de anulação e revogação, deverá ser assegurada a prévia manifestação dos interessados". Portanto, a despeito da celeuma jurisprudencial relacionada à interpretação do § 3º do art. 49 da Lei nº 8.666/1993, reputa-se que, a partir da redação do § 3º do art. 71 da LLIC, seja após concluída a fase externa ou no curso da licitação, deverá ser observado o contraditório prévio a qualquer licitante interessado, tendo em vista a estrutura procedimental e dialógica da formação da vontade administrativa num contexto de plena constitucionalização do Direito Administrativo. Com efeito, a manifestação prévia dos licitantes acerca da "intenção de desfazimento" instrumentaliza uma importante etapa de controle social da incidência efetiva dos pressupostos fáticos e jurídicos aptos a ensejar, como melhor solução possível, a juridicidade e legitimidade do ato de revogação ou anulação do certame.

7. OS AGENTES PÚBLICOS RESPONSÁVEIS PELA APLICAÇÃO DA NOVA LEI DE LICITAÇÕES

Talvez um dos aspectos que representem substancial inovação com a Lei nº 14.133/2021 seja, justamente, a regulação acerca dos agentes públicos que atuarão nas atividades administrativas, de gestão e de controle.

Merece aplausos a preocupação da LLIC em erigir a governança como um dos pilares das contratações públicas, conferindo, consoante o parágrafo único do art. 11, à "alta administração do órgão ou entidade" a responsabilidade por "implementar processos e estruturas, inclusive de gestão de riscos e controles internos, para avaliar, direcionar e monitorar os processos licitatórios e os respectivos contratos, com o intuito de alcançar os objetivos" previstos no *caput* do citado dispositivo e, ainda, "promover um ambiente íntegro e confiável, assegurar o alinhamento das contratações ao planejamento estratégico e às leis orçamentárias e promover eficiência, efetividade e eficácia em suas contratações".

A governança perpassa, portanto, por uma adequada política de pessoal, com a promoção de "gestão de competências", capacitação e atualização sistemática dos servidores envolvidos com os processos de contratação.

Como corolário da governança, a diretriz de divisão e compartimentalização de atribuições e competências há de ser observada, devendo a autoridade responsável pela designação dos agentes públicos que irão atuar na aplicação da LLIC "observar o princípio da segregação de funções, vedada a designação do mesmo agente público para atuação simultânea em funções mais suscetíveis a riscos, de modo a reduzir a possibilidade de ocultação de erros e de ocorrência de fraudes na respectiva contratação" (art. 7º, § 1º).

Nesse intento, em atenção ao disposto no § 3º do art. 8º, é essencial a edição de um *regulamento orgânico* para o estabelecimento da matriz de competências e responsabilidade aderente à realidade da estrutura do órgão ou da entidade, bem como do fluxo operacional relativo ao detalhamento dos procedimentos de contratação a serem realizados.

> Art. 8º [...]
>
> § 3º As regras relativas à atuação do agente de contratação e da equipe de apoio, ao funcionamento da comissão de contratação e à atuação de fiscais e gestores de contratos de que trata esta Lei serão estabelecidas em regulamento, e deverá ser prevista a possibilidade de eles contarem com o apoio dos órgãos de assessoramento jurídico e de controle interno para o desempenho das funções essenciais à execução do disposto nesta Lei.

Insta consignar que, como instrumento de boa governança, a edição de tal regulamento se dará no âmbito de cada órgão e entidade, pautada pelas diretrizes de segregação de funções e mitigação de riscos decorrente do acúmulo de atribuições estratégicas (art. 7º, § 1º) e, em observância ao art. 169 da LLIC, na instituição de mecanismos de controle preventivo *pari passu*.

De todo modo, em especial para o Poder Executivo, não vemos óbice à edição de um ato regulamentar geral estabelecendo diretrizes a serem observados por órgãos e entidades subordinados no tocante à definição da matriz de competências internas. Nesse sentido, o fato de o Decreto Federal nº 11.246/2022 estabelecer "regras para a atuação do agente de contratação e da equipe de apoio, o funcionamento da comissão de contratação e a atuação dos gestores e fiscais de contratos" não esvazia a capacidade de cada órgão ou entidade estabelecer, em regulamento orgânico, uma disciplina mais específica acerca dos papéis a serem desempenhados, devidamente adequada à sua própria estrutura organizacional.

7.1 Requisitos gerais de designação dos agentes públicos que desempenharão as funções essenciais à aplicação da Lei nº 14.133/2021

A LLIC dedica um capítulo próprio aos agentes públicos (Capítulo IV do Título I), estabelecendo, no art. 7º, requisitos gerais a serem observados na designação dos "agentes públicos para o desempenho das funções essenciais à execução desta Lei".

> Art. 7º Caberá à autoridade máxima do órgão ou da entidade, ou a quem as normas de organização administrativa indicarem, promover gestão por competências e designar agentes públicos para o desempenho das funções essenciais à execução desta Lei que preencham os seguintes requisitos:
>
> I – sejam, preferencialmente, servidor efetivo ou empregado público dos quadros permanentes da Administração Pública;
>
> II – tenham atribuições relacionadas a licitações e contratos ou possuam formação compatível ou qualificação atestada por certificação profissional emitida por escola de governo criada e mantida pelo poder público; e
>
> III – não sejam cônjuge ou companheiro de licitantes ou contratados habituais da Administração nem tenham com eles vínculo de parentesco, colateral ou por afinidade, até o terceiro grau, ou de natureza técnica, comercial, econômica, financeira, trabalhista e civil.

A utilização da expressão "desempenho das funções essenciais" no *caput* do dispositivo pressupõe que os agentes públicos ali referidos atuem com protagonismo nos procedimentos administrativos de contratação, em qualquer uma de suas fases: preparatória, externa e contratual. Daí defendermos a necessidade de o regulamento orgânico do órgão ou entidade delimitar quais seriam tais agentes, tendo em vista o cargo e/ou função ocupada, de natureza "essencial", na condução dos atos que compõem o processo de contratação. A delimitação faz-se oportuna, notadamente, para objetivar a verificação dos requisitos estabelecidos no art. 7º.

Quanto ao inciso II do art. 7º, percebe-se o estabelecimento de três requisitos alternativos:

REQUISITO	FORMA DE AFERIÇÃO
Atribuições relacionadas a licitações e contratos	Análise do conjunto de atribuições do cargo, da função comissionada ou da unidade de lotação do servidor.
Formação compatível	Conclusão de curso superior ou técnico em área de conhecimento correlata à contratação pública, tais como: gestão, logística, administração, direito, economia, contabilidade e similares.
Qualificação atestada por certificação profissional emitida por escola de governo criada e mantida pelo poder público	Conclusão de ação de capacitação promovida por instituição pública com temática correlata à contratação pública.

Já o inciso III estabelece, em verdade, um requisito "negativo", que tem por claro objetivo evitar situações de conflito de interesses. Tal vedação não pode ser compreendida como absoluta, a ponto de vedar a designação do agente público para atuar em forma geral nos processos de contratação. Temos por razoável que a Administração adote providências no sentido de, a partir de uma declaração do servidor acerca da incidência fática na hipótese do inciso III, sejam adotadas as providências para evitar a participação do agente naquele processo específico em que há um potencial conflito de interesses[98].

Consoante expressa previsão do § 2º do mesmo art. 7º, tais requisitos gerais de designação dos agentes públicos também se aplicam aos servidores integrantes dos "órgãos de assessoramento jurídico e de controle interno da Administração".

Especificamente quanto ao inciso I do art. 7º, salienta-se que a Lei nº 14.133/2021 mantém a atecnia observada no *caput* do art. 51 da Lei nº 8.666/1993, porquanto o atributo da "efetividade" está relacionado à forma de provimento do cargo público[99] e não ao servidor propriamente dito. Todo cargo público (seja de provimento efetivo, seja de provimento comissionado) compõe o quadro funcional dos órgãos e entidades, conforme a lei que os institui. Por ser criado por lei (ato normativo primário), em realidade, o cargo em si – e não o servidor – integra o quadro permanente do órgão ou da entidade. Com efeito, a redação mais aderente à estrutura constitucional dos cargos e empregos públicos,

---

[98] Vale destacar, nesse sentido, o disposto nos §§ 1º e 2º do art. 10 do Decreto Federal nº 11.246/2022: "Art. 10. O agente público designado para o cumprimento do disposto neste Decreto deverá preencher os seguintes requisitos:

[...]

III – não ser cônjuge ou companheiro de licitantes ou contratados habituais da administração nem tenha com eles vínculo de parentesco, colateral ou por afinidade, até o terceiro grau, ou de natureza técnica, comercial, econômica, financeira, trabalhista e civil.

§ 1º Para fins do disposto no inciso III do *caput*, **consideram-se contratados habituais as pessoas físicas e jurídicas cujo histórico recorrente de contratação com o órgão ou com a entidade evidencie significativa probabilidade de novas contratações**.

§ 2º A vedação de que trata o inciso III do *caput* **incide sobre o agente público que atue em processo de contratação cujo objeto seja do mesmo ramo de atividade em que atue o licitante ou o contratado habitual com o qual haja o relacionamento**." [grifou-se]

[99] De acordo com o inciso II do art. 37 da Constituição da República, o provimento, em caráter efetivo, se dá mediante aprovação prévia em concurso público. Por sua vez, o provimento, em caráter comissionado, é precário e baseia-se em critério discricionário da autoridade competente, sendo de "livre nomeação e exoneração".

tanto para o inciso I do art. 7º quanto para o *caput* do art. 8º, seria: "servidor ocupante de cargo de provimento efetivo".

7.2   O "Agente de Contratação"

Por seu turno, art. 8º da Lei nº 14.133/2021 versa especificamente sobre o "agente de contratação", que, em regra, *de forma unipessoal*, terá a importante atribuição de conduzir a fase de seleção dos fornecedores nas licitações.

> Art. 8º A **licitação será conduzida** por agente de contratação, pessoa designada pela autoridade competente, entre servidores efetivos ou empregados públicos dos quadros permanentes da Administração Pública, para tomar decisões, acompanhar o trâmite da licitação, dar impulso ao procedimento licitatório e **executar quaisquer outras atividades necessárias ao bom andamento do** *certame até a homologação.* [grifou-se]

Além dos requisitos gerais fixados nos incisos I a III do art. 7º, o *caput* do art. 8º estabelece uma exigência adicional para a designação do "agente de contratação": ser servidor efetivo[100]! Por se tratar de matéria correlata à organização interna de pessoal e gestão administrativa dos entes federados e que não integram, substancialmente, o processo licitatório propriamente dito, em nossa opinião, o requisito quanto ao caráter efetivo do provimento do servidor ostentaria natureza de norma específica[101], sendo aplicável, de antemão, apenas no âmbito da União, admitindo-se, por conseguinte, previsão distinta na legislação de Estados e Municípios[102].

Nesse sentido, vale transcrever contundente opinião do mestre Adilson Abreu Dallari ao tecer comentários sobre alguns dispositivos da Lei nº 14.133/2021:

> **Os Arts. 7º a 10 dispõem sobre agentes públicos, que não é, exatamente, matéria de licitação, mas, sim, de organização administrativa, descendo a detalhes**, tais como o agente de contratação, a comissão de contratação e a gestão por competências, que, certamente, serão de difícil aplicação em alguns Estados e na maioria dos Municípios. De resto, **podem configurar inconstitucionalidade, na medida em que, ao estabelecer impedimentos e obrigações para agentes públicos, afetam a autonomia administrativa das unidades da federação.**[103] [grifou-se]

---

[100]   Nos termos do art. 176, I, da LLIC, a observância dos requisitos do art. 7º e do *caput* do art. 8º, somente será exigida para os Municípios com até 20.000 habitantes após o transcurso do prazo de 6 anos da publicação da Lei nº 14.133/2021, ou seja, somente a partir de 1º de abril de 2027.

[101]   Para aprofundamento da discussão acerca da identificação de "normas gerais" e "normas específicas" na Lei nº 14.133/2021, vide: AMORIM, Victor. *Competência normativa sobre contratações públicas: o que é norma geral e norma específica na Lei nº 14.133/2021.* Observatório da Nova Lei de Licitações, abr. 2022. Disponível em: <https://www.novaleilicitacao.com.br/2021/09/17/competencia-normativa--sobre-contratacoes-publicas-o-que-e-norma-geral-e-norma-especifica-na-lei-no-14-133-2021/>.

[102]   Em igual sentido, é o entendimento de Ronny Charles Lopes de Torres: "ao ultrapassar a condição de diretriz, orientando pela preferência, o artigo 8º define uma regra cogente, que impõe submissão. Com essa característica, tal disciplinamento claramente se reveste da condição de norma materialmente específica, não vinculando Estados, Municípios e o Distrito Federal, mas apenas órgãos e entidades federais" (TORRES, Ronny Charles Lopes de. *Leis de licitações públicas comentadas.* 12. ed. Salvador: JusPodivm, 2021, p. 105).

[103]   DALLARI, Adilson Abreu. Análise crítica das licitações na Lei 14.133/21. *Consultor Jurídico*, São Paulo, 29 abr. 2021. Disponível em: https://www.conjur.com.br/2021-abr-29/interesse-publico-analise--critica-licitacoes-lei-1413321.

Talvez o que se pode extrair do *caput* do art. 8º da LLICC, como norma geral, seja a regra da condução unipessoal dos processos licitatórios, consagrando o modelo de sucesso adotado no pregão (art. 3º, IV, da Lei nº 10.520/2002). Fora isso, os requisitos subjetivos que o próprio servidor deveria ostentar não estão compreendidos na substância procedimental das contratações públicas.

De acordo com a expressão utilizada no art. 22, XVII, da CF, a União possui competência para editar "normas gerais de licitação e contratação", o que não pode abarcar, necessariamente, todos os aspectos acessórios e indiretos envolvendo a dinâmica do processo de contratação, chegando, inclusive, a afetar questões internas de organização administrativa de todos os órgãos e entidades.

Logo, sob a ótica constitucional, não se pode compreender os requisitos do art. 7º e do art. 8º da LLIC como de caráter geral, sob pena de sufocamento legislativo dos Estados e dos Municípios e, consequentemente, da mitigação da autonomia administrativa de tais entes federados.

Em resumo, da sistemática da LLIC extraem-se as seguintes possibilidades em relação aos agentes de contratação:

CONCORRÊNCIA	*Agente de Contratação*
	Comissão de Contratação
	(art. 8º, § 2º)
PREGÃO	*Pregoeiro*
	(art. 8º, § 5º)
LEILÃO	*Leiloeiro Administrativo*
	(art. 31, *caput*)
	Leiloeiro Oficial
	(art. 31, § 1º)
DIÁLOGO COMPETITIVO	*Comissão de Contratação*
	(art. 32, XI)
CONCURSO	*Comissão Especial*
	(vide item 6.2 deste capítulo)

7.2.1 Competências e atribuições do Agente de Contratação

Quanto à competência, nos diz o *caput* do art. 8º da LLIC, que o agente de contratação, *em regra, de forma unipessoal*, será o responsável pela condução da licitação, podendo, para tanto, "tomar decisões, acompanhar o trâmite da licitação, dar impulso ao procedimento licitatório e executar quaisquer outras atividades necessárias ao bom andamento do certame até a homologação".

Conforme observado no tópico "1" deste capítulo no que tange à correlação do termo "licitação" com a fase "externa", consoante a sistemática adotada pela LLIC, as expressões: "*a licitação* será conduzida", "acompanhar o trâmite *da licitação*" e "bom andamento *do certame*" evidenciam o atrelamento das atribuições, competências e responsabilidades do agente de contratação à realização da *fase de seleção dos fornecedores*.

Quanto à expressão *"dar impulso ao procedimento licitatório"*, pelos motivos a seguir expostos, é mister consignar que, em nossa compreensão, não estaria a Lei nº 14.133/2021 conferindo ao agente de que trata o art. 8º uma espécie de "poder geral de supervisão" de todas as fases do procedimento de contração, afinal:

i) tal ideia atentaria contra a própria diretriz de segregação de funções consagrada no art. 5º e no § 1º do art. 7º da LLIC, materializada pelo comando dirigido à autoridade competente de **vedação de "designação do mesmo agente público para *atuação simultânea em funções mais suscetíveis a riscos*, de modo a *reduzir a possibilidade de ocultação de erros e de ocorrência de fraudes*** na respectiva contratação" [grifou-se];

ii) a expressão "dar impulso ao procedimento licitatório" não externaliza um comando operacionalizável de exercício de competência ou atribuição apto a caracterizar um *dever funcional comissivo* de atuação do agente de contratação no âmbito da fase preparatória da contratação;

iii) à luz da diretriz da segregação de funções de que trata o § 1º do art. 7º da LLIC, não se mostra razoável compreender que expressão "dar impulso ao procedimento licitatório" conduza à atribuição ao agente de contratação da competência para praticar *atos executivos* na fase preparatória, tais como elaborar os artefatos de planejamento (ETP, TR e PB), a pesquisa de preços e a minuta de edital;

iv) inferir, de forma implícita, que o agente de contratação teria poder para "impulsionar" atos compreendidos na fase preparatória cuja realização seja afeta a outros servidores pode gerar, na prática, sérios conflitos de competência e ruídos no tocante às relações hierárquicas, porquanto, estando no âmbito da *gestão* (e não do *controle*), como conceber que o agente de contratação possa exercer típicos atos de supervisão sem a respectiva ascensão hierárquica sobre os servidores competentes para a elaboração efetiva dos atos abrangidos na fase de planejamento?;

v) a parte final do *caput* do art. 8º delimita a atuação do agente de contratação "até a homologação", excluindo, portanto, a fase contratual.

Cumpre observar que, até o texto do substitutivo[104] aprovado pela Comissão Especial da Câmara dos Deputados em 05/12/2018 em sede do PL nº 1.292/1995, adotava-se a redação originalmente fixada pelo Senado Federal no PLS nº 559/2013[105], qual seja, o "agen-

---

[104] Disponível em: <https://www.camara.leg.br/proposicoesWeb/prop_mostrarintegra?codteor=1698 056&filename=SBT-A+1+PL129295+%3D%3E+PL+1292/1995>. Acesso em: 15 abr. 2021.

[105] No texto inicial apresentado pela Comissão Temporária de Modernização da Lei de Licitações e Contratos em 23/12/2013 [disponível em: <https://legis.senado.leg.br/sdleg-getter/documento?dm=38 00554&ts=1617323479208&disposition=inline>], constava do art. 7º que "A licitação será conduzida por: I – pregoeiro, no caso da modalidade pregão; II – leiloeiro, no caso de leilão; ou, III – comissão de licitação, nas demais modalidades". No âmbito do PLS nº 559/2013, **a proposta de adoção da terminologia "agente de licitação" surge, pela primeira vez, no relatório do Senador Fernando Bezerra apresentado perante a Comissão Especial do Desenvolvimento Nacional em 02/08/2016** [disponível em: <https://legis.senado.leg.br/sdleg-getter/documento?dm=3801374&ts=161732348 3045&disposition=inline>]. **A justificativa para tal unificação é apresentada em novo relatório datado de 17/08/2016: "Houve a padronização da indicação da pessoa responsável em todas as modalidades de licitações: o agente da licitação, permitindo-se, quando for relevante, a figura da comissão"** [disponível em: <https://legis.senado.leg.br/sdleg-getter/documento?dm=3801604 &ts=1617323483979&disposition=inline>]. De toda forma, a denominação unificada de "agente de

te de licitação". Tal histórico do processo legislativo é importante para elucidar o contexto da elaboração da redação concernente às competências e atribuições de tal agente, sempre vinculadas à condução da fase externa dos certames e em substituição à lógica colegiada então consagrada no art. 51 da Lei nº 8.666/1993. Frise-se que a expressão "agente de licitação" – talvez por um lapso do legislador? – foi mantida na redação sancionada do inciso I do art. 169 da Lei nº 14.133/2021.

Nesse sentido, observa-se que diversos atos normativos já editados sob a égide da LLIC estabelecem, expressamente, que a atuação e a responsabilidade dos agentes de contratação ficam circunscritas à fase de seleção dos fornecedores, a exemplo do que foi feito pelo Senado Federal[106].

7.2.2 Equipe de Apoio ao Agente de Contratação e suporte conferido por terceiros

Traçando um paralelo com a experiência do pregão, previu o § 1º do art. 8º que, por assumir a responsabilidade de forma unipessoal pelos atos praticados no procedimento, "o agente de contratação será auxiliado por equipe de apoio".

Ao contrário do que se observa no § 1º do art. 3º da Lei nº 10.520/2002, a LLIC não fixou regras específicas acerca da Equipe de Apoio, como quantidade mínima de integrantes. Dessa forma, entende-se que, por não ser exatamente um "agente de contratação", não seria obrigatório que o integrante da equipe de apoio seja servidor efetivo, devendo, contudo, ser observado em sua designação, os requisitos traçados no art. 7º da Lei nº 14.133/2021.

Cumpre frisar a importante previsão contida na parte final do § 3º do art. 8º da LLIC no sentido da possibilidade, conforme previsão em regulamento orgânico, de os agentes de contratação "contarem com o *apoio* dos órgãos de assessoramento jurídico e de controle interno" para obtenção de subsídios necessários à prática dos atos decisórios na licitação.

---

licitação" foi consagrada no art. 7º do substitutivo do PLS nº 559/2013 aprovado pelo Plenário do Senado Federal em 13/12/2016 [disponível em: <https://legis.senado.leg.br/sdleg-getter/documento?dm=4893922&ts=1617323489239&disposition=inline>]: "Art. 7º A licitação será conduzida por agente de licitação. § 1º O agente de licitação é a pessoa designada pela autoridade competente, entre servidores ou empregados públicos pertencentes aos quadros permanentes da Administração Pública, para tomar decisões, acompanhar o trâmite da licitação, dar impulso ao procedimento licitatório e executar quaisquer outras atividades necessárias ao bom andamento da licitação".

[106] Ato da Diretoria-Geral nº 14/2022:

"Art. 29. A fase externa do processo de licitação pública será conduzida por agente de contratação, ou, nos casos previstos no § 2º do art. 8º ou no inciso XI do art. 32 da Lei nº 14.133, de 2021, por Comissão de Contratação.

[...]

Art. 30. Ao Agente de Contratação compete conduzir a fase externa dos processos licitatórios na modalidade concorrência e pregão, observado o rito procedimental previsto no art. 17 da Lei nº 14.133, de 2021, e, em especial:

[...]

§ 1º A atuação e responsabilidade dos agentes de contratação e, quando for o caso, dos membros de Comissão de Contratação será adstrita à realização dos atos do procedimento licitatório propriamente dito, desde a etapa de divulgação do edital até o envio dos autos à autoridade superior para os fins previstos no art. 71 da Lei nº 14.133, de 2021.

§ 2º O disposto no § 1º deste artigo não afasta a atuação dos agentes de contratação, em caráter meramente colaborativo e sem assunção de responsabilidade pela elaboração dos artefatos de planejamento, em relação à instrução da fase preparatória dos certames".

Por fim, a LLIC expressamente prevê a possibilidade de contratação "por prazo determinado", do "serviço de empresa ou de profissional especializado para assessorar os agentes públicos responsáveis pela condução da licitação", desde que se trate de "licitação que envolva bens ou serviços especiais cujo objeto não seja rotineiramente contratado pela Administração" (art. 8º, § 4º).

7.2.3 O pregoeiro

Dispõe o § 5º do art. 8º que, "em licitação na modalidade pregão, o agente responsável pela condução do certame será designado pregoeiro"[107].

A bem da verdade, trata-se apenas de uma questão de nomenclatura. O "Pregoeiro" é um "agente de contratação", sendo-lhe aplicáveis, portanto, todo o regramento do Capítulo IV do Título I da Lei nº 14.133/2021, notadamente os requisitos de designação fixados nos incisos I a III do art. 7º e no *caput* do art. 8º.

Entende-se, ainda, ser desnecessária, por parte da autoridade competente, uma designação formal específica ou complementar para que o "agente de contratação" (já designado nos termos do *caput* do art. 8º) atue na modalidade pregão, porquanto o *nomen juris* "Pregoeiro" decorre da própria Lei nº 14.133/2021.

7.2.4 A Comissão de Contratação

O § 2º do art. 8º, apenas para os casos de "licitação que envolva bens ou serviços especiais", excetua a atuação unipessoal do agente de contração, admitindo a sua substituição por um órgão colegiado – denominado "**comissão de contratação**" – composto "por, no mínimo, 3 (três) membros, que responderão solidariamente por todos os atos praticados pela comissão, ressalvado o membro que expressar posição individual divergente fundamentada e registrada em ata lavrada na reunião em que houver sido tomada a decisão".

Não vemos óbice na possibilidade de constituição de uma "comissão *especial* de contratação" para cada licitação ou, por opção interna da Administração, se constituir, desde logo, uma "comissão *permanente* de contratação"[108], que atuará, quando a autoridade competente assim entender, nas licitações que tenham por objeto "bens ou serviços especiais".

De todo modo, o ideal é que o regulamento orgânico de que trata o § 3º do art. 8º da LLIC discipline de forma minuciosa a forma de composição e funcionamento da comissão de contratação, particularmente a competência, os critérios e o procedimento de designação de seu Presidente e eventuais substitutos.

Atente-se que, no caso da modalidade diálogo competitivo, obrigatoriamente a licitação será conduzida por uma **comissão de contratação** "composta de pelo menos 3 (três)

---

[107] O dispositivo foi inserido no texto substitutivo da Câmara dos Deputados no PL nº 1.292/1995 a partir da aprovação da Emenda de Plenário nº 54, de 10/04/2019 [disponível em: <https://www.camara.leg.br/proposicoesWeb/prop_mostrarintegra?codteor=1732253&filename=Tramitacao-EMP+54/2019+%3D%3E+PL+1292/1995>. Acesso em: 15 abr. 2021]. Para melhor contextualização do histórico acerca do dispositivo, vide: AMORIM, Victor. A figura do "agente de licitação" (e a ausência do pregoeiro) no PL 1.292/1995. *Consultor Jurídico*, abr. 2019. Disponível em: <https://www.conjur.com.br/2019-abr-12/victor-amorim-figura-agente-licitacao-pl12921995>. Acesso em: 15 abr. 2021.

[108] Admitir-se-ia, inclusive, a criação de diversas "comissões permanentes de contratação" conforme a especialização temática de objeto, por exemplo: "comissão permanente de contratação para serviços de engenharia", "comissão permanente de contratação para serviços de tecnologia da informação" etc.

servidores efetivos ou empregados públicos pertencentes aos quadros permanentes da Administração, admitida a contratação de profissionais para assessoramento técnico da comissão" (art. 32, XI).

REFERÊNCIAS BIBLIOGRÁFICAS

AMORIM, Victor Aguiar Jardim de. A figura do "agente de licitação" (e a ausência do pregoeiro) no PL 1.292/1995. *Consultor Jurídico*, abr. 2019. Disponível em: https://www.conjur.com.br/2019-abr-12/victor-amorim-figura-agente-licitacao-pl12921995. Acesso em: 16 abr. 2020.

AMORIM, Victor Aguiar Jardim de. *A origem da Nova Lei de Licitações*. Observatório da Nova Lei de Licitações, mai. 2022. Disponível em: <https://www.novaleilicitacao.com.br/2022/03/25/a-origem-da-nova-lei-de-licitacoes/>.

AMORIM, Victor Aguiar Jardim de. *A fase de lances na nova Lei de Licitações sob a perspectiva da 'teoria dos leilões': contributos para a futura regulamentação dos modos de disputa*. Observatório da Nova Lei de Licitações, abr. 2022. Disponível em: <https://www.novaleilicitacao.com.br/2021/04/26/a-fase-de-lances-na-nova-lei-de-licitacoes-sob-a-perspectiva-da-teoria-dos-leiloes-contributos-para-a-futura-regulamentacao-dos-modos-de-disputa/>.

AMORIM, Victor Aguiar Jardim de. *Licitações e contratos administrativos*: teoria e jurisprudência. 3. ed. Brasília: Senado Federal, 2020.

AMORIM, Victor Aguiar Jardim de. *Licitações e contratos administrativos*: teoria e jurisprudência. 4. ed. Brasília: Senado Federal, 2021.

BANDEIRA DE MELLO, Celso Antônio. *Curso de direito administrativo*. 26. ed. São Paulo: Malheiros, 2009.

CUNHA, Bruno Santos. *Aplicabilidade da Lei Federal de Processo Administrativo*. São Paulo: Almedina, 2017.

JUSTEN FILHO, Marçal. *Comentários à Lei de Licitações e Contratos Administrativos*. São Paulo: RT, 2019.

MOREIRA NETO, Diogo de Figueiredo. *Curso de direito administrativo*. 16. ed. Rio de Janeiro: Forense, 2014.

OLIVEIRA, Rafael Sérgio de. 10 tópicos mais relevantes do projeto da nova Lei de Licitação e Contrato. *Observatório da Nova Lei de Licitações*, dez. 2020. Disponível em: http://www.novaleilicitacao.com.br/2020/12/18/10-topicos-mais-relevantes-do-projeto-da-nova-lei-de-licitacao-e-contrato/. Acesso em: 16 abr. 2020.

OTERO, Paulo. *Direito do procedimento administrativo*. Coimbra: Almedina, 2016. v. 1.

Quadro comparativo

Lei nº 14.133/2021	Leis nºs 8.666/1993, 10.520/2002 e 12.462/2011
Seção II Das Modalidades **de Licitação**	**L. 8.666/93** Seção I Das Modalidades, ~~Limites e Dispensa~~
Art. 28. São modalidades de licitação:	**Art. 22.** São modalidades de licitação:

Lei nº 14.133/2021	Leis nºˢ 8.666/1993, 10.520/2002 e 12.462/2011
I – pregão;	**Lei 10.520/02** Art. 1º Para aquisição de bens e serviços comuns, poderá ser adotada a licitação na modalidade de pregão, que será regida por esta Lei.
II – concorrência;	I – concorrência;
III – concurso;	IV – concurso;
IV – leilão;	V – leilão.
V – **diálogo competitivo.** **§ 1º Além das modalidades referidas no *caput* deste artigo, a Administração pode servir-se dos procedimentos auxiliares previstos no art. 78 desta Lei.**	**Sem correspondente**
§ 2º É vedada a criação de outras modalidades de licitação ou, **ainda,** a combinação **daquelas** referidas **no *caput* d**este artigo.	**L. 8.666/93** **Art. 22. [...]** § 8º É vedada a criação de outras modalidades de licitação ou a combinação das referidas neste artigo.
Art. 29. **A concorrência e o pregão seguem o rito procedimental comum a que se refere o art. 17 desta Lei, adotando-se o pregão sempre que o objeto possuir** padrões de desempenho e qualidade **que** possam ser objetivamente definidos pelo edital, por meio de especificações usuais **de** mercado.	**L. 10.520/2002** **Art. 1º** Para aquisição de bens e serviços comuns, poderá ser adotada a licitação na modalidade de pregão, que será regida por esta Lei. Parágrafo único. Consideram-se bens e serviços comuns, para os fins e efeitos deste artigo, aqueles cujos padrões de desempenho e qualidade possam ser objetivamente definidos pelo edital, por meio de especificações usuais no mercado.
Parágrafo único. O pregão não se aplica às contratações de serviços técnicos especializados de natureza predominantemente intelectual e de obras e serviços de engenharia, exceto os serviços de engenharia de que trata a alínea "a" do inciso XXI do *caput* do art. 6º desta Lei.	**Sem correspondente**
Art. 30. O concurso **observará as regras e condições previstas em** edital, **que** indicará:	**L. 8.666/93** **Art. 22 [...]** **§ 4º** Concurso é a modalidade de licitação entre quaisquer interessados para escolha de trabalho técnico, científico ou artístico, mediante a instituição de prêmios ou remuneração aos vencedores, conforme critérios constantes de edital publicado na imprensa oficial com antecedência mínima de 45 (quarenta e cinco) dias. **Art. 52.** [...] O concurso a que se refere o § 4º do art. 22 desta Lei deve ser precedido de regulamento próprio, a ser obtido pelos interessados no local indicado no edital. § 1º O regulamento deverá indicar:

Lei nº 14.133/2021	Leis nºˢ 8.666/1993, 10.520/2002 e 12.462/2011
I – a qualificação exigida dos participantes;	I – a qualificação exigida dos participantes;
II – as diretrizes e formas de apresentação do trabalho;	II – as diretrizes e a forma de apresentação do trabalho;
III – as condições de realização e o prêmio **ou remuneração** a ser concedid**a ao vencedor**.	III – as condições de realização do concurso e os prêmios a serem concedidos.
Parágrafo único. Nos concursos destinados à elaboração de projeto, **o vencedor deverá ceder à** Administração **Pública, nos termos do art. 93 desta Lei, todos os** direitos patrimoniais relativos **ao projeto e autorizar sua execução conforme juízo de conveniência e oportunidade das autoridades competentes.**	**L. 8.666/93** **Art. 111.** A Administração só poderá contratar, pagar, premiar ou receber projeto ou serviço técnico especializado desde que o autor ceda os direitos patrimoniais a ele relativos e a Administração possa utilizá-lo de acordo com o previsto no regulamento de concurso ou no ajuste para sua elaboração.
Art. 31. O leilão poderá ser cometido a leiloeiro oficial ou a servidor designado pela **autoridade competente da** Administração, **e regulamento deverá dispor sobre seus procedimentos operacionais.**	**L. 8.666/93** **Art. 53.** O leilão pode ser cometido a leiloeiro oficial ou a servidor designado pela Administração, procedendo-se na forma da legislação pertinente.
§ 1º Se optar pela realização de leilão por intermédio de leiloeiro oficial, a Administração deverá selecioná-lo mediante credenciamento ou licitação na modalidade pregão e adotar o critério de julgamento de maior desconto para as comissões a serem cobradas, utilizados como parâmetro máximo os percentuais definidos na lei que regula a referida profissão e observados os valores dos bens a serem leiloados.	**Sem correspondente**
§ 2º O **leilão** será **precedido da** divulga**ção do** edital **em sítio eletrônico oficial, que conterá:**	**L. 8.666/93** **Art. 53. [...]** **§ 4º** O edital de leilão deve ser amplamente divulgado, principalmente no município em que se realizará.
I – a descrição do bem, com suas características, e, no caso de imóvel, sua situação e suas divisas, com remissão à matrícula e aos registros; **II – o valor pelo qual o bem foi avaliado, o preço mínimo pelo qual poderá ser alienado, as condições de pagamento e, se for o caso, a comissão do leiloeiro designado;** **III – a indicação do lugar onde estiverem os móveis, os veículos e os semoventes;** **IV – o sítio da internet e o período em que ocorrerá o leilão, salvo se excepcionalmente for realizado sob a forma presencial por comprovada inviabilidade técnica ou desvantagem para a Administração, hipótese em que serão indicados o local, o dia e a hora de sua realização;** **V – a especificação de eventuais ônus, gravames ou pendências existentes sobre os bens a serem leiloados.**	**Sem correspondente**

Lei nº 14.133/2021	Leis nºˢ 8.666/1993, 10.520/2002 e 12.462/2011
§ 3º Além da divulgação no sítio eletrônico oficial, o edital do leilão será afixado em local de ampla circulação de pessoas na sede da Administração e poderá, ainda, ser divulgado por outros meios necessários para ampliar a publicidade e a competitividade da licitação. § 4º O leilão não exigirá registro cadastral prévio, não terá fase de habilitação e deverá ser homologado assim que concluída a fase de lances, superada a fase recursal e efetivado o pagamento pelo licitante vencedor, na forma definida no edital. Art. 32. **A modalidade diálogo competitivo é restrita a contratações em que a Administração:**	Sem correspondente
I – **vise a contratar** objeto **que** envolva as seguintes condições:	**L. 12.462/2011** **Art. 9º** ~~Nas licitações de obras e serviços de engenharia, no âmbito do RDC, poderá ser utilizada a contratação integrada, desde que técnica e economicamente justificada e cujo~~ objeto envolva, ~~pelo menos, uma d~~as seguintes condições:
a) inovação tecnológica ou técnica;	I – inovação tecnológica ou técnica;
b) impossibilidade de o órgão ou entidade ter sua necessidade satisfeita sem a adaptação de soluções disponíveis no mercado; e c) impossibilidade de as especificações técnicas serem definidas com precisão suficiente pela Administração; II – verifique a necessidade de definir e identificar os meios e as alternativas que possam satisfazer suas necessidades, com destaque para os seguintes aspectos: a) a solução técnica mais adequada; b) os requisitos técnicos aptos a concretizar a solução já definida; c) a estrutura jurídica ou financeira do contrato; ~~III – considere que os modos de disputa aberto e fechado não permitem apreciação adequada das variações entre propostas.~~ (VETADO) § 1º Na modalidade diálogo competitivo, serão observadas as seguintes disposições: I – a Administração apresentará, por ocasião da divulgação do edital em sítio eletrônico oficial, suas necessidades e as exigências já definidas e estabelecerá prazo mínimo de 25 (vinte e cinco) dias úteis para manifestação de interesse na participação da licitação;	Sem correspondente

Lei nº 14.133/2021	Leis nºˢ 8.666/1993, 10.520/2002 e 12.462/2011
II – os critérios empregados para pré-seleção dos licitantes deverão ser previstos em edital, e serão admitidos todos os interessados que preencherem os requisitos objetivos estabelecidos; III – a divulgação de informações de modo discriminatório que possa implicar vantagem para algum licitante será vedada; IV – a Administração não poderá revelar a outros licitantes as soluções propostas ou as informações sigilosas comunicadas por um licitante sem o seu consentimento; V – a fase de diálogo poderá ser mantida até que a Administração, em decisão fundamentada, identifique a solução ou as soluções que atendam às suas necessidades; VI – as reuniões com os licitantes pré-selecionados serão registradas em ata e gravadas mediante utilização de recursos tecnológicos de áudio e vídeo; VII – o edital poderá prever a realização de fases sucessivas, caso em que cada fase poderá restringir as soluções ou as propostas a serem discutidas; VIII – a Administração deverá, ao declarar que o diálogo foi concluído, juntar aos autos do processo licitatório os registros e as gravações da fase de diálogo, iniciar a fase competitiva com a divulgação de edital contendo a especificação da solução que atenda às suas necessidades e os critérios objetivos a serem utilizados para seleção da proposta mais vantajosa e abrir prazo, não inferior a 60 (sessenta) dias úteis, para todos os licitantes pré-selecionados na forma do inciso II deste parágrafo apresentarem suas propostas, que deverão conter os elementos necessários para a realização do projeto; IX – a Administração poderá solicitar esclarecimentos ou ajustes às propostas apresentadas, desde que não impliquem discriminação nem distorçam a concorrência entre as propostas; X – a Administração definirá a proposta vencedora de acordo com critérios divulgados no início da fase competitiva, assegurada a contratação mais vantajosa como resultado; XI – o diálogo competitivo será conduzido por comissão de contratação composta de pelo menos 3 (três) servidores efetivos ou empregados públicos pertencentes aos quadros permanentes da Administração, admitida a contratação de profissionais para assessoramento técnico da comissão;	Sem correspondente

Lei nº 14.133/2021	Leis nºs 8.666/1993, 10.520/2002 e 12.462/2011
~~XII – órgão de controle externo poderá acompanhar e monitorar os diálogos competitivos, opinando, no prazo máximo de 40 (quarenta) dias úteis, sobre a legalidade, a legitimidade e a economicidade da licitação, antes da celebração do contrato.~~ (VETADO) § 2º Os profissionais contratados para os fins do inciso XI do § 1º deste artigo assinarão termo de confidencialidade e abster-se-ão de atividades que possam configurar conflito de interesses.	**Sem correspondente**
Seção III Dos **Critérios de** Julgamento	**L. 8.666/93** Seção I~~V~~ Do ~~Procedimento~~ e Julgamento
Art. 33. O julgamento das propostas será **realizado de acordo com** os seguintes critérios:	**L. 8.666/93** **Art. 45.** O julgamento das propostas será ~~objetivo, devendo a Comissão de licitação ou o responsável pelo convite realizá-lo em conformidade com os tipos de licitação, os critérios previamente estabelecidos no ato convocatório e de acordo com os fatores exclusivamente nele referidos, de maneira a possibilitar sua aferição pelos licitantes e pelos órgãos de controle.~~ **L. 12.462/2011** **Art. 18.** ~~Poderão ser utilizados~~ os seguintes critérios de julgamento:
I – menor preço;	**L. 8.666/93** **Art. 45.** [...] § 1º [...] I – ~~a~~ de menor preço – ~~quando o critério de seleção da proposta mais vantajosa para a Administração determinar que será vencedor o licitante que apresentar a proposta de acordo com as especificações do edital ou convite e ofertar o menor preço;~~ **L. 12.462/2011** **Art. 18.** [...]: I – menor preço ~~ou maior desconto~~;
II – maior desconto;	**L. 12.462/2011** **Art. 18.** [...]: I – ~~menor preço ou~~ maior desconto;

Lei nº 14.133/2021	Leis nºˢ 8.666/1993, 10.520/2002 e 12.462/2011
III – melhor técnica ou conteúdo artístico;	**L. 8.666/93** **Art. 45.** [...] § 1º [...] II – ~~a de~~ melhor técnica; **L. 12.462/2011** **Art. 18.** [...]: III – melhor técnica ou conteúdo artístico;
IV – técnica e preço;	**L. 8.666/93** **Art. 45.** [...] § 1º [...] III – ~~a de~~ técnica e preço. **L. 12.462/2011** **Art. 18.** [...]: II – técnica e preço;
V – maior lance, **no caso de leilão**;	**L. 8.666/93** **Art. 45.** [...] § 1º [...] IV – ~~a de~~ maior lance ~~ou oferta – nos casos de alienação de bens ou concessão de direito real de uso.~~
VI – maior retorno econômico.	**L. 12.462/2011** **Art. 18.** [...]: V – maior retorno econômico.
Art. 34. O julgamento **por** menor preço ou maior desconto **e, quando couber, por técnica e preço** considerará o menor dispêndio para a Administração, atendidos os parâmetros mínimos de qualidade definidos no **edital de licitação**.	**L. 12.462/2011** **Art. 19.** O julgamento ~~pelo~~ menor preço ou maior desconto considerará o menor dispêndio para a administração ~~pública~~, atendidos os parâmetros mínimos de qualidade definidos no ~~instrumento convocatório~~.
§ 1º Os custos indiretos, relacionados com as despesas de manutenção, utilização, reposição, depreciação e impacto ambiental **do objeto licitado**, entre outros fatores **vinculados ao seu ciclo de vida**, poderão ser considerados para a definição do menor dispêndio, sempre que objetivamente mensuráveis, conforme disp**osto em** regulamento.	§ 1º Os custos indiretos, relacionados com as despesas de manutenção, utilização, reposição, depreciação e impacto ambiental, entre outros fatores, poderão ser considerados para a definição do menor dispêndio, sempre que objetivamente mensuráveis, conforme disp~~user o~~ regulamento.
§ 2º O julgamento por maior desconto terá como referência o preço global fixado no **edital de licitação, e** o desconto **será** estendido aos eventuais termos aditivos.	§ 2º O julgamento por maior desconto terá como referência o preço global fixado no ~~instrumento convocatório, sendo~~ o desconto estendido aos eventuais termos aditivos.

Lei nº 14.133/2021	Leis nºˢ 8.666/1993, 10.520/2002 e 12.462/2011
Art. 35. O julgamento **por** melhor técnica ou conteúdo artístico considerará exclusivamente as propostas técnicas ou artísticas apresentadas pelos licitantes**, e o edital deverá** definir o prêmio ou a remuneração que será atribuída aos vencedores.	**L. 12.462/2011** **Art. 21.** O julgamento ~~pela~~ melhor técnica ou ~~pelo melhor~~ conteúdo artístico considerará exclusivamente as propostas técnicas ou artísticas apresentadas pelos licitantes ~~com base em critérios objetivos previamente estabelecidos no instrumento convocatório, no qual será~~ definido o prêmio ou a remuneração que será atribuída aos vencedores.
Parágrafo único. O critério de julgamento **de que trata** o *caput* deste artigo poderá ser utilizado para a contratação de projetos e trabalhos de natureza técnica, científica ou artística.	Parágrafo único. O critério de julgamento ~~referido no~~ *caput* deste artigo poderá ser utilizado para a contratação de projetos, ~~inclusive arquitetônicos,~~ e trabalhos de natureza técnica, científica ou artística, ~~excluindo-se os projetos de engenharia.~~
Art. 36. O julgamento **por** técnica e preço **considerará a maior pontuação obtida a partir da ponderação, segundo fatores** objetivos **previstos no edital, das notas atribuídas aos aspectos de** técnica e de preço **da proposta.**	**L. 8.666/93** **Art. 46.** ~~Os tipos de licitação "melhor técnica" ou "técnica e preço" serão utilizados exclusivamente para serviços de natureza predominantemente intelectual, em especial na elaboração de projetos, cálculos, fiscalização, supervisão e gerenciamento e de engenharia consultiva em geral e, em particular, para a elaboração de estudos técnicos preliminares e projetos básicos e executivos, ressalvado o disposto no § 4º do artigo anterior. [...]~~ ~~§ 2º Nas licitações do tipo "técnica e preço" será adotado, adicionalmente ao inciso I do parágrafo anterior, o seguinte procedimento claramente explicitado no instrumento convocatório:~~ ~~I – será feita a avaliação e a valorização das propostas de preços, de acordo com critérios objetivos preestabelecidos no instrumento convocatório;~~ **L. 12.462/2011** **Art. 20.** No julgamento ~~pela melhor combinação~~ de técnica e preço, ~~deverão ser avaliadas e ponderadas as propostas~~ técnicas e de preço ~~apresentadas pelos licitantes, mediante a utilização de parâmetros~~ objetivos ~~obrigatoriamente inseridos no instrumento convocatório.~~
§ 1º O critério de julgamento **de** que **trata** o *caput* deste artigo será **escolhido** quando **estudo técnico preliminar demonstrar que** a avaliação e a ponderação da qualidade técnica das propostas que superarem os requisitos mínimos estabelecidos no **edital** forem relevantes aos fins pretendidos pela Administração nas licitações para contratação de:	§ 1º O critério de julgamento ~~a~~ que ~~se refere~~ o *caput* deste artigo será ~~utilizado~~ quando a avaliação e a ponderação da qualidade técnica das propostas que superarem os requisitos mínimos estabelecidos ~~no instrumento convocatório~~ forem relevantes aos fins pretendidos pela administração ~~pública, e destinar-se-á exclusivamente a objetos:~~

Lei n° 14.133/2021	Leis n°s 8.666/1993, 10.520/2002 e 12.462/2011
I – **serviços técnicos especializados** de natureza predominantemente intelectual, **caso em que o critério de julgamento de técnica e preço deverá ser preferencialmente empregado;**	**L. 8.666/93** **Art. 46.** Os tipos de licitação "melhor técnica" ou "técnica e preço" serão utilizados exclusivamente para serviços de natureza predominantemente intelectual, em especial na elaboração de projetos, cálculos, fiscalização, supervisão e gerenciamento e de engenharia consultiva em geral e, em particular, para a elaboração de estudos técnicos preliminares e projetos básicos e executivos, ressalvado o disposto no § 4° do artigo anterior. **L. 12.462/2011** **Art. 20, § 1° [...]** I – de natureza predominantemente intelectual e de inovação tecnológica ou técnica; ou
II – serviços majoritariamente dependentes de tecnologia sofisticada e de domínio restrito, **conforme** atestado por autoridades técnicas de reconhecida qualificação;	**L. 8.666/93** **Art. 46. [...]** § 3° Excepcionalmente, os tipos de licitação previstos neste artigo poderão ser adotados, por autorização expressa e mediante justificativa circunstanciada da maior autoridade da Administração promotora constante do ato convocatório, para fornecimento de bens e execução de obras ou prestação de serviços de grande vulto majoritariamente dependentes de tecnologia nitidamente sofisticada e de domínio restrito, atestado por autoridades técnicas de reconhecida qualificação, nos casos em que o objeto pretendido admitir soluções alternativas e variações de execução, com repercussões significativas sobre sua qualidade, produtividade, rendimento e durabilidade concretamente mensuráveis, e estas puderem ser adotadas à livre escolha dos licitantes, na conformidade dos critérios objetivamente fixados no ato convocatório.
III – bens e serviços **especiais de tecnologia da informação e de comunicação;**	**L. 8.666/93** **Art. 45. [...]** § 4° Para contratação de bens e serviços de informática, a administração observará o disposto no art. 3° da Lei n° 8.248, de 23 de outubro de 1991, levando em conta os fatores especificados em seu parágrafo 2° e adotando obrigatoriamente o tipo de licitação "técnica e preço", permitido o emprego de outro tipo de licitação nos casos indicados em decreto do Poder Executivo.

Lei nº 14.133/2021	Leis nºs 8.666/1993, 10.520/2002 e 12.462/2011
IV – obras e serviços especiais de engenharia; V – objetos que admitam soluções específicas e alternativas e variações de execução, com repercussões significativas e concretamente mensuráveis sobre sua qualidade, produtividade, rendimento e durabilidade, quando essas soluções e variações puderem ser adotadas à livre escolha dos licitantes, conforme critérios objetivamente definidos no edital de licitação.	Sem correspondente
§ 2º **No julgamento por** técnica e preço, **deverão ser** avalia**das e** ponderadas as propostas técnicas **e, em seguida,** as propostas de preço **apresentadas pelos licitantes, na proporção máxima de** 70% (setenta por cento) **de valora**ção **para a** proposta técnica**.**	**L. 8.666/93** **Art. 46.** [...] § 2º Nas licitações do tipo "técnica e preço" será adotado, adicionalmente ao inciso I do parágrafo anterior, o seguinte procedimento claramente explicitado no instrumento convocatório: I – será feita a avaliação e a valorização das propostas de preços, de acordo com critérios objetivos preestabelecidos no instrumento convocatório; II – a classificação dos proponentes far-se-á de acordo com a média ponderada das valorizações das propostas técnicas e de preço, de acordo com os pesos preestabelecidos no instrumento convocatório. **L. 12.462/2011** **Art. 20.** [...] § 2º É permitida a atribuição de fatores de ponderação distintos para valorar as propostas técnicas e de preço, sendo o percentual de ponderação mais relevante limitado a 70% (setenta por cento).
§ 3º O desempenho pretérito na execução de contratos com a Administração Pública deverá ser considerado na pontuação técnica, observado o disposto nos §§ 3º e 4º do art. 88 desta Lei e em regulamento.	Sem correspondente
Art. 37. **O julgamento por** melhor técnica **ou por técnica e preço deverá ser realizado por**: I – **verificação d**a capacitação e **d**a experiência do **licitante, comprovadas por meio da apresentação de atestados de obras, produtos ou serviços previamente realizados;** II – **atribuição de notas a quesitos de natureza qualitativa por banca designada para esse fim,** de acordo com **orientações e limites definidos**	**L. 8.666/93** **Art. 46.** [...] § 1º Nas licitações do tipo "melhor técnica" será adotado o seguinte procedimento claramente explicitado no instrumento convocatório, o qual fixará o preço máximo que a Administração se propõe a pagar: I – serão abertos os envelopes contendo as propostas técnicas exclusivamente dos licitantes

Lei nº 14.133/2021	Leis nºˢ 8.666/1993, 10.520/2002 e 12.462/2011
em edital, considerados a demonstração de conhecimento do objeto, a metodologia e o programa de trabalho, a qualificação das equipes técnicas e a relação dos produtos que serão entregues;	previamente qualificados e feita então a avaliação e classificação destas propostas de acordo com os critérios pertinentes e adequados ao objeto licitado, definidos com clareza e objetividade no instrumento convocatório e que considerem a capacitação e a experiência do proponente, a qualidade técnica da proposta, compreendendo metodologia, organização, tecnologias e recursos materiais a serem utilizados nos trabalhos, e a qualificação das equipes técnicas a serem mobilizadas para a sua execução;
III – atribuição de notas por desempenho do licitante em contratações anteriores aferida nos documentos comprobatórios de que trata o § 3º do art. 88 desta Lei e em registro cadastral unificado disponível no Portal Nacional de Contratações Públicas (PNCP).	Sem correspondente

§ 1º A banca referida no inciso II do *caput* deste artigo terá no mínimo 3 (três) membros e poderá ser composta de:

I – servidores efetivos ou empregados públicos pertencentes aos quadros permanentes da Administração Pública;

II – profissionais contratados por conhecimento técnico, experiência ou renome na avaliação dos quesitos especificados em edital, desde que seus trabalhos sejam supervisionados por profissionais designados conforme o disposto no art. 7º desta Lei.

§ 2º Ressalvados os casos de inexigibilidade de licitação, na licitação para contratação dos serviços técnicos especializados de natureza predominantemente intelectual previstos nas alíneas "a", "d" e "h" do inciso XVIII do caput do art. 6º desta Lei cujo valor estimado da contratação seja superior a R$ 300.000,00 (trezentos mil reais)[109], o julgamento será por:

I – melhor técnica; ou

II – técnica e preço, na proporção de 70% (setenta por cento) de valoração da proposta técnica. |

---

[109] Em atenção ao art. 182 da LLIC, o Decreto nº 11.871/2023 atualizou o valor para R$ 359.436,08 (trezentos e cinquenta e nove mil quatrocentos e trinta e seis reais e oito centavos).

Lei nº 14.133/2021	Leis nºˢ 8.666/1993, 10.520/2002 e 12.462/2011
Art. 38. **No julgamento por melhor técnica ou por técnica e preço, a obtenção de pontuação devido à capacitação** técnico-**profissional exigirá que a execução do respectivo** contrato te**nha participação** direta e pessoal **do profissional correspondente.**	**L. 8.666/93** **Art. 13.** [...] § 3º ~~A empresa de prestação de serviços~~ técnicos ~~especializados que apresente relação de integrantes de seu corpo técnico em procedimento licitatório ou como elemento de justificação de dispensa ou inexigibilidade de licitação, ficará obrigada a garantir que os referidos integrantes realizem~~ pessoal e diretamente ~~os serviços objeto do~~ contrato.
Art. 39. O julgamento p**or** maior retorno econômico, utilizado exclusivamente para a celebração de contrato de eficiência, considera**rá** a maior economia para a Administração, **e a** remunera**ção deverá ser fixada** em percentual **que incidirá de forma proporcional à** economia **efetivamente obtida na** execução do contrato. § 1º **Nas licitações que adotarem o critério de julgamento de que trata o** *caput* deste artigo, os licitantes apresentarão: I – proposta de trabalho, **que deverá contemplar:** **a) as obras, os serviços ou os bens, com os respectivos prazos de realização ou fornecimento;** **b) a economia que se estima gerar, expressa em unidade de medida associada à obra, ao bem ou ao serviço e em unidade monetária;** II – proposta de preço, **que corresponderá a percentual sobre a economia que se estima gerar durante determinado período, expressa em unidade monetária.**	**L. 12.462/2011** **Art. 23.** No julgamento p~~elo~~ maior retorno econômico, utilizado exclusivamente para a celebração de contratos de eficiência, ~~as propostas serão~~ considera~~das de forma a selecionar a que proporcionar~~á a maior economia para a administração ~~pública decorrente da~~ execução do contrato. § 2º ~~Na hipótese prevista no~~ *caput* deste artigo, os licitantes apresentarão propostas de trabalho e de preço, ~~conforme dispuser o regulamento.~~
§ 2º **O edital de licitação deverá prever parâmetros objetivos de mensuração da economia gerada com a execução do contrato, que servirá de base de cálculo para a remuneração devida ao contratado.** § 3º **Para efeito de julgamento da proposta, o retorno econômico será o resultado da economia que se estima gerar com a execução da proposta de trabalho, deduzida a proposta de preço.**	Sem correspondente
§ 4º Nos casos em que não for gerada a economia prevista no contrato de eficiência:	**L. 12.462/2011** **Art. 23.** [...] § 3º Nos casos em que não for gerada a economia prevista no contrato de eficiência:
I – a diferença entre a economia contratada e a efetivamente obtida será descontada da remuneração d**o** contratad**o**;	I – a diferença entre a economia contratada e a efetivamente obtida será descontada da remuneração da contratada;

Lei nº 14.133/2021	Leis nºˢ 8.666/1993, 10.520/2002 e 12.462/2011
II – se a diferença entre a economia contratada e a efetivamente obtida for superior ao limite máximo estabelecido no contrato, **o** contrata**do** sujeitar-se-á, **ainda, a outras sanções cabíveis.**	III – a contratada sujeitar-se-á, ainda, a outras sanções cabíveis caso a diferença entre a economia contratada e a efetivamente obtida seja superior ao limite máximo estabelecido no contrato.
Seção **IV** Disposições Setoriais	**L. 8.666/93**
Subseção I Das Compras	Seção V Das Compras
Art. 40. **O planejamento de** compras deverá **considerar a expectativa de consumo anual e observar o seguinte:**	**L. 8.666/93** **Art. 15.** As compras, sempre que possível, deverão:
I – condições de aquisição e pagamento semelhantes às do setor privado;	III – submeter-se às condições de aquisição e pagamento semelhantes às do setor privado;
II – processa**mento por meio** de sistema de registro de preços**, quando pertinente;**	II – ser processadas através de sistema de registro de preços;
III – **determinação** de unidades e quantidades a serem adquiridas em função d**e** consumo e utilização prováveis, cuja estimativa será obtida, sempre que possível, mediante adequadas técnicas quantitativas, **admitido o fornecimento contínuo;**	§ 7º [...]: II – a definição das unidades e das quantidades a serem adquiridas em função do consumo e utilização prováveis, cuja estimativa será obtida, sempre que possível, mediante adequadas técnicas quantitativas de estimação;
IV – condições de guarda e armazenamento que não permitam a deterioração do material;	III – as condições de guarda e armazenamento que não permitam a deterioração do material.
V – atend**imento** ao**s** princípio: a) da padronização, **considerada a** compatibilidade de especificações **estéticas**, técnicas ou de desempenho;	**Art. 15.** [...] I – atender ao princípio da padronização, que imponha compatibilidade de especificações técnicas e de desempenho, observadas, quando for o caso, as condições de manutenção, assistência técnica e garantia oferecidas;
b) **do** parcela**mento, quando for tecnicamente viável e** economic**amente vantajoso;**	IV – ser subdivididas em tantas parcelas quantas necessárias para aproveitar as peculiaridades do mercado, visando economicidade;
c) **da responsabilidade fiscal, mediante a comparação da despesa estimada com a prevista no orçamento.**	**L. 8.666/93** **Art. 14.** Nenhuma compra será feita sem a adequada caracterização de seu objeto e indicação dos recursos orçamentários para seu pagamento, sob pena de nulidade do ato e responsabilidade de quem lhe tiver dado causa.
§ 1º O termo de referência deverá conter os elementos previstos no inciso XXIII do *caput* **do art. 6º desta Lei, além das seguintes informações:** I – **especificação do produto, preferencialmente conforme catálogo eletrônico de padronização, observados os requisitos de qualidade, rendimento, compatibilidade, durabilidade e segurança;**	**L. 8.666/93** **Art. 15.** [...] § 7º [...] I – a especificação completa do bem a ser adquirido sem indicação de marca;

Lei nº 14.133/2021	Leis nºs 8.666/1993, 10.520/2002 e 12.462/2011
II – indicação dos locais de entrega dos produtos e das regras para recebimentos provisório e definitivo, quando for o caso;	Sem correspondente
III – especificação da garantia exigida e das condições de manutenção e assistência técnica, quando for o caso.	L. 8.666/93 Art. 15. [...] I – ~~atender ao princípio da padronização, que imponha compatibilidade de~~ especificações ~~técnicas e de desempenho, observadas,~~ quando for o caso, as ~~condições de~~ manutenção, ~~assistência~~ técnica e garantia ~~oferecidas;~~
§ 2º Na aplicação do princípio do parcelamento, referente às compras, deverão ser considerados: I – a viabilidade da divisão do objeto em lotes;	L. 8.666/93 Art. 15. [...] IV – ~~ser subdivididas em tantas parcelas quantas necessárias para~~ aproveitar ~~as~~ peculiaridades do mercado, ~~visando~~ economicidade;
II – o aproveitamento das peculiaridades do mercado local, com vistas à economicidade, sempre que possível, desde que atendidos os parâmetros de qualidade; e III – o dever de buscar a ampliação da competição e de evitar a concentração de mercado.	Art. 23. [...] § 1º ~~As obras, serviços e compras efetuadas pela Administração serão divididas em tantas parcelas quantas se comprovarem técnica e economicamente viáveis, procedendo-se à licitação com vistas ao melhor~~ aproveitamento ~~dos recursos disponíveis no~~ mercado ~~e à~~ ampliação da competitividade ~~sem perda da economia de escala.~~ L. 12.462/2011 Art. 4º [...] VI – ~~parcelamento do objeto, visando à ampla participação de licitantes, sem perda de economia de escala.~~
§ 3º O parcelamento não será adotado quando: I – a economia de escala, a redução de custos de gestão de contratos ou a maior vantagem na contratação recomendar a compra do item do mesmo fornecedor; II – o objeto a ser contratado configurar sistema único e integrado e houver a possibilidade de risco ao conjunto do objeto pretendido; III – o processo de padronização ou de escolha de marca levar a fornecedor exclusivo. § 4º Em relação à informação de que trata o inciso III do § 1º deste artigo, desde que fundamentada em estudo técnico preliminar, a Administração poderá exigir que os serviços de manutenção e assistência técnica sejam prestados mediante deslocamento de técnico ou disponibilizados em unidade de prestação de serviços localizada em distância compatível com suas necessidades.	Sem correspondente

Lei nº 14.133/2021	Leis nºs 8.666/1993, 10.520/2002 e 12.462/2011
Art. 41. No caso de licitação **que envolva o fornecimento** de bens, a Administração poderá **excepcionalmente**:	**L. 12.462/2011** **Art. 7º** No caso de licitação ~~para aquisição~~ de bens, a administração ~~pública~~ poderá:
I – indicar **uma ou mais** marcas ou modelos, desde que formalmente justificado, nas seguintes hipóteses:	I – indicar marca ou modelo, desde que formalmente justificado, nas seguintes hipóteses:
a) em decorrência da necessidade de padronização do objeto;	a) em decorrência da necessidade de padronização do objeto;
b) **em decorrência da necessidade de manter a compatibilidade com plataformas e padrões já adotados pela Administração;**	**Sem correspondente**
c) quando determinada marca ou modelo comercializados por mais de um fornecedor for**em os** únic**os** capaz**es** de atender às necessidades d**o** contratante;	b) quando determinada marca ou modelo comercializado por mais de um fornecedor for ~~a~~ úni~~ca~~ capaz de atender às necessidades da ~~entidade~~ contratante; ~~ou~~
d) quando a descrição do objeto a ser licitado puder ser **mais bem** compreendida pela identificação de determinada marca ou **determinado** modelo aptos a servir **apenas** como referência;	c) quando a descrição do objeto a ser licitado puder ser ~~melhor~~ compreendida pela identificação de determinada marca ou modelo aptos a servir como referência, ~~situação em que será obrigatório o acréscimo da expressão "ou similar ou de melhor qualidade";~~
II – exigir amostra **ou prova de conceito** do bem no procedimento de pré-qualificação **permanente**, na fase de julgamento das propostas ou de lances, **ou no período de vigência do contrato ou da ata de registro de preços, desde que previsto no edital da licitação e** justificada a necessidade de sua apresentação;	II – exigir amostra do bem no procedimento de pré-qualificação, na fase de julgamento das propostas ou de lances, ~~desde que~~ justificada a necessidade da sua apresentação;
III – **vedar a contratação de marca ou produto, quando, mediante processo administrativo, restar comprovado que produtos adquiridos e utilizados anteriormente pela Administração não atendem a requisitos indispensáveis ao pleno adimplemento da obrigação contratual.**	**Sem correspondente**
IV – solicitar, motivadamente, carta de solidariedade emitida pelo fabricante, que assegure a execução do contrato, no caso de licitante revendedor ou distribuidor.	IV – solicitar, motivadamente, carta de solidariedade emitida pelo fabricante, que assegure a execução do contrato, no caso de licitante revendedor ou distribuidor.
Parágrafo único. A exigência prevista no inciso II do *caput* deste artigo restringir-se-á ao licitante provisoriamente vencedor quando realizada na fase de julgamento das propostas ou de lances.	**Sem correspondente**

Lei nº 14.133/2021	Leis nºs 8.666/1993, 10.520/2002 e 12.462/2011
Art. 42. **A prova de qualidade de produto apresentado pelos proponentes como similar ao das marcas eventualmente indicadas no edital será admitida por qualquer um dos seguintes meios:** **I – comprovação de que o produto está de acordo com as normas técnicas determinadas pelos órgãos oficiais competentes, pela Associação Brasileira de Normas Técnicas (ABNT) ou por outra entidade credenciada pelo Inmetro;** **II – declaração de atendimento satisfatório emitida por outro órgão ou entidade de nível federativo equivalente ou superior que tenha adquirido o produto;**	Sem correspondente
III – certificação, **certificado, laudo laboratorial ou documento similar que possibilite a aferição** da qualidade **e da conformidade** do produto ou do processo de fabricação, inclusive sob o aspecto ambiental, **emitido** por instituição oficial competente ou por entidade credenciada.	**L. 12.462/2011** **Art. 7º** [...]: III – ~~solicitar a~~ certificação da qualidade do produto ou do processo de fabricação, inclusive sob o aspecto ambiental, por ~~qualquer~~ instituição oficial competente ou por entidade credenciada; e
§ 1º O edital poderá exigir, como condição de aceitabilidade da proposta, certificação de qualidade do produto por instituição credenciada **pelo Conselho Nacional de Metrologia, Normalização e Qualidade Industrial (Conmetro).**	**Lei 12.462/11** **Art. 7º** [...] III – ~~solicitar~~ a certificação da qualidade do produto ~~ou do processo de fabricação, inclusive sob o aspecto ambiental,~~ por ~~qualquer~~ instituição ~~oficial competente ou por entidade~~ credenciada; e
§ 2º A Administração poderá, **nos termos do edital de licitação, oferecer protótipo do objeto pretendido e** exigir, na fase de julgamento das propostas, amostras **do licitante provisoriamente vencedor, para atender a diligência ou, após o julgamento, como condição para firmar contrato.**	**L. 12.462/2011** **Art. 7º** ~~No caso de licitação para aquisição de bens,~~ a administração ~~pública~~ poderá: [...] II – exigir amostra ~~do bem no procedimento de pré-qualificação,~~ na fase de julgamento das propostas ~~ou de lances, desde que justificada a necessidade da sua apresentação;~~
§ 3º No interesse da Administração, as amostras a que se refere o § 2º deste artigo poderão ser examinadas por instituição com reputação ético-profissional na especialidade do objeto, previamente indicada no edital.	Sem correspondente
Art. 43. **O processo de** padronização **deverá conter:** **I – parecer técnico sobre o produto, considerados** especificações técnicas e **estéticas,** desempenho, **análise de contratações anteriores, custo e** condições de manutenção e garantia;	**L. 12.462/2011** **Art. 4º** [...] I – padronização ~~do objeto da contratação relativamente~~ às especificações técnicas e ~~de~~ desempenho e, ~~quando for o caso,~~ às condições de manutenção, ~~assistência técnica~~ e ~~de~~ garantia ~~oferecidas;~~

Lei nº 14.133/2021	Leis nºs 8.666/1993, 10.520/2002 e 12.462/2011
II – despacho motivado da autoridade superior, com a adoção do padrão; III – síntese da justificativa e descrição sucinta do padrão definido, divulgadas em sítio eletrônico oficial. § 1º É permitida a padronização com base em processo de outro órgão ou entidade de nível federativo igual ou superior ao do órgão adquirente, devendo o ato que decidir pela adesão a outra padronização ser devidamente motivado, com indicação da necessidade da Administração e dos riscos decorrentes dessa decisão, e divulgado em sítio eletrônico oficial. § 2º As contratações de soluções baseadas em *software* de uso disseminado serão disciplinadas em regulamento que defina processo de gestão estratégica das contratações desse tipo de solução. Art. 44. Quando houver a possibilidade de compra ou de locação de bens, o estudo técnico preliminar deverá considerar os custos e os benefícios de cada opção, com indicação da alternativa mais vantajosa.	Sem correspondente
Subseção **II** Das Obras e Serviços **de Engenharia**	Seção III Das Obras e Serviços
Art. 45. As licitações de obras e serviços de engenharia devem respeitar, especialmente, as normas relativas a:	**L. 12.462/2011** **Art. 4º** [...] § 1º ~~As contratações realizadas com base no RDC~~ devem respeitar, especialmente, as normas relativas à:
I – disposição final ambientalmente adequada dos resíduos sólidos gerados pelas obras contratadas;	I – disposição final ambientalmente adequada dos resíduos sólidos gerados pelas obras contratadas;
II – mitigação por condicionantes e compensação ambiental, que serão definidas no procedimento de licenciamento ambiental;	II – mitigação por condicionantes e compensação ambiental, que serão definidas no procedimento de licenciamento ambiental;
III – utilização de produtos, **de** equipamentos e **de** serviços que, comprovadamente, **favoreçam a redução d**o consumo de energia e **de** recursos naturais;	III – utilização de produtos, equipamentos e serviços que, comprovadamente, ~~reduzam~~ o consumo de energia e recursos naturais;
IV – avaliação de impacto de vizinhança, na forma da legislação urbanística;	IV – avaliação de impactos de vizinhança, na forma da legislação urbanística;
V – proteção do patrimônio histórico, cultural, arqueológico e imaterial, inclusive por meio da avaliação do impacto direto ou indireto causado pelas obras contratadas;	V – proteção do patrimônio cultural, histórico, arqueológico e imaterial, inclusive por meio da avaliação do impacto direto ou indireto causado pelas obras contratadas; e

Lei nº 14.133/2021	Leis nⁿˢ 8.666/1993, 10.520/2002 e 12.462/2011
VI – acessibilidade para pessoas com deficiência ou com mobilidade reduzida.	VI – acessibilidade para ~~o uso por~~ pessoas com deficiência ou com mobilidade reduzida.
Art. 46. **Na** execução indireta de obras e serviços de engenharia, são admitidos os seguintes regimes:	**L. 8.666/93** **Art. 6º** [...] VIII – Execução indireta ~~a que o órgão ou entidade contrata com terceiros sob qualquer dos~~ seguintes regimes: **L. 12.462/2011** **Art. 8º** Na execução indireta de obras e serviços de engenharia, são admitidos os seguintes regimes:
I – empreitada por preço unitário;	**L. 8.666/93** **Art. 6º** [...] **VIII – [...]** b) empreitada por preço unitário ~~quando se contrata a execução da obra ou do serviço por preço certo de unidades determinadas;~~ **L. 12.462/2011** **Art. 8º** [...] I – empreitada por preço unitário;
II – empreitada por preço global;	**L. 8.666/93** **Art. 6º** [...] VIII – [...] a) empreitada por preço global – ~~quando se contrata a execução da obra ou do serviço por preço certo e total;~~ **L. 12.462/2011** **Art. 8º** [...] II – empreitada por preço global;
III – empreitada integral;	**L. 8.666/93** **Art. 6º** [...] **VIII – [...]** e) empreitada integral – ~~quando se contrata um empreendimento em sua integralidade, compreendendo todas as etapas das obras, serviços e instalações necessárias, sob inteira responsabilidade da contratada até a sua entrega ao contratante em condições de entrada em operação, atendidos os requisitos técnicos e legais para sua utilização em condições de segurança estrutural e operacional e com as características adequadas às finalidades para que foi contratada;~~

Lei nº 14.133/2021	Leis nºs 8.666/1993, 10.520/2002 e 12.462/2011
	L. 12.462/2011 **Art. 8º [...]** **IV** – empreitada integral;
IV – contratação por tarefa;	**L. 8.666/93** **Art. 6º [...]** **VIII** – [...] d) tarefa – ~~quando se ajusta mão-de-obra para pequenos trabalhos por preço certo, com ou sem fornecimento de materiais;~~ **L. 12.462/2011** **Art. 8º [...]** III – contratação por tarefa;
V – contratação integrada;	V – contratação integrada.
VI – contratação semi-integrada;	**Sem correspondente**
VII – fornecimento e prestação de serviço associado.	**Sem correspondente**
§ 1º É vedada a realização de obras e serviços de engenharia sem projeto executivo, **ressalvada a hipótese prevista no § 3º do art. 18 desta Lei.**	**L. 12.462/2011** **Art. 8º [...]** § 7º É vedada a realização, sem projeto executivo, de obras e serviços de engenharia ~~para cuja concretização tenha sido utilizado o RDC, qualquer que seja o regime adotado.~~
§ 2º A Administração é dispensada da elaboração de projeto básico nos casos de contratação integrada, hipótese em que deverá ser elaborado anteprojeto de acordo com metodologia definida em ato do órgão competente, observados os requisitos estabelecidos no inciso XXIV do art. 6º desta Lei. **§ 3º Na contratação integrada, após a elaboração do projeto básico pelo contratado, o conjunto de desenhos, especificações, memoriais e cronograma físico-financeiro deverá ser submetido à aprovação da Administração, que avaliará sua adequação em relação aos parâmetros definidos no edital e conformidade com as normas técnicas, vedadas alterações que reduzam a qualidade ou a vida útil do empreendimento e mantida a responsabilidade integral do contratado pelos riscos associados ao projeto básico.** **§ 4º Nos regimes de contratação integrada e semi-integrada, o edital e o contrato, sempre que for o caso, deverão prever as providências necessárias para a efetivação de desapropriação autorizada pelo poder público, bem como:**	**Sem correspondente**

Lei nº 14.133/2021	Leis nºs 8.666/1993, 10.520/2002 e 12.462/2011
I – o responsável por cada fase do procedimento expropriatório; II – a responsabilidade pelo pagamento das indenizações devidas; III – a estimativa do valor a ser pago a título de indenização pelos bens expropriados, inclusive de custos correlatos; IV – a distribuição objetiva de riscos entre as partes, incluído o risco pela diferença entre o custo da desapropriação e a estimativa de valor e pelos eventuais danos e prejuízos ocasionados por atraso na disponibilização dos bens expropriados; V – em nome de quem deverá ser promovido o registro de imissão provisória na posse e o registro de propriedade dos bens a serem desapropriados. § 5º Na contratação semi-integrada, mediante prévia autorização da Administração, o projeto básico poderá ser alterado, desde que demonstrada a superioridade das inovações propostas pelo contratado em termos de redução de custos, de aumento da qualidade, de redução do prazo de execução ou de facilidade de manutenção ou operação, assumindo o contratado a responsabilidade integral pelos riscos associados à alteração do projeto básico.	Sem correspondente
§ 6º A execução de cada etapa será obrigatoriamente precedida da conclusão e **da** aprovação, pela autoridade competente, dos trabalhos relativos às etapas anteriores.	**L. 8.666/93** **Art. 7º** [...] § 1º A execução de cada etapa será obrigatoriamente precedida da conclusão e aprovação, pela autoridade competente, dos trabalhos relativos às etapas anteriores, ~~à exceção do projeto executivo, o qual poderá ser desenvolvido concomitantemente com a execução das obras e serviços, desde que também autorizado pela Administração.~~
~~§ 7º Os regimes de contratação integrada e semi-integrada somente poderão ser aplicados nas licitações para a contratação de obras, serviços e fornecimentos cujos valores superem aquele previsto para os contratos de que trata a Lei nº 11.079, de 30 de dezembro de 2004.~~ (VETADO) ~~§ 8º O limite de que trata o § 7º deste artigo não se aplicará à contratação integrada ou semi-integrada destinada a viabilizar projetos de ciência, tecnologia e inovação e de ensino técnico ou superior.~~ (VETADO)	Sem correspondente

Lei nº 14.133/2021	Leis nºˢ 8.666/1993, 10.520/2002 e 12.462/2011
§ 9º Os regimes de execução a que se referem os incisos II, III, IV, V e VI do *caput* deste artigo serão licitados por preço global e adotarão sistemática de medição e pagamento associada à execução de etapas do cronograma físico-financeiro vinculadas ao cumprimento de metas de resultado, vedada a adoção de sistemática de remuneração orientada por preços unitários ou referenciada pela execução de quantidades de itens unitários.	Sem correspondente
Subseção III **Dos Serviços em Geral**	Sem correspondente
Art. 47. **As licitações de serviços** atenderão aos princípios: I – da padronização, **considerada a** compatibilidade de especificações **estéticas,** técnicas **ou** de desempenho;	**L. 8.666/93** **Art. 15** [...] I – atender ao princípio da padronização, ~~que imponha~~ compatibilidade de especificações técnicas e de desempenho~~, observadas, quando for o caso, as condições de manutenção, assistência técnica e garantia oferecidas;~~
II – **do parcelamento, quando for** tecnicamente viável e economicamente **vantajoso.**	**L. 8.666/93** **Art. 23.** [...] § 1º ~~As obras, serviços e compras efetuadas pela Administração serão divididas em tantas parcelas quantas se comprovarem~~ técnica e economicamente viáveis, ~~procedendo-se à licitação com vistas ao melhor aproveitamento dos recursos disponíveis no mercado e à ampliação da competitividade sem perda da economia de escala.~~
§ 1º Na aplicação do princípio do parcelamento deverão ser considerados: I – a responsabilidade técnica; II – o custo para a Administração de vários contratos frente às vantagens da redução de custos, com divisão do objeto em itens; III – o dever de buscar a ampliação da competição e de evitar a concentração de mercado. § 2º Na licitação de serviços de manutenção e assistência técnica, o edital deverá definir o local de realização dos serviços, admitida a exigência de deslocamento de técnico ao local da repartição ou a exigência de que o contratado tenha unidade de prestação de serviços em distância compatível com as necessidades da Administração.	Sem correspondente

Lei nº 14.133/2021	Leis nºs 8.666/1993, 10.520/2002 e 12.462/2011
Art. 48. **Poderão ser objeto de execução por terceiros as atividades materiais acessórias, instrumentais ou complementares aos assuntos que constituam área de competência legal do órgão ou da entidade, vedado à Administração ou a seus agentes, na contratação do serviço terceirizado:** **I – indicar pessoas expressamente nominadas para executar direta ou indiretamente o objeto contratado;** **II – fixar salário inferior ao definido em lei ou em ato normativo a ser pago pelo contratado;** **III – estabelecer vínculo de subordinação com funcionário de empresa prestadora de serviço terceirizado;** **IV – definir forma de pagamento mediante exclusivo reembolso dos salários pagos;** **V – demandar a funcionário de empresa prestadora de serviço terceirizado a execução de tarefas fora do escopo do objeto da contratação;** **VI – prever em edital exigências que constituam intervenção indevida da Administração na gestão interna do contratado.** **Parágrafo único. Durante a vigência do contrato, é vedado ao contratado contratar cônjuge, companheiro ou parente em linha reta, colateral ou por afinidade, até o terceiro grau, de dirigente do órgão ou entidade contratante ou de agente público que desempenhe função na licitação ou atue na fiscalização ou na gestão do contrato, devendo essa proibição constar expressamente do edital de licitação.**	**Sem correspondente**
Art. 49. A Administração poderá, mediante justificativa expressa, contratar mais de uma empresa ou instituição para executar o mesmo serviço, desde que **essa contratação** não implique perda de economia de escala, quando:	**L. 12.462/2011** **Art. 11.** A administração ~~pública~~ poderá, mediante justificativa expressa, contratar mais de uma empresa ou instituição para executar o mesmo serviço, desde que não implique perda de economia de escala, quando:
I – o objeto da contratação puder ser executado de forma concorrente e simultânea por mais de um contratado; **e**	I – o objeto da contratação puder ser executado de forma concorrente e simultânea por mais de um contratado; ~~ou~~
II – a múltipla execução for conveniente para atender à Administração.	II – a múltipla execução for conveniente para atender à administração ~~pública~~.
Parágrafo único. Na hipótese prevista no *caput* deste artigo, a Administração deverá manter o controle individualizado da execução do objeto contratual relativamente a cada um dos contratados.	§ 1º Nas hipóteses previstas no *caput* deste artigo, a administração ~~pública~~ deverá manter o controle individualizado da execução do objeto contratual relativamente a cada uma das contratadas.

Lei nº 14.133/2021	Leis nºs 8.666/1993, 10.520/2002 e 12.462/2011
Art. 50. Nas contratações de serviços com regime de dedicação exclusiva de mão de obra, o contratado deverá apresentar, quando solicitado pela Administração, sob pena de multa, comprovação do cumprimento das obrigações trabalhistas e **com** o Fundo de Garantia do Tempo de Serviço (FGTS) **em relação aos empregados diretamente envolvidos na execução do contrato, em especial quanto ao:**	**L. 8.666/93** **Art. 29.** ~~A documentação relativa à regularidade fiscal e~~ trabalhista, ~~conforme o caso, consistirá em:~~ [...] IV – ~~prova de regularidade relativa à Seguridade Social e~~ ao Fundo de Garantia por Tempo de Serviço (FGTS), ~~demonstrando situação regular no cumprimento dos encargos sociais instituídos por lei.~~
I – registro de ponto; **II – recibo de pagamento de salários, adicionais, horas extras, repouso semanal remunerado e décimo terceiro salário;** **III – comprovante de depósito do FGTS;** **IV – recibo de concessão e pagamento de férias e do respectivo adicional;** **V – recibo de quitação de obrigações trabalhistas e previdenciárias dos empregados dispensados até a data da extinção do contrato;** **VI – recibo de pagamento de vale-transporte e vale-alimentação, na forma prevista em norma coletiva.**	**Sem correspondente**
Subseção IV **Da Locação de Imóveis**	**Sem correspondente**
Art. 51. Ressalvado o disposto no inciso V do *caput* **do art. 74 desta Lei, a** locação de imóveis **deverá ser precedida de licitação e** avaliação prévia **do bem, do seu estado de conservação, dos custos de adaptações e do prazo de amortização dos investimentos necessários.**	**L. 8.666/93** **Art. 24.** ~~É dispensável a licitação: [...]~~ X – ~~para a compra ou~~ locação de imóvel ~~destinado ao atendimento das finalidades precípuas da administração, cujas necessidades de instalação e localização condicionem a sua escolha, desde que o preço seja compatível com o valor de mercado, segundo~~ avaliação prévia;
Subseção V **Das Licitações Internacionais**	**Sem correspondente**
Art. 52. Nas **licitações** de âmbito internacional, o edital deverá ajustar-se às diretrizes da política monetária e do comércio exterior e atender às exigências dos órgãos competentes.	**L. 8.666/93** **Art. 42.** Nas ~~concorrências~~ de âmbito internacional, o edital deverá ajustar-se às diretrizes da política monetária e do comércio exterior e atender às exigências dos órgãos competentes.
§ 1º Quando for permitido ao licitante estrangeiro cotar preço em moeda estrangeira, o licitante brasileiro igualmente poderá fazê-lo.	§ 1º Quando for permitido ao licitante estrangeiro cotar preço em moeda estrangeira, igualmente o poderá fazer o licitante brasileiro.

Lei nº 14.133/2021	Leis nᵒˢ 8.666/1993, 10.520/2002 e 12.462/2011
§ 2º O pagamento feito ao licitante brasileiro eventualmente contratado em virtude de licitação **nas condições** de que trata o **§ 1º deste artigo** será efetuado em moeda **corrente nacional**.	§ 2º O pagamento feito ao licitante brasileiro eventualmente contratado em virtude da licitação de que trata o ~~parágrafo anterior~~ será efetuado em moeda ~~brasileira, à taxa de câmbio vigente no dia útil imediatamente anterior à data do efetivo pagamento~~.
§ 3º As garantias de pagamento ao licitante brasileiro serão equivalentes àquelas oferecidas ao licitante estrangeiro.	§ 3º As garantias de pagamento ao licitante brasileiro serão equivalentes àquelas oferecidas ao licitante estrangeiro.
§ 4º Os gravames **incidentes sobre os preços constarão do edital e serão definidos a partir de estimativas ou médias dos** tributos.	§ 4º ~~Para fins de julgamento da licitação, as propostas apresentadas por licitantes estrangeiros serão acrescidas~~ dos gravames ~~consequentes~~ dos mesmos tributos ~~que oneram exclusivamente os licitantes brasileiros quanto à operação final de venda~~.
§ 5º **As propostas** de todos os licitantes **estarão sujeitas às mesmas regras e condições, na forma estabelecida no edital.**	§ 6º ~~As cotações~~ de todos os licitantes ~~serão para entrega no mesmo local de destino~~.
§ 6º Observados os termos desta Lei, o edital **não poderá prever condições de habilitação, classificação e julgamento que constituam barreiras de acesso ao licitante estrangeiro, admitida a previsão de margem de preferência para bens produzidos no País e serviços nacionais que atendam às normas técnicas brasileiras, na forma definida no art. 26 desta Lei.**	**Sem correspondente**
CAPÍTULO III DA DIVULGAÇÃO DO EDITAL DE LICITAÇÃO	**Sem correspondente**
Art. 53. **Ao final da fase preparatória, o processo licitatório seguirá para o órgão de** assessoramento jurídico da Administração, **que realizará controle** prévio **de legalidade mediante análise jurídica da contratação.**	**L. 8.666/93** Art. 38 [...] Parágrafo único. ~~As minutas de editais de licitação, bem como as dos contratos, acordos, convênios ou ajustes devem ser previamente examinadas e aprovadas por~~ assessoria jurídica da Administração.
§ 1º **Na elaboração do parecer jurídico, o órgão de assessoramento jurídico da Administração deverá:** I – **apreciar o processo licitatório conforme critérios objetivos prévios de atribuição de prioridade;**	**Sem correspondente**

Lei nº 14.133/2021	Leis nºs 8.666/1993, 10.520/2002 e 12.462/2011
II – redigir sua manifestação em linguagem simples e compreensível e de forma clara e objetiva, com apreciação de todos os elementos indispensáveis à contratação e com exposição dos pressupostos de fato e de direito levados em consideração na análise jurídica;	Sem correspondente

II – redigir sua manifestação em linguagem simples e compreensível e de forma clara e objetiva, com apreciação de todos os elementos indispensáveis à contratação e com exposição dos pressupostos de fato e de direito levados em consideração na análise jurídica;

III – dar especial atenção à conclusão, que deverá ser apartada da fundamentação, ter uniformidade com os seus entendimentos prévios, ser apresentada em tópicos, com orientações específicas para cada recomendação, a fim de permitir à autoridade consulente sua fácil compreensão e atendimento, e, se constatada ilegalidade, apresentar posicionamento conclusivo quanto à impossibilidade de continuidade da contratação nos termos analisados, com sugestão de medidas que possam ser adotadas para adequá-la à legislação aplicável. (VETADO)

§ 2º O parecer jurídico que desaprovar a continuidade da contratação, no todo ou em parte, poderá ser motivadamente rejeitado pela autoridade máxima do órgão ou entidade, hipótese em que esta passará a responder pessoal e exclusivamente pelas irregularidades que, em razão desse fato, lhe forem eventualmente imputadas. (VETADO)

§ 3º Encerrada a instrução do processo sob os aspectos técnico e jurídico, a autoridade determinará a divulgação do edital de licitação conforme disposto no art. 54.

§ 4º Na forma deste artigo, o órgão de assessoramento jurídico da Administração também realizará controle prévio de legalidade de contratações diretas, acordos, termos de cooperação, convênios, ajustes, adesões a atas de registro de preços, outros instrumentos congêneres e de seus termos aditivos.

§ 5º É dispensável a análise jurídica nas hipóteses previamente definidas em ato da autoridade jurídica máxima competente, que deverá considerar o baixo valor, a baixa complexidade da contratação, a entrega imediata do bem ou a utilização de minutas de editais e instrumentos de contrato, convênio ou outros ajustes previamente padronizados pelo órgão de assessoramento jurídico.

§ 6º O membro da advocacia pública será civil e regressivamente responsável quando agir com dolo ou fraude na elaboração do parecer jurídico de que trata este artigo. (VETADO)

Lei nº 14.133/2021	Leis nºs 8.666/1993, 10.520/2002 e 12.462/2011
Art. 54. A publicidade **do** edi**tal de licitação** será realizada mediante divulgação **e manutenção do inteiro teor do ato convocatório e de seus anexos no Portal Nacional de Contratações Públicas (PNCP).**	**L. 8.666/93** ~~Art. 21. Os avisos contendo os resumos dos editais das concorrências, das tomadas de preços, dos concursos e dos leilões, embora realizados no local da repartição interessada, deverão ser~~ publicados com antecedência, no mínimo, por uma vez: ~~I – no Diário Oficial da União, quando se tratar de licitação feita por órgão ou entidade da Administração Pública Federal e, ainda, quando se tratar de obras financiadas parcial ou totalmente com recursos federais ou garantidas por instituições federais;~~ ~~II – no Diário Oficial do Estado, ou do Distrito Federal quando se tratar, respectivamente, de licitação feita por órgão ou entidade da Administração Pública Estadual ou Municipal, ou do Distrito Federal;~~ ~~III – em jornal diário de grande circulação no Estado e também, se houver, em jornal de circulação no Município ou na região onde será realizada a obra, prestado o serviço, fornecido, alienado ou alugado o bem, podendo ainda a Administração, conforme o vulto da licitação, utilizar-se de outros meios de divulgação para ampliar a área de competição.~~ **L. 12.462/2011** **Art. 15. [...]** § 1º A publicidade ~~a que se refere o~~ *caput* ~~deste artigo, sem prejuízo da faculdade de~~ divulgação ~~direta aos fornecedores,~~ cadastrados ~~ou não,~~ será realizada mediante: II – divulgação ~~em sítio eletrônico oficial centralizado de divulgação de licitações ou mantido pelo ente encarregado do procedimento licitatório na rede mundial de computadores.~~
§ 1º Sem prejuízo do disposto no *caput*, **é obrigatória a publicação de extrato do edital no Diário Oficial da União, do Estado, do Distrito Federal ou do Município, ou, no caso de consórcio público, do ente de maior nível entre eles, bem como em jornal diário de grande circulação.** **§ 2º É facultada a divulgação adicional e a manutenção do inteiro teor do edital e de seus anexos em sítio eletrônico oficial do ente federativo do órgão ou entidade responsável pela licitação ou, no caso de consórcio público, do ente de maior nível entre eles, admitida, ainda, a divulgação direta a interessados devidamente cadastrados para esse fim.**	**Sem correspondente**

Lei nº 14.133/2021	Leis nºs 8.666/1993, 10.520/2002 e 12.462/2011
§ 3º Após a homologação do processo licitatório, serão disponibilizados no Portal Nacional de Contratações Públicas (PNCP) e, se o órgão ou entidade responsável pela licitação entender cabível, também no sítio referido no § 2º deste artigo, os documentos elaborados na fase preparatória que porventura não tenham integrado o edital e seus anexos.	Sem correspondente
CAPÍTULO IV **DA APRESENTAÇÃO DE PROPOSTAS E LANCES**	Sem correspondente
Art. 55. **Os** prazos mínimos **para** apresentação de propostas e lances, contados a partir da data de divulgação **do edital** de licitação, são de:	**L. 8.666/93** **Art. 21. [...]** § 2º O prazo mínimo até o recebimento das propostas ou da realização do evento será: I – quarenta e cinco dias para: a) concurso; b) concorrência, quando o contrato a ser celebrado contemplar o regime de empreitada integral ou quando a licitação for do tipo "melhor técnica" ou "técnica e preço"; II – trinta dias para: a) concorrência, nos casos não especificados na alínea "b" do inciso anterior; b) tomada de preços, quando a licitação for do tipo "melhor técnica" ou "técnica e preço"; III – quinze dias para a tomada de preços, nos casos não especificados na alínea "b" do inciso anterior, ou leilão; IV – cinco dias úteis para convite. **L. 10.520/02** Art. 4º A fase externa do pregão será iniciada com a convocação dos interessados e observará as seguintes regras: [...] V – o prazo fixado para a apresentação das propostas, contado a partir da publicação do aviso, não será inferior a 8 (oito) dias úteis; **L. 12.462/2011** **Art. 15.** Será dada ampla publicidade aos procedimentos licitatórios e de pré-qualificação disciplinados por esta Lei, ressalvadas as hipóteses de informações cujo sigilo seja imprescindível à segurança da sociedade e do Estado, devendo ser adotados os seguintes prazos mínimos para apresentação de propostas, contados a partir da data de publicação do instrumento convocatório:

Lei nº 14.133/2021	Leis nºˢ 8.666/1993, 10.520/2002 e 12.462/2011
I – para aquisição de bens:	I – para aquisição de bens:
a) **8 (oito)** dias úteis, quando adotados os critérios de julgamento de menor preço ou **de** maior desconto;	a) 5 (cinco) dias úteis, quando adotados os critérios de julgamento pelo menor preço ou ~~pelo~~ maior desconto; e
b) **15 (quinze)** dias úteis, nas hipóteses não abrangidas pela alínea "a" deste inciso;	b) ~~10 (dez)~~ dias úteis, nas hipóteses não abrangidas pela alínea *a* deste inciso;
II – **no caso** de serviços e obras:	II – ~~para a contratação~~ de serviços e obras:
a) **10 (dez)** dias úteis, quando adotados os critérios de julgamento **de** menor preço ou **de** maior desconto, **no caso de serviços comuns e de obras e serviços comuns de engenharia;**	a) ~~15 (quinze)~~ dias úteis, quando adotados os critérios de julgamento ~~pelo~~ menor preço ou ~~pelo~~ maior desconto; ~~e~~
b) **25 (vinte e cinco) dias úteis, quando adotados os critérios de julgamento de menor preço ou de maior desconto, no caso de serviços especiais e de obras e serviços especiais de engenharia;**	**Sem correspondente**
c) **60 (sessenta) dias úteis, quando o regime de execução for de contratação integrada;**	
d) **35 (trinta e cinco) dias úteis, quando o regime de execução for o de contratação semi-integrada ou nas hipóteses não abrangidas pelas alíneas "a", "b" e "c" deste inciso;**	
III – para licita**ção** em que se adote o critério de julgamento de maior **lance, 15 (quinze)** dias úteis;	III – para licitaç~~ões~~ em que se adote o critério de julgamento pela maior ~~oferta: 10 (dez)~~ dias úteis; e
IV – para licita**ção** em que se adote o critério de julgamento de técnica e preço **ou de** melhor técnica ou conteúdo artístico, 35 (trinta **e cinco**) dias úteis.	IV – para licitaç~~ões~~ em que se adote o critério de julgamento ~~pela melhor combinação~~ de técnica e preço, ~~pela~~ melhor técnica ou ~~em razão do~~ conteúdo artístico: 3~~0~~ (trinta) dias úteis.
§ 1º Eventuais modificações no **edital implicarão nova** divulga**ção na mesma forma de sua divulgação inicial, além do cumprimento** dos mesmos prazos dos atos e procedimentos originais, exceto quando a alteração não comprometer a formulação das propostas.	§ 4º ~~As~~ eventuais modificações no ~~instrumento convocatório serão~~ divulgad~~as~~ nos mesmos prazos dos atos e procedimentos originais, exceto quando a alteração não comprometer a formulação das propostas.
§ 2º **Os prazos previstos neste artigo poderão, mediante decisão fundamentada, ser reduzidos até a metade nas licitações realizadas pelo Ministério da Saúde, no âmbito do Sistema Único de Saúde (SUS).**	**Sem correspondente**
Art. 56. O modo de disputa poderá ser, **isolada ou conjuntamente:**	**L. 12.462/2011** **Art. 16.** ~~Nas licitações,~~ poderão ser ~~adotados~~ os modos de disputa ~~aberto e fechado, que poderão ser combinados na forma do regulamento.~~

Lei nº 14.133/2021	Leis nºs 8.666/1993, 10.520/2002 e 12.462/2011
I – aberto, **hipótese em que** os licitantes apresentarão suas **propostas** por meio de lances públicos e sucessivos, crescentes ou decrescentes;	**L. 12.462/11** **Art. 17. [...]** I – ~~no modo de disputa~~ aberto, os licitantes apresentarão suas ~~ofertas~~ por meio de lances públicos e sucessivos, crescentes ou decrescentes, ~~conforme o critério de julgamento adotado;~~
II – fechado, **hipótese em que** as propostas **permanecerão em** sigilo até a data e hora designadas para **sua** divulga**ção**.	II – ~~no modo de disputa~~ fechado, as propostas ~~apresentadas pelos licitantes serão~~ sigilosas até a data e hora designadas para ~~que sejam~~ divulgadas; ~~e~~
§ 1º A utilização isolada do modo de disputa fechado será vedada quando adotados os critérios de julgamento de menor preço ou de maior desconto. **§ 2º A utilização do modo de disputa aberto será vedada quando adotado o critério de julgamento de técnica e preço.**	**Sem correspondente**
§ 3º **Serão** considera**dos** intermediários os lances:	**L. 12.462/2011** **Art. 17. [...]** § 2º Consideram~~-se~~ intermediários os lances:
I – iguais ou inferiores ao maior já ofertado, quando adotado o critério **de** julgamento d**e** maior **lance**;	I – iguais ou inferiores ao maior já ofertado, quando adotado o julgamento ~~pelo~~ critério d**a** maior ~~oferta~~; ou
II – iguais ou superiores ao menor já ofertado, quando adotados os demais critérios de julgamento.	II – iguais ou superiores ao menor já ofertado, quando adotados os demais critérios de julgamento.
§ 4º Após a definição da melhor proposta, **se a** diferença **em relação à proposta classificada em segundo lugar for** de pelo menos **5% (cinco por cento), a Administração poderá admitir** o reinício da disputa aberta, **nos termos estabelecidos no instrumento convocatório, para** a definição das demais colocações.	**L. 12.462/2011** **Art. 17. [...]** § 1º [...] II – o reinício da disputa aberta, após a definição da melhor proposta ~~e para a definição das demais colocações, sempre que existir uma~~ diferença de pelo menos ~~10% (dez por cento) entre o melhor lance e o do licitante subsequente.~~
§ 5º Nas licitações de obras ou serviços de engenharia, após o julgamento, o licitante vencedor deverá reelaborar e apresentar à Administração, por meio eletrônico, as planilhas com indicação dos quantitativos e dos custos unitários, bem como com detalhamento das Bonificações e Despesas Indiretas (BDI) e dos Encargos Sociais (ES), com os respectivos valores adequados ao **valor final da proposta vencedora, admitida a utilização dos preços unitários, no caso de empreitada por preço global, empreitada integral, contratação semi-integrada e contratação integrada, exclusivamente para eventuais adequações indispensáveis no cronograma físico-financeiro e para balizar excepcional aditamento posterior do contrato.**	III – nas licitações de obras ou serviços de engenharia, após o julgamento ~~das propostas~~, o licitante vencedor deverá reelaborar e apresentar à administração ~~pública~~, por meio eletrônico, as planilhas com indicação dos quantitativos e dos custos unitários, bem como do detalhamento das Bonificações e Despesas Indiretas (BDI) e dos Encargos Sociais (ES), com os respectivos valores adequados ao ~~lance vencedor.~~

Lei nº 14.133/2021	Leis nºs 8.666/1993, 10.520/2002 e 12.462/2011
Art. 57. **O edital de licitação poderá estabelecer intervalo mínimo de diferença de valores entre os lances, que incidirá tanto em relação aos lances intermediários quanto em relação à proposta que cobrir a melhor oferta.**	Sem correspondente
Art. 58. **Poderá ser exigida, no momento da apresentação da proposta,** a comprovação do recolhimento de quantia a título de garantia **de proposta,** como requisito de **pré**-habilitação. § 1º A garantia de proposta não poderá ser superior a 1% (um por cento) do valor estimado para a contratação.	**L. 8.666/1993** **Art. 31.** A documentação relativa à qualificação econômico-financeira limitar-se-á a: (...) III – garantia, ~~nas mesmas modalidades e critérios previstos no "caput" e § 1º do art. 56 desta Lei, limitada~~ a 1% (um por cento) do valor estimado do objeto da contratação. **L. 12.462/11** Art. 22. [...] § 2º No julgamento pela maior oferta de preço, poderá ser exigida a comprovação do recolhimento de quantia a título de garantia, como requisito de habilitação, limitada a 5% (cinco por cento) do valor ofertado.
§ 2º **A garantia de proposta será devolvida aos licitantes no prazo de 10 (dez) dias úteis, contado da assinatura do contrato ou da data em que for declarada fracassada a licitação.** § 3º **Implicará execução do valor integral da garantia de proposta a recusa em assinar o contrato ou a não apresentação dos documentos para a contratação.** § 4º **A garantia de proposta poderá ser prestada nas modalidades de que trata o § 1º do art. 96 desta Lei.**	Sem correspondente
CAPÍTULO V **DO JULGAMENTO**	Sem correspondente
Art. 59. Serão desclassificadas as propostas que:	**L. 8.666/93** Art. 48. Serão desclassificadas: **L. 12.462/2011** **Art. 24.** Serão desclassificadas as propostas que:
I – **contiverem** vícios insanáveis;	I – ~~contenham~~ vícios insanáveis;
II – não obede**cerem** às especificações técnicas pormenorizadas no **edital**;	**L. 8.666/93** Art. 48. [...] I – ~~as propostas que não atendam às exigências do ato convocatório da licitação;~~ **L. 12.462/2011** Art. 24 [...] II – não obedeçam às especificações técnicas pormenorizadas no ~~instrumento convocatório;~~

Lei nº 14.133/2021	Leis nºˢ 8.666/1993, 10.520/2002 e 12.462/2011
III – **apresentarem** preços inexequíveis **ou permanecerem acima do orçamento estimado para a contratação;**	**L. 8.666/93** Art. 48. [...] ~~II – propostas com valor global superior ao limite estabelecido ou com~~ preços ~~manifestamente~~ inexeqüiveis~~, assim considerados aqueles que não venham a ter demonstrada sua viabilidade através de documentação que comprove que os custos dos insumos são coerentes com os de mercado e que os coeficientes de produtividade são compatíveis com a execução do objeto do contrato, condições estas necessariamente especificadas no ato convocatório da licitação.~~ **L. 12.462/2011** Art. 24 [...] III – apresentem preços ~~manifestamente~~ inexequíveis ou permaneçam acima do orçamento estimado para a contratação~~, inclusive nas hipóteses previstas no art. 6º desta Lei;~~
IV – não ti**verem** sua exequibilidade demonstrada, quando exigido pela Administração;	IV – não ~~tenham~~ sua exequibilidade demonstrada, quando exigido pela administração ~~pública; ou~~
V – apresent**arem** desconformidade com quaisquer outras exigências do **edital**, desde que insanável.	V – apresentem desconformidade com quaisquer outras exigências do ~~instrumento convocatório~~, desde que insanáveis.
§ 1º A verificação da conformidade das propostas poderá ser feita exclusivamente em relação à proposta mais bem classificada.	§ 1º A verificação da conformidade das propostas poderá ser feita exclusivamente em relação à proposta mais bem classificada.
§ 2º A Administração poderá realizar diligências para aferir a exequibilidade das propostas ou exigir dos licitantes que ela seja demonstrada, **conforme disposto n**o inciso IV do *caput* deste artigo.	**L. 8.666/93** Art. 43. [...] ~~§ 3º É facultada à Comissão ou autoridade superior, em qualquer fase da licitação, a promoção de diligência destinada a esclarecer ou a complementar a instrução do processo, vedada a inclusão posterior de documento ou informação que deveria constar originariamente da proposta.~~ **L. 12.462/2011** Art. 24. [...] § 2º A administração ~~pública~~ poderá realizar diligências para aferir a exequibilidade das propostas ou exigir dos licitantes que ela seja demonstrada, ~~na forma do~~ inciso IV do *caput* deste artigo.
§ 3º No caso de obras e serviços de engenharia **e arquitetura**, para efeito de avaliação da exequibilidade e de sobrepreço, serão considerados o preço global, os quantitativos e os preços unitários **tidos como** relevantes, **observado o critério de aceitabilidade de preços unitário e global a ser fixado no edital, conforme as especificidades do mercado correspondente.**	§ 3º No caso de obras e serviços de engenharia, para efeito de avaliação da exequibilidade e de sobrepreço, serão considerados o preço global, os quantitativos e os preços unitários ~~considerados~~ relevantes, ~~conforme dispuser o regulamento.~~

Lei nº 14.133/2021	Leis nºs 8.666/1993, 10.520/2002 e 12.462/2011
§ 4º No caso de obras e serviços de engenharia, **serão** considera**das** inexequíveis as propostas cujos valores forem inferiores a **75%** (setenta **e cinco** por cento) do valor **orçado pela Administração.**	**L. 8.666/1993** **Art. 48.** [...] § 1º ~~Para os efeitos do disposto no inciso II deste artigo~~ consideram~~-se manifestamente~~ inexequíveis, no caso de ~~licitações de menor preço para~~ obras e serviços de engenharia, as propostas cujos valores sejam inferiores a ~~70%~~ (setenta por cento) do ~~menor dos seguintes~~ valores:
§ 5º **Nas contratações de obras e serviços de engenharia,** será exigida garantia adicional do licitante **vencedor** cuja proposta for inferior a 85% (oitenta **e cinco** por cento) do valor **orçado pela Administração, equivalente** à diferença entre **este último** e o valor da proposta, **sem prejuízo das demais garantias exigíveis de acordo com esta Lei.**	§ 2º Dos licitantes ~~classificados na forma do parágrafo anterior~~ cujo ~~valor global da~~ proposta for inferior a ~~80%~~ (oitenta por cento) do ~~menor~~ valor ~~a que se referem as alíneas "a" e "b"~~, será exigida, ~~para a assinatura do contrato, prestação de~~ garantia adicional, ~~dentre as modalidades previstas no § 1º do art. 56, igual~~ a diferença entre ~~o valor resultante do parágrafo anterior~~ e o valor da ~~correspondente~~ proposta.
Art. 60. Em caso de empate entre duas ou mais propostas, serão utilizados os seguintes **critérios** de desempate, nesta ordem:	**L. 12.462/2011** **Art. 25.** Em caso de empate entre ~~2 (duas)~~ ou mais propostas, serão utilizados os seguintes critérios de desempate, nesta ordem:
I – disputa final, **hipótese** em que os licitantes empatados poderão apresentar nova proposta em ato contínuo à classificação;	I – disputa final, em que os licitantes empatados poderão apresentar nova proposta ~~fechada~~ em ato contínuo à classificação;
II – avaliação do desempenho contratual prévio dos licitantes, **para a qual deverão preferencialmente ser utilizados registros cadastrais para efeito de atesto de cumprimento de obrigações previstos nesta Lei;**	II – ~~a~~ avaliação do desempenho contratual prévio dos licitantes, ~~desde que exista sistema objetivo de avaliação instituído;~~
III – **desenvolvimento pelo licitante de ações de equidade entre homens e mulheres no ambiente de trabalho, conforme regulamento;**	**L. 12.462/11** Art. 25. [...] ~~III – os critérios estabelecidos no art. 3º da Lei nº 8.248, de 23 de outubro de 1991, e no § 2º do art. 3º da Lei nº 8.666, de 21 de junho de 1993; e~~
IV – **desenvolvimento pelo licitante de programa de integridade, conforme orientações dos órgãos de controle.**	**Sem correspondente**
§ 1º Em igualdade de condições, **se não houver** desempate, será assegurada preferência, sucessivamente, aos bens e serviços **produzidos ou prestados por:**	**L. 8.666/1993** **Art. 3º** [...] § 2º Em igualdade de condições, ~~como critério de~~ desempate, será assegurada preferência, sucessivamente, aos bens e serviços:

Lei nº 14.133/2021	Leis nºs 8.666/1993, 10.520/2002 e 12.462/2011
I – empresas estabelecidas no território do Estado ou do Distrito Federal do órgão ou entidade da Administração Pública estadual ou distrital licitante ou, no caso de licitação realizada por órgão ou entidade de Município, no território do Estado em que este se localize;	**L. 8.666/93** **Art. 3º [...]** § 2º [...] II – ~~produzidos no País;~~
II – empresas brasileiras;	III – ~~produzidos ou prestados por~~ empresas brasileiras.
III – empresas que invistam em pesquisa e no desenvolvimento de tecnologia no País;	IV – ~~produzidos ou prestados por~~ empresas que invistam em pesquisa e no desenvolvimento de tecnologia no País.
IV – empresas que comprovem a prática de mitigação, nos termos da Lei nº 12.187, de 29 de dezembro de 2009.	**Sem correspondente**
§ 2º As regras previstas no *caput* deste artigo não prejudica**rão** a aplicação do disposto no art. 44 da Lei Complementar nº 123, de 14 de dezembro de 2006.	**L. 12.462/2011** **Art. 25 [...]** Parágrafo único. As regras previstas no *caput* deste artigo não prejudicam a aplicação do disposto no art. 44 da Lei Complementar nº 123, de 14 de dezembro de 2006.
Art. 61. Definido o resultado do julgamento, a Administração poderá negociar condições mais vantajosas com o primeiro colocado.	**Art. 26.** Definido o resultado do julgamento, a administração ~~pública~~ poderá negociar condições mais vantajosas com o primeiro colocado. **L. 10.520/2002** **Art.** 4º [...] XVII – ~~nas situações previstas nos incisos XI e XVI, o pregoeiro~~ poderá negociar ~~diretamente com o proponente para que seja obtido preço melhor;~~
§ 1º A negociação poderá ser feita com os demais licitantes, segundo a ordem de classificação inicialmente estabelecida, quando o primeiro colocado, mesmo após a negociação, for desclassificado **em razão** de sua proposta permanecer acima **do preço máximo definido pela Administração.**	**L. 12.462/11** Art. 26. [...] Parágrafo único. A negociação poderá ser feita com os demais licitantes, segundo a ordem de classificação inicialmente estabelecida, quando o ~~preço do~~ primeiro colocado, mesmo após a negociação, for desclassificado ~~por~~ sua proposta permanecer acima ~~do orçamento estimado.~~
§ 2º A negociação será conduzida por agente de contratação ou comissão de contratação, na forma de regulamento, e, depois de concluída, terá seu resultado divulgado a todos os licitantes e anexado aos autos do processo licitatório.	**Sem correspondente**

Lei nº 14.133/2021	Leis nºs 8.666/1993, 10.520/2002 e 12.462/2011
CAPÍTULO VI DA HABILITAÇÃO	~~Seção II~~ Da Habilitação
Art. 62. A habilitação **é a fase da** licitação em que se verifica o conjunto de informações e document**os necessários e suficientes para demonstrar a capacidade do licitante de realizar o objeto da licitação, dividindo-se em:**	**L. 8.666/1993** **Art. 27.** ~~Para~~ a habilitação ~~nas~~ licitações exigir-se-á dos interessados, exclusivamente, documen~~tação~~ relativa a:
I – jurídica;	I – ~~habilitação~~ jurídica;
II – técnica;	II – ~~qualificação~~ técnica;
III – fiscal, **social** e trabalhista;	IV – ~~regularidade~~ fiscal e trabalhista;
IV – econômico-financeira.	III – ~~qualificação~~ econômico-financeira;
Art. 63. Na fase de habilitação das licitações **serão** observad**as as** seguinte**s disposições:**	**L. 12.462/2011** **Art. 14.** Na fase de habilitação das licitações ~~realizadas em conformidade com esta Lei, aplicar-se-á, no que couber, o disposto nos arts. 27 a 33 da Lei nº 8.666, de 21 de junho de 1993;~~ observado o seguinte:
I – poderá ser exigida dos licitantes a declaração de que atendem aos requisitos de habilitação**, e o declarante responderá pela veracidade das informações prestadas, na forma da lei;**	I – poderá ser exigida dos licitantes a declaração de que atendem aos requisitos de habilitação;
II – será exigida a apresentação dos documentos de habilitação apenas pelo licitante vencedor, exceto **quando a fase de habilitação anteceder a de julgamento;**	II – será exigida a apresentação dos documentos de habilitação apenas pelo licitante vencedor, exceto ~~no caso de inversão de fases;~~
III – ser**ão** exigidos os documentos relativos à regularidade fiscal, em qualquer caso, **somente** em momento posterior ao julgamento das propostas, **e** apenas **d**o licitante mais bem classificado;	IV – em qualquer caso, ~~os~~ documentos relativos à regularidade fiscal ~~poderão~~ ser exigidos em momento posterior ao julgamento das propostas, apenas ~~em relação~~ ao licitante mais bem classificado.
IV – **será exigida do licitante declaração de que cumpre as exigências de** reserva de cargos para pessoa com deficiência **e** para reabilitado da Previdência Social, prevista**s** em lei **e em outras normas específicas.**	**L. 8.666/1993** **Art. 66-A.** ~~As empresas enquadradas no inciso V do § 2º e no inciso II do § 5º do art. 3º desta Lei deverão cumprir, durante todo o período de execução do contrato,~~ a reserva de cargos prevista em lei para pessoa com deficiência ~~ou~~ para reabilitado da Previdência Social~~, bem como as regras de acessibilidade previstas na legislação.~~
§ 1º Constará do edital de licitação cláusula que exija dos licitantes, sob pena de desclassificação, declaração de que suas propostas econômicas compreendem a integralidade dos custos para atendimento dos direitos trabalhistas assegurados na Constituição Federal, nas leis trabalhistas, nas normas infralegais, nas convenções coletivas de trabalho e nos termos de ajustamento de conduta vigentes na data de entrega das propostas.	**Sem correspondente**

Lei nº 14.133/2021	Leis nºˢ 8.666/1993, 10.520/2002 e 12.462/2011
§ 2º Quando a avaliação prévia do local de execução for imprescindível para o conhecimento pleno das condições e peculiaridades do objeto a ser contratado, o edital de licitação **poderá prever, sob pena de inabilitação, a necessidade de o licitante atestar que conhece o local e as** condições **de realização da obra ou serviço, assegurado a ele o direito de realização de vistoria prévia.**	**L. 8.666/93** Art. 30. A documentação relativa à qualificação técnica limitar-se-á a: [...] III – comprovação, fornecida pelo órgão licitante, de que recebeu os documentos, e, quando exigido, de que tomou conhecimento de todas as informações e das condições locais para o cumprimento das obrigações objeto da licitação;
§ 3º Para os fins previstos no § 2º deste artigo, o edital de licitação sempre deverá prever a possibilidade de substituição da vistoria por declaração formal assinada pelo responsável técnico do licitante acerca do conhecimento pleno das condições e peculiaridades da contratação. § 4º Para os fins previstos no § 2º deste artigo, se os licitantes optarem por realizar vistoria prévia, a Administração deverá disponibilizar data e horário diferentes para os eventuais interessados.	**Sem correspondente**
Art. 64. Após a entrega dos documentos para habilitação, não será permitida a substituição ou a apresentação de novos documentos, salvo em sede de diligência para: I – complementação de informações acerca dos documentos já apresentados pelos licitantes e desde que necessária para apurar fatos existentes à época da abertura do certame; II – atualização de documentos cuja validade tenha expirado após a data de recebimento das propostas.	**L. 8.666/1993** Art. 43. [...] § 3º É facultada à Comissão ou autoridade superior, em qualquer fase da licitação, a promoção de diligência destinada a esclarecer ou a complementar a instrução do processo, vedada a inclusão posterior de documento ou informação que deveria constar originariamente da proposta.
§ 1º Na análise dos documentos de habilitação, a comissão de licitação poderá sanar erros ou falhas que não alterem a substância dos documentos e sua validade jurídica, mediante despacho fundamentado registrado e acessível a todos, atribuindo-lhes eficácia para fins de habilitação e classificação.	**Sem correspondente**
§ 2º **Quando** a fase de habilitação **anteceder a de julgamento e já tiver sido encerrada**, não caberá **exclusão de licitante** por motivo relacionado à habilitação, salvo em razão de fatos supervenientes ou só conhecidos após o julgamento.	§ 5º Ultrapassada a fase de habilitação dos concorrentes (incisos I e II) e abertas as propostas (inciso III), não cabe desclassificá-los por motivo relacionado com a habilitação, salvo em razão de fatos supervenientes ou só conhecidos após o julgamento.

Lei nº 14.133/2021	Leis nºs 8.666/1993, 10.520/2002 e 12.462/2011
Art. 65. **As condições de habilitação serão definidas no edital.** **§ 1º As empresas criadas no exercício financeiro da licitação deverão atender a todas as exigências da habilitação e ficarão autorizadas a substituir os demonstrativos contábeis pelo balanço de abertura.** **§ 2º A habilitação poderá ser realizada por processo eletrônico de comunicação a distância, nos termos dispostos em regulamento.**	**Sem correspondente**
Art. 66. A habilitação **jurídica visa a demonstrar a capacidade de o licitante exercer direitos e assumir obrigações, e** a documentação **a ser apresentada por ele limita- se à comprovação de existência jurídica da pessoa e, quando cabível, de autorização para o exercício da atividade a ser contratada.**	**L. 8.666/93** **Art. 28**. A documentação relativa à habilitação jurídica, conforme o caso, consistirá em: I – cédula de identidade; II – registro comercial, no caso de empresa individual; III – ato constitutivo, estatuto ou contrato social em vigor, devidamente registrado, em se tratando de sociedades comerciais, e, no caso de sociedades por ações, acompanhado de documentos de eleição de seus administradores; IV – inscrição do ato constitutivo, no caso de sociedades civis, acompanhada de prova de diretoria em exercício; V – decreto de autorização, em se tratando de empresa ou sociedade estrangeira em funcionamento no País, e ato de registro ou autorização para funcionamento expedido pelo órgão competente, quando a atividade assim o exigir.
Art. 67. A documentação relativa à qualificação técnico-**profissional** e técnico-**operacional será restrita a:**	**Art. 30.** A documentação relativa à qualificação técnica limitar-se-á a:
I – **apresentação de** profissional, devidamente **registrado no conselho profissional** competente, **quando for o caso,** detentor de atestado de responsabilidade técnica por execução de obra ou serviço de características semelhantes, **para fins de contratação;**	§ 1º [...] I – capacitação técnico-profissional: comprovação do licitante de possuir em seu quadro permanente, na data prevista para entrega da proposta, profissional de nível superior ou outro devidamente reconhecido pela entidade competente, detentor de atestado de responsabilidade técnica por execução de obra ou serviço de características semelhantes, limitadas estas exclusivamente às parcelas de maior relevância e valor significativo do objeto da licitação, vedadas as exigências de quantidades mínimas ou prazos máximos;
II – certidões ou atestados, **regularmente emitidos pelo conselho profissional competente, quando for o caso, que demonstrem capacidade operacional na execução de** serviços similares de complexidade tecnológica e operacional equivalente ou superior, **bem como documentos comprobatórios emitidos na forma do § 3º do art. 88 desta Lei;**	§ 3º Será sempre admitida a comprovação de aptidão através de certidões ou atestados de obras ou serviços similares de complexidade tecnológica e operacional equivalente ou superior.

Lei nº 14.133/2021	Leis nºs 8.666/1993, 10.520/2002 e 12.462/2011
III – indicação do pessoal técnico, das instalações e do aparelhamento adequados e disponíveis para a realização do objeto da licitação, bem como da qualificação de cada membro da equipe técnica que se responsabilizará pelos trabalhos;	**Art. 30.** [...] II – comprovação de aptidão para desempenho de atividade pertinente e compatível em características, quantidades e prazos com o objeto da licitação, e indicação das instalações e do aparelhamento e do pessoal técnico adequados e disponíveis para a realização do objeto da licitação, bem como da qualificação de cada um dos membros da equipe técnica que se responsabilizará pelos trabalhos;
IV – prova do atendimento de requisitos previstos em lei especial, quando for o caso;	**Art. 30.** [...] IV – prova de atendimento de requisitos previstos em lei especial, quando for o caso.
V – registro ou inscrição na entidade profissional competente**, quando for o caso**;	**Art. 30.** [...] I – registro ou inscrição na entidade profissional competente;
VI – **declaração** de que o licitante tomou conhecimento de todas as informações e das condições locais para o cumprimento das obrigações objeto da licitação.	**Art. 30.** [...] III – comprovação, fornecida pelo órgão licitante, de que recebeu os documentos, e, quando exigido, de que tomou conhecimento de todas as informações e das condições locais para o cumprimento das obrigações objeto da licitação;
§ 1º **A** exigência **de** atestados **será restrita** às parcelas de maior relevância **ou** valor significativo do objeto da licitação, **assim consideradas as que tenham valor individual igual ou superior a 4% (quatro por cento) do valor total estimado da contratação.**	**Art. 30.** [...] § 1º A comprovação de aptidão referida no inciso II do "caput" deste artigo, no caso das licitações pertinentes a obras e serviços, será feita por atestados fornecidos por pessoas jurídicas de direito público ou privado, devidamente registrados nas entidades profissionais competentes, limitadas as exigências a: I – capacitação técnico-profissional: comprovação do licitante de possuir em seu quadro permanente, na data prevista para entrega da proposta, profissional de nível superior ou outro devidamente reconhecido pela entidade competente, detentor de atestado de responsabilidade técnica por execução de obra ou serviço de características semelhantes, limitadas estas exclusivamente às parcelas de maior relevância e valor significativo do objeto da licitação, vedadas as exigências de quantidades mínimas ou prazos máximos; [...] § 2º As parcelas de maior relevância técnica e de valor significativo, mencionadas no parágrafo anterior, serão definidas no instrumento convocatório.

Lei nº 14.133/2021	Leis nºˢ 8.666/1993, 10.520/2002 e 12.462/2011
§ 2º **Observado o disposto no *caput* e no § 1º deste artigo, será admitida a exigência de atestados com quantidades mínimas de até 50% (cinquenta por cento) das parcelas de que trata o referido parágrafo,** vedadas limitações de tempo **e de** locais específicos **relativas aos atestados**.	§ 5º É vedada ~~a exigência de comprovação de atividade ou de aptidão com~~ limitações de tempo ~~ou de época ou ainda~~ em locais específicos; ~~ou quaisquer outras não previstas nesta Lei, que inibam a participação na licitação.~~
§ 3º **Salvo na contratação de obras e serviços de engenharia, as exigências a que se referem os incisos I e II do *caput* deste artigo, a critério da Administração, poderão ser substituídas por outra prova de que o profissional ou a empresa possui conhecimento técnico e experiência prática na execução de serviço de características semelhantes, hipótese em que as provas alternativas aceitáveis deverão ser previstas em regulamento.** § 4º **Serão aceitos atestados ou outros documentos hábeis emitidos por entidades estrangeiras quando acompanhados de tradução para o português, salvo se comprovada a inidoneidade da entidade emissora.** § 5º **Em se tratando de serviços contínuos, o edital poderá exigir certidão ou atestado que demonstre que o licitante tenha executado serviços similares ao objeto da licitação, em períodos sucessivos ou não, por um prazo mínimo, que não poderá ser superior a 3 (três) anos.**	**Sem correspondente**
§ 6º Os profissionais indicados pelo licitante **na forma dos** incisos I **e III do *caput*** deste artigo deverão participar da obra ou serviço objeto da licitação, **e será** admiti**da a sua** substituição por profissionais de experiência equivalente ou superior, desde que aprovada pela Administração.	**L. 8.666/93** **Art. 30** [...] § 10. Os profissionais indicados pelo licitante ~~para fins de comprovação da capacitação técnico-operacional de que trata o~~ inciso I ~~do § 1º~~ deste artigo deverão participar da obra ou serviço objeto da licitação, admiti~~ndo-se~~ a substituição por profissionais de experiência equivalente ou superior, desde que aprovada pela administração.
§ 7º **Sociedades empresárias estrangeiras atenderão à exigência prevista no inciso V do *caput* deste artigo por meio da apresentação, no momento da assinatura do contrato, da solicitação de registro perante a entidade profissional competente no Brasil.**	**Sem correspondente**
§ 8º Será **admitida a** exig**ência d**a relação dos compromissos assumidos pelo licitante que importem **em** diminuição da disponibilidade **do pessoal técnico referido nos incisos I e III do *caput*** deste artigo.	**L. 8.666/93** **Art. 31.** [...] § 4º ~~Poderá~~ ser exigida, ~~ainda,~~ a relação dos compromissos assumidos pelo licitante que importem diminuição da ~~capacidade operativa ou absorção~~ de disponibilidade ~~financeira, calculada esta em função do patrimônio líquido atualizado e sua capacidade de rotação.~~

Lei nº 14.133/2021	Leis nºs 8.666/1993, 10.520/2002 e 12.462/2011
§ 9º O edital poderá prever, para aspectos técnicos específicos, que a qualificação técnica seja demonstrada por meio de atestados relativos a potencial subcontratado, limitado a 25% (vinte e cinco por cento) do objeto a ser licitado, hipótese em que mais de um licitante poderá apresentar atestado relativo ao mesmo potencial subcontratado.	Sem correspondente

§ 10. Em caso de apresentação por licitante de atestado de desempenho anterior emitido em favor de consórcio do qual tenha feito parte, se o atestado ou o contrato de constituição do consórcio não identificar a atividade desempenhada por cada consorciado individualmente, serão adotados os seguintes critérios na avaliação de sua qualificação técnica:

I – caso o atestado tenha sido emitido em favor de consórcio homogêneo, as experiências atestadas deverão ser reconhecidas para cada empresa consorciada na proporção quantitativa de sua participação no consórcio, salvo nas licitações para contratação de serviços técnicos especializados de natureza predominantemente intelectual, em que todas as experiências atestadas deverão ser reconhecidas para cada uma das empresas consorciadas;

II – caso o atestado tenha sido emitido em favor de consórcio heterogêneo, as experiências atestadas deverão ser reconhecidas para cada consorciado de acordo com os respectivos campos de atuação, inclusive nas licitações para contratação de serviços técnicos especializados de natureza predominantemente intelectual.

§ 11. Na hipótese do § 10 deste artigo, para fins de comprovação do percentual de participação do consorciado, caso este não conste expressamente do atestado ou da certidão, deverá ser juntada ao atestado ou à certidão cópia do instrumento de constituição do consórcio.

§ 12. Na documentação de que trata o inciso I do *caput* deste artigo, não serão admitidos atestados de responsabilidade técnica de profissionais que, na forma de regulamento, tenham dado causa à aplicação das sanções previstas nos incisos III e IV do *caput* do art. 156 desta Lei em decorrência de orientação proposta, de prescrição técnica ou de qualquer ato profissional de sua responsabilidade.

Lei nº 14.133/2021	Leis nºs 8.666/1993, 10.520/2002 e 12.462/2011
Art. 68. **As habilitações** fiscal, **social** e trabalhista **serão aferidas mediante a verificação dos seguintes requisitos:**	**L. 8.666/93** **Art. 29.** A documentação relativa à regularidade fiscal e trabalhista, conforme o caso, consistirá em:
I – **a** inscrição no Cadastro de Pessoas Físicas (CPF) ou no Cadastro **Nacional da Pessoa Jurídica (CNPJ)**;	I – prova de inscrição no Cadastro de Pessoas Físicas (CPF) ou no Cadastro Geral de Contribuintes (CGC);
II – **a** inscrição no cadastro de contribuintes estadual **e/ou** municipal, se houver, relativo ao domicílio ou sede do licitante, pertinente ao seu ramo de atividade e compatível com o objeto contratual;	II – prova de inscrição no cadastro de contribuintes estadual ou municipal, se houver, relativo ao domicílio ou sede do licitante, pertinente ao seu ramo de atividade e compatível com o objeto contratual;
III – **a** regularidade **perante** a Fazenda federal, estadual **e/ou** municipal do domicílio ou sede do licitante, ou outra equivalente, na forma da lei;	III – prova de regularidade para com a Fazenda Federal, Estadual e Municipal do domicílio ou sede do licitante, ou outra equivalente, na forma da lei;
IV – **a** regularidade relativa à Seguridade Social e ao FGTS, **que** demonstre cumprimento dos encargos sociais instituídos por lei;	IV – prova de regularidade relativa à Seguridade Social e ao Fundo de Garantia por Tempo de Serviço (FGTS), demonstrando situação regular no cumprimento dos encargos sociais instituídos por lei. **L. 10.520/2002** Art. 4º [...] XIII – a habilitação far-se-á com a verificação de que o licitante está em situação regular perante a Fazenda Nacional, a Seguridade Social e o Fundo de Garantia do Tempo de Serviço – FGTS, e as Fazendas Estaduais e Municipais, quando for o caso, com a comprovação de que atende às exigências do edital quanto à habilitação jurídica e qualificações técnica e econômico-financeira;
V – **a regularidade** perante a Justiça do Trabalho;	V – prova de inexistência de débitos inadimplidos perante a Justiça do Trabalho, mediante a apresentação de certidão negativa, nos termos do Título VII-A da Consolidação das Leis do Trabalho, aprovada pelo Decreto-Lei nº 5.452, de 1º de maio de 1943.
VI – o cumprimento do disposto no inciso XXXIII do art. 7º da Constituição Federal.	**L. 8.666/93** **Art. 27.** [...] V – cumprimento do disposto no inciso XXXIII do art. 7º da Constituição Federal.

Lei nº 14.133/2021	Leis nºs 8.666/1993, 10.520/2002 e 12.462/2011
§ 1º Os documentos referidos nos incisos do *caput* deste artigo poderão ser substituídos ou supridos, no todo ou em parte, por outros meios hábeis a comprovar a regularidade do licitante, inclusive por meio eletrônico. § 2º A comprovação de atendimento do disposto nos incisos III, IV e V do *caput* deste artigo deverá ser feita na forma da legislação específica.	Sem correspondente
Art. 69. **A habilitação** econômico-financeira **visa a demonstrar a aptidão econômica do licitante para cumprir as** obrigações decorrentes **do futuro contrato, devendo ser comprovada de forma objetiva, por coeficientes e** índices **econômicos** previstos no edital, devidamente justificados no processo **licitatório, e será restrita à apresentação da seguinte documentação:**	**L. 8.666/93** **Art. 31.** ~~A documentação relativa à qualificação~~ econômico-financeira ~~limitar-se-á a:~~ [...] § 5º ~~A comprovação de boa situação financeira~~ ~~da empresa será feita de forma objetiva, através do cálculo de~~ índices ~~contábeis~~ previstos no edital ~~e~~ devidamente justificados no processo ~~administrativo da licitação que tenha dado início ao certame licitatório, vedada a exigência de índices e valores não usualmente adotados para correta avaliação de situação financeira suficiente ao cumprimento das~~ obrigações decorrentes ~~da licitação.~~
I – balanço patrimonial, demonstraç**ão de resultado de** exercício **e demais demonstrações contábeis dos 2 (dois)** últimos exercícios sociais;	**L. 8.666/93** **Art. 31.** [...] I – balanço patrimonial ~~e demonstrações contábeis do último~~ exercício social, ~~já exigíveis e apresentados na forma da lei, que comprovem a boa situação financeira da empresa, vedada a sua substituição por balancetes ou balanços provisórios, podendo ser atualizados por índices oficiais quando encerrado há mais de 3 (três) meses da data de apresentação da proposta;~~
II – certidão negativa de **feitos sobre** falência expedida pelo distribuidor da sede **do licitante**.	II – certidão negativa de falência ~~ou concordata~~ expedida pelo distribuidor da sede ~~da pessoa jurídica, ou de execução patrimonial, expedida no domicílio da pessoa física;~~
§ 1º A critério da Administração, poderá ser exigida declaração, assinada por profissional habilitado da área contábil, que ateste o atendimento pelo licitante dos índices econômicos previstos no edital.	Sem correspondente
§ 2º Para o atendimento do disposto no *caput* **deste artigo**, é vedada a exigência de valores mínimos de faturamento anterior **e de** índices de rentabilidade ou lucratividade.	§ 1º ~~A exigência de índices limitar-se-á à demonstração da capacidade financeira do licitante com vistas aos compromissos que terá que assumir caso lhe seja adjudicado o contrato,~~ vedada a exigência de valores mínimos de faturamento anterior, índices de rentabilidade ou lucratividade.

Lei nº 14.133/2021	Leis nºs 8.666/1993, 10.520/2002 e 12.462/2011
§ 3º **É admitida a** exig**ência d**a relação dos compromissos assumidos pelo licitante que importem **em** diminuição **de sua** capacidade **econômico--financeira, excluídas parcelas já executadas de contratos firmados.**	§ 4º ~~Poderá ser exigida, ainda,~~ a relação dos compromissos assumidos pelo licitante que importem diminuição ~~da~~ capacidade ~~operativa ou absorção de disponibilidade~~ financeira, ~~calculada esta em função do patrimônio líquido atualizado e sua capacidade de rotação.~~
§ 4º A Administração, nas compras para entrega futura e na execução de obras e serviços, poderá estabelecer no **edital** a exigência de capital mínimo ou de patrimônio líquido mínimo **equivalente** a **até** 10% (dez por cento) do valor estimado da contratação.	§ 2º A Administração, nas compras para entrega futura e na execução de obras e serviços, poderá estabelecer~~, no~~ ~~instrumento convocatório da licitação,~~ a exigência de capital mínimo ou de patrimônio líquido mínimo, ~~ou ainda as garantias previstas no § 1º do art. 56 desta Lei, como dado objetivo de comprovação da qualificação econômico-financeira dos licitantes e para efeito de garantia ao adimplemento do contrato a ser ulteriormente celebrado.~~ **L. 8.666/93** **Art. 31.** [...] § 3º ~~O~~ capital mínimo ou ~~o~~ valor do patrimônio líquido ~~a que se refere o parágrafo anterior não poderá exceder~~ a 10% (dez por cento) do valor estimado da contratação, ~~devendo a comprovação ser feita relativamente à data da apresentação da proposta, na forma da lei, admitida a atualização para esta data através de índices oficiais.~~
§ 5º **É vedada a exigência de índices e valores não usualmente adotados para a avaliação de** situação **econômico-** financeira **suficiente para o** cumprimento das obrigações decorrentes da licitação.	**Art. 31.** [...] ~~§ 5º A comprovação de boa~~ situação financeira ~~da empresa será feita de forma objetiva, através do cálculo de índices contábeis previstos no edital e devidamente justificados no processo administrativo da licitação que tenha dado início ao certame licitatório, vedada a exigência de índices e valores não usualmente adotados para correta avaliação de situação financeira suficiente ao~~ cumprimento das obrigações decorrentes da licitação.
§ 6º **Os documentos referidos no inciso I do** *caput* **deste artigo limitar-se-ão ao último exercício no caso de a pessoa jurídica ter sido constituída há menos de 2 (dois) anos.**	**Sem correspondente**
Art. 70. A documentação referida neste Capítulo poderá ser: I – apresentada em original, **por** cópia **ou** por qualquer **outro meio expressamente admitido pela Administração**;	**L. 8.666/93** **Art. 32.** ~~Os~~ documento~~s~~ necessário~~s~~ à habilitação ~~poderão ser~~ apresentado~~s~~ em original, por qualquer ~~processo de~~ cópia ~~autenticada por cartório competente ou por servidor da administração ou publicação em órgão da imprensa oficial.~~

Lei nº 14.133/2021	Leis nºs 8.666/1993, 10.520/2002 e 12.462/2011
II – substituída por registro cadastral emitido por órgão ou entidade pública, desde que previsto no edital e **que** o registro tenha sido feito em obediência ao disposto nesta Lei;	§ 3º A~~ documentação referida neste artigo pode-~~ ~~rá ser~~ substituída por registro cadastral emitido por órgão ou entidade pública, desde que previsto no edital e o registro tenha sido feito em obediência ao disposto nesta Lei.
III – dispensada, to**tal** ou par**cialmente**, nas contratações para entrega imediata, **nas contratações em valores inferiores a 1/4 (um quarto) do limite para dispensa de licitação para compras em geral e nas** contrata**ções** de produto para pesquisa e desenvolvimento até o valor **de R$ 300.000,00 (trezentos mil reais)**[110].	**Art. 32. [...]** § 1º A~~ documentação de que tratam os arts. 28 a 31 desta Lei~~ poderá ser dispensada, ~~no todo ou em parte, nos casos de convite, concurso, for-~~ ~~necimento de bens para pronta entrega e leilão.~~ [...] § 7º A~~ documentação de que tratam os arts. 28 a 31 e este artigo poderá ser~~ dispensada,~~ nos termos de regulamento,~~ no todo ou em parte, ~~para a~~ contratação de produto para pesquisa e desenvolvimento,~~ desde que para pronta entre-~~ ~~ga ou~~ até o valor ~~previsto na alínea "a" do inci-~~ ~~so II do caput do art. 23.~~
Parágrafo único. As empresas estrangeiras que não funcionem no País **deverão apresentar** documentos equivalentes**, na forma de regulamento emitido pelo Poder Executivo federal.**	§ 4º As empresas estrangeiras que não funcionem no País, ~~tanto quanto possível, atenderão, nas li-~~ ~~citações internacionais, às exigências dos parágra-~~ ~~fos anteriores mediante~~ documentos equivalen-~~tes, autenticados pelos respectivos consulados~~ ~~e traduzidos por tradutor juramentado, deven-~~ ~~do ter representação legal no Brasil com pode-~~ ~~res expressos para receber citação e responder~~ ~~administrativa ou judicialmente.~~
CAPÍTULO VII DO ENCERRAMENTO DA LICITAÇÃO	**Sem correspondente**
Art. 71. **Encerradas as fases de julgamento e habilitação, e** exauridos os recursos administrativos, o processo licitatório será encaminhado à autoridade superior, que poderá:	**L. 12.462/2011** **Art. 28**. Exauridos os recursos administrativos, o procedimento licitatório será ~~encerrado e~~ encaminhado à autoridade superior, que poderá:
I – determinar o retorno dos autos para saneamento de irregularidades;	I – determinar o retorno dos autos para saneamento de irregularidades ~~que forem supríveis;~~
II – revogar **a licitação** por motivo de conveniência e oportunidade;	III – revogar ~~o procedimento~~ por motivo de conveniência e oportunidade;
III – **proceder à** anula**ção da licitação, de ofício ou mediante provocação de terceiros, sempre que presente ilegalidade** insanável;	II – anular~~ o procedimento, no todo ou em par-~~ ~~te, por vício~~ insanável;

---

[110] Em atenção ao art. 182 da LLIC, o Decreto nº 11.871/2023 atualizou o valor para R$ 359.436,08 (trezentos e cinquenta e nove mil quatrocentos e trinta e seis reais e oito centavos).

Lei nº 14.133/2021	Leis nºs 8.666/1993, 10.520/2002 e 12.462/2011
IV – adjudicar o objeto e homologar a licitação;	IV – adjudicar o objeto e homologar a licitação. **L. 8.666/93** **Art. 43 [...]** VI – deliberação da autoridade competente quanto à homologação e adjudicação do objeto da licitação. **L. 10.520/2002** **Art. 4º [...]** XX – a falta de manifestação imediata e motivada do licitante importará a decadência do direito de recurso e a adjudicação do objeto da licitação pelo pregoeiro ao vencedor;
§ 1º Ao pronunciar a nulidade, a autoridade indicará expressamente os atos com vícios insanáveis, tornando sem efeito todos os subsequentes que deles dependam, e dará ensejo à apuração de responsabilidade de quem lhes tenha dado causa.	**Sem correspondente**
§ 2º O motivo determinante para a revogação do processo licitatório deverá ser resultante de fato superveniente devidamente comprovado.	**L. 8.666/1993** **Art. 49.** A autoridade competente para a aprovação do procedimento somente poderá revogar a licitação por razões de interesse público decorrente de fato superveniente devidamente comprovado, pertinente e suficiente para justificar tal conduta, devendo anulá-la por ilegalidade, de ofício ou por provocação de terceiros, mediante parecer escrito e devidamente fundamentado.
§ 3º Nos casos **de anulação e revogação, deverá ser assegurada a prévia manifestação dos interessados.**	§ 3º No caso de desfazimento do processo licitatório, fica assegurado o contraditório e a ampla defesa.
§ 4º O disposto neste artigo **será** aplica**do**, no que couber, à contratação direta e aos procedimentos auxiliares d**a** licitação.	§ 4º O disposto neste artigo e seus parágrafos aplica-se aos atos do procedimento de dispensa e de inexigibilidade de licitação.

5

Contratação Direta: Inexigibilidade e Dispensa de Licitação

Fabrício Motta

INTRODUÇÃO

Não obstante a própria Constituição (art. 37, XXI) tenha condicionado a validade das contratações administrativas à realização da prévia licitação, não passou despercebida a existência de situações em que a instauração do procedimento seria inútil, despicienda ou antieconômica. Por essa razão, foi facultado ao legislador ordinário fossem contempladas, quando do exercício da competência legislativa prevista no art. 22, XXVII, da Carta Maior, exceções à regra geral.

Entretanto, é interdito ao legislador infraconstitucional fazer da exceção a regra. É princípio basilar de hermenêutica que as exceções devem ser interpretadas restritivamente, de sorte que "se o elemento tomado em consideração para que seja feita a dispensa não for pertinente, não for razoável ou compatível com o princípio da igualdade, a lei será inconstitucional".[1]

A Lei n. 8.666/1993 e suas posteriores modificações trataram de estabelecer, portanto, as hipóteses nas quais a Administração pode deixar de realizar o procedimento licitatório, distinguindo-as em: *licitação dispensada* (art. 17, I e II, §§ 2º e 4º), *licitação dispensável* (art. 24, I a XXIV) e *licitação inexigível* (art. 25, I a III).

Parte da doutrina encontra diferença no regime jurídico das categorias *licitação dispensada* e *licitação dispensável*, servindo como exemplo o entendimento de Joel Niebuhr:

> É solar a diferença de sentido entre algo que se declara dispensado e outro que se declara dispensável. Dispensada significa que a licitação pública já foi efetivamente afastada pelo legislador, em virtude do que a competência do agente administrativo é vinculada, cabendo-lhe, diante de uma das figuras contratuais enunciadas, apenas reconhecer a dispensa. A discricionariedade do agente administrativo, nesses casos,

---

[1] DALLARI, Adílson. *Aspectos jurídicos da licitação*. 7. ed. rev., atual. e ampl. São Paulo: Saraiva, 2006. p. 45.

resume-se na avaliação da oportunidade e conveniência de realizar uma das espécies de contrato qualificadas, efetivamente, como de licitação dispensada. Realizado esse juízo, tendo-se decidido a respeito da celebração de tais contratos, a dispensa se impõe. Já o dispensável denota que a dispensa ainda não foi ultimada, depende da avaliação do agente administrativo, que, diante de uma das hipóteses prescritas nos incisos do artigo 24, deve analisar se a licitação pública realmente produz ou não gravame ao interesse público, retratando competência discricionária[2].

Outros autores, como Marçal Justen Filho, por seu turno, entendem que em ambos os casos a autorização do legislador para a contratação direta não é vinculante para o administrador:

> os casos de dispensa de licitação do art. 17 não apresentam natureza jurídica distinta daquela contemplada no art. 24 da mesma Lei 8.666/1993. Não existem duas "espécies" de dispensa de licitação na Lei 8.666/1993. Quanto a isso, reputa-se irrelevante a distinção terminológica na redação dos arts. 17 e 24". As hipóteses de contratação direta no art. 17 podem se configurar como caso de inexigibilidade, como na legitimação de posse[3].

A disciplina instituída pela Lei nº 14.133/2021 facilita a interpretação dos diferentes institutos ao agrupá-los, de forma explícita, no Capítulo intitulado "Da Contratação Direta". O regime jurídico das alienações foi estabelecido no capítulo IX, sendo mantida a menção à *licitação dispensada* (art. 76, I e II). A distinção entre as categorias de *licitação dispensada* e *dispensável* desperta mais interesse acadêmico do que propriamente reflexo prático: o regime jurídico das alienações é composto por requisitos próprios, que não se identificam com aqueles estabelecidos para os casos de dispensa e inexigibilidade. Ainda que nas situações de dispensa exista margem de discricionariedade ao administrador para, à luz do caso concreto, buscar a alternativa que melhor atenda ao interesse público, dificilmente a melhor alternativa será realizar a licitação.

Por outro lado, a diferença entre licitação dispensada e inexigível continua fiel aos critérios consagrados pela legislação anterior. Nas hipóteses de licitação *dispensável*, o legislador estabelece taxativamente hipóteses abstratas que, avaliadas no plano concreto pelo gestor público responsável, autorizam a contratação sem realizar o procedimento licitatório prévio, seguindo o rito típico. Por outro lado, existem situações nas quais alguma característica própria do objeto a ser contratado ou da pessoa responsável pela sua execução torna-na *inviável* a instauração do certame competitivo. Desta forma, a licitação inexigível ocorre nas situações nas quais há inviabilidade de competição, sendo algumas delas reconhecidas expressamente pela legislação de regência.

1. PROCEDIMENTO

O procedimento de contratação direta foi estabelecido de forma clara e organizada no art. 72 da Lei nº 14.133/2021. Ao contrário do disposto na Lei nº 8.666/1993 (notada-

---

[2]   NIEBUHR, Joel. *Dispensa e inexigibilidade de licitação pública*. 4. ed. rev. e ampl. Belo Horizonte: Fórum, 2015. p. 215.

[3]   JUSTEN FILHO, Marçal. *Comentários à lei de licitações e contratos administrativos*: Lei 8.666/93. 18. ed. rev., atual. e ampl. São Paulo: Thomson Reuters Brasil, 2019. p. 380.

mente no art. 26, parágrafo único), foram concentradas em um único dispositivo regras que atentam para os deveres de planejamento e transparência das contratações direta, sem descurar dos princípios que regem as contratações públicas em geral.

De acordo com o artigo 72, os processos de contratação direta (compreendendo os casos de inexigibilidade e de dispensa de licitação) deverão ser instruídos com os seguintes documentos:

a) Documento de formalização de demanda e, se for o caso, estudo técnico preliminar, análise de riscos, termo de referência, projeto básico ou projeto executivo

Os documentos relacionados no inciso I do art. 72 são instrumentos importantes de planejamento das contratações públicas, independentemente da realização de licitações. Na dicção literal, é possível perceber a intenção de que o *documento de formalização da demanda* seja o único obrigatório para todas as contratações, devendo a necessidade dos demais ser analisada pelo gestor responsável à luz da natureza do objeto (incluindo sua eventual complexidade), da modalidade contratual utilizada e do valor contratual, entre outros requisitos. Assim como o estudo técnico preliminar e a análise de risco, o documento de formalização da demanda foi originalmente previsto na Instrução Normativa nº 05/2017 da então Secretaria de Gestão do Ministério do Planejamento.

Entretanto, apesar da utilização da expressão "se for o caso", deve-se entender que a realização de estudos técnicos preliminares (ETPs) é regra para o planejamento das contratações diretas e sua elaboração dará suporte aos demais instrumentos preparatórios, sobretudo termo de referência e projetos. Na Administração Federal direta, autárquica e fundacional, a elaboração dos ETPs foi disciplinada pela Instrução Normativa SEGES/ME nº 58, de 8 de agosto de 2022, sendo que os elementos constitutivos devem guardar consonância com o plano de contratações anual[4].

O termo de referência (TR), por seu turno, foi disciplinado pela Instrução Normativa SEGES/ME nº 81, de 25 de novembro de 2022. O TR, elaborado a partir dos estudos técnicos preliminares, deve constar da instrução dos processos de contratação direta, observado em especial os arts. 8º e 10 da Lei nº 14.133/21 (art. 6º, IN SEGES/ME nº 81/22). Seguindo prática que já se tornou reiterada, as instruções normativas originalmente editadas para surtirem efeitos na Administração Federal Direta, autarquias e fundações terão aplicabilidade também para os órgãos e entidades da administração pública estadual, distrital ou municipal, direta ou indireta, quando executarem recursos da União decorrentes de transferências voluntárias (art. 2º IN SEGES/ME nº 81/22 e art.2º IN SEGES/ME nº 58/22).

De qualquer forma, a correta compreensão dos instrumentos referidos demanda análise das definições constantes do art. 12, inciso VII (documento de formalização de demanda), art. 6º, incisos XX (estudo técnico preliminar), XXIII (termo de referência), XXV (projeto básico[5]) e XXVI (projeto executivo). Esses instrumentos, a propósito, encontram disciplina mais detalhada em diversos dispositivos da lei. Por outro lado, a referência à *análise de risco* não se confunde com a exigência de *matriz de riscos* (definida

---

[4] Na administração federal direta, autárquica e fundacional, o plano de contratações anual foi regulamentado pelo Decreto nº 10.947, de 25 de janeiro de 2022.

[5] "Para fins do exercício do poder sancionatório do TCU, pode ser tipificada como erro grosseiro (art. 28 do Decreto-lei 4.657/1942 – LINDB) a homologação de dispensa de licitação e a assinatura do contrato sem a existência de projeto básico, em afronta ao art. 7º, §§ 2º, inciso I, e 9º, da Lei 8.666/1993" Acórdão 2783/2022-Segunda Câmara, Rel. Min. Augusto Nardes.

como tal no art. 6º, inciso XXVII), configurando-se como procedimento – metodologicamente motivado – de identificação e tratamento dos riscos que possam comprometer a boa execução contratual. Não existem, na lei, diretrizes ou requisitos específicos a respeito da análise de riscos.

b) Estimativa de despesa

A estimativa da despesa deve ser feita por meio da utilização das regras constantes do artigo 23, que trata da realização da estimativa do valor da futura contratação. Com efeito, a partir da estimativa do valor da futura contratação se chega à estimativa da despesa futura, sendo o objetivo da lei assegurar que os valores contratados sejam compatíveis com aqueles praticados pelo mercado.

A disciplina da pesquisa de preços e a metodologia de aferição da compatibilidade com o mercado foram sensivelmente alteradas pela Lei nº 14.133/2021, incorporando a sistemática presente em normas editadas no âmbito do Poder Executivo Federal e também práticas recomendadas pela jurisprudência do Tribunal de Contas da União. No âmbito da administração direta, autarquias e fundações federais, a IN SEGES/ME nº 65, de 7 de julho de 2021, dispôs sobre a pesquisa de preços para aquisição de bens e contratação de serviços em geral, à exceção das obras e serviços de engenharia[6].

Importante verificar a adequação dos parâmetros para estimativa do valor da despesa constantes do art. 23 para cada situação específica de contratação direta. A realização de cotação de preços junto a potenciais prestadores dos serviços demandados, por exemplo, pode afastar a exclusividade que caracteriza inviabilidade de competição[7].

c) Parecer jurídico e pareceres técnicos, se for o caso

A Lei nº 8.666/1993 exigia fossem juntados aos autos respectivos os "pareceres técnicos ou jurídicos emitidos sobre a licitação, dispensa ou inexigibilidade" (art. 38, VI). A disciplina atual é mais adequada e estabelece a obrigatoriedade de parecer jurídico para todas as situações de dispensa e inexigibilidade, devendo a necessidade da elaboração de parecer técnico ser avaliada pela autoridade competente em cada situação concreta. Como regra, haverá necessidade da elaboração de parecer técnico (que, por suposto, deverá compor o processo de contratação) quando se tratar de objeto contratual que demande conhecimentos técnicos específicos, detidos por categorias ou profissionais determinados, inclusive com a eventual finalidade de fundamentar o juízo de enquadramento da hipótese entre os permissivos legais para contratação direta.

Propondo uma identificação residual da abrangência do parecer jurídico a partir da verificação do campo próprio de atuação de outros agentes públicos que intervém no processo de contratação pública, Maria Sylvia Zanella Di Pietro e Fabrício Motta identificaram, na Lei nº 8.666/1993, elenco exemplificativo de questões que, em princípio, estão excluídos da abrangência da análise jurídica:

---

[6]   A IN SEGES/ME nº 91, de 16/12/2022, revogou a IN nº 72/21 e autorizou a aplicação do Decreto nº 7.983, de 8 de abril de 2013, que estabelece regras e critérios para elaboração do orçamento de referência de obras e serviços de engenharia, contratados e executados com recursos dos orçamentos da União, no que couber, para a definição do valor estimado nos processos de licitação e de contratação direta de obras e serviços de engenharia. Sobre a utilização dos critérios do Decreto 7.983/13 para cotação de insumos e serviços que não estão previstos em sistemas oficiais de referência de preços, confira-se o Acórdão TCU 2401/2022-Plenário, Rel. Min. Augusto Sherman.

[7]   Nesse sentido: TCU, Acórdão 2.280/2019, Primeira Câmara, Relator Min. Benjamin Zymler.

- oportunidade e conveniência da contratação;
- descrição do objeto, à exceção da indicação injustificada de marca;
- conteúdo dos projetos básico e executivo;
- indicativos de quantidade, estimativas de consumo;
- planilhas de preço, incluindo sua composição;
- critérios para aceitabilidade de preços;
- questões que demandem conhecimentos técnicos específicos (incluindo os serviços técnicos profissionais especializados);
- execução do contrato e sua fiscalização;
- comprovação dos fatos invocados como suporte para alterações contratuais[8].

Os mesmos autores identificam, por outro lado, a necessidade de verificação da conformidade do cumprimento de determinados requisitos legais:

> A verificação da conformidade impõe a necessidade de checar a presença dos elementos, mas não o seu conteúdo. Entretanto, existem algumas normas específicas que possuem efeitos jurídicos e que devem ser objeto de análise. Ainda que não se enxergue competência para a análise jurídica da descrição do objeto, por exemplo, a mesma deve verificar se o mesmo foi adequadamente caracterizado, sem indicação de marca (art. 15, § 7º, I). Sendo percebida a indicação de marca, deve ser verificado se há justificativa técnica aceitável (art. 7º, § 5º). Não há sentido em analisar juridicamente a quantidade de objetos a serem adquiridos e se o seu orçamento estimado em planilhas foi adequadamente composto de forma a retratar os preços praticados pelo mercado; contudo, há necessidade de verificar se a quantidade foi justificada e se as planilhas estão disponíveis[9].

A lei estabelece no § 1º do art. 53 diretrizes para a análise de legalidade a ser realizada por intermédio do parecer jurídico. A despeito de o dispositivo se situar topicamente na parte destinada a reger o final da fase preparatória, certamente se aplicam ao parecer emitido na fase de contratação direta. Por outro lado, o § 5º do art. 53 admite a possibilidade de dispensar a análise jurídica "[...] nas hipóteses previamente definidas em ato da autoridade jurídica máxima competente, que deverá considerar o baixo valor, a baixa complexidade da contratação, a entrega imediata do bem ou a utilização de minutas de editais e instrumentos de contrato, convênio ou outros ajustes previamente padronizados pelo órgão de assessoramento jurídico".

Tal possibilidade não deve ser admitida para as situações de contratação direta diante da existência de regra específica a respeito e também por se tratar de situações excepcionais – sendo a licitação a regra imposta pela Constituição – que demandam análise jurídica em cada caso. Por fim, a indispensabilidade é confirmada pela norma extraída do art. 53, § 4º, que atribui ao órgão de assessoramento jurídico o "controle prévio de legalidade de contratações diretas". Em sentido oposto à interpretação proposta, a Orientação Normativa nº 69/2021 da Advocacia-Geral da União estabeleceu: "Não é obrigatória manifestação

---

[8]   DI PIETRO, Maria Sylvia Zanella; MOTTA, Fabrício. Advocacia pública e sua atuação no procedimento licitatório: fundamentos, limites e responsabilização. *RDA – Revista de Direito Administrativo*, Rio de Janeiro, v. 270, p. 285-299, set./dez. 2015, p. 292.

[9]   Idem, p. 293.

jurídica nas contratações de pequeno valor com fundamento no art. 75, I ou II, e § 3º da Lei nº 14.133, de 1º de abril de 2021, salvo se houver celebração de contrato administrativo e este não for padronizado pelo órgão de assessoramento jurídico, ou nas hipóteses em que o administrador tenha suscitado dúvida a respeito da legalidade da dispensa de licitação. Aplica-se o mesmo entendimento às contratações diretas fundadas no art. 74 da Lei nº 14.133, de 2021, desde que seus valores não ultrapassem os limites previstos nos incisos I e II do art. 75, da Lei nº 14.133, de 2021".

Importante ressaltar que a Lei nº 14.133/2021 faz referência a pareceres técnicos, que são evidentemente distintos dos pareceres jurídicos, situação que se apresentava confusa no art. 38, VI, da Lei 8.666/1993. Ambos devem constar do processo, tanto o parecer jurídico quanto o técnico, mas tratam de matérias e aspectos distintos da futura contratação.

d) Demonstração da compatibilidade da previsão de recursos orçamentários com o compromisso a ser assumido

Trata-se de mais um requisito essencial para o planejamento das contratações públicas, que encontra previsão semelhante no art. 7º, § 2º, III e no art. 14 da Lei nº 8.666/1993. A compatibilidade da previsão de recursos orçamentários é feita mediante cotejo com as leis orçamentárias – notadamente com a lei orçamentária anual – e deve observar os prazos dos ajustes. A adequação orçamentária depende de estimativa adequada do valor da contratação, nos termos tratados pela Lei nº 14.133/2021 em outros dispositivos.

e) Comprovação de que o contratado preenche os requisitos de habilitação e qualificação mínima necessária[10]

A necessidade de atendimento de determinados requisitos exigidos para a etapa de habilitação já era reconhecida na aplicação da Lei nº 8.666/1993. Com efeito, a jurisprudência do TCU consolidou o entendimento de que "a prova de regularidade fiscal junto à Seguridade Social e ao Fundo de Garantia por Tempo de Serviço deve ser exigida de todos com quem o Poder Público contratar, mesmo que a avença tenha se originado de dispensa ou inexigibilidade de licitação"[11].

A etapa de *habilitação* é disciplinada no capítulo VI da nova lei e se divide em quatro modalidades: jurídica; técnica; fiscal, social e trabalhista e econômico-financeira. Para efeito de contratação direta, a documentação de habilitação a ser exigida dependerá das características do objeto contratual. De qualquer maneira, a documentação poderá ser dispensada, total ou parcialmente, "nas contratações para entrega imediata, nas contratações em valores inferiores a 1/4 (um quarto) do limite para dispensa de licitação para compras em geral e nas contratações de produto para pesquisa e desenvolvimento até o valor de R$ 300.000,00" (art. 70, III)[12].

---

[10] A IN SEGES/MGI nº 53, de 28/12/2023, autoriza a utilização do Sistema de Cadastramento Unificado de Fornecedores – Sicaf para apresentação de documentação equivalente por empresas estrangeiras que não funcionem no País, com fins a habilitação em licitação, dispensa, inexigibilidade e nos contratos administrativos de acordo com o que dispõe o parágrafo único do art. 70 da Lei nº 14.133, de 1º de abril de 2021, no âmbito da Administração Pública federal direta, autárquica e fundacional.

[11] Acórdão 5.820/2011, 2ª Câmara, Rel. Min. Augusto Sherman. No mesmo sentido: "A regularidade junto ao INSS e ao FGTS é condição necessária a ser observada, inclusive nos casos de contratação direta, devendo ser realizada verificação prévia à cada autorização de pagamento, mesmo nos casos de contratação por dispensa ou inexigibilidade de licitação" (Acórdão 1.782/2010, Plenário, Rel. Min. Raimundo Carreiro).

[12] O Decreto nº 11.871, de 29 de dezembro de 2023, alterou o valor previsto no art. 70, III, para R$ 359.436,08 (trezentos e cinquenta e nove mil quatrocentos e trinta e seis reais e oito centavos).

Convém relembrar que a possibilidade jurídica de contratação pública sem a realização de prévia licitação não afasta a necessidade de planejamento para fiel atendimento da necessidade pública que se busca satisfazer por intermédio da celebração de ajuste contratual. Desta forma, todo objeto contratual demandará certa qualificação por parte do contratado para que possa ser executado a contento.

A referência à *qualificação mínima necessária* não se confunde necessariamente com a qualificação técnico-profissional, nos termos delineados para efeito da fase de habilitação (art. 67). É possível entender que os documentos que podem ser exigidos para qualificação técnico-profissional são os estabelecidos nos incisos do art. 67, mas a identificação de quais desses documentos comporão a *qualificação mínima necessária* dependerá de verificação do objeto específico da contratação direta e da hipótese legal de regência.

Com efeito, é preciso verificar a hipótese específica de dispensa ou inexigibilidade para sacar a qualificação técnica mínima que deve ser exigida do contratado. No "espírito" da nova lei, não custa asseverar que o qualificativo "mínimo" impede exigências excessivas que não sejam estritamente necessárias para a correta execução contratual nos termos da hipótese específica de contratação direta a ser utilizada.

f) Razão de escolha do contratado

A possibilidade de contratação direta não afasta, mas robustece o dever de motivar as razões que levaram a Administração à escolha do contratado. Com efeito, enquanto nos contratos precedidos de licitação a escolha do contratado é devida à obediência de determinado critério objetivo de julgamento, na contratação direta a inexistência do certame atrai para o gestor o dever de *declinar as razões técnicas e jurídicas em razão das quais o contratado foi escolhido*. É importante relembrar que nem sempre o objeto contratual poderá ser executado por somente um contratado (situação que se configura como inexigibilidade de licitação) e que a possibilidade de escolha entre eventuais interessados não é juridicamente indiferente, mas condicionada em razão da necessidade de se buscar a melhor alternativa para o interesse público. Em diversas hipóteses, a justificativa da escolha será pautada pelo próprio enquadramento legal da dispensa ou inexigibilidade, notadamente nas situações assim caracterizadas em razão de atributos subjetivos do futuro contratado.

g) Justificativa de preço

A necessidade de justificar os preços deve ser feita de forma complementar aos procedimentos e parâmetros que objetivam *estimar previamente o valor da futura contratação* (art. 23). Nos termos do art. 23, § 4º, quando não for possível estimar o valor do objeto na forma estabelecida nos §§ 1º, 2º e 3º do art. 23 "o contratado deverá comprovar previamente que os preços estão em conformidade com os praticados em contratações semelhantes de objetos de mesma natureza, por meio da apresentação de notas fiscais emitidas para outros contratantes no período de até 1 (um) ano anterior à data da contratação pela Administração".

Importante perceber que, na dicção do novo marco legal, o processo licitatório tem como um de seus objetivos "evitar contratações com sobrepreço ou com preços manifestamente inexequíveis e superfaturamento na execução dos contratos" (art. 11, III)[13] – esse objetivo também deve ser reconhecido nos casos de contratação direta.

---

[13]   A jurisprudência do TCU sobre a aplicação da Lei nº 8.666 consagra orientações relativas à justificativa de preço: "A justificativa do preço em contratações diretas (art. 26, parágrafo único, inciso III, da Lei

É importante relembrar que

> o contrato administrativo pode ser também encarado como mecanismo ou estratégia integrado a uma política pública. Nessa abordagem, o contrato administrativo extrapola suas tradicionais finalidades de propiciar ampla concorrência (isonomia) e buscar a melhor proposta para o interesse público para incorporar outras finalidades igualmente públicas consagradas no ordenamento jurídico-positivo[14].

Desta forma, algumas hipóteses de dispensa de licitação podem ser visualizadas como estratégias juridicamente reguladas, utilizadas para a consecução das finalidades específicas em determinada política pública. A contratação direta aparecerá então como instrumento de ação regulatória, permitindo ao Estado a utilização estratégica da contratação pública para alcançar finalidades públicas variadas[15], sendo o fomento a principal delas.

Essas considerações são relevantes para se perceber que a *justificativa de preço* não é necessariamente identificada com o critério de julgamento menor preço, uma vez que outras finalidades públicas podem justificar o uso do poder de contratação do Estado. Nesse sentido, interessante perceber que algumas hipóteses de licitação fazem expressa referência à compatibilidade dos preços contratados com os praticados no mercado (art. 75, incisos IX e XIV). A conclusão cabível é de que em determinadas contratações, em razão dos *específicos objetivos de interesse público* consagrados, será possível contratar com valores que não se enquadrem entre os mais baixos praticados no mercado, desde que o gestor responsável justifique, mediante juízo de proporcionalidade, os benefícios auferidos para o interesse público (consistente, na maioria das situações, em fomento a determinadas entidades)[16].

h) Autorização da autoridade competente

A autoridade competente deve autorizar expressamente a contratação direta. Trata-se de ato administrativo praticado para finalizar o procedimento preparatório da contratação direta. Cabe à autoridade competente verificar não somente o cumprimento de todos os requisitos elencados no artigo e como também a própria conveniência e oportunidade da contratação. Nos termos do parágrafo único do art. 72, "o ato que autoriza a contratação

---

8.666/1993) deve ser realizada, preferencialmente, mediante: (i) no caso de dispensa, apresentação de, no mínimo, três cotações válidas de empresas do ramo, ou justificativa circunstanciada se não for possível obter essa quantidade mínima; (ii) no caso de inexigibilidade, comparação com os preços praticados pelo fornecedor junto a outras instituições públicas ou privadas" (Acórdão 1.565/2015, Plenário, Rel. Min. Vital do Rego). "É dever do gestor, mesmo nas contratações diretas por inexigibilidade de licitação, elaborar orçamento detalhado em planilhas que expressem a composição de todos os custos unitários do objeto a ser contratado, pois se trata de documento indispensável à avaliação dos preços propostos (art. 7º, § 2º, inciso II, e § 9º, c/c o art. 26, inciso III, da Lei 8.666/1993)" (TCU, Acórdão 3.289/2014, Plenário, rel. Min. Walton Alencar).

[14] MOTTA, Fabrício. Ensaio sobre contratos administrativos e políticas públicas In: GOMES, Carla Amado et al. *Responsabilidade nos contratos públicos*: uma perspectiva comparada luso-brasileira. Lisboa, Portugal: Instituto de Ciências Jurídico-Políticas; Centro de Investigação de Direito Público, 2020. v. 1, p. 164-180.

[15] FERRAZ, Luciano. Função Regulatória da Licitação. *Revista de Direito Administrativo e Constitucional – A&C*, Belo Horizonte: Fórum, 37/133-142, jul.-set. 2009.

[16] "Em procedimento de dispensa de licitação, devem constar, no respectivo processo administrativo, elementos suficientes para comprovar a compatibilidade dos preços a contratar com os vigentes no mercado ou com os fixados por órgão oficial competente, ou, ainda, com os que constam em sistemas de registro de preços" (TCU, Acórdão 1.607/2014, Plenário, Rel. Min. Augusto Sherman).

direta ou o extrato decorrente do contrato deverá ser divulgado e mantido à disposição do público em sítio eletrônico oficial"[17].

2. INEXIGIBILIDADE DE LICITAÇÃO

Ao contrário do que se verifica nas hipóteses de licitação dispensável, nas quais existe autorização legal para não se realizar a licitação ainda que possível fosse, a inexigibilidade de licitação funda-se na *inviabilidade de competição*. Com efeito, a possibilidade de competição – assim entendida a comparação de propostas com vistas à que melhor atenda ao interesse público definido – é pressuposto necessário para a realização da licitação. Percebe-se que a constatação da inviabilidade ocorre durante o planejamento da futura contratação, no momento que são definidas e verificadas as características do futuro objeto contratual.

Marçal Justen Filho, com acerto, sistematiza da seguinte forma as causas que ensejam inviabilidade de competição[18]: a) *ausência de pluralidade de alternativas* (quando a circunstância reside no fato de existir um único particular em condições de realizar o que pretende a Administração); b) *ausência de mercado concorrencial* (situação na qual "os particulares em condição de executar a prestação não competem entre si formulando propostas. Esses particulares aguardam as propostas de possíveis interessados, não estabelecendo diferença mesmo em relação ao setor público"[19]); c) *ausência de objetividade na seleção do objeto* (abrangendo prestações cuja atuação personalíssima do particular impede ou dificulta a comparação por critérios objetivos) e d) *ausência de definição objetiva da prestação a ser executada* (semelhante à hipótese anterior, mas albergando contratações nas quais o conteúdo completo da obrigação necessita ser definido ao longo da execução do contrato).

O fundamento na inviabilidade de competição é suficiente para concluir que as hipóteses legais de inexigibilidade, ao contrário das situações de dispensa, são *exemplificativas* – inviável esperar que o legislador conseguisse prever, de antemão, todos os casos nos quais a competição não é viável. Com efeito, a utilização do qualificativo "em especial" reforça a interpretação favorável à caracterização do rol como exemplificativo, admitindo que situações específicas possam ser enquadradas no *caput* do art. 74.

Convém anotar que a Lei nº 8.666/1993 elencava como situações passíveis de licitação dispensável diversas hipóteses que, de fato, caracterizariam inviabilidade de competição[20] – a Lei nº 14.133/2021, por seu turno, corrigiu algumas dessas impropriedades ampliando as hipóteses explícitas de inexigibilidade.

Finalmente, cabe relembrar que, tratando-se de procedimento de contratação direta, é imperativa a observância dos requisitos e procedimentos constantes do art. 72, comentados anteriormente. Passamos à análise das hipóteses expressas de inexigibilidade inscritas nos incisos do artigo 74.

---

[17] Orientação Normativa AGU nº 85/2024 – "Nas contratações diretas, a divulgação do contrato no Portal Nacional de Contratações Públicas (PNCP), na forma dos artigos 94, inc. II, e 174 da Lei nº 14.133, de 2021, supre a exigência de publicidade prevista no artigo 72, p. único, do mesmo diploma".

[18] JUSTEN FILHO, Marçal. *Comentários à Lei de Licitações e Contratos Administrativos*: Lei 8.666/93. 18. ed. rev., atual. e ampl. São Paulo: Thomson Reuters Brasil, 2019. p. 594-596.

[19] Idem, p. 595.

[20] Exemplos: art. 24, incisos X, XV, XIX, XXII, XXIII, XXV, XXVI e XXVIII, da Lei nº 8.666/1993.

2.1 Aquisição de materiais, de equipamentos ou de gêneros ou contratação de serviços que só possam ser fornecidos por produtor, empresa ou representante comercial exclusivos (art. 74, I)

A exclusividade é uma situação verificável no campo dos fatos que caracteriza a típica hipótese de inviabilidade de competição em razão da *ausência de pluralidade subjetiva*: somente um produtor, empresa ou representante comercial possui a possibilidade de comercializar com a Administração o objeto do futuro contrato.

Tendo em mente todo o ciclo da contratação pública, é forçoso perceber que a exclusividade é verificada após a adequada descrição do objeto que atende à necessidade ou interessa da Administração de acordo com os procedimentos legais. A correta identificação e descrição do objeto contratual permitirá concluir se suas características se encontram ou não em outros objetos que possam atender ao que busca a Administração e, posteriormente, se há particular detentor da comercialização da exclusividade. A descrição deve, sempre que possível, estar amparada em avaliações técnicas que avalizem as características que singularizam o bem ou serviço dos demais. Desta forma, a mera busca por exclusividade desatrelada do interesse público caracteriza ofensa aos princípios que regulam a licitação e possível burla ao dever considerar a licitação como regra, não como exceção.

A redação do dispositivo comentado, aparentemente mais enxuta do que a disposta no art. 25, I, da Lei nº 8.666/93[21], deve ser complementada com a regra que se extrai do § 1º do art. 74: "a Administração deverá demonstrar a inviabilidade de competição, mediante atestado de exclusividade, contrato de exclusividade, declaração do fabricante ou outro documento idôneo capaz de comprovar que o objeto é fornecido ou prestado por produtor, empresa ou representante comercial exclusivos, vedada a preferência por marca específica".

Inovação relevante reside na possibilidade de contratação direta de *serviços* que só possam ser fornecidos por produtor, empresa ou representante comercial exclusivos. A rigor, trata-se de *serviços* que não sejam prestados por profissionais do setor artístico (disciplinados pelo inciso II) e que não se enquadrem na categoria dos serviços técnicos especializados de natureza predominantemente intelectual (contemplados no inciso III). A referência expressa à contratação de serviços sana a dúvida interpretativa referente à regra constante da Lei nº 8.666/1993, que permitia a intelecção de que somente seria possível a contratação direta para aquisição de materiais, equipamentos, ou gêneros exclusivos, ainda que para aplicação em determinada obra ou serviço em realização.

A referência aos *documentos comprobatórios da exclusividade* constante do art. 74, § 1º, é exemplificativa – comprovada pela menção a possível "outro documento idôneo" – e deve servir como *orientação inicial* para os agentes de contratação, sem descurar da necessidade de realizar as diligências necessárias para comprovar a inviabilidade na situação concreta. Essa intelecção já mereceu entendimento sumulado do Tribunal de Contas da União, apreciando a hipótese constante do artigo 25, I da Lei nº 8.666/1993:

> SÚMULA TCU 255: Nas contratações em que o objeto só possa ser fornecido por produtor, empresa ou representante comercial exclusivo, é dever do agente público

---

[21] "Art. 25. [...] I – para aquisição de materiais, equipamentos, ou gêneros que só possam ser fornecidos por produtor, empresa ou representante comercial exclusivo, vedada a preferência de marca, devendo a comprovação de exclusividade ser feita através de atestado fornecido pelo órgão de registro do comércio do local em que se realizaria a licitação ou a obra ou o serviço, pelo Sindicato, Federação ou Confederação Patronal, ou, ainda, pelas entidades equivalentes".

responsável pela contratação a adoção das providências necessárias para confirmar a veracidade da documentação comprobatória da condição de exclusividade.

Os documentos hábeis à comprovação da exclusividade devem ser verificados em cada caso concreto de acordo não só com as normas aplicáveis como também com as efetivas práticas comerciais do mercado no qual se insere o objeto. A exigência de documentos formais como atestados ou contratos, repita-se, deve ser avaliada em cada situação concreta e acompanhada dos demais documentos e diligências cabíveis para atestar juridicamente a *situação de fato* da exclusividade[22].

Finalmente, alguns enunciados de julgados do TCU exarados sob a égide da Lei nº 8.666/1993 permanecem relevantes para exemplificar a importância de atentar para as peculiaridades residentes em cada situação específica:

No caso de aquisição de *software*, o certificado oferecido pelo próprio fabricante não é instrumento hábil para comprovar a condição de exclusividade para a prestação dos serviços (Acórdão 3.659/2007, Primeira Câmara, Relator Min. Marcos Bemquerer).

> É lícita a aquisição direta de livros, por inexigibilidade de licitação, quando feita junto a editoras que possuam contratos de exclusividade com os autores para editoração e comercialização das obras, o que, porém, não isenta o gestor de justificar os preços contratados (Acórdão 3.290/2011, Plenário, Relator Min. José Jorge).

> Uma vez comprovada, na forma do art. 25, inciso I, da Lei 8.666/1993, a exclusividade de fabricação do produto por determinada empresa, a condição de comerciante único desse bem pode ser demonstrada por meio de contrato de exclusividade firmado entre as empresas fabricante e comerciante, cuja legitimidade não é afetada pelo fato de essas empresas serem do mesmo grupo, sendo dispensável, nesse caso, novo atestado fornecido nos termos do citado dispositivo legal para comprovar a exclusividade de comercialização (Acórdão 3.661/2016, Primeira Câmara, Relator Min. José Mucio Monteiro).

> É possível que laboratório farmacêutico conceda a determinada empresa representação exclusiva pontual de seus medicamentos (com período, local e objeto determinados), circunstância que justifica a inexigibilidade de licitação para a aquisição dos produtos distribuídos pela representante (Acórdão 95/2007, Plenário, Relator Min. Benjamin Zymler).

> É irregular a contratação de empresa detentora da patente de determinado medicamento por inexigibilidade de licitação caso haja outras empresas por ela autorizadas à comercialização do produto, pois evidente a viabilidade de competição (Acórdão 2.950/2020, Plenário, Relator Min. Benjamin Zymler).

2.2 Contratação de profissional do setor artístico, diretamente ou por meio de empresário exclusivo, desde que consagrado pela crítica especializada ou pela opinião pública (art. 74, II)

A contratação de profissionais do setor artístico também configura clássico exemplo de inviabilidade de competição em razão da natural subjetividade envolvida na apreciação de atributos e habilidades artísticas.

---

[22] "O documento 'carta de exclusividade', por si só, é insuficiente para demonstrar que a empresa que o apresenta é fornecedora exclusiva de determinado produto" (Acórdão 207/2011, Plenário, Relator Min. Augusto Nardes).

A redação do dispositivo é praticamente idêntica à constante do artigo 25, III, da Lei nº 8.666/1993. Entretanto, importante inovação referente ao alcance e comprovação da exclusividade foi inserida no art. 74, § 2º:

> Art. 74. [...] § 2º Para fins do disposto no inciso II do *caput* deste artigo, considera-se empresário exclusivo a pessoa física ou jurídica que possua contrato, declaração, carta ou outro documento que ateste a exclusividade permanente e contínua de representação, no País ou em Estado específico, do profissional do setor artístico, afastada a possibilidade de contratação direta por inexigibilidade por meio de empresário com representação restrita a evento ou local específico.

Trata-se de texto que acolhe a jurisprudência do Tribunal de Contas da União – relativa à legislação anterior – rechaçando a chamada "exclusividade temporária", prática comum na contratação de shows artísticos. Os julgados a seguir exemplificam tais entendimentos:

> Na contratação direta, por inexigibilidade de licitação, de profissional do setor artístico por meio de empresário exclusivo, a apresentação de autorização/atesto/carta de exclusividade restrita aos dias e à localidade do evento não atende aos pressupostos do art. 25, inciso III, da Lei 8.666/1993. Para tanto, é necessária a apresentação do contrato de representação exclusiva do artista consagrado com o empresário contratado, registrado em cartório (TCU, Acórdão 1.435/2017, Plenário, Relator Min. Vital do Rêgo).

Na contratação de profissional do setor artístico por inexigibilidade de licitação, a apresentação de atestado de exclusividade restrito aos dias e à localidade do evento, em vez do contrato de exclusividade entre o artista e o empresário contratado, caracteriza grave infração à norma legal e regulamentar, ensejando, ainda que não configurado dano ao erário, condenação em multa e julgamento pela irregularidade das contas, haja vista que o contrato de exclusividade é imprescindível para caracterizar a inviabilidade de competição de que trata o art. 25, inciso III, da Lei 8.666/1993 (Acórdão 5.180/2020, Segunda Câmara, Relator Min. Marcos Bemquerer; Acórdão 1.341/2022, Segunda Câmara, Relator Min. Augusto Nardes).

A nova regra demanda atentar para a possibilidade de que a atividade de intermediação empresarial possa ser licitada, na ausência de empresário que detenha "representação exclusiva permanente e contínua" do profissional do setor artístico[23].

A consagração pela crítica especializada *ou* pela opinião pública, requisito para a licitude da contratação, pode ser comprovada nos autos do procedimento por meio da juntada de reportagens na imprensa, prêmios recebidos e outras formas correlatas, a depender do caso específico.

---

[23] A proibição de contratar com empresário não exclusivo é medida prestante a impedir que terceiros aufiram ganhos desproporcionais às custas dos artistas. Ora, o empresário exclusivo tem com o artista contrato que lhe assegura a exclusividade, cujas cláusulas provavelmente estipulam qual o montante de sua remuneração ou o parâmetro para determiná-la, recaindo frequentemente sobre porcentagem dos valores recebidos. Já o empresário não exclusivo paga ao artista o valor por ele estipulado e, com isso, vê-se livre para acertar com o Poder Público o preço que quiser cobrar, o que lhe faculta estabelecer a sua remuneração em valores bastante elevados, até bem acima do que ganha o artista. Assim sendo, por obséquio à economicidade e à moralidade administrativa, que se celebre o contrato diretamente com o artista (NIEBUHR, 2015, p. 189).

Cap. 5 · CONTRATAÇÃO DIRETA: INEXIGIBILIDADE E DISPENSA DE LICITAÇÃO | 241

Finalmente, relevante anotar que a divulgação no Portal Nacional de Contratações Públicas – condição indispensável para a eficácia do contrato e de seus aditamentos – deverá identificar os custos do cachê do artista, dos músicos ou da banda, quando houver, do transporte, da hospedagem, da infraestrutura, da logística do evento e das demais despesas específicas (art. 94, § 2º).

2.3 Contratação de serviços técnicos especializados de natureza predominantemente intelectual com profissionais ou empresas de notória especialização, vedada a inexigibilidade para serviços de publicidade e divulgação

Esta hipótese específica de inexigibilidade de licitação corresponde, com ligeiras alterações, àquela constante do art. 25, inciso II, da Lei nº 8.666/1993. Na sistemática da Lei nº 8.666/1993, "serviços técnicos profissionais especializados" eram aqueles expressamente definidos no art. 13 e deveriam, preferencialmente, ser contratados mediante a realização de concurso, salvo os casos de inexigibilidade de licitação (art. 13, § 1º, da mesma Lei).

A Lei nº 14.133/2021 criou a categoria *serviços técnicos especializados de natureza predominantemente intelectual* e regula de forma diversa o regime jurídico da respectiva contratação. Não há propriamente uma identificação de características intrínsecas à prestação que seriam aptas à identificação de um serviço como técnico especializado de natureza predominantemente intelectual, mas há a definição de rol expresso no art. 6º, XVIII: a) estudos técnicos, planejamentos, projetos básicos e projetos executivos; b) pareceres, perícias e avaliações em geral; c) assessorias e consultorias técnicas e auditorias financeiras e tributárias; d) fiscalização, supervisão e gerenciamento de obras e serviços; e) patrocínio ou defesa de causas judiciais e administrativas; f) treinamento e aperfeiçoamento de pessoal; g) restauração de obras de arte e de bens de valor histórico e h) controles de qualidade e tecnológico, análises, testes e ensaios de campo e laboratoriais, instrumentação e monitoramento de parâmetros específicos de obras e do meio ambiente e serviços de engenharia correlatos.

A *regra* milita a favor da *necessidade de realização de licitação prévia* para contratação dos serviços técnicos especializados de natureza predominantemente intelectual. A nova sistemática determina que tais serviços serão licitados na modalidade concorrência, não sendo admitida a utilização do pregão (art. 29, parágrafo único). O *critério de julgamento* a ser utilizado, preferencialmente, é o de técnica e preço (art. 36, § 1º, I).

A inviabilidade de competição para contratação dos serviços técnicos especializados de natureza predominantemente intelectual, excepcional, deve ser devidamente motivada para amparar a contratação direta. Salta logo à vista a importante supressão, no texto da Lei nº 14.133/2021, da expressão "natureza singular" utilizada no dispositivo correlato da Lei nº 8.666/1993. Trata-se de modificação digna de atenção, sendo a "natureza predominantemente intelectual" o principal *requisito* residente no objeto da futura contratação que deve ser constatada. A notória especialização dos profissionais ou empresas é o segundo requisito, tendo sido a configuração jurídica deste requisito no art. 74, § 3º,[24] mantida nos mesmos termos tratados pela Lei nº 8.666/1993.

---

[24] "Art. 74. [...] § 3º Para fins do disposto no inciso III do *caput* deste artigo, considera-se de notória especialização o profissional ou a empresa cujo conceito no campo de sua especialidade, decorrente de desempenho anterior, estudos, experiência, publicações, organização, aparelhamento, equipe

Em interpretação e aplicação da regra extraível do artigo 25, inciso II, da Lei nº 8.666/1993, o TCU editou as seguintes Súmulas:

> SÚMULA TCU 39: A inexigibilidade de licitação para a contratação de serviços técnicos com pessoas físicas ou jurídicas de notória especialização somente é cabível quando se tratar de serviço de natureza singular, capaz de exigir, na seleção do executor de confiança, grau de subjetividade insuscetível de ser medido pelos critérios objetivos de qualificação inerentes ao processo de licitação, nos termos do art. 25, inciso II, da Lei 8.666/1993.
>
> SÚMULA TCU 252: A inviabilidade de competição para a contratação de serviços técnicos, a que alude o art. 25, inciso II, da Lei 8.666/1993, decorre da presença simultânea de três requisitos: serviço técnico especializado, entre os mencionados no art. 13 da referida lei, natureza singular do serviço e notória especialização do contratado.

Apesar da exclusão da expressão "natureza singular", a manutenção da necessidade de *conjugação* de um requisito residente no serviço (natureza predominantemente intelectual) com outro consistente em atributo pessoal do executor (notória especialização) mantém a interpretação favorável à existência de *correlação necessária* entre as características específicas do serviço e a especialização notória detida pelo contratado, apta a despertar no gestor a confiança de que "o seu trabalho é essencial e reconhecidamente adequado à plena satisfação do objeto do contrato"[25].

Como asseverado, por definição a inviabilidade de competição decorre de uma *situação de fato* que impede a comparação objetiva de propostas. Desta forma, o fato de não se exigir que o serviço seja singular não tem o condão de autorizar, automaticamente, a contratação direta de todo e qualquer serviço intelectual. Cabe ao gestor público analisar a necessidade pública a ser atendida por meio da contratação e demonstrar, fundamentadamente, a razão pela qual os respectivos serviços não devem ser licitados com julgamento pelos critérios admitidos pela lei (melhor técnica ou técnica e preço), necessitando de profissional de alto conceito no campo de sua especialidade. Em cada caso concreto, deve ser realizado juízo de proporcionalidade[26] para identificar, entre os regimes de contratação

---

técnica ou outros requisitos relacionados com suas atividades, permita inferir que o seu trabalho é essencial e reconhecidamente adequado à plena satisfação do objeto do contrato".

[25] Na lição de Joel Niebuhr: "E o ponto é que não há inviabilidade de competição para a contratação de serviços ordinários e comuns, ainda que eventualmente se pretenda contratar profissional ou empresa de notória especialização. Como sabido, serviços ordinários e comuns, que não são serviços singulares, podem ser prestados por quaisquer profissionais ou empresas e não necessariamente por profissionais ou empresas de notória especialização. Portanto, todos os profissionais ou empresas, qualificados para prestar tais serviços, por força do princípio da isonomia, têm o direito de disputar os respectivos contratos com igualdade, o que depende da licitação pública. Dito de outro modo, se o serviço é ordinário ou comum e quaisquer profissionais ou empresas podem prestá-lo, não se visualiza a inviabilidade de competição, que é a premissa lógica de qualquer hipótese de inexigibilidade de licitação. Dessa forma, ainda que isto não esteja escrito de forma direta, a hipótese de inexigibilidade do inciso III do artigo 74 da Lei n. 14.133/2021 é sim condicionada e depende de serviços singulares, e não encontra lugar para a contratação de serviços ordinários e comuns" (NIEBUHR, Joel de Menezes. Dispensa e inexigibilidade de licitação pública. In: NIEBUHR, Joel de Menezes (coord.). *Nova Lei de Licitações e Contratos Administrativos*. 2. ed. Curitiba: Zênite, 2021. p. 45).

[26] Vide, a esse respeito do juízo de proporcionalidade, os comentários feitos no tópico seguinte.

aplicáveis (realização de licitação, contratação direta, execução direta, convênio com órgão ou entidade, por exemplo), qual o mais adequado diante das diversas variáveis envolvidas.

Importante registrar que não se trata de exclusividade reconhecida em determinado profissional ou empresa, mas sim da demonstração consistente de que a escolha do executor adequado para o objeto não pode ser feita por critérios objetivos de julgamento, em razão da importância da pessoalidade na execução do contrato[27]. Da mesma forma, não se trata do reconhecimento de que somente um profissional pode executar o objeto do contrato, mas sim que, dentre os diversos porventura capacitados, cabe à Administração motivadamente identificar o que considera mais adequado à plena satisfação do objeto contratado (art. 74, § 3º). Esse caminho interpretativo é confirmado com a regra que veda a subcontratação de empresas ou a atuação de profissionais distintos daqueles que tenham justificado a inexigibilidade (art. 74, § 4º). O tema será aprofundado no item subsequente na análise da contratação de serviços de advocacia.

2.3.1 Contratação dos serviços profissionais de advogado

Antes do advento da Lei nº 14.133/2021 foi editada a Lei nº 14.039, de 17 de agosto de 2020, que inseriu no Estatuto da OAB (Lei 8.906/1994), o seguinte dispositivo:

> Art. 3º-A. Os serviços profissionais de advogado são, por sua natureza, técnicos e singulares, quando comprovada sua notória especialização, nos termos da lei.
>
> Parágrafo único. Considera-se notória especialização o profissional ou a sociedade de advogados cujo conceito no campo de sua especialidade, decorrente de desempenho anterior, estudos, experiências, publicações, organização, aparelhamento, equipe técnica ou de outros requisitos relacionados com suas atividades, permita inferir que o seu trabalho é essencial e indiscutivelmente o mais adequado à plena satisfação do objeto do contrato.

A novidade trazida pela Lei 14.039/2020 não reside no aspecto subjetivo da contratação, ou seja, na conceituação do profissional ou empresa detentor de *notória especialização*, porquanto o parágrafo único do novo art. 3º-A da Lei 8.906/1994 reproduz *ipsis litteris* a disposição do art. 25, § 1º, da Lei nº 8.666/1993 e bastante assemelhado ao disposto no art. 74, § 3º, da Lei nº 14.133/2021[28].

A mudança proposta pelo legislador é pertinente ao aspecto objetivo da contratação. Pelo teor do dispositivo, os serviços de advocacia (consultiva ou contenciosa), quando executados por profissionais notórios e especializados (a lei alude apenas a estes profissionais), são presumidamente singulares, porque assim se passa com as produções *intelectuais* "sem-

---

[27] "Nas contratações diretas por inexigibilidade de licitação, o conceito de singularidade não pode ser confundido com a ideia de unicidade, exclusividade, ineditismo ou raridade. O fato de o objeto poder ser executado por outros profissionais ou empresas não impede a contratação direta amparada no art. 25, inciso II, da Lei 8.666/1993. A inexigibilidade, amparada nesse dispositivo legal, decorre da impossibilidade de se fixar critérios objetivos de julgamento" (TCU, Acórdão 2.616/2015, Plenário, Relator Min. Benjamin Zymler).

[28] "Art. 74. [...] § 3º Para fins do disposto no inciso III do *caput* deste artigo, considera-se de notória especialização o profissional ou a empresa cujo conceito no campo de sua especialidade, decorrente de desempenho anterior, estudos, experiência, publicações, organização, aparelhamento, equipe técnica ou outros requisitos relacionados com suas atividades, permita inferir que o seu trabalho é essencial e reconhecidamente adequado à plena satisfação do objeto do contrato".

pre que o trabalho a ser produzido se defina pela marca pessoal (ou coletiva), expressada em características científicas, técnicas ou artísticas importantes para o preenchimento da necessidade administrativa a ser suprida".[29]

A Lei 14.039/2020 consagrou uma *presunção em favor da singularidade do objeto da contratação*, que terá lugar todas as vezes que os serviços advocatícios forem executados por profissionais detentores de notória especialização. Esta nova lei tornou clara a *nota diferencial*, o chamado "toque de especialista": todos os serviços que os notórios especialistas executam, em razão sua experiência, estudos, publicações anteriores, organização etc. (art. 25, § 1º, Lei 8.666/1993), serão singulares. Essa mudança exigirá *exame mais atento dos requisitos* para enquadramento dos advogados no conceito de notória especialização. Será preciso considerar se o profissional possui tal *diferencial* a ponto de que *todo o produto de sua atividade seja singular*. São profissionais que agregam um componente criativo especial, "envolvendo o estilo, o traço, a engenhosidade, a especial habilidade, a contribuição intelectual, artística ou a argúcia de quem o executa"[30].

É importante ressaltar *que a caracterização do serviço precede a busca do profissional mais apto para executá-lo*. A partir das características de determinado serviço de advocacia surgirá a necessidade/possibilidade de contratação de advogado ou escritório com qualificações diferenciadas. *Não se parte inicialmente da escolha do advogado para depois atribuir-lhe serviços – a legitimidade da busca por um notório especialista* advém da *necessidade* de sua experiência, conceito, e formação para atender, de forma mais adequada possível, à plena satisfação do objeto do contrato. Essa afirmação não obsta a possibilidade contratações que necessitem de ajustes posteriores na delimitação do objeto, necessárias justamente em razão das atividades a serem desempenhadas pelo profissional (como serviços de consultoria ligados à busca de solução ou modelagem jurídica complexa, com fatores que vão sendo conhecidos e definidos ou apresentados ao contratado na medida da delimitação ou do surgimento da necessidade administrativa durante a execução).

A *comprovação da notória especialização* continua sendo um imperativo, e deve ser objeto de especial motivação pelos responsáveis pelo procedimento de contratação. A adoção de procedimento formalizado também continua obrigatória, com especial realce para a as razões da escolha do contratado e justificativa do preço (art. 72, VI e VII, da Lei 14.133/2021).

O novo quadro jurídico também impõe maior atenção à *proporcionalidade* dos objetos a serem contratados mediante inexigibilidade, em cada caso concreto. Em *tese*, seria possível contratar um notório especialista para um serviço singelo, corriqueiro, trivial: *o simples fato de quem o executa transformaria o serviço em singular, na letra da nova lei*. Nessa linha de raciocínio, a singela pergunta que se expõe é: *seria possível contratar um notório especialista para executar serviços singelos, corriqueiros, permanentes, pois juridicamente seriam considerados singulares em razão dos atributos do profissional?*

A resposta, como disse, envolve obrigatoriamente juízo de *proporcionalidade. Não se trata de escolha totalmente livre* do administrador público; ao contrário, a resposta encontra *balizamentos obrigatórios no ordenamento jurídico*. Deve o gestor responsável pela decisão a respeito da modalidade de contratação de serviços jurídicos:

---

[29]   BANDEIRA DE MELLO, Celso Antônio. *Curso de direito administrativo*. 19. ed. São Paulo: Malheiros, 2005. p. 508.

[30]   BANDEIRA DE MELLO, Celso Antônio. *Curso de direito administrativo*. 8. ed. São Paulo: Malheiros, 1996. p. 332.

Cap. 5 • CONTRATAÇÃO DIRETA: INEXIGIBILIDADE E DISPENSA DE LICITAÇÃO | **245**

a) sopesar as *consequências práticas da decisão* (art. 20 da LINDB[31]), entre elas: o maior valor que será despendido com a contratação dos serviços com relação aos quais o "toque de especialista" não faz diferença;

b) avaliar as *possíveis alternativas* (art. 20, parágrafo único, da LINDB) – entre elas: exercício das atribuições mediante a criação de cargo ou emprego público, com suas consequências administrativas e fiscais; criação de cargo em comissão; contratação, por meio de licitação, de profissional com ou sem a nota da singularidade;

c) efetuar juízo de *proporcionalidade* (Constituição Federal e art. 20, parágrafo único, da LINDB) – inicialmente, verificar, no caso concreto, a adequação dos atributos ligados à especialização notória com o objeto contratual. Atestada a adequação, avaliar a necessidade daquela contratação (a questionar, por exemplo, além dos conhecimentos exigidos pelo serviço, se o órgão possui corpo jurídico com capacitação para a demanda específica). Sendo considerada adequada, ainda é importante fazer avaliação de proporcionalidade em sentido estrito, para verificar se o que se ganha com a contratação possui maior relevo jurídico do que o que é sacrificado (valores envolvidos, fato de o profissional estar ou não à disposição em tempo integral, residir no Município etc.)[32].

Além disso, convém destacar que existem atividades privativas de advocacia (a postulação a qualquer órgão do Poder Judiciário e aos juizados especiais; atividades de consultoria, assessoria e direção jurídicas) que são permanentes, contínuas na Administração. Essas atividades, como regra, devem ser exercidas sob regime de cargo ou emprego, admitidas as exceções para cargos em comissão, como impõe o artigo 37 da Constituição. Optar pelo regime contratual para tais atividades não envolve juízo inteiramente discricionário (nos termos da LINDB, como referido).

Pensemos em um exemplo: imaginemos um advogado a respeito do qual não paire a menor dúvida a respeito de sua notória especialização – Hely Lopes Meirelles ou Diogenes Gasparini, para ficar em dois grandes nomes do Direito Administrativo que já não se encontram neste plano. Em interpretação literal do art. 3º-A da Lei 8.906/1994, incluído pela Lei 14.039/2020, comprovada a notória especialização, presume-se que os serviços prestados por tais advogados seriam, por sua natureza, técnicos e singulares. Entretanto, é necessário verificar, no caso, concreto, a adequação dos atributos ligados à especialização notória com o objeto contratual (os dois saudosos mestres não possuíam notoriedade em direito criminal ou aeronáutico, s.m.j.). Atestada a adequação, impõe-se juízo sobre a necessidade da contratação (a questionar, por exemplo, se o órgão possui corpo jurídico com capacitação para a demanda específica). Sendo considerada adequada, ainda é importante fazer a avaliação de proporcionalidade em sentido estrito, para verificar se o que se ganha com a contratação

---

[31] Decreto-lei nº 4.657/1942: "Art. 20. Nas esferas administrativa, controladora e judicial, não se decidirá com base em valores jurídicos abstratos sem que sejam consideradas as consequências práticas da decisão. Parágrafo único. A motivação demonstrará a necessidade e a adequação da medida imposta ou da invalidação de ato, contrato, ajuste, processo ou norma administrativa, inclusive em face das possíveis alternativas" (Incluídos pela Lei nº 13.655, de 2018).

[32] "Nunca se pode esquecer, entretanto, o princípio da razoabilidade, que requer uma ponderação entre a natureza e a relevância dos interesses em jogo, a capacidade financeira de quem contrata e a disponibilidade de profissionais contratáveis, no espaço e no tempo" (DALLARI, Adilson Abreu. Contratação de serviços de advocacia pela Administração Pública. *Interesse Público IP*, São Paulo, ano 1, n. 2, p. 116-128, abr./jun. 1999).

possui maior relevo jurídico do que o que é sacrificado (questão apta ao questionamento, por exemplo, do sentido em se contratar um notório especialista – com o correlato preço de seus serviços – para serviços que poderiam ser prestados a contento por outros profissionais).

As avaliações referidas só poderão ser feitas à luz das especificidades de cada contratação concreta. Desta forma, a contratação direta de serviços técnicos especializados, com profissionais que detenham notória especialização depende não somente da caracterização do profissional como também da caracterização do objeto como específico ou especializado cuja necessidade seja eventual ou não permanente, ambos a serem aferidos em juízo de proporcionalidade em cada caso.

Diante da presunção legal, toda e qualquer pretensão de afirmar a inexistência da singularidade do objeto, uma vez presente a notória especialização do executor, atrairá um robustecido ônus de prova, a revelar a completa desproporcionalidade da contratação.

Em conclusão, a despeito do disposto no art. 3º-A da Lei 8.906/1994 (no tocante aos serviços profissionais de advogado) e da redação do art. 74, III, da Lei nº 14.133/2021 (no que se refere aos demais serviços técnicos especializados de natureza predominantemente intelectual), continua sendo necessário evidenciar que o serviço específico é realmente qualificado a ponto de exigir alguém de maior especialização, inclusive que cobre mais por isso. Continua não fazendo sentido contratar um profissional com qualificações acima da média para serviços corriqueiros – a notória especialização do contratado não é um salvo conduto para toda e qualquer contratação com recursos públicos, pois o ordenamento exige *avaliação de alternativas para escolha proporcional*. No que se refere à justificativa do preço, a regra constante do artigo 23, § 4º, positiva o entendimento perfilhado pelo TCU também para contratos de serviços de advocacia[33].

Convém, por último, uma breve referência à advocacia pública municipal, diante da possibilidade de utilizar o contrato administrativo como instrumento para prestação de serviços jurídicos aos Municípios. Em recente decisão proferida na ADI 6.331[34], o Supremo Tribunal Federal decidiu que a criação de procuradorias municipais não pode ser imposta pela Constituição do Estado-membro em razão da prerrogativa de auto-organização inerente à autonomia de cada município, ratificando o entendimento segundo o qual a ausência de referência constitucional à advocacia pública municipal afasta a obrigatoriedade de sua criação.

A despeito da falta de obrigatoriedade de criar a Procuradoria Municipal (órgão), o exercício de atribuição permanente por intermédio de regime de cargo ou emprego público é regra constitucional. Dessa forma, pode-se considerar que as atribuições permanentes, ordinárias e corriqueiras de representação judicial e extrajudicial, de consultoria e de assessora-

---

[33] No Acórdão 1397/2022 – Plenário, Rel. Min. Benjamin Zymler, o TCU admitiu a tabela de honorários da OAB como referência em caso no qual o escritório contratado não tenha prestado serviço semelhante a outras instituições públicas ou privadas. No Acórdão 2.621/2022 – Plenário, Rel. Min. Weder de Oliveira, a questão do valor foi analisada à luz da Lei nº 8.666/93: "Na contratação de serviços advocatícios por inexigibilidade de licitação (art. 25, inciso II, da Lei 8.666/1993), é necessário que a Administração demonstre, previamente, que os honorários ajustados encontram-se dentro de uma faixa de razoabilidade, segundo os padrões do mercado, observadas as características próprias do serviço singular e o grau de especialização profissional. Essa justificativa do preço (art. 26, parágrafo único, inciso III, da mesma lei) deve ser lastreada em elementos que confiram objetividade à análise, a exemplo da comparação da proposta apresentada pelo profissional que se pretende contratar com os preços praticados em outros contratos cujo objeto seja análogo".

[34] ADI 6331, Rel. Min. Luiz Fux, DJE de 24/04/2024, publicado em 25/04/2024. Sobre esse assunto: https://www.conjur.com.br/2024-abr-18/procuradorias-municipais-a-nova-decisao-do-supremo/.

mento jurídico na administração pública devem ser realizadas prioritariamente por servidor investido em cargo efetivo devidamente aprovado em concurso público.

No julgado do STF é reconhecida a existência de opção jurídico-administrativa atribuída à administração municipal em razão da autonomia dos municípios. Na avaliação concreta dessa opção colocada em mesa, os gestores devem considerar, entre outros fatores: a) o volume de demanda de serviços jurídicos e o número de profissionais necessários; b) a possibilidade de estruturação de regime jurídico e sistema remuneratório que, ao mesmo tempo, seja atraente para bons profissionais e se adéque à realidade fiscal do município, relembrando a ausência de sujeição ao teto de remuneração municipal; c) a necessidade de uma fisionomia institucional própria que não se confunda com outras no âmbito da administração municipal; d) os gastos advindos da estruturação, notadamente as despesas permanentes com pessoal.

2.4 Objetos que devam ou possam ser contratados por meio de credenciamento (art. 74, IV)

Como afirmado anteriormente, o estudo das hipóteses expressas de licitação inexigível não encerra as possibilidades fáticas de ocorrência da inexigibilidade. Convém reconhecer que se determinada contratação administrativa não objetiva criar qualquer benefício especial e personalíssimo em favor de alguém, mas sim benefício coletivo em favor de todos os eventuais interessados na contratação, não há se falar em competição e, portanto, a licitação se torna inexigível.

Uma dessas situações excepcionais em que a contratação com a Administração é franqueada a todos os eventuais interessados é o denominado credenciamento, expressamente reconhecido pelo art. 74, IV, da Lei nº 14.133/2021 e antes enquadrado no *caput* do artigo 25 da Lei nº 8.666/1993.

O sistema de credenciamento tem lugar na hipótese de se configurar uma das seguintes situações: a) quando determinado serviço público necessita ser prestado por uma pluralidade de contratados simultaneamente, sem exclusão; ou b) quando o objeto da contratação é limitado e deve ser oferecido de forma isonômica a todos os eventuais interessados.

De fato, em ambas as hipóteses a Administração franqueia a todo e qualquer interessado, independentemente do momento da apresentação do seu requerimento, a possibilidade de aderir às regras por ela preestabelecidas, intentando desempenhar o objeto do contrato[35]. Em resumo: ao credenciar todos os interessados e deixando continuamente franca a possibilidade de credenciamento a outros futuros interessados, a Administração não exclui e, portanto, não fica obrigada a licitar.

Em voto condutor proferido em consulta formulada ao TCU a respeito da viabilidade do *credenciamento* de profissionais e instituições médico-hospitalares para a prestação de serviços de assistência complementar à saúde dos servidores, sob égide da Lei nº 8.666/1993, o Min. Relator Homero Santos identificou os *requisitos* que deveriam ser observados na espécie:

---

[35] "O credenciamento, entendido como espécie de inexigibilidade de licitação, é ato administrativo de chamamento público de prestadores de serviços que satisfaçam determinados requisitos, constituindo etapa prévia à contratação, devendo-se oferecer a todos igual oportunidade de se credenciar" (TCU, Acórdão 436/2020, Plenário, Relator Min. Raimundo Carreiro).

1 – dar ampla divulgação, mediante aviso publicado no Diário Oficial da União e em jornal de grande circulação local, podendo também a Administração utilizar-se, suplementarmente e a qualquer tempo, com vistas a ampliar o universo dos credenciados, de convites a interessados do ramo que gozem de boa reputação profissional;

2 – fixar os critérios e exigências mínimas para que os interessados possam credenciar-se, de modo que os profissionais, clínicas e laboratórios que vierem a ser credenciados tenham, de fato, condições de prestar um bom atendimento, sem que isso signifique restrição indevida ao credenciamento;

3 – fixar, de forma criteriosa, a tabela de preços que remunerará os diversos itens de serviços médicos e laboratoriais e os critérios de reajustamento, bem assim as condições e prazos para o pagamento dos serviços faturados;

4 – consignar vedação expressa do pagamento de qualquer sobretaxa em relação à tabela adotada, ou do cometimento a terceiros (associação de servidores, p. ex.) da atribuição de proceder ao credenciamento e/ou intermediação do pagamento dos serviços prestados;

5 – estabelecer as hipóteses de descredenciamento, de forma que os credenciados que não estejam cumprindo as regras e condições fixadas para o atendimento, sejam imediatamente excluídos do rol de credenciados;

6 – permitir o credenciamento, a qualquer tempo, de qualquer interessado, pessoa física ou jurídica, que preencha as condições mínimas exigidas;

7 – prever a possibilidade de denúncia do ajuste, a qualquer tempo, pelo credenciado, bastando notificar a Administração, com a antecedência fixada no termo;

8 – possibilitar que os usuários denunciem qualquer irregularidade verificada na prestação dos serviços e/ou no faturamento; e

9 – fixar as regras que devam ser observadas pelos credenciados no atendimento (como p. ex. proibição de que o credenciado exija que o usuário assine fatura ou guia de atendimento em branco)[36].

Ao contrário da Lei nº 8.666/1993, a Lei nº 14.133/2021 expressamente definiu o credenciamento como "processo administrativo de chamamento público em que a Administração Pública convoca interessados em prestar serviços ou fornecer bens para que, preenchidos os requisitos necessários, se credenciem no órgão ou na entidade para executar o objeto quando convocados" (art. 6º, XLIII). Trata-se de *procedimento auxiliar* das contratações públicas disciplinado no art. 79 e que poderá ser utilizado nas hipóteses especificamente identificadas[37].

A jurisprudência mais recente do mesmo TCU permite identificar exemplos (cada qual com suas próprias peculiaridades) do cabimento do credenciamento em razão da ausência de interesse da Administração em restringir o número de contratados: contratação

---

[36] TCU, Decisão nº 656/1995, Plenário, Rel. Min. Homero Santos, Ata n. 58/1995, Plenário.

[37] "Art. 79. O credenciamento poderá ser usado nas seguintes hipóteses de contratação: I – paralela e não excludente: caso em que é viável e vantajosa para a Administração a realização de contratações simultâneas em condições padronizadas; II – com seleção a critério de terceiros: caso em que a seleção do contratado está a cargo do beneficiário direto da prestação; III – em mercados fluidos: caso em que a flutuação constante do valor da prestação e das condições de contratação inviabiliza a seleção de agente por meio de processo de licitação".

de profissionais de saúde, tanto para atuarem em unidades públicas de saúde quanto em seus próprios consultórios e clínicas[38]; prestação de serviços privados de saúde no âmbito do SUS envolvendo, preço prefixado e nível de demanda superior à oferta[39]; contratação de instituições financeiras visando à prestação do serviço de pagamento da remuneração de servidores públicos[40]; aquisição de passagens aéreas em linhas regulares domésticas, sem a intermediação de agência de viagem[41]; contratação de empresas agenciadoras de transporte individual de passageiros para servidores públicos, empregados e colaboradores[42]; contratação de serviço de gerenciamento e fornecimento de vales alimentação e refeição (em substituição à licitação com critério de julgamento pelo menor preço), inclusive por empresas estatais[43].

2.5 Aquisição ou locação de imóvel cujas características de instalações e de localização tornem necessária sua escolha (art. 74, V)

A compra ou locação de imóvel com características específicas que se amoldam às necessidades da Administração era prevista como hipótese de dispensa de licitação na Lei nº 8.666/1993[44]. Tecnicamente, o mais adequado seria enquadrar a situação como de inexigibilidade em razão da inviabilidade de competição, como previsto na Lei nº 14.133/2021. A regra, convém relembrar, é a realização de licitação para locação de imóveis, devendo o cumprimento dos requisitos para a contratação direta estar comprovado de forma inequívoca[45].

A *inviabilidade de competição* decorre da conjugação necessária de duas características do imóvel: *instalações* e *localização*, sendo que ambas devem ser induvidosamente adequadas às atividades que serão realizadas pela Administração no referido local. A situação concreta não exige necessariamente que exista um único imóvel no local pretendido, mas sim que se comprove motivadamente que o imóvel escolhido preenche os requisitos legais, ao contrário dos demais.

Os requisitos necessários à formalização do enquadramento da situação na hipótese legal foram estabelecidos no § 5º do art. 74:

> Art. 74. [...]
> § 5º Nas contratações com fundamento no inciso V do *caput* deste artigo, devem ser observados os seguintes requisitos:

---

[38] Acórdão 352/2016, Plenário, Relator Benjamin Zymler.

[39] Acórdão 1.215/2013, Plenário, Relator Aroldo Cedraz.

[40] Acórdão 1.191/2018, Plenário, Relator Benjamin Zymler.

[41] Acórdão 1.545/2017, Plenário, Relator Aroldo Cedraz.

[42] Acórdão 1.223/2017, Plenário, Relator Benjamin Zymler.

[43] Acórdão 5.495/2022, Segunda Câmara, Relator Bruno Dantas.

[44] "Art. 24. [...] X – para a compra ou locação de imóvel destinado ao atendimento das finalidades precípuas da administração, cujas necessidades de instalação e localização condicionem a sua escolha, desde que o preço seja compatível com o valor de mercado, segundo avaliação prévia" (Redação dada pela Lei nº 8.883, de 1994).

[45] A Instrução Normativa SEGES/ME nº 103, de 30 de dezembro de 2022, dispõe sobre os procedimentos de seleção de imóveis para locação no âmbito da administração pública federal direta, autárquica e fundacional.

I – avaliação prévia do bem, do seu estado de conservação, dos custos de adaptações, quando imprescindíveis às necessidades de utilização, e do prazo de amortização dos investimentos;

II – certificação da inexistência de imóveis públicos vagos e disponíveis que atendam ao objeto;

III – justificativas que demonstrem a singularidade do imóvel a ser comprado ou locado pela Administração e que evidenciem vantagem para ela.

A *avaliação prévia* e completa[46] do bem é importante para justificar o valor do contrato, exigência do art. 72, inciso VII. Os requisitos constantes dos incisos II e III do art. 74, § 5º, estabelecem *iter* necessário e mitigam a subjetividade do gestor, impondo a realização de verificações que, em princípio, poderiam identificar opções mais adequadas para o interesse público.

A jurisprudência do TCU relativa à Lei nº 8.666/1993 contém precedente que identificou outra interessante cautela prévia à contratação direta: "verificar as possibilidades de uso de imóvel estadual ou municipal, de compartilhar o uso com outro órgão da administração pública ou mesmo do uso do imóvel atual, mediante ampliação, desde que atenda às necessidades de localização e instalação para a prestação dos serviços públicos"[47]. Em julgado relativo à legislação anterior, mas já na vigência da Lei nº 14.133/2021, o mesmo TCU entendeu como irregular a aquisição de imóvel institucional sem prévio chamamento público para que outros interessados pudessem ter ofertado imóveis não identificados na pesquisa de mercado[48].

3. LICITAÇÃO DISPENSÁVEL

As hipóteses de licitação dispensável, taxativas, consagram situações nas quais a realização do certame poderia atentar contra alguma dimensão do interesse público a ser buscado por intermédio da contratação pública. Analisando a Lei nº 8.666/1993, Marçal Justen Filho propôs sistematização das hipóteses de dispensa sob o ângulo da manifestação de desequilíbrio na relação custo benefício: a) custo econômico da licitação – quando o custo for superior ao benefício dela extraível; b) custo temporal da licitação – quando a demora puder acarretar a ineficácia da contratação; c) ausência de potencialidade de benefício em decorrência da licitação; e d) função extraeconômica da contratação, por realização de outros fins estatais[49].

Passamos à análise das hipóteses de dispensa previstas no art. 75 da Lei nº 14.133/2021[50]. Tendo em mente os propósitos desta obra, comentários mais aprofundados serão reservados às novas hipóteses e àquelas que sofreram alterações significativas quando comparadas com as anteriores, consagradas no art. 24 da Lei nº 8.666/1993.

---

[46] "A aquisição de imóvel por dispensa de licitação (art. 24, inciso X, da Lei 8.666/1993) sem estar fundamentada em pareceres de avaliação técnica e econômica que condicionem a sua escolha sujeita o responsável à aplicação de penalidade pelo TCU" (Acórdão 3.083/2020, Plenário, Relator Raimundo Carreiro).

[47] Acórdão 3.935/2012, Segunda Câmara. Relator Min. André de Carvalho.

[48] Acórdão 702/2023, Segunda Câmara, Rel. Min. Augusto Sherman.

[49] JUSTEN FILHO, Marçal. *Comentários à Lei de Licitações e Contratos Administrativos*: Lei 8.666/93. 18. ed. rev., atual. e ampl. São Paulo: Thomson Reuters Brasil, 2019. p. 479.

[50] Na administração pública federal direta, autárquica e fundacional, a IN SEGES/ME nº 67, de 8 de julho de 2021, dispõe sobre a dispensa de licitação na forma eletrônica.

3.1 Contratação que envolva valores inferiores a R$ 119.812,02 (cento e dezenove mil oitocentos e doze reais e dois centavos), no caso de obras e serviços de engenharia ou de serviços de manutenção de veículos automotores (art. 75, I) e valores inferiores a R$ 59.906,02 (cinquenta e nove mil novecentos e seis reais e dois centavos), no caso de outros serviços e compras (art. 75, II)[51]

O estabelecimento de hipóteses de dispensa de licitação em razão do valor da futura contratação leva em conta os custos da realização do procedimento licitatório. Com efeito, a realização de procedimento seletivo com custo maior que o objeto do futuro contrato atenta contra a economicidade e o próprio interesse público, uma vez que as exigências formais da contratação direta permitem atender, de forma mais simplificada, aos objetivos da licitação (notadamente, buscar ampla competitividade em razão do princípio da isonomia e buscar a melhor proposta). Desta forma, existe no valor definido pelo legislador uma presunção absoluta que o custo da licitação é maior do que o valor estabelecido na lei para a dispensa.

Com relação aos valores previstos na legislação anterior, Lei nº 8.666/1993, os valores de dispensa são de R$ 33.0000,00 (trinta e três mil reais) para contratação de obras e serviços de engenharia e R$ 17.600,00 (dezessete mil e seiscentos reais) para outros serviços e compras (os valores constantes dos incisos I e II do art. 23 da Lei n. 8.666/1993 foram alterados pelo Decreto nº 9.412/2018). Ainda com relação aos valores vigentes na Lei nº 8.666/1993, é importante destacar que a jurisprudência predominante dos Tribunais de Contas considera como vedado o fracionamento, assim considerada a divisão da despesa para utilizar modalidade de licitação mais simples do que a determinada pela legislação para o total da despesa ou para efetuar contratação direta. Tal interpretação, baseada na regra inscrita no art. 23, § 5º, da Lei nº 8.666/1993, buscava preservar o necessário planejamento das contratações e a preservação das modalidades de licitação estabelecidas em razão de diferentes faixas de valor do objeto. De acordo com o Tribunal de Contas da União:

> Não raras vezes, ocorre fracionamento da despesa pela ausência de planejamento da Administração. O planejamento do exercício deve observar o princípio da anualidade do orçamento. Logo, não pode o agente público justificar o fracionamento da despesa com várias aquisições ou contratações no mesmo exercício, sob modalidade de licitação inferior àquela exigida para o total da despesa no ano, quando decorrente da falta de planejamento[52].

A despeito da inexistência de modalidades de licitação definidas em razão do valor do objeto na Lei nº 14.133/2021, a vedação ao fracionamento persiste diante dos diversos instrumentos de planejamento que materializam, para as contratações públicas, a regra da *anualidade do orçamento*. Nos termos da lei, a aferição dos valores para efeito de contratação direta deve observar "o somatório do que for despendido no exercício financeiro pela respectiva unidade gestora" (art. 75, § 1º, inciso I) e também "o somatório da despesa

---

[51] Os valores referidos foram atualizados pelo Decreto nº 11.871, de 29 de dezembro de 2023, nos termos previstos pelo art. 182 da Lei nº 14.133/2021.

[52] TRIBUNAL DE CONTAS DA UNIÃO. *Licitações e contratos*: orientações e jurisprudência do TCU. 4. ed. rev., atual. e ampl. Brasília: TCU, 2010. p. 105.

realizada com objetos de mesma natureza, entendidos como tais aqueles relativos a contratações no mesmo ramo de atividade" (art. 75, § 1º, inciso II)[53].

A estimativa do valor do objeto – sobretudo no estudo técnico preliminar, nos termos do art. 18, § 1º) – deve levar em consideração o exercício financeiro, como regra. O plano anual de contratações (art. 12, VII e art. 18), por seu turno, indica no próprio nome do instrumento a periodicidade que deve ser abrangida para efeito do planejamento. Da mesma forma, a duração dos contratos continua adstrita à anualidade orçamentária (art. 105), ainda que seja admitida a celebração de contratos com prazo de até 5 (cinco) anos nas hipóteses de serviços e fornecimentos contínuos, observadas as diretrizes do art. 106. Desta forma, a referência ao "somatório do que for despendido no exercício financeiro pela respectiva unidade gestora" reforça a adstrição aos instrumentos de planejamento e à anualidade orçamentária[54].

Em síntese, interpretação conjugada destes e de outros dispositivos da nova lei autoriza a conclusão de que continua inadmissível o fracionamento de despesa relativas a *objetos de mesma natureza* para enquadramento em sucessivas dispensas de licitação, em razão do valor. A legislação não admite, por exemplo, a realização de várias contratações diretas de serviços continuados no valor de R$ 59.906,02 (cinquenta e nove mil novecentos e seis reais e dois centavos), no mesmo exercício financeiro. A desconsideração do dever de planejamento por intermédio do fracionamento pode chegar a ponto de caracterizar, em caso concreto, burla à economicidade em razão do não aproveitamento da oportunidade de ganho em escala com as aquisições.

No que se refere às obras e serviços de engenharia, não há referência, como na legislação anterior, à necessidade de que "não se refiram a parcelas de uma mesma obra ou serviço ou ainda para obras e serviços da mesma natureza e no mesmo local que possam ser realizadas conjunta e concomitantemente" (art. 24, I, da Lei nº 8.666/1993). Entretanto, não emprestar à expressão "objetos de mesma natureza" significado tão amplo que implique a necessidade de avaliar a soma dos valores e todas as obras ou serviços de engenharia do mesmo exercício. Também para este efeito é importante atentar para a devida caracterização da obra ou serviço, individualmente considerados, nos instrumentos de planejamento.

A expressa inclusão dos *serviços de manutenção de veículos automotores* na hipótese disciplinada pelo art. 75, I, é inovação digna de nota. Tratando-se de serviços contínuos e previsíveis, devem ser objeto de planejamento e prestação mediante contrato com duração anual, e precedidos de licitação, como regra, aplicando-se-lhes as considerações anteriores. Tornou-se comum a prestação de serviços de manutenção no modelo que ficou conhecido como "quarteirização", no qual oficinas previamente cadastradas pelo contratado são selecionadas pelo usuário e, posteriormente, recebe, pagamento baseado em tabela de valores previamente ajustada[55]. Convém ainda destacar que o § 7º do art. 75 expressamente afasta as regras relativas à caracterização de fracionamento (constantes do § 1º) para as contra-

---

[53] Esses requisitos não se aplicam para as contratações de até R$ 9.153,34 de serviços de manutenção de veículos automotores de propriedade do órgão ou entidade contratante, incluído o fornecimento de peças (art. 75, § 7º).

[54] Art. 75, § 1º, inciso I.

[55] "A adoção do modelo de quarteirização do serviço de manutenção da frota, por se encontrar no âmbito de discricionariedade do gestor, exige justificativa específica, elaborada com base em estudos técnicos, os quais demonstrem aspectos como a adequação, a eficiência e a economicidade de utilização do modelo, tudo devidamente registrado no documento de planejamento da contratação" (TCU, Acórdão 120/2018, Plenário, Rel. Min. Bruno Dantas).

tações de até R$ 9.584,97 (nove mil quinhentos e oitenta e quatro reais e noventa e sete centavos)[56] de serviços de manutenção de veículos automotores de propriedade do órgão ou entidade contratante, incluído o fornecimento de peças. Desta forma, com relação à *contratação de serviços de manutenção de veículos automotores* os textos referidos permitem extrair as seguintes normas: a) a contratação deve ser planejada tendo o como parâmetros o somatório do que for despendido no exercício pela unidade gestora e o somatório das despesas com objetos da mesma natureza no exercício financeiro (art. 75, § 1º, incisos I e II); b) a dispensa de licitação é possível se o valor calculado for inferior a R$ 119.812,02; c) os serviços de manutenção de veículos automotores *de propriedade do órgão ou entidade contratante*, incluído o fornecimento de peças no valor de até R$ 9.584,97 estão isentos da comprovação dos requisitos relativos ao fracionamento (art. 75, § 7º), muito embora o fracionamento continue vedado em razão das demais normas de planejamento e dos objetivos do procedimento licitatório.

Houve também *inovações procedimentais*: as contratações ora comentadas, nos termos do § 3º do art. 75, "serão preferencialmente precedidas por divulgação em sítio eletrônico oficial, pelo prazo mínimo de 3 (três) dias úteis, de aviso com a especificação do objeto pretendido e com a manifestação de interesse da Administração em obter propostas adicionais de eventuais interessados, devendo ser selecionada a proposta mais vantajosa".

No que se refere à formalização da contratação, estabelece a Orientação Normativa da AGU nº 84/2024: "I – É possível a substituição do instrumento de contrato a que alude o art. 92 da Lei nº 14.133, de 2021, por outro instrumento mais simples, com base no art. 95, inciso I, do mesmo diploma legal, sempre que: a) o valor de contratos relativos a obras, serviços de engenharia e de manutenção de veículos automotores se encaixe no valor atualizado autorizativo da dispensa de licitação prevista no inciso I do art. 75, da Lei nº 14.133, de 2021; ou b) o valor de contratos relativos a compras e serviços em geral se encaixe no valor atualizado que autoriza a dispensa de licitação prevista no inciso II do art. 75, da Lei nº 14.133, de 2021. II – Não importa para a aplicação do inciso I do art. 95, da Lei nº 14.133, de 2021, se a contratação resultou de licitação, inexigibilidade ou dispensa".

As contratações deverão ser preferencialmente pagas por meio de cartão de pagamento, sujeito a ampla transparência (art. 75, § 4º). Finalmente, regra semelhante à constante no regime anterior dobra o valor de referência para contratações diretas realizadas por consórcios públicos ou por autarquias ou fundações qualificadas como agências executivas, na forma da lei (art. 75, § 2º).

3.2 Licitação deserta e licitação fracassada (art. 75, III)

Licitação *deserta*, como o nome indica, é aquela que não conta com a participação de interessados. Por outro lado, considera-se *fracassada* (em sentido amplo) a licitação que conta com participantes, mas que não obtém êxito em razão de inabilitação de todos ou desclassificação de todas as propostas. A Lei nº 8.666/1993 estabelecia requisitos diferentes para a contratação direta decorrente de licitação deserta e de licitação fracassada em razão de preços manifestamente superiores aos praticados no mercado nacional (art. 24, incisos V e VII).

---

[56] Os valores referidos foram atualizados pelo Decreto nº 11.871, de 29 de dezembro de 2023, nos termos previstos pelo art. 182 da Lei nº 14.133/2021.

A Lei nº 14.133/2021 aproximou o regime jurídico da dispensa decorrente de licitação deserta e da licitação fracassada. Em ambas as hipóteses, a contratação direta deve *manter todas as condições definidas em edital de licitação realizada previamente há menos de 1 (um) ano*. A licitação pode ser considerada fracassada quando não forem apresentadas propostas válidas (art. 75, III, "a", parte final) ou quando "as propostas apresentadas consignaram preços manifestamente superiores aos praticados no mercado ou incompatíveis com os fixados pelos órgãos oficiais competentes" (art. 75, III, "b").

No que se refere à contratação decorrente do desinteresse dos potenciais licitantes (licitação deserta), é cabível a advertência de Marçal Justen Filho: é preciso "[...] examinar se a causa da ausência de interessados na licitação anterior residia na fixação de regras inadequadas à satisfação do interesse sob tutela estatal"[57].

Para aferição dos "preços manifestamente superiores aos praticados no mercado", o parâmetro inicial é o valor do objeto inicialmente estimado de acordo com as diretrizes constantes do art. 23 e seguintes. É possível perceber que não se trata somente de propostas com preços acima do orçamento estimado da contratação (art. 59, III), mas sim de valores "manifestamente" excedentes ao mercado. Ao contrário do procedimento regido pela legislação anterior, não há necessidade de conceder prazo para que os licitantes apresentem novas propostas, mas sim de constatar, motivadamente, os preços largamente excessivos em todas as propostas apresentadas. Também não é exigida demonstração de que nova licitação não pode ser repetida.

Por fim, diante da possibilidade de melhorar as propostas por intermédio de lances sucessivos, a análise dos preços como manifestamente posteriores deve considerar *os valores disputados na etapa de lances*, com a finalidade de estimular ao máximo a competitividade do certame antes de se proceder à contratação direta.

3.3 Contratação que tenha por objeto bens, componentes ou peças de origem nacional ou estrangeira necessários à manutenção de equipamentos, a serem adquiridos do fornecedor original desses equipamentos durante o período de garantia técnica, quando essa condição de exclusividade for indispensável para a vigência da garantia (art. 75, IV, "a". Previsão anterior: art. 24, XVII, da Lei nº 8.666/1993)

A exemplo da previsão constante do art. 24, XVII, da Lei nº 8.666/1993, a aquisição direta do fornecedor como condição para a manutenção da garantia técnica é o elemento nuclear da hipótese de dispensa. Cabe à Administração realizar as diligências necessárias para confirmar, no caso concreto, se os bens, componentes ou peças necessários à garantia podem ser adquiridos de diferentes fornecedores, situação na qual a justificativa da escolha do contratado assumirá ainda maior importância.

3.4 Contratação de bens, serviços, alienações ou obras, nos termos de acordo internacional específico aprovado pelo Congresso Nacional, quando as condições ofertadas forem manifestamente vantajosas para a Administração (art. 75, IV, "b". Previsão anterior: art. 24, XIV, da Lei nº 8.666/1993)

Os acordos internacionais internalizados em nosso ordenamento ocupam o mesmo nível hierárquico das leis ordinárias, razão pela qual o dispositivo – a exemplo do dispos-

---

[57] JUSTEN FILHO, Marçal. *Comentários à Lei de Licitações e Contratos Administrativos*: Lei 8.666/93. 18. ed. rev., atual. e ampl. São Paulo: Thomson Reuters Brasil, 2019. p. 504.

Cap. 5 · CONTRATAÇÃO DIRETA: INEXIGIBILIDADE E DISPENSA DE LICITAÇÃO | **255**

to no art. 24, XIV, Lei nº 8.666/1993 – pode não ter utilidade em determinadas situações concretas. De qualquer forma, os tratados envolvem a consecução de interesses específicos envolvendo o interesse nacional, em sentido amplo, e não costumam trazer eu seu teor a criação direta de possibilidades de dispensa. A avaliação das "condições manifestamente vantajosas para a Administração" pode levar em consideração não somente os valores envolvidos como também os diversos interesses relacionais cuidados no tratado (como transferência de tecnologia, por exemplo).

3.5 Contratação que tenha por objeto produtos para pesquisa e desenvolvimento, limitada a contratação, no caso de obras e serviços de engenharia, ao valor de R$ 359.436,08 (trezentos e cinquenta e nove mil quatrocentos e trinta e seis reais e oito centavos) (art. 75, IV, "c")[58]

A alteração com relação à hipótese constante do art. 24, XXI, da Lei n º 8.666/1993 está na necessidade de elaborar regulamentação específica no caso se contratação de obras e serviços de engenharia (art. 75, § 5º). Em outras palavras, a possibilidade de contratação de obras e serviços de engenharia que tenha por objeto produtos para pesquisa e desenvolvimento deverá aguardar disciplina por ato normativo a ser editado pelo Poder Executivo Federal.

3.6 Transferência de tecnologia ou licenciamento de direito de uso ou de exploração de criação protegida, nas contratações realizadas por Instituição Científica, Tecnológica e de Inovação (ICT) pública ou por agência de fomento, desde que demonstrada vantagem para a Administração (art. 75, IV, "d")

A exigência de demonstração da vantagem para a Administração é a alteração verificada no cotejo desta hipótese com a constante do art. 24, XXV, da Lei n º 8.666/1993. Há um robustecimento do dever de motivar tais contratações para que fique clara a vantagem perante as demais alternativas de contratação. De acordo com o art. 2º, V, da Lei nº 10.973/2004, Instituição Científica, Tecnológica e de Inovação (ICT) é o "órgão ou entidade da administração pública direta ou indireta ou pessoa jurídica de direito privado sem fins lucrativos legalmente constituída sob as leis brasileiras, com sede e foro no País, que inclua em sua missão institucional ou em seu objetivo social ou estatutário a pesquisa básica ou aplicada de caráter científico ou tecnológico ou o desenvolvimento de novos produtos, serviços ou processos"[59].

3.7 Hortifrutigranjeiros, pães e outros gêneros perecíveis, no período necessário para a realização dos processos licitatórios correspondentes, hipótese em que a contratação será realizada diretamente com base no preço do dia (art. 75, IV, "e". Previsão anterior: art. 24, XII, da Lei nº 8.666/1993)

A exemplo da hipótese consagrada na Lei nº 8.666/1993, não se trata de dispensa em razão do objeto envolvido, mas sim da necessidade de manter o fornecimento dos respec-

---

[58] Os valores referidos foram atualizados pelo Decreto nº 11.871, de 29 de dezembro de 2023, nos termos previstos pelo art. 182 da Lei nº 14.133/2021.

[59] Redação conferida pela Lei nº 13.243, de 2016.

tivos itens em decorrência de comprometimento do planejamento ou de contratação anterior. O texto remete claramente à necessidade de realização de licitação, como regra, para a contratação do objeto versado. A correta estimativa dos quantitativos, na etapa interna da licitação, como regra será suficiente para afastar a necessidade de utilização desta hipótese.

3.8 Compra de bens ou serviços produzidos ou prestados no País que envolvam, cumulativamente, alta complexidade tecnológica e defesa nacional (art. 75, IV, "f". Previsão anterior: art. 24, XXVIII, da Lei nº 8.666/1993)

Em análise comparada, é possível verificar que a hipótese constante da Lei nº 8.666/1993 exige, diferentemente do texto ora comentado, a elaboração de parecer de comissão especialmente designada pela autoridade máxima do órgão. Os requisitos constantes da regra são cumulativos (alta complexidade tecnológica e defesa nacional) e seu pleno atendimento deve ser plenamente demonstrado com motivação amparada em pareceres e análises técnicas.

3.9 Materiais de uso das Forças Armadas, com exceção de materiais de uso pessoal e administrativo, quando houver necessidade de manter a padronização requerida pela estrutura de apoio logístico dos meios navais, aéreos e terrestres, mediante autorização por ato do comandante da força militar (art. 75, IV, "g". Previsão anterior: art. 24, XIX, da Lei nº 8.666/1993)

Para esta hipótese, o procedimento foi alterado mediante a necessidade de autorização por ato do comandante da força militar, sem exigência de emissão de parecer por comissão instituída por decreto. A relação entre a necessidade de padronização e a compra direta de determinado contratante deve ser especialmente justificada para não caracterizar preferências indevidas.

3.10 Bens e serviços para atendimento dos contingentes militares das forças singulares brasileiras empregadas em operações de paz no exterior, hipótese em que a contratação deverá ser justificada quanto ao preço e à escolha do fornecedor ou executante e ratificada pelo comandante da força militar (art. 75, IV, "h". Previsão anterior: art. 24, XXIX, da Lei nº 8.666/1993)

A hipótese contém somente alterações de redação com relação à constante na Lei nº 8.666/1993. Trata-se de situação extremamente peculiar a ponto de justificar a repetição de pressupostos já previstos para as contratações diretas em geral (justificativa do preço e escolha do fornecedor).

3.11 Abastecimento ou suprimento de efetivos militares em estada eventual de curta duração em portos, aeroportos ou localidades diferentes de suas sedes, por motivo de movimentação operacional ou de adestramento (art. 75, IV, "i")

O procedimento para contratação direta de abastecimento ou suprimento de efetivos militares foi simplificado, sem necessidade de comprovação de que a exiguidade dos prazos legais puder comprometer a normalidade e os propósitos das operações e sem limite de valor, ao contrário do que dispunha o art. 24, inciso XVIII da Lei nº 8.666/1993.

Cap. 5 · CONTRATAÇÃO DIRETA: INEXIGIBILIDADE E DISPENSA DE LICITAÇÃO | 257

3.12 Coleta, processamento e comercialização de resíduos sólidos urbanos recicláveis ou reutilizáveis, em áreas com sistema de coleta seletiva de lixo, realizados por associações ou cooperativas formadas exclusivamente de pessoas físicas de baixa renda reconhecidas pelo poder público como catadores de materiais recicláveis, com o uso de equipamentos compatíveis com as normas técnicas, ambientais e de saúde pública (art. 75, IV, "j". Previsão anterior: art. 24, XXVII, da Lei nº 8.666/1993)

Trata-se de hipótese de dispensa que consagra a utilização estratégica ou regulatória das contratações públicas, privilegiando finalidades ligadas ao interesse público que não se ligam diretamente aos objetivos gerais das contratações (promoção da isonomia e busca da maior vantagem). Por meio desta hipótese, a lei fomenta a relevante atividade desempenhada por associações ou cooperativas de materiais recicláveis, atendidos aos demais requisitos constantes do texto.

3.13 Aquisição ou restauração de obras de arte e objetos históricos, de autenticidade certificada, desde que inerente às finalidades do órgão ou com elas compatível (art. 75, IV, "k". Previsão anterior: art. 24, XV, da Lei nº 8.666/1993)

A exemplo da regra constante na Lei nº 8.666/1993, a hipótese sob comento consagra distintos objetos: aquisição ou restauração de obras de arte e objetos históricos. A rigor, a situação se caracterizaria melhor como inexigibilidade de licitação, sendo inviável a competição.

3.14 Serviços especializados ou aquisição ou locação de equipamentos destinados ao rastreamento e à obtenção de provas previstas nos incisos II e V do *caput* do art. 3º da Lei nº 12.850, de 2 de agosto de 2013, quando houver necessidade justificada de manutenção de sigilo sobre a investigação (art. 75, IV, "l")

A Lei nº 12.850/2013 define organização criminosa e dispõe sobre a investigação, meios de obtenção da prova, infrações penais correlatas e o procedimento criminal a ser aplicado. A hipótese de dispensa de licitação se refere à obtenção dos seguintes meios de prova: captação ambiental de sinais eletromagnéticos, ópticos ou acústicos (art. 3º, II) e interceptação de comunicações telefônicas e telemáticas, nos termos da legislação específica (art. 3º, V). A justificativa para a contratação direta não está no objeto (não se ligando, por exemplo, à complexidade da tecnologia envolvida) mas sim na necessidade justificada de manutenção de sigilo sobre a investigação.

A despeito da ausência de hipótese semelhante na Lei nº 8.666/1993, a própria Lei nº 12.850/2013 admite a contratação direta nas situações referidas no texto comentado, dispensando ainda a publicação resumida do instrumento de contrato na imprensa oficial, devendo ser comunicado o órgão de controle interno da realização da contratação (§§ 1º e 2º do art. 3º)[60].

---

60   "Art. 3º [...] § 1º Havendo necessidade justificada de manter sigilo sobre a capacidade investigatória, poderá ser dispensada licitação para contratação de serviços técnicos especializados, aquisição ou

Nas contratações diretas realizadas sob o regime da Lei nº 14.133/2021 não há mitigação da publicidade, sendo aplicável a regra constante do parágrafo único do art. 72[61]. Entretanto, é razoável admitir que a publicação do ato autorizador ou o extrato do contrato seja feita de modo a preservar os atos que deverão ser mantidos sob sigilo, para efetividade da investigação respeitando-se, porém, o acesso aos órgãos de controle e sua responsabilidade pela manutenção do sigilo[62].

3.15 Aquisição de medicamentos destinados exclusivamente ao tratamento de doenças raras definidas pelo Ministério da Saúde (art. 75, IV, "m")

Trata-se de nova hipótese de dispensa de licitação, sem correspondente na Lei nº 8.666/1993. A Portaria do Ministério da Saúde nº 199, de 30 de janeiro de 2014, institui a Política Nacional de Atenção Integral às Pessoas com Doenças Raras, aprova as Diretrizes para Atenção Integral às Pessoas com Doenças Raras no âmbito do Sistema Único de Saúde (SUS) e institui incentivos financeiros de custeio. De acordo com o art. 3º da Portaria, "considera-se doença rara aquela que afeta até 65 pessoas em cada 100.000 indivíduos, ou seja, 1,3 pessoas para cada 2.000 indivíduos"[63].

A nova hipótese pode estimular o investimento no desenvolvimento de novos medicamentos para doenças raras. Importante esclarecer que a incorporação de novos medicamentos ao sistema Único de Saúde – SUS é feita por meio da submissão de estudos à Comissão Nacional de Incorporação de Novas Tecnologias (Conitec) do Ministério da Saúde, criada pela Lei nº 12.401/2011.

3.16 Para contratação com vistas ao cumprimento do disposto nos arts. 3º, 3º-A, 4º, 5º e 20 da Lei nº 10.973, de 2 de dezembro de 2004, observados os princípios gerais de contratação constantes da referida Lei (art. 75, V. Previsão anterior: art. 24, XXXI, da Lei nº 8.666/1993)[64]

A hipótese remete às contratações voltadas à inovação e pesquisa científica e tecnológica nos termos na Lei nº 10.973/2004, com maior amplitude com relação permissivo constante do art. 75, IV, "d".

---

locação de equipamentos destinados à polícia judiciária para o rastreamento e obtenção de provas previstas nos incisos II e V. (Incluído pela Lei nº 13.097, de 2015)

§ 2º No caso do § 1º, fica dispensada a publicação de que trata o parágrafo único do art. 61 da Lei nº 8.666, de 21 de junho de 1993, devendo ser comunicado o órgão de controle interno da realização da contratação".

[61] "Art. 72. [...] Parágrafo único. O ato que autoriza a contratação direta ou o extrato decorrente do contrato deverá ser divulgado e mantido à disposição do público em sítio eletrônico oficial".

[62] Art. 169, § 2º.

[63] O Anexo III da Portaria incluiu na Tabela de Procedimentos, Medicamentos, Órteses, Próteses e Materiais Especiais do SUS os procedimentos referentes à assistência às pessoas com doenças raras no SUS.

[64] "Art. 3º A União, os Estados, o Distrito Federal, os Municípios e as respectivas agências de fomento poderão estimular e apoiar a constituição de alianças estratégicas e o desenvolvimento de projetos de cooperação envolvendo empresas, ICTs e entidades privadas sem fins lucrativos voltados para atividades de pesquisa e desenvolvimento, que objetivem a geração de produtos, processos e serviços inovadores e a transferência e a difusão de tecnologia. (Redação pela Lei nº 13.243, de 2016)

Trata-se de mais uma utilização do poder de compra estatal sob a perspectiva regulatória, desta feita "para promover ciência, tecnologia e inovação, o Estado necessita da iniciativa privada (*lato sensu*) que, por sua vez, depende do estímulo estatal (fomento) para o aprimoramento de seus processos produtivos e produtos – aumentando, com isso, sua capacidade de competir interna e externamente. A firmação dessas parcerias contribui significativamente na repartição dos riscos envolvidos nesse processo de transformação da ciência em inovação tecnológica."[65]

O art. 3º da Lei 10.973/2004 prevê que a União, os Estados, o Distrito Federal, os Municípios e as respectivas agências de fomento poderão estimular e apoiar a constituição de alianças estratégicas e o desenvolvimento de projetos de cooperação envolvendo empresas, instituição científica, tecnológica e de inovação (ICT) e entidades privadas sem fins lucrativos voltados para atividades de pesquisa e desenvolvimento, que objetivem a geração de produtos, processos e serviços inovadores e a transferência e a difusão de tecnologia.

O art. 3º-A da mesma Lei reconhece expressamente à Financiadora de Estudos e Projetos – FINEP, ao Conselho Nacional de Desenvolvimento Científico e Tecnológico – CNPq e às Agências Financeiras Oficiais de Fomento a possibilidade de celebrar convênios e con-

---

Art. 3º-A. A Financiadora de Estudos e Projetos – FINEP, como secretaria executiva do Fundo Nacional de Desenvolvimento Científico e Tecnológico – FNDCT, o Conselho Nacional de Desenvolvimento Científico e Tecnológico – CNPq e as Agências Financeiras Oficiais de Fomento poderão celebrar convênios e contratos, nos termos do inciso XIII do art. 24 da Lei nº 8.666, de 21 de junho de 1993, por prazo determinado, com as fundações de apoio, com a finalidade de dar apoio às IFES e demais ICTs, inclusive na gestão administrativa e financeira dos projetos mencionados no *caput* do art. 1º da Lei nº 8.958, de 20 de dezembro de 1994, com a anuência expressa das instituições apoiadas. (Incluído pela Lei nº 12.349, de 2010)

Art. 4º A ICT pública poderá, mediante contrapartida financeira ou não financeira e por prazo determinado, nos termos de contrato ou convênio: (Redação pela Lei nº 13.243, de 2016)

I – compartilhar seus laboratórios, equipamentos, instrumentos, materiais e demais instalações com ICT ou empresas em ações voltadas à inovação tecnológica para consecução das atividades de incubação, sem prejuízo de sua atividade finalística; (Redação pela Lei nº 13.243, de 2016).

II – permitir a utilização de seus laboratórios, equipamentos, instrumentos, materiais e demais instalações existentes em suas próprias dependências por ICT, empresas ou pessoas físicas voltadas a atividades de pesquisa, desenvolvimento e inovação, desde que tal permissão não interfira diretamente em sua atividade-fim nem com ela conflite; (Redação pela Lei nº 13.243, de 2016)

III – permitir o uso de seu capital intelectual em projetos de pesquisa, desenvolvimento e inovação. (Redação pela Lei nº 13.243, de 2016)

Art. 5º São a União e os demais entes federativos e suas entidades autorizados, nos termos de regulamento, a participar minoritariamente do capital social de empresas, com o propósito de desenvolver produtos ou processos inovadores que estejam de acordo com as diretrizes e prioridades definidas nas políticas de ciência, tecnologia, inovação e de desenvolvimento industrial de cada esfera de governo. (Redação pela Lei nº 13.243, de 2016)

Art. 20. Os órgãos e entidades da administração pública, em matéria de interesse público, poderão contratar diretamente ICT, entidades de direito privado sem fins lucrativos ou empresas, isoladamente ou em consórcios, voltadas para atividades de pesquisa e de reconhecida capacitação tecnológica no setor, visando à realização de atividades de pesquisa, desenvolvimento e inovação que envolvam risco tecnológico, para solução de problema técnico específico ou obtenção de produto, serviço ou processo inovador. (Redação pela Lei nº 13.243, de 2016)".

[65] FERRAZ, Luciano. NEVES, Rubia. Parcerias na Lei de Inovação Tecnológica – o caso das Sociedades de Propósito Específico (SPE). *Revista de Informação Legislativa*, ano 51, n. 203 jul./set. 2014. Disponível em: https://www2.senado.leg.br/bdsf/bitstream/handle/id/507408/001017659.pdf?sequence=1&isAllowed=y.

tratos com as fundações de apoio com a finalidade de dar apoio às Instituições Federais de Ensino Superior e demais ICTs, inclusive na gestão administrativa e financeira dos projetos mencionados no *caput* do art. 1º da Lei nº 8.958, de 20 de dezembro de 1994, com a anuência expressa das instituições apoiadas. Muito embora o dispositivo faça referência explícita somente ao suporte legal constante do art. 24, inciso XIII da Lei nº 8.666/1993, pode-se entender que o art. 75, XV da Lei 14.133/2021 confere o mesmo suporte.

Nos termos do art. 4º da mesma lei, as ICTs públicas poderão, mediante contrapartida financeira ou não financeira e por prazo determinado, nos termos de contrato ou convênio, franquear acesso e utilização de laboratórios, instalações, equipamentos, capital humano para em ações voltadas à inovação tecnológica para consecução das atividades de incubação, sem prejuízo de sua atividade finalística e das aplicações próprias. O art. 5º da Lei 10.973/2004, por seu turno, dispõe que a União e os demais entes federativos e suas entidades ficam autorizados a, nos termos de regulamento, participarem minoritariamente do capital social de empresas, com o propósito de desenvolver produtos ou processos inovadores que estejam de acordo com as diretrizes e prioridades definidas nas políticas de ciência, tecnologia, inovação e de desenvolvimento industrial de cada esfera de governo. *Na lição de Luciano Ferraz, e Rubia Neves,* trata-se de previsão de dispensa de licitação para o estabelecimento de um vínculo societário propriamente dito e não de um contrato com obrigações contrapostas, sendo que dita previsão "respalda a participação da União e de entidades de sua Administração Indireta (entre elas as ICTs federais) na constituição de SPE (sociedade de propósito específico), com vistas ao desenvolvimento de novas tecnologias e inovação, assegurando o necessário retorno econômico aos constituintes. A SPE a ser constituída pela ICT em parceria com o setor privado, a despeito da participação da entidade federal (que será minoritária), terá natureza jurídica de direito privado, não integrante da Administração Indireta".[66]

O art. 20 da Lei nº 10.973/2004 é o fundamento para a Encomenda Tecnológica (ETEC), instrumentos para inovação "com vistas à realização de atividades de pesquisa, desenvolvimento e inovação que envolvam risco tecnológico, para solução de problema técnico específico ou obtenção de produto, serviço ou processo inovador" (art. 27 do Decreto nº 9.283/2018). Como esclarece o Tribunal de Contas da União,

> A ETEC pode ser adotada em situações de falha de mercado e alto nível de incerteza, ou seja, quando o Estado se depara com um problema ou necessidade, cuja solução não é conhecida ou não está disponível e envolve risco tecnológico. Nesse tipo de situação, a administração pública pode apresentar o problema para o mercado e identificar potenciais interessados para investir no desenvolvimento da solução, dentre os quais identifica os que apresentam maior possibilidade de sucesso, com a possibilidade de contratar mais de um. Não se aplica, portanto, a necessidade de escolher o projeto de menor custo, mas a(s) que pode(m) trazer maior chance de sucesso.[67]

---

[66] FERRAZ, Luciano. NEVES, Rubia. Parcerias na Lei de Inovação Tecnológica – o caso das Sociedades de Propósito Específico (SPE). *Revista de Informação Legislativa,* ano 51 n. 203, jul./set. 2014. Disponível em: https://www2.senado.leg.br/bdsf/bitstream/handle/id/507408/001017659.pdf?sequence=1&isAllowed=y.

[67] TRIBUNAL DE CONTAS DA UNIÃO. *Roteiro para gestão de riscos em encomendas tecnológicas (ETEC).* Brasília: Instituto Serzedêllo Correa, 2020. Disponível em: https://portal.tcu.gov.br/data/files/8E/F3/E2/AE/5200371055EB6E27E18818A8/ETEC_roteiro_gestao_riscos_encomendas_tecnologicas.pdf.

Cap. 5 · CONTRATAÇÃO DIRETA: INEXIGIBILIDADE E DISPENSA DE LICITAÇÃO | 261

O texto da Lei nº14.133/2021, quando comparado com o constante do art. 24, inciso XXXI da Lei nº 8.666/1993, acresce expressamente o 3º-A e confirma a amplitude das possibilidades de contratações diretas envolvendo pesquisa e inovação tecnológica.

3.17 Para contratação que possa acarretar comprometimento da segurança nacional, nos casos estabelecidos pelo Ministro de Estado da Defesa, mediante demanda dos comandos das Forças Armadas ou dos demais ministérios (art. 75, VI. Previsão anterior: art. 24, IX, da Lei nº 8.666/1993)

As situações de comprometimento da segurança nacional aptas a recomendarem a contratação direta são previamente estabelecidas em ato normativo editado Ministro de Estado da Defesa. A solicitação para cada contratação específica, com demonstração do enquadramento nas situações contempladas no ato normativo, deve ser feita pelos comandos das Forças Armadas ou dos demais ministérios. A expressão comando, como regra, se aplica às forças armadas, não aos demais Ministérios. Desta forma, a interpretação mais adequada é reconhecer a possibilidade de solicitação aos demais Ministros de Estado.

3.18 Nos casos de guerra, estado de defesa, estado de sítio, intervenção federal ou de grave perturbação da ordem (art. 75, VII. Previsão anterior: art. 24, III, da Lei nº 8.666/1993)

A nova hipótese agregou as situações de estado de defesa, estado de sítio, e intervenção federal como graves o suficiente para permitirem a contratação direta com dispensa de licitação. Nos termos do art. 136 da Constituição Federal, o *estado de defesa* pode ser decretado pelo Presidente da República – ouvidos o Conselho da República e o Conselho de Defesa Nacional – "para preservar ou prontamente restabelecer, em locais restritos e determinados, a ordem pública ou a paz social ameaçadas por grave e iminente instabilidade institucional ou atingidas por calamidades de grandes proporções na natureza". É razoável entender que a regra admite somente contratações ligadas à proteção dos bens jurídicos ameaçados e ao retorno à normalidade, como regra nos locais restritos e delimitados pelo decreto. O *estado de sítio*, por seu turno, é medida de maior rigor que pode ser decretada nos casos de grave comoção de repercussão nacional ou ocorrência de fatos que comprovem a ineficácia de medida tomada durante o estado de defesa; ou ainda de declaração de estado de guerra ou resposta a agressão armada estrangeira (art. 137, CF). Também na vigência do estado de sítio devem ser entendidas como dispensáveis as contratações que possuírem relação direta com a situação que ensejou a decretação das medidas.

Nessa linha de raciocínio, o TCU já respondeu consulta a respeito dos requisitos para dispensa de licitação nos casos de intervenção federal (situação à época, enquadrada no conceito de "grave perturbação da ordem" constante do art. 24, III, da Lei nº 8.666/1993. O enunciado sumariza os requisitos que, com as devidas adaptações, são aplicáveis para as demais hipóteses constantes do mesmo dispositivo:

> É possível a realização de contratações diretas com fulcro no art. 24, inciso III, da Lei 8.666/1993 durante intervenção federal decretada em razão de grave comprometimento da ordem pública, desde que o processo de dispensa seja instruído com os seguintes requisitos: i) demonstração de que a contratação está restrita à área temática abrangida pelo documento que decretou a intervenção, assim entendidos os bens e serviços essenciais à consecução dos seus objetivos, sejam eles relacionados

com as atividades finalísticas ou de apoio dos órgãos formalmente envolvidos com a intervenção federal, por meio da descrição das circunstâncias fáticas, documentos e dados que ensejaram essa conclusão; ii) caracterização da urgência que acarreta a impossibilidade de se aguardar o tempo necessário a um procedimento licitatório regular; iii) limitação e justificativa dos quantitativos de bens e serviços a serem adquiridos, os quais devem ser suficientes ao atendimento da demanda; iv) vigência dos contratos firmados limitada à data final estabelecida para a intervenção, não admitidas prorrogações; e v) comprovação nos autos do atendimento às disposições do art. 26, parágrafo único, da Lei 8.666/1993, em especial a razão da escolha do fornecedor ou executante e a justificativa do preço contratado, a partir de pesquisa prioritariamente junto a fontes públicas[68].

3.19 Casos de emergência ou de calamidade pública, quando caracterizada urgência de atendimento de situação que possa ocasionar prejuízo ou comprometer a continuidade dos serviços públicos ou a segurança de pessoas, obras, serviços, equipamentos e outros bens, públicos ou particulares, e somente para aquisição dos bens necessários ao atendimento da situação emergencial ou calamitosa e para as parcelas de obras e serviços que possam ser concluídas no prazo máximo de 1 (um) ano, contado da data de ocorrência da emergência ou da calamidade, vedadas a prorrogação dos respectivos contratos e a recontratação de empresa já contratada (art. 75, VIII.[69] Previsão anterior: art. 24, IV, da Lei nº 8.666/1993)

As delongas do procedimento licitatório são incompatíveis com situações de emergência ou calamidade pública que exigem pronta atuação dos poderes públicos[70]. Conceitualmente, as situações de *emergência* são mais localizadas – menos difusas – e permitem identificação mais precisa da atuação estatal necessária para prevenir prejuízos e acudir efeitos danosos ao bem ou interesse público específico. Um exemplo contemporâneo pode ser encontrado no Decreto nº 7.616/2011, que considera como Emergência em Saúde Pública de Importância Nacional – ESPIN as situações que demandem o emprego urgente de medidas de prevenção, controle e contenção de riscos, danos e agravos à saúde pública.

---

[68] TCU, Acórdão 1.358/2018, Plenário, Rel. Min. Vital do Rêgo.

[69] No julgamento da ADI 6890, o STF julgou parcialmente procedente a ação conferindo interpretação conforme à Constituição ao art.75, VIII da Lei nº 14.133/18 e fixou a seguinte tese: " É constitucional a vedação à recontratação de empresa contratada diretamente por dispensa de licitação nos casos de emergência ou calamidade pública, prevista no inc. VIII do art. 75 da Lei n. 14.133/2021; - A vedação incide na recontratação fundada na mesma situação emergencial ou calamitosa que extrapole o prazo máximo legal de 1 (um) ano, e não impede que a empresa participe de eventual licitação substitutiva à dispensa de licitação e seja contratada diretamente por outro fundamento previsto em lei, incluindo uma nova emergência ou calamidade pública, sem prejuízo do controle de abusos ou ilegalidades na aplicação da norma" (ADI 6890, Rel. Min. Cristiano Zanin, publicada em 18/09/2024).

[70] "Licitação. Dispensa de licitação. Emergência. Requisito. Preço. Justificativa. Nas contratações diretas fundadas em emergência (art. 24, inciso IV, da Lei 8.666/1993), cabe ao gestor demonstrar a impossibilidade de esperar o tempo necessário à realização de procedimento licitatório, em face de risco de prejuízo ou comprometimento da segurança de pessoas e de bens públicos ou particulares, além de justificar a escolha do fornecedor e o preço pactuado" (TCU, Acórdão 119/2021, Plenário, Rel. Ministro-Substituto Marcos Bemquerer).

Já a *calamidade pública* apresenta maior escala de gravidade, sendo o estado de calamidade pública legalmente definido como "situação anormal provocada por desastre que causa danos e prejuízos que impliquem o comprometimento substancial da capacidade de resposta do Poder Público do ente federativo atingido ou que demande a adoção de medidas administrativas excepcionais para resposta e recuperação" (art. 2º, VIII do Decreto Federal nº 10.593/2020)[71]. Como exemplo, citamos do Decreto Legislativo nº 6/2020, por meio do qual o Congresso Nacional reconheceu a ocorrência de estado de calamidade pública em decorrência da pandemia de Covid-19.

Resumidamente, com diferença de intensidade se reconhece na emergência e na calamidade pública situações imprevisíveis e irresistíveis que possam ocasionar prejuízos ou comprometer a segurança de pessoas, obras, serviços, equipamentos ou comprometer a continuidade dos serviços públicos.

Os *requisitos* para a legalidade da contratação direta emergencial constam no texto constante do art. 75, VIII: a) deve o gestor demonstrar claramente a "urgência de atendimento de situação que possa ocasionar prejuízo ou comprometer a continuidade dos serviços públicos ou a segurança de pessoas, obras, serviços, equipamentos e outros bens, públicos ou particulares" e também b) que a aquisição dos bens ou as parcelas de obras e serviços é o meio adequado, efetivo e eficiente de afastar risco iminente ou de acudir às consequências danosas da situação[72].

Em comparação com a redação do artigo 24, inciso IV, da Lei nº 8.666/1993 é possível verificar importantes alterações no regime jurídico da contratação emergencial.

Inicialmente, tornou-se claro que a *continuidade dos serviços públicos* é bem jurídico protegido que pode justificar a contratação direta. A hipótese foi reforçada no § 6º do art. 75 que também estatuiu o dever de observar os valores praticados pelo mercado e adotar as "providências necessárias para a conclusão do processo licitatório, sem prejuízo de apuração de responsabilidade dos agentes públicos que deram causa a situação emergencial". A previsão relativa à apuração de responsabilidade relembra a importância de fazer referência à chamada *emergência fabricada*, assim entendida a situação que tenha originado, total ou parcialmente, da falta de planejamento, da desídia administrativa ou da má gestão dos recursos disponíveis. A esse respeito, em interpretação da Lei nº 8.666/1993 o TCU consolidou o entendimento de que a contratação direta também se mostra possível nas situações de emergência fabricada, o que não afasta o dever de apurar as responsabilidades cabíveis[73].

---

[71]   A Lei Federal nº 12.340/2010 dispõe sobre as transferências de recursos da União aos órgãos e entidades dos Estados, Distrito Federal e Municípios para a execução de ações de prevenção em áreas de risco de desastres e de resposta e de recuperação em áreas atingidas por desastres e sobre o Fundo Nacional para Calamidades Públicas, Proteção e Defesa Civil; e dá outras providências.

[72]   Julgados do TCU explicitam de forma mais detalhada os requisitos: "A ausência ou precariedade de equipamentos e serviços públicos, que podem ser entendidas como 'urgência controlada', não caracterizam por si sós a imprevisibilidade e a excepcionalidade exigidas para a contratação direta fundamentada no inciso IV do art. 24 da Lei 8.666/1993, a qual, ainda, deve se restringir aos itens estritamente necessários ao afastamento de riscos iminentes à segurança de pessoas, obras, serviços, equipamentos e outros bens, públicos ou particulares" (TCU, Acórdão 513/2013, Plenário, Relatora Min. Ana Arraes). "Nas contratações diretas fundadas em emergência (art. 24, inciso IV, da Lei 8.666/1993), cabe ao gestor demonstrar a impossibilidade de esperar o tempo necessário à realização de procedimento licitatório, em face de risco de prejuízo ou comprometimento da segurança de pessoas e de bens públicos ou particulares, além de justificar a escolha do fornecedor e o preço pactuado" (TCU, Acórdão 1.130/2019, Primeira Câmara, Relator Min. Bruno Dantas).

[73]   Nesse sentido, entre outros, o Acórdão 1.122/2017, Plenário, Relator Min. Benjamin Zymler.

Prosseguindo na comparação, o *prazo* da contratação foi aumentado de 180 (cento e oitenta) dias para *um ano*, contado da data de ocorrência da emergência ou da calamidade. A respeito do prazo, é importante destacar a existência de precedentes relativos à legislação anterior admitindo, excepcionalmente, a superação do prazo em decorrência da gravidade da situação concreta[74]. De qualquer maneira, a lei veda expressamente a prorrogação dos respectivos contratos e a recontratação de empresa já contratada – em caso de persistência da situação de emergência ou calamidade, após o prazo inicial, nova contratação deve ser feita (obedecidos os requisitos formais aplicáveis).

Finalmente, importante anotar que os contratos celebrados em caso de urgência terão eficácia a partir de sua assinatura e deverão ser publicados no Portal Nacional de Contratações Públicas no prazo de 10 (dez) dias úteis, sob pena de nulidade (art. 94, § 2º).

3.20 Para a aquisição, por pessoa jurídica de direito público interno, de bens produzidos ou serviços prestados por órgão ou entidade que integrem a Administração Pública e que tenham sido criados para esse fim específico, desde que o preço contratado seja compatível com o praticado no mercado (art. 75, IX. Previsão anterior: art. 24, VIII, da Lei nº 8.666/1993)

A possibilidade de contratação direta de órgãos ou entidades que integram a Administração Pública angariou antagonismos na doutrina e jurisprudência diante do texto do artigo 24, inciso VIII, da Lei nº 8.666/1993[75]. A redação do artigo 75, XVI, da Lei nº 14.133/2021 contempla mudança que não foi suficiente para afastar as principais questões suscitadas por ocasião da interpretação e aplicação do marco normativo anterior.

Inicialmente, a possibilidade de contratação é aplicável para as *pessoas jurídicas de direito público* – entes da federação, autarquias e fundações e consórcios de direito público. No tocante aos *possíveis contratados*, é importante extrair a regra do texto normativo à luz dos dispositivos constitucionais, notadamente os relativos aos princípios gerais da atividade econômica e à exploração direta de atividade econômica pelo Estado (art. 173, CF). Como as empresas estatais que exploram atividade econômico estão sujeitas ao mesmo regime das empresas privadas, com exceção das derrogações admitidas pela Constituição e materializadas em lei, em princípio somente podem ser contratadas diretamente com fundamento na hipótese ora comentada empresas estatais (empresas públicas e sociedades de economia mista, nesse caso, em razão da exigência de pertencimento à Administração Pública) que prestem serviços públicos[76], não abrangendo aquelas que executem atividade econômica em regime concorrencial. Ainda quanto aos possíveis contratados, há exigência de que os órgãos ou entidades *"tenham sido criados para esse*

---

[74] Acórdão 3.238/2010, Plenário, Relator Min. Benjamin Zymler.

[75] "Art. 24. [...] VIII – para a aquisição, por pessoa jurídica de direito público interno, de bens produzidos ou serviços prestados por órgão ou entidade que integre a Administração Pública e que tenha sido criado para esse fim específico em data anterior à vigência desta Lei, desde que o preço contratado seja compatível com o praticado no mercado".

[76] Marçal Justen Filho corretamente observa que a referência a "serviços públicos" deve ser interpretada em sentido amplo abranger as atividades de suporte administrativo. Trata-se de atividades executadas por empresas criadas com o intuito de prestar serviços exclusivamente para a Administração Pública, ainda que tais serviços não se enquadrem na noção restrita de serviço público (como a EBSERH, Empresa Brasileira de Serviços Hospitalares (p. 511).

fim específico", entretanto sem a necessidade de que tenham sido criados anteriormente a qualquer data, ao contrário do disposto no art. 24, inciso VIII, da Lei nº 8.666/1993. As entidades da Administração Direta são criadas por lei ou têm sua criação autorizada por lei, razão pela qual a finalidade específica de cada entidade deve ser verificada na respectiva lei[77]. O fim específico, se não explicitado, é ontologicamente implícito no ato de criação da entidade.

Tratando das questões acima referidas – *ausência de exploração de atividade econômica e criação em data anterior à vigência da Lei nº 8.666/1993* – o TCU já respondeu consulta asseverando que "a contratação direta da Empresa Brasileira de Correios e Telégrafos para prestação de serviços de logística, mediante dispensa de licitação com suposto esteio no art. 24, VIII, da Lei 8.666/1993, não encontra respaldo no ordenamento jurídico pátrio"[78]. No voto do Relator é possível perceber que a principal razão condutora de seu entendimento foi o fato de o serviço de logística ser atividade econômica em sentido estrito, realizado em regime de concorrência, não sujeita ao monopólio da União (restrita aos serviços postais)[79].

Finalizando a análise dos requisitos relativos aos possíveis contratados, necessário asseverar entendimento favorável à restrição da aplicação da contratação direta apenas para entidades que integrem a estrutura da Administração Pública do mesmo ente político contratante[80]. Como regra, entidades da Administração Pública indireta que são criadas para a prestação de serviços públicos têm como destinatário de tais serviços os cidadãos do ente político criador.

A descentralização de serviços por meio da criação de entidade da administração indireta é uma opção que se apresenta para o ente político – União, Estados, Distrito Federal ou Municípios – competente, no limite de sua titularidade para determinados

---

[77] A análise da finalidade específica coloca sob realce a importância da vedação de subcontratações: "A contratação direta com base no art. 24, inciso VIII, da Lei 8.666/1993 tem como pressuposto elementar a entidade contratada dispor de qualificação técnica e operacional para executar o objeto do contrato, sendo, portanto, irregular a subcontratação total dos serviços" (Acórdão 448/2017, Primeira Câmara, Relator Min. Benjamin Zymler).

[78] TCU, Acórdão 1.800/2016, Plenário, Relator Min. Bruno Dantas. Ao acompanhar o Relator, o Min. Benjamin Zymler complementou que o início da exploração das atividades de logística pelos Correios se deu em 2011, em desacordo com a antecedência temporal exigida pelo art. 24, VIII da Lei nº 8.666/1993.

[79] O TCU respondeu consulta relativa à possibilidade de contratação de bancos públicos: "A Administração Pública Federal não está obrigada a promover prévio procedimento licitatório destinado a contratação de instituição financeira oficial para, em caráter exclusivo, prestar serviços de pagamento de remuneração de servidores ativos, inativos e pensionistas e outros serviços similares, podendo optar por efetuar a contratação direta com fundamento no art. 37, inciso XXI (primeira parte), da Constituição Federal, c/c o art. 24, inciso VIII, da Lei 8.666/1993, hipótese em que deverá cumprir as exigências estabelecidas no art. 26 da Lei 8.666/1993, apresentando os motivos da escolha do prestador de serviços e a justificativa do preço" (Acórdão 1.940/2015, Plenário, Relator Min. Walton Rodrigues). Destacamos trecho do voto do Relator: "Quando essas entidades gerem as folhas de pagamentos dos órgãos estatais também exercitam nítida atividade de suporte à Administração Pública, de imemorial tradição, a perdurar sob a égide tanto desta Constituição, como das que lhe são anteriores. Relevante também mencionar, nos termos do citado inciso VIII do art. 24 da Lei de Licitações e Contratos, tais entidades bancárias foram ontologicamente incumbidas de prestar suporte à Administração Pública, mesmo quando o potencial das folhas de pagamento não tinha sido apreciado e era desprezado pelo setor bancário privado".

[80] No mesmo sentido, segue Joel Niebuhr. Em sentido contrário, registramos os entendimentos de Marçal Justen Filho e Jorge Ulysses Jacoby Fernandes.

serviços públicos. Como o ente político somente detém a titularidade da prestação de serviços públicos em seu território, como regra, a prestação de tais serviços para outros entes se distancia do sentido restrito de serviço público e se aproxima da exploração de atividade econômica.

No que se refere ao *preço contratado*, a compatibilidade com os preços praticados no mercado é comprovada de acordo com os procedimentos estabelecidos pela lei, notadamente no art. 23.

3.21 Quando a União tiver que intervir no domínio econômico para regular preços ou normalizar o abastecimento (art. 75, X. Previsão anterior: art. 24, VI, da Lei nº 8.666/1993)

A presente hipótese guarda plena identidade com o texto do art. 24, VI, da Lei nº 8.666/1993. O objetivo da contratação direta é *regular preços* ou *normalizar o abastecimento*, possuindo o objeto contratual função instrumental. Em última instância, a ação estatal objetiva colocar determinada quantidade de certo produto no mercado para forçar a regularização do preço ou para induzir os particulares a comercializarem seus produtos, normalizando o abastecimento. Trata-se de hipótese importante em razão da agilidade necessária para essas intervenções no domínio econômico pela União, cuja demora poderia comprometer a eficácia da ação regulatória em razão da velocidade natural das oscilações do mercado.

3.22 Celebração de contrato de programa com ente federativo ou com entidade de sua Administração Pública indireta que envolva prestação de serviços públicos de forma associada nos termos autorizados em contrato de consórcio público ou em convênio de cooperação (art. 75, XI. Previsão anterior: art. 24, XXVI, da Lei nº 8.666/1993)

O contrato de programa foi instituído pelo art. 13 da Lei 11.107/2005, que cuida dos consórcios públicos e de sua contratação. No texto do art. 2.º, XVI, Dec. 6.017/2007, contrato de programa é o "instrumento pelo qual devem ser constituídas e reguladas as obrigações que um ente da Federação, inclusive sua administração indireta, tenha para com outro ente da Federação, ou para com consórcio público, no âmbito da prestação de serviços públicos por meio de cooperação federativa".

Trata-se de um dos principais instrumentos para a gestão associada de serviços públicos por meio de consórcios, possuindo natureza jurídica mais aproximada à dos convênios (em razão da comunhão de interesses) do que dos contratos. Uma análise da Lei 11.107/2005 e de seu decreto regulamentador permite concluir que o contrato de programa pode ser firmado entre ente da Federação e consórcio público; ou, fora do consórcio, entre ente da Federação e entidade ou órgão da Administração Pública de qualquer dos entes consorciados. Esta última hipótese se encontra albergada no permissivo de dispensa ora comentado. Percebe-se que, previamente à celebração do contrato de programa, deve existir autorização em contrato de consórcio público *ou* em convênio de cooperação.

Os contratos de programa deverão, por exemplo, definir o objeto, a área e o prazo da gestão associada de serviços públicos, além da forma e condições de prestação dos serviços; dos parâmetros definidores da qualidade dos serviços; dos procedimentos que garantam transparência da gestão; dos direitos, garantias e obrigações do titular e do prestador; dos direitos e deveres dos usuários; das penalidades contratuais e administrativas; entre outros.

Por outro lado, é vedada a existência de cláusula que atribua "ao contratado o exercício dos poderes de planejamento, regulação e fiscalização dos serviços por ele próprio prestados".

3.23 Para contratação em que houver transferência de tecnologia de produtos estratégicos para o Sistema Único de Saúde (SUS), conforme elencados em ato da direção nacional do SUS, inclusive por ocasião da aquisição desses produtos durante as etapas de absorção tecnológica, e em valores compatíveis com aqueles definidos no instrumento firmado para a transferência de tecnologia (art. 75, XII. Previsão anterior: art. 24, XXXII, da Lei nº 8.666/1993)

A hipótese de dispensa encontra paralelo no texto do art. 24, XXXII, da antiga Lei nº 8.666/1993, inserido mediante determinação da Lei nº 12.715/2012. Na regulamentação vigente, o Decreto nº 11.715, de 26 de setembro de 2023, instituiu a Estratégia Nacional para o Desenvolvimento do Complexo Econômico-Industrial da Saúde, "com a finalidade de orientar os investimentos, públicos e privados, nos segmentos produtivos da saúde e em inovação, na busca de soluções produtivas e tecnológicas para enfrentar os desafios em saúde, com vistas à redução da vulnerabilidade do Sistema Único de Saúde – SUS e à ampliação do acesso à saúde" (art. 1º). Para efeito da contratação direta que ora se comenta, são consideradas soluções estratégicas as soluções produtivas e tecnológicas para o SUS: "plataformas, rotas, produtos ou serviços tecnológicos necessários para execução de políticas públicas, ações, medidas, mecanismos, iniciativas e programas nacionais de promoção, prevenção, diagnóstico, tratamento e reabilitação da saúde"[81]. Os principais programas que integram a Estratégia Nacional para o Desenvolvimento do Complexo Econômico-Industrial da Saúde foram previstos em ato normativo do Ministério da Saúde[82].

Um dos programas mais conhecidos é o Programa de Parcerias para o Desenvolvimento Produtivo (PDP)[83], programa voltado à ampliação do acesso a medicamentos e produtos para saúde considerados estratégicos para o Sistema Único de Saúde (SUS) e previsto genericamente no art. 20 da Lei 10.973/2004. As parcerias, que podem envolver somente instituições públicas ou também empresas privadas, possuem como objetivo mediato o fortalecimento da produção pública nacional e o desenvolvimento tecnológico.

A despeito das sucessivas alterações nos atos que regulamentam o programa, uma compressão didática dos modelos de PDP foi exposta no voto do Ministro Benjamin Zymler, Relator do Acórdão TCU nº 1.730/2017, Plenário:

> De forma geral, podem existir três modelos de PDP. O primeiro se refere à parceria formada por uma empresa que possui o medicamento registrado e homologado na Anvisa e também fabrica o Insumo Farmacêutico Ativo – IFA no Brasil. É um modelo mais simples, que permite a transferência da tecnologia para o laboratório público.

---

[81] Art. 2º, §§ 1º e 2º, do Anexo CVII à Portaria de Consolidação GM/MS nº 5, de 28 de setembro de 2017, alterada pela Portaria GM/MS Nº 1.354, de 27 de setembro de 2023.

[82] Art. 4º do Anexo CVII à Portaria de Consolidação GM/MS nº 5, de 28 de setembro de 2017, alterada pela Portaria GM/MS Nº 1.354, de 27 de setembro de 2023.

[83] Anexo CX à Portaria de Consolidação GM/MS nº 5, de 28 de setembro de 2017, alterada pela Portaria GM/MS nº 1.354, de 27 de setembro de 2023.

29. Nesse caso, o processo de transferência de tecnologia pode durar até cinco anos. Suas fases são as seguintes: controle de qualidade e de embalagem, formulação do produto e internalização e verticalização da produção pelo laboratório público. Note-se que esse laboratório fabricará o medicamento, não o farmoquímico (IFA), que deverá ser produzido no Brasil. 30. O segundo modelo é aplicado quando o medicamento é registrado e aprovado na Anvisa, mas o princípio ativo é importado. Nessa hipótese, no processo de transferência de tecnologia, está previsto que a fabricação daquele princípio passará a ser realizada no Brasil. Para tanto, os parceiros público e privado buscam uma indústria farmoquímica que reúna as condições técnicas necessárias para sintetizar aquele produto, de acordo com o cronograma previsto para a PDP. 31. O terceiro modelo corresponde à parceria celebrada com vistas à pesquisa ou ao desenvolvimento. Neste caso, existe um produto estratégico e nenhuma empresa que detém o registro desse medicamento tem o interesse em estabelecer a PDP, mas existe um laboratório farmacêutico que pretende desenvolver aquela tecnologia juntamente com o setor público, além de sintetizar o princípio ativo em conjunto com um parceiro privado. Esse modelo inclui uma etapa de pesquisa importante. Além disso, o processo de registro na Anvisa é mais trabalhoso, pois envolve testes de equivalência e de eficácia e, em alguns casos, pesquisas clínicas. Por isso, nessas parcerias podem ocorrer atrasos e as chances de insucesso são maiores.

32. Para que uma PDP se inicie, os parceiros públicos devem verificar na lista de produtos estratégicos [...] quais são os medicamentos elegíveis. 33. A escolha de um bem pelo parceiro público leva em consideração o interesse na sua fabricação, a capacidade produtiva do laboratório estatal e a expectativa de financiamento para adequar o respectivo parque fabril. Esse financiamento pode ser próprio, proveniente do parceiro privado ou do Ministério da Saúde. Nesse último caso, o apoio aos produtores públicos decorre da apresentação de propostas específicas, que serão analisadas em processos próprios desvinculados das PDPs. 34. A partir da seleção dos produtos, o parceiro público procura entidades privadas que estejam interessadas em transferir a tecnologia para a fabricação daqueles bens. Não há um procedimento padrão para esse chamamento pelo parceiro público[84].

---

[84] O Processo cuidou de auditoria visando aferir a legalidade das PDPs firmadas pelo Ministério da Saúde entre 5/5 e 30/09/2014. Ao encontrar falhas nos marcos regulatórios das PDPS, o TCU Expediu ao Ministério da Saúde as seguintes **determinações**: "9.1.2. inclua, entre os critérios para aprovação da PDP, a verificação de que a escolha da entidade particular pelo laboratório público observou os princípios constitucionais do art. 37 da Constituição Federal de 1988, em particular os da publicidade, legalidade e moralidade, como também os princípios e as normas insculpidos nos arts. 3º, 4º, 26 e 41 da Lei nº 8.666/1993; 9.1.3. oriente os laboratórios públicos sobre a necessidade de realizar um processo seletivo ou de pré-qualificação do parceiro privado, justificando adequadamente quando a sua realização for inviável". No mesmo feito, também foram feitas **recomendações**: "9.2.2. avalie as cláusulas constantes dos contratos celebrados pelo laboratório público e pelo parceiro privado transferidor da tecnologia, de forma a identificar incompatibilidades com os normativos de regência, o termo de compromisso ou a política das PDPs, com vistas a minimizar os riscos que venham a prejudicar ou inviabilizar o andamento dos projetos; 9.2.3. avalie a possibilidade de dar publicidade a todas as notas técnicas e pareceres emitidos, aos termos de compromisso e aos contratos celebrados referentes às parcerias aprovadas, bem como informe no seu *site* na *internet* todas as compras de produtos e medicamentos realizadas no âmbito das PDPs, indicando os preços praticados e as quantidades adquiridas, para que haja um efetivo controle social do programa; e 9.2.4. quando alterar ou atualizar os modelos de projeto executivo e de relatório de acompanhamento atualmente disponíveis na *internet*, o faça por meio de Portaria, visando conferir publicidade a esses atos".

Cap. 5 • CONTRATAÇÃO DIRETA: INEXIGIBILIDADE E DISPENSA DE LICITAÇÃO | **269**

A necessidade de atentar para os "valores compatíveis com aqueles definidos no instrumento firmado para a transferência de tecnologia" é o requisito que inova com relação à hipótese de dispensa de licitação prevista no artigo 24, XXXII, da Lei nº 8.666/1993.

3.24 Contratação de profissionais para compor a comissão de avaliação de critérios de técnica, quando se tratar de profissional técnico de notória especialização (art. 75, XIII)

A nova hipótese não possui precedente na legislação anterior. Os serviços técnicos cogitados se enquadram no conceito típico da inexigibilidade de licitação e são identificados nas alíneas do art. 74, III. As hipóteses de serviços técnicos elencadas são enumerativas, mas convém relembrar que nem todo serviço técnico elencado será necessariamente considerado como especializado a ponto de ensejar a inexigibilidade. Desta forma, a hipótese de dispensa ora comentada contempla a contratação de profissionais para auxiliar o órgão ou entidade contratante a avaliar, no caso concreto, licitações que apliquem o critério de técnica como critério de julgamento.

3.25 Para contratação de associação de pessoas com deficiência, sem fins lucrativos e de comprovada idoneidade, por órgão ou entidade da Administração Pública, para a prestação de serviços, desde que o preço contratado seja compatível com o praticado no mercado e os serviços contratados sejam prestados exclusivamente por pessoas com deficiência (art. 75, XIV)

Esta possibilidade de dispensa de licitação exemplifica bem a utilização da contratação pública como instrumento de políticas públicas, incentivando determinados setores e ou atores em razão de sua ligação com finalidades consideradas juridicamente relevantes para alcance dos objetivos da República e realização dos direitos fundamentais. A mais importante inovação presente no texto atual, quando confrontado com o constante do artigo 24, XX, da Lei nº 8.666/1993, é a exigência de que "os serviços contratados sejam prestados exclusivamente por pessoas com deficiência". Trata-se de novo e importante requisito que impedirá a contratação de associações de pessoas com deficiência como meras intermediadoras de mão de obra, ao contrário do disposto na regra anterior, que permitia expressamente a contratação para "fornecimento de mão de obra". Com a restrição do objeto contratual à prestação de serviços, a associação poderá ser contratada para a realização de serviços prestados por pessoas com deficiência, independentemente de seu vínculo associativo com relação à contratada. Os vínculos associativos e empregatícios são regidos pela legislação trabalhista; para a Administração contratante importam sobretudo o cumprimento dos requisitos constantes no texto atual: a) quanto ao contratado: a.1) deve ser pessoa jurídica de forma associativa que congregue pessoas com deficiência (sem exigência de que trate de deficiência física); a.2) sem finalidades lucrativas (nos termos estatutários); a.3) de comprovada idoneidade (o que se costume demonstrar por meio de certidões relativas à ausência de sanções e atestados de correta execução de contratos anteriores); b) quanto ao objeto contratual: b.1) prestação de serviços exclusivamente por pessoas com deficiência; b.2) preços compatíveis com os praticados no mercado[85].

---

[85] "[...] Exemplo prático de atuação de entidade sem fins lucrativos em serviços terceirizados ocorreu recentemente no Superior Tribunal de Justiça, mediante a contratação de entidade representativa de deficientes físicos para prestar serviços de apoio operacional de digitalização de documentos.

3.26 Para contratação de instituição brasileira que tenha por finalidade estatutária apoiar, captar e executar atividades de ensino, pesquisa, extensão, desenvolvimento institucional, científico e tecnológico e estímulo à inovação, inclusive para gerir administrativa e financeiramente essas atividades, ou para contratação de instituição dedicada à recuperação social da pessoa presa, desde que o contratado tenha inquestionável reputação ética e profissional e não tenha fins lucrativos (art. 75, XV. Previsão anterior: art. 24, XIII, da Lei nº 8.666/1993)

A contratação de instituições sem finalidades lucrativas prevista no art. 24, inciso XIII, da Lei nº 8.666/1993 esteve comumente envolvida em celeumas demonstradas na jurisprudência dos Tribunais Superiores e Tribunais de Contas. A regra atual é mais detalhada e, na verdade, caracteriza nova hipótese de licitação dispensável que se distingue nitidamente da anterior. A redação confusa abrange *duas possibilidades diferentes* de contratação direta.

A primeira possibilidade se refere à contratação de *instituições brasileiras que tenham por finalidade estatutária apoiar, captar e executar projetos de ensino, pesquisa, extensão, desenvolvimento institucional, científico e tecnológico e de estímulo à inovação, inclusive gerir administrativa e financeiramente essas atividades.* Para essa primeira possibilidade, foi eliminada a referência à necessária ausência de finalidades lucrativas da instituição contratada. Convém ressaltar que a necessidade de nexo efetivo entre a natureza da instituição e o objeto contratado tem sido reiterada pela jurisprudência com relação à hipótese constante do inciso XIII do art. 24 da Lei nº 8.666/1993; o novo marco normativo deixa mais clara a aferição de congruência entre os objetivos institucionais da contratada e o objeto do contrato[86].

A *segunda possibilidade* consagrada no mesmo texto se refere à contratação de instituição dedicada à recuperação social da pessoa presa. Podemos identificar os seguintes requisitos relativos à pessoa contratada com fundamento nesta hipótese: a) instituição não pode ter fins lucrativos; b) deve ser estatutariamente dedicada à recuperação social da pessoa presa; e c) deve deter inquestionável reputação ética e profissional. Na esteira dos entendimentos consolidados na interpretação da legislação anterior e como se trata de norma excepcional (a permitir a dispensa do procedimento licitatório, que é a regra), também na situação aqui versada deve existir nexo entre o objeto contratual e o objetivo estatutário de recuperação social da pessoa presa.

A participação de deficientes auditivos na digitalização de processos judiciais se destacou pela iniciativa de inclusão judicial desenvolvida pelo STJ, cujo projeto, intitulado "Justiça na Era Virtual", foi agraciado em 2009 com o Prêmio *Innovare*, referente à divulgação de trabalhos que representam boas práticas no âmbito do Judiciário brasileiro. O contrato firmado com a Associação de Centro de Treinamento de Educação Física Especial (CETEFE), para a prestação de serviços de apoio operacional à digitalização eletrônica de processos, teve por fundamento o art. 24, inciso XX, da Lei n.º 8.666/93, conforme extrato de dispensa de licitação, processo STJ 9.185/2009, publicado no DOU de 26/10/2009, Seção 3, pág. 73. Idêntica iniciativa desenvolveu também o Conselho da Justiça Federal para prestação de serviços semelhantes aos do STJ, mediante o Contrato n.º 039/2010-CJF firmado com a referida Associação (extrato publicado no DOU de 12/07/2010, Seção 3, pág. 169, processo n.º 201062102)" (TCU, Acórdão 7.459/2010, Segunda Câmara, Rel. Min. Raimundo Carreiro).

[86] Súmula TCU 250: "A contratação de instituição sem fins lucrativos, com dispensa de licitação, com fulcro no art. 24, inciso XIII, da Lei 8.666/1993, somente é admitida nas hipóteses em que houver nexo efetivo entre o mencionado dispositivo, a natureza da instituição e o objeto contratado, além de comprovada a compatibilidade com os preços de mercado".

Para todas as situações, tratando-se de possibilidade de dispensar a licitação fundada sobretudo em atributos subjetivos da contratada – materializando a função estatal de fomento –, é necessário comprovar no processo de contratação a "indiscutível capacidade para a execução do objeto pactuado por meios próprios e de acordo com as suas finalidades institucionais, sendo regra a inadmissibilidade de subcontratação"[87].

3.27 Para aquisição, por pessoa jurídica de direito público interno, de insumos estratégicos para a saúde produzidos por fundação que, regimental ou estatutariamente, tenha por finalidade apoiar órgão da Administração Pública direta, sua autarquia ou fundação em projetos de ensino, pesquisa, extensão, desenvolvimento institucional, científico e tecnológico e de estímulo à inovação, inclusive na gestão administrativa e financeira necessária à execução desses projetos, ou em parcerias que envolvam transferência de tecnologia de produtos estratégicos para o SUS, nos termos do inciso XII deste *caput*, e que tenha sido criada para esse fim específico em data anterior à entrada em vigor desta Lei, desde que o preço contratado seja compatível com o praticado no mercado (art. 75, XVI, com redação dada pela Lei nº 14.628/2023. Previsão anterior: art. 24, XXXIV, da Lei nº 8.666/1993)

Trata-se de hipótese praticamente idêntica à inscrita no art. 24, XXXIV, da Lei nº 8.666/1993. A extensão do período torna a interpretação complexa, demandando decomposição de hipóteses distintas de contratação direta. Inicialmente, convém perceber que a hipótese se aplica para *compras realizadas por pessoa jurídica de direito público interno*, tendo como *objeto* insumos estratégicos para a saúde[88]. A contratada deve ser fundação que cumpra os requisitos descritos no inciso. Essas fundações se amoldam à figura jurídica da "fundação de apoio", definida pelo art. 2º, VII, da Lei nº 10.973/2004 como "fundação criada com a finalidade de dar apoio a projetos de pesquisa, ensino e extensão, projetos de desenvolvimento institucional, científico, tecnológico e projetos de estímulo à inovação de interesse das ICTs, registrada e credenciada no Ministério da Educação e no Ministério da Ciência, Tecnologia e Inovação, nos termos da Lei nº 8.958, de 20 de dezembro de 1994, e das demais legislações pertinentes nas esferas estadual, distrital e municipal"[89]. A fundação deve ter sido criada em data anterior à entrada em vigor da Lei nº 14.133/2021, ou seja, em 1º de abril de 2021.

Inovação relevante trazida pelo dispositivo – quando comparado com o texto do art. 24, XXXIV Lei nº 8.666/1993 – materializa restrição nos bens cuja aquisição será *objeto do contrato*: a hipótese sob análise exige que os produtos tenham sido produzidos pela fundação, enquanto que a hipótese da Lei nº 8.666/1993 faz referência a produtos "produzidos ou distribuídos".

A viabilidade do enquadramento no dispositivo está condicionada à demonstração de que o preço contratado seja compatível com os praticados no mercado, não sendo suficiente a mera justificativa de preços.

---

[87] TCU, Acórdão nº 2.669/2016, Plenário, Rel. Min. Benjamin Zymler.

[88] A Portaria GM/MS nº 704, de 8 de março de 2017, define a lista de produtos estratégicos para o Sistema Único de Saúde (SUS).

[89] Redação pela Lei nº 13.243, de 2016.

No que se refere à aquisição por meio de "parcerias que envolvam transferência de tecnologia de produtos estratégicos para o SUS", o próprio texto faz referência à hipótese constante do artigo 75, inciso XII, cujos comentários sugerimos a leitura[90].

3.28 Para contratação de entidades privadas sem fins lucrativos para a implementação: a) de cisternas ou outras tecnologias sociais de acesso à água para consumo humano e produção de alimentos, a fim de beneficiar as famílias rurais de baixa renda atingidas pela seca ou pela falta regular de água; e (art. 75, XVII, incluído pela Lei nº 14.628, de 2023) b) do Programa Cozinha Solidária, que tem como finalidade fornecer alimentação gratuita preferencialmente à população em situação de vulnerabilidade e risco social, incluída a população em situação de rua, com vistas à promoção de políticas de segurança alimentar e nutricional e de assistência social e à efetivação de direitos sociais, dignidade humana, resgate social e melhoria da qualidade de vida (art. 75, XVIII, incluído pela Lei nº 14.628, de 2023)

As novas hipóteses de dispensa de licitação materializam, mais uma vez, a utilização da contratação direta aparecerá como instrumento de ação regulatória, permitindo ao Estado a utilização estratégica da contratação pública para alcançar finalidades públicas variadas. A despeito das finalidades específicas tratadas nos incisos XVII e XVIII do art. 75, o fomento estatal por meio da contratação direta recai sobre as entidades privadas sem fins lucrativos, regularmente constituídas de acordo com a legislação nacional. Como o fomento estatal é direcionado às entidades, é necessário analisar adequadamente os atos constitutivos e os objetivos das possíveis contratadas para motivar a respectiva aptidão para a consecução de cada objeto.

4. CONTRATAÇÕES RELATIVAS AO ENFRENTAMENTO DA PANDEMIA

A pandemia decorrente da covid-19 trouxe a necessidade de estabelecer regras que permitam maior agilidade e flexibilidade nas ações do poder público voltadas à prevenção e ao enfrentamento das situações ligadas à emergência de saúde pública de importância internacional. Nesse sentido, a Lei nº 13.979/2020 estabeleceu regime jurídico diferenciado para a aquisição de bens, insumos e contratação de serviços – inclusive de engenharia – ligadas ao combate à emergência. Como contraponto às diversas regras que simplifica-

---

[90] O Acórdão TCU nº 1171/2020, Plenário, analisou Representação envolvendo possíveis irregularidades no âmbito de Parcerias para o Desenvolvimento Produtivo (PDPs). No voto condutor, o Ministro Benjamin Zymler analisa a natureza jurídica contratual dos respectivos instrumentos: "[...] os acordos de cooperação técnica celebrados sob a forma de PDPs possuem natureza jurídica de contrato administrativo, considerando-se este como sendo, de acordo com a Lei 8.666/1993, todo e qualquer ajuste celebrado entre órgãos ou entidades da administração pública e particulares, por meio do qual se estabelece acordo de vontades, para formação de vínculo e estipulação de obrigações recíprocas. A despeito da utilização da nomenclatura *acordo de cooperação técnica*, verifica-se que os interesses e objetivos dos signatários do mencionado acordo são diversos, pois a administração, por meio da instituição pública (laboratório), tem como objetivo a aquisição do *know-how* para a produção de determinado medicamento, no caso concreto, o Sofosbuvir, e como contraprestação pela internalização e pelo fornecimento da tecnologia de produção do referido medicamento adquirirá do parceiro privado, com exclusividade, todo o medicamento para atender a demanda do Ministério da Saúde até que esteja apta a fabricar o produto, respeitado o prazo do acordo celebrado".

ram procedimentos foram estabelecidos novos requisitos para transparência das contratações (art. 4º, § 2º).

No que se refere à contratação direta, no artigo 4º da Lei nº 13.979/2020[91] foi criada nova hipótese de licitação dispensável, temporariamente limitada[92] ao estado de calamidade pública reconhecido pelo Decreto Legislativo nº 6, de 20/03/2020. Por meio de sucessivas alterações legislativas, foi estabelecida presunção legal do atendimento de condições necessárias à contratação direta por dispensa (art. 4º-B da Lei nº 13.979/2020): I) ocorrência de situação de emergência; II) necessidade de pronto atendimento da situação de emergência; III) existência de risco à segurança de pessoas, de obras, de prestação de serviços, de equipamentos e de outros bens, públicos ou particulares; e IV) limitação da contratação à parcela necessária ao atendimento da situação de emergência. O estabelecimento de presunção legal objetiva afastar a necessidade de comprovação prévia do atendimento às exigências, mas não afasta o controle posterior a respeito da real ocorrência (especialmente do requisito referido no inciso "IV").

No momento da conclusão desta edição, a última alteração legislativa no regime de contratações emergenciais ligadas à pandemia foi a publicação da Lei nº 14.127, de 13 de outubro de 2021, fruto da conversão da Medida Provisória nº 1.047, de 03/05/2020, editada com regras praticamente idênticas às constantes da Lei nº 13.979/2020 em razão do exaurimento da vigência desta última norma (art. 8º).

5. CONTRATAÇÕES DE OBRAS E SERVIÇOS EM PERÍODO DE CALAMIDADE PÚBLICA

Em decorrência dos eventos climáticos extremos ocorridos nos meses de abril e maio de 2024 no Rio Grande do Sul, foi concebido regime especial para aquisição de bens e contratação de obras e serviços para enfrentamento das consequências decorrentes do estado de calamidade pública, quando caracterizada urgência de atendimento de situação que possa ocasionar prejuízo ou comprometer a continuidade dos serviços públicos ou a segurança de pessoas, de obras, de serviços, de equipamentos e de outros bens, públicos ou particulares.

A Lei nº 14.981, de 20 de setembro de 2024, condiciona a aplicação do regime excepcional disciplinado naquele diploma ao cumprimento dos seguintes requisitos: "I – declaração ou reconhecimento do estado de calamidade pública pelo Chefe do Poder Executivo do Estado ou do Distrito Federal ou pelo Poder Executivo federal, nos termos da Lei nº 12.608, de 10 de abril de 2012, e da Lei Complementar nº 101, de 4 de maio de 2000 (Lei de Responsabilidade Fiscal); II – ato do Poder Executivo federal ou do Chefe do Poder Executivo do Estado ou do Distrito Federal, com a autorização para aplicação das medidas excepcionais e a indicação do prazo dessa autorização" (art. 1º, § 1º).

---

[91] "Art. 4º É dispensável a licitação para aquisição ou contratação de bens, serviços, inclusive de engenharia, e insumos destinados ao enfrentamento da emergência de saúde pública de importância internacional de que trata esta Lei.

§ 1º A dispensa de licitação a que se refere o *caput* deste artigo é temporária e aplica-se apenas enquanto perdurar a emergência de saúde pública de importância internacional decorrente do coronavírus".

[92] "Art. 8º Esta Lei vigorará enquanto estiver vigente o Decreto Legislativo nº 6, de 20 de março de 2020, observado o disposto no art. 4º-H desta Lei". O Decreto Legislativo nº 6/ 2020, por seu turno, reconheceu a situação de calamidade pública somente até o dia 31 de dezembro de 2020.

A nova lei estabelece procedimentos simplificados para a fase preparatória, dispensa de licitação, sistema de registro de preços e para a formalização e execução dos contratos. As principais novidades são previstas no art. 2º:

> Art. 2º Os procedimentos previstos nesta Lei autorizam a administração pública a:
>
> I – dispensar a licitação para a aquisição de bens e a contratação de obras e de serviços, inclusive de engenharia, observado o disposto no Capítulo III desta Lei;
>
> II – reduzir pela metade os prazos mínimos de que tratam o art. 55 e o § 3º do art. 75 da Lei nº 14.133, de 1º de abril de 2021 (Lei de Licitações e Contratos Administrativos), para a apresentação das propostas e dos lances, nas licitações ou nas contratações diretas com disputa eletrônica;
>
> III – prorrogar contratos para além dos prazos estabelecidos nas Leis nºs 8.666, de 21 de junho de 1993, e 14.133, de 1º de abril de 2021 (Lei de Licitações e Contratos Administrativos), por, no máximo, 12 (doze) meses, contados da data de encerramento do contrato;
>
> IV – firmar contrato verbal, nos termos do § 2º do art. 95 da Lei nº 14.133, de 1º de abril de 2021 (Lei de Licitações e Contratos Administrativos), desde que o seu valor não seja superior a R$ 100.000,00 (cem mil reais), nas hipóteses em que a urgência não permitir a formalização do instrumento contratual; e
>
> V – adotar o regime especial previsto no Capítulo IV desta Lei para a realização de registro de preços.
>
> § 1º A prorrogação de que trata o inciso III do *caput* deste artigo aplica-se aos contratos vigentes na data de publicação do ato autorizativo de que trata o inciso II do § 1º do art. 1º desta Lei.
>
> § 2º Os contratos verbais firmados nos termos do inciso IV do *caput* deste artigo restringem-se a situações excepcionais em que não for possível substituir o contrato por instrumento hábil de menor formalidade, como carta-contrato, nota de empenho de despesa, autorização de compra ou ordem de execução de serviço.
>
> § 3º Os contratos verbais previstos no inciso IV do *caput* deste artigo devem ser formalizados em até 15 (quinze) dias, sob pena de nulidade dos atos praticados.

REFERÊNCIAS BIBLIOGRÁFICAS

DALLARI, Adílson. *Aspectos jurídicos da licitação*. 7. ed. rev., atual. e ampl. São Paulo: Saraiva, 2006, p. 45.

DI PIETRO, Maria Sylvia Zanella; MOTTA, Fabrício. Advocacia pública e sua atuação no procedimento licitatório: fundamentos, limites e responsabilização. *RDA – Revista de Direito Administrativo*, Rio de Janeiro, v. 270, p. 285-299, set./dez. 2015.

FERRAZ, Luciano. Função regulatória da licitação. *Revista de Direito Administrativo e Constitucional – A&C*, Belo Horizonte, v. 37, p. 133-142, jul./set. 2009.

FERRAZ, Luciano; NEVES, Rubia. Parcerias na Lei de Inovação Tecnológica – o caso das Sociedades de Propósito Específico (SPE). *Revista de Informação Legislativa*, ano 51, n. 203 jul./set. 2014. Disponível em: https://www2.senado.leg.br/bdsf/bitstream/handle/id/507408/001017659.pdf?sequence=1&isAllowed=y. Acesso em: 2 mar. 2021.

JUSTEN FILHO, Marçal. *Comentários à lei de licitações e contratos administrativos*: Lei 8.666/93. 18. ed. rev., atual. e ampl. São Paulo: Thomson Reuters Brasil, 2019.

MOTTA, Fabrício. Ensaio sobre contratos administrativos e políticas públicas In: GOMES, Carla Amado *et al. Responsabilidade nos contratos públicos*: uma perspectiva comparada luso-brasileira. Lisboa: Instituto de Ciências Jurídico-Políticas; Centro de Investigação de Direito Público, 2020. v. 1.

NIEBUHR, Joel. *Dispensa e inexigibilidade de licitação pública*. 4. ed. rev. e ampl. Belo Horizonte: Fórum, 2015.

TRIBUNAL DE CONTAS DA UNIÃO. *Roteiro para gestão de riscos em encomendas tecnológicas (ETEC)*. Brasília: Instituto Serzedêllo Correa, 2020. Disponível em: https://portal.tcu.gov.br/data/files/8E/F3/E2/AE/5200371055EB6E27E18818A8/ETEC_roteiro_gestao_riscos_encomendas_tecnologicas.pdf. Acesso em: 5 mar. 2021.

Quadro comparativo

Lei nº 14.133/2021	Leis nºˢ 8.666/1993, 10.520/2002 e 12.462/2011
CAPÍTULO VIII DA CONTRATAÇÃO DIRETA	**Sem correspondente**
Seção I Do Processo de Contratação Direta	**Sem correspondente**
Art. 72. O processo **de contratação direta, que compreende os casos** de inexigibilidade e de dispensa **de licitação, deverá** ser instruído com os seguintes **documentos:**	**L. 8.666/1993** **Art. 26.** [...] Parágrafo único. O processo de dispensa, de inexigibilidade ~~ou de retardamento, previsto neste artigo~~, será instruído~~, no que couber,~~ com os seguintes ~~elementos~~:
I – documento de formalização de demanda e, se for o caso, estudo técnico preliminar, análise de riscos, termo de referência, projeto básico ou projeto executivo; **II – estimativa de despesa, que deverá ser calculada na forma estabelecida no art. 23 desta Lei;** **III – parecer jurídico e pareceres técnicos, se for o caso, que demonstrem o atendimento dos requisitos exigidos;** **IV – demonstração da compatibilidade da previsão de recursos orçamentários com o compromisso a ser assumido;** **V – comprovação de que o contratado preenche os requisitos de habilitação e qualificação mínima necessária;**	**Sem correspondente**

Lei nº 14.133/2021	Leis nºˢ 8.666/1993, 10.520/2002 e 12.462/2011
VI – razão da escolha do **contratado**;	II – razão da escolha ~~do fornecedor ou executante~~;
VII – justificativa **de** preço;	III – justificativa ~~do~~ preço.
VIII – autorização da autoridade competente. **Parágrafo único. O ato que autoriza a contratação direta ou o extrato decorrente do contrato deverá ser divulgado e mantido à disposição do público em sítio eletrônico oficial.**	**Sem correspondente**
Art. 73. Na hipótese **de contratação direta indevida ocorrida com dolo, fraude ou erro grosseiro, o contratado e o agente público responsável** responde**rão** solidariamente pelo dano causado **ao erário**, sem prejuízo de outras sanções legais cabíveis.	**L. 8.666/1993** **Art. 25. [...]** § 2º Na hipótese ~~deste artigo e em qualquer dos casos de dispensa, se comprovado superfaturamento,~~ respondem solidariamente pelo dano causado ~~à Fazenda Pública o fornecedor ou o prestador de serviços e o agente público responsável~~, sem prejuízo de outras sanções legais cabíveis.
Seção II **Da Inexigibilidade de Licitação**	**Sem correspondente**
Art. 74. É inexigível a licitação quando inviá**vel a** competição, em especial **nos casos de**:	**L. 8.666/1993** **Art. 25.** É inexigível a licitação quando ~~houver~~ inviabilidade ~~de~~ competição, em especial:
I – aquisição de materiais, **de** equipamentos ou **de** gêneros **ou contratação de serviços** que só possam ser fornecidos por produtor, empresa ou representante comercial exclusivo**s;**	I – ~~para~~ aquisição de materiais, equipamentos~~,~~ ou gêneros que só possam ser fornecidos por produtor, empresa ou representante comercial exclusivo~~, vedada a preferência de marca, devendo a comprovação de exclusividade ser feita através de atestado fornecido pelo órgão de registro do comércio do local em que se realizaria a licitação ou a obra ou o serviço, pelo Sindicato, Federação ou Confederação Patronal, ou, ainda, pelas entidades equivalentes~~;
II – contratação de profissional d**o** setor artístico, diretamente ou **por meio** de empresário exclusivo, desde que consagrado pela crítica especializada ou pela opinião pública;	III – ~~para~~ contratação de profissional de ~~qualquer~~ setor artístico, diretamente ou ~~através~~ de empresário exclusivo, desde que consagrado pela crítica especializada ou pela opinião pública
III – contratação **dos seguintes** serviços técnicos **especializados de natureza predominantemente intelectual** com profissionais ou empresas de notória especialização, vedada a inexigibilidade para serviços de publicidade e divulgação:	Art. 25. [...] II – ~~para a~~ contratação ~~de~~ serviços técnicos ~~enumerados no art. 13 desta Lei, de natureza singular,~~ com profissionais ou empresas de notória especialização, vedada a inexigibilidade para serviços de publicidade e divulgação;

Lei nº 14.133/2021	Leis nos 8.666/1993, 10.520/2002 e 12.462/2011
a) estudos técnicos, planejamentos, projetos básicos ou projetos executivos;	**Art. 13 [...]** I— estudos técnicos, planejamentos e projetos básicos ou executivos;
b) pareceres, perícias e avaliações em geral;	II— pareceres, perícias e avaliações em geral;
c) assessorias ou consultorias técnicas e auditorias financeiras ou tributárias;	III— assessorias ou consultorias técnicas e auditorias financeiras ou tributárias;
d) fiscalização, supervisão ou gerenciamento de obras ou serviços;	IV— fiscalização, supervisão ou gerenciamento de obras ou serviços;
e) patrocínio ou defesa de causas judiciais ou administrativas;	V— patrocínio ou defesa de causas judiciais ou administrativas;
f) treinamento e aperfeiçoamento de pessoal;	VI— treinamento e aperfeiçoamento de pessoal
g) restauração de obras de arte e de bens de valor histórico;	VII— restauração de obras de arte e bens de valor histórico.
h) controles de qualidade e tecnológico, análises, testes e ensaios de campo e laboratoriais, instrumentação e monitoramento de parâmetros específicos de obras e do meio ambiente e demais serviços de engenharia que se enquadrem no disposto neste inciso; **IV – objetos que devam ou possam ser contratados por meio de credenciamento;**	**Sem correspondente**
V – **aquisição** ou locação de imóvel cujas **características** de instalações e **de** localização **tornem necessária** sua escolha.	**L. 8.666/1993** **Art. 24.** É dispensável a licitação: X – ~~para a compra~~ ou locação de imóvel ~~destinado ao atendimento das finalidades precípuas da administração,~~ cujas ~~necessidades~~ de instalação e localização ~~condicionem a~~ sua escolha, ~~desde que o preço seja compatível com o valor de mercado, segundo avaliação prévia;~~
§ 1º Para fins do disposto no inciso I do *caput* **deste artigo, a Administração deverá demonstrar a inviabilidade de competição mediante** atestado de exclusividade, **contrato de** exclusividade, **declaração do fabricante ou outro documento idôneo capaz de comprovar que o objeto é** fornecido **ou prestado** por produtor, empresa ou representante comercial exclusivo**s**, vedada a preferência **por** marca **específica.**	**L. 8.666/1993** **Art. 25. [...]** I —~~para aquisição de materiais, equipamentos, ou gêneros que só possam ser~~ fornecidos~~por produtor,~~ empresa ou representante comercial exclusivo,~~vedada a preferência~~ de marca, ~~devendo a comprovação~~ de exclusividade ~~ser feita através de~~ atestado ~~fornecido pelo órgão de registro do comércio do local em que se realizaria a licitação ou a obra ou o serviço, pelo Sindicato, Federação ou Confederação Patronal, ou, ainda, pelas entidades equivalentes;~~

Lei nº 14.133/2021	Leis nºˢ 8.666/1993, 10.520/2002 e 12.462/2011
§ 2º Para fins do disposto no inciso II do *caput* deste artigo, considera-se empresário exclusivo a pessoa física ou jurídica que possua contrato, declaração, carta ou outro documento que ateste a exclusividade permanente e contínua de representação, no País ou em Estado específico, do profissional do setor artístico, afastada a possibilidade de contratação direta por inexigibilidade por meio de empresário com representação restrita a evento ou local específico.	Sem correspondente
§ 3º Para fins do disposto no inciso III do *caput* deste artigo, considera-se de notória especialização o profissional ou **a** empresa cujo conceito no campo de sua especialidade, decorrente de desempenho anterior, estudos, experiência, publicações, organização, aparelhamento, equipe técnica ou outros requisitos relacionados com suas atividades, permita inferir que o seu trabalho é essencial e **reconhecidamente** adequado à plena satisfação do objeto do contrato.	**L. 8.666/93** **Art. 25. [...]** § 1º Considera-se de notória especialização o profissional ou empresa cujo conceito no campo de sua especialidade, decorrente de desempenho anterior, estudos, experiências, publicações, organização, aparelhamento, equipe técnica, ou ~~de~~ outros requisitos relacionados com suas atividades, permita inferir que o seu trabalho é essencial e ~~indiscutivelmente o mais~~ adequado à plena satisfação do objeto do contrato
§ 4º Nas contratações com fundamento no inciso III do *caput* deste artigo, é vedada a subcontratação de empresas ou a atuação de profissionais distintos daqueles que tenham justificado a inexigibilidade.	**L. 8.666/93** **Art. 13. [...]** ~~§ 3º A empresa de prestação de serviços técnicos especializados que apresente relação de integrantes de seu corpo técnico em procedimento licitatório ou como elemento de justificação de dispensa ou~~ inexigibilidade ~~de licitação, ficará obrigada a garantir que os referidos integrantes realizem pessoal e diretamente os serviços objeto do contrato.~~
§ 5º Nas contratações com fundamento no inciso V do *caput* deste artigo, devem ser observados os seguintes requisitos: I – avaliação prévia do bem, do seu estado de conservação, dos custos de adaptações, quando imprescindíveis às necessidades de utilização, e do prazo de amortização dos investimentos; II – certificação da inexistência de imóveis públicos vagos e disponíveis que atendam ao objeto; III – justificativas que demonstrem a singularidade do imóvel a ser comprado ou locado pela Administração e que evidenciem vantagem para ela.	Sem correspondente

Lei nº 14.133/2021	Leis nºs 8.666/1993, 10.520/2002 e 12.462/2011
Seção III **Da Dispensa de Licitação**	**Sem correspondente**
Art. 75. É dispensável a licitação:	**L. 8.666/93** **Art. 24.** É dispensável a licitação:
I – para **contratação que envolva** valores **inferiores a R$ 100.000,00 (cem mil reais), no caso de** obras e serviços de engenharia **ou de serviços de manutenção de veículos automotores;**	I – para obras e serviços de engenharia ~~de valor até 10% (dez por cento) do limite previsto na alínea "a", do inciso I do artigo anterior, desde que não se refiram a parcelas de uma mesma obra ou serviço ou ainda para obras e serviços da mesma natureza e no mesmo local que possam ser realizadas conjunta e concomitantemente;~~
II – para **contratação que envolva** valores **inferiores a R$ 50.000,00 (cinquenta mil reais), no caso de** outros serviços e compras**;**	II – para outros serviços e compras ~~de valor até 10% (dez por cento) do limite previsto na alínea "a", do inciso II do artigo anterior, e para alienações, nos casos previstos nesta Lei, desde que não se refiram a parcelas de um mesmo serviço, compra ou alienação de maior vulto que possa ser realizada de uma só vez;~~
III – para contratação que mantenha todas as condições definidas em edital de licitação realizada há menos de 1 (um) ano, quando se verificar que naquela licitação:	**Sem correspondente**
a) não **surgiram licitantes** interessados **ou não foram apresentadas propostas válidas;**	~~V – quando~~ não ~~acudirem~~ interessados à ~~licitação anterior e esta, justificadamente, não puder ser repetida sem prejuízo para a Administração, mantidas, neste caso, todas as condições preestabelecidas;~~
b) as propostas apresentadas consignar**am** preços manifestamente superiores aos praticados no mercado ou incompatíveis com os fixados pelos órgãos oficiais competentes;	~~VII – quando~~ as propostas apresentadas consignarem preços manifestamente superiores aos praticados no mercado ~~nacional,~~ ou ~~forem~~ incompatíveis com os fixados pelos órgãos oficiais competentes, ~~casos em que, observado o parágrafo único do art. 48 desta Lei e, persistindo a situação, será admitida a adjudicação direta dos bens ou serviços, por valor não superior ao constante do registro de preços, ou dos serviços;~~
IV – para contratação que tenha por objeto:	**Sem correspondente**
a) bens, componentes ou peças de origem nacional ou estrangeira necessários à manutenção de equipamentos, **a serem adquiridos d**o fornecedor original desses equipamentos durante o período de garantia técnica, quando **essa** condição de exclusividade for indispensável para a vigência da garantia;	~~XVII – para a aquisição de~~ componentes ou peças de origem nacional ou estrangeira, necessários à manutenção de equipamentos durante o período de garantia técnica, ~~junto ao~~ fornecedor original desses equipamentos, quando ~~tal~~ condição de exclusividade for indispensável para a vigência da garantia;

Lei nº 14.133/2021	Leis nºˢ 8.666/1993, 10.520/2002 e 12.462/2011
b) bens, serviços, **alienações ou obras,** nos termos de acordo internacional específico aprovado pelo Congresso Nacional, quando as condições ofertadas forem manifestamente vantajosas para a **Administração;**	XIV – para a aquisição de bens ou serviços nos termos de acordo internacional específico aprovado pelo Congresso Nacional, quando as condições ofertadas forem manifestamente vantajosas para o Poder Público;
c) produtos para pesquisa e desenvolvimento, limitada **a contratação,** no caso de obras e serviços de engenharia, **ao valor de R$ 300.000,00 (trezentos mil reais);**	XXI – para a aquisição ou contratação de produto para pesquisa e desenvolvimento, limitada, no caso de obras e serviços de engenharia, a 20% (vinte por cento) do valor de que trata a alínea "b" do inciso I do *caput* do art. 23;
d) transferência de tecnologia **ou** licenciamento de direito de uso ou de exploração de criação protegida, na**s** contrataç**ões** realizada**s** por instituição científica, tecnológica **e de inovação** (ICT) **pública** ou por agência de fomento, **desde que demonstrada vantagem para a Administração;**	XXV – na contratação realizada por Instituição Científica e Tecnológica – ICT ou por agência de fomento para a transferência de tecnologia e para o licenciamento de direito de uso ou de exploração de criação protegida.
e) hortifrutigranjeiros, pã**es** e outros gêneros perecíveis, no **período** necessário para a realização dos processos licitatórios correspondentes, **hipótese em que a contratação será** realizada diretamente com base no preço do dia;	XII – nas compras de hortifrutigranjeiros, pão e outros gêneros perecíveis, no tempo necessário para a realização dos processos licitatórios correspondentes, realizadas diretamente com base no preço do dia;
f) bens **ou** serviços produzidos ou prestados no País que envolvam, cumulativamente, alta complexidade tecnológica e defesa nacional;	XXVIII – para o fornecimento de bens e serviços, produzidos ou prestados no País, que envolvam, cumulativamente, alta complexidade tecnológica e defesa nacional, mediante parecer de comissão especialmente designada pela autoridade máxima do órgão.
g) materia**is** de uso das Forças Armadas, com exceção de materiais de uso pessoal e administrativo, quando houver necessidade de manter a padronização requerida pela estrutura de apoio logístico dos meios navais, aéreos e terrestres, mediante **autorização por ato do comandante da força militar;**	XIX – para as compras de material de uso pelas Forças Armadas, com exceção de materiais de uso pessoal e administrativo, quando houver necessidade de manter a padronização requerida pela estrutura de apoio logístico dos meios navais, aéreos e terrestres, mediante parecer de comissão instituída por decreto;
h) bens e serviços para atend**imento d**os contingentes militares das forças singulares brasileiras empregadas em operações de paz no exterior, **hipótese em que a contratação deverá ser** justificada quanto ao preço e à escolha do fornecedor ou executante e ratificada pelo comandante da força **militar;**	XXIX – na aquisição de bens e contratação de serviços para atender aos contingentes militares das Forças Singulares brasileiras empregadas em operações de paz no exterior, necessariamente justificadas quanto ao preço e à escolha do fornecedor ou executante e ratificadas pelo Comandante da Força.

Lei nº 14.133/2021	Leis nºs 8.666/1993, 10.520/2002 e 12.462/2011
i) abastecimento **ou suprimento de efetivos militares** em estada eventual de curta duração em portos, aeroportos ou localidades diferentes de suas sedes, por motivo de movimentação operacional ou de adestramento;	~~XVIII – nas compras ou contratações de serviços para o~~ abastecimento ~~de navios, embarcações, unidades aéreas ou tropas e seus meios de deslocamento quando~~ em estada eventual de curta duração em portos, aeroportos ou localidades diferentes de suas sedes, por motivo de movimentação operacional ou de adestramento, ~~quando a exiguidade dos prazos legais puder comprometer a normalidade e os propósitos das operações e desde que seu valor não exceda ao limite previsto na alínea "a" do inciso II do art. 23 desta Lei;~~
j) coleta, processamento e comercialização de resíduos sólidos urbanos recicláveis ou reutilizáveis, em áreas com sistema de coleta seletiva de lixo, **realizados** por associações ou cooperativas formadas exclusivamente de pessoas físicas de baixa renda reconhecidas pelo poder público como catadores de materiais recicláveis, com o uso de equipamentos compatíveis com as normas técnicas, ambientais e de saúde pública;	~~XXVII – na contratação da~~ coleta, processamento e comercialização de resíduos sólidos urbanos recicláveis ou reutilizáveis, em áreas com sistema de coleta seletiva de lixo, ~~efetuados~~ por associações ou cooperativas formadas exclusivamente por pessoas físicas de baixa renda reconhecidas pelo poder público como catadores de materiais recicláveis, com o uso de equipamentos compatíveis com as normas técnicas, ambientais e de saúde pública.
k) aquisição ou restauração de obras de arte e objetos históricos, de autenticidade certificada, desde que inerente às finalidades do órgão ou **com elas** compatível**;**	~~XV – para a~~ aquisição ou restauração de obras de arte e objetos históricos, de autenticidade certificada, desde que compatíveis ou inerentes às finalidades do órgão ~~ou entidade.~~
l) serviços especializados ou aquisição ou locação de equipamentos destinados ao rastreamento e à obtenção de provas previstas nos incisos II e V do *caput* **do art. 3º da Lei nº 12.850, de 2 de agosto de 2013, quando houver necessidade justificada de manutenção de sigilo sobre a investigação;**	**Sem correspondente**
m) aquisição de medicamentos destinados exclusivamente ao tratamento de doenças raras definidas pelo Ministério da Saúde;	
V – para contrata**ção com v**istas ao cumprimento do disposto nos arts. 3º, **3º-A,** 4º, 5º e 20 da Lei nº 10.973, de 2 de dezembro de 2004, observados os princípios gerais de contratação constantes **da referida Lei;**	~~XXXI –~~ nas contratações ~~visando~~ ao cumprimento do disposto nos arts. 3º, 4º, 5º e 20 da Lei nº 10.973, de 2 de dezembro de 2004, observados os princípios gerais de contratação ~~dela~~ constantes.
VI – para contratação que possa acarretar comprometimento da segurança nacional, nos casos estabelecidos **pelo Ministro de Estado da Defesa, mediante demanda dos comandos das Forças Armadas ou dos demais ministérios;**	~~IX – quando houver possibilidade de~~ comprometimento da segurança nacional, nos casos estabelecidos ~~em decreto do Presidente da República, ouvido o Conselho de Defesa Nacional;~~

Lei nº 14.133/2021	Leis nºs 8.666/1993, 10.520/2002 e 12.462/2011
VII – nos casos de guerra, **estado de defesa, estado de sítio, intervenção federal** ou **de** grave perturbação da ordem;	~~III~~ – nos casos de guerra ou grave perturbação da ordem;
VIII – nos casos de emergência ou de calamidade pública, quando caracterizada urgência de atendimento de situação que possa ocasionar prejuízo ou comprometer **a continuidade dos serviços públicos ou** a segurança de pessoas, obras, serviços, equipamentos e outros bens, públicos ou particulares, e somente para **aquisição** dos bens necessários ao atendimento da situação emergencial ou calamitosa e para as parcelas de obras e serviços que possam ser concluídas no prazo máximo de **1 (um) ano**, contado da **data de** ocorrência da emergência ou **da** calamidade, vedadas a prorrogação dos respectivos contratos **e a recontratação de empresa já contratada com base no disposto neste inciso**;	~~IV~~ – nos casos de emergência ou de calamidade pública, quando caracterizada urgência de atendimento de situação que possa ocasionar prejuízo ou comprometer a segurança de pessoas, obras, serviços, equipamentos e outros bens, públicos ou particulares, e somente para os bens necessários ao atendimento da situação emergencial ou calamitosa e para as parcelas de obras e serviços que possam ser concluídas no prazo máximo de ~~180 (cento e oitenta) dias consecutivos e ininterruptos~~, contados da ocorrência da emergência ou calamidade, vedada a prorrogação dos respectivos contratos;
IX – para a aquisição, por pessoa jurídica de direito público interno, de bens produzidos ou serviços prestados por órgão ou entidade que int**egrem** a Administração Pública e que tenha**m** sido criado**s** para esse fim específico, desde que o preço contratado seja compatível com o praticado no mercado;	~~VIII~~ – para a aquisição, por pessoa jurídica de direito público interno, de bens produzidos ou serviços prestados por órgão ou entidade que integre a Administração Pública e que tenha sido criado para esse fim específico ~~em data anterior à vigência desta Lei~~, desde que o preço contratado seja compatível com o praticado no mercado;
X – quando a União tiver que intervir no domínio econômico para regular preços ou normalizar o abastecimento;	~~VI~~ – quando a União tiver que intervir no domínio econômico para regular preços ou normalizar o abastecimento;
XI – para celebração de contrato de programa com ente **federativo** ou com entidade de sua Administração **Pública** indireta **que envolva** prestação de serviços públicos de forma associada nos termos autorizado**s** em contrato de consórcio público ou em convênio de cooperação**;**	~~XXVI – na~~ celebração de contrato de programa com ente ~~da Federação~~ ou com entidade de sua administração indireta~~, para a~~ prestação de serviços públicos de forma associada nos termos ~~do~~ autorizado em contrato de consórcio público ou em convênio de cooperação~~.~~
XII – para contratação em que houver transferência de tecnologia de produtos estratégicos para o Sistema Único de Saúde (SUS), conforme elencados em ato da direção nacional do SUS, inclusive por ocasião da aquisição des**s**es produtos durante as etapas de absorção tecnológica**, e em valores compatíveis com aqueles definidos no instrumento firmado para a transferência de tecnologia**;	~~XXXII~~ – na contratação em que houver transferência de tecnologia de produtos estratégicos para o Sistema Único de Saúde – SUS, ~~no âmbito da Lei nº 8.080, de 19 de setembro de 1990~~, conforme elencados em ato da direção nacional do SUS, inclusive por ocasião da aquisição destes produtos durante as etapas de absorção tecnológica~~.~~

Lei nº 14.133/2021	Leis nºs 8.666/1993, 10.520/2002 e 12.462/2011
XIII – para contratação de profissionais para compor a comissão de avaliação de critérios de técnica, quando se tratar de profissional técnico de notória especialização;	**Sem correspondente**
XIV – para contratação de associação de ~~pessoas com~~ deficiência, sem fins lucrativos e de comprovada idoneidade, por órgão ou entidade da Administração Pública, para a prestação de serviços, desde que o preço contratado seja compatível com o praticado no mercado **e os serviços contratados sejam prestados exclusivamente por pessoas com deficiência;**	~~XX – na~~ contratação de associação de ~~portadores de~~ deficiência ~~física~~, sem fins lucrativos e de comprovada idoneidade, por órgãos ou entidades da Administração Pública, para a prestação de serviços ~~ou fornecimento de mão-de-obra~~, desde que o preço contratado seja compatível com o praticado no mercado~~:~~
XV – para contratação de instituição brasileira **que tenha por finalidade** estatutária **apoiar, captar e executar atividades de** ensino, pesquisa, **extensão**, desenvolvimento institucional, científico e tecnológico e estímulo à inovação, inclusive para gerir administrativa e financeiramente essas atividades, ou para contratação de instituição dedicada à recuperação social da pessoa presa, desde que o contratado tenha inquestionável reputação ética e profissional e não tenha fins lucrativos;	~~XIII – na~~ contratação de instituição brasileira ~~incumbida regimental ou~~ estatutariamente da pesquisa, ~~do~~ ensino ~~ou do~~ desenvolvimento institucional, ou de instituição dedicada à recuperação social do preso, desde que a contratada detenha inquestionável reputação ~~ético-~~profissional e não tenha fins lucrativos;
XVI – para aquisição**,** por pessoa jurídica de direito público interno**,** de insumos estratégicos para a saúde produzidos por fundação que, regimental ou estatutariamente, tenha por finalidade apoiar órgão da Administração Pública direta, sua autarquia ou fundação em projetos de ensino, pesquisa, extensão, desenvolvimento institucional, científico e tecnológico e **de** estímulo à inovação, inclusive na gestão administrativa e financeira necessária à execução desses projetos, ou em parcerias que envolvam transferência de tecnologia de produtos estratégicos para o SUS, nos termos do inciso **XII deste** *caput*, e que tenha sido criada para esse fim específico em data anterior à **entrada em vigor** desta Lei, desde que o preço contratado seja compatível com o praticado no mercado;	~~XXXIV –~~ para a aquisição por pessoa jurídica de direito público interno de insumos estratégicos para a saúde produzidos ~~ou distribuídos~~ por fundação que, regimental ou estatutariamente, tenha por finalidade apoiar órgão da administração pública direta, sua autarquia ou fundação em projetos de ensino, pesquisa, extensão, desenvolvimento institucional, científico e tecnológico e estímulo à inovação, inclusive na gestão administrativa e financeira necessária à execução desses projetos, ou em parcerias que envolvam transferência de tecnologia de produtos estratégicos para o ~~Sistema Único de Saúde~~ —SUS, nos termos do inciso ~~XXXII~~ deste artigo, e que tenha sido criada para esse fim específico em data anterior à ~~vigência~~ desta Lei, desde que o preço contratado seja compatível com o praticado no mercado.
XVII – para contratação de entidades privadas sem fins lucrativos para a implementação de cisternas ou outras tecnologias sociais de acesso à água para consumo humano e produção de alimentos, a fim de beneficiar as famílias rurais de baixa renda atingidas pela seca ou pela falta regular de água; e XVIII – para contratação de entidades privadas sem fins lucrativos, para a implementação do	

Lei nº 14.133/2021	Leis nºˢ 8.666/1993, 10.520/2002 e 12.462/2011
Programa Cozinha Solidária, que tem como finalidade fornecer alimentação gratuita preferencialmente à população em situação de vulnerabilidade e risco social, incluída a população em situação de rua, com vistas à promoção de políticas de segurança alimentar e nutricional e de assistência social e à efetivação de direitos sociais, dignidade humana, resgate social e melhoria da qualidade de vida.	
§ 1º Para fins de aferição dos valores que atendam aos limites referidos nos incisos I e II do *caput* deste artigo, deverão ser observados: **I – o somatório do que for despendido no exercício financeiro pela respectiva unidade gestora;** **II – o somatório da despesa realizada com objetos de mesma natureza, entendidos como tais aqueles relativos a contratações no mesmo ramo de atividade.**	**Sem correspondente**
§ 2º Os **valores** referidos nos incisos I e II do *caput* deste artigo serão **duplicados** para compras, obras e serviços contratados por consórcio público **ou** por autarquia ou fundação qualificadas como agências executivas na forma da lei.	**L. 8.666/93** **Art. 24. [...]** § 1º Os ~~percentuais~~ referidos nos incisos I e II do *caput* deste artigo serão ~~20% (vinte por cento)~~ para compras, obras e serviços contratados por consórcios públicos, ~~sociedade de economia mista, empresa pública e~~ por autarquia ou fundação qualificadas; na forma da lei; como Agências Executivas.
§ 3º As contratações de que tratam os incisos I e II do *caput* deste artigo serão preferencialmente precedidas de divulgação de aviso em sítio eletrônico oficial, pelo prazo mínimo de 3 (três) dias úteis, com a especificação do objeto pretendido e com a manifestação de interesse da Administração em obter propostas adicionais de eventuais interessados, devendo ser selecionada a proposta mais vantajosa. **§ 4º As contratações de que tratam os incisos I e II do *caput* deste artigo serão preferencialmente pagas por meio de cartão de pagamento, cujo extrato deverá ser divulgado e mantido à disposição do público no Portal Nacional de Contratações Públicas (PNCP).**	**Sem correspondente**

Lei nº 14.133/2021	Leis nºˢ 8.666/1993, 10.520/2002 e 12.462/2011
§ 5º A dispensa prevista **na alínea "c" do** inciso **IV** do *caput* **deste artigo**, quando aplicada a obras e serviços de engenharia, seguirá procedimentos especiais instituídos em regulamentação específica.	**L. 8.666/93** **Art. 24. [...]** § 3º A ~~hipótese de~~ dispensa prevista ~~no inciso XXI~~ do *caput*, quando aplicada a obras e serviços de engenharia, seguirá procedimentos especiais instituídos em regulamentação específica.
§ 6º Para os fins do inciso VIII do *caput* **deste artigo, considera-se** emergencial **a contratação por** dispensa **com objetivo de manter a continuidade do serviço público, e deverão ser observados os valores praticados pelo mercado na forma do art. 23 desta Lei e adotadas as providências necessárias para a conclusão do processo licitatório, sem prejuízo de apuração de responsabilidade dos agentes públicos que deram causa à situação emergencial.**	**L. 8.666/93** **Art. 26. [...]** ~~Parágrafo único. O processo de~~ dispensa, ~~de inexigibilidade ou de retardamento, previsto neste artigo, será instruído, no que couber, com os seguintes elementos:~~ ~~I – caracterização da situação~~ emergencial, ~~calamitosa ou de grave e iminente risco à segurança pública que justifique a~~ dispensa, ~~quando for o caso;~~
§ 7º Não se aplica o disposto no § 1º deste artigo às contratações de até R$ 8.000,00 (oito mil reais) de serviços de manutenção de veículos automotores de propriedade do órgão ou entidade contratante, incluído o fornecimento de peças.	Sem correspondente
CAPÍTULO IX DAS ALIENAÇÕES	**L. 8.666/93** ~~Seção VI~~ **Das Alienações**
Art. 76. A alienação de bens da Administração Pública, subordinada à existência de interesse público devidamente justificado, será precedida de avaliação e obedecerá às seguintes normas:	**Art. 17.** A alienação de bens da Administração Pública, subordinada à existência de interesse público devidamente justificado, será precedida de avaliação e obedecerá às seguintes normas:
I – **tratando-se de bens** imóveis, **inclusive os pertencentes às autarquias e às fundações, exigirá** autorização legislativa e dependerá de licitação na modalidade **leilão**, dispensada **a realização de licitação** nos casos **de:**	I – ~~quando~~ imóveis, ~~dependerá de~~ autorização legislativa ~~para órgãos da administração direta e entidades autárquicas e fundacionais; e, para todos, inclusive as entidades paraestatais,~~ dependerá ~~de avaliação prévia e~~ de licitação na modalidade de ~~concorrência,~~ dispensada ~~esta~~ nos ~~seguintes~~ casos:
a) dação em pagamento;	a) dação em pagamento;
b) doação, permitida exclusivamente para outro órgão ou entidade da Administração Pública, de qualquer esfera de governo, ressalvado o disposto nas alíneas "f", "**g**" e "h" **deste inciso**;	b) doação, permitida exclusivamente para outro órgão ou entidade da administração pública, de qualquer esfera de governo, ressalvado o disposto nas alíneas *f, h* e *i*;

Lei nº 14.133/2021	Leis nºˢ 8.666/1993, 10.520/2002 e 12.462/2011
c) permuta por outros imóveis que atendam aos requisitos **relacionados às finalidades precípuas da Administração, desde que a diferença apurada não ultrapasse a metade do valor do imóvel que será ofertado pela União, segundo avaliação prévia, e ocorra a torna de valores, sempre que for o caso;**	c) permuta, por outro imóvel que atenda aos requisitos ~~constantes do inciso X do art. 24 desta Lei;~~
d) investidura;	d) investidura;
e) venda a outro órgão ou entidade da Administração Pública de qualquer esfera de governo;	e) venda a outro órgão ou entidade da administração pública; de qualquer esfera de governo;
f) alienação gratuita ou onerosa, aforamento, concessão de direito real de uso, locação e permissão de uso de bens imóveis residenciais construídos, destinados ou efetivamente **usados em** programas **de** habita**ção** ou de regularização fundiária de interesse social desenvolvidos por órgão ou entidade da Administração Pública;	f) alienação gratuita ou onerosa, aforamento, concessão de direito real de uso, locação ou permissão de uso de bens imóveis residenciais construídos, destinados ou efetivamente ~~utilizados no âmbito de~~ programas habita~~cionais~~ ou de regularização fundiária de interesse social desenvolvidos por órgãos ou entidades da administração pública;
g) alienação gratuita ou onerosa, aforamento, concessão de direito real de uso, locação **e** permissão de uso de bens imóveis comerciais de âmbito local, com área de até 250 m² (duzentos e cinquenta metros quadrados) e **destinados a** programas de regularização fundiária de interesse social desenvolvidos por órgão ou entidade da Administração Pública;	~~h)~~ alienação gratuita ou onerosa, aforamento, concessão de direito real de uso, locação ~~ou~~ permissão de uso de bens imóveis ~~de uso~~ comercial de âmbito local com área de até 250 m² (duzentos e cinquenta metros quadrados) e ~~inseridos no âmbito de~~ programas de regularização fundiária de interesse social desenvolvidos por órgãos ou entidades da administração pública;
h) alienação e concessão de direito real de uso, gratuita ou onerosa, de terras públicas rurais da União e do **Instituto Nacional de Colonização e Reforma Agrária** (Incra) onde incidam ocupações até o limite de que trata o § 1º do art. 6º da Lei nº 11.952, de 25 de junho de 2009, para fins de regularização fundiária, atendidos os requisitos legais;	~~i)~~ alienação e concessão de direito real de uso, gratuita ou onerosa, de terras públicas rurais da União e do Incra; onde incidam ocupações até o limite de que trata o § 1º do art. 6º da Lei nº 11.952, de 25 de junho de 2009, para fins de regularização fundiária, atendidos os requisitos legais; e
i) legitimação de posse de que trata o art. 29 da Lei nº 6.383, de 7 de dezembro de 1976, mediante iniciativa e deliberação dos órgãos da Administração Pública competen**tes**;	~~g) procedimentos de~~ legitimação de posse de que trata o art. 29 da Lei nº 6.383, de 7 de dezembro de 1976, mediante iniciativa e deliberação dos órgãos da Administração Pública ~~em cuja~~ competência ~~legal inclua-se tal atribuição;~~
j) legitimação fundiária e legitimação de posse de que trata a Lei nº 13.465, de 11 de julho de 2017;	**Sem correspondente**

Lei nº 14.133/2021	Leis nºˢ 8.666/1993, 10.520/2002 e 12.462/2011
II – **tratando-se de bens** móveis, dependerá de licitação **na modalidade leilão**, dispensada **a realização de licitação** nos casos **de:**	II – ~~quando~~ móveis, dependerá de ~~avaliação prévia e de~~ licitação, dispensada ~~esta~~ nos ~~seguintes~~ casos:
a) doação, permitida exclusivamente para fins e uso de interesse social, após avaliação de oportunidade e conveniência socioeconômica **em** rela**ção** à escolha de outra forma de alienação;	a) doação, permitida exclusivamente para fins e uso de interesse social, após avaliação de ~~sua~~ oportunidade e conveniência socioeconômica, ~~relativamente~~ à escolha de outra forma de alienação;
b) permuta, permitida exclusivamente entre órgãos ou entidades da Administração Pública;	b) permuta, permitida exclusivamente entre órgãos ou entidades da Administração Pública;
c) venda de ações, que poderão ser negociadas em bolsa, observada a legislação específica;	c) venda de ações, que poderão ser negociadas em bolsa, observada a legislação específica;
d) venda de títulos, observada a legislação pertinente;	d) venda de títulos, na forma da legislação pertinente;
e) venda de bens produzidos ou comercializados por entidades da Administração Pública, em virtude de suas finalidades;	e) venda de bens produzidos ou comercializados por ~~órgãos ou~~ entidades da Administração Pública, em virtude de suas finalidades;
f) venda de materiais e equipamentos sem utilização previsível por quem deles dispõe para outros órgãos ou entidades da Administração Pública.	f) venda de materiais e equipamentos para outros órgãos ou entidades da Administração Pública, sem utilização previsível por quem deles dispõe.
§ 1º **A alienação de** bens imóveis da Administração Pública cuja aquisição **tenha sido** deriva**d**a de procedimentos judiciais ou de dação em pagamento **dispensará autorização legislativa e exigirá apenas** avaliação **prévia e** licita**ção** n**a modalidade** leilão.	**L. 8.666/93** **Art. 19.** ~~Os~~ bens imóveis da Administração Pública, cuja aquisição ~~haja~~ derivado de procedimentos judiciais ou de dação em pagamento, ~~poderão ser alienados por ato da autoridade competente, observadas as seguintes regras:~~ I – avaliação ~~dos bens alienáveis;~~ ~~II – comprovação da necessidade ou utilidade da alienação;~~ ~~III – adoção do procedimento~~ licitatório, ~~sob~~ a modalidade ~~de concorrência ou~~ leilão.
§ 2º Os imóveis doados com base na alínea "b" do inciso I **do *caput*** deste artigo, cessadas as razões que justificaram sua doação, **serão** reverti**dos** ao patrimônio da pessoa jurídica doadora, vedada sua alienação pelo beneficiário.	**Art. 19.** [...] § 1º Os imóveis doados com base na alínea "b" do inciso I deste artigo, cessadas as razões que justificaram ~~a~~ sua doação, reverterão ao patrimônio da pessoa jurídica doadora, vedada ~~a~~ sua alienação pelo beneficiário.
§ 3º A Administração poderá conceder título de propriedade ou de direito real de uso de imóvel, **admitida a** dispensa **de** licitação, quando o uso destinar-se **a:**	§ 2º A Administração ~~também~~ poderá conceder título de propriedade ou de direito real de uso de ~~imóveis,~~ dispensada licitação, quando o uso destinar-se:

Lei nº 14.133/2021	Leis nºs 8.666/1993, 10.520/2002 e 12.462/2011
I – outro órgão ou entidade da Administração Pública, qualquer que seja a localização do imóvel;	I – a outro órgão ou entidade da Administração Pública, qualquer que seja a localização do imóvel;
II – pessoa natural que, nos termos de lei, regulamento ou ato normativo do órgão competente, haja implementado os requisitos mínimos de cultura, **de** ocupação mansa e pacífica e **de** exploração direta sobre área rural, observado o limite de que trata o § 1º do art. 6º da Lei nº 11.952, de 25 de junho de 2009.	II – a pessoa natural que, nos termos de lei, regulamento ou ato normativo do órgão competente, haja implementado os requisitos mínimos de cultura, ocupação mansa e pacífica e exploração direta sobre área rural, observado o limite de que trata o § 1º do art. 6º da Lei nº 11.952, de 25 de junho de 2009;
§ 4º A **aplicação do disposto n**o inciso II do § 3º **deste artigo será** dispensada de autorização legislativa e submeter-se-**á** aos seguintes condicionamentos:	§ 2º-A. As hipóteses do inciso II do § 2º ficam dispensadas de autorização legislativa, porém submetem-se aos seguintes condicionamentos:
I – aplicação exclusiva às áreas em que a detenção por particular seja comprovadamente anterior a 1º de dezembro de 2004;	I – aplicação exclusivamente às áreas em que a detenção por particular seja comprovadamente anterior a 1º de dezembro de 2004;
II – submissão aos demais requisitos e impedimentos do regime legal e administrativo d**e** destinação e d**e** regularização fundiária de terras públicas;	II – submissão aos demais requisitos e impedimentos do regime legal e administrativo da destinação e da regularização fundiária de terras públicas;
III – vedação de concessão para exploração não contemplada na lei agrária, nas leis de destinação de terras públicas ou nas normas legais ou administrativas de zoneamento ecológico-econômico;	III – vedação de concessões para hipóteses de exploração não-contempladas na lei agrária, nas leis de destinação de terras públicas; ou nas normas legais ou administrativas de zoneamento ecológico-econômico; e
IV – previsão de **extinção** automática da concessão, dispensada notificação, em caso de declaração de utilidade pública, **de** necessidade pública ou **de** interesse social;	IV – previsão de rescisão automática da concessão, dispensada notificação, em caso de declaração de utilidade, ou necessidade pública ou interesse social.
V – **aplicação exclusiva** a imóvel situado em zona rural **e** não sujeito a vedação, impedimento ou inconveniente **à** exploração mediante atividade agropecuária;	§ 2º-B. A hipótese do inciso II do § 2º deste artigo: I – só se aplica a imóvel situado em zona rural, não sujeito a vedação, impedimento ou inconveniente a sua exploração mediante atividades agropecuárias;
VI – limita**ção** a áreas **de que trata o § 1º do art. 6º da Lei nº 11.952, de 25 de junho de 2009**, vedada a dispensa de licitação para áreas superiores;	II – fica limitada a áreas de até quinze módulos fiscais, desde que não exceda mil e quinhentos hectares, vedada a dispensa de licitação para áreas superiores a esse limite;
VII – **a**cúmul**o** com o quantitativo de área decorrente d**o caso** previst**o** na alínea **"i"** do inciso I do *caput* deste artigo até o limite previsto no inciso **VI** deste parágrafo.	III – pode ser cumulada com o quantitativo de área decorrente da figura prevista na alínea g do inciso I do *caput* deste artigo, até o limite previsto no inciso II deste parágrafo.

Lei nº 14.133/2021	Leis nºs 8.666/1993, 10.520/2002 e 12.462/2011
§ 5º Entende-se por investidura, para os fins desta Lei, **a**:	§ 3º Entende-se por investidura, para os fins desta lei:
I – alienação, ao proprietário de imóvel lindeiro, de área remanescente ou resultante de obra pública que se tornar inaproveitável isoladamente, por preço **que não seja** inferior ao da avaliação **nem superior** a 50% (cinquenta por cento) do valor **máximo permitido para dispensa de licitação de bens e serviços previsto n**esta Lei;	I – a alienação aos proprietários de imóveis lindeiros de área remanescente ou resultante de obra pública, ~~área esta~~ que se tornar inaproveitável isoladamente, por preço ~~nunca~~ inferior ao da avaliação ~~e desde que esse não ultrapasse~~ a 50% (cinquenta por cento) do valor ~~constante da alínea "a" do inciso II do art. 23~~ desta lei;
II – alienação, ao legítimo possuidor direto ou, na falta de**le**, ao poder público, de imóvel para fins residenciais construído em núcleo urbano anexo a usina hidrelétrica, desde que considerado dispensável na fase de operação **da usina** e **que** não integre a categoria de bens reversíveis ao final da concessão.	II – ~~a~~ alienação, aos legítimos possuidores diretos ou, na falta destes, ao Poder Público, de imóveis para fins residenciais construídos em núcleos urbanos anexos a usinas hidrelétricas, desde que considerados dispensáveis na fase de operação ~~dessas unidades~~ e não integrem a categoria de bens reversíveis ao final da concessão.
§ 6º A doação com encargo será licitada e de seu instrumento constarão, obrigatoriamente, os encargos, o prazo de seu cumprimento e **a** cláusula de reversão, sob pena de nulidade do ato, dispensada a licitação em caso de interesse público devidamente justificado.	§ 4º A doação com encargo será licitada e de seu instrumento constarão, obrigatoriamente os encargos, o prazo de seu cumprimento e cláusula de reversão, sob pena de nulidade do ato, ~~sendo~~ dispensada a licitação ~~no~~ caso de interesse público devidamente justificado;
§ 7º Na hipótese do **§ 6º deste artigo**, caso o donatário necessite oferecer o imóvel em garantia de financiamento, a cláusula de reversão e **as** demais obrigações serão garantidas por hipoteca em segundo grau em favor do doador.	§ 5º Na hipótese ~~do parágrafo anterior~~, caso o donatário necessite oferecer o imóvel em garantia de financiamento, a cláusula de reversão e demais obrigações serão garantidas por hipoteca em segundo grau em favor do doador.
Art. 77. Para a venda de bens imóveis, será concedido direito de preferência ao licitante que, submetendo-se a todas as regras do edital, comprove a ocupação do imóvel objeto da licitação.	**Sem correspondente**

6

Instrumentos Auxiliares das Licitações e Contratações

Edgar Guimarães

Os instrumentos auxiliares têm a finalidade principal de propiciar uma maior eficiência, eficácia, celeridade e até mesmo economicidade aos processos de contratação. Todos são marcados por condutas administrativas prévias à licitação e a própria contratação, dinamizando os procedimentos internos voltados às aquisições e contratações.

O artigo 78 da Lei nº 14.133/2021, especifica como procedimentos auxiliares o credenciamento, a pré-qualificação, o procedimento de manifestação de interesse, o sistema de registro de preços e o registro cadastral, que deverão obedecer a critérios claros e objetivos definidos em regulamento.

Conforme dicção da própria lei, a efetiva aplicação de tais procedimentos depende de normas regulamentares, via de regra baixadas por meio de decretos.

No tocante aos regulamentos, a doutrina tem admitido dos tipos, o executivo e o independente ou autônomo. O primeiro nos termos dos artigo 84, inciso IV, da Constituição Federal, contém normas para fiel execução da lei, não podendo estabelecer disposições *contra legem* ou *ultra legem*, bem como qualquer inovação na ordem jurídica, criando direitos, obrigações, proibições, medidas punitivas, devendo se limitar a estabelecer regras para a escorreita aplicação da lei. De outro giro, com a Emenda Constitucional nº 32/2001, foi introduzido no ordenamento pátrio o ato normativo conhecido doutrinariamente como decreto autônomo, que decorre diretamente da Constituição, possuindo efeitos análogos ao de uma lei ordinária.

Em nosso país, o texto constitucional de 1988 limitou consideravelmente o poder regulamentar, não deixando espaço para os regulamentos autônomos, a não ser em situações específicas tratadas na EC nº 32/2001, que não versam sobre a matéria ora analisada.

No plano dos regulamentos executivos, enfatizamos que o sistema federativo instituído pela Constituição Federal de 1988 estabelece níveis de poderes políticos autônomos e independentes entre si[1], inexistindo qualquer comando constitucional que outorgue com-

---

[1] "Art. 18. A organização político-administrativa da República Federativa do Brasil compreende a União, os Estados, o Distrito Federal e os Municípios, todos autônomos, nos termos desta Constituição".

petência ao Chefe do Poder Executivo federal de tornar obrigatórias certas condutas aos demais entes da federação.

Assim, o Chefe do Poder Executivo dispõe de poderes para baixar regulamentos executivos objetivando a escorreita aplicação da lei, devendo ser observados e respeitados apenas pelas entidades e órgãos que integram a própria pessoa política que os editou.

Portanto, cada um dos entes federativos, União, Estados, Municípios e Distrito Federal, deverá editar o seu próprio regulamento acerca dos procedimentos auxiliares das licitações, respeitando as disposições constantes da lei, ou seja, não podendo inovar a ordem jurídica criando, modificando ou até mesmo extinguindo direitos legais.

No âmbito da União, até o presente momento de atualização desta obra, foram editados os Decretos nº 11.462/2023 e nº 11.878/2024, o primeiro regulamentando o sistema de registro de preços, o segundo, o credenciamento, ambos de aplicação e observância obrigatórias pela administração pública federal direta, autárquica e fundacional.

1. CREDENCIAMENTO

Nas palavras de Adilson Abreu Dallari[2] "o credenciamento é algo como bruxaria: ninguém acredita nele, mas que ele existe, existe!". Essa observação foi feita em razão de que se trata de figura jurídica que não estava positivada expressamente na Lei nº 8.666/1993, mas que nos últimos anos era admitida tanto pelos Tribunais de Contas[3] como pela doutrina especializada.

Há casos em que a necessidade da Administração somente restará plena e satisfatoriamente atendida com a contratação do maior número possível de particulares. Nesta hipótese, com a devida e robusta justificativa do gestor público, a competição deixa de existir, porque todos os interessados que manifestarem interesse e atendam as condições previamente fixadas, serão contratados. Não há, portanto, uma relação de exclusão, fenômeno este presente nos certames licitatórios. Ao contrário, no credenciamento temos um processo de inclusão.

O processo administrativo de credenciamento vinha sendo realizado por meio da inexigibilidade de licitação, tendo como fundamento legal a inviabilidade da competição prevista no *caput* do artigo 25 da Lei nº 8.666/1993.

Fato é que a Lei nº 14.133/2021 positivou esta figura jurídica, primeiramente, conceituando-a como "*processo administrativo de chamamento público em que a Administração Pública convoca interessados em prestar serviços ou fornecer bens para que, preenchidos os requisitos necessários, se credenciem no órgão ou na entidade para executar o objeto quando convocados*".[4]

Ademais, na mesma linha adotada no âmbito das Cortes de Contas e na doutrina, o legislador da Lei nº 14.133/2021, acertadamente – diga-se de passagem –, elencou o credenciamento como uma hipótese de contratação direta. É o que se subtrai do artigo 74, inciso IV ao dispor que é inexigível a licitação nos casos de objetos que devam ou possam ser contratados por meio de credenciamento.

---

[2]   DALLARI, Adilson Abreu. Credenciamento. *Revista Eletrônica de Direito do Estado*, nº 5, janeiro/fevereiro/março de 2006, Salvador, Bahia. Acesso em: 4 abr. 2021.

[3]   Neste sentido ver Acórdãos do TCU nº 2.731/2009 – Plenário e nº 351/2010 – Plenário.

[4]   Lei nº 14.133/2021, art. 6º, inciso XLIII.

Cap. 6 · INSTRUMENTOS AUXILIARES DAS LICITAÇÕES E CONTRATAÇÕES — 293

Faço minhas as palavras de Eduardo Augusto Guimarães[5] ao afirmar que o sistema de credenciamento traz algumas praticidades à Administração Pública, pois, evidentemente, desburocratiza suas ações com a diminuição do número de processos licitatórios e melhor aproveitamento dos recursos públicos, tendo em vista que, na maioria dos casos o preço a ser pago é previamente fixado no edital de chamamento público.

1.1 Cabimento

Como procedimento auxiliar, a Lei nº 14.133/2021 especifica em que hipóteses de contratação o credenciamento poderá ser usado. Vejamos:

> Art. 79. (...)
>
> I – paralela e não excludente: caso em que é viável e vantajosa para a Administração a realização de contratações simultâneas em condições padronizadas;
>
> II – com seleção a critério de terceiros: caso em que a seleção do contratado está a cargo do beneficiário direto da prestação;
>
> III – em mercados fluídos: caso em que a flutuação constante do valor da prestação e das condições de contratação inviabiliza a seleção de agente por meio de processo de licitação.

De uma interpretação sistemática dos dispositivos que tratam desta matéria, em especial do conceito legal do artigo 6º, inciso XLIII, o credenciamento pode ser utilizado tanto para o fornecimento de bens quanto para a prestação de serviços.

Quanto às hipóteses de cabimento elencadas nos incisos do artigo 79, em que pese o legislador ter se ocupado de abranger praticamente todas as situações, cremos se tratar de um rol meramente exemplificativo, podendo, assim, surgirem outros casos que, embora não previstos legalmente, possam dar ensejo à utilização do credenciamento. No âmbito da administração federal direta, autárquica e fundacional, por força do Decreto Federal nº 11.878/2024[6], o credenciamento não pode ser adotado para contratações de obras e serviços especiais de engenharia.

Na contratação paralela e não excludente, todas as condições para a execução de um serviço com ou sem fornecimento de bens são estabelecidas previamente pela credenciante[7] no edital de chamamento público, sendo que as efetivas contratações ocorrem simultaneamente e a qualquer tempo, na medida das necessidades. Neste caso, é imprescindível que o edital fixe critérios objetivos e isonômicos de alternatividade ou rotatividade entre os credenciados, como medida absoluta de observância e respeito aos princípios da igualdade, impessoalidade e moralidade. Temos, como exemplo característico desta primeira espécie, o credenciamento de oficinas mecânicas para manutenção da frota de veículos oficiais.

Diferentemente da primeira espécie em que é a credenciante quem indica o particular credenciado para fornecer o bem ou prestar o serviço, respeitando os critérios isonômicos

---

[5] GUIMARÃES, Eduardo Augusto. Credenciamento como hipótese de inexigibilidade de licitação. Disponível em: https://ambitojuridico.com.br/cadernos/direito-administrativo/credenciamento--como-hipotese-de-inexigibilidade-de-licitacao. Acesso em: 2 abr. 2021.

[6] Decreto Federal nº 11.878/2024, artigo 1º, parágrafo único.

[7] Nos termos do Decreto Federal nº 11.878/2024, credenciante é órgão ou entidade da administração pública federal responsável pelo procedimento de credenciamento.

preestabelecidos, no credenciamento com seleção a critério de terceiros, cabe ao próprio usuário ou beneficiário direto do serviço escolher, livremente, aquele credenciado que melhor lhe aprouver. Trata-se, por exemplo, de credenciamento de laboratórios de análises clínicas.

A terceira e última espécie indicada na lei, é o credenciamento em razão de *"mercados fluídos caso em que a flutuação constante do valor da prestação e das condições de contratação inviabiliza a seleção de agente por meio de processo de licitação"*.

A expressão "mercado fluído", utilizada pelo legislador nos dá a ideia de um mercado volátil, instável. Todavia, em razão da própria definição da lei, a fluidez indicada no dispositivo legal está intimamente voltada para os preços de determinados bens ou serviços. Assim, a instabilidade, a flutuação, a inconstância de certos preços de serviços ou produtos no mercado são elementos que autorizam a utilização do credenciamento, dada a inviabilidade de se contratar um particular por meio de um processo licitatório comum. É o que se passa, por exemplo, com o preço dos combustíveis, que dada a inexistência de um tabelamento ou controle governamental, sofre flutuações fruto do influxo das mais variadas situações mercadológicas.

1.2   Regras a serem observadas

Conforme afirmamos anteriormente, a utilização do credenciamento depende da edição de um regulamento executivo a ser baixado por cada um dos entes da federação.

O parágrafo único do artigo 79 da Lei nº 14.133/2021, elenca de forma exemplificativa algumas regras a serem observadas, conforme veremos a seguir.

Por respeito aos princípios da publicidade, da transparência e da igualdade, a lei determina que o edital de chamamento público, uma vez elaborado, deva ser divulgado e mantido à disposição do público em sítio eletrônico oficial[8] da entidade promotora do credenciamento, possibilitando que, a qualquer tempo, novos interessados se credenciem.

A respeito da publicidade, o regulamento federal[9] estabelece que o edital de credenciamento será divulgado e mantido à disposição no Portal Nacional de Contratações Públicas (PNCP), de modo a permitir o cadastramento permanente de novos interessados.

Na hipótese de credenciamento paralelo e não excludente (art. 79, I), não sendo possível a contratação imediata e simultânea de todos os credenciados, por força do princípio da igualdade, da impessoalidade e da moralidade é obrigatória a fixação de critérios isonômicos de alternatividade, possibilitando, assim, iguais oportunidades a todos os credenciados. Portanto, a convocação dos credenciados para contratação será realizada de acordo com as regras do edital, devendo ser respeitado o critério objetivo para distribuição das demandas. Como critério isonômico de alternatividade e rotatividade temos sugerido o sorteio.

Tratando-se de credenciamento paralelo e não excludente e, ainda, com a seleção a critério de terceiros (art. 79, I e II), o edital de chamamento de interessados deverá prever as condições padronizadas, definindo, dentre outras coisas, o valor da contratação. O edital

---

[8]   De acordo com o artigo 6º, inciso LII, da Lei nº 14.133/2021, considera-se sítio eletrônico oficial o sítio da internet, certificado digitalmente por autoridade certificadora, no qual o ente federativo divulga de forma centralizada as informações e os serviços de governo digital dos seus órgãos e entidades.

[9]   Conforme artigo 8º do Decreto Federal nº 11.878/2024.

poderá prever índice de reajuste dos preços, devendo observar as disposições constantes da Lei nº 14.133/2021. Ainda no tocante aos preços previamente fixados, cabe mencionar que, sem a necessidade de previsão editalícia, tais preços poderão ser objeto de reequilíbrio econômico-financeiro, em decorrência de fatos imprevisíveis ou previsíveis de consequências incalculáveis, força maior, caso fortuito ou fato do príncipe.

No tocante ao credenciamento em razão de mercados fluídos (art. 79, III), por ocasião da contratação a Administração deverá registrar as cotações de mercado vigentes naquele momento. Para essa hipótese de credenciamento, o edital poderá, quando for o caso, fixar percentual mínimo de desconto sobre as cotações de mercado registradas no momento da contratação. Suponha-se um credenciamento para fornecimento de passagens aéreas. A cada aquisição a credenciada deverá apresentar as opções de voos e os respectivos preços ofertados, sendo que a escolha deverá ser justificada pelo gestor público, não necessitando recair, obrigatoriamente, sobre o menor preço.

Para qualquer espécie de credenciamento é vedada a subcontratação do objeto contratado sem autorização expressa da Administração Pública (art. 79, parágrafo único, V). A contrário senso, se previamente autorizada, a subcontratação da execução contratual poderá ocorrer, devendo o subcontratado atender a todas as exigências do edital.

E ainda, como regra, deverá constar a possibilidade de denúncia por qualquer das partes nos prazos fixados no edital de chamamento público (art. 79, parágrafo único, VI). Por óbvio, além da fixação dos prazos para que a denúncia ocorra validamente, se faz necessária a garantia do princípio jurídico do contraditório e da ampla defesa.

As regras para o credenciamento acima indicadas não são taxativas. Outras tantas podem e devem ser estabelecidas em regulamento ou até mesmo em cada edital de chamamento público, como, por exemplo, a indicação clara e precisa do objeto a ser contratado; fixação de critérios e exigências para obtenção do credenciamento; possibilidade de credenciamento a qualquer tempo; condições e prazos para fornecimento de bens ou execução dos serviços; critérios de reajuste, quando for o caso; condições e prazos para pagamento; hipóteses de descredenciamento, assegurados o contraditório e a ampla defesa; canal para denúncias de usuários; sanções por irregularidades ou inexecução do contrato; recursos e prazos para interposição.

1.3 Publicidade do credenciamento

É preciso dar publicidade dos regulamentos, dos normativos internos, dos editais de credenciamento. Para tanto, a Lei nº 14.133/2021 criou o Portal Nacional de Contratações Públicas – PNCP. Trata-se de uma plataforma digital por meio da qual deverá ser divulgado o inteiro teor de editais e anexos, bem como dos atos exigidos pela lei.

Quanto à publicidade do edital de chamamento público para credenciamento, ao realizarmos uma interpretação sistemática da Lei nº 14.133/2021, concluímos que a Administração, além de divulgar e manter, à disposição do público, o inteiro teor do respectivo edital e eventuais anexos em sítio eletrônico oficial, deverá inseri-lo no Portal Nacional de Contratações Públicas – PNCP. Tal conclusão se forma em razão das disposições do artigo 79, parágrafo único, inciso I, combinado com o artigo 174, § 2º, inciso III da nova lei.

No âmbito de União, o Decreto Federal nº 11.878/2024 determina que o edital de credenciamento será divulgado e mantido à disposição no Portal Nacional de Contratações Públicas – PNCP, de modo a permitir o cadastramento permanente de novos interessados.

1.4 Apontamentos sobre o regulamento federal

No tocante à publicidade no Portal Nacional de Contratações Públicas – PNCP, entendemos que se trata de norma específica, portanto, de carácter obrigatório apenas para a Administração Pública Direta, Autárquica e Fundacional da União[10].

Como mencionado anteriormente, o Presidente da República, com fundamento no artigo 84, *caput*, incisos IV e VI, alínea "a", da Constituição Federal, em janeiro de 2024, editou o Decreto Federal nº 11.878, dispondo sobre o procedimento auxiliar de credenciamento para a contratação de bens e serviços no âmbito da administração pública federal direta, autárquica e fundacional.

Mencionado decreto não se aplica aos Estados, Municípios e Distrito Federal[11], cabendo, portanto, a essas pessoas políticas editarem os seus próprios regulamentos, levando em consideração as realidades e peculiaridades locais e tendo como limite ao exercício do poder regulamentar as disposições constantes da Lei nº 14.133/2021.

1.4.1 Fase preparatória

De modo muito semelhante ao que se passa no ambiente de uma licitação comum, o processo administrativo de credenciamento é constituído por três fases interligadas entre si: o planejamento (fase preparatória ou interna), o credenciamento (fase externa) e as contratações. Cada uma dessas fases possui grande relevância e finalidades específicas.

A fase preparatória se inicia por meio de um ato administrativo baixado por autoridade competente, motivando a escolha do credenciamento para obtenção das contratações pretendidas, sem a instauração de uma licitação. Em outras palavras, o caso concreto que se apresenta naquele momento deve se subsumir aos pressupostos para enquadramento na contratação direta por inexigibilidade, prevista no inciso IV do *caput* do artigo 74 da Lei nº 14.133/2021.

A respeito da figura jurídica do credenciamento como hipótese de inexigibilidade de licitação, já tivemos a oportunidade de nos manifestar em outra obra publicada.

De acordo com a tese que sustentamos[12], o credenciamento tem cabimento quando a necessidade da Administração não puder ser satisfeita por meio da contratação de um ou de um número certo de particulares, mas, pelo contrário, quando exigir a contratação do maior número possível de interessados aptos para atendê-la. Assim, todos os interessados que preencherem as condições impostas pelo regulamento expedido e publicado pela Administração serão credenciados e, por consequência, estarão aptos a ser contratados.

É justamente a necessidade de contratar todos os particulares credenciados que caracteriza a inviabilidade de competição. Desse modo, adota-se o credenciamento quando a Administração tem por objetivo dispor da maior rede possível de fornecedores ou pres-

---

[10] No Capítulo 2, item 3.9, nos manifestamos no sentido de que a norma contida no artigo 174 é inconstitucional, na medida em que a União invadiu a competência dos Estados, do Distrito Federal e dos Municípios ao legislar sobre normas específicas de licitação e contratação de caráter obrigatório para estas pessoas políticas.

[11] Importa registrar que, em alguns casos, muitas vezes em razão de transferências voluntárias de recursos públicos federais para outros entes da federação, a União determina que sejam observados os regulamentos por ela editados.

[12] GUIMARÃES, Edgar; SAMPAIO, Ricardo. *Dispensa e inexigibilidade de licitação*: aspectos jurídicos à luz da Lei nº 14.133/2021. Rio de Janeiro: Forense, 2022. p. 89-90.

tadores de serviços. Nessa situação, a inviabilidade de competição não decorre da impossibilidade de competição, mas da ausência de interesse da Administração em restringir o número de contratados.

Uma vez baixado o ato administrativo inaugural dessa fase preparatória, o regulamento federal determina que a autoridade competente deverá designar uma comissão de contratação, permanente ou especial, para receber, examinar e julgar documentos relativos ao processo administrativo de credenciamento.

No tocante aos demais atos a serem praticados nesta etapa, o decreto federal não se ocupou de especificá-los. Esse silêncio regulamentar não significa que inexistam outras providências administrativas a serem tomadas, além das duas anteriormente mencionadas.

Em que pese o credenciamento se tratar de um processo administrativo de chamamento público em que a Administração Pública convoca interessados em prestar serviços ou fornecer bens para que, preenchidos os requisitos necessários, credenciem-se no órgão ou na entidade para executar o objeto quando convocados o planejamento e a preparação são elementos essenciais para o seu sucesso.

Assim, na fase preparatória devem ser observadas, no que couber, as disposições do artigo 18 da Lei nº 14.133/2021, que tratam das providências necessárias ao planejamento e instrução de processos licitatórios.

1.4.2 Impugnação ao edital e pedido de esclarecimentos

Com a publicidade do edital de credenciamento, a fase externa tem início, possibilitando, assim, que qualquer pessoa interponha uma impugnação ou solicite esclarecimentos sobre os seus termos. Trata-se, em verdade, de figuras jurídicas que têm como fundamento o direito constitucional de petição.

Considerando que o edital de credenciamento deve ficar permanentemente aberto para o ingresso de novos interessados, as impugnações e os pedidos de esclarecimentos podem ser interpostos a qualquer momento, não havendo prazo para o manejo de tais providências.

Com relação às respostas aos pedidos de esclarecimentos e as decisões às impugnações, o Decreto Federal nº 11.878/2024 estabelece que a comissão de contratação responderá ou decidirá no prazo de três dias úteis, contado da data de recebimento.

Somos totalmente contrários a essa disposição do regulamento federal que atribui à comissão de contratação a competência para responder pedidos de esclarecimentos e decidir impugnações ao edital, por entendermos que tal competência deve recair na pessoa do agente signatário do edital. Ademais, a nosso ver, a comissão de contratação não dispõe de competência para assinar editais, seja de licitação ou de credenciamento.

As razões para tal posicionamento são muito simples. Primeiramente, é preciso verificar a competência para assinar os editais. No que diz respeito à tal competência, cabe repisar nosso entendimento há muito tempo sustentado no sentido de que o edital, seja de uma licitação comum ou de um credenciamento, é um *ato administrativo normativo vinculante* que deve ser baixado por autoridade competente.

De acordo com a lição do saudoso Diogenes Gasparini[13], "*o agente público há de ser competente, isto é, ser dotado de força legal para produzir esse ato. Agente público competente é*

---

[13] GASPARINI, Diogenes. *Direito administrativo*. 17. ed. atual. por Fabricio Motta. São Paulo: Saraiva, 2012. p. 113-114.

o que recebe da lei o devido dever-poder para o desempenho de suas funções. (...) A competên-cia ou o poder para praticar o ato decorre da lei e é por ela delimitado. Assim, diz Caio Tácito que não é competente quem quer, mas quem pode, segundo a norma de direito".

Especificamente com relação à competência para assinar editais de licitação, o regime jurídico instituído pela Lei nº 14.133/2021 foi silente a esse respeito, assim, faz-se necessária uma análise das disposições legais e regulamentares aplicáveis ao órgão ou à entidade pública.

Nos termos do que sustenta Joel de Menezes Niebuhr[14], *"órgãos e entidades adminis-trativas gozam de liberdade para dispor de regras para distribuir internamente as suas fun-ções, por imperativo de racionalidade administrativa, desde que não contrarie os dispositivos legais, definindo os agentes responsáveis pelos atos produzidos no transcurso de processo de licitação pública, entre os quais, os de titularidade da autoridade competente".[15]*

Na forma prevista pelo § 3º, do artigo 8º da Lei nº 14.133/2021, *"As regras relativas à atuação do agente de contratação e da equipe de apoio, ao funcionamento da comissão de contratação (...) serão estabelecidas em regulamento, (...) para o desempenho das funções es-senciais à execução do disposto nesta Lei".*

Importa assinalar que o Decreto Federal nº 11.246/2022[16], no § 1º do artigo 5º es-tabelece que compete à comissão de contratação receber, examinar e julgar documentos relativos às licitações e aos procedimentos auxiliares, entre os quais o credenciamento.

Com base no princípio da segregação de funções, o qual compreendemos ser *"princí-pio inerente ao controle interno, que estabelece o dever de assegurar a separação de atribui-ções entre servidores distintos nas várias fases de um determinado processo, em especial as funções de autorização, aprovação, execução, controle e contabilização das operações",[17]* em nossa ótica, caberá ao regulamento assegurar que o agente de contratação e o pregoeiro não sejam competentes para assinar o edital.

Diante desse cenário e, sobretudo, invocando o princípio da segregação de funções, o agente signatário do edital não pode ser o mesmo que vai receber, examinar e julgar do-cumentos, seja de uma licitação ou de um credenciamento.

Considerando tratar-se de um ato administrativo normativo que vai nortear todo o processamento de uma licitação ou de um credenciamento, bem como balizar as condi-ções do futuro contrato, temos sustentado que tal competência é da autoridade dotada de poderes para contrair direitos e obrigações em nome de cada órgão ou entidade pública.

1.4.3 Procedimentos para credenciamento

Uma vez publicado o edital de credenciamento, os interessados, previamente cadas-trados no SICAF, deverão apresentar requerimento de participação com a indicação de sua intenção de se credenciar para o fornecimento dos bens ou para a prestação dos serviços.

---

[14] NIEBUHR, Joel de Menezes. *Licitação pública e contrato administrativo.* 5. ed. Belo Horizonte: Fórum, 2022. p. 551.

[15] A Lei nº 14.133/2021, nos termos do inciso VI, do artigo 6º conceitua autoridade como o "agente público dotado de poder de decisão".

[16] O Decreto nº 11.246/2022 regulamenta o disposto no § 3º do art. 8º da Lei nº 14.133, de 1º de abril de 2021, para dispor sobre as regras para a atuação do agente de contratação e da equipe de apoio, o funcionamento da comissão de contratação e a atuação dos gestores e fiscais de contratos, no âmbito da administração pública federal direta, autárquica e fundacional.

[17] GUIMARÃES, Edgar; SAMPAIO, Ricardo. *Dispensa e inexigibilidade de licitação:* aspectos jurídicos à luz da Lei nº 14.133/2021. Rio de Janeiro: Forense, 2022. p. 29.

Cap. 6 · INSTRUMENTOS AUXILIARES DAS LICITAÇÕES E CONTRATAÇÕES | **299**

Em que pese o regulamento federal ter silenciado, sustentamos que o requerimento para credenciamento deve vir acompanhado da documentação exigida pelo edital para fins de habilitação, nos termos dos artigos 62 a 70 da Lei nº 14.133/2021. Tal exigência se destina a comprovar a capacidade do interessado de realizar o objeto da contratação.

Uma vez atendidos os requisitos de habilitação, o interessado será credenciado pelo órgão ou entidade credenciante, com a possibilidade de, no interesse da administração, ser convocado para executar o objeto.

O ato administrativo de credenciamento possui uma natureza jurídica semelhante ao ato de adjudicação de uma licitação comum. Assim, com o credenciamento, nasce para o credenciado o direito subjetivo de ser contratado, ou seja, se a contratação ocorrer e desde que respeitados os eventuais critérios de alternatividade e rotatividade previstos em edital, ela deverá ser celebrada com o credenciado.

1.4.4 Recursos

Primeiramente, é preciso enfatizar que na fase externa do processo administrativo de credenciamento haverá o julgamento da habilitação dos particulares que demonstrarem interesse na participação e protocolarem requerimento nesse sentido, apresentando a documentação exigida pelo edital.

Sendo assim, caberá à comissão de contratação, formalmente designada para receber, examinar e julgar, proferir uma decisão, habilitando ou inabilitando e, por conseguinte, credenciando ou não os interessados.

Trata-se, portanto, de um ato administrativo de natureza decisória que, em certa medida, repercute na esfera jurídica de particulares e, sendo assim, passível do manejo de um recurso administrativo.

O Decreto Federal nº 11.878/2024 regulamentou a questão recursal prevendo que, após a decisão sobre habilitação, o interessado, conforme definido em edital, poderá manifestar sua intenção de recorrer, sob pena de preclusão, interpondo o recurso no prazo de três dias úteis, contado da data da publicação da decisão administrativa.

Depreende-se que o regulamento federal criou um requisito recursal, o registro da intenção de interpor um recurso, silenciando quanto ao modo e prazo para tal manifestação. Cremos que essa questão deva ser resolvida mediante regra editalícia.

Ainda no tocante à temática tratada neste tópico, o Decreto Federal nº 11.878/2024 deixa transparecer que apenas cabe recurso em face de um ato de inabilitação, legitimando apenas o interessado que se sentir prejudicado em razão da decisão proferida pela comissão de contratação contrária aos seus interesses.

Entendemos que, em que pese o regulamento federal não ter se ocupado adequadamente da questão recursal, os próprios credenciados possuem legitimidade para interpor um recurso em face de um ato administrativo que habilita e credencia outrem.

O processamento dos recursos ocorre nos moldes previstos na Lei nº 14.133/2021, ou seja, deverá ser dirigido à comissão de contratação que, se não reconsiderar o ato ou decisão no prazo de três dias úteis, encaminhará o recurso à autoridade superior, com a devida motivação. Por sua vez, em sede de segunda instância administrativa, a autoridade superior deverá proferir uma decisão no prazo máximo de dez dias úteis, contado do recebimento dos autos.

1.4.5 Publicidade dos credenciados

Por força do princípio jurídico da publicidade previsto no artigo 5º da Lei nº 14.133/2021, o Decreto Federal nº 11.878/2024 estabelece que a lista de credenciados deverá ser publicada e estar permanentemente disponível e atualizada no Portal Nacional de Contratações Públicas – PNCP.

Temos sustentado que a publicidade da mencionada lista é condição de eficácia do credenciamento. Assim sendo, as efetivas contratações apenas poderão ocorrer após essa providência por parte do órgão ou entidade credenciante.

Considerando que o credenciamento deve ficar permanentemente aberto, ocorrendo a inclusão de novos interessados, a lista deverá ser atualizada no Portal Nacional de Contratações Públicas – PNCP.

Cabe assinalar que o regulamento federal não fixa prazo para a publicidade da lista de credenciados. Sendo assim, considerando a disposição do artigo 94 da Lei nº 14.133/2021, que estabelece os prazos para divulgação dos contratos e seus aditamentos no Portal Nacional de Contratações Públicas – PNCP, tanto para as hipóteses de licitação quanto de contratação direta e, ainda, considerando que o credenciamento é uma hipótese de inexigibilidade de licitação, a nosso ver deve ser adotado o prazo de dez dias úteis, contado da data dos credenciamentos.

1.4.6 Formalização das contratações

Primeiramente, é preciso fazer uma rápida e despretensiosa distinção entre forma e formalização.

Forma é maneira pela qual um ato administrativo aparece no mundo jurídico. Nos termos da precisa lição de Celso Antônio Bandeira de Mello, *"forma é o meio de exteriorização do ato"*.[18] Em sede de licitações e contratos, regra geral os atos administrativos devem observar a forma escrita. Nesse sentido, a Lei nº 14.133/2021, no seu artigo 95, § 2º, prevê que é nulo e de nenhum efeito o contrato verbal com a Administração, salvo o de pequenas compras ou o de prestação de serviços de pronto pagamento.

Por sua vez, *formalização* é a solenidade que, muitas vezes, a lei exige para a prática de certos atos. No tocante às contratações, o artigo 95, *caput*, dispõe que o instrumento de contrato é obrigatório, salvo nas hipóteses em que seja possível a sua substituição por outro instrumento hábil, tal como carta-contrato, nota de empenho de despesa, autorização de compra ou ordem de execução de serviço.

Referida substituição, nos termos da lei, poderá ocorrer na hipótese de dispensa de licitação em razão do valor ou compras com entrega imediata e integral dos bens adquiridos e dos quais não resultem obrigações futuras, inclusive a assistência técnica, independentemente de seu valor.

Em face das disposições legais, a formalização das contratações por meio de um credenciamento deverá se dar, como regra, por meio de um instrumento de contrato ou, quando possível, em razão de cada caso concreto, mediante, por exemplo, carta-contrato, nota de empenho de despesa, autorização de compra ou ordem de execução de serviço.

Para a formalização da contratação, a administração deverá realizar consulta ao SICAF a fim de verificar a existência de um possível impedimento de licitar e contratar e, ainda, caberá ao credenciado comprovar que mantém todos os requisitos de habilitação exigidos pelo edital de credenciamento.[19]

---

[18] BANDEIRA DE MELLO, Celso Antônio. *Curso de direito administrativo*. 35. ed. São Paulo: Malheiros, 2022. p. 323.

[19] Tais providências têm previsão nos artigos 11, § 4º, e 14, ambos do Decreto federal nº 11.878/2024.

1.4.7 Anulação e revogação do credenciamento

Nos termos do Decreto Federal nº 11.878/2024, o credenciamento poderá ser anulado, a qualquer tempo, em razão de um vício de legalidade, ou revogado, por motivos de conveniência e oportunidade do órgão ou entidade credenciante.

Anulação e revogação são formas de extinção extraordinária de um credenciamento. Diz-se extraordinária, pois não é a desejada pela Administração.

A anulação consiste na invalidação de um ato eivado de ilegalidade insanável, praticado ao arrepio da ordem jurídica vigente, correspondendo a um duplo viés: o reconhecimento pela Administração de ato administrativo viciado, bem como sua retirada da esfera jurídica, refletindo em seus efeitos, de forma como se nunca tivesse existido, ou seja, produzindo efeito *ex tunc*.

O Decreto Federal nº 11.878/2024 dispõe que , *"na hipótese de anulação do edital de credenciamento, os instrumentos que dele resultaram ficarão sujeitos ao disposto nos arts. 147 ao art. 150 da Lei nº 14.133/2021"*.

Ao dispor sobre a nulidade de processos licitatórios e contratos, o artigo 147 da Lei nº 14.133/2021 determina que o saneamento do vício deve ser a primeira providência a ser considerada pela autoridade competente, devendo a declaração de nulidade somente ser adotada na hipótese em que se revelar medida de interesse público, com análise de inúmeros aspectos indicados, exemplificativamente, nos incisos do artigo 147.

Diante desse cenário normativo anteriormente delineado, para que a nulidade de um edital de credenciamento e dos instrumentos contratuais que dele resultaram ocorra validamente, faz-se necessária a absoluta impossibilidade de saneamento do vício constatado. Uma vez comprovada tal impossibilidade, a nulidade somente poderá ser declarada na hipótese de se revelar medida de interesse público, com avaliação dos aspectos legalmente indicados.

Ainda, a respeito da nulidade dos contratos, há um aspecto interessante que merece ser destacado. A nulidade, como mencionamos anteriormente, opera efeitos *ex tunc*, ou seja, retroage impedindo os efeitos jurídicos que o contrato deveria produzir ordinariamente e desconstituindo os já produzidos. Nesse contexto, suponhamos a declaração de nulidade de um contrato de prestação de serviço parcialmente executado e com seu prazo de vigência em curso normal. Como desconstituir os efeitos já produzidos? Como retornar à situação fática anterior? Nessa hipótese, há uma impossibilidade material e concreta, cuja solução engendrada pela lei consta do seu artigo 148, § 2º, qual seja, resolve-se por meio de indenização por perdas e danos, sem prejuízo da apuração de responsabilidade e aplicação de penalidades cabíveis ao agente que deu causa.

Na hipótese de ocorrer a nulidade de um contrato em vigência, para que certa atividade administrativa não sofra interrupção, a autoridade competente poderá atribuir uma eficácia futura ao respectivo ato, por prazo de até seis meses, prorrogável uma única vez, propiciando, assim, tempo hábil para que ocorra uma nova contratação. Devidamente justificada tal circunstância, decreta-se, por exemplo, a nulidade de um contrato em 2 de maio de 2024, com eficácia a partir do dia 2 de novembro de 2024, devendo, nesse período, o contratado permanecer executando o objeto.

Por sua vez, a revogação não se opera em virtude de uma ilegalidade, mas em decorrência de fato superveniente, posterior à instauração do credenciamento, pertinente e suficiente, diretamente relacionado ao interesse público objetivado. Diferentemente da anulação, a revogação produz efeito *ex nunc*.

Há muito tempo, temos sustentado que a licitação detém natureza jurídica processual e não só garante o devido processo legal sempre que necessário, como também deve ter o respaldo democrático exigido pela Administração Pública consoante a complexidade do Estado Constitucional brasileiro.[20]

Assim se passa com o processo administrativo de credenciamento que, nos mesmos moldes de uma licitação comum, tem natureza jurídica processual, em razão da existência de partes nessa relação, cada qual com interesses antagônicos. De um lado, o órgão ou entidade pública credenciante que almeja adquirir um bem ou contratar um serviço, de outro os credenciados que objetivam celebrar um contrato e receber um preço como contraprestação.

Assim, em face desse contexto, existindo particulares credenciados, tanto a anulação quanto a revogação do respectivo edital deverão, necessariamente, ser antecedidas do contraditório e da ampla defesa, oportunizando a manifestação prévia daqueles que poderão ser atingidos com a pretensão da Administração. Trata-se, a meu ver, de um requisito absolutamente indispensável, sob pena de, não sendo respeitado, ser caracterizado um vício de legalidade insanável em razão da flagrante violação ao princípio jurídico do contraditório e da ampla defesa.

1.4.8 Descredenciamento: causas e consequências

O edital de credenciamento deverá prever, entre outras questões, as situações em que poderá ocorrer o descredenciamento. Assim, o Decreto Federal nº 11.878/2024 especificou as seguintes hipóteses: (i) quando houver pedido formalizado pelo credenciado; (ii) perda das condições de habilitação; (iii) descumprimento injustificado do contrato pelo contratado; e (iv) sanção de impedimento de licitar e contratar ou de declaração de inidoneidade superveniente ao credenciamento.

Com relação à primeira hipótese – descredenciamento a pedido –, inexiste qualquer margem de discricionariedade atribuída à autoridade competente para apreciar e decidir sobre o pedido. Em outras palavras, o requerimento, até mesmo sem a necessidade de qualquer motivação, deve ser deferido. Todavia, mesmo tendo sido descredenciados, os contratos assumidos que estiverem vigentes deverão ser regularmente executados até o final.

No tocante à segunda e terceira hipóteses – perda das condições de habilitação e descumprimento injustificado do contrato, em respeito ao princípio jurídico do contraditório e da ampla defesa –, deverá ser instaurado um processo administrativo oportunizando ao credenciado a apresentação de uma manifestação de forma prévia ao seu descredenciamento. Ademais, por meio do referido processo, a entidade credenciante poderá, em cada caso, aplicar as sanções cabíveis, nos termos estabelecidos pela Lei nº 14.133/2021.

Por fim, caso o credenciado tenha sido penalizado com a sanção de impedimento de licitar e contratar ou de declaração de inidoneidade superveniente ao credenciamento, alguns aspectos devem ser objeto de atenção e análise.

O primeiro deles diz respeito ao descredenciamento em razão da sanção de impedimento de licitar e contratar. Antes de qualquer providência, é fundamental que se verifiquem os efeitos da mencionada sanção, pois, de acordo com § 4.º do artigo 156 da Lei nº 14.133/2021, aquele que a recebe ficará impedido de licitar e contratar apenas no âmbito da Administração Pública direta e indireta do ente federativo que aplicou a sanção. Dessa

---

[20]   GUIMARÃES, Edgar. *Responsabilidade da Administração Pública pelo desfazimento da licitação*. Belo Horizonte: Fórum, 2017. p. 24.

Cap. 6 · INSTRUMENTOS AUXILIARES DAS LICITAÇÕES E CONTRATAÇÕES | 303

forma, apenas poderá ocorrer o descredenciamento, caso o credenciado tenha sido sancionado na mesma órbita federativa do seu credenciamento.

Quanto à sanção de declaração de inidoneidade, aquele que a recebe ficará impedido de licitar e contratar no âmbito da Administração Pública direta e indireta de todos os entes da federação, conforme disposição constante do § 5º do artigo 156 da Lei nº 14.133/2021 e, portanto, deverá ser descredenciado.

Outro aspecto merecedor de análise diz respeito ao descredenciamento em razão da aplicação de uma das sanções anteriormente mencionadas e da extinção dos contratos em curso de execução. Em outras palavras, com o descredenciamento os contratos devem ser imediatamente extintos? Entendemos que não. Este nosso posicionamento encontra fundamento em julgados do Superior Tribunal de Justiça e do Tribunal de Contas da União[21] no sentido de que a sanção de declaração de inidoneidade opera efeitos *ex nunc*, ou seja, para o futuro, não retroagindo a ponto de atingir relações jurídicas já celebradas validamente.

Não obstante as decisões do STJ e do TCU terem sido exaradas em face da sanção de declaração de inidoneidade que, sem dúvida alguma, é a mais gravosa de todas, entendemos que mesma racionalidade pode ser aplicada à sanção de impedimento de licitar e contratar com a Administração, atribuindo-se a ela o mesmo efeito *ex nunc*.

Sendo assim, os contratos celebrados com aquele descredenciado que estiverem em curso de execução não serão extintos, porém não poderão ser prorrogados.

2. PRÉ-QUALIFICAÇÃO

A pré-qualificação surgiu no ordenamento jurídico por meio da sua positivação na Lei nº 8.666/1993, que no seu artigo 114 prescrevia que "*o sistema instituído nesta Lei não impede a pré-qualificação de licitantes nas concorrências, a ser procedida sempre que o objeto da licitação recomende análise mais detida da qualificação técnica dos licitantes*".

A bem da verdade, a Lei nº 8.666/1993 estabeleceu a disciplina jurídica para a pré-qualificação em apenas três dispositivos (art. 114 e §§ 1º e 2º) possibilitando a sua utilização nos casos em que a contratação de certo objeto necessite uma minuciosa análise prévia da qualificação técnica dos interessados. Nestas hipóteses a Administração Pública deve instaurar uma licitação com o objetivo único de pré-qualificar aqueles que atenderem as exigências para habilitação técnica fixadas em edital e, num segundo momento, instaurar outro certame com a participação apenas daqueles que foram pré-qualificados.

Pela dicção das disposições legais acima mencionadas, este procedimento é adotado em situações muito específicas e exige a instauração de duas licitações, a primeira para análise da qualificação técnica dos interessados e a segunda, para o oferecimento de propostas de preços e a seleção da mais vantajosa para a Administração Pública.

2.1 Conceito, cabimento e finalidades

A Lei nº 14.133/2021 ao disciplinar a figura da pré-qualificação, deu uma configuração jurídica um pouco diversa daquela que, resumidamente, explicitamos acima.

No que toca ao conceito, a Lei nº 14.133/2021 a define como um "*procedimento seletivo prévio à licitação, convocado por meio de edital, destinado à análise das condições de habilitação total ou parcial, dos interessados ou do objeto*".

---

21 Ver STJ MS 13.964/DF, STJ MS 14.002/DF e TCU Acórdão 1.782/2012-Pl e Acórdão 432/2014-Pl.

Trata-se de um procedimento administrativo prévio à instauração de uma licitação, destinado a coletar informações, documentos e até mesmo amostras de produtos a fim de constatar o preenchimento de certos requisitos por parte de interessados.

Das disposições do artigo 80 da Lei nº 14.133/2021 é possível subtrair a exata compreensão da pré-qualificação e em que medida ela pode ser utilizada. Vejamos:

> Art. 80. A pré-qualificação é o procedimento técnico-administrativo para selecionar previamente:
>
> I – **licitantes que reúnam condições de habilitação** para participar de futura licitação ou de licitação vinculada a programas de obras ou de serviços objetivamente definidos;
>
> II – **bens que atendam às exigências técnicas ou de qualidade** estabelecidas pela Administração. (Destacamos)

A nosso ver, a finalidade primária da pré-qualificação é a de antecipar etapas que deveriam ser cumpridas no curso de um processo licitatório, tornando-o mais célere e eficiente, pois eliminam-se muitos embates jurídicos que ocorrem na fase de habilitação e de julgamento de propostas, tanto em sede administrativa quanto judicial.

Como finalidades secundárias, temos **(i)** a identificação de particulares que reúnam condições de habilitação para participar de futura licitação ou de licitação vinculada a programas de obras ou serviços; e **(ii)** a identificação de bens que atendam às exigências técnicas ou de qualidade exigidas pela Administração.

Entendemos que a primeira finalidade secundária é semelhante a pré-qualificação prevista no artigo 114 da Lei nº 8.666/1993, ou seja, em razão de uma dada necessidade pública a ser atendida, a Administração Pública dá início ao procedimento fixando, em face do objeto a ser contratado futuramente, as exigências de habilitação que deverão ser atendidas. Denomina-se essa hipótese de pré-qualificação subjetiva.

Não há sentido algum em instaurar uma pré-qualificação sem ter um mínimo conhecimento do objeto a ser contratado futuramente. Aliás, neste caso há um obstáculo intransponível, dada a absoluta impossibilidade de se fixar, por exemplo, exigências de habilitação técnica necessárias e suficientes para demonstrar a capacidade do licitante de executar um contrato. Assim, conforme estabelece o artigo 80, § 3º, da Lei nº 14.133/2021, no edital de pré-qualificação subjetiva deverá constar, dentre outras informações, uma descrição mínima do objeto, a modalidade, forma da futura licitação e critérios de julgamento. A segunda finalidade secundária se destina a pré-qualificar bens que atendam às exigências técnicas ou de qualidade exigidas pela Administração, ou seja, está intimamente ligada à qualidade do objeto a ser adquirido, podendo ser denominada de pré-qualificação objetiva. Assim, a Administração Pública deverá estabelecer no edital de pré-qualificação objetiva os requisitos mínimos aceitáveis de qualidade do bem que devem ser atendidos pelos interessados.

De acordo com o disposto no artigo 41, inciso II, da Lei nº 14.133/2021, desde que previsto em regulamento poderá ser solicitada a apresentação de amostra ou prova de conceito do bem, de modo a comprovar o atendimento às especificações exigidas.

A instituição da pré-qualificação é mera faculdade atribuída ao gestor público, pois inexiste qualquer imposição legal expressa. Contudo, por se tratar de procedimento destinado a agilizar e simplificar o processo de contratação, prestigiando, assim, os princípios jurídicos da eficiência, eficácia, celeridade e economicidade, é fundamental que a Administração Pública passe a utilizá-la com frequência, especialmente em relação a fornecimentos rotineiros.

2.2 Formalização

A Lei nº 14.133/2021 foi silente quanto à formalização da pré-qualificação. A nosso ver, depois de cumpridas todas as exigências fixadas pelo edital, caberá a edição de um ato administrativo específico, que pode ser, por exemplo, uma certidão, uma declaração ou até mesmo um certificado de pré-qualificação. Como toda a decisão administrativa que repercute na esfera jurídica de terceiros, o ato de pré-qualificação é passível de recursos ou de impugnações, por meio do devido processo legal cercado das garantias do contraditório e da ampla defesa.

2.3 Acesso à pré-qualificação

O artigo 80, § 2º, da Lei nº 14.133/2021 estabelece que o procedimento de pré-qualificação deve ficar permanentemente aberto para a inscrição de interessados a qualquer tempo.

O legislador tem a nítida intenção de evitar a repetição de procedimentos destinados a um mesmo fim. Assim, a Administração Pública deve instituir a pré-qualificação e manter permanentemente aberta a possibilidade de ingresso de novos interessados em prestar serviços ou fornecer bens, como forma de ampliar o universo de licitantes e, por conseguinte, possibilitar a obtenção de uma melhor proposta em virtude da ampliação da competitividade.

2.4 Órgão examinador

A Lei nº 14.133/2021, em seu artigo 6º, inciso L, conceitua "comissão de contratação" como sendo o *"conjunto de agentes públicos indicados pela Administração, em caráter permanente ou especial, com a função de receber, examinar e julgar documentos relativos (...) aos procedimentos auxiliares".*

Entendemos que a gestão por competências, bem como a designação de agentes públicos para o desempenho das funções essenciais à execução da lei, se insere no campo das normas específicas, possibilitando, portanto, que cada órgão ou entidade pública defina essas questões, observados alguns requisitos legalmente definidos.

Especificamente quanto à pré-qualificação, a Lei nº 14.133/2021 dispõe em seu artigo 80, § 4º, que a *"apresentação de documentos far-se-á perante órgão ou comissão indicada pela Administração, que deverá examiná-los no prazo máximo de 10 (dez) dias úteis e determinar correção ou reapresentação de documentos, quando for o caso, com vistas à ampliação da competição".*

Não há na lei maiores detalhes ou requisitos acerca da composição do mencionado órgão ou comissão que irá avaliar a documentação apresentada pelos interessados. No âmbito da Administração Pública federal direta, autárquica e fundacional, o Decreto Federal nº 11.246/2022 regulamentou essa questão dispondo que a comissão de contratação, formada por agentes públicos, em caráter permanente ou especial, tem a atribuição de receber, examinar e julgar documentos relativos aos procedimentos auxiliares, entre os quais a pré-qualificação.

Em que pese ser possível a constituição de uma comissão permanente ou especial, considerando que a pré-qualificação deve ficar aberta para a inscrição de interessados a qualquer tempo, os princípios da eficiência e da economicidade apontam para que ele seja de caráter permanente.

Com relação aos integrantes, a nova lei, de igual forma, foi silente. Assim, a depender da estrutura de pessoal da entidade pública e da regulamentação local, a análise e julgamento da documentação apresentada pode ser realizada por um único agente público (órgão singular), como também por comissão composta por dois ou mais servidores ou empregados públicos (órgão colegiado). Inobstante não ser requisito legal, é importante que aqueles que farão parte do órgão examinador, tenham conhecimento da legislação licitatória e contratual e, especialmente dos serviços e dos bens que serão objeto da pré-qualificação.

No que diz respeito à composição da comissão de contratação, o Decreto Federal nº 11.246/2022 prevê que ela deve ser formada por, no mínimo, três membros e será presidida por um deles. Em que pese o silêncio do regulamento federal, entendemos que, além dos três membros, deve haver a designação de, ao menos, um suplente, a fim de substituir um titular em eventuais ausências.

Ademais, em virtude de que este instrumento auxiliar não afasta o dever de se instaurar prévia licitação para a efetiva contratação e, ainda, que no certame, a princípio, poderão participar tanto os pré-qualificados como aqueles que não aderiram a este procedimento, é de todo recomendável que os integrantes da comissão de contratação para pré-qualificação não julguem as futuras licitações, seja na condição de membros de comissão ou de agente de contratação. Dessa forma, prestamos o devido respeito e atenção ao princípio da segregação de funções previsto no artigo 5º da Lei nº 14.133/2021.

A propósito da análise dos documentos apresentados pelos interessados na pré-qualificação, importa assinalar que o julgamento deve ser objetivo[22], conforme as regras e exigências fixadas em edital, e realizado no prazo máximo de 10 (dez) dias úteis contado do recebimento da documentação. Porém, diferentemente dos julgamentos em processos licitatórios comuns, havendo falhas ou incompletudes, a comissão de contratação determinará a correção ou até mesmo a reapresentação de documentos, com a finalidade última de ampliar o universo de pré-qualificados e, por conseguinte, a própria competição a ser instaurada.

2.5 Pré-qualificação por grupos ou segmentos

O procedimento de pré-qualificação pode ser realizado de duas formas: (i) genericamente, abrangendo fornecedores e produtos em geral em um único banco de dados e informações; ou (ii) a critério da Administração Pública e de acordo com o mercado específico em que se insere o objeto, em grupos ou segmentos de atividade econômica, de acordo com a especialidade dos fornecedores.

Faz-se necessário um exame preciso do padrão de demanda da Administração para constatar quais produtos e bens são consumidos ordinária e rotineiramente, e a que categoria de atividade econômica ou segmento de mercado pertencem. Identificados produtos e segmentos de atividade econômica elencados como prioritários, poderão ser segregados para específico e independente processo de pré-qualificação. A especialização na análise dos requisitos de pré-qualificação, pode implicar benefícios em termos de qualidade e preço.

2.6 Pré-qualificação total ou parcial

De acordo com a Lei nº 14.133/2021, a pré-qualificação pode ser parcial ou total, com alguns ou todos os requisitos técnicos ou de habilitação necessários à contratação, assegurada, em qualquer hipótese, a igualdade de condições entre os concorrentes.

Será total quando abranger todos os requisitos de habilitação ou de qualidade do bem que seriam objeto de análise, julgamento e decisão no processo licitatório. Por seu turno, a parcial, abrange apenas algumas exigências de habilitação ou de qualidade do bem.

---

[22] Neste sentido é o princípio jurídico insculpido no artigo 5º da Lei nº 14.133/2021.

A pré-qualificação, seja total ou parcial, implica a substancial abreviação, ou até mesmo eliminação, de algumas fases que deveriam ser realizadas no curso de um processo licitatório destinadas a verificação do atendimento de exigências editalícias, por exemplo, a habilitação e a efetividade das propostas no tocante à qualidade do produto ofertado.

Assim, aqueles requisitos/elementos aferidos quando do procedimento de pré-qualificação, não necessitarão ser novamente objeto de análise por ocasião da correspondente licitação.

A lei determina que se assegure igualdade de condições entre os concorrentes. Isso implica que os critérios para obtenção da pré-qualificação e o rigor na análise do atendimento dos requisitos devem ser obrigatoriamente os mesmos entre os licitantes pré-qualificados e aqueles que não se submeteram ao procedimento de pré-qualificação.

Dessa forma, sendo possibilitada a participação na futura licitação destas duas categorias de licitantes (pré-qualificados e não pré-qualificados), em cumprimento ao que dispõe o artigo 80, § 7º, da Lei nº 14.133/2021 e, sobretudo, em respeito aos princípios jurídicos da impessoalidade, moralidade, probidade administrativa, igualdade, vinculação do edital e julgamento objetivo, não poderá haver qualquer espécie de discriminação entre os concorrentes.

2.7 Validade da pré-qualificação

O artigo 80, § 8º, da Lei nº 14.133/2021 estabelece que a pré-qualificação terá validade "I – de 1 (um) ano, no máximo, e poderá ser atualizada a qualquer tempo; II – *não superior ao prazo de validade dos documentos apresentados pelos interessados*".

O particular que tiver sido pré-qualificado deverá receber uma titulação, expressada por meio de uma certidão, atestado ou declaração formalizando sua condição de pré-qualificado, que poderá ser invocada pelo seu titular pelo prazo de um ano, contado da outorga desta condição jurídica.

O prazo de validade tem por finalidade a manutenção da atualidade dos dados e informações técnicas obtidos por ocasião do procedimento de pré-qualificação. Todavia, é preciso assinalar que tal validade não é absoluta. Ocorre que alguns documentos apresentados pelos interessados podem perder a validade no curso deste um ano, ficando o interessado obrigado a reapresentá-los, sob pena de ter a sua pré-qualificação suspensa ou até mesmo revogada, conforme o caso. Ademais, diante da evidência ou comprovação de que o produto ou o fornecedor não detém mais as condições de pré-qualificação, o ato de pré-qualificação pode ser revogado a qualquer tempo, devendo ser assegurado o contraditório e a ampla defesa por meio do devido processo legal.

2.8 Publicidade da pré-qualificação

É preciso dar publicidade dos editais de pré-qualificação, dos atos decisórios intrínsecos ao procedimento e de todos os licitantes e bens pré-qualificados que deverão ser mantidos à disposição do público. A este propósito, remetemos o leitor para item 1.3 deste Capítulo em que tecemos considerações a respeito da publicidade do credenciamento, aplicáveis, igualmente, à pré-qualificação.

Notadamente quanto aos licitantes e bens pré-qualificados, o artigo 80, § 9º, da Lei nº 14.133/2021 determina que a Administração, obrigatoriamente, mantenha à disposição do público a relação de todos os licitantes e bens pré-qualificados; todavia, não indica, expressamente, o meio para esta publicidade. Entendemos que tal publicidade deva ocorrer no sítio eletrônico oficial do órgão ou entidade promotora da pré-qualificação.

2.9 Licitação restrita a pré-qualificados

Uma vez ultimado o procedimento de pré-qualificação, é possível a instauração de uma licitação com a participação apenas de prestadores de serviços ou de produtos que tenham sido pré-qualificados. Esta possibilidade reduzirá, significativamente, o tempo necessário para a conclusão do certame, propiciando um considerável ganho qualitativo.

Tendo em vista uma de suas finalidades, por ocasião da pré-qualificação há um minucioso exame de documentos de habilitação e de produtos, de acordo com as exigências e critérios fixados para o procedimento, contexto um pouco diferente da licitação em si.

Desta forma, quando da licitação exclusiva para participação de pré-qualificados, as atribuições do agente de contratação ou da comissão de contratação restam significativamente reduzidas, propiciando, com isso, eficiência, eficácia, celeridade e até mesmo economicidade[23] ao processo de contratação pública.

3. PROCEDIMENTO DE MANIFESTAÇÃO DE INTERESSE – PMI

O procedimento de manifestação de interesse – PMI, familiar aos contratos de concessão de serviços públicos e às parcerias público-privadas, foi incorporado na Lei nº 14.133/2021 na qualidade de procedimento auxiliar das licitações contratações.

O *caput* do artigo 81 de Lei nº 14.133/2021 dispõe que a *"Administração poderá solicitar à iniciativa privada, mediante procedimento aberto de manifestação de interesse a ser iniciado com a publicação de edital de chamamento público, a propositura e a realização de estudos, investigações, levantamentos e projetos de soluções inovadoras que contribuam com questões de relevância pública, na forma de regulamento".*

O procedimento de manifestação de interesse – PMI é importante mecanismo administrativo que muito pode contribuir com a eficiência administrativa, a partir da busca da expertise do mercado privado para a solução e atendimento de certas necessidades públicas.

3.1 Conceito e finalidades

Trata-se, substancialmente, de procedimento administrativo prévio a uma eventual licitação por meio do qual a Administração Pública oferece à iniciativa privada a possibilidade de propor soluções técnicas para uma demanda específica ou até mesmo, sugestões de projetos que possam ser implementados visando a satisfação de um interesse público primário.

Por meio de uma relação de estrita colaboração, o mercado privado oferece sua experiência e conhecimento visando o aprimoramento de serviços e políticas públicas já existentes, como também expondo novas ideias, soluções e inovações para situações do cotidiano do Estado.[24]

Como instrumento auxiliar das licitações e contratações públicas, com o PMI a Administração Pública obtém da iniciativa privada elementos técnicos e informações de suma importância que irão instruir o processo licitatório que poderá ser instaurado.

---

[23] Vale lembrar que eficiência, eficácia, celeridade e economicidade são princípios jurídicos consignados no artigo 5º da Lei nº 14.133/2021.

[24] LOUBACK, Isabela. O procedimento de manifestação de interesse (PMI) e suas recentes alterações. Disponível em: https://www.migalhas.com.br/depeso/318275/o-procedimento-de-manifestacao-de-interesse--pmi--e-suas-recentes-alteracoes. Acesso em: 3 abr. 2021.

Nas precisas palavras de Cristiana Fortini e Renata Costa Rainho[25] *"o PMI possibilita que a administração pública, reconhecendo sua limitação em, isoladamente, construir os documentos necessários que balizarão possível futuro certame e a contratação pretendida, realize chamamento público para o desenvolvimento de projetos, levantamentos, investigações ou estudos, por pessoa física ou jurídica de direito privado, com a finalidade de subsidiar a estruturação desses empreendimentos. Nestes termos, é importante instrumento dialógico à disposição da administração pública brasileira".*

3.2 Procedimento e regras

Uma vez regulamentado, conforme determina o artigo 81 da Lei nº 14.133/2021, a Administração elabora e dá publicidade de um edital de chamamento público possibilitando que interessados ofereçam estudos, investigações, levantamentos, projetos para certa necessidade a ser atendida ou até mesmo proponham novas ideias que permitam o aperfeiçoamento da máquina estatal.

De acordo com a Lei nº 14.133/2021, vislumbramos duas situações que apresentam algumas distinções. Na primeira delas, o órgão ou a entidade pública, por seus próprios meios e recursos ou com a contratação de terceiros, elabora estudos, investigações, levantamentos e projetos de utilidade para a licitação, devendo, neste caso, o vencedor da futura licitação ressarcir os gastos correspondentes a estas despesas, conforme previsão editalícia. Na segunda, com base em informações constantes do edital, os próprios interessados que acudirem ao chamamento público apresentam não apenas dados, levantamentos, elementos técnicos, mas o próprio projeto final, não implicando qualquer direito a ressarcimento de valores envolvidos na elaboração.

Ademais, em qualquer uma das hipóteses acima a instauração do PMI não assegura o direito de preferência na futura licitação para aqueles que participaram do procedimento; não obriga o poder público a instaurar a licitação; todos os gastos serão remunerados somente pelo vencedor da licitação, vedada a cobrança de valores do poder público.

3.3 Da seleção final do PMI

Não há na Lei nº 14.133/2021 nenhuma regra sobre quem fará, nem como deverá ser feita a avaliação das propostas técnicas apresentadas por aqueles que acudirem ao chamamento público.

De forma muito incipiente o artigo 81, § 3º, da nova lei dispõe que *"para aceitação dos produtos e serviços de que trata o* caput *deste artigo, a Administração deverá elaborar parecer fundamentado com a demonstração de que o produto ou serviço entregue é adequado e suficiente à compreensão do objeto, de que as premissas adotadas são compatíveis com as reais necessidades do órgão e de que a metodologia proposta é a que propicia maior economia e vantagem entre as demais possíveis".*

Notamos não existir um critério absolutamente objetivo para a seleção do produto que melhor atende a Administração Pública, sendo compreensível que não haja em virtude de se tratar de questões que muitas vezes envolvem expertises próprias, específicas

---

[25] FORTINI, Cristiana; RAINHO, Renata Costa. Mudanças no procedimento de manifestação de interesse em face do Decreto 10.104/2019. Disponível em: https://www.conjur.com.br/2019-nov-28/interesse--publico-mudancas-manifestacao-interesse-diante-decreto-101042019. Acesso em: 5 abr. 2021.

e que podem apresentar variações notadamente quanto a metodologias, estruturas, organizações e técnicas.

De qualquer sorte, defendemos a ideia no sentido de que o parecerista, analista ou comissão de avaliação necessita possuir conhecimento técnico suficiente para examinar e optar pelo produto ou serviço que melhor atenda o interesse do órgão ou da entidade pública, levando em conta todos os elementos indicados de forma exemplificativa no dispositivo legal acima transcrito (artigo 81, § 3º).

3.4 Instauração de PMI restrito a *startups*

Disposição legal que reputamos extremamente salutar, é a que possibilita a instauração de PMI restrito à participação de *startups*. A expressão *startup* surgiu nos Estados Unidos, mais precisamente no Vale do Silício, na Califórnia, região mundialmente conhecida como produtora de grandes inovações tecnológicas. *Startups*[26] são empresas recém-criadas que possuem produtos inovadores com grande potencial de crescimento e que, na maioria dos casos, utilizam a tecnologia e o meio digital.

De acordo com a Lei nº 14.133/2021, consideram-se *startups* "*os microempreendedores individuais, as microempresas e as empresas de pequeno porte, de natureza emergente e com grande potencial, que se dediquem à pesquisa, ao desenvolvimento e à implementação de novos produtos ou serviços baseados em soluções tecnológicas inovadoras que possam causar alto impacto, exigida, na seleção definitiva da inovação, validação prévia fundamentada em métricas objetivas, de modo a demonstrar o atendimento das necessidades da Administração*".[27]

A instauração de procedimento de manifestação de interesse com participação exclusiva de *startups* é medida que merece aplausos, pois, além de fomentar as pequenas empresas, incentiva o desenvolvimento do estudo, da pesquisa e da inovação tecnológica.

4. SISTEMA DE REGISTRO DE PREÇOS

O sistema de registro de preços é um importante instrumento jurídico posto à disposição da Administração, pois possibilita uma gestão eficiente e célere das contratações públicas.

Há muito tempo utilizado por várias entidades públicas, a contava com uma positivação muito tímida no artigo 15 de Lei nº 8.666/1993, tendo sido regulamento no âmbito federal por meio do Decreto nº 7.892/2013. Quando dos nossos comentários sobre este sistema à luz destes Diplomas, Joel de Menezes Niebhur[28] anotou com precisão que "*o registro de preços é medida que contribui para a eficiência que se compatibiliza perfeitamente ao conjunto de princípios jus-administrativos, revelando-se vantajoso para a Administração*".

Agora, elevado à categoria de procedimento auxiliar das licitações e contratações, ganhou contornos legais mais precisos, o que pode ser constatado pelas disposições dos artigos 82 a 86 da Lei nº 14.133/2021.

---

[26] Em 1º de junho de 2021 foi editada a Lei Complementar nº 182, que institui o marco legal das startups e do empreendedorismo inovador, altera a Lei nº 6.404, de 15 de dezembro de 1976, e a Lei Complementar nº 123, de 14 de dezembro de 2006.

[27] Lei nº 14.133/2021, artigo 81, § 4º.

[28] GUIMARÃES, Edgar; NIEBUHR, Joel de Menezes. *Registro de preços*: aspectos práticos e jurídicos. Belo Horizonte: Fórum, 2013. p. 38.

Com a edição do Decreto Federal nº 11.462, em 31 de março de 2023, foi regulamentado o SRP para a contratação de bens e serviços, inclusive obras e serviços de engenharia, no âmbito da Administração Pública federal direta, autárquica e fundacional.

4.1 Conceito e cabimento

De acordo com o artigo 6º, inciso XLV, da Lei nº 14.133/2021, sistema de registro de preços é o *"conjunto de procedimentos para realização, mediante contratação direta ou licitação nas modalidades pregão ou concorrência, de registro formal de preços relativos a prestação de serviços, a obras e a aquisição e locação de bens para contratações futuras"*.

Do conceito legal acima transcrito, é possível subtrair algumas conclusões. A primeira delas, o sistema de registro de preços não é modalidade de licitação. Trata-se, na verdade, de um processo administrativo que tem por finalidade única registrar prestadores de serviços, fornecedores de bens e seus respectivos preços para contratações futuras.

Tal registro, regra geral, deve ser realizado com base em uma licitação específica para este fim, que tanto pode ser na modalidade pregão quanto concorrência. Diferentemente de uma licitação comum em que a Administração define o objeto e após a conclusão do certame convoca o vencedor para assinar e executar de pronto o contrato, na licitação para registro de preços, que podemos denominá-la de incomum, uma vez encerrada, os licitantes vencedores e seus respectivos preços serão apenas registrados em instrumento próprio, e as contratações ocorrerão ao longo de certo período de tempo e gradativamente na medida do surgimento das necessidades.

Como afirmamos acima, regra geral os registros devem ser realizados por meio de uma licitação incomum. Todavia, além do próprio conceito legal indicar a contratação direta como meio possível, a lei dispõe de forma um pouco mais clara que "o sistema de registro de preços poderá, na forma de regulamento, ser utilizado nas hipóteses de inexigibilidade e de dispensa de licitação para aquisição de bens ou para a contratação de serviços por mais de um órgão ou entidade".[29]

De todo o contexto legal é possível, por exemplo, registrarmos um prestador de serviço e seu respectivo preço, sem a instauração de processo licitatório. Suponhamos a seguinte hipótese, a Administração necessita contratar constantemente um serviço de manutenção prestado em caráter de exclusividade por uma única empresa. É crível cogitar da possibilidade de um órgão ou uma entidade pública, sem prévia licitação, registrar preço por hora/trabalhada e as efetivas contratações acontecerem de acordo com as demandas. Outra hipótese de contratação direta seria por meio de uma adesão à ata de registro de preços, pois aquele que adere, o aderente, não licitou apenas se valeu de um registro realizado por outra entidade pública.[30]

O SRP pode ser adotado para a contratação de bens e serviços, inclusive obras e serviços de engenharia, bem como para locação de bens. A propósito do cabimento deste sistema, fazemos coro às palavras de Joel de Menezes Niebuhr[31] no sentido de que *"o uso*

---

[29] Lei nº 14.133/2021, artigo 82, § 6º.

[30] Cabe registrar que a Lei nº 14.217/2021 dispõe em seu artigo 4º que "Na hipótese de dispensa de licitação de que trata o inciso I do *caput* do art. 2º, quando se tratar de aquisição ou de contratação por mais de um órgão ou entidade, poderá ser utilizado o sistema de registro de preços previsto no inciso II do *caput* do art. 15 da Lei nº 8.666, de 21 de junho de 1993".

[31] GUIMARÃES, Edgar; NIEBUHR, Joel de Menezes. *Registro de preços*: aspectos práticos e jurídicos. Belo Horizonte: Fórum, 2013. p. 38.

do registro de preços deve ser ampliado, estendendo-o para todos os objetos que se harmonizem a sua sistemática. É permitido utilizar o registro de preços sempre que o objeto que se pretende licitar e contratar seja viável, não importa se compra, serviço ou o que seja. Cabe o registro de preços para tudo o que for padronizado, que apresentar as mesmas especificações, variando apenas a quantidade".

4.2 Vantagens

De grande valia, a utilização do SRP propicia várias vantagens nas contratações da Administração Pública, as quais, podem ser elencadas sob duas perspectivas.

Ao adotarmos uma dimensão ampla, destacamos a visão de Joel de Menezes Niebuhr ao afirmar que o sistema de registro de preços torna factível a contratação de objetos de difícil previsibilidade, possibilita um controle eficaz dos estoques, um controle de qualidade mais eficaz e permite uma flexibilidade em relação às regras de duração contratual previstas no artigo 57 da Lei nº 8.666/1993.[32]

Com uma visão mais focada para os aspectos práticos do cotidiano administrativo, elencamos os seguintes benefícios: agilidade nas aquisições e contratações; redução do número de licitações instauradas ao longo de um exercício financeiro; redução de custos operacionais; desnecessidade de formação de grandes estoques de bens; desnecessidade de grandes espaços físicos para estocagem de bens; redução de perdas de produtos pelo vencimento da validade; inexistência de desembolso financeiro para formação de estoques; economia de escala; mitigação do risco de fracionamento ilegal da despesa.

Apesar de não ser um instrumento muito utilizado pela Administração Pública brasileira, muitas são as vantagens por ele oferecidas e que resultam, em última análise, no respeito e observância dos princípios jurídicos da eficiência, planejamento, eficácia, celeridade e economicidade.

4.3 Especificidades da fase preparatória da licitação

Assim como se passa em qualquer licitação comum, a que se destina a registrar preços deve ser cuidadosamente planejada, o que demanda a prática de certos atos na fase preparatória do certame.

Identificada a necessidade administrativa, para que se possa lançar uma competição com a finalidade de instituir um SRP é preciso conhecer o mercado no qual se insere o objeto a ser contratado futuramente, sendo necessária uma pesquisa a fim de apurar as opções em termos de solução técnica ou de qualidade, bem como os preços praticados no mercado.

Sem um mínimo conhecimento destes elementos, corre-se um risco de resultar em uma contratação insatisfatória, ou que é pior, prejudicial aos interesses da Administração.

4.3.1 Procedimento de intenção de registro de preços

Além dos atos comuns a qualquer processo licitatório, na fase preparatória o órgão ou entidade gerenciadora deverá realizar procedimento público de intenção de registro de

---

[32] GUIMARÃES, Edgar; NIEBUHR, Joel de Menezes. *Registro de preços*: aspectos práticos e jurídicos. Belo Horizonte: Fórum, 2013. p. 29.

preços – IRP para, possibilitar, pelo prazo mínimo de 8 (oito) dias úteis, a participação de outros órgãos ou entidades na respectiva ata e determinar a estimativa total de quantidades a serem contratadas.[33] A Lei nº 14.133/2021 foi silente no que diz respeito a forma de publicidade desta IRP, todavia essa questão foi tratada pelo Decreto Federal nº 11.462/2023. De acordo com o mencionado decreto, o procedimento público para registro de preços deverá ser divulgado no SRP digital[34] e no Portal Nacional de Contratações Públicas – PNCP.

Assim, é preciso aguardar a expiração do prazo de publicidade e a eventual manifestação de interessados em participar do SRP para, só então, consolidar e confirmar as informações relativas a estimativa individual e total de consumo de cada um, promovendo a adequação dos respectivos termos de referência ou projetos básicos encaminhados para atender aos requisitos de padronização e racionalização, devendo haver uma absoluta interação entre as entidades participantes e o órgão gerenciador do registro.

O procedimento público de intenção de registro de preços é medida positiva e salutar, pois possibilita um ganho para a Administração em razão da economia de escala e de melhores resultados na sua gestão contratual, sendo apenas dispensável quando o órgão ou entidade gerenciadora for o único contratante.

4.3.2 Definição de quantidades

O objeto deve ser definido com todas as suas especificidades, contendo elementos suficientes para a perfeita e adequada caracterização do bem ou serviço, devendo, inclusive, ser indicada a quantidade máxima de cada item que poderá ser adquirida, bem como a quantidade mínima a ser cotada de unidades de bens ou, no caso de serviços, de unidades de medida.[35]

Em certas situações, dada a natureza do objeto a ser registrado aliada à imprevisibilidade da demanda, circunstâncias que podem dificultar a quantificação, ainda assim se faz necessária a previsão em edital de quantidades estimadas que poderão ser estabelecidas com base na análise de consumos pretéritos.

De outro giro, em casos excepcionais a Lei nº 14.133/2021 possibilita a instauração da licitação para registro de preços apenas com a indicação limitada a unidades de contratação, sem a fixação do total a ser adquirido.[36] Todavia, esta permissão legal apenas pode ser aplicada nos seguintes casos: quando for a primeira licitação para o objeto e a entidade não tiver registro de demandas anteriores; no caso de alimento perecível; quando o serviço estiver integrado ao fornecimento de bens. Em qualquer destas hipóteses, é obrigatória a indicação do valor máximo da despesa, sendo vedada a participação de outro órgão ou entidade na respectiva ata.

Especificar as quantidades do objeto, ainda que de forma estimada, é providência necessária que se opera tanto em favor da Administração Pública, quanto dos licitantes que irão participar da licitação. É benéfica para a entidade licitadora, pois em razão das quantidades fixadas no instrumento convocatório há uma grande probabilidade de se obter um

---

[33] Trata-se de procedimento obrigatório estabelecido pelo artigo 86 da Lei nº 14.133/2021.

[34] De acordo com o Decreto Federal nº 11.462/2023, SRP digital é uma *"ferramenta informatizada, integrante do Compras.gov.br, disponibilizada pela Secretaria de Gestão e Inovação do Ministério da Gestão e da Inovação em Serviços Públicos, para o registro formal de preços relativos a prestação de serviços, obras e aquisição e locação de bens para contratações futuras".*

[35] Conforme determina o artigo 82, inciso I e II, da Lei nº 14.133/2021.

[36] Conforme artigo 82, §§ 3º e 4º, da Lei nº 14.133/2021.

preço melhor em razão da economia de escala. Para os licitantes, a definição do objeto de forma clara e precisa, além de absolutamente indispensável à elaboração de uma proposta boa e firme, se constitui em postulado de igualdade entre aqueles que participam do certame.

Com a finalidade de oportunizar a ampla participação de interessados e, por conseguinte, a aumentar a competitividade, o edital da licitação poderá prever a possibilidade de o licitante apresentar proposta em quantitativo inferior ao máximo previsto, obrigando-se ao limite ofertado.

4.3.3 Estimativa de valor

A pesquisa dos preços praticados pelo mercado deve ser realizada de acordo com a metodologia indicada no artigo 23, § 1º, da Lei nº 14.133/2021, que fora objeto da nossa observação constante no item 3.3 do Capítulo 3, quando discorremos sobre alguns dos atos a serem praticados na fase preparatória das licitações comuns.

Na hipótese de licitação para registro de preços sem a indicação da quantidade a ser adquirida, é obrigatória a fixação de um preço máximo a ser gasto com as contratações futuras, conforme mencionamos no item antecedente. Neste caso, a estimativa de preços servirá de parâmetro para atender esta imposição legal.

4.3.4 Modalidades de licitação e critérios de julgamento

Pelo regime jurídico das licitações e contratações públicas instituído pela Lei nº 14.133/2021, temos cinco modalidades licitatórias, a saber: pregão, concorrência, concurso, leilão e diálogo competitivo. Inobstante tal previsão, tratando-se de licitação para registro de preços a lei indica, expressamente no artigo 6º, inciso XLV, apenas o pregão e a concorrência como cabíveis para instituição do sistema de registro de preços.

A princípio pode parecer que existe certa discricionariedade outorgada ao aplicador do direito no sentido de escolher, livremente, entre uma ou outra modalidade licitatória. Todavia, a Lei nº 14.133/2021 torna obrigatória a adoção do pregão, seja para registro de preços ou não, sempre que a competição contemple aquisição de bens e serviços comuns.

Seguindo a mesma linha conceitual da revogada Lei nº 10.520/2002, o atual regime jurídico licitatório define bens e serviços comuns como *"aqueles cujos padrões de desempenho e qualidade podem ser objetivamente definidos pelo edital, por meio de especificações usuais de mercado"*.[37]

Na nossa percepção, o conceito estabelecido pela lei é impreciso, fluído. A natureza de comum de certo bem ou serviço somente poderá ser constatada à luz de cada caso concreto, levando-se em consideração as variadas especificidades que podem estar inseridas em certo objeto, como também na própria necessidade pública a ser atendida.

De qualquer forma, a Administração Pública só poderá se valer do pregão para registrar preços de bens ou serviços que apresentem, de forma inequívoca, a natureza comum. Ao contrário, se objeto for classificado como incomum, a opção deverá recair na modalidade concorrência.

Quanto aos critérios de julgamento que podem ser utilizados na licitação, independentemente da modalidade escolhida, o julgamento poderá ocorrer pelo menor preço ou em razão do maior desconto ofertado.

---

[37] Artigo 6º, inciso XIII, da Lei nº 14.133/2021.

Cap. 6 · INSTRUMENTOS AUXILIARES DAS LICITAÇÕES E CONTRATAÇÕES | **315**

Atendidos os requisitos mínimos aceitáveis para o objeto posto em competição e previamente fixados no instrumento convocatório, o julgamento pelo menor preço ou maior desconto levará em consideração o menor dispêndio para a Administração.

No julgamento pelo maior desconto, a entidade pública deverá estabelecer, prévia e obrigatoriamente, um valor de referência, sendo possível, por exemplo, fazer constar uma tabela de preços de certo fabricante na condição de anexo do edital. Por força do princípio da vinculação ao instrumento convocatório, o desconto ofertado por ocasião da licitação deverá ser estendido aos eventuais termos aditivos.

Para aferição do menor dispêndio, desde que objetivamente mensuráveis e fixados no ato convocatório, alguns fatores poderão ser utilizados, como os custos indiretos com manutenção, utilização, reposição, depreciação do bem, o impacto ambiental ou outros relacionados ao ciclo de vida do objeto.

4.3.5 Licitação para SRP e a questão da reserva orçamentária

De uma interpretação sistemática da Lei nº 14.133/2021, é inequívoca a conclusão no sentido de que, na fase preparatória de uma licitação comum que objetive a imediata contratação do vencedor e, por conseguinte, a realização de uma despesa, a indicação da dotação orçamentária com saldo suficiente para fazer frente à pretensão da Administração, é imprescindível para a validade do processo licitatório, consoante a dicção do artigo 6º, inciso XXIII, combinado com o *caput* do artigo 18.

Todavia, de acordo com o nosso entendimento já manifestado em obra publicada em coautoria com Joel de Menezes Niebuhr[38], tal exigência legal se faz necessária apenas nas licitações comuns. Não se pode perder de vista que a licitação para registrar preços possui finalidade específica e peculiar, qual seja, registrar preços para determinados objetos. Ademais, não se pode olvidar que a Administração Pública, ainda que tenha instituído este registro e que a ata esteja vigendo, em tese não tem obrigação de contratar com o fornecedor que teve o seu preço registrado na ata.

Assim, no âmbito de um sistema de registro de preços, a indicação do crédito orçamentário para pagamento de uma despesa apenas deverá ocorrer, se e quando houver a efetiva contratação do objeto constante da ata de registro de preços. Exatamente nestes termos, o Decreto Federal nº 11.462/2023 dispõe em seu artigo 17 que "*A indicação da disponibilidade de créditos orçamentários somente será exigida para a formalização do contrato ou de outro instrumento hábil*".

4.3.6 Edital da licitação

Além dos elementos comuns a qualquer licitação[39], tais como definição do objeto, modalidade de licitação, critérios de julgamento, exigências de habilitação, impugnações, recursos, sanções etc., o instrumento convocatório para registro de preços deve prever algumas regras específicas para este tipo de competição.[40]

---

[38] GUIMARÃES, Edgar; NIEBUHR, Joel de Menezes. *Registro de preços*: aspectos práticos e jurídicos. Belo Horizonte: Fórum, 2008, p. 56.

[39] De acordo com o artigo 15 do Decreto Federal nº 11.462/2023: "*O edital de licitação para registro de preços observará as regras gerais estabelecidas na Lei nº 14.133, de 2021, e disporá sobre: (...)*".

[40] Artigo 82 e incisos I a IX da Lei nº 14.133/2021.

A primeira regra própria para essa licitação diz respeito a necessidade de o edital deixar claro que a competição tem por objetivo único apenas registrar prestadores de serviços e/ou fornecedores de bens e seus respectivos preços, não implicando obrigação para a Administração de contratar futuramente.[41]

É importante assinalar nosso entendimento no sentido de que abandonar uma ata de registro de preços que esteja em plena vigência e instaurar uma licitação específica somente poderão ocorrer se comprovada a existência de um fato superveniente à instituição do SRP, devidamente motivado, que justifique tal providência. Esse requisito, diga-se de passagem, é muitíssimo semelhante àquele que deve ser observado na hipótese de revogação de uma licitação. Na definição do objeto com todos os requisitos mínimos aceitáveis, é necessária a especificação das quantidades máximas de cada item que poderá ser adquirida, como também a quantidade mínima de unidades a ser cotada de bens ou, no caso de serviços, de unidades de medida. Nos termos do parágrafo único do artigo 15 do Decreto Federal nº 11.462/2023, *"consideram-se quantidades mínimas a serem cotadas as quantidades parciais, inferiores à demanda na licitação, apresentadas pelos licitantes em suas propostas, desde que permitido no edital, com vistas à ampliação da competitividade e à preservação da economia de escala"*. O instrumento convocatório poderá prever a oferta de preços diferenciados nos seguintes casos: quando o objeto for executado ou entregue em locais diferentes; em razão da forma e do local de acondicionamento; quando admitida cotação variável em razão do tamanho do lote e por outros motivos, desde que justificados no processo.

Notadamente em licitação para registrar preços de grandes quantidades, com a finalidade de ampliar o universo de participantes, o edital poderá estabelecer a possibilidade de o licitante oferecer proposta em quantitativo inferior ao máximo fixado, ficando obrigado ao limite proposto.

Em homenagem ao artigo 37, inciso XXI, da Constituição Federal, que impõe à Administração Pública a obrigação de manter as condições efetivas das propostas oferecidas por ocasião de uma licitação, o edital para registro de preços deverá prever mecanismos visando alteração dos preços registrados, podendo ser valer de instrumentos jurídicos, como, por exemplo, o reajuste, a repactuação e o reequilíbrio econômico-financeiro. É preciso ainda estabelecer as hipóteses de cancelamento do registro de fornecedor e de preços, nos termos do previsto pelos artigos 28 e 29 do Decreto Federal nº 11.462/2023, bem como as suas consequências, que podem ser tanto sob o aspecto administrativo quanto sob o das sanções cabíveis.

Como cláusula do edital, deverá ser fixado um prazo de vigência para a ata de registro de preços que, nos termos da Lei nº 14.133/2021 e do regulamento federal, será de um ano, podendo ser prorrogado por igual período, desde que comprovado que o preço registrado permanece vantajoso. A prorrogação, frise-se desde logo, é ato discricionário da Administração, não se constituindo em direito subjetivo do fornecedor registrado.

O instrumento convocatório também deverá prever as sanções a serem aplicadas tanto por descumprimento da ata de registro de preços quanto em relação aos contratos dela decorrentes. Nos termos do artigo 156 da Lei nº 14.133/2021, ocorrendo infrações administrativas em qualquer dos dois cenários antes referidos, poderão ser aplicadas as

---

[41] O artigo 83 da Lei nº 14.133/2021 dispõe que a existência de preços registrados não obriga a Administração a contratar, sendo facultada a realização de licitação específica para a aquisição pretendida, desde que devidamente motivada.

seguintes sanções: advertência; multa; impedimento de licitar e contratar; e declaração de inidoneidade.

Regra geral, compete ao órgão ou entidade gerenciadora, no exercício de um poder discricionário, decidir se a ata de registro de preços poderá ou não ser objeto de adesão. Sendo permitida, o Decreto Federal nº 11.462/2023 dispõe que as quantidades a serem adquiridas por órgão ou entidades não participantes – os aderentes – deverão estar fixadas no edital.

A princípio, na ata de registro de preços devem constar somente os licitantes classificados em primeiro lugar e as condições de suas respectivas propostas. Todavia, importando uma possibilidade que foi criada pelo revogado Decreto Federal nº 7.892/2013, o edital poderá prever o registro de mais de um fornecedor ou prestador de serviço, desde que aceitem praticar o mesmo preço do licitante vencedor ou mantenham sua proposta original, formando, dessa forma, o que o Decreto Federal nº 11.462/2023 denominou de "cadastro de reserva".

Assim, uma vez previsto no ato convocatório, os licitantes remanescentes na ordem classificatória que desejarem poderão integrar um anexo da ata, desde que na mesma condição de preço daquele que venceu a competição ou com suas propostas originais. Porém, isto não significa que todos estarão em total igualdade de condições. Nesse caso, forma-se uma ordem de classificação no anexo da própria ata com base naquela resultante da licitação.

Em termos práticos, as contratações devem ocorrer com o vencedor da licitação. Apenas na falta dele é que a Administração terá a possibilidade de contratar com os demais, devendo ser respeitada a seguinte ordem: os licitantes ou fornecedores que aceitaram registrar seus preços iguais ao do vencedor da licitação terão preferência em relação àqueles remanescentes na classificação da licitação que mantiveram suas propostas originais. A habilitação dos licitantes que compõem o cadastro de reserva somente será efetuada quando houver necessidade de contratação.

Outra regra editalícia deve dispor sobre a vedação à participação do órgão ou entidade em mais de uma ata de registro de preços com o mesmo objeto no prazo de validade daquela de que já tiver participado. Trata-se, na verdade, de uma vedação relativa, pois, de acordo com a Lei nº 14.133/2021,[42] se determinada ata registrou quantitativo inferior ao máximo previsto em edital, é permitida a participação do órgão ou entidade em outro SRP com o mesmo objeto. Essa relativização também está prevista no regulamento federal.

Na hipótese de licitação para aquisição de bens, a Administração poderá, excepcionalmente e de forma justificada, exigir amostra ou prova de conceito do bem na fase de julgamento das propostas ou de lances, ou no curso do prazo de vigência do contrato ou da ata de registro de preços. Uma vez exigida, o edital deverá estabelecer os critérios objetivos de avaliação, bem como os procedimentos para o julgamento.

Conforme veremos adiante, a ata de registro de preços é documento vinculativo e obrigacional, retratando, em larga medida, os deveres e obrigações dos vencedores da licitação. Sendo assim, é fundamental que a minuta da ata conste como anexo do edital da licitação.

Em que pese se tratar de uma licitação para registro de preços, entendemos que o processo não está imune à incidência do controle prévio de legalidade previsto no *caput* do artigo 53 da Lei nº 14.133/2021. Assim sendo, nos exatos termos do mencionado dispositivo legal, *"Ao final da fase preparatória, o processo licitatório seguirá para o órgão de assessoramento jurídico da Administração, que realizará controle prévio de legalidade mediante análise jurídica da contratação".*

---

42   Artigo 82, inciso VIII.

É de reconhecer que o controle prévio de legalidade previsto na lei é deveras salutar e merece especial atenção, notadamente se consideradas as repercussões no processo de contratação. Trata-se de um verdadeiro filtro que possibilita a correção de eventuais falhas ou vícios, afastando, preliminarmente, os riscos ao interesse público norteador de toda a atividade administrativa.

Referido controle incide, de igual forma e intensidade, em processos com ou sem licitação, acordos, termos de cooperação, convênios, ajustes, adesões a atas de registro de preços, termos aditivos, bem como em outros instrumentos congêneres.

Subtrai-se das disposições da Lei nº 14.133/2021 que a análise jurídica deve ser ampla, efetiva, abrangendo todos os atos praticados na fase preparatória do respectivo processo administrativo. Dita análise deverá se limitar aos aspectos legais, ser realizada em linguagem simples e compreensível e, sobretudo, a manifestação jurídica deverá ser conclusiva.

Ocorre que, diferentemente do disposto na Lei nº 14.133/2021, o Decreto Federal nº 11.462/2023 estabelece no § 4º do artigo 7º que apenas as minutas do edital, do aviso ou do instrumento de contratação direta e do contrato deverão ser submetidas ao exame e aprovação pela Assessoria Jurídica, contrariando, flagrantemente, aquilo que fora estabelecido na lei.

O regulamento federal parece olvidar que a licitação para registro de preços possui uma fase preparatória em que são praticados atos absolutamente indispensáveis para o desencadeamento da licitação.

Entendemos que não poderia, em hipótese alguma, ser suprimida a incidência do controle prévio de legalidade previsto na Lei nº 14.133/2021, sobre uma importantíssima e significativa parcela de atos praticados na fase preparatória da licitação para registro de preços.

4.4   Formalização do registro de preços

Em uma licitação comum em que a Administração define o objeto, a quantidade que pretende contratar, o vencedor da competição é, de pronto, convocado para celebrar o contrato e executá-lo. Neste cenário temos, claramente, duas etapas, a licitação e a contratação.

Por outro lado, a licitação para registro de preços tem por finalidade última formar uma espécie de cadastro, onde deverá constar prestadores de serviços, fornecedores de bens e suas respectivas condições e preços. Assim, diferentemente da hipótese ventilada no parágrafo anterior, ultimada a licitação o vencedor não assina de imediato um contrato, assina um instrumento que se denomina ata de registro de preços. Neste caso temos, portanto, três etapas, a licitação, a formalização do registro e as contratações que acontecem gradativamente ao longo de certo período e na medida do surgimento das necessidades.

De acordo com a exata dicção da Lei nº 14.133/2021, ata de registro de preços "*é documento vinculativo e obrigacional, com característica de compromisso para futura contratação, no qual são registrados o objeto, os preços, os fornecedores, os órgãos participantes e as condições a serem praticadas, conforme as disposições contidas no edital da licitação, no aviso ou instrumento de contratação direta e nas propostas apresentadas*".

4.4.1   Conteúdo da ata de registro de preços

Por se tratar de documento vinculativo e obrigacional, é uma espécie de pré-contrato. Assim como salientado por Joel de Menezes Niebuhr[43], sustentamos que o seu conteúdo

---

[43]   GUIMARÃES, Edgar; NIEBUHR, Joel de Menezes. *Registro de preços*: aspectos práticos e jurídicos. Belo Horizonte: Fórum, 2013. p. 86.

deve ser o mais detalhado possível, devendo constar: a qualificação das partes (órgãos e entidades públicas participantes, prestadores de serviços e fornecedores); a qualificação o órgão ou entidade gerenciadora; o objeto, serviço ou fornecimento; a obrigação de prestar o serviço ou fornecer o bem na medida das necessidades e nas condições propostas; quantitativos destinados aos órgãos e entidades participantes e não participantes (se for o caso); o preço proposto e as condições de pagamento; hipóteses de alteração dos preços; hipóteses de cancelamento do registro; os licitantes que aceitaram registrar o mesmo preço do vencedor (cadastro de reserva, se houver) e todos os demais remanescentes na ordem classificatória da licitação; o prazo de vigência e possiblidade ou não de prorrogação com renovação de quantitativos; sanções pelo descumprimento das obrigações.[44]

É de se notar que expressiva parcela do conteúdo da ata de registro de preços é decorrente das condições preestabelecidas na licitação, consequência lógica da observância do princípio da vinculação ao instrumento convocatório.[45]

4.4.2 Formalização da ata de registro de preços

Nos termos do disposto no Decreto Federal nº 11.462/2023, após a homologação da licitação ou da autorização para a contratação direta, o licitante mais bem classificado ou o fornecedor, no caso da contratação direta, será convocado para assinar a ata de registro de preços no prazo e nas condições estabelecidas no edital de licitação ou no aviso de contratação direta, sob pena de decadência do direito, sem prejuízo da aplicação das sanções previstas na Lei nº 14.133/2021. A ata será assinada por meio digital e disponibilizada no sistema de registro de preços.

Mediante solicitação do interessado, referido prazo poderá ser prorrogado uma vez por igual período, mediante justificativa aceita pela Administração.

Havendo recusa em assinar a ata, a Administração deverá convocar os licitantes do cadastro de reserva, na ordem de classificação para fazê-lo em igual prazo e nas mesmas condições do primeiro classificado.

Caso nenhum deles aceite a contratação, a Administração poderá convocar os licitantes ou os fornecedores que mantiveram as suas propostas originais, na ordem de classificação, para negociar a obtenção de um preço melhor, ainda que acima do preço vencedor. Se frustrada a negociação, poderá ser firmado o contrato nas condições originalmente propostas pelos licitantes remanescentes, observada a ordem classificatória.

4.4.3 Prazo de vigência da ata de registro de preços

Como afirmamos no tópico anterior, o edital da licitação e a própria ata devem prever um prazo de vigência e a possibilidade ou não de eventuais prorrogações. Conforme estabelece no artigo 84 da Lei nº 14.133/2021, o prazo de vigência será de 1 (um) ano[46] e poderá ser prorrogado, por igual período, desde que comprovado o preço vantajoso.

---

[44] As atas de registros de preços instituídas de acordo com a Lei nº 14.217/2021, deverão ser disponibilizadas, no prazo de cinco dias úteis, contado da data da celebração, em sítio oficial na internet.

[45] GUIMARÃES, Edgar; NIEBUHR, Joel de Menezes. *Registro de preços*: aspectos práticos e jurídicos. Belo Horizonte: Fórum, 2013. p. 86.

[46] De acordo com a Lei nº 14.217/2021, as atas de registro de preços terão prazo de vigência de seis meses, prorrogável uma vez, pelo mesmo período, se comprovada a vantajosidade de suas condições negociais (art. 5º, § 5º).

Ocorrendo a prorrogação do prazo de vigência da ata, entendemos ser possível a renovação dos quantitativos inicialmente registrados não apenas para órgãos participantes, como também para os não participantes, desde que preenchidos alguns requisitos.[47]

O primeiro deles, a previsão em regulamento interno do órgão ou entidade pública. Não havendo, o edital da licitação bem como a ata de registro de preços devem estabelecer essa possibilidade. Mesmo existindo previsão em regulamento, é absolutamente indispensável constar do edital e da ata, possibilitando, assim, que os interessados em participar da licitação tenham amplo conhecimento das contratações que poderão advir e ofereçam propostas mais vantajosas.

A Lei nº 14.133/2021 prevê a necessidade de se comprovar que o preço registrado permanece vantajoso. Para tanto, faz-se necessária uma análise econômica, que poderá ser realizada mediante a adoção de uma das metodologias indicadas no artigo 23 da Lei nº 14.133/2021.

Além dos requisitos antes mencionados, outros deverão ser observados, tais como: (i) prorrogação deve ser promovida na vigência da ata de registro de preços; (ii) concordância do fornecedor registrado; (iii) prova da manutenção das condições de habilitação do fornecedor registrado; (iv) inexistência de sanção de impedimento de contratar e licitar ou declaração de inidoneidade em fase de cumprimento; (v) autorização da autoridade competente; (vi) formalização por meio de termo aditivo à ata, previamente aprovado pela assessoria jurídica do órgão ou entidade pública; (vii) publicidade do termo aditivo.

Ainda acerca da prorrogação da vigência da ata, sustentando-se que os eventuais órgãos participantes devem ser previamente consultados, pois, para um ou alguns, as necessidades podem ser totalmente atendidas naquele momento, sendo desnecessárias novas aquisições ou contratações.

4.4.4 Alterações qualitativas e quantitativas na ata de registro de preços

De acordo com o artigo 23 do Decreto Federal nº 11.462/2023, fica vedada qualquer alteração quantitativa na ata de registro de preços.

No que diz respeito às alterações qualitativas do objeto registrado, não há qualquer vedação para que possam ocorrer, todavia é necessário observar alguns requisitos de validade, tais como: (i) a alteração seja em decorrência de um fato superveniente à licitação ou celebração da ata, devidamente comprovado; (ii) não desnature por completo o objeto registrado; (iii) seja realizada na vigência da ata; (iv) autorização da autoridade competente; (v) formalização por meio de termo aditivo à ata, previamente aprovado pela assessoria jurídica do órgão ou entidade pública; (vi) publicidade do termo aditivo.

4.4.5 Controle e gerenciamento da ata de registro de preços

Nos termos do Decreto Federal nº 11.462/2023, compete ao órgão ou entidade gerenciadora exercer um amplo controle e gerenciamento da ata de registro de preços, realiza-

---

[47] A Subconsultoria-Geral da União de Gestão Pública, por meio da Coordenação-Geral jurídica de aquisições, analisou a questão suscitada no parágrafo anterior e exarou o Parecer nº 00453/CGAQ/SCGP/CGU/AGU, datado de 23 de setembro de 2024, concluindo pela *possibilidade de renovação do quantitativo inicialmente registrado em caso de prorrogação de vigência da ata de registro de preços, desde que: a) seja comprovado o preço vantajoso; b) haja previsão expressa no edital e na ata de registro de preços; c) o tema tenha sido tratado no planejamento da contratação; d) a prorrogação da ata de registro de preços ocorra dentro do prazo de sua vigência".*

do por meio de uma ferramenta informatizada integrante do Compras.gov.br, denominada gestão de atas. Referida gestão deverá controlar os quantitativos e os saldos, as solicitações de adesão e o remanejamento das quantidades.

A utilização da tecnologia da informação está cada vez mais presente no ambiente público, fato este que merece os nossos aplausos, pois, além de propiciar uma maior eficiência, é inegável uma otimização das atividades administrativas, gerando economicidade de tempo e de recursos, bem como uma ampla transparência dos processos de contratações públicas.

4.4.6 Alteração ou atualização dos preços registrados

O Decreto Federal nº 11.462/2023 prevê que as alterações e atualizações dos preços registrados poderão ocorrer de acordo com a realidade de mercado e observado o disposto nos artigos 25 a 27. Tais dispositivos tratam, respectivamente, de hipóteses de reequilíbrio econômico-financeiro, reajuste, repactuação e negociação de preços. Para o reajuste e a repactuação, devem ser observadas as mesmas regras previstas na Lei nº 14.133/2021.

4.4.7 Cancelamento do registro do fornecedor e dos preços registrados

Nos termos do artigo 28 do regulamento federal, o cancelamento do registro e de preços poderá ocorrer quando o fornecedor "*I – descumprir as condições da ata de registro de preços sem motivo justificado; II – não retirar a nota de empenho, ou instrumento equivalente, no prazo estabelecido pela Administração sem justificativa razoável; III – não aceitar manter seu preço registrado, na hipótese prevista no § 2º do art. 27; ou IV – sofrer sanção prevista nos incisos III ou IV do caput do art. 156 da Lei nº 14.133, de 2021*".

As sanções antes referidas são as seguintes: impedimento de licitar e contratar e a declaração de inidoneidade. Na hipótese de o fornecedor ter sofrido qualquer uma delas e se o prazo da penalidade aplicada não ultrapassar o prazo de vigência da ata, o gerenciador poderá, mediante decisão fundamentada, decidir pela manutenção do registro, ficando vedadas novas contratações com aquele fornecedor enquanto perdurarem os efeitos da sanção recebida. Nesse caso, trata-se, em verdade, de uma espécie de suspensão do registro do fornecedor por prazo determinado.

Especificamente com relação à sanção de impedimento de licitar e contratar, é preciso analisar o alcance dos seus efeitos no espaço, pois, de acordo com § 4º do artigo 156 da Lei nº 14.133/2021, aquele que a recebe ficará impedido de licitar e contratar somente no âmbito da Administração Pública direta e indireta do ente federativo que aplicou a sanção. Dessa forma, apenas poderá ocorrer o cancelamento do registro, caso o fornecedor tenha sido sancionado na mesma órbita federativa do SRP.

Ainda, para que o cancelamento do registro possa ocorrer na conformidade da lei, deverá ser precedido do contraditório e da ampla defesa e, após essa providência administrativa, ser formalizado por meio de um ato administrativo baixado pelo gerenciador.

4.4.8 Remanejamento das quantidades registradas na ata de registro de preços

Muito antes do atual Decreto Federal nº 11.462/2023, o remanejamento de quantidades registradas na ata de registros de preços já vinha sendo adotado por alguns órgãos e entidades públicas, sem que implicasse a ocorrência de qualquer ilegalidade. Fato é que essa questão foi objeto de regulamentação federal pelo artigo 30. Trata-se da possibilidade de as quantidades previstas serem remanejadas pelo órgão ou entidade gerenciadora entre os participantes e não participantes do registro de preços.

É possível que no curso da vigência da ata um participante tenha esgotado todo o seu quantitativo e necessite contratar quantidade maior. Nessa hipótese, o interessado deverá solicitar ao órgão ou entidade gerenciadora a redução na quantidade de outro participante da ata, cabendo a este outro aceitar ou não a redução. Uma vez aceita, será autorizada e remanejada pelo gerenciador por meio da gestão de atas.

Conforme previsto no regulamento federal, caso o remanejamento ocorra entre órgãos ou entidades de Estados, do Distrito Federal ou de Municípios, o fornecedor beneficiário da ata poderá aceitar ou não o fornecimento decorrente do remanejamento.

4.5   Adesão à ata de registro de preços

No processo licitatório e na própria dinâmica do sistema de registro de preços, encontramos alguns atores diferentes daqueles que se apresentam no cenário de uma licitação comum, por exemplo, órgão ou entidade participante e não participante.

Participante é aquele órgão ou entidade que acode ao chamamento público de intenção de registro preços e interage nos procedimentos iniciais do processo licitatório, indicando suas necessidades e quantidades e integra a ata de registro de preços. Por sua vez, o não participante é aquele que não participa da fase preparatória da licitação e não integra a ata de registro de preços.

Os órgãos e entidades que não tenham participado da fase preparatória da licitação, poderão aderir à ata de registro de preços na condição de não participantes. Assim, adesão à ata de registro de preços, popularmente conhecida como "carona", é o procedimento administrativo por meio do qual um órgão ou entidade estranha ao SRP adere aos termos de uma ata que esteja em vigência, utilizando-a como se fosse sua e realizando a contratação que necessita.

A fim de que a adesão possa se realizar validamente, a Lei nº 14.133/2021 estabeleceu alguns requisitos a serem observados. O aderente deve: **(i)** apresentar justificativa da vantagem da adesão, inclusive em situações de provável desabastecimento ou descontinuidade de serviço público; **(ii)** demonstrar que os preços registrados estão compatíveis com os valores praticados pelo mercado, devendo utilizar, para tanto, a metodologia constante do artigo 23 da nova lei; **(iii)** realizar prévia consulta e obter a concordância do órgão ou entidade gerenciadora da ata, bem como do prestador ou fornecedor registrado.

Inobstante o atendimento aos requisitos acima mencionados, a adesão a certa ata de registro de preços apenas poderá ocorrer se tiver sido prevista no edital da licitação.

Ocorre que a Lei nº 14.133/2021 e o Decreto Federal nº 11.462/2023 , estabelecem que o limite máximo por adesão não poderá exceder, por órgão ou entidade aderente, a 50% (cinquenta por cento) dos quantitativos dos itens registrados na ata destinados ao órgão gerenciador e participantes.

Ainda, o somatório de todas as adesões realizadas, não poderá ultrapassar ao dobro do quantitativo de cada item registrado na ata, independentemente do número de órgãos aderentes.[48] Este limite para o total de adesões não se aplica para órgãos e entidades da Administração Pública federal, estadual, distrital ou municipal quando aderirem à ata de

---

[48]   Estes mesmos limites de 50% e do dobro do quantitativo registrado, foram estabelecidos pela Lei nº 14.217/2021.

registro de preços gerenciada pelo Ministério da Saúde para aquisição emergencial de medicamentos e material de consumo médico-hospitalar.

Pela redação original do artigo 86, § 3º, da Lei nº 14.133/2021, os órgãos federais, estaduais e distritais não participantes do registro de preços apenas poderiam realizar adesões às atas dessas três órbitas federativas, sendo vedadas adesões às atas municipais.

Em 2023, a Lei nº 14.770 deu nova redação ao referido § 3º, passando a prever que a faculdade de aderir à ata de registro de preços na qualidade de não participante, poderá ser exercida: "*I – por órgãos e entidades da Administração Pública federal, estadual, distrital e municipal, relativamente a ata de registro de preços de órgão ou entidade gerenciadora federal, estadual ou distrital; ou II – por órgãos e entidades da Administração Pública municipal, relativamente a ata de registro de preços de órgão ou entidade gerenciadora municipal, desde que o sistema de registro de preços tenha sido formalizado mediante licitação*". Por sua vez, o artigo 86, § 8º, da Lei nº 14.133/2021 veda que órgãos da Administração Pública federal adiram à ata de registro de preços gerenciada por órgão ou entidade estadual, distrital ou municipal.

Ao se interpretar de forma conjugada o § 3º, inciso I, com o § 8º do mesmo artigo 86, Luciano Ferraz[49] chama a atenção para uma aparente contradição, pois "*a primeira permite que órgãos e entidades da administração pública federal adiram às atas de registro de preços estaduais e distritais (não às municipais), a segunda a proibir que eles adiram a tais atas (?).*"

Concordamos com o pensamento do mencionado autor no sentido de que o § 3º veicula uma norma geral, aplicável de igual forma e com a mesma intensidade em todas as órbitas federativas, enquanto o § 8º é regra exclusivamente federal, ou seja, trata-se de uma norma específica a ser observada somente no âmbito da União.

A Lei nº 14.133/2021 foi silente quanto ao processo administrativo e seu procedimento objetivando à adesão a uma ata de registro de preços. Com base nas disposições do Decreto federal 11.462/2023, bem como nas sugestões de Joel de Menezes Niebuhr[50], propomos os seguintes procedimentos:

– 1º Passo: abre-se processo administrativo, devidamente autuado e numerado, a fim de juntar todos os documentos relativos à adesão à ata de registro de preços.

– 2º Passo: sugere-se que se produza espécie de termo de referência, com, no mínimo, três informações: (i) a indicação da necessidade do órgão ou da entidade, com as especificações técnicas do produto ou serviços que ela pretende contratar; (ii) a definição da quantidade pretendida; (iii) a indicação do preço estimado, com base em pesquisa realizada de acordo com uma das metodologias indicadas no artigo 23 da Lei nº 14.133/2021.

– 3º Passo: pesquisa preliminar sobre atas de registro de preços disponíveis para adesão, com a indicação expressa, formal e justificada da que melhor atende as necessidades do órgão ou entidade que pretende a adesão em face dos elementos constantes do termo de referência (justificativa da vantajosidade).

---

[49]   FERRAZ, Luciano. *Sistema de Registro de Preços e adesões federativas: contradição aparente*. Dispsonível em: www.conjur.com.br.

[50]   GUIMARÃES, Edgar; NIEBUHR, Joel de Menezes. *Registro de preços*: aspectos práticos e jurídicos. Belo Horizonte: Fórum, 2013. p. 146-147.

- 4º Passo: o órgão ou entidade interessada dirige ofício ao órgão ou entidade gerenciadora da ata de registro de preços solicitando informações, requerendo a adesão e indicando a quantidade que pretende contratar. São necessárias três informações: (i) se o edital prevê a possibilidade de adesão; (ii) se ainda há quantidade disponível para nova adesão; (iii) se o órgão ou entidade gerenciadora da ata de registro de preços consente com a adesão.
- 5º Passo: o órgão ou entidade gerenciadora da ata de registro de preços consulta o signatário dela, o fornecedor ou prestador do serviço, requerendo a concordância.
- 6º Passo: o signatário da ata de registro de preços dirige ofício ou outro documento ao órgão ou entidade gerenciadora da ata de registro de preços concordando ou não com a adesão.
- 7º Passo: o órgão ou entidade gerenciadora da ata de registro de preços dirige ofício ao órgão ou entidade interessada, aderente, concordando ou não com a adesão, com cópia do ofício ou documento do signatário da ata de registro de preços.
- 8º Passo: o processo de adesão à ata de registro de preços deve ser submetido ao controle prévio de legalidade o realizado pela assessoria jurídica do órgão ou entidade interessada, aderente, conforme determina o § 4º do artigo 53 da Lei nº 14.133/2021.
- 9º Passo: a autoridade competente do órgão ou entidade interessada, aderente, emite ato administrativo de adesão à ata de registro de preços.
- 10º Passo: publica-se um extrato da adesão à ata de registro de preços, com informações básicas, dentre as quais, órgão ou entidade gerenciadora da ata, órgão ou entidade aderente, signatário da ata, objeto, preço e vigência da ata.
- 11º Passo: celebra-se a contratação, que deverá ocorrer em até noventa dias, observado o prazo de vigência da ata, conforme dispõe o § 2º do artigo 32 do Decreto Federal nº 11.462/2023. Excepcionalmente, esse prazo poderá ser prorrogado mediante solicitação do aderente e aceito pelo órgão ou entidade gerenciadora, desde que respeitado o limite temporal de vigência da ata.

Em que pese termos muita resistência à adesão à ata de registro de preços, especialmente por entendermos que alguns princípios jurídicos são afrontados,[51] precisamos reconhecer que, com a sua positivação na Lei nº 14.133/2021, deixa de haver ao menos uma afronta ao princípio da legalidade, pois essa figura jurídica não constava da revogada Lei nº 8.666/1993.

4.6   Contratações originárias da ata de registro de preços

As relações jurídicas travadas entre a Administração Pública e particulares derivadas de licitação, dispensa, inexigibilidade ou até mesmo de ata de registro de preços devem, necessariamente, ser formalizadas nos termos do que dispõe a Lei nº 14.133/2021.

Inexiste na Lei nº 14.133/2021 norma especial ou específica acerca dos contratos derivados do sistema de registro de preços, nem precisaria existir. Tais contratações devem ser formalizadas de acordo com os termos e condições do edital da licitação, da proposta

---

[51] A esse propósito, concordamos com as reflexões de Joel de Menezes Niebuhr, lançadas no Capítulo 4 da nossa obra *Registro de preços: aspectos práticos e jurídicos.*

Cap. 6 · INSTRUMENTOS AUXILIARES DAS LICITAÇÕES E CONTRATAÇÕES | **325**

vencedora e da própria ata de registro de preços, com a observância das regras comuns instituídas pela Lei nº 14.133/2021. Regra geral os contratos devem observar a forma escrita, sendo nulo e de nenhum efeito o contrato verbal com a Administração, salvo o de pequenas compras ou de prestação de serviços de pronto pagamento de valor não superior a R$ 10.000,00 (dez mil reais).[52]

No tocante à formalização, que é a solenidade exigida pela lei, o Decreto federal nº 11.462/2023 estabelece que a contratação será formalizada pelo órgão ou entidade interessada por meio de instrumento contratual, emissão de nota de empenho de despesa, autorização de compra ou outro instrumento hábil, conforme artigo 95 da Lei nº 14.133/2021.

Pelas disposições do dispositivo legal antes referido, o instrumento de contrato é obrigatório, salvo nas hipóteses de dispensa em razão do valor e de compras com entrega imediata e integral dos bens adquiridos e dos quais não resultem obrigações futuras, inclusive quanto à assistência técnica, independentemente de seu valor.

Assim, surgida certa necessidade de adquirir um bem ou contratar um serviço constante da ata de registro de preços, deve o órgão ou entidade contratante optar por um dos instrumentos indicados pela lei para materialização da contratação, levando em consideração os elementos e fatores presentes e analisados isoladamente naquele caso específico.

5. REGISTRO CADASTRAL

A Lei nº 14.133/2021 elegeu o registro cadastral como um dos procedimentos auxiliares das licitações e contratações públicas[53]. Precisamos reconhecer que, assim como os outros procedimentos, o registral cadastral é instrumento que propicia, não apenas celeridade ao processo licitatório, segurança na contratação de um bom fornecedor ou prestador de serviço, mas, sobretudo, uma maior eficiência na gestão e controle da execução dos contratos administrativos.

Por ocasião dos nossos comentários à Lei nº 13.303/2016 – Lei das Estatais, anotamos entendimento no sentido de que o registro cadastral nada mais é do que um banco de dados alimentado e mantido pela Administração Pública, contendo uma série de documentos e informações relativas aos requisitos de habilitação, bem como ao desempenho apresentado pelo cadastrado nos contratos que lhe competem executar.[54]

No âmbito federal, os órgãos e entidades da Administração Pública deverão utilizar o sistema de registro cadastral unificado disponível no Portal Nacional de Contratações Públicas (PNCP), para efeito de cadastro unificado de licitantes, na forma de regulamento.

Entendemos que a obrigatoriedade da utilização do Portal Nacional de Contratações Públicas acima referida, não se trata de uma norma geral e, portanto, se aplica apenas e tão somente aos órgãos e entidades da Administração Pública Direta, Autárquica e Fundacional da União.[55]

---

[52] Anualmente, esse limite de valor é atualizado e em dezembro de 2023 passou para R$ 11.981,20, nos termos do Decreto nº 11.871/2023.

[53] De igual forma, o registro cadastral também foi classificado como procedimento auxiliar das licitações e contratações públicas na Lei nº 13.303/2016, conhecida como Lei das Estatais.

[54] GUIMARÃES, Edgar, ABDUCH SANTOS, José Anacleto. *Lei das estatais*: comentários ao regime jurídico licitatório e contratual da Lei nº 13.303/2016. Belo Horizonte: Fórum, 2017. p. 228.

[55] Vale lembrar que as empresas públicas e sociedades de economia mista estão sujeitas às regras da Lei nº 13.303/2016 – Lei das Estatais.

Por se tratar de norma específica, sustentamos que os Estados, Municípios e o Distrito Federal, se já não o fizeram, devem editar regulamento e instituir sistema cadastral próprio, caso contrário, poderão, por mera liberalidade, adotar o de outra entidade federativa.

O sistema de registro cadastral unificado a que alude o artigo 87, § 1º, da Lei nº 14.133/2021 será público, deverá ser amplamente divulgado e permanentemente aberto para inscrição de interessados a qualquer momento.

Objetivando dar ampla publicidade, a Lei nº 14.133/2021 determina que, ao menos uma vez ao ano a Administração Pública realize um chamamento público visando a atualização dos registros existentes e ingresso de novos interessados. Este chamamento público poderá ocorrer mediante a divulgação em sítio eletrônico oficial do respectivo órgão ou entidade pública.

De acordo com a dicção do artigo 88 e § 1º da Lei nº 14.133/2021, uma vez requerida e apresentada toda a documentação para cadastramento, o inscrito deverá ser classificado por categorias, subdivididas em grupos, segundo a sua qualificação técnica e econômico-financeira que deverá ser avaliada de acordo com regras objetivas previamente divulgadas em sítio eletrônico oficial.

Deferida a inscrição, a entidade deve emitir e fornecer ao interessado um certificado, comumente denominado de Certificado de Registro Cadastral – CRC. Diferentemente da revogada Lei nº 8.666/1993 que fixava prazo de validade de 1 (um) ano para o registro, a Lei nº 14.133/2021 silenciou a este respeito, circunstância que pode ser resolvida pela via regulamentar.

Durante o prazo de validade, o registro cadastral poderá ser alterado, suspenso ou cancelado, porém, como estas circunstâncias afetam a esfera de direitos do cadastrado, elas devem ser precedidas do contraditório e da ampla defesa.

O cadastramento é um direito subjetivo de qualquer interessado que atenda aos requisitos estabelecidos. Desta forma, uma vez requerida a inscrição e apresentada regularmente toda a documentação exigida para cadastro, o órgão ou a entidade pública não pode recusá-la.[56]

5.1   Licitação restrita a cadastrados

Atendidos os critérios, as condições e os limites estabelecidos em regulamento, bem como a ampla publicidade dos procedimentos para cadastramento, a Administração Pública poderá realizar licitação restrita a fornecedores cadastrados.

Em que pese a Lei nº 14.133/2021 ter utilizado a expressão "fornecedores", cuja interpretação implica, à luz do direito, uma obrigação de dar, ou seja, fornecer um bem, entendemos ser possível também a instauração de licitação restrita a prestadores de serviços previamente cadastrados.

Não obstante ser possível instaurar licitação restrita apenas aos cadastrados, o não cadastrado que tiver interesse poderá participar da competição, desde que requeira o cadastramento na forma da lei.

A Lei nº 14.133/2021 não estabelece regra mais detalhada a respeito da possibilidade acima. A nosso ver, o requerimento para inscrição no registro cadastral acompa-

---

[56]   GUIMARÃES, Edgar, ABDUCH SANTOS, José Anacleto. *Lei das estatais*: comentários ao regime jurídico licitatório e contratual da Lei nº 13.303/2016. Belo Horizonte: Fórum, 2017. p. 229.

nhado dos documentos exigidos deve ser realizado em data/hora anterior à apresentação de propostas/lances, ficando o interessado autorizado a participar da competição restrita aos cadastrados, até a decisão da Administração. Caso este competidor seja o vencedor da licitação, a celebração do contrato ficará condicionada à obtenção do certificado de registro cadastral.

5.2 Controle de desempenho dos contratados

O desempenho dos contratados é um valor jurídico que vem ganhando destaque no ordenamento. É o que podemos perceber em face das disposições da Lei das Estatais e da própria Lei nº 14.133/2021.

A Lei nº 14.133/2021 determina que o desempenho do contratado seja objeto de avaliação e registro no seu cadastro. Assim, com base em indicadores objetivamente definidos e aferidos, será preciso anotar tanto os fatos positivos quanto os negativos.

Devem ser objeto de anotação o desempenho do contratado (positivo ou negativo), as qualidades, os defeitos, incorreções e irregularidades constatadas na execução contratual, assim como as eventuais sanções aplicadas. Tais informações são relevantes para a tomada de decisão envolvendo o contratado.

Em razão dos efeitos jurídicos que as anotações negativas podem produzir, elas devem ser precedidas de manifestação por parte do contratado, a fim de que se oportunize o contraditório e a ampla defesa em prazo razoável a ser definido em regulamento.

Uma vez devidamente regulamentado, o desempenho do contratado ganha destaque de grande importância na Lei nº 14.133/2021, se constituindo em elemento para a tomada de decisão, como antes afirmamos.

Ocorre que, por ocasião do julgamento das licitações que contemplem como critério de julgamento a técnica e preço ou a melhor técnica, o desempenho de um contratado pode ser utilizado como fator de pontuação técnica ou atribuição de nota técnica.[57] O seu uso ainda pode ocorrer como critério de desempate entre duas ou mais propostas apresentadas em uma licitação.

Do exposto anteriormente é possível concluir que a avaliação de desempenho do contratado e a respectiva anotação em seu registro cadastral, é elemento de extrema utilidade voltado à eficácia e eficiência das contratações públicas.

REFERÊNCIAS BIBLIOGRÁFICAS

BANDEIRA DE MELLO, Celso Antônio. *Curso de direito administrativo*. 35. ed. São Paulo: Malheiros, 2022.

BRASIL. Medida Provisória nº 1.047, de 3 de maio de 2021. *Diário Oficial da República Federativa do Brasil*, Poder Executivo, Brasília, DF, 4 maio de 2021.

BRASIL. Tribunal de Contas da União. *Licitações e contratos*: orientações & jurisprudência do TCU. 4. ed., Brasília: TCU, 2010.

DALLARI, Adilson Abreu. Credenciamento. *Revista Eletrônica de Direito do Estado*, Salvador, n. 5, jan./fev./mar. 2006. Disponível em: http://www.direitodoestado.com.br/artigo/adilson-abreu-dallari/credenciamento. Acesso em: 4 abr. 2021.

---

[57] Conforme disposição dos artigos 36 e 37 da Lei nº 14.133/2021.

FERRAZ, Luciano. *Sistema de Registro de Preços e adesões federativas: contradição aparente.* Disponível em https://www.conjur.com.br. Acesso em: 26 set. 2024.

FORTINI, Cristiana; RAINHO, Renata Costa. Mudanças no procedimento de manifestação de interesse em face do Decreto 10.104/2019. Disponível em: https://www.conjur.com.br/2019-nov-28/interesse-publico-mudancas-manifestacao-interesse-diante-decreto-101042019. Acesso em: 5 abr. 2021.

GASPARINI, Diogenes. *Direito administrativo.* 17. ed. atual. por Fabricio Motta. São Paulo: Saraiva, 2012.

GUIMARÃES, Edgar. *Controle das licitações públicas.* São Paulo: Dialética, 2002.

GUIMARÃES, Edgar. *Responsabilidade da Administração Pública pelo desfazimento da licitação.* Belo Horizonte: Fórum, 2017.

GUIMARÃES, Edgar; ABDUCH SANTOS, José Anacleto. *Lei das Estatais*: comentários ao regime jurídico licitatório e contratual da Lei nº 13.303/2016. Belo Horizonte: Fórum, 2017.

GUIMARÃES, Edgar; NIEBUHR, Joel de Menezes. *Registro de preços*: aspectos práticos e jurídicos. Belo Horizonte: Fórum, 2013.

GUIMARÃES, Edgar; SAMPAIO, Ricardo. *Dispensa e inexigibilidade de licitação:* aspectos jurídicos à luz da Lei nº 14.133/2021. Rio de Janeiro: Forense, 2022.

LOUBACK, Isabela. O procedimento de manifestação de interesse (PMI) e suas recentes alterações. Disponível em: https://www.migalhas.com.br/depeso/318275/o-procedimento-de-manifestacao-de-interesse--pmi--e-suas-recentes-alteracoes. Acesso em: 3 abr. 2021.

NIEBUHR, Joel de Menezes. *Licitação pública e contrato administrativo.* 5. ed. Belo Horizonte: Fórum, 2022.

Quadro comparativo

Lei nº 14.133/2021	Leis nºs 8.666/1993, 10.520/2002 e 12.462/2011
CAPÍTULO X **DOS INSTRUMENTOS AUXILIARES**	**Sem correspondente**
Seção I Dos Procedimentos Auxiliares	**L. 12.462/2011** ~~Subseção III~~ Dos Procedimentos Auxiliares ~~das Licitações no Âmbito do RDC~~
Art. 78. São procedimentos auxiliares das licitações e das contratações regidas por esta Lei:	**Art. 29.** São procedimentos auxiliares das licitações regidas pelo disposto nesta Lei:

Lei nº 14.133/2021	Leis nºˢ 8.666/1993, 10.520/2002 e 12.462/2011
I – credenciamento;	Sem correspondente
II – pré-qualificação;	I – pré-qualificação ~~permanente~~;
III – procedimento de manifestação de interesse;	Sem correspondente
IV – sistema de registro de preços;	~~L. 8.666/93~~ ~~Art. 15 [...]~~ ~~II – ser processadas através de~~ sistema de registro de preços; **L. 12.462/2011** ~~Art. 29 [...]~~ ~~III~~ – sistema de registro de preços; **e**
V – registro cadastral.	~~II~~ – cada~~stramento~~
§ 1º Os procedimentos **auxiliares** de que trata o *caput* deste artigo obedecerão a critérios claros e objetivos definidos em regulamento.	~~Parágrafo único.~~ Os procedimentos de que trata o *caput* deste artigo obedecerão a critérios claros e objetivos definidos em regulamento.
§ 2º O julgamento que decorrer dos procedimentos auxiliares das licitações previstos nos incisos II e III do *caput* deste artigo seguirá o mesmo procedimento das licitações. **Seção II** **Do Credenciamento** **Art. 79. O credenciamento poderá ser usado nas seguintes hipóteses de contratação:** **I – paralela e não excludente: caso em que é viável e vantajosa para a Administração a realização de contratações simultâneas em condições padronizadas;** **II – com seleção a critério de terceiros: caso em que a seleção do contratado está a cargo do beneficiário direto da prestação;** **III – em mercados fluidos: caso em que a flutuação constante do valor da prestação e das condições de contratação inviabiliza a seleção de agente por meio de processo de licitação.** **Parágrafo único. Os procedimentos de credenciamento serão definidos em regulamento, observadas as seguintes regras:** **I – a Administração deverá divulgar e manter à disposição do público, em sítio eletrônico oficial, edital de chamamento de interessados, de modo a permitir o cadastramento permanente de novos interessados;** **II – na hipótese do inciso I do *caput* deste artigo, quando o objeto não permitir a contratação imediata e simultânea de todos os credenciados, deverão ser adotados critérios objetivos de distribuição da demanda;**	Sem correspondente

Lei n° 14.133/2021	Leis n°s 8.666/1993, 10.520/2002 e 12.462/2011
III – o edital de chamamento de interessados deverá prever as condições padronizadas de contratação e, nas hipóteses dos incisos I e II do *caput* deste artigo, deverá definir o valor da contratação; IV – na hipótese do inciso III do *caput* deste artigo, a Administração deverá registrar as cotações de mercado vigentes no momento da contratação; V – não será permitido o cometimento a terceiros do objeto contratado sem autorização expressa da Administração; VI – será admitida a denúncia por qualquer das partes nos prazos fixados no edital. **Seção III Da Pré-Qualificação**	Sem correspondente
Art. 80. A pré-qualificação **é** o procedimento **técnico-administrativo para selecionar previamente:**	**L. 12.462/2011** ~~Art. 30. Considera-se~~ pré-qualificação ~~permanente~~ o procedimento ~~anterior à licitação destinado a identificar:~~
I – **licitantes** que reúnam condições de habilitação para **participar de futura licitação ou de licitação vinculada a programas de** obras ou de serviços objetivamente definidos; II – bens que atendam às exigências técnicas ou de qualidade estabelecidas **pela** Administração.	I – ~~fornecedores~~ que reúnam condições de habilitação ~~exigidas~~ para ~~o fornecimento de bem ou a execução~~ de serviço ou obra ~~nos prazos, locais e condições previamente estabelecidos; e~~ II – bens que atendam às exigências técnicas e de qualidade ~~da administração~~ ~~pública~~.
§ 1° Na pré-qualificação observar-se-á o seguinte: **I – quando aberta a licitantes, poderão ser dispensados os documentos que já constarem do registro cadastral;** **II – quando aberta a bens, poderá ser exigida a comprovação de qualidade.**	Sem correspondente
§ **2°** O procedimento de pré-qualificação ficará permanentemente aberto para a inscrição de interessados.	**L. 8.666/93** **Art. 114.** [...] § ~~1°~~ O procedimento de pré-qualificação ficará permanentemente aberto para a inscrição dos eventuais interessados. **L. 12.462/2011** **Art. 30.** [...] § ~~1°~~ O procedimento de pré-qualificação ficará permanentemente aberto para a inscrição dos eventuais interessados.

Lei nº 14.133/2021	Leis nºs 8.666/1993, 10.520/2002 e 12.462/2011
§ 3º Quanto ao procedimento de pré-qualificação, constarão do edital: I – as informações mínimas necessárias para definição do objeto; II – a modalidade, a forma da futura licitação e os critérios de julgamento. § 4º A apresentação de documentos far-se-á perante órgão ou comissão indicada pela Administração, que deverá examiná-los no prazo máximo de 10 (dez) dias úteis e determinar correção ou reapresentação de documentos, quando for o caso, com vistas à ampliação da competição. § 5º Os bens e os serviços pré-qualificados deverão integrar o catálogo de bens e serviços da Administração.	Sem correspondente
§ 6º A pré-qualificação poderá ser realizada **em** grupos ou segmentos, segundo as especialidades dos fornecedores.	**L. 12.462/2011** **Art. 30.** [...] § 3º A pré-qualificação poderá ser efetuada ~~nos~~ grupos ou segmentos, segundo as especialidades dos fornecedores.
§ 7º A pré-qualificação poderá ser parcial ou total, co**m** alguns ou todos os requisitos técnicos ou de habilitação necessários à contratação, assegurada, em qualquer hipótese, a igualdade de condições entre os concorrentes.	**L. 12.462/2011** **Art. 30.** [...] § 4º A pré-qualificação poderá ser parcial ou total, ~~contendo~~ alguns ou todos os requisitos de habilitação ou técnicos necessários à contratação, assegurada, em qualquer hipótese, a igualdade de condições entre os concorrentes.
§ 8º **Quanto ao prazo,** a pré-qualificação terá validade: I – de 1 (um) ano, no máximo, **e** pode**rá** ser atualizada a qualquer tempo;	**L. 12.462/2011** **Art. 30.** [...] § 5º A pré-qualificação terá validade de 1 (um) ano, no máximo, ~~podendo~~ ser atualizada a qualquer tempo.
II – não superior ao prazo de validade dos documentos apresentados pelos interessados. § 9º Os licitantes e os bens pré-qualificados serão obrigatoriamente divulgados e mantidos à disposição do público.	Sem correspondente
§ 10. A licitação **que se seguir ao procedimento da pré-qualificação poderá ser** restrita a li**citantes ou bens** pré-qualificados.	**L. 12.462/2011** **Art. 30.** [...] § 2º A ~~administração pública poderá realizar~~ licitação restrita a~~os~~ pré-qualificados~~, nas condições estabelecidas em regulamento.~~

Lei nº 14.133/2021	Leis nºˢ 8.666/1993, 10.520/2002 e 12.462/2011
Seção IV **Do Procedimento de Manifestação** **de Interesse** **Art. 81.** A Administração poderá solicitar à iniciativa privada, mediante procedimento aberto de manifestação de interesse a ser iniciado com a pu blicação de edital de chamamento público, a propositura e a realização de estudos, investigações, levantamentos e projetos de soluções inovadoras que contribuam com questões de relevância pública, na forma de regulamento. § 1º Os estudos, as investigações, os levantamentos e os projetos vinculados à contratação e de utilidade para a licitação, realizados pela Administração ou com a sua autorização, estarão à disposição dos interessados, e o vencedor da licitação deverá ressarcir os dispêndios correspondentes, conforme especificado no edital. § 2º A realização, pela iniciativa privada, de estudos, investigações, levantamentos e projetos em decorrência do procedimento de manifestação de interesse previsto no *caput* deste artigo: I – não atribuirá ao realizador direito de preferência no processo licitatório; II – não obrigará o poder público a realizar licitação; III – não implicará, por si só, direito a ressarcimento de valores envolvidos em sua elaboração; IV – será remunerada somente pelo vencedor da licitação, vedada, em qualquer hipótese, a cobrança de valores do poder público. § 3º Para aceitação dos produtos e serviços de que trata o *caput* deste artigo, a Administração deverá elaborar parecer fundamentado com a demonstração de que o produto ou serviço entregue é adequado e suficiente à compreensão do objeto, de que as premissas adotadas são compatíveis com as reais necessidades do órgão e de que a metodologia proposta é a que propicia maior economia e vantagem entre as demais possíveis. § 4º O procedimento previsto no *caput* deste artigo poderá ser restrito a startups, assim considerados os microempreendedores individuais, as microempresas e as empresas de pequeno porte, de natureza emergente e com grande potencial, que se dediquem à pesquisa, ao desenvolvimento e à implementação de novos produtos ou serviços baseados em soluções tecnológicas inovadoras que possam causar alto impacto, exigida, na seleção definitiva da inovação, validação prévia fundamentada em métricas objetivas, de modo a demonstrar o atendimento das necessidades da Administração.	**Sem correspondente**

Lei nº 14.133/2021	Leis nºs 8.666/1993, 10.520/2002 e 12.462/2011
Seção V **Do Sistema de Registro de Preços** **Art. 82.** O edital de licitação para registro de preços observará as regras gerais desta Lei e deverá dispor sobre: I – as especificidades da licitação e de seu objeto, inclusive a quantidade máxima de cada item que poderá ser adquirida; II – a quantidade mínima a ser cotada de unidades de bens ou, no caso de serviços, de unidades de medida; III – a possibilidade de prever preços diferentes: a) quando o objeto for realizado ou entregue em locais diferentes; b) em razão da forma e do local de acondicionamento; c) quando admitida cotação variável em razão do tamanho do lote; d) por outros motivos justificados no processo; IV – a possibilidade de o licitante oferecer ou não proposta em quantitativo inferior ao máximo previsto no edital, obrigando-se nos limites dela; V – o critério de julgamento da licitação, que será o de menor preço ou o de maior desconto sobre tabela de preços praticada no mercado; VI – as condições para alteração de preços registrados; VII – o registro de mais de um fornecedor ou prestador de serviço, desde que aceitem cotar o objeto em preço igual ao do licitante vencedor, assegurada a preferência de contratação de acordo com a ordem de classificação; VIII – a vedação à participação do órgão ou entidade em mais de uma ata de registro de preços com o mesmo objeto no prazo de validade daquela de que já tiver participado, salvo na ocorrência de ata que tenha registrado quantitativo inferior ao máximo previsto no edital; IX – as hipóteses de cancelamento da ata de registro de preços e suas consequências. § 1º O critério de julgamento de menor preço por grupo de itens somente poderá ser adotado quando for demonstrada a inviabilidade de se promover a adjudicação por item e for evidenciada a sua vantagem técnica e econômica, e o critério de aceitabilidade de preços unitários máximos deverá ser indicado no edital.	**Sem correspondente**

Lei nº 14.133/2021	Leis nºs 8.666/1993, 10.520/2002 e 12.462/2011
§ 2º Na hipótese de que trata o § 1º deste artigo, observados os parâmetros estabelecidos nos §§ 1º, 2º e 3º do art. 23 desta Lei, a contratação posterior de item específico constante de grupo de itens exigirá prévia pesquisa de mercado e demonstração de sua vantagem para o órgão ou entidade. § 3º É permitido registro de preços com indicação limitada a unidades de contratação, sem indicação do total a ser adquirido, apenas nas seguintes situações: I – quando for a primeira licitação para o objeto e o órgão ou entidade não tiver registro de demandas anteriores; II – no caso de alimento perecível; III – no caso em que o serviço estiver integrado ao fornecimento de bens. § 4º Nas situações referidas no § 3º deste artigo, é obrigatória a indicação do valor máximo da despesa e é vedada a participação de outro órgão ou entidade na ata.	Sem correspondente
§ 5º O **sistema de** registro de preços **poderá ser usado para a contratação de bens e serviços, inclusive de obras e serviços de engenharia,** observadas as seguintes condições:	L. 12.462/2011 Art. 32 [...] § 2º O registro de preços observará, ~~entre outras,~~ as seguintes condições:
I – **realização** prévia de ampla pesquisa de mercado;	I – ~~efetivação~~ prévia de ampla pesquisa de mercado; **L. 8.666/93** **Art. 15. [...]** § 1º ~~O registro de preços será precedido~~ de ampla pesquisa de mercado.
II – seleção de acordo com os procedimentos previstos em regulamento;	**L. 12.462/2011** **Art. 32** [...] II – seleção de acordo com os procedimentos previstos em regulamento;
III – desenvolvimento obrigatório de rotina de controle;	**L. 8.666/93** **Art. 15, § 3º [...]** II – ~~estipulação prévia do sistema de~~ controle e ~~atualização dos preços registrados;~~ **L. 12.462/2011** **Art. 32** [...] III – desenvolvimento obrigatório de rotina de controle e ~~atualização periódicos dos preços registrados;~~
IV – **atualização periódica dos preços registrados;**	Sem correspondente

Lei nº 14.133/2021	Leis nºs 8.666/1993, 10.520/2002 e 12.462/2011
V – definição **do período de** validade do registro **de preços**;	**L. 12.462/2011** **Art. 32** [...] IV – definição da validade do registro; e
VI – inclusão, **em** ata de registro **de preços**, do licitante que aceitar cotar os bens ou serviços **em** preços iguais ao**s** do licitante vencedor na sequência de classificação **da licitação e inclusão** do licitante que mantiver sua proposta origina**l**.	V – inclusão, na respectiva ata, do registro dos licitantes que aceitarem cotar os bens ou serviços com preços iguais ao do licitante vencedor na sequência da classificação do certame, assim como dos licitantes que mantiverem suas propostas originais.
§ 6º O sistema de registro de preços poderá, na forma de regulamento, ser utilizado nas hipóteses de inexigibilidade e de dispensa de licitação para a aquisição de bens ou para a contratação de serviços por mais de um órgão ou entidade.	**Sem correspondente**
Art. 83. A existência de preços registrados **implicará compromisso de fornecimento nas** condições **estabelecidas, mas** não obriga**rá** a Administração a contra**tar**, facultada a realização de licitação específica **para a aquisição pretendida, desde que devidamente motivada.**	**L. 8.666/93** **Art. 15.** [...] § 4º A existência de preços registrados não obriga a Administração a firmar as contratações que deles poderão advir, ficando-lhe facultada a utilização de outros meios, respeitada a legislação relativa às licitações, sendo assegurado ao beneficiário do registro preferência em igualdade de condições. **L. 12.462/2011** **Art. 32** [...] § 3º A existência de preços registrados não obriga a administração pública a firmar os contratos que deles poderão advir, sendo facultada a realização de licitação específica, assegurada ao licitante registrado preferência em igualdade de condições.
Art. 84. O prazo de vigência da ata de registro **de preços será de 1 (um) ano e poderá ser prorrogado, por igual período, desde que comprovado o preço vantajoso.**	**L. 8.666/93** **Art. 15.** [...] § 3º [...] III – validade do registro não superior a um ano.
Parágrafo único. O contrato decorrente da ata de registro de preços terá sua vigência estabelecida em conformidade com as disposições nela contidas.	**Sem correspondente**

Lei nº 14.133/2021	Leis nºs 8.666/1993, 10.520/2002 e 12.462/2011
Art. 85. A Administração poderá contratar a execução de obras e serviços de engenharia pelo sistema de registro de preços, desde que atendidos os seguintes requisitos: I – existência de projeto padronizado, sem complexidade técnica e operacional; II – necessidade permanente ou frequente de obra ou serviço a ser contratado. **Art. 86.** O órgão ou entidade gerenciadora deverá, na fase preparatória do processo licitatório, para fins de registro de preços, realizar procedimento público de intenção de registro de preços para, nos termos de regulamento, possibilitar, pelo prazo mínimo de 8 (oito) dias úteis, a participação de outros órgãos ou entidades na respectiva ata e determinar a estimativa total de quantidades da contratação. § 1º O procedimento previsto no *caput* deste artigo será dispensável quando o órgão ou entidade gerenciadora for o único contratante. § 2º Se não participarem do procedimento previsto no *caput* deste artigo, os órgãos e entidades poderão aderir à ata de registro de preços na condição de não participantes, observados os seguintes requisitos: I – apresentação de justificativa da vantagem da adesão, inclusive em situações de provável desabastecimento ou descontinuidade de serviço público; II – demonstração de que os valores registrados estão compatíveis com os valores praticados pelo mercado na forma do art. 23 desta Lei; III – prévias consulta e aceitação do órgão ou entidade gerenciadora e do fornecedor. § 3º A faculdade de aderir à ata de registro de preços na condição de não participante poderá ser exercida: I – por órgãos e entidades da Administração Pública federal, estadual, distrital e municipal, relativamente a ata de registro de preços de órgão ou entidade gerenciadora federal, estadual ou distrital; ou II – por órgãos e entidades da Administração Pública municipal, relativamente a ata de registro de preços de órgão ou entidade gerenciadora municipal, desde que o sistema de registro de preços tenha sido formalizado mediante licitação.	Sem correspondente

Lei nº 14.133/2021	Leis nºˢ 8.666/1993, 10.520/2002 e 12.462/2011
§ 4º As aquisições ou as contratações adicionais a que se refere o § 2º deste artigo não poderão exceder, por órgão ou entidade, a 50% (cinquenta por cento) dos quantitativos dos itens do instrumento convocatório registrados na ata de registro de preços para o órgão gerenciador e para os órgãos participantes.	Sem correspondente
§ 5º O quantitativo decorrente das adesões à ata de registro de preços a que se refere o § 2º deste artigo não poderá exceder, na totalidade, ao dobro do quantitativo de cada item registrado na ata de registro de preços para o órgão gerenciador e órgãos participantes, independentemente do número de órgãos não participantes que aderirem.	
§ 6º A adesão à ata de registro de preços de órgão ou entidade gerenciadora do Poder Executivo federal por órgãos e entidades da Administração Pública estadual, distrital e municipal poderá ser exigida para fins de transferências voluntárias, não ficando sujeita ao limite de que trata o § 5º deste artigo se destinada à execução descentralizada de programa ou projeto federal e comprovada a compatibilidade dos preços registrados com os valores praticados no mercado na forma do art. 23 desta Lei.	
§ 7º Para aquisição emergencial de medicamentos e material de consumo médico-hospitalar por órgãos e entidades da Administração Pública federal, estadual, distrital e municipal, a adesão à ata de registro de preços gerenciada pelo Ministério da Saúde não estará sujeita ao limite de que trata o § 5º deste artigo.	
§ 8º Será vedada aos órgãos e entidades da Administração Pública federal a adesão à ata de registro de preços gerenciada por órgão ou entidade estadual, distrital ou municipal.	
Seção **VI** Do Registro Cadastral	L. 8.666/93 Seção ~~III~~ Dos ~~Registros Cadastrais~~
Art. 87. Para os fins desta Lei, os órgãos e entidades da Administração Pública **deverão utilizar o sistema de** registro cadastral **unificado disponível no Portal Nacional de Contratações Públicas (PNCP),** para efeito de **cadastro unificado de licitantes, na forma disposta em regulamento.**	~~Art. 34.~~ Para os fins desta Lei, os órgãos e entidades da Administração Pública ~~que realizem frequentemente licitações manterão~~ registros cadastrais para efeito de ~~habilitação, na forma regulamentar, válidos por, no máximo, um ano.~~

Lei nº 14.133/2021	Leis nºs 8.666/1993, 10.520/2002 e 12.462/2011
§ 1º O **sistema de** registro cadastral **unificado será público e** deverá ser amplamente divulgado e estar permanentemente aberto aos interessados, **e será** obriga**tória** a **realização de** chamamento público **pela internet**, no mínimo anualmente, para atualização dos registros existentes e para ingresso de novos interessados.	§ 1º O registro cadastral deverá ser amplamente divulgado e ~~deverá~~ estar permanentemente aberto aos interessados, ~~obrigando-se a unidade por ele responsável a proceder~~, no mínimo anualmente, ~~através da imprensa oficial e de jornal diário~~, a chamamento público para a atualização dos registros existentes e para o ingresso de novos interessados.
§ 2º É proibida a exigência pelo órgão ou entidade licitante de registro cadastral complementar para acesso a edital e anexos. § 3º A Administração poderá realizar licitação restrita a fornecedores cadastrados, atendidos os critérios, as condições e os limites estabelecidos em regulamento, bem como a ampla publicidade dos procedimentos para o cadastramento. § 4º Na hipótese a que se refere o § 3º deste artigo, será admitido fornecedor que realize seu cadastro dentro do prazo previsto no edital para apresentação de propostas.	**Sem correspondente**
Art. 88. Ao requerer, a qualquer tempo, inscrição no cadastro ou **a sua** atualização, o interessado fornecerá os elementos necessários exig**idos para habilitação previstos n**esta Lei.	**L. 8.666/93** ~~Art. 35.~~ Ao requerer inscrição no cadastro~~, ou atualização deste~~, a qualquer tempo, o interessado fornecerá os elementos necessários à ~~satisfação das exigências do art. 27~~ desta Lei.
§ 1º O inscrito, **considerada** sua **área de atuação,** será classificado por categorias, subdivididas em grupos, segundo a qualificação técnica e econômic**o-financeira** avaliada**, de acordo com regras objetivas divulgadas em sítio eletrônico oficial.**	~~Art. 36.~~ Os inscritos serão classificados por categorias, ~~tendo-se em vista~~ sua ~~especialização~~, subdivididas em grupos, segundo a qualificação técnica e econômica avaliada ~~pelos elementos constantes da documentação relacionada nos arts. 30 e 31 desta Lei.~~
§ 2º Ao inscrito será fornecido certificado, renovável sempre que atualizar o registro.	§ 1º Aos inscritos será fornecido certificado, renovável sempre que atualizarem o registro.
§ 3º A atuação do **contratado** no cumprimento de obrigações assumidas será avalia**da pelo contratante, que emitirá documento comprobatório da avaliação realizada, com menção ao seu desempenho na execução contratual, baseado em indicadores objetivamente definidos e aferidos, e a eventuais penalidades aplicadas, o que constará do** registro cadastral **em que a inscrição for realizada.**	§ 2º A atuação do ~~licitante~~ no cumprimento de obrigações assumidas será ~~anotada no respectivo~~ registro cadastral. **L. 12.462/2011** **Art. 25 [...]** ~~II – a avaliação do desempenho contratual prévio dos licitantes, desde que exista sistema objetivo de avaliação instituído;~~ **Art. 31 [...]** ~~§ 3º~~ A atuação do ~~licitante~~ no cumprimento de obrigações assumidas será ~~anotada no respectivo~~ registro cadastral.

Lei nº 14.133/2021	Leis nºs 8.666/1993, 10.520/2002 e 12.462/2011
§ 4º A anotação do cumprimento de obrigações pelo contratado, de que trata o § 3º deste artigo, será condicionada à implantação e à regulamentação do cadastro de atesto de cumprimento de obrigações, apto à realização do registro de forma objetiva, em atendimento aos princípios da impessoalidade, da igualdade, da isonomia, da publicidade e da transparência, de modo a possibilitar a implementação de medidas de incentivo aos licitantes que possuírem ótimo desempenho anotado em seu registro cadastral.	Sem correspondente
§ 5º A qualquer tempo poderá ser alterado, suspenso ou cancelado o registro de inscrito que deixar de satisfazer exigências **determinadas por esta Lei ou por regulamento**.	~~Art. 37.~~ A qualquer tempo poderá ser alterado, suspenso ou cancelado o registro do inscrito que deixar de satisfazer as exigências ~~do art. 27 desta Lei, ou as estabelecidas para classificação cadastral.~~
§ 6º O interessado que requerer o cadastro na forma do *caput* deste artigo poderá participar de processo licitatório até a decisão da Administração, e a celebração do contrato ficará condicionada à emissão do certificado referido no § 2º deste artigo.	Sem correspondente

7

Contratos na Nova Lei de Licitações e Contratos

LUCIANO FERRAZ

1. CONSIDERAÇÕES GERAIS

A despeito da teorização proposta ainda no fim do século XIX, na Alemanha, por Otto Mayer – que sustentava a inexistência de relações contratuais entre particulares e a Administração Pública[1], a influência dos estudos franceses no Brasil, em especial da doutrina de Gaston Jéze[2] e da jurisprudência do Conselho de Estado Francês (órgão de cúpula da jurisdição administrativa especializada francesa), fizeram aportar no Brasil a noção de que a Administração Pública também pode participar de relações jurídicas de índole contratual.[3]

---

[1] "A escola de Otto Mayer não suportava a ideia de que a Administração poderia renunciar por contrato ao exercício dos poderes, sendo a figura contratual impensável no âmbito do direito administrativo, concebido apenas como direito de autoridade. Quando muito poderia admitir-se a cláusula modal como elemento a permitir alguma elasticidade ao conteúdo do acto administrativo, mas nada mais. Esta concepção está definitivamente ultrapassada muito embora volta e meia ainda pareça ressuscitar" (MONCADA, Luis Cabral. *Consenso e autoridade na teoria do contrato administrativo*. Lisboa: Quid Juris, 2012. p. 42).

[2] "Cuando la administración decide utilizar el procedimiento técnico del derecho privado pala obtener el resultado perseguido, no hay razón para excluir la aplicación del derecho privado. El acto jurídico no será regido por el derecho administrativo: no existen motivos para aplicar reglas especiales" (JÉZE, Gaston. *Princípios Generales de Derecho Administrativo*: la técnica jurídica del derecho público francês. Prefácio del autor a la edición francesa. Buenos Aires: Depalma, 1948. p. XXIX).

[3] Sobre o histórico das relações contratuais na Administração Pública, cf. BACELLAR FILHO, Romeu Felipe. *Direito Administrativo e o novo Código Civil. Belo Horizonte*: Fórum. 2007. p. 166-173. A respeito da controvérsia entre a existência ou não de contratos administrativos no direito brasileiro, confira-se CÂMARA, Jacintho Arruda; NOHARA, Irene Patrícia. *Licitação e contratos administrativos*. In: DI PIETRO, Maria Sylvia Zanella (Coord.). *Tratado de direito administrativo*. São Paulo: Revista dos Tribunais, 2014. p. 303-320. Em sentido oposto, a negar a natureza jurídico-contratual dos atos bilaterais firmados pela Administração Pública, em virtude da existência e subordinação ao princípio da supremacia do interesse público, ver MARTINS, Ricardo Marcondes. *Estudos de direito administrativo neoconstitucional*. São Paulo: Malheiros, 2015. p. 371-372.

Bem de ver que o contrato firmado pela Administração Pública com os particulares sempre teve peculiaridades distintivas na comparação com os firmados entre privados.[4] A finalidade pública subjacente justificava a distinção, que se revelaria no regime jurídico especial desse tipo de ajuste.

Em linhas gerais, convencionou-se afirmar a existência de duas sortes de contratos participados pela Administração Pública: (a) os contratos administrativos – representados pelos ajustes em que há presença de cláusulas exorbitantes do direito comum (regidos pelo Direito Administrativo), e que asseguravam à Administração Pública uma posição de proeminência na relação jurídica; (b) os contratos privados da Administração, que traduziam posição de quase igualdade entre a Administração Pública e os particulares signatários, com regência prioritária por normas de direito privado (entre eles também podem ser considerados os contratos em que a Administração Pública é usuária de serviços públicos).

Assim, "a expressão contratos da Administração é utilizada, em sentido amplo, para abranger todos os contratos celebrados pela Administração Pública, seja sob regime de direito público, seja sob regime de direito privado. E a expressão contrato administrativo é reservada para designar tão somente os ajustes que a Administração, nessa qualidade, celebra com pessoas físicas ou jurídicas, públicas ou privadas, para a consecução de fins públicos, segundo regime jurídico de direito público".[5]

A construção brasileira dos contratos da Administração Pública ligada à presença das cláusulas exorbitantes tomou como base, a exemplo da experiência francesa, os contratos de concessão de serviços públicos[6], nos quais evidentemente a predominância do regime jurídico de direito público tem justificativas inegáveis, mercê de sua vinculação a essencialidades ou comodidades inerentes à vida humana, especialmente em caráter coletivo.

Mas isso não há de ser visto como um predicado de qualquer sorte de contrato em que a Administração comparece como parte. Definitivamente não. A atribuição de um regime jurídico mais ou menos publicizado deve ter relação direta com o objeto, a finalidade e o tempo de execução do contrato – o que poderia ter sido objeto de um reconhecimento legislativo mais explícito na Lei 14.133/2021 e não foi.[7-8]

---

[4] "O contrato administrativo é instituído com contornos próprios, que os tornam distinto das figuras do direito privado. A concepção de contrato regido pelo direito administrativo acabou por firmar-se, separando-se dos preceitos tradicionais da teoria do contrato privado (igualdade entre as partes e intangibilidade da vontade inicial das partes)" (ABBUD, Wassila Caleiro. Contratos da Administração entre os Regimes de Direito Público e de Direito Privado. In: DI PIETRO, Maria Sylvia Zanella (org.). *Direito Privado Administrativo*. São Paulo: Atlas, 2013. p. 411).

[5] DI PIETRO, Maria Sylvia Zanella. *Direito Administrativo*. 29. ed. São Paulo: Atlas, 2018. p. 297.

[6] Nesse sentido, Fernando Menezes sustenta que o contrato administrativo típico comporta maior grau de heteronomia em sua execução, residindo o fundamento para tal na presença da autoexecutoriedade, que se afigura nota essencial da ação administrativa. É nisso, segundo o autor, que se encontra o sentido jurídico para justificar a 'publicização' dos contratos (MENEZES ALMEIDA, Fernando Dias. A distinção entre 'público' e 'privado' aplicada aos contratos celebrados pela Administração. In: DI PIETRO, Maria Sylvia Zanella (org.). *Direito privado administrativo*. São Paulo: Atlas, 2013. p. 241).

[7] Na Europa, existe um debate aberto entre o reconhecimento da racionalidade dos contratos públicos pela via da especialização e a busca de critérios racionais de uniformização destes, em nome de uma teoria geral dos contratos públicos. Sobre o tema, cf. TEIXEIRA, Ana Carolina Wanderley. Direitos dos contratos administrativos e suas transformações. In: BICALHO, Alécia Paolocci Nogueira; DIAS, Maria Teresa Fonseca (coord.). *Contratações públicas*: estudos em homenagem a Carlos Pinto Coelho Motta. Belo Horizonte: Forum/Imda/Del Rey, 2013. p. 33-47.

[8] De acordo com o art. 184, as disposições da Lei 14.133/2021, aplicam-se, no que couber e na ausência de norma específica, aos convênios, acordos, ajustes e outros instrumentos congêneres celebrados

Cap. 7 · CONTRATOS NA NOVA LEI DE LICITAÇÕES E CONTRATOS | 343

Com efeito, se por um lado a designação de contrato administrativo era utilizada para predicar, de acordo com Cretella Júnior, o "acordo de vontades, de que participa o Estado, submetido a regime jurídico de direito público, informado por princípios publicísticos e contendo cláusulas 'exorbitantes' e 'derrogatórias' do direito comum".[9] Por outro lado, conforme esclarece Marçal Justen Filho, a saliência do regime de direito privado de alguns contratos decorre de dois aspectos fundamentais: a) onerosidade excessiva que a aplicação do regime público verterá ao contrato, afigurando-se o ajuste privado como única alternativa econômica disponível (diria eu não a única alternativa, mas a alternativa mais adequada ao provimento dos interesses públicos em jogo); b) certas atividades que não comportam a aplicação do regime de direito público, sob pena se produzir desnaturação do mercado, da livre concorrência e de outros valores protegidos constitucionalmente.[10]

Nesse quadro, um dado essencial a divisar os contratos da Administração Pública de acordo com o regime jurídico aplicável reside na identificação do grau de incidência da autonomia das vontades vis a vis ao princípio da legalidade no conteúdo da relação contratual. Enquanto nos contratos da Administração que se alinham às raias publicistas a autonomia das vontades tem incidência apenas subsidiária ao princípio da legalidade, nos outros tipos de contratos da Administração predomina a liberdade das partes na construção do vínculo, o qual, via de regra, deve se conformar aos parâmetros ditados pelo princípio da legalidade apenas e se a Constituição e a lei assim o exigirem.

Portanto, as características principais dos contratos administrativos, aqueles que contam com regime jurídico publicizado, são: (a) posição de supremacia da Administração na relação com o particular, revelada pela presença das cláusulas exorbitantes do direito comum; (b) finalidade pública em jogo, a significar que o contrato em questão deve se voltar sempre para atividades dotadas de características de interesse coletivo; (c) forma legal, que se impõe como medida de garantia de higidez para o contratado e auxilia a Administração no controle da legalidade das contratações públicas.[11]

Nesse sentido, nos termos do art. 89 da Lei 14.133/2021, os contratos por ela regidos (que são os contratos administrativos listados no art. 2º) regular-se-ão pelas suas cláusulas e pelos preceitos de direito público, e a eles serão aplicáveis, apenas supletivamente, os princípios da teoria geral dos contratos e as disposições de direito privado. A regra reproduz o art. 54 da Lei 8.666/1993.[12]

---

por órgãos e entidades da Administração Pública, na forma estabelecida em regulamento do Poder Executivo federal.

[9] CRETELLA JÚNIOR, José. *Curso de direito administrativo*. 10. ed. Rio de Janeiro: Forense, 1989. p. 331.

[10] JUSTEN FILHO, Marçal. *Curso de direito administrativo*. 2. ed. São Paulo: Saraiva, 2006. p. 310.

[11] SILVA, Márcio Heleno da. Contratos administrativo. In: MOTTA, Carlos Pinto Coelho. *Curso de direito administrativo*. 2. ed. Belo Horizonte: Del Rey, 1999.

[12] Sobre o dispositivo citado da Lei 8.666/1993, esclarece Maria Sylvia Di Pietro: "em matéria de contratos privados, por exemplo, a Lei 8.666, de 21-6-1993, determina que as normas gerais nela contidas aplicam-se, no que couber, aos contratos regidos predominantemente pelo direito privado (art. 62 § 3º). Pode parecer que a intenção do legislador foi a de publicizar todos os contratos de direito privado firmados pela Administração. Mas essa impressão se desfaz quando se considera que o dispositivo, ao falar em 'contratos predominantemente regidos pelo direito privado', deixou claro que, no conflito entre a norma do direito privado e o regime jurídico estabelecido pela Lei 8.666/93, é o primeiro que prevalece. Essa conclusão é reforçada pelo fato de o dispositivo prescrever a aplicação do regime dessa Lei apenas 'no que couber'." (DI PIETRO, Maria Sylvia Zanella. Introdução do direito privado na Administração Pública. In: DI PIETRO, Maria Sylvia Zanella (org.). *Direito privado administrativo*. São Paulo: Atlas, p. 17).

Do ponto de vista didático, a doutrina brasileira anota a existência de dois tipos de contratos administrativos subordinados a regime público: (a) os contratos administrativos de colaboração; e (b) os contratos administrativos de delegação. Os primeiros têm por objeto determinada prestação a ser executada por uma das partes em benefício da outra (ou de terceiros por ela designados). É o caso das compras, serviços, obras, os quais normalmente implicam desembolso de recursos por parte da Administração em favor do contratado. É desses contratos, aliados às alienações, de que cuida precipuamente a Lei 14.133/2021.[13]

Já os contratos administrativos de delegação regem-se por leis diferentes. Assim se passa com as concessões e parcerias público-privadas, regidas, respectivamente, pela Lei de Concessões (Lei 8.987/1995) e de Parcerias Público-Privadas (Lei 11.079/2004). A esses contratos de delegação o art. 186 da Lei 14.133/2021 determina que se apliquem apenas subsidiariamente as disposições da nova lei de licitações.

Em relação aos convênios, acordos, ajustes e instrumentos congêneres, a aplicação da Lei 14.133/2021 dar-se-á apenas "no que couber", e mesmo assim, se e somente se não existir uma legislação específica tratando do tema, como sucede com a Lei 9.637/1998 (OS), a Lei 9.790/1999 (OSCIP) e a Lei 13.019/2014 (Parcerias Voluntárias), e, ainda, conforme dispuser regulamento do Poder Executivo federal. Eis a dicção do art. 184 da Lei 14.133/2021: "Aplicam-se as disposições desta Lei, no que couber e na ausência de norma específica, aos convênios, acordos, ajustes e outros instrumentos congêneres celebrados por órgãos e entidades da Administração Pública, na forma estabelecida em regulamento do Poder Executivo federal".[14]

Nos termos do art. 2º da Lei 14.133/2021, os contratos administrativos (de colaboração) sujeitos a seus ditames são: (a) alienação e concessão de direito real de uso de bens; (b) compra, inclusive por encomenda; (c) locação (apenas aquelas em que a Administração Pública é locadora, em nosso entendimento); (d) concessão e permissão de uso de bens públicos; (e) prestação de serviços, inclusive os técnico-profissionais especializados; (f) obras e serviços de arquitetura e engenharia; (g) contratações de tecnologia da informação e de comunicação.[15]

---

[13] JUSTEN FILHO, Marçal. *Comentários à Lei de Licitações e Contratações Públicas*: Lei 14.133/2021. São Paulo, Thomson Reuters, 2021. p. 1286. "De modo simplista, o contrato de colaboração é um ajuste destinado a satisfazer a necessidades administrativas imediatas e de curto prazo, cujo objeto comporta definição antecipada precisa e satisfatória, que prevê soluções concedidas e impostas pela própria Administração Pública, à qual incumbe custear com recursos públicos a remuneração do particular contratado. Também de modo sumário, o contrato de delegação é um ajuste que transfere a um particular a concepção, a execução e a exploração de atividades de titularidade estatal, exigindo investimentos cuja amortização é obtida pela exploração de um empreendimento de modelo empresarial por prazos longos. Os contratos de delegação são incompletos, na acepção da inviabilidade de previsão precisa e exata da solução para a sucessão de eventos verificados ao longo do tempo" (JUSTEN FILHO, Marçal. *Comentários à Lei de Licitações e Contratações Públicas*: Lei 14.133/2021. São Paulo: Thomson Reuters, 2021. p. 66-67).

[14] A Lei 14.770/2023 inseriu sobre convênios e congêneres a regra do art. 184-A na Lei 14.133/2021, para prever que "à celebração, à execução, ao acompanhamento e à prestação de contas dos convênios, contratos de repasse e instrumentos congêneres em que for parte a União, com valor global de até R$ 1.500.000,00 (um milhão e quinhentos mil reais), aplicar-se-á um regime mais simplificado", a fim de facilitar a utilização dos mecanismos de descentralização financeira quando envolverem valores mais módicos e respectiva prestação de contas.

[15] A Instrução Normativa SEGES/ME nº 81, de 25 de novembro de 2022 dispõe sobre a elaboração do Termo de Referência – TR, para a aquisição de bens e a contratação de serviços, no âmbito da administração pública federal direta, autárquica e fundacional, e sobre o Sistema TR digital.

Compreende-se, a despeito da divergência com outros autores, que o rol do art. 2º da Lei 14.133/2021 é exaustivo, e que não estão abrangidos pelas suas disposições os contratos da Administração Pública regidos por legislação própria, inclusive os que se devem reger pelo Código Civil.[16]

Com efeito, a Lei 14.133/2021 não reproduziu a regra do parágrafo único do art. 2º da Lei 8.666/93, que considerava, para os seus fins, como contrato administrativo "todo e qualquer ajuste entre órgãos da Administração Pública e particulares, em que haja um acordo de vontades para a formação de vínculo e estipulação de obrigação recíprocas, seja qual for a denominação utilizada".

Além disso, o art. 3º, I e II, da Lei 14.133/2021 dispõe que não se subordinam ao regime desta lei: (a) os contratos que tenham por objeto operação de crédito, interno ou externo, e gestão de dívida pública, incluídas as contratações de agente financeiro e a concessão de garantia relacionadas a esses contratos; e (b) as contratações sujeitas a normas previstas em legislação própria.

A expressão "legislação própria" a que a alude o inciso II do art. 3º da Lei 14.133/2021 abrange, a nosso ver, tanto as contratações subordinadas a regime jurídico legal específico (*v.g.*, contratos de concessão de energia elétrica) quanto as contratações regidas pelo Código Civil (*v.g.*, contratos de comodato em que a Administração é comodatária)[17], como também os contratos em que a Administração Pública comparece como usuária de serviços públicos.

Em suma: (a) a definição de contrato administrativo prevista na Lei 8.666/1993 não foi reproduzida na Lei 14.133/2021, o que impede considerar o rol do art. 2º como meramente exemplificativo; (b) o critério tradicionalmente distintivo entre contratos administrativos e contratos privados da Administração Pública prevalece compatível e aplicável diante das disposições da Lei 14.133/2021[18]; (c) O regime jurídico dos contratos administrativos (Lei 14.133/2021) permanece publicizado, mas não cabe derivar aplica-

---

[16] Sobre a natureza não exaustiva do rol, ver JUSTEN FILHO, Marçal. *Comentários à Lei de Licitações e Contratações Públicas:* Lei 14.133/2021. São Paulo: Thomson Reuters, 2021. p. 68. A respeito da inexistência de contratos privados da Administração e do alcance da expressão "legislação própria", ver NIEBUHR, Joel de Menezes. *Licitação pública e contrato administrativo.* 5. ed. Belo Horizonte: Fórum, 2022. p. 920-923.

[17] "A concepção do contrato administrativo como o lugar da manifestação dos poderes de autoridade da Administração em prol do interesse público e em detrimento da posição dos particulares é uma consequência da genealogia autoritária da figura do contrato administrativo, tal como desenhada pelo Conselho de Estado francês, cujo pano de fundo foi o contrato de concessão, o menos contratual dos contratos administrativos. Ora, esta construção não serve nos nossos dias. O alargamento da figura do contrato administrativo gerou profundas diferenças entre os contratos a pedir soluções distintas. Com efeito, o CPP e leis especiais consideram como administrativos contratos que outrora eram de direito privado como a aquisição de bens móveis (art. 437 e ss.) e não se justifica para estes um regime geral com tanta presença de poderes de autoridade como o do Título I do Parte III. Este regime geral deveria ter ficado reservado para os contratos administrativos 'por natureza' onde a particular intensidade da funcionalização aos interesses públicos prosseguidos mais que justifica especiais poderes de autoridade. Os outros deviam ter ficado para lei especial com um regime mais favorável aos particulares" (MONCADA, Luis Cabral. *Consenso e autoridade na teoria do contrato administrativo.* Lisboa: Quid Juris, 2012. p. 34-35).

[18] Sobre o tema, ver o Enunciado 8 do Conselho Nacional dos Procuradores-Gerais dos Estados e do DF (CONPEG) e do Fórum Nacional das Consultorias Jurídicas das Procuradorias-Gerais dos Estados e do DF (FENACON), que dispõe: "A não repetição pela Lei nº 14.133/2021 do art. 62, § 3º, inciso I, da Lei Federal nº 8.666/93 não extinguiu a figura dos contratos privados da Administração Pública, tais

ção de suas prerrogativas especiais para os contratos privados da Administração (regidos pelo Código Civil), que dependerão sempre dos poderes que estiverem estipulados no próprio contrato, cuja aceitação ou não, pelo particular, determinará o conteúdo da relação contratual.

Em acréscimo, convém registrar que também não se subordinam às disposições da Lei 14.133/2021 os seguintes contratos: (a) os contratos firmados por empresas públicas, sociedades de economia mista e suas subsidiárias, que são regidos pela Lei 13.303/2016 e pelo Código Civil (art. 1º, § 1º, da Lei 14.133/2021); (b) as contratações realizadas no âmbito das repartições públicas sediadas no exterior, que obedecerão às peculiaridades locais e aos princípios básicos estabelecidos na Lei, na forma de regulamentação específica a ser editada por ministro de Estado (art. 1º, § 2º, da Lei 14.133/2021); (c) as contratações que envolvam recursos provenientes de empréstimo ou doação oriundos de agência oficial de cooperação estrangeira ou de organismo financeiro de que o Brasil seja parte, observadas as condições previstas no § 3º do art. 1º da Lei 14.133/2021; (d) as contratações relativas à gestão, direta e indireta, das reservas internacionais do País, inclusive as de serviços conexos ou acessórios a essa atividade, que serão disciplinadas em ato normativo próprio do Banco Central do Brasil, assegurada a observância dos princípios estabelecidos no caput do art. 37 da Constituição Federal (art. 1º, § 5º, da Lei 14.133/2021).

2. REGIMES JURÍDICOS DOS CONTRATOS ADMINISTRATIVOS NA LEI 14.133/2021

Como se viu, há uma plêiade de possibilidades contratuais que envolvem a Administração Pública brasileira. O foco deste livro, que trata da Lei 14.133/2021, são os contratos administrativos de colaboração declinados no seu art. 2º e mencionados no tópico anterior.[19]

Não é exagero afirmar que o regime jurídico desses contratos é híbrido, a misturar elementos de direito público (que preponderam) e de direito privado (que são subsidiários). As principais disposições da Lei 14.133/2021 são induvidosamente de direito público. Porém, o art. 89 da Lei 14.133/2021 determina que se lhes devam aplicar subsidiariamente as disposições de direito privado e os princípios da teoria geral dos contratos.[20]

---

como os contratos de seguro, financiamento e de locação em que o poder público seja locatário, regidos com maior intensidade pelo direito privado".

[19] A Lei 14.133/2021 apostou fichas no detalhamento da fase interna ou preparatória da licitação, mercê no princípio do planejamento. Entre os instrumentos de planejamento, o art. 12, VII, alude ao plano anual de contratações, ao disciplinar que, "a partir de documentos de formalização de demandas, os órgãos responsáveis pelo planejamento de cada ente federativo poderão, na forma de regulamento, elaborar plano de contratações anual, com o objetivo de racionalizar as contratações dos órgãos e entidades sob sua competência, garantir o alinhamento com o seu planejamento estratégico e subsidiar a elaboração das respectivas leis orçamentárias". Em âmbito federal, o Decreto 10.947, de 25 de janeiro de 2022, regulamenta o dispositivo para dispor sobre o plano de contratações anual e instituir o Sistema de Planejamento e Gerenciamento de Contratações no âmbito da administração pública federal direta, autárquica e fundacional.

[20] Na jurisprudência do STJ, verifica-se uniformidade na apreensão dessa ideia, a ver, por todos, o EREsp 737.741/RJ, Rel. Min. Teori Albino Zavascki, Primeira Seção, j. 12.11.2008, *DJe* 21.08.2009, em que a Corte garantiu aplicação do Código Civil (CC/1916, art. 1.059; e CC/2002, art. 402), para condenar a Administração Pública a pagar prejuízos, como tais considerados não só os danos emergentes, mas também os lucros cessantes, em face da rescisão unilateral prematura do contrato por motivos de interesse público.

Então o regime jurídico ditado para os contratos administrativos de colaboração pela Lei 14.133/2021 é composto de disposições de direito público (que estão explícitas e tem primazia) e disposições de direito privado (aplicáveis nas suas omissões).

Na mesma trilha de argumentação, afirma-se a possibilidade de que o regime jurídico de direito público desses contratos possa variar de intensidade, de acordo com o seu objeto, com suas finalidades, com seu prazo de duração, apresentando, por assim dizer, diferentes graus de publicização. De fato, o regime jurídico dos contratos de alienação de bens móveis da Administração e das compras de pequeno valor e de pronta entrega, por exemplo, é diferente do regime jurídico dos contratos de obras e serviços de engenharia. Não obstante, o estudo que se deve apresentar neste livro é um estudo geral dos contratos administrativos de colaboração, conforme disciplina da Lei 14.133/2021, o que se passa a fazer.

O art. 104 da Lei 14.133/2021 prevê que o regime jurídico desses contratos confere à Administração, em relação a eles, as prerrogativas de: (a) *modificá-los unilateralmente*, para melhor adequação às finalidades de interesse público, respeitados os direitos do contratado; (b) *extingui-los unilateralmente*, nos casos especificados na Lei; (c) *fiscalizá-los* a execução; (d) *aplicar aos contratados sanções administrativas* motivadas pela inexecução total ou parcial das obrigações ajustadas; (e) *ocupar provisoriamente bens móveis e imóveis e utilizar pessoal e serviços vinculados ao contrato*, nas hipóteses de (i) risco à prestação de serviços essenciais e (ii) necessidade de acautelar apuração administrativa de faltas contratuais pelo contratado, inclusive após a extinção do contrato.

As prerrogativas citadas são traduzidas como cláusulas exorbitantes, que já se encontravam previstas no art. 58 da revogada Lei 8.666/1993, e que são derrogatórias do direito comum aplicável aos contratos entre os privados.

A variação constante do art. 104 em relação à Lei 8.666/1993 está na prerrogativa de ocupação temporária. No regime da lei antiga, essa medida se via atrelada necessariamente a contratos de prestação de serviços de caráter essencial. Tanto assim o é que na antiga redação do inciso V do art. 58 da Lei 8.666/93 o dispositivo legal pertinente iniciava a sua redação com a locução "em caso de serviços essenciais". Na nova lei, houve uma separação das hipóteses em que a prerrogativa de ocupação temporária pode ser acionada pela Administração; a primeira relativa ao risco à prestação de serviços essenciais que equivale à antiga (art. 104, V, "a"); a segunda relativa à necessidade de se acautelar apuração administrativa de faltas contratuais pelo contratado, mesmo que depois do término da execução do contrato (art. 104, V, "b"), sem, no último caso, declinar o objeto do contrato como referente apenas a serviços essenciais.

A primeira hipótese, portanto, se compatibiliza com contatos de concessão de serviços públicos (que são contratos de delegação) e com outros contratos de colaboração relativos a serviços essenciais, ao passo que a segunda pode ter aplicação mais extensa, também a outros objetos contratuais que não serviços essenciais, com a advertência de que a medida, dada a gravidade, deve ser utilizada em raríssimas situações, afinal "o inadimplemento contratual não atribui à Administração o poder jurídico para assumir o uso e a destinação do patrimônio privado".[21]

Além dessas prerrogativas, a Administração possui, em relação aos contratos administrativos, a prerrogativa de autotutela administrativa (Súmula 473 do STF), que lhe au-

---

[21]   JUSTEN FILHO, Marçal. *Comentários à Lei de Licitações e Contratações Públicas:* Lei 14.133/2021. São Paulo: Thomson Reuters, 2021. p. 1286.

toriza a declarar a nulidade dos contratos que contenham vícios insanáveis, observadas as circunstâncias de fato e o interesse público, nos termos dos artigos 147 a 150 da Lei 14.133/2021. A Súmula 473 do STF sofreu o impacto do Tema 138 da repercussão geral (adotado no RE 594.296, Rel. Min. Dias Toffoli, j. 21.09.2011, *DJe* 146 de 13.02.2012), que atina aos atos administrativos, mas que também se aplica aos contratos administrativos: "Ao Estado é facultada a revogação de atos que repute ilegalmente praticados; porém, se de tais atos já tiverem decorrido efeitos concretos, seu desfazimento deve ser precedido de regular processo administrativo".[22]

Além disso, convém antecipar que a disciplina das nulidades dos contratos e seus efeitos sofreu significativa atualização na nova legislação se comparada com as previsões típicas da Lei 8.666/1993, a demonstrar alinhamento com as disposições da LINDB (Lei de Introdução das Normas do Direito Brasileiro, após a edição da Lei 13.655/2018).

As inovações têm relação com a modernização da teoria das nulidades dos comportamentos administrativos em geral, e com uma visão mais pragmática e consequencial acerca do desfazimento dos contratos administrativos, o que será objeto de tratamento mais adequado em outro espaço desta obra.

Evidentemente, a utilização das prerrogativas de poder nas contratações públicas não se pode dar por um capricho do administrador público e como fruto de uma escolha livre e arbitrária, sem motivo e finalidade.

O regime jurídico de prerrogativas deve ser utilizado para garantir os objetivos públicos subjacente ao contrato – e não para assegurar que a Administração, enquanto parte na relação contratual, possa preponderar para fazer valer sempre e sempre a medida desejada pelo administrador público de plantão. Pensar diferente disso é equivocado e autoritário.

Com efeito, o contratado tem direitos tutelados pelo contrato e pelos princípios e preceitos legais aplicáveis à relação jurídico-administrativa (prerrogativas-sujeições). Cabe ao particular, nesse sentido, exercer seus direitos sempre que desrespeitados pela Administração contratante.

De igual modo, não se deve contemplar os contratos como realidades estanques e herméticas que não se subordinam à realidade fática e aos contornos reais de sua execução, como também não se deve compreender o gestor público responsável pelo contrato como uma esfinge que não dialoga com o contratado, e que não busca soluções racionais e reequilibradas para os problemas práticos da execução.

Arnoldo Wald já nos idos de 1995 enfatizava que "a viabilidade da realização de grandes obras, especialmente quando pioneiras e de tecnologia complexa, pressupõe um diálogo constante entre o contratante e o contratado, abrangendo as decisões de situações não previstas contratualmente ou daquelas que sofreram profundas mutações, não imputáveis a qualquer das partes".[23]

E que "as incertezas decorrentes de mudanças econômicas, tecnológicas e políticas, cada vez mais rápidas, fizeram, todavia, com que o Direito Administrativo não mais pudesse deixar de reconhecer a crescente importância do aleatório, atribuindo-lhe efeitos

---

[22] A expressão revogação prevista no Tema 138 deve ser compreendida como anulação, haja vista a conexão com nulidades do ato ou contrato.

[23] WALD, Arnoldo. Novas tendências do direito administrativo: a flexibilidade no mundo da incerteza. Disponível em: http://bibliotecadigital.fgv.br/ojs/index.php/rda/article/viewFile/46615/46350. Acesso em: 5 maio 2021.

Cap. 7 · CONTRATOS NA NOVA LEI DE LICITAÇÕES E CONTRATOS | 349

específicos para, conforme o caso, rever o contrato ou rescindi-lo, diante de dificuldades novas e imprevistas para a sua execução".[24]

3. FORMALIZAÇÃO E CLÁUSULAS ESSENCIAIS DOS CONTRATOS NA LEI 14.133/2021

A formalização dos contratos e seus aditivos dar-se-á por escrito, no bojo de procedimento administrativo próprio, divulgado e mantido à disposição do público em sítio eletrônico oficial na internet (art. 91 da Lei 14.133/2021), ressalvados os casos de sigilo imprescindível à segurança da sociedade, nos termos da Lei 12.257/2011 (Lei de Acesso à Informação). Dispõe a Lei 14.133/2021 ser nulo o contrato verbal, salvo os de valor não superior a R$ 10.000,00 que se refiram a pequenas compras ou serviços de pronto pagamento.[25]

Ressalte-se que a ausência de contrato escrito nesses casos, que, via de regra, é imputável a falhas administrativas na formalização do ajuste, não retiram do particular o direito de receber por eventuais contraprestações que tenha realizado em favor da Administração. A responsabilidade extracontratual objetiva do Estado, conforme disposta no art. 37, § 6º, da Constituição, aliada aos princípios da boa fé e do não enriquecimento ilícito (que são princípios gerais do Direito), darão embasamento jurídico a medidas indenizatórias em favor do particular.

É admitida na Lei 14.133/2021, como novidade, a forma eletrônica dos contratos administrativos (art. 91, § 3º), o que tende a ser a regra em tempos atuais, atendidas as cláusulas próprias e as exigências regulamentares pertinentes. O sistema de chaves e assinaturas eletrônicas é regulada pelo Decreto 10.543/2020.

O § 1º do art. 89 da Lei 14.133/2021 prescreve que todo contrato deverá mencionar o nome das partes e de seus representantes, a finalidade, o ato que autorizou sua lavratura, o número do processo da licitação ou da contratação direta e a sujeição dos contratantes à Lei e às cláusulas contratuais.

São formalidades que devem constar dos contratos em geral, os quais deverão estabelecer com clareza e precisão as condições de sua execução, os direitos, as obrigações e as responsabilidades das partes, respeitando os termos do edital e/ou do ato que autorizou a contratação direta, tudo em ordem a homenagear os princípios da vinculação ao instrumento convocatório e do julgamento objetivo das propostas.

O art. 92 da Lei 14.133/2021 (que praticamente reproduz o art. 55 da Lei 8.666/1993) arrola exemplificativamente cláusulas que o legislador considera necessárias nos contratos administrativos, a ver: (I) o objeto e seus elementos característicos[26]; (II) a vinculação ao edital de licitação e à proposta do licitante vencedor ou ao ato que tiver autorizado a con-

---

[24] WALD, Arnoldo. Novas tendências do direito administrativo: a flexibilidade no mundo da incerteza. Disponível em: http://bibliotecadigital.fgv.br/ojs/index.php/rda/article/viewFile/46615/46350. Acesso em: 5 maio 2021.

[25] Esses valores, como de resto todos previstos na Lei 14.133/2021, são indexados anualmente por decreto. Ver Decreto 11.871, de 29 de dezembro de 2023.

[26] O TCU tem atribuído relevância aos aspectos que se relacionam com a formalização dos objetos contratuais e seus aditivos, a ver que "a realização de atividades não previstas em contrato, sem que se tenha formalizado termo aditivo, afronta o art. 60, parágrafo único, c/c o art. 61 da Lei 8.666/93 e o art. 132 da Lei 14.133/2021, ainda que não haja pagamento antecipado ou sem contraprestação de serviços, salvo nos casos excepcionais de justificada necessidade de antecipação dos seus efeitos" (Acórdão 266/2024, Plenário).

tratação direta e à respectiva proposta; (III) a legislação aplicável à execução do contrato, inclusive quanto aos casos omissos; (IV) o regime de execução ou a forma de fornecimento; (V) o preço e as condições de pagamento, os critérios, a data-base e a periodicidade do reajustamento de preços e os critérios de atualização monetária entre a data do adimplemento das obrigações e a do efetivo pagamento; (VI) os critérios e a periodicidade da medição, quando for o caso, e o prazo para liquidação e para pagamento; (VII) os prazos de início das etapas de execução, conclusão, entrega, observação e recebimento definitivo, quando for o caso; (VIII) o crédito pelo qual correrá a despesa, com a indicação da classificação funcional programática e da categoria econômica; (IX) a matriz de risco, quando for o caso; (X) o prazo para resposta ao pedido de repactuação de preços, quando for o caso; (XI) o prazo para resposta ao pedido de restabelecimento do equilíbrio econômico--financeiro, quando for o caso; (XII) as garantias oferecidas para assegurar sua plena execução, quando exigidas, inclusive as que forem oferecidas pelo contratado no caso de antecipação de valores a título de pagamento; (XIII) o prazo de garantia mínima do objeto, observados os prazos mínimos estabelecidos nesta Lei e nas normas técnicas aplicáveis, e as condições de manutenção e assistência técnica, quando for o caso; (XIV) os direitos e as responsabilidades das partes, as penalidades cabíveis e os valores das multas e suas bases de cálculo; (XV) as condições de importação e a data e a taxa de câmbio para conversão, quando for o caso; (XVI) a obrigação do contratado de manter, durante toda a execução do contrato, em compatibilidade com as obrigações por ele assumidas, todas as condições exigidas para a habilitação na licitação, ou para qualificação, na contratação direta; (XVII) a obrigação de o contratado cumprir as exigências de reserva de cargos prevista em lei, bem como em outras normas específicas, para pessoa com deficiência, para reabilitado da Previdência Social e para aprendiz; (XVIII) o modelo de gestão do contrato, observados os requisitos definidos em regulamento; (XIX) os casos de extinção.

As inovações trazidas pela Lei 14.133/2021 em relação ao antigo art. 55 da Lei 8.666/1993 quanto às cláusulas essenciais dos contratos administrativos constam dos seguintes itens acima: VI (medição e prazo para liquidação e pagamento); IX (matriz de risco, que foi herdada do Regime Diferenciado de Contratações e da Lei das Estatais); XI e XII (prazos para resposta a pedidos do contratado quanto a repactuação e reequilíbrio do contrato); XVII (obrigação de cumprimento com as exigências de reserva de cargos para portadores de deficiência, reabilitados e aprendizes); XVIII (modelos de gestão do contrato, observado os requisitos definidos em regulamento).

A teor do art. 95 da Lei 14.133/2021 (que é bastante semelhante ao antigo art. 62 da Lei 8.666/1993), o instrumento de contrato (que não se confunde com a relação jurídico--contratual) é obrigatório, salvo nos casos em que a administração puder substituí-lo por outro instrumento hábil como carta-contrato, nota de empenho de despesa, autorização de compra ou ordem de serviços. Nesses casos, devem ser exigidas, no que couber, a exposição nestes instrumentos das cláusulas essenciais previstas no art. 92 da Lei 14.133/2021.

4. GARANTIAS CONTRATUAIS NA LEI 14.133/2021

As garantias contratuais prestadas pelo contratado em prol da Administração, encontram-se no art. 96 da Lei 14.133/2021. Sua exigência continua sendo uma faculdade da autoridade administrativa competente, responsável por aquilatar, caso a caso, o objeto, a relevância das prestações e o tempo de execução dos contratos de obras, serviços e fornecimentos (não se aplica a alienações), prevenindo infortúnios futuros na execução contratual. A disciplina é praticamente idêntica à da antiga Lei 8.666/1993 (art. 56), com poucas variações. No caso de antecipações de pagamento, a exigência de garantia assume outra coloração. A jurisprudência do TCU registra que "a falta de exigência específica e suficiente, na forma de seguros ou garantias, para autorização de antecipações de pagamento previstas contratualmente, afronta o disposto no art. 38 do Decreto 93.872/1986", além das próprias disposições da Lei de Licitações e Contratos Administrativos (Acórdão 1302/2023, Plenário).

Observada a hipótese do art. 99 da Lei 14.133/2021 (*performance bond*: com assunção do objeto não executado pela seguradora do contrato), caberá ao contratado (particular), quando a Administração assim o exigir, optar (é direito subjetivo do contratado) por uma das modalidades de garantia previstas na Lei (art. 95, § 1º), a saber: (a) caução em dinheiro ou títulos da dívida pública (este avaliados pelo valor econômico, conforme critérios do Ministério da Economia, e que sigam as exigências de escrituração, liquidação e custódia do BACEN); (b) seguro-garantia (contratado com empresas de seguro); (c) fiança bancária (emitida por instituições financeiras autorizadas a funcionar no país).[27]

Nas contratações de obras, serviços e fornecimentos, a garantia a ser prestada pelo particular poderá ser de até 5% do valor inicial do contrato. A lei autoriza a majoração desse percentual para até 10% do valor inicial do contrato, considerando-se, motivadamente, a complexidade técnica e os riscos associados à execução do objeto. O mesmo se passa nas contratações de obras e serviços de engenharia de grade vulto – assim compreendidas aquelas cujo valor estimado supera R$ 200.000.000,00 (art. 6º, XXII, da Lei 14.133/2021)[28] – em que a Administração pode exigir a prestação de garantia na modalidade seguro-garantia, com cláusula de retomada, em percentual equivalente a até 30% do valor inicial do contrato, podendo também prever a obrigação de a seguradora ter de assumir a responsabilidade pela execução integral do objeto (*performance bond*) em caso de inadimplemento do contratado.

4.1 Matriz de alocação de riscos

A fim de mitigar riscos associados aos contratos, notadamente para regular desequilíbrios financeiros, a Lei 14.133/2021, com base nas experiências da Lei das PPP (Lei 11.079/2004), do Regime Diferenciado de Contratações (Lei 12.462/2011) e da Lei das Estatais (Lei 13.303/2016), passou a prever que o contrato poderá identificar riscos numa matriz de alocação, distribuindo-os ou compartilhando-os entre o setor público (contratante) e o setor privado (contratado).

Essa matriz de alocação de riscos encontra-se definida no art. 6º, XXVII, da Lei 14.133/2021, como a "*cláusula contratual definidora de riscos e de responsabilidades entre as partes e caracterizadora do equilíbrio econômico-financeiro inicial do contrato, em termos de ônus financeiro decorrente de eventos supervenientes à contratação, contendo, no mínimo, as seguintes informações*: (a) *listagem de possíveis eventos supervenientes à assinatura do contrato que possam causar impacto em seu equilíbrio econômico-financeiro* e previsão de eventual necessidade de prolação de termo aditivo por ocasião de sua ocorrência;

---

[27] O TCU compreende ser "irregular a aceitação de cartas de fiança fidejussória, de natureza não bancária, como garantia de contrato administrativo, uma vez que não correspondem ao instrumento de fiança bancária (art. 56, § 1º, inciso III, da Lei 8.666/93 e art. 96, §1º, inciso III, da Lei 14.133/2021), emitida por banco ou instituição financeira autorizada a operar pelo Banco Central do Brasil (Acórdão 597/2023, Plenário).

[28] Esse valor é anualmente indexado. De acordo com o Decreto Federal 11.871/2023, o valor atual está em R$ 239.624.058,14.

(b) no caso de *obrigações de resultado*, estabelecimento das frações do objeto com relação às quais *haverá liberdade para os contratados inovarem em soluções metodológicas ou tecnológicas*, em termos de modificação das soluções previamente delineadas no anteprojeto ou no projeto básico; (c) no caso de *obrigações de meio*, estabelecimento preciso das frações do objeto com relação às quais *não haverá liberdade para os contratados inovarem em soluções metodológicas ou tecnológicas*, devendo haver obrigação de aderência entre a execução e a solução predefinida no anteprojeto ou no projeto básico, consideradas as características do regime de execução no caso de obras e serviços de engenharia".

Nos termos do § 4º do art. 103 da Lei 14.133/2021, a matriz de alocação de riscos definirá o equilíbrio econômico-financeiro inicial do contrato em relação a eventos supervenientes (que possam afetar a sua execução) e deverá ser observada na solução de eventuais pleitos das partes.

Sempre que atendidas as condições da matriz de riscos, existe uma *presunção* legal de manutenção do equilíbrio econômico-financeiro do contrato. Essa presunção não é absoluta e admite avaliação concreta das situações ensejadoras de sua aplicação, até mesmo para decidir sobre a permanência ou a extinção do vínculo, em casos de onerosidades excessivas (ver, a respeito, o art. 22, § 2º, II, da Lei 14.133/2021).

Dispõe o art. 22 da Lei 14.133/2021 que o edital poderá contemplar a matriz de riscos, hipótese em que o cálculo do valor estimado da contratação poderá considerar taxa de risco compatível com o objeto da licitação e com os riscos atribuídos ao contratado, de acordo com metodologia predefinida pelo ente federativo. A matriz deverá promover a alocação eficiente dos riscos de cada contrato e estabelecer a responsabilidade de cada parte ou de ambas as partes contratantes pelos eventos previstos, bem como os mecanismos que afastam a ocorrência do sinistro e/ou mitigam os seus efeitos.

De acordo com o TCU, "é lícito que o contrato estabeleça divisão de riscos entre as partes, inclusive no que se refere a faixas aceitáveis de variação nos custos de determinados insumos, principalmente nos casos em que o insumo seja representativo no contexto dos serviços contratados e esteja sujeito a flutuações decorrentes de fatores de difícil previsão, a exemplo dos materiais betuminosos em obras rodoviárias. Para tais faixas de variação, não cabe reequilíbrio econômico-financeiro, resguardado, em todo caso, o reajustamento periódico (art. 6º, LVIII, art. 92, § 3º; e 124, II, alínea *d*, da Lei 14.133/2021)" (Acórdão 1210/2024, Plenário).

O contrato administrativo deverá expressar em cláusula contratual específica a alocação realizada pela matriz de riscos na etapa da licitação, especialmente quanto: (a) às hipóteses de alteração para o restabelecimento da equação econômico-financeira do contrato nos casos em que o sinistro seja considerado na matriz de riscos como causa de desequilíbrio não suportada pela parte que pretenda o restabelecimento; (b) à possibilidade de resolução quando o sinistro majorar excessivamente ou impedir a continuidade da execução contratual; (c) à contratação de seguros obrigatórios previamente definidos no contrato, integrado o custo de contratação ao preço ofertado.

A matriz de riscos é obrigatória nas obras e serviços de grande vulto (acima de R$ 200.000.000,00, atualmente R$ 239.624.058,14), e quando a Administração Pública optar pela adoção dos regimes de contratação integrada e semi-integrada, hipóteses em que não só a execução do objeto, mas também os projetos básico e executivo, ou só o executivo, respectivamente, fica a cargo do particular contratado.[29]

---

[29] Não obstante, a jurisprudência do TCU tem orientado que a matriz de riscos seja utilizada em contratações cuja execução envolva "incertezas jurídicas significativas, ainda que sob o regime de

Cap. 7 · CONTRATOS NA NOVA LEI DE LICITAÇÕES E CONTRATOS | 353

É por isso que a lei estabelece que nas contratações integradas ou semi-integradas, os riscos decorrentes de fatos supervenientes à contratação associados à escolha da solução de projeto básico pelo contratado (obrigação que ele assume na partida da contratação) deverão ser alocados como de sua responsabilidade na matriz de riscos (art. 22, §§ 3º e 4º da Lei 14.133/2021).

De acordo com o art. 103 da Lei 14.133/2021, é regra trivial de repartição de riscos que a respectiva alocação tenha de considerar a natureza do risco, o beneficiário das prestações e, fundamentalmente, a capacidade de cada parte para melhor gerenciá-lo, caso se venham a materializar os riscos.[30]

Por conta disso é que os riscos que tenham cobertura oferecida por seguradoras que atuam no mercado devem ser preferencialmente transferidos ao contratado particular. A alteração dessa lógica alocacional de riscos, que é a regra geral, exigirá motivação adequada da Administração.

Por outro lado, é evidente que alocação dos riscos ao contratado trará maiores custos à Administração Pública. A verificação da compatibilidade da proposta apresentada na licitação pelo particular não escapará de considerar os reflexos desses custos no valor estimado da contratação, sob pena de inexequibilidade.

5. DURAÇÃO DOS CONTRATOS NA LEI 14.133/2021

Relativamente à duração dos contratos, a Lei 14.133/2021 trouxe disciplina mais detalhada do que a antiga previsão do art. 57 e seus parágrafos da Lei 8.666/1993. O art. 105 dispõe que a duração dos contratos será a prevista em edital, e deverá observar, no momento da contratação e a cada exercício financeiro, a disponibilidade de créditos orça-

---

empreitada global, por se tratar de elemento que agrega segurança jurídica aos contratos" (Acórdão 2616/2020, Plenário).

[30] A respeito das premissas para a distribuição de riscos nas matrizes contratuais, ver o trabalho de Portugal e Sande, em que se destacada: "uma das regras mais elementares sobre a distribuição de riscos em contratos administrativos é que não se deve transferir para um contratado da administração pública o risco sobre eventos que ele não tem algum controle sobre a ocorrência ou sobre o seu impacto. Isso porque, se o contratado não tem controle sobre evento cujo risco lhe é alocado, provavelmente, por ocasião da sua participação na licitação, ele vai provisionar, na sua proposta, um valor para custear esses eventos. Se o evento gravoso relativo a esse risco se materializa, o concessionário usará o valor provisionado para lidar com ele. Se, contudo, o evento gravoso, não se materializa, então o valor provisionado vira margem, lucro, do concessionário. Nesse contexto, faz mais sentido alocar o risco do evento não controlável à administração pública, de maneira que, caso ocorra o evento gravoso, a administração pública (ou o usuário, no caso de contratos de concessão) pague por ele. Se, contudo, o evento gravoso não se materializar, nem a administração púbica, nem o usuário, pagará por ele [...] Observe-se que o cenário em que a alocação do risco não controlável é feita à administração pública é muito mais vantajoso para a administração pública e para o usuário, do que o cenário em que a alocação do risco não controlável é feita ao contratado. Isso porque, no cenário em que esse risco é alocado ao contratado, a administração pública paga pelo evento gravoso em qualquer circunstância (mesmo que o evento gravoso não ocorra), enquanto, no cenário em que o risco não controlável é alocado à administração pública, a administração pública e/ou os usuários pagam por esse risco quando o evento gravoso se materializa." (PORTUGAL, Maurício; SANDE, Felipe. Estudo quantitativo e probabilístico sobre a combinação entre as noções de previsibilidade de eventos e extraordinariedade dos seus impactos: contribuição para a compreensão da função e aplicação das regras sobre equilíbrio econômico-financeiro de contratos administrativos. Disponível em: https://papers.ssrn.com/sol3/papers.cfm?abstract_id=4251145d. Acesso em: 9 jan. 2023).

mentários[31], bem como a previsão no Plano Plurianual (PPA), quando ultrapassar 1 (um) exercício financeiro.

A nova regra, embora crie uma ligação com os orçamentos públicos, não prescreve uma necessária e explícita vinculação da vigência contratual à dos créditos orçamentários respectivos, tal como fazia o art. 55, *caput*, da Lei 8.666/1993. Sem embargo, essa vinculação é quase uma decorrência lógica do art. 167, I, da Constituição que condiciona a validade da despesa pública à respectiva previsão nas Leis orçamentárias, e por isso deve ser observada.

O art. 106 da Lei 14.133/2021 prescreve que os contratos de serviços contínuos (inclusive de engenharia),[32] os de fornecimento contínuo (estes uma novidade da lei), os de aluguel de equipamento e utilização de programas de informática (art. 106, § 2º) – poderão ser celebrados com prazo de até 5 (cinco) anos, observadas algumas diretrizes, a ver: (a) a autoridade administrativa competente deve atestar a vantajosidade da contratação plurianual (art. 106, I); (b) no início da contratação e a cada exercício deve atestar a existência de créditos orçamentários vinculados à contratação e suficientes para suportá-la e a vantajosidade de sua manutenção (art. 106, II); (c) a Administração pode optar por extinguir o contrato (no próximo aniversário e em período não inferior a dois meses) quando não tiver créditos orçamentários vinculados ou quando ausente a vantajosidade na sua manutenção, hipóteses em que a extinção do contrato não acarretaria ônus para a Administração (art. 106, III e § 1º).

Note-se que a Lei 14.133/2021 fala nessa última hipótese (letra "c") que a Administração não terá qualquer ônus decorrente da interrupção do contrato, todavia o ressarcimento pelos prejuízos suportados comprovadamente pelo particular (contratado) não se inclui evidentemente nesse contexto, até por força do que preceitua o art. 37, § 6º, da Constituição (responsabilidade extracontratual objetiva do Estado). É por isso que Marçal Justen Filho propõe, com acerto, que a hipótese seja interpretada conforme a Constituição, no sentido de que a resolução contratual antecipada só se perfaça sem ônus para a Administração na medida em que o particular não sofra prejuízos decorrentes da medida.[33]

Os contratos de serviços contínuos poderão ser prorrogados sucessivamente, desde que haja previsão no edital e atestação de vantajosidade pela autoridade administrativa competente até o limite de 10 (dez anos), permitida, para fins de aceitabilidade da extensão, a negociação direta com o contratado ou a extinção sem qualquer ônus para as partes. A previsão dessa negociação é um bom exemplo da consensualidade administrativa aplicada aos contratos administrativos, haja vista que estabelece um diálogo franco e transparente entre contratante e contratado.

No caso de não prorrogação do contrato, a previsão de ausência de ônus para as partes é correta, porque não se há falar, diferentemente da hipótese comentada anteriormente, de abreviação temporal do contrato, mas apenas de exercício ou não da faculdade (dada a am-

---

[31] Nos termos do entendimento do TCU, "a celebração de contrato administrativo requer a indicação do crédito orçamentário pelo qual correrá a despesa com a indicação da classificação funcional programática e da categoria econômica, conforme art. 92, VIII, da Lei 14.133/2021" (Acórdão 1106/2024 – Plenário).

[32] A Instrução Normativa SEGES/MG 98, de 26 de dezembro de 2022, estabelece regras e diretrizes para o procedimento de contratação de serviços sob regime de execução indireta de que dispõe a Lei 14.133, de 1º de abril de 2021, no âmbito da Administração Pública federal direta, autárquica e fundacional – recepciona a Instrução Normativa 05/17.

[33] JUSTEN FILHO, Marçal. *Comentários à Lei de Licitações e Contratações Administrativas: Lei 14.133/2021*, São Paulo: Revista dos Tribunais, 2021. p. 1300.

bas as partes) de prorrogar o vínculo contratual. Note-se que se a prorrogação realizada for de índole plurianual, será de rigor o seguimento das regras do art. 106 da Lei 14.133/2021.

Os contratos de obras não têm previsão específica na lei. A eles deverão ser aplicados a regra geral do art. 105, *caput*, da Lei 14.133/2021, assim como a disciplina do art. 111 (contratos por escopo). Isto porque as obras são contratos que se baseiam em projetos e que entregam resultados certos e definidos à Administração, servindo a vigência contratual mais para marcar o tempo máximo do cumprimento das obrigações das partes do que para delimitar o início e o fim dos contratos.[34]

A rigor, os contratos administrativos se extinguem com o advento do termo final: uma vez expirado o prazo fixado no instrumento contratual, desfaz-se, automaticamente, o ajuste. Convém "distinguir os contratos que se extinguem pela conclusão de seu objeto e os que terminam pela expiração do prazo de sua vigência: nos primeiros, o que se tem em vista é a obtenção de seu objeto concluído, operando o prazo como limite de tempo para a entrega da obra, do serviço ou da compra sem sanções contratuais; nos segundos, o prazo é de eficácia do negócio jurídico contratado, e assim sendo, expirado o prazo, extingue-se o contrato, qualquer que seja a fase de execução de seu objeto, como ocorre na concessão de serviço público ou na simples locação de coisa por tempo determinado. Há, portanto, prazo de execução e prazo extintivo do contrato".[35]

Bem verdade que existentes outros tipos de contratos de escopo que não são obras. Contratos de serviços, por exemplo. A ambos é aplicável a regra do art. 111 da Lei 14.133/2021 que prevê prorrogação automática quando seu objeto não for concluído no período estabelecido no contrato. Quando a não conclusão decorrer de culpa do contratado, estará automaticamente constituído em mora (*dies interpelat pro homine*), sendo-lhe aplicáveis as sanções administrativas do contrato; neste caso, cabe à Administração, em juízo de proporcionalidade, decidir pela extinção do contrato ou pela adoção de medidas próprias à continuidade da execução contratual (com a aplicação de penalidade, por exemplo). Se a não entrega do escopo, por outro lado, se der por culpa da Administração, além da prorrogação automática do prazo contratual, deverão ser observadas as demais cláusulas do contrato, inclusive as cláusulas penais contra a Administração.

A Administração poderá celebrar contratos com prazo de até 10 (dez) anos nas hipóteses previstas nas alíneas *f* e *g* do inciso IV e nos incisos V, VI, XII e XVI do *caput* do art. 75 da lei. Tais hipóteses referem-se a contratos formalizados com dispensa de licitação e que envolvam a utilização e transferência de tecnologias específicas, forças armadas e segurança nacional, ciência e inovação, na forma da Lei 10.973/2004.

Nos contratos em que a seja usuária de serviço público oferecido em regime de monopólio, os contratos poderão ser firmados por prazo indeterminado, desde que comprovada, a cada exercício financeiro, a existência de créditos orçamentários vinculados à contratação (art. 109). A disposição é lógica e evita a necessidade de cumprir o óbvio na renovação de instrumentos contratuais que só podem ter o mesmo perfil de tempos em tempos.

Por fim, na contratação que gera receita pública e no contrato de eficiência que gera economia para a Administração, os prazos serão de: (a) até 10 (dez) anos, nos contratos

---

[34] A Instrução Normativa SEGES/ME 91, de 16 de dezembro de 2022, estabelece regras para a definição do valor estimado para a contratação de obras e serviços de engenharia nos processos de licitação e contratação direta, de que dispõe o § 2º do art. 23 da Lei 14.133, de 1º de abril de 2021, no âmbito da Administração Pública Federal direta, autárquica e fundacional.

[35] MEIRELLES, Hely Lopes. *Licitação e contrato administrativo*. 11. ed. São Paulo: Malheiros, 1997. p. 197.

sem investimento; (b) até 35 (trinta e cinco) anos, nos contratos com investimento, assim considerados aqueles que impliquem a elaboração de benfeitorias permanentes, realizadas exclusivamente a expensas do contratado, que serão revertidas ao patrimônio da Administração Pública ao término do contrato.[36]

O art. 113 da Lei 14.133/2021 trata de contratos com objetos associados (fornecimento + serviço; fornecimento + obra; fornecimento + obra + serviço), prescrevendo que a vigência contratual dos objetos deve ser somada na definição da vigência total do contrato. Com efeito, a contratação associada equivale a mais de uma contratação simultânea, sendo, portanto, lógico o somatório do prazo de vigência e de execução. Prescreve o dispositivo que "o contrato firmado sob o regime de fornecimento e prestação de serviço associado terá sua vigência máxima definida pela soma do prazo relativo ao fornecimento inicial ou à entrega da obra com o prazo relativo ao serviço de operação e manutenção, este limitado a 5 (cinco) anos contados da data de recebimento do objeto inicial autorizada a prorrogação na forma do art. 107 desta Lei".

Ainda sobre a duração dos contratos, o art. 114 da Lei 14.133/2021 prevê que contratos de sistemas estruturantes de tecnologia da informação poderão ter vigência máxima de 15 anos, assim como o art. 112 excetua das regras de vigência os contratos com prazos previstos em lei especial. Também não se enquadram, embora a Lei 14.133/2021 não diga expressamente, os contratos especiais e os predominantemente regidos por normas de direito privado, os quais seguirão o que disciplinar a lei especial ou o ajuste quanto à respectiva vigência, nos termos do Código Civil.

6. EXECUÇÃO DOS CONTRATOS NA LEI 14.133/2021

Os contratos devem ser cumpridos fielmente pelas partes (*pacta sunt servanda*), respondendo cada uma perante a outra pelo seu inadimplemento total ou parcial. O descumprimento dos contratos pelo particular atrai um regime sancionatório bastante severo, previsto nos artigos 155 a 163 da Lei 14.133/2021 e objeto de tratamento específico em outro capítulo desta obra. O inadimplemento pela Administração nem sempre traz as consequências que se expecta. A experiência brasileira demonstra que situações dessa estirpe podem dar ensejo a um ambiente de negociações rasas e contrárias aos interesses da sociedade, a fim de viabilizar benesses inconfessáveis. Há de se repudiar veementemente esse tipo de comportamento.

Talvez por isso o regime de execução dos contratos da Lei 14.133/2021 tenha inovado em importantes aspectos, em ordem a evitar paralisações e interrupções indevidas, impondo o planejamento das ações da Administração. Nesse sentido, dispõe o § 1º do art. 115 da Lei 14.133/2021 ser vedado à Administração retardar imotivadamente a execução de obra ou serviço, ou de suas parcelas, inclusive na hipótese de posse do respectivo Chefe do Poder Executivo ou de novo titular no órgão ou entidade contratante. A regra é correlativa, no pertinente ao Direito Financeiro, ao intuito do art. 45 da Lei de Responsabilidade Fiscal, consoante a qual a Lei orçamentária e as de créditos adicionais só incluirão novos projetos (novos projetos ou programas governamentais) após adequadamente atendidos os em andamento e contempladas as despesas de conservação do patrimônio público, prestigiando assim o princípio da continuidade e o da eficiência administrativa.

---

[36] A Instrução Normativa SEGES/ME 96, de 23 de dezembro de 2022, dispõe sobre a licitação pelo critério de maior retorno econômico, na forma eletrônica, no âmbito da administração pública federal direta, autárquica e fundacional. Esse tipo de licitação é exclusivamente aplicável aos contratos de eficiência, na forma do art. 39 da Lei 14.133/2021.

Sem embargo, em caso de impedimento, paralisação ou suspensão do contrato durante ou antes da execução, o cronograma respectivo será prorrogado automaticamente pelo tempo correspondente, anotando-se as ocorrências mediante apostila ao contrato. Relevante inovação é aquela que determina, após um mês de interrupção, que a Administração divulgue em sítio eletrônico oficial e em placa afixada no local da obra paralisada, os motivos ensejadores da paralisação, permitindo dessa forma não só a transparência como também o exercício do controle social.

De acordo com o § 4º do art. 115 (cujo veto restou derrubado pelo Congresso Nacional), "nas contratações de obras e serviços de engenharia, sempre que a responsabilidade pelo licenciamento ambiental for da Administração, a manifestação prévia ou licença prévia, quando cabíveis, deverão ser obtidas antes da divulgação do edital". A manutenção da regra é salutar. O veto se sustentava numa possível restrição ao uso do regime de contratação integrada, tendo em vista que o projeto básico se apresentava como condição para o licenciamento prévio, nos termos da Lei 6.983/81 e suas regulamentações.

Mas a disposição definitivamente não impõe à Administração o ônus de assumir a responsabilidade pelo licenciamento prévio. Essa questão será definida na etapa de planejamento da licitação. E, portanto, insere-se no campo das opções discricionárias da própria Administração.[37]

Note-se que o dispositivo fala não só de licenciamento prévio, mas também de manifestação prévia, provavelmente querendo se referir a outros tipos de processo administrativo de controle prévio ambiental previstos na legislação brasileira. Conforme Pedro Niebhur, "é possível identificar pelo menos quatro espécies de processos administrativos: (i) que atestam a viabilidade ambiental; (ii) que declaram a dispensa de licenciamento; (iii) de mera comunicação de atividade ao órgão ambiental; (iv) de licenciamento ou autorização ambiental propriamente ditos".[38]

A execução do contrato deve ser acompanhada por representantes da Administração, especialmente designados para este fim. Tais representantes são normalmente o gestor e o fiscal do contrato (ou apenas o gestor com ambas as atividades). O primeiro é o agente público responsável por todo o ciclo da contratação (identificação da necessidade, realização do procedimento de licitação, cumprimento das cláusulas e obrigações contratuais, verificação dos pagamentos, aplicação de sanções[39], pela formalização dos aditivos); o segundo é o responsável pelo acompanhamento técnico da execução do contrato e respectivo cronograma, auxiliando, portanto, o gestor no desempenho de sua tarefa.[40]

---

[37] TCU – É possível no regime de contratação integrada da Lei 12.462/2011 (RDC) a transferência do licenciamento ambiental ao contratado, não apenas pela superveniência da Lei 14.133/2021 (nova Lei de Licitações e Contratos), a qual admite a atribuição de licenciamento ambiental ao particular (art. 25, § 5º, I), mas também para compatibilizar o emprego da contratação integrada com o referido licenciamento (Acórdão 1912/2023, Plenário).

[38] NIEBHUR, Pedro Menezes. *Processo administrativo ambiental.* 2. ed. Rio de Janeiro: Lumen Juris, 2017. p. 203.

[39] A jurisprudência do TCU registra que "os gestores das áreas responsáveis por conduzir licitações devem autuar processo administrativo com vistas à apenação das empresas que praticarem, injustificadamente, na licitação, ato ilegal tipificado no art. 7º da Lei 10.520/2002 e no art. 155 da Lei 14.133/21, ainda que não tenha ocorrido prejuízo ao erário, sob pena de responsabilidade" (Acórdão 316/2024, Plenário).

[40] A disciplina sobre a gestão e fiscalização (técnica, administrativa e setorial) foram regulamentadas pelo Decreto 11.462, de 27 de outubro de 2022, que regulamenta em nível federal o disposto no art. 8º, § 3º, da Lei 14.133/2021.

Nos termos do art. 117 (regra espelhada no art. 67 da Lei 8.666/93), é permitida a contratação de terceiros para assistir e subsidiar atuação dos representantes da Administração nas atribuições que lhe são pertinentes. De acordo com o TCU: "o contrato de supervisão tem natureza eminentemente assistencial ou subsidiária, no sentido de que a responsabilidade última pela fiscalização da execução não se altera com sua presença, permanecendo com a Administração Pública" (Acórdão 1930/2006-TCU-Plenário).

Os fiscais titulares e suplentes deverão atender ao que dispõe o art. 7º da Lei 14.133/2021, porquanto sua atividade requer *expertise* diferenciada e segregação de funções. Daí por que a lei exige que: (a) sejam, preferencialmente, servidores efetivos ou empregados públicos dos quadros permanentes da Administração Pública; (b) tenham atribuições relacionadas a licitações e contratos ou possuam formação compatível ou qualificação atestada por certificação profissional emitida por escola de governo criada e mantida pelo poder público; (c) não sejam cônjuge ou companheiro de licitantes ou contratados habituais da Administração nem tenham com eles vínculo de parentesco, colateral ou por afinidade, até o terceiro grau, ou de natureza técnica, comercial, econômica, financeira, trabalhista e civil.

6.1 Fiscalização dos contratos

A tarefa do fiscal do contrato é de muita responsabilidade e deve ser exercida com total autonomia funcional e cuidado. Cabe-lhe verificar se os contratados cumpriram com suas obrigações e responsabilidades a contento, com ênfase no cumprimento dos projetos e termos de referências, nas especificações do objeto, na qualidade das entregas e nas demais exigências previstas nos contratos para a respectiva execução. Isto porque "é irregular o atesto de notas fiscais sem a medição dos serviços efetivamente executados" (Acórdão 1.051/2012-TCU-Plenário).[41]

Com efeito, mesmo quando a administração se vale do apoio de empresas ou profissionais especializadas para a fiscalização dos contratos – o que não quer significar uma exoneração de responsabilidade do fiscal – "a administração não deve efetuar pagamentos a partir de boletins de medição imprecisos, devendo exigir da empresa responsável pela fiscalização a adequada aferição dos quantitativos faturados pela empresa executora por meio de medição-verificação dos serviços realizados a cada etapa e a apresentação da respectiva memória de cálculo" (Acórdão 1.998/2008-TCU-Plenário).

Os §§ 1º a 3º do art. 117 da Lei 14.133/2021 disciplinam que: (a) o fiscal do contrato anotará em registro próprio todas as ocorrências relacionadas à execução do contrato, determinando o que for necessário para a regularização das faltas ou dos defeitos observados; (b) o fiscal do contrato informará a seus superiores, em tempo hábil para a adoção das medidas convenientes, a situação que demandar decisão ou providência que ultrapasse sua competência; (c) o fiscal do contrato será auxiliado pelos órgãos de assessoramento jurídico e de controle interno da Administração, que deverão dirimir dúvidas e subsidiá-lo com informações relevantes para prevenir riscos na execução contratual (integração importante determinada pela nova legislação).

---

[41] É importante para fins de divisar responsabilidades dos fiscais dos contratos administrativos o seguinte julgado do TCU: "o fato de a nota fiscal ser inidônea não significa, por si só, que os serviços dela constantes não tenham sido efetivamente prestados. Ademais, o conteúdo do atesto, que em geral é feito no próprio documento fiscal, independe da autenticidade do documento em que é aposta a declaração de recebimento por parte do agente público, a qual possui presunção de veracidade *juris tantum*" (Acórdão 2195/2023, Primeira Câmara).

Na hipótese de contratação de terceiros que auxiliarão o fiscal do contrato e/ou seu suplente na verificação do cumprimento do contrato, dispõe a Lei 14.133/2021, nos termos do § 4º do art. 117, que a empresa ou profissional assumirá responsabilidade civil objetiva pela veracidade e pela precisão das informações prestadas, firmará termo de responsabilidade e não poderá exercer atividades próprias e exclusivas do fiscal (segregação de funções).

A previsão de que a responsabilidade da empresa ou dos profissionais é objetiva é inconstitucional. É que se a atividade realizada pela empresa ou profissional é uma atividade acessória à do fiscal, e se a responsabilidade do fiscal, por força do art. 37, § 6º, da Constituição, é de índole subjetiva (somente imputável por dolo ou erro grosseiro – art. 28 da LINDB), deve-se aplicar ao caso a máxima de que o acessório segue o principal.

Assim, a previsão de responsabilidade objetiva mencionada deve ser compreendida no sentido de que a atestação feita pelo empregado ou profissional ligado à empresa impõe a ela, e não só ao empregado, a responsabilidade civil pela veracidade e fidedignidade das informações, comprovada, entretanto, a culpa em sentido largo. Essas mesmas observações quanto à inconstitucionalidade da responsabilidade empresarial servem para a previsão de responsabilidade objetiva do projetista ou do consultor pelas falhas de projeto, assim como para a responsabilidade pela solidez da obra (art. 140, §§ 5º e 6º, da Lei 14.133/2021).

6.2 Recebimento dos objetos contratuais pela Administração

Os objetos executados pelos contratados são entregues à Administração (contratante) de uma só vez ou parceladamente, conforme o caso. E o recebimento, via de regra, acontece em duas etapas: (a) recebimento provisório e (b) recebimento definitivo. Os prazos e os métodos para a realização dos recebimentos provisório e definitivo serão definidos em regulamento ou no contrato.[42] Quando o objeto entregue pelo contratado estiver em desacordo com o contrato, deve ser rejeitado pela Administração, exigindo-se, se isso for possível, os reparos e correções necessários. Do contrário, será causa de rescisão do contrato e de aplicação de sanções ao contratado.

Tratando-se o objeto contratual de obras e serviços, será recebido, de acordo com o art. 140, I, da Lei 14.133/2021: (a) provisoriamente, pelo responsável por seu acompanhamento e fiscalização, mediante termo detalhado, quando verificado o cumprimento das exigências de caráter técnico; (b) definitivamente, por servidor ou comissão designada pela autoridade competente, mediante termo detalhado que comprove o atendimento das exigências contratuais.

Tratando-se de compras, o objeto contratual será recebido, nos termos do art. 140, II, da Lei 14.133/2021: (a) provisoriamente, de forma sumária, pelo responsável por seu acompanhamento e fiscalização, com verificação posterior da conformidade do material com as exigências contratuais; (b) definitivamente, por servidor ou comissão designada pela autoridade competente, mediante termo detalhado que comprove o atendimento das exigências contratuais.

O recebimento provisório ou definitivo do objeto não excluirá a responsabilidade civil pela solidez e segurança da obra ou serviço nem a responsabilidade ético-profissional pela perfeita execução do contrato, nos limites estabelecidos pela Lei ou pelo contrato, como se disse (art. 140, § 2º). Tratando-se de obras, o prazo pelo qual se mantém a responsabi-

---

[42] O art. 25 do Decreto 11.462/2022 basicamente reproduz as exigências legais, sem maiores inovações quanto ao recebimento dos objetos.

lidade é de, no mínimo, 5 (cinco) anos, se outro prazo não estiver previsto no edital e no contrato. Note-se que o edital e o contrato podem exigir prazo maior que o de 5 (cinco) anos, como de garantia e higidez das entregas efetivadas pelo contratado, observados critérios de razoabilidade e reflexo nos custos, mas não poderão diminuir este prazo.

Nesse sentido, seja durante a execução ou depois, dentro do prazo quinquenal ou maior (de acordo com o contrato), o contratado será obrigado a reparar, corrigir, remover, reconstruir ou substituir, a suas expensas, no total ou em parte, o objeto do contrato em que se verificarem vícios, defeitos ou incorreções resultantes de sua execução ou de materiais nela empregados, responsabilizando-se, ainda, pelos danos causados diretamente à Administração ou a terceiros em razão da execução do contrato, sendo que a atuação do fiscal e de seus assessores não exclui nem reduz essas responsabilidades (art. 140, § 5º, Lei 14.133/2021).[43]

6.3 Encargos do contrato e responsabilidade do contratado

Além da execução em si do objeto contratual, o contratado também é responsável pelo cumprimento dos encargos trabalhistas, previdenciários, tributários e comerciais incidentes sobre a sua atividade. O inadimplemento desses encargos não gera obrigações de pagamento para a Administração tampouco ônus ao objeto do contrato. A exceção fica a cargo dos contratos de prestação de serviços contínuos com dedicação exclusiva de mão de obra,[44] nos quais a Administração responde solidariamente pelos encargos previdenciários e subsidiariamente pelos trabalhistas, desde que comprovada a falha na fiscalização do cumprimento das obrigações do contrato.

Quanto às obrigações previdenciárias, a Administração tem o encargo de cumprir durante a execução do contrato o sistema de retenções previsto no art. 31 da Lei 8.212/1991. Sobre a responsabilidade trabalhista, após um intenso debate jurisprudencial acerca da constitucionalidade do art. 71, § 1º, da Lei 8.666/1993, o STF, no julgamento da ADC 16, reconheceu que o dispositivo era constitucional, passando a exigir prova (quem alega tem que provar, esta é a regra geral) da ausência de fiscalização da Administração como condição para o reconhecimento da sua responsabilidade trabalhista subsidiária.[45] A Lei 14.133/2021 reproduz esse entendimento, sem qualquer inovação, pelo que se é de esperar a manutenção da orientação jurisprudencial do STF.

Diante disso, a Lei 14.133/2021 positivou uma série de providências administrativas que visam a estabelecer um sistema especial de garantias em prol da Administração, que depende para ser aplicado de previsão edital ou no contrato, para prevenir sua responsabilidade trabalhista na contratação de serviços em regime de dedicação exclusiva de mão de obra.

---

[43] Sobre a questão do responsável técnico pela execução dos contratos administrativos, a jurisprudência do TCU ressalta que "a comprovação de vínculo entre o licitante e o seu responsável técnico deve ser exigido apenas quando da assinatura do contrato, podendo essa comprovação se dar por meio de contrato de prestação de serviços, regidos pela legislação comum" (Acórdão 2353/2024, 2ª Câmara).

[44] Sobre as características dos contratos continuados na Lei 14.133/2021, cf. FORTINI, Cristiana. Contratos de prestação continuada na nova Lei de Licitações e Contratos. Disponível em: https://www.conjur.com.br/2021-abr-08/interesse-publico-contratos-prestacao-continuada-lei-licitacoes. Acesso em: 12 abr. 2021.

[45] A questão do ônus da prova do cumprimento das obrigações trabalhistas nesse tipo de contrato é atualmente objeto do Tema 1118 da Repercussão Geral do STF (RE 1298647), ainda pendente de apreciação definitiva pelo Plenário.

Entre outras medidas, a Administração poderá: (a) exigir caução, fiança bancária ou contratação de seguro-garantia com cobertura para verbas rescisórias inadimplidas; (b) condicionar o pagamento à comprovação de quitação das obrigações trabalhistas vencidas relativas ao contrato; (c) efetuar o depósito de valores em conta vinculada impenhorável; (d) em caso de inadimplemento, efetuar diretamente o pagamento das verbas trabalhistas, que serão deduzidas do pagamento devido ao contratado; (e) estabelecer que os valores destinados a férias, a décimo terceiro salário, a ausências legais e a verbas rescisórias dos empregados do contratado que participarem da execução dos serviços contratados serão pagos pelo contratante ao contratado somente na ocorrência do fato gerador.

Para todos os efeitos, o contratado deve manter preposto aceito pela Administração no local da obra ou serviço, com a responsabilidade de representá-lo durante a execução do contrato, e também depois (art. 118 da Lei 14.133/2021). O preposto é o elo entre a Administração e o contratado, sendo partícipe das comunicações contratuais e dos detalhes da execução.

Se para aquele que contrata com a Administração a principal obrigação é a execução contratual, prevendo o legislador uma série de mecanismos aptos a garantir o cumprimento dessa obrigação, para a Administração a principal obrigação é proceder aos pagamentos, garantindo ao particular a justa retribuição.

As obrigações de pagamento da Administração sempre trouxeram preocupações para quem costuma contratar com a Administração Pública. Isso porque a tradição brasileira nunca foi de adimplemento pontual dessas obrigações e as discussões judiciais sobre o inadimplemento sempre se afiguraram uma aventura inóspita e de pouca efetividade prática, até por conta da subordinação da Administração Pública ao regime de precatórios judiciais, seus sucessivos atrasos e parcelamentos (art. 100 da Constituição, com suas diversas repaginações e efeitos).

6.4 Pagamento e ordem cronológica

Nesse diapasão, o legislador da Lei 14.133/2021 teve preocupações adicionais (art. 141). É que a disciplina da ordem cronológica constou da Lei 8.666/1993, que tentou estabelecer um freio de arrumação quanto ao processo de pagamento, quando previu a regra do seu art. 5º, conforme a qual no pagamento das obrigações relativas ao fornecimento de bens, locações, realização de obras e prestação de serviços, a Administração estava obrigada a obedecer, para cada fonte diferenciada de recursos, a estrita ordem cronológica das datas de suas exigibilidades, salvo quando presentes relevantes razões de interesse público e mediante prévia justificativa da autoridade competente, devidamente publicada.

O abismo entre a previsão legal e a experiência foi enorme. A regra da Lei 8.666/1993 não surtiu o efeito desejado, a ponto de a 1ª Jornada de Direito Administrativo do CJF (Conselho da Justiça Federal) aprovar o Enunciado 35, no sentido de que "cabe mandado de segurança para pleitear que seja obedecida a ordem cronológica para pagamentos em relação a crédito já reconhecido e atestado pela Administração, de acordo com o art. 5º, *caput*, da Lei n. 8.666/1993". A orientação continua válida sob a égide das novas disposições da Lei 14.133/2021 relativas ao mesmo tema (art. 141).

Assim é que o art. 141 da Lei 14.133/2021 procurou aprimorar a regra do art. 5º da Lei 8.666/1993, dispondo que será observada a ordem cronológica para cada fonte diferenciada de recursos, subdividida pelas seguintes categorias de contratos: (a) fornecimento de bens; (b) locações; (c) prestação de serviços; (d) realização de obras.[46]

---

[46] A Instrução Normativa SEGES/ME nº 77, de 4 de novembro de 2022, dispõe sobre a observância da ordem cronológica de pagamento das obrigações relativas ao fornecimento de bens, locações,

A ordem cronológica dos pagamentos continua, excepcionalmente, podendo ser alterada, mediante prévia justificativa da autoridade administrativa competente, porém com posterior (e obrigatória) comunicação ao órgão de controle interno da Administração e ao Tribunal de Contas competente, considerando-se exclusivamente as seguintes situações: (a) grave perturbação da ordem, situação de emergência ou calamidade pública; (b) pagamento a microempresa, empresa de pequeno porte, agricultor familiar, produtor rural pessoa física, microempreendedor individual e sociedades cooperativas, desde que demonstrado o risco de descontinuidade do contrato; (c) pagamento de serviços necessários ao funcionamento dos sistemas estruturantes (sistemas de tecnologia da informação – art. 114), desde que demonstrado o risco de descontinuidade; (d) pagamento de direitos oriundos de contratos nos casos de falência, recuperação judicial ou dissolução da empresa contratada (atendendo aos princípios da preservação da empresa); (e) pagamento de contrato cujo objeto seja imprescindível para assegurar a integridade do patrimônio público ou para manter o funcionamento das atividades finalísticas do órgão ou entidade administrativa (quando demonstrado o risco de descontinuidade da prestação de um serviço público de relevância, ou o cumprimento da missão institucional).

A inobservância da ordem cronológica, que deverá ser divulgada mensalmente em seção específica no sítio da Administração na internet, ensejará a apuração de responsabilidade do agente competente, cabendo aos órgãos de controle a sua fiscalização e a adoção de providência em face dos descumprimentos. As alterações da cronologia de pagamento e seus motivos também devem ser registradas no sítio da internet.

A expectativa que a alteração legislativa apresenta é de que tenha lugar uma fiscalização intensa das três linhas de defesa (art. 169 da Lei 14.133/2021), especialmente da terceira linha, porque a preservação da cronologia das inexigibilidades é um meio bastante adequado para manter a coerência entre o planejamento das aquisições governamentais (um dos pilares da nova lei) e a execução dos contratos.

A Lei 14.133/2021 estabelece o prazo máximo de 45 (quarenta e cinco) dias para pagamento das faturas pela Administração, contado da emissão da nota fiscal.[47] Ultrapassado este prazo, salvo culpa da contratada, haverá atualização do débito vencido pelo Índice Nacional de Preços ao Consumidor Amplo Especial (IPCA-E) ou pelo Índice Nacional de Custo da Construção (INCC), aplicável a obras e serviços de engenharia, ou por índice que vier a substituí-los, e incidirão juros de mora de 0,2% (dois décimos por cento) ao mês. Essa previsão não afasta, ainda, a possibilidade de juros compensatórios e indenizações pela necessidade de utilização de capital próprio ou de terceiros para o autofinanciamento das atividades do particular, o que demandará robusta comprovação perante a Administração: "a indenização dos lucros cessantes e danos emergentes pressupõe a comprovação cabal dos empréstimos bancários realizados e o nexo de causalidade entre a captação dos recursos e a execução das alterações incluídas nos projetos da obra, sendo insuficiente a mera alegação de inadimplemento" (STJ – REsp 585.113, rel. Min. Francisco Peçanha Martins, 2ª T, j. 05.04.2005, DJ 20.06.2005. p. 206).

---

prestações de serviços e realização de obras, no âmbito da Administração Pública Federal direta, autárquica e fundacional.

[47] O STJ "considera ilegal e reputa como não-escrita a cláusula que estabelece, nos contratos administrativos, prazo de pagamento a partir da apresentação da respectiva fatura (protocolo das notas fiscais)" (AgInt no REsp 1.928.068/MG, Rel. Min. Gurgel de Faria, Primeira Turma, j. 24.04.2023, *DJe* 26.04.2023).

No ato de liquidação da despesa, os serviços de contabilidade comunicarão aos órgãos da administração tributária as características da despesa e os valores pagos, conforme o disposto no art. 63 da Lei nº 4.320, de 17 de março de 1964. A regra pretende constituir um liame entre a administração contratual e a administração fiscal no cumprimento das obrigações tributárias.

É permitido, ademais, que por expressa previsão no edital ou no contrato o pagamento devido pela Administração seja realizado em conta vinculada ou mediante a condição de comprovação efetiva do fato gerador do direito ao recebimento (notoriamente para os contratos de prestação de serviços com exclusividade de mão de obra – art. 121, § 3º, V).

Regra interessante é a que dispõe que em caso de controvérsias sobre a execução do objeto contratual, quanto a dimensão, qualidade e quantidade, a parcela incontroversa deverá ser liberada ao contratado no prazo previsto para pagamento, permanecendo retida apenas o pagamento da parcela controversa (art. 143). A previsão tem o mérito de não ampliar o objeto da divergência entre contratante e contratado, possibilitando economia de tempo e energia na solução dos conflitos, à medida que circunscreve a não liberação dos recursos à parte controversa da execução contratual.

Os contratos administrativos (obras, serviços e fornecimentos) poderão estabelecer cláusula de remuneração variável vinculada ao desempenho do contratado, com base em metas, padrões de qualidade, critérios de sustentabilidade ambiental e prazos de entrega definidos no edital de licitação e no contrato (art. 144). A utilização de remuneração variável será motivada e respeitará o limite orçamentário fixado pela Administração para a contratação. Essa disposição é um avanço da nova legislação e tem como base a disciplina de idêntica teleologia constante do RDC (Regime Diferenciado de Contratações). A prática de se estabelecer remuneração variável, vinculada ao desempenho do contratado, é comum no mercado privado, que se utiliza desse mecanismo para estimular a qualidade e a velocidade na execução dos contratos.

Essa mesma lógica é verificável nos contratos de eficiência (utilizados para a economia e racionalização de despesas correntes da Administração), nos quais o pagamento poderá ser ajustado em base percentual sobre valor economizado, hipótese em que as despesas correrão à conta dos mesmos créditos orçamentários, na forma de regulamentação específica. Os contratos de eficiência, cujo objeto é a prestação de serviços, podem, inclusive, incluir a realização de obras e o fornecimento de bens, com o objetivo de proporcionar economia ao contratante (art. 6º, LIII, da Lei 14.133/2021).[48]

A antecipação de pagamento (total ou parcial) é vedada nos contratos da Administração, salvo exceções e condicionamentos. De acordo com o TCU: "é irregular a realização, sem a justificativa prévia e sem as devidas garantias, de pagamento antecipado, por contrariar o art. 62 da Lei 4.320/1964" (Acórdão 2518/2022- TCU-Plenário).

Será permitida a antecipação de pagamento se estiver prevista no edital ou no ato que declarar a contratação direta, e se propiciar sensível economia de recursos, ou, ainda, se representar condição indispensável para a obtenção da contraprestação (art. 145, § 1º, da Lei 14.133/2021). Isso porque é comum, embora alguns teimem em não compreender isso, que práticas de mercado exijam a antecipação do pagamento.[49] A Administração busca seus contratos no mercado, devendo se acomodar à sua realidade e não o contrário.

---

[48] A Instrução Normativa SEGES/ME 96, de 23 de dezembro de 2022, dispõe sobre a licitação pelo critério de maior retorno econômico, na forma eletrônica, que é típica dos contratos de eficiência.

[49] Nesse sentido, foi que a Lei 13.979/2020 e, depois, a Lei nº 14.217/2021 estipularam regras que autorizaram a antecipação de pagamento em contratos voltados ao combate à Covid-19. A medida

No caso de antecipação de pagamento, a Administração poderá, inclusive, exigir garantia adicional como condição para realizar o pagamento, o que lhe dá segurança extra à execução do contrato pelo contratado. Caso o objeto não seja executado no prazo contratual, o valor antecipado deverá ser devolvido pelo contratado, sem prejuízo da aplicação das penalidades previstas em Lei e no contrato (art. 145, § 3º, da Lei 14.133/2021).

7. MUTABILIDADE DOS CONTRATOS NA LEI 14.133/2021

As relações da Administração com os contratados assumem um caráter especial de mutabilidade quanto à sua execução, o que decorre das prerrogativas de alteração e rescisão unilateral do contrato como também de circunstâncias alheias às partes (*v.g.*, teoria do fato do príncipe e teoria da imprevisão).

Convém esclarecer que essa mutabilidade não alcança as cláusulas econômico-financeiras do contrato, as quais devem ter a sua expressão econômica preservada durante toda a execução do contrato. Matematicamente, conforme escólio do francês Georges Péquignot ($X/Y = X'/Y'$), ou seja, a equação econômico-financeira do contrato não é representada propriamente pelo preço do contrato, senão pela expressão econômica existente entre a proposta apresentada e os encargos assumidos pelo contratado: "a ampliação dos encargos dos contratos de obra pública celebrados com a Administração Pública deve ser acompanhada do aumento proporcional da remuneração, a fim de se manter o equilíbrio econômico-financeiro da contratação" (STJ – REsp 585.113, rel. Min. Francisco Peçanha Martins, 2ª T, j. 05.04.2005, *DJ* 20.06.2005. p. 206).

Tal como lembra Di Pietro, foi no direito francês onde se buscou inspiração para a adoção dessa teoria da mutabilidade, estabelecendo-se uma relevante distinção entre áleas (riscos) contratuais administrativas e econômicas, com repercussões distintas para o equilíbrio econômico-financeiro do contrato. Segundo a autora, "nas primeiras, o poder público responde sozinho pela recomposição do equilíbrio econômico-financeiro, enquanto nas segundas os prejuízos se repartem, já que não decorrem da vontade de nenhuma das partes".[50]

No direito brasileiro, todavia, convencionou-se interpretar que, seja no que se refere às áleas administrativas, seja nas áleas econômicas, o contratado sempre tem direito à manutenção do equilíbrio econômico-financeiro integral do contrato, por força do que dispõe o artigo 37, XXI, da Constituição, que exige, nos processos de licitação para obras, serviços, compras e alienações, a "manutenção das condições efetivas da proposta". É, portanto, a proposta do contratado e o momento de sua recepção pela Administração que balizam o equilíbrio econômico-financeiro do contrato.

A partir da Lei 11.079/2004, que trata das parcerias público-privadas (concessões patrocinadas e concessões administrativas), o legislador nacional começou a admitir solução diversa, mais customizada, prevendo um mecanismo de repartição de riscos entre as partes (matriz de riscos), inclusive os decorrentes de caso fortuito, força maior, fato do príncipe e teoria da imprevisão (art. 5º, III). Também no RDC o legislador previu essa possibilidade, todavia, para a contratação integrada (art. 9º, § 5º), assim como o Estatuto

---

é uma espécie de cinto de segurança para atos administrativos que tenham esse conteúdo. Foram tratados também hipóteses de dispensa de licitação por emergência a possibilidade da contratação de equipamentos usados com a mesma finalidade.

[50] DI PIETRO, Maria Sylvia Zanella. *Direito administrativo*. 29. ed. São Paulo: Altas, 2018. p. 324.

das Empresas Estatais (Lei 13.303/2016) para as contratações integradas e semi-integradas (art. 42, X, § 1º, "d" e § 3º).

A Lei 14.133/2021 incorpora a noção de matriz de alocação de riscos com impacto na concepção instalada, a partir do art. 37, XXI, da Constituição, sobre o equilíbrio econômico-financeiro dos contratos. A matriz de alocação de riscos é obrigatória apenas para os contratos de grade vulto, para as contratações integradas e para as contratações semi-integradas (art. 22, § 3º, da Lei 14.133/2021), mas sua utilização tem sido estimulada por órgãos de controle.

Se não houver a previsão da matriz de riscos no edital e no contrato, a manutenção das condições efetivas da proposta pelas áleas administrativa e econômicas extraordinárias continua como incumbência da Administração Pública, de acordo com a tradição do direito brasileiro.

Uma vez prevista a matriz de riscos, é ela que definirá o equilíbrio econômico-financeiro inicial do contrato em relação a eventos supervenientes e deverá ser observada na solução de eventuais pleitos das partes, exceto no que se refere às alterações unilaterais do contrato determinadas pela Administração (art. 104, I, da Lei 14.133/2021).

As áleas administrativas e econômicas nos contratos podem decorrer de eventos qualificáveis como (a) fato da administração, incluídas no conceito as alterações unilaterais do contrato (que consideramos como hipótese de fato da administração); (b) fato do príncipe; (c) teoria da imprevisão; (d) caso fortuito; (e) força maior.

É que, no âmbito dos contratos a rapidez das mudanças fatuais, a interveniência de fatores temporais, econômicos, políticos, tecnológicos amplia as margens de incerteza das avenças públicas e justifica a afirmativa do clássico Gaston Jèze: "toda teoria que não se acomoda aos fatos leva em si mesma sua condenação".[51]

Apresentar-se-á a seguir a qualificação desses eventos (áleas ou riscos) que são capazes de provocar mutabilidade unilateral ou bilateral nos contratos da Administração, convindo esclarecer que as áleas ordinárias, que decorrem naturalmente dos negócios empresariais, da composição das propostas apresentadas nas licitações, e das oscilações ordinárias de mercado, salvo inclusão como de responsabilidade da Administração na matriz de riscos, são incapazes de romper a equação econômico-financeira do contrato, não acarretando qualquer tipo de mutação contratual.

Nesse sentido, a exemplificar os limites da mutabilidade, "a variação de cambial, em regime de câmbio flutuantes, não pode ser considerada suficiente para, isoladamente, embasar a necessidade de reequilíbrio econômico-financeiro do contrato com fulcro no art. 65, II, alínea 'd', da Lei 8.666/1993 (= art. 124, II, d da Lei 14.133/2021). Para que a variação do câmbio possa justificar o pagamento de valores à contratada a título de recomposição do equilíbrio econômico-financeiro, faz-se necessário que que ela seja imprevisível ou de consequências incalculáveis" (Acórdão 1148/2022-TCU-Plenário).

Na mesma toada, "o mero descolamento do índice de reajuste contratual dos preços efetivamente praticados no mercado não é suficiente, por si só, para a concessão de reequilíbrio econômico-financeiro fundado no art. 65, inciso II, alínea 'd' (= art. 124, II, 'd', da Lei 14.133/2021), da Lei 8.666/1993, devendo estar presentes a imprevisibilidade ou a previsibilidade de efeitos incalculáveis e o impacto acentuado na relação contratual (teoria da imprevisão)" (Acórdão 4072/2020-TCU-Plenário).

---

[51] MOTTA, Carlos Pinto Coelho. *Eficácia nas licitações e contratos*: estudos e comentários sobre as Leis n. 8.666/93 e 8.987/95, com a redação dada pela Lei n. 9.648, de 27/5/1998, p. 279-280.

7.1 Fato da Administração

O fato da Administração corresponde a qualquer conduta ou comportamento da Administração que, como parte da relação contratual, promove alteração no conteúdo obrigacional, provocando desequilíbrio econômico-financeiro ou impossibilidade de execução. Considera-se, inclusive, para fins didáticos, notadamente, que as alterações unilaterais do contrato determinadas pela Administração (cláusula exorbitante) se caracterizam como eventos dessa natureza, porquanto os efeitos da ação ou omissão administrativa neste caso repercutem exclusivamente no âmbito da relação contratual obrigacional entre as partes.

O fato da administração pode provocar a mutabilidade dos contratos, levando-os a desequilíbrio econômico e financeiro, à suspensão transitória de sua execução ou à paralisação definitiva, tornando escusável o descumprimento do contrato pelo contratado e, portanto, isentando-o das sanções administrativas que, de outro modo, seriam cabíveis.

Hely Lopes Meirelles arrola como exemplos de fato da administração: "quando a Administração deixa de entregar o local da obra ou do serviço, ou não providencia as desapropriações necessárias, ou não expede a tempo as competentes ordens de serviço, ou pratica qualquer ato impediente dos trabalhos a cargo da outra parte. Até mesmo a falta de pagamento, por longo tempo, das prestações contratuais, pode constituir fato da Administração capaz de autorizar a rescisão do contrato por culpa do Poder Público com as indenizações devidas".[52]

A Lei 14.133/2021, no art. 124, § 2º, em que será aplicado o disposto na alínea "d" do inciso II do *caput* deste artigo, garante o direito ao equilíbrio econômico-financeiro às contratações de obras e serviços de engenharia, quando a execução for obstada pelo atraso na conclusão de procedimentos de desapropriação, desocupação, servidão administrativa ou licenciamento ambiental, por circunstâncias alheias ao contratado.

O que se discute em doutrina é se diante dessas hipóteses de fato da Administração (excluídas as alterações unilaterais, que serão tratadas a seguir) pode o particular simplesmente parar a execução do contrato, invocando a exceção do contrato não cumprido (*exceptio non adimpleti contractus*). A resposta há de ser positiva.

Quando a conduta atribuível à Administração (irregularidade) tornar impossível a execução do contrato ou onerar o particular excessivamente, causando um desequilíbrio econômico na avença, é possível invocar a exceção do contrato não cumprido. Não seria razoável exigir que o contratado suportasse esse ônus, em razão da desproporção entre o sacrifício e o retorno, especialmente quando haja descumprimento contratual de parte da Administração Pública, tirante exceções legais.

Nesse sentido, a Lei 14.133/2021 previu no art. 137, § 2º, IV combinado com o § 3º, II do mesmo artigo que o "atraso superior a 2 (dois) meses, contado da emissão da nota fiscal, dos pagamentos ou de parcelas de pagamentos devidos pela Administração por despesas de obras, serviços ou fornecimentos" autoriza o contratado a suspender o cumprimento das obrigações assumidas ou a pleitear a rescisão do contrato, excepcionando a medida nos casos de calamidade pública, grave perturbação da ordem interna ou de guerra, bem como quando decorrerem de ato ou fato que o contratado tenha praticado, do qual tenha participado ou para o qual tenha contribuído (art. 137, § 3º, I, da Lei 14.133/2021).

---

[52] MEIRELLES, Hely Lopes. *Licitação e contratos administrativos*. São Paulo: Malheiros, 1990. p. 230.

De igual modo, os incisos II e III do § 2º do art. 137 da Lei 14.133/2021 autorizam a que o particular se utilize da *exceptio non adimpleti contractus* para suspender suas obrigações ou pleiteie a rescisão do contrato (a faculdade é dele); e o inciso V autoriza apenas o pleito de rescisão do contrato (caso fortuito ou força maior impeditivos da execução do contrato). Note-se que o equilíbrio econômico-financeiro do contrato sempre haverá de ser preservado.

Costuma-se equiparar o fato da Administração à força maior, o que deve ser entendido em termos; em ambas as hipóteses, há a ocorrência de um fato atual (posterior à celebração do contrato); porém, na força maior, esse fato é estranho à vontade das partes e, no fato da Administração, é imputável a esta enquanto partícipe da relação contratual. Além disso, a força maior torna, especificamente neste caso do inciso V do § 2º do art. 137, impossível a execução do contrato, isentando ambas as partes de qualquer sanção, ao passo que o fato da Administração pode determinar a paralisação temporária ou definitiva da execução, respondendo a Administração pelos prejuízos suportados pelo contratado.

7.1.1   Alterações unilaterais

Relativamente às alterações unilaterais dos contratos (aqui tratadas como espécie de fato da administração, como se adiantou), o art. 124 da Lei 14.133/2021 dispõe que seu cabimento exige as devidas justificativas e pode ocorrer nos seguintes casos: (a) quando houver modificação do projeto ou das especificações, para melhor adequação técnica e seus objetivos; (b) quando for necessária a modificação do valor contratual em decorrência de acréscimo ou diminuição quantitativa do seu objeto, nos limites permitidos pela lei (hipóteses enquadradas como fato da administração).

O dispositivo, à semelhança do art. 65, I, da Lei 8.666/1993, abrange duas modalidades de alteração unilateral do contrato: a primeira é qualitativa, porque ocorre quando há necessidade de alterar o próprio projeto ou as suas especificações; a segunda é quantitativa, porque envolve acréscimo ou diminuição dimensional do objeto.[53]

Compreende-se que mesmo depois do advento da Lei 14.133/2021 somente as alterações quantitativas estão sujeitas aos limites de 25% ou 50%, conforme o caso, disposto no art. 125 da Lei 14.133/2021[54], até porque o inciso I, "b" do art. 124 (que trata especificamente dessa hipótese de alteração), faz expressa referência à modificação do valor contratual em decorrência de acréscimo ou diminuição quantitativa de seu objeto, nos limites permitidos pela lei, não se encontrando referência equivalente no inciso I, "a", que trata das alterações qualitativas.

Não obstante, no âmbito do TCU, desde a Decisão 215/99-Plenário, prevalece na maioria dos casos orientação em sentido diverso. A Corte de Contas compreende, salvo raríssimas exceções, que: "a) tanto as alterações contratuais quantitativas – que modificam

---

[53]   DI PIETRO, Maria Sylvia Zanella. *Direito administrativo*. 29. ed. São Paulo: Altas, 2018. p. 325.

[54]   Em sentido oposto, entendendo que os limites do art. 125 da Lei Federal 14.133/2021 abrangem todas as hipóteses de alteração unilateral do contrato administrativos, uma vez que a lei não se faz distinção entre elas no enunciado, ver: FRANÇA, Vladmir Rocha. Alteração dos Contratos Administrativos e seus preços na Lei Federal 14.133/2021. In: HARGER, Marcelo (Coord.). *Aspectos polêmicos sobre a nova Lei de Licitações e Contratos Administrativos nº 14.133/2021*. Belo Horizonte: Fórum, 2022. p. 300. No mesmo sentido, a distinguir alterações quantitativas e qualitativas para fins de incidência dos limites, ver NOHARA, Irene Patrícia. *Nova Lei de Licitações e Contratos Comparada*. São Paulo: Revista dos Tribunais, 2021.

a dimensão do objeto – quanto as unilaterais qualitativas – que mantêm intangível o objeto, em natureza e em dimensão, estão sujeitas aos limites preestabelecidos nos §§ 1º e 2º do art. 65 da Lei nº 8.666/93, em face do respeito aos direitos do contratado, prescrito no art. 58, I, da mesma Lei, do princípio da proporcionalidade e da necessidade de esses limites serem obrigatoriamente fixados em Lei; b) nas hipóteses de alterações contratuais consensuais, qualitativas e excepcionalíssimas de contratos de obras e serviços, é facultado à Administração ultrapassar os limites aludidos no item anterior, observados os princípios da finalidade, da razoabilidade e da proporcionalidade, além dos direitos patrimoniais do contratante privado, desde que satisfeitos cumulativamente os seguintes pressupostos: I – não acarretar para a Administração encargos contratuais superiores aos oriundos de uma eventual rescisão contratual por razões de interesse público, acrescidos aos custos da elaboração de um novo procedimento licitatório; II – não possibilitar a inexecução contratual, à vista do nível de capacidade técnica e econômico-financeira do contratado; III – decorrer de fatos supervenientes que impliquem em dificuldades não previstas ou imprevisíveis por ocasião da contratação inicial; IV – não ocasionar a transfiguração do objeto originalmente contratado em outro de natureza e propósito diversos; V – demonstrar-se – na motivação do ato que autorizar o aditamento contratual que extrapole os limites legais mencionados na alínea 'a', *supra* – que as consequências da outra alternativa (a rescisão contratual, seguida de nova licitação e contratação) importam sacrifício insuportável ao interesse público primário (interesse coletivo) a ser atendido pela obra ou serviço, ou seja gravíssima a esse interesse; inclusive quanto à sua urgência e emergência" (Decisão 215/99-TCU-Plenário).

As alterações unilaterais de quaisquer espécies somente podem ser realizadas se preservada a natureza do contrato – em especial a integridade do objeto (art. 126 da Lei 14.133/2021), e se respeitado para mais ou para menos o equilíbrio econômico-financeiro do contrato (art. 130 da Lei 14.133/2021). Esse direito, que sempre foi reconhecido pela doutrina e pela jurisprudência, está agora consagrado pela Lei (para a hipótese de alteração unilateral); há expressa referência ao equilíbrio econômico-financeiro nos artigos 129, 130, 134 da Lei 14.133/2021.

O art. 129 da Lei 14.133/2021 estabelece que, no caso de supressão de obras, bens ou serviços, se o contratado já houver adquirido os materiais e posto no local dos trabalhos, estes deverão ser pagos pela Administração pelos custos de aquisição, regularmente comprovados e monetariamente corrigidos, podendo haver indenização por outros danos eventualmente decorrentes da supressão, desde que regularmente comprovados; o art. 130 determina que, havendo a alteração unilateral do contrato, que aumente ou diminua os encargos do contratado, a Administração deverá restabelecer, no mesmo termo aditivo, o equilíbrio econômico-financeiro do contrato; o art. 134 prevê a revisão dos preços, para mais ou para menos, em caso de criação, alteração ou extinção de tributos ou encargos legais, após a apresentação das propostas e de comprovada repercussão nos preços contratados (mas aqui a hipótese é de fato do príncipe).

A propósito da compensação entre acréscimos e supressões quantitativas do objeto do contrato, o TCU também possui jurisprudência majoritária contrária à sua possibilidade (Acórdão 1536/2016-TCU-Plenário). Ressalvam-se hipóteses específicas como as de empreendimentos de infraestrutura hídrica de grande magnitude, cujos contratos tenham sido celebrados antes da data de publicação do Acórdão 2.059/2013-TCU-Plenário, nas quais "as alterações sejam necessárias para a conclusão do objeto, sem que impliquem seu desvirtuamento, observada a supremacia do interesse público e demais princípios que regem a Administração Pública".

Noutra ocasião, o TCU também procedeu ao *distinguishing*, asseverando que "o restabelecimento total ou parcial de quantitativo de item anteriormente suprimido por aditivo contratual, com fundamento nos §§ 1º e 2º do art. 65 da Lei 8.666/1993, por causa de restrições orçamentárias, desde que observadas as mesmas condições e preços iniciais pactuados, não configura a compensação vedada pela jurisprudência do Tribunal de Contas da União, consubstanciada nos Acórdão 1536/2016-TCU-Plenário, rel. Bruno Dantas, e 2.554/2017-TCU-Plenário, rel. André de Carvalho, visto que o objeto licitado ficou inalterado, sendo possível, portanto, além do restabelecimento, novos acréscimos sobre o valor original do contrato, observado o limite estabelecido no § 1º do art. 65 da Lei 8.666/1993" (Acórdão 66/2021-TCU-Plenário). Este último dispositivo corresponde ao art. 125 da Lei 14.133/2021.

Em decisão mais recente, entretanto, o TCU voltou a considerar que "as reduções ou supressões quantitativas decorrentes de alteração contratual devem ser consideradas de forma isolada, ou seja, o conjunto das reduções e o conjunto de acréscimos devem ser sempre calculados sobre o valor original do contrato, aplicando-se a cada um desses conjuntos, individualmente e sem nenhum tipo de compensação entre eles, os limites de alteração estabelecidos na lei" (Acórdão 3266/2022-TCU-Primeira Câmara).

Releva registrar que o posicionamento é contraditado por outros Tribunais de Contas do Brasil. O Tribunal de Contas de Minas Gerais, por exemplo, admite, sob algumas premissas, a compensação entre acréscimos e supressões do objeto contratual. Para a Corte de Contas mineira, a jurisprudência do TCU visa a coibir a prática do jogo de planilha, devendo os acréscimos e supressões observar a proporcionalidade dos itens, etapas ou parcelas do objeto do contrato. Tais limites não se referem ao saldo dos acréscimos menos os decréscimos, mas ao total tanto dos acréscimos quanto dos decréscimos. Para se efetuar o cálculo do valor possível a ser aditado, deve-se, além de atualizar o valor inicial do contrato, atualizar os valores dos aditivos já efetuados. O valor encontrado considerando a atualização do contrato refere-se ao valor possível de ser aditado na data em questão, mas, para efetuar o aditivo a preços iniciais, deve-se deflacionar o valor encontrado até a data-base do contrato.[55]

7.1.2 Alterações bilaterais

Para além dos casos de alteração unilateral determinada pela Administração, os contratos também podem ser bilateralmente alterados (alterações consensuais), com as devidas justificativas, nos seguintes casos: (a) quando for conveniente a substituição da garantia da execução; (b) quando for necessária a modificação do regime de execução da obra ou serviço, bem como do modo de fornecimento, em face de verificação técnica da inaplicabilidade dos termos contratuais originários; (c) quando for necessária a modificação da forma de pagamento, por imposição de circunstâncias supervenientes, mantido o valor inicial atualizado e vedada a antecipação do pagamento em relação ao cronograma financeiro fixado, sem a correspondente contraprestação de fornecimento de bens ou execução de obra ou serviço; (d) para restabelecer o equilíbrio econômico-financeiro inicial do contrato em caso de força maior, caso fortuito, fato do príncipe ou teoria da imprevisão (conforme abaixo se verá); (e) quando for necessária a realização de supressões acima do limite legal (art. 125, *contrario sensu*).

---

[55] TCE-MG, Consulta 932484. Rel. Cons. Cláudio Terrão (Sessão do dia 13.07.2016, DOC do dia 02.09.2016).

370 MANUAL DE LICITAÇÕES E CONTRATOS ADMINISTRATIVOS – *Luciano Ferraz*

Referida previsão deixa nítido que a relação jurídica existente entre o contratado e a Administração não deve ser vista como "uma relação de antagonismo, mas de colaboração e acordo negociado e construtivo. O contratado, sob tal perspectiva, é o colaborador que corresponde a uma demanda editalícia com uma oferta definida. Ofertas e demandas equacionam-se a partir de riscos e resultados. O risco, correndo por conta do contratado, toma por base fatores de mercado, em uma expectativa de horizonte temporal previsível".[56]

7.2 Fato do príncipe

A despeito da divergência que se colhe sobre a conceituação de fato do príncipe, para o entendimento a que se adere trata-se de medida de ordem geral (adotada pela Administração na condição de poder público), não relacionada diretamente com o contrato e com efeitos não restritos a ele, mas que repercute na relação contatual, capaz de produzir desequilíbrio econômico-financeiro no contrato.

O fato do príncipe distingue-se do fato da administração, porque neste as alterações contratuais são adotadas pela Administração enquanto parte do contrato, ao passo que no *factum principis* incidem sobre a relação contratual, mercê do exercício do poder de império (autoridade) do Estado que, como tal, acaba por praticar um ato que, reflexamente, repercute sobre o contrato.

Com efeito, encarando-se o fato do príncipe como medida de ordem geral, que impacta indiretamente a relação contratual, o fundamento do reequilíbrio econômico-financeiro do contrato condiz com a responsabilidade extracontratual do Estado (art. 37, § 6º, da Constituição).

Segundo Di Pietro no "direito brasileiro, de regime federativo, a teoria do fato do príncipe somente se aplica se a autoridade responsável pelo fato do príncipe for da mesma esfera de governo em que se celebrou o contrato (União, Estados e Municípios); se for de outra esfera, aplica-se a teoria da imprevisão".[57] Num ou noutro caso, a consequência prática é idêntica: o reequilíbrio econômico-financeiro do contrato.

A Lei 14.133/2021 faz referência ao fato do príncipe no art. 124, II, *d*, exigindo acordo entre as partes – e respeito à repartição objetiva de riscos estabelecida no contrato e na matriz de alocação de riscos. Citem-se como exemplos típicos de fato do príncipe: (a) a criação de um tributo ou de um encargo que incida sobre insumos necessários ao cumprimento do contrato; (b) uma medida de ordem geral que dificulte a importação dos insumos; (c) uma medida governamental que proíba a livre circulação de produtos e pessoas.

Nesse sentido, dispõe o art. 134 da Lei 14.133/2021 que os preços contratados serão alterados, para mais ou para menos, conforme o caso, se houver, após a data da apresentação da proposta, criação, alteração ou extinção de quaisquer tributos ou encargos legais ou a superveniência de disposições legais, com comprovada repercussão sobre os preços contratados.

É muito relevante para o reconhecimento dos efeitos do fato do príncipe sobre o contrato a verificação das datas de ocorrência dos eventos respectivos. O STJ, por exemplo, possui julgado que nega o direito ao reequilíbrio "porque, na hipótese em exame, o tributo

---

[56] MOTTA, Carlos Pinto Coelho. *Eficácia nas licitações e contratos*: estudos e comentários sobre as Leis n. 8.666/93 e 8.987/95, com a redação dada pela Lei n. 9.648, de 27.5.1998. Belo Horizonte: Del Rey, 2002. p. 279-280.

[57] DI PIETRO, Maria Sylvia Zanella. *Direito administrativo*. 29. ed. São Paulo: Altas, 2018. p. 326.

não foi criado, alterado ou extinto depois da apresentação da proposta, mas sim antes da própria publicação do edital" (REsp 686.343/MG, 2ª T., Rel. Min. Mauro Campbell Marques, j. 18.08.2009, *DJe* 10.09.2009).

7.3   Teoria da imprevisão

A álea econômica extraordinária dá lugar à aplicação da teoria da imprevisão, que encerra versão contemporânea da antiga cláusula *rebus sic stantibus,* conforme leciona Di Pietro.[58] A teoria da imprevisão qualifica-se como evento externo ao contrato e estranho à vontade das partes, imprevisível ou previsível, porém de consequências incalculáveis, que causa desequilíbrio econômico-financeiro no contrato, tornando a execução nos termos originais excessivamente onerosa para o contratado.

No direito brasileiro, essa teoria tem sido aceita pela doutrina e pela jurisprudência, com fundamento no art. 37, XXI, da Constituição que faz alusão ao direito do contratado às condições efetivas da sua proposta. Duas observações devem ser feitas quanto ao tema. A primeira é que o dispositivo constitucional somente alude a contratos de obras, serviços, compras e alienações. A segunda é que se o particular participa voluntariamente e aceita a repartição objetiva de riscos prevista no edital e no contrato (matriz de riscos), é ela que regulará as perspectivas de reequilíbrio econômico-financeiro do contrato, ressalvada situação fática que implique a invocação da teoria da onerosidade excessiva (art. 478 a 480 do Código Civil), hipótese confirmada pelo art. 22, § 2º, II da Lei 14.133/2021.

Assim, uma vez observada a alocação prevista na matriz de riscos, a proposta aviada à licitação pelo contrato estará preservada, sem intercorrência alguma com a regra do art. 37, XXI, da Constituição.[59] E nesse sentido é que se encontra posta a disciplina do art. 124, II, "d", na Lei 14.133/2021.

Note-se que as características que podem provocar a invocação da teoria da imprevisão são: (a) que o evento (fato) seja imprevisível e/ou previsível porém de consequências incalculáveis (no momento da apresentação da proposta ao procedimento de licitação ou à contratação direta), (b) que o evento ou sua continuidade seja inevitável pela ação das partes; (c) que o evento seja estranho à vontade das partes, ou seja, se decorrer de ações ou omissões imputáveis ao particular, ele responde sozinho pelas consequências de seu ato; se decorrer da ação ou omissão da Administração, deve-se cogitar das regras referentes à álea administrativa (fato da administração e fato do príncipe), provocando o reequilíbrio econômico-financeiro por outras vias.

A ilustrar o conceito, o STJ tem precedente histórico, a ver que "a Constituição Federal ao insculpir os princípios intransponíveis do art. 37 que iluminam a atividade da administração à luz da cláusula *mater* da moralidade, torna clara a necessidade de manter--se esse equilíbrio, ao realçar as "condições efetivas da proposta". O episódio ocorrido em janeiro de 1999, consubstanciado na súbita desvalorização da moeda nacional (real) frente ao dólar norte-americano, configurou causa excepcional de mutabilidade dos contratos

---

[58]   DI PIETRO, Maria Sylvia Zanella. *Direito administrativo.* 29. ed. São Paulo: Altas, 2018. p. 329.

[59]   Convém observar no que toca aos contratos de concessão, que a Constituição remete à lei ordinária a incumbência de dispor sobre política tarifária (art. 175, parágrafo único, III), devendo tratar, portanto, de reequilíbrio econômico-financeiro do contrato. Ao legislador ordinário cabe estabelecer o modo de preservação do reequilíbrio econômico financeiro nos contratos de concessão, assumindo o ônus do risco econômico quando assim não o fizer. De igual modo, assumirá o ônus do equilíbrio quando não estabelecer no edital e no contrato a alocação objetiva dos riscos.

administrativos, com vistas à manutenção do equilíbrio econômico-financeiro das partes" (RMS 15.154/PE, Rel. Min. Luiz Fux, 1ª T., *RSTJ* vol. 174 p. 133).

7.4 Caso fortuito e força maior

O caso fortuito e a força maior também se caracterizam como eventos imprevisíveis e alheios ao comportamento das partes que causam desequilíbrio nas obrigações do contrato, inviabilizando sua execução nos termos originalmente pactuados. O primeiro decorre de eventos da natureza, como catástrofes, inundações, tempestades anormais, epidemias, e o segundo é resultado de um fato causado pela conduta humana, como é exemplo a greve, os motins, as rebeliões, os movimentos multitudinais.

O art. 124, II, "d", da Lei 14.133/2021 não distingue as hipóteses de caso fortuito e força maior, assim como o Código Civil. O art. 393 do Código Civil dispõe apenas que o devedor não responde pelos prejuízos resultantes de caso fortuito ou força maior, estabelecendo, ainda, que tais eventos se verificam nos fatos necessário, cujos efeitos não eram possíveis evitar ou impedir.

Esse tratamento conjunto não é obstáculo para que o legislador da Lei 14.133/2021 reconheça que a ocorrência do caso fortuito ou da força maior induz à garantia do reequilíbrio econômico-financeiro do contrato (desde que a execução contratual não se torne inviável), ou à rescisão contratual (quando tais eventos sejam impeditivos da execução do contrato – art. 137, V).

Registre-se que nos termos do art. 133 da Lei 14.133/2021, nas hipóteses em que for adotada a contratação integrada ou semi-integrada, é vedada a alteração dos valores contratuais, exceto para, entre outros, restabelecer o equilíbrio econômico-financeiro decorrente de caso fortuito ou força maior.

8. MECANISMOS PARA A MANUTENÇÃO DO EQUILÍBRIO ECONÔMICO--FINANCEIRO DOS CONTRATOS NA LEI 14.133/2021

A garantia ao equilíbrio econômico-financeiro do contrato constitui, como se viu, direito subjetivo do contratado, conforme expresso no inciso XXI do artigo 37 da Constituição e na legislação ordinária. Existe um conceito global de equilíbrio econômico-financeiro que preserva uma equivalência entre as prestações contratuais e o valor econômico do preço ofertado para a Administração. Assim é que uma vez alteradas as condições da execução do contrato, o contratado tem o direito à manutenção dos termos de sua proposta, o que poderá ocorrer, nos termos da nova lei (que absorve conceitos hauridos da jurisprudência do TCU), mediante: (a) reajustamento em sentido estrito, (b) repactuação, (c) recomposição (ou revisão).

Enquanto os dois primeiros (reajuste e repactuação) servem ao desiderato de indexarem o contrato em virtude do processo inflacionário que qualifica a economia brasileira (e vem a observar as regras da Lei 10.192/2001); a última (revisão) destina-se a reequilibrar o contrato em razão de mutabilidade provocada por áleas administrativas e econômicas próprias, que oneram ou desoneram as prestações contratuais (equivalência das prestações).

Vale destacar que o equilíbrio econômico-financeiro nas hipóteses de contratação integrada e semi-integrada tem particularidades, porquanto é do contratado a obrigação de elaborar o projeto básico e o projeto executivo do empreendimento (contratação integrada), ou pelo menos o projeto executivo (contratação semi-integrada), vedando-se a alteração dos valores contratuais, exceto: (a) para restabelecimento do equilíbrio econômico-financeiro decorrente de caso fortuito ou força maior; (b) por necessidade de alteração do projeto ou das especificações para melhor adequação técnica aos objetivos da contratação, a pedido da Administração, desde que não decorrente de erros ou omissões por parte do contratado, observados os limites estabelecidos (alterações unilaterais); (c) por necessidade de alteração do projeto parar melhor (diminuição de custos, aumento de qualidade, redução de prazo, ganhos operacionais), devidamente fundamentados, do § 5º do art. 46 desta Lei; (d) por ocorrência de evento superveniente alocado na matriz de riscos como de responsabilidade da Administração.

Sustenta-se que, quando o contratado tem direito ao equilíbrio econômico-financeiro *lato sensu* e o tenha pleiteado perante a Administração, uma vez transcorrido o prazo de resposta sem manifestação (art. 92, X e XI), encontra-se autorizadas a invocação e a utilização da *expectio non adimpleti contractus*, seja para suspender a execução, seja para pleitear a rescisão do contrato, ultrapassados os dois meses, na forma do art. 137, § 2º, IV, da Lei 14.133/2021.

A Lei 14.133/2021 traz importantes definições a respeito dos três institutos mencionados, conforme se passa a destacar:

- *Reajustamento em sentido estrito* é "forma de manutenção do equilíbrio econômico-financeiro de contrato consistente na aplicação do índice de correção monetária previsto no contrato, que deve retratar a variação efetiva do custo de produção, admitida a adoção de índices específicos ou setoriais" (art. 6º, LVIII, da Lei 14.133/2021).

- *Repactuação* é "forma de manutenção do equilíbrio econômico-financeiro de contrato utilizada para serviços contínuos com regime de dedicação exclusiva de mão de obra ou predominância de mão de obra, por meio da análise da variação dos custos contratuais, devendo estar prevista no edital com data vinculada à apresentação das propostas, para os custos decorrentes do mercado, e com data vinculada ao acordo, à convenção coletiva ou ao dissídio coletivo ao qual o orçamento esteja vinculado, para os custos decorrentes da mão de obra" (art. 6º, LIX, da Lei 14.133/2021).

- *Recomposição ou revisão* é mecanismo de manutenção do equilíbrio econômico-financeiro do contrato que tem aplicação que envolve "a alteração dos deveres impostos ao contratado, independentemente de circunstâncias meramente inflacionárias. Isso se passa quando a atividade de execução do contratado sujeita-se a uma excepcional e anômala elevação (ou redução) de preços (que não é refletida nos índices comuns de inflação) ou quando os encargos contratualmente previstos são ampliados ou tornado mais onerosos".[60]

8.1 Reajuste

Sobre o reajuste, o entendimento da doutrina é de que deve ser concedido de ofício pela Administração, aplicando-se o índice previsto no instrumento contratual ou no edital, decorridos doze meses após a data para a apresentação de propostas ou data da

---

[60] JUSTEN FILHO, Marçal. *Comentários à Lei de Licitações e Contratos Administrativos*. 16. ed. São Paulo: Revista dos Tribunais, 2014. p. 1031.

orçamentação.[61] O simples fato de o reajuste poder ser concedido via apostila (art. 136), que é ato unilateral da Administração, corrobora com a necessidade da concessão de ofício do reajuste em favor do contratado, independente de requerimento, salvo se houver disposição expressa no edital e no contrato, mesmo assim com efeitos retroativos ao fato gerador do direito (transcurso do tempo).

O TCU (Acórdão 83/2020 – Plenário) tem considerado que o reajuste "é devido após transcorrido um ano, contado a partir de dois possíveis termos iniciais mutuamente excludentes: a data-limite para apresentação da proposta ou da data do orçamento estimativo a que a proposta se referir", como também que "o estabelecimento do critério de reajuste de preços, tanto no edital quanto no contrato, não constitui discricionariedade conferida ao gestor, mas sim verdadeira imposição, ainda que a vigência contratual prevista não supere doze meses" (Acórdão 7184/2018-TCU-Segunda Câmara), e, ainda, "é irregular reajuste contratual com prazo contado da assinatura do contrato, pois o marco a partir do qual se computa o período de tempo para aplicação do índice de reajustamento é: i) a data da apresentação da proposta ou a do orçamento a que a proposta se referir, de acordo com o previsto no edital (art. 40, XI, da Lei 8.666/93); ou então (ii) a data do orçamento estimado (art. 25, § 7º da Lei 14.133/2021 – nova Lei de Licitações e Contratos Administrativos)" (Acórdão 1587/2023, Plenário).

Convém registrar que, tratando-se de contrato de obras, há um precedente a estabelecer que "embora a Administração possa adotar, discricionariamente, dois marcos iniciais distintos para efeito de reajustamento dos contratos de obras públicas, (i) a data limite para apresentação das propostas ou (ii) a data do orçamento estimativo da licitação (art. 40, inciso XI, da Lei 8.666/1993 e art. 3º, § 1º, da Lei 10.192/2001), o segundo critério é o mais adequado, pois reduz os problemas advindos de orçamentos desatualizados em virtude do transcurso de vários meses entre a data-base da estimativa de custos e a data de abertura das propostas." (Acórdão 2265/2020-TCU-Plenário).[62]

Também em relação a contratos de obras, o TCU decidiu que nos "reajustamentos de contratos de obras públicas, devem ser utilizados índices específicos para itens contratuais relevantes que não guardam correlação direta com índices gerais" (Acórdão 1.413/2023, Plenário).

A ausência de cláusula de reajuste de preços no contrato, porquanto falha imputável à Administração (trata-se de cláusula essencial do contrato), não constitui impedimento ao reequilíbrio econômico-financeiro, sob pena de ofensa à garantia inserta no art. 37, inciso XXI, da Constituição Federal, bem como de enriquecimento ilícito do erário e consequente violação ao princípio da boa-fé objetiva (Acórdão 7184/2018-TCU-Segunda Câmara). Afigura-se viável e exigível pelo contratado, se omisso o contrato administrativo, a inclusão do reajuste, mediante aditivo, em ordem a viabilizar sua concessão, observados os interregnos anuais de estilo.

8.2 Repactuação

A repactuação, de sua parte, tem como endereço próprio os contratos de prestação de serviços contínuos com exclusividade ou predominância de mão de obra. Sua previsão e pertinência excluem a possibilidade de utilização de índices de reajustes gerais ou seto-

---

[61] TORRES, Ronny Charles Lopes de. *Leis de Licitações Públicas comentadas*. 11. ed. Salvador: JusPodivm, 2021. p. 604.

[62] Pela importância prática que o tema revela, convém registrar que existem decisões do TCU que não admitem o uso da Taxa Selic como critério de reajuste de preços do contrato (Decisão monocrática no TC-022.606/2010-6, rel. Min. Subst. Weder de Oliveira).

riais para as parcelas salariais e seus reflexos nos contratos de terceirização de mão de obra. De acordo com o TCU, "os contratos de prestação de serviços continuados (exclusivos de mão de obra) não admitem reajuste com base em índices, mas somente sua repactuação" (Acórdão 1452/2010-TCU-Plenário). Relativamente aos demais itens do contrato, diversos da mão de obra, é possível aplicar os índices gerais ou setoriais como critério de reajuste, seguindo-se as regras próprias dessa modalidade de atualização.

Portanto, os contratos de prestação de serviços contínuos com regime de dedicação exclusiva de mão de obra ou com predominância de mão de obra (terceirização de mão de obra) serão repactuados, mediante demonstração analítica da variação dos custos contratuais, com data vinculada: (a) à da apresentação da proposta, para custos decorrentes do mercado; (b) ao acordo, à convenção coletiva ou ao dissídio coletivo ao qual a proposta esteja vinculada, para os custos de mão de obra (art. 135 da Lei 14.133/2021).

A repactuação observará as seguintes regras: (a) manutenção do interregno mínimo de 1 (um) ano, contado da data da apresentação da proposta ou da última repactuação; (b) divisão em tantas parcelas quanto forem necessárias para discutir variação de custos distintos com datas base distintas, como os decorrentes de mão de obras e insumos, observado o princípio da anualidade do reajuste de preços da contratação para cada caso; (c) se a contratação envolver mais de uma categoria profissional, a repactuação poderá ser dividida em tantos quanto forem os acordos, convenções ou dissídios coletivos de trabalho das categorias envolvidas na contratação.

De se notar que a Administração não se vinculará, nos contratos de prestação de serviços com dedicação exclusiva de mão de obra, às disposições contidas em acordos, convenções ou dissídios coletivos de trabalho que tratem de matéria não trabalhista, de pagamento de participação dos trabalhadores nos lucros ou resultados do contratado, ou que estabeleçam direitos não previstos em Lei, como valores ou índices obrigatórios de encargos sociais ou previdenciários, bem como de preços para os insumos relacionados ao exercício da atividade, sendo-lhe vedado vincular-se às disposições coletivas que somente se aplicam aos contratos com a Administração Pública (art. 135, § 1º).

A repactuação para ser avaliada e deferida pela Administração será precedida de solicitação do contratado, acompanhada de demonstração analítica da variação dos custos, por meio de apresentação da planilha de custos e formação de preços, ou do novo acordo, convenção ou sentença normativa que fundamenta a repactuação (art. 135, § 6º). Trata-se de ônus do contratado a comprovação dos fatos autorizadores da repactuação, e, uma vez comprovados, a sua concessão é ato vinculado da Administração. Exatamente por essa razão, por se tratar de ato vinculado, também cabível aqui a cogitação da *exceptio non adimpleti contractus* em caso de omissão.

A hipótese de repactuação não deve, assim como a de reajuste, ser considerada como causa de revisão do contrato. Isso porque a voz jurisprudencial considerada que "reajustes salariais não constituem causa de desequilíbrio econômico-financeiro de contrato administrativo, hipótese prevista no art. 65, inciso II, alínea 'd', da Lei 8.666/93, mas representam fator de reajustamento de preços, sujeito às regras fixadas no art. 40, inciso XI, e art. 55, inciso III, da Lei de Licitações, e no art. 5º do Decreto 2.271/97" (Acórdão 2655/2009-TCU-Plenário).

8.3 Revisão

Os casos de revisão do contrato administrativo são aqueles previstos no art. 124, II, *d*; art. 124, § 2º; e art. 130 da Lei 14.133/2021: força maior, caso fortuito, fato do príncipe, teoria da imprevisão, fato da administração, incluídas as alterações unilaterais (item 7).

8.4 Formalização das alterações contratuais e cautelas do contratado

As alterações de objeto ou de preço e outros eventos simultâneos ou posteriores que ocorram durante ou depois da execução do contrato devem ser levadas a efeito mediante aditivos ou aditamentos contratuais e afins (*v.g.*, termo indenizatório), cujo teor se agrega e até mesmo se sobrepõe ao conteúdo original do contrato, formalizando-se o ajustado.

Nesse sentido, dispõe o art. 91 da Lei 14.133/2021 a forma escrita aos aditivos, e o art. 132 explicita que a formalização do termo aditivo é condição para a execução, pelo contratado, das prestações determinadas pela Administração no curso da execução do contrato, salvo nos casos de justificada necessidade de antecipação de seus efeitos, sem prejuízo de a formalização ocorrer no prazo máximo de 1 (um) mês.

Por exemplo:

- Se o contrato não contemplar preços unitários para obras ou serviços cujo aditamento se fizer necessário, esses serão fixados por meio da aplicação da relação geral entre os valores da proposta e o do orçamento-base da Administração sobre os preços referenciais ou de mercado vigentes na data do aditamento, respeitados os limites estabelecidos na Lei (arts. 125 a 128 da Lei 14.133/2021).
- Se, nas contratações de obras e serviços de engenharia, em decorrência de aditamentos ao contrato, vier a ser modificadas a planilha orçamentária, a diferença percentual entre o valor global do contrato e o preço global de referência da Administração (fase interna) não poderá ser reduzida em favor do contratado (art. 129 da Lei 14.133/2021).
- Se houver alteração unilateral do contrato que aumente ou diminua os encargos do contratado, a Administração deverá restabelecer, no mesmo termo aditivo, o equilíbrio econômico-financeiro inicial (art. 130 da Lei 14.133/2021).
- A extinção do contrato não configurará óbice para o reconhecimento do desequilíbrio econômico-financeiro, hipótese em que será concedida indenização por meio de termo indenizatório, o que soluciona impasses sobre o meio de reconhecimento do direito do particular (art. 131). Neste caso, entretanto, dispõe o parágrafo único, que o pedido de restabelecimento do equilíbrio econômico-financeiro deverá ser formulado durante a vigência do contrato e antes de eventual prorrogação contratual, basicamente porque a jurisprudência do TCU tem compreendido haver "preclusão lógica do direito à repactuação de preços decorrente de majorações salariais da categoria profissional quando a contratada firma termo aditivo de prorrogação contratual sem suscitar os novos valores pactuados no acordo coletivo, ratificando os preços até então acordados" (Acórdão 1601/2014-TCU-Plenário).

Neste último caso, com o devido respeito, há de se compreender o posicionamento do TCU com muitíssima reserva. É que, se antes ou no ato da disponibilização do objeto à Administração (*v.g.*, termo de recebimento provisório ou no próprio termo aditivo) o contratado ressalva seus direitos, ou em relação a eles não apresenta quitação ou renúncia expressa, não se há falar em preclusão do direito ao reequilíbrio econômico-financeiro do contrato em qualquer de seus matizes.

Em situação bastante similar, o STJ considerou que "empresa que recebe pagamento por via de depósito bancário, sem manifestação expressa, não induz quitação", isto porque só existe quitação tácita "quando há comportamento compatível com a satisfação do crédito" (STJ, REsp 202.912/RJ, Rel. p/ acórdão Min. Eliana Calmon, j. 08.02.2000, *DJ* 12.06.2000, p. 97).

Nesse sentido, convém aludir ao posicionamento de Marçal Justen Filho, para quem a criação de hipótese de decadência ou preclusão do direito à indenização, por via reflexa, é medida violadora dos princípios constitucionais do devido processo legal e da isonomia, do direito ao reequilíbrio econômico-financeiro do contrato e do direito de ação. Além disso, continua o autor "a ausência de formulação de pedido de restabelecimento do equilíbrio econômico-financeiro não representa conduta contraditória com a prorrogação contratual. Inexiste contradição lógica, eis que a participação na formalização do contrato não é incompatível com a pretensão à recomposição da equação".[63]

Em uma palavra, relacionar-se contratualmente com a Administração Pública não deve ser encarado como comportamento equivalente a um concurso de destreza.

Por outro lado, se o contratado receber valores em atraso da Administração e apresentar quitação genérica, sem ressalvar direito aos juros, estes presumir-se-ão pagos, na forma do art. 323 do Código Civil: "sendo a quitação do capital sem reserva dos juros, estes presumem-se pagos". Nesse sentido, é a orientação jurisprudencial mais recente do STJ (AgInt no AREsp 2.140.325/GO, Rel. Min. Gurgel de Faria, Primeira Turma, j. 08.05.2023, *DJe* 19.05.2023).

Em regra, como se antecipou, as alterações contratuais devem ser realizadas por intermédio de aditivo contratual, estabelecendo-se, no mesmo termo, o equilíbrio econômico-financeiro do contrato (art. 130 da Lei 14.133/2021). As mudanças de menor repercussão formalizam-se por meio de apostila, expediente que tem cabimento nos casos de: (a) variação do valor contratual para fazer face ao reajuste ou à repactuação de preços previstos no próprio contrato; (b) atualizações, compensações ou penalizações financeiras decorrentes das condições de pagamento previstas no contrato; (c) alterações na razão ou na denominação social do contratado; (d) empenho de dotações orçamentárias (art. 136 da Lei 14.133/2021).

9. RESCISÃO DOS CONTRATOS NA LEI 14.133/2021

O caminho natural de todo contrato é a sua execução até final, com satisfação integral das obrigações assumidas pelas partes. A inexecução é exceção, podendo advir de comportamentos atribuíveis às partes ou não.

A rescisão ou extinção dos contratos na Lei 14.133/2021 encontra-se regulada pelos artigos 137 a 139. A medida pode ser: (a) determinada por ato unilateral e escrito da Administração, exceto no caso de descumprimento decorrente de sua própria conduta (*non venire contra factum proprium*); (b) consensual, por acordo entre as partes, por conciliação, por mediação ou por comitê de resolução de disputas, desde que haja interesse da Administração; (c) determinada por decisão arbitral, em decorrência de cláusula compromissória ou compromisso arbitral, ou por decisão judicial.

A Lei 14.133/2021 seguiu a tradição do direito positivo brasileiro e estabeleceu que a rescisão dos contratos administrativos pode ter como motivos (fundamentos): (a) comportamentos atribuíveis ao contratado (art. 137, *caput*, I a IV e VI a IX); (b) comportamentos atribuíveis à Administração (art. 137, §2º, I a V e VIII); (c) razões de interesse público justificadas pela máxima autoridade do contratante (art. 137, VIII); (d) caso fortuito ou força maior, desde que impeditivos da execução do contrato (art. 137, *caput*, V).

---

[63] JUSTEN FILHO, Marçal. *Comentários à Lei de Licitações e Contratações Públicas:* Lei 14.133/2021. São Paulo: Thomson Reuters, 2021. p. 1434-1435.

9.1 Rescisão por comportamentos atribuíveis ao contratado

A rescisão por comportamentos atribuíveis ao contratado deve ser determinada, via de regra, unilateralmente pela Administração, sendo aplicável nas hipóteses de: (a) não cumprimento ou cumprimento irregular de normas editalícias ou de cláusulas contratuais, de especificações, de projetos ou de prazos (situação genérica que comporta uma dimensão enorme de situações rescisórias); (b) desatendimento das determinações regulares emitidas pela autoridade designada para acompanhar e fiscalizar sua execução ou por autoridade superior (para acarretar a rescisão contratual as determinações deve haver recalcitrância no cumprimento das determinações); (c) alteração social ou modificação da finalidade ou da estrutura da empresa que restrinja sua capacidade de concluir o contrato (supõe que as alterações não tenham sido autorizadas pela Administração e alterem negativamente as condições iniciais de habilitação na licitação, *v.g.* fusões, cisões, incorporações); (d) decretação de falência ou de insolvência civil, dissolução da sociedade ou falecimento do contratado (note-se que a recuperação judicial só por si não constitui motivo de rescisão do contrato, seguindo tendência que já se consolidava em âmbito judicial); (e) atraso na obtenção da licença ambiental ou impossibilidade de obtê-la, ou alteração substancial do anteprojeto que dela resultar, ainda que obtida no prazo previsto (desde que o licenciamento tenha ficado a cargo do contratado na licitação); (f) atraso na liberação das áreas sujeitas a desapropriação, a desocupação ou a servidão administrativa, ou impossibilidade de liberação dessas áreas (desde que tais obrigações tenham ficado a cargo do contratado na licitação); (g) não cumprimento das obrigações relativas à reserva de cargos prevista em lei, bem como em outras normas específicas, para pessoa com deficiência, para reabilitado da Previdência Social ou para aprendiz.

De se notar que a Lei 14.133/2021 não mais prevê hipótese de rescisão por subcontratação, cessão ou transferência do contrato, tal como sucede com a Lei 8.666/1993. Mas é necessário verificar se o regulamento ou o edital não vedam tais iniciativas (art. 122, § 3º), porque se estiverem vedadas podem remeter à hipótese genérica de descumprimento de cláusulas do edital e do contrato.

Relativamente à **subcontratação** dispõe o art. 122 da Lei 14.133/2021, que durante a execução do contrato e sem prejuízo das responsabilidades contratuais e legais, o contratado poderá subcontratar partes da obra, do serviço ou do fornecimento até o limite autorizado, em cada caso, pela Administração, comprometendo-se, até porque continua sendo responsável pela execução contratual perante a Administração, a apresentar previamente documentação que comprove a capacidade técnica do subcontratado.

Em regra, portanto, é cabível a subcontratação parcial, salvo nas hipóteses vedadas pelo legislador, de modo que se a Administração pretende restringi-la ou condicioná-la deverá fazê-lo em regulamento ou no edital expressamente. De acordo com o TCU: "a subcontratação total do objeto, em que se evidencia a mera colocação de interposto entre a administração pública contratante e a empresa efetivamente executora (subcontratada), é irregularidade ensejadora de débito, o qual corresponde à diferença entre os pagamentos recebidos pela empresa contratada e os valores por ela pagos na subcontratação integral." (Acórdão 5472/2022-TCU-Segunda Câmara; Acórdão 3491/2024-TCU-Primeira Câmara).

Há uma hipótese em que a Lei 14.133/2021 admite a subcontratação total ou parcial, e que se encontra prevista no art. 102, *caput* e inciso III. Isso pode se dar na contratação de obras e serviços de engenharia, em que o edital tenha exigido garantia na modalidade seguro-garantia e preveja a obrigação de a seguradora, em caso de inadimplemento pelo contratado, assumir a execução e concluir a execução do objeto. Nesse caso, a seguradora poderá, nos termos do inciso III do art. 102, subcontratar a conclusão do contrato, total ou parcialmente.

As hipóteses em que a subcontratação, mesmo que parcial, é vedada expressamente pelo legislador são: (a) a subcontratação de serviços técnicos especializados contratados com notórios especializados (art. 74, III, Lei 14.133/2021); e (b) a subcontratação com pessoa física ou jurídica, que mantiverem vínculo de natureza técnica, comercial, econômica, financeira, trabalhista ou civil com dirigente do órgão ou entidade contratante ou com agente público que desempenhe função na licitação ou atue na fiscalização ou na gestão do contrato, ou se deles forem cônjuge, companheiro ou parente em linha reta, colateral, ou por afinidade, até o terceiro grau, devendo essa proibição constar expressamente do edital de licitação.

A **cessão** ou **transferência** contratual[64], que difere da subcontratação pela exoneração de responsabilidade do cedente em face da Administração, da mesma forma que a fusão, a cisão e a incorporação (Acórdão 1.108/2003-TCU-Plenário), também é admitida pela Lei 14.133/2021 (desde que não vedadas pelo edital ou pelo contrato), sem que isso se configure como causa de rescisão contratual. Os requisitos a serem observados são: a) autorização pela Administração, b) manutenção das condições de habilitação, c) manutenção das condições contratuais.

9.2 Rescisão unilateral por comportamentos atribuíveis à Administração

A rescisão por comportamentos atribuíveis à Administração pode se dar por acordo entre as partes (consensual), por decisão arbitral ou por decisão judicial, abrangendo os seguintes motivos: (a) supressão, por parte da Administração, de obras, serviços ou compras que acarrete modificação do valor inicial do contrato além do limite permitido no art. 125 desta Lei; (b) suspensão de execução do contrato, por ordem escrita da Administração, por prazo superior a 3 (três) meses; (c) repetidas suspensões que totalizem 90 (noventa) dias úteis, independentemente do pagamento obrigatório de indenização pelas sucessivas e contratualmente imprevistas desmobilizações e mobilizações e outras previstas; (d) atraso superior a 2 (dois) meses, contado da emissão da nota fiscal, dos pagamentos ou de parcelas de pagamentos devidos pela Administração por despesas de obras, serviços ou fornecimentos; (e) não liberação pela Administração, nos prazos contratuais, de área, local ou objeto, para execução de obra, serviço ou fornecimento, e de fontes de materiais naturais especificadas no projeto, inclusive devido a atraso ou descumprimento das obrigações atribuídas pelo contrato à Administração relacionadas a desapropriação, a desocupação de áreas públicas ou a licenciamento ambiental.

De se notar que as hipóteses de extinção (b), (c) e (d) acima, tal como anteriormente observado, podem assegurar ao contratado o direito de optar alternativamente pela suspensão do cumprimento das obrigações assumidas até a normalização da situação, admitido o restabelecimento do equilíbrio econômico-financeiro do contrato.

Quando a extinção decorrer de culpa exclusiva da Administração, o contratado será ressarcido pelos prejuízos regularmente comprovados que houver sofrido e terá direito a: (a) devolução da garantia; (b) pagamentos devidos pela execução do contrato até a data de extinção; (c) pagamento do custo da desmobilização.

---

[64] Sob a vigência da Lei 8.666/1993, a jurisprudência do TCU considerava ilícita a cessão contratual. "A cessão do contrato, além de constituir grave infração à norma legal, reclama a responsabilidade solidária da cedente pelo dano decorrente da atuação da concessionária, porque fastá-la representaria a convalidação, pelo Tribunal, do ato antijurídico" (Acórdão 2.653/2010-TCU-Plenário).

9.3 Rescisão unilateral por motivo de interesse público, caso fortuito e força maior

As hipóteses de rescisão do contrato por motivos de interesse público ou por caso fortuito ou força maior (tirante a possibilidade de assunção ou divisão desses riscos na matriz de alocação pelo particular) também pode ocorrer unilateralmente ou consensualmente, porquanto não decorrem de culpa do contratado, impondo-se à Administração o dever de: (a) ressarcir o contratado dos prejuízos regularmente comprovados; (b) devolver-lhe a garantia; (c) pagar-lhe as prestações devidas pela execução contratual até a data da rescisão; (d) pagar-lhe pelos custos da desmobilização (art. 138 da Lei 14.133/2021).

A rescisão fundamentada em razões de interesse público, justificada pela autoridade máxima do órgão ou da entidade contratante, é uma situação que já encontrava previsão no art. 78, XII, da Lei 8.666/1993. As ditas "razões de interesse público", até porque trazem reparações econômicas ao particular e à Administração, dependem de configuração indisputável e de motivação convincente para não traduzirem opções caprichosas do administrador de plantão.

Com efeito, a rescisão unilateral do contrato por motivo de interesse público corresponde ao ato de revogação da licitação. Ambos derivam de uma avaliação da situação fática e do interesse público em jogo pela própria (conveniência e oportunidade). Volta-se a dizer que os motivos inspiradores da rescisão nesses casos não outorgam liberdade absoluta ao administrador. Há elementos sempre vinculados nos atos discricionários, para além de juízos de proporcionalidade, de prognose e as consequências fáticas para serem avaliadas.

Sobre a rescisão fundada em caso fortuito ou força maior, é imperioso notar que sua incidência somente se dará, como dissertado anteriormente nesta obra, nos casos em que o evento típico for impeditivo da execução do contrato. Isso porque se, mesmo depois do caso fortuito ou da força maior, a continuidade da execução contratual permanecer possível, mediante, por exemplo, o reequilíbrio econômico-financeiro do contrato, o caminho a ser seguido pela Administração será preferencialmente a preservação do pactuado.

Significa dizer que se o evento imprevisível tornar apenas mais difícil e onerosa a execução do contrato, não se tornará obrigatória a extinção do vínculo, o que dependerá, evidentemente, de uma avaliação das circunstâncias de fato. Neste último caso, ou seja, se a execução contratual for possível, porém não recomendável, a extinção do vínculo contratual haverá de ser lastreada em razões de interesse público, com todos os seus consectários legais.

9.3.1 Rescisão administrativa unilateral do contrato

A hipótese de extinção unilateral do contrato pela Administração (art. 138, I, da Lei 14.133/21) é a mais comumente verificada na prática. A pronúncia da rescisão é adotada unilateralmente no bojo de processo administrativo específico, instaurado pela Administração com essa finalidade específica, garantindo-se ao contratado contraditório e ampla defesa (art. 137, *caput*, da Lei 14.133/21 e art. 5º, LV, da Constituição). As regras a serem observadas quanto ao processo administrativo são as da Lei 14.133/2021, secundadas pelas disposições das leis de processo administrativo da própria entidade federativa ou da Lei 9.784/99, conforme o caso.

Nesse caso, se comprovada a culpa do contratado (que é essencial à legitimidade da medida rescisória), este ficará sujeito aos ônus do seu inadimplemento, podendo haver: (a) a aplicação das sanções previstas em Lei; (b) assunção imediata do objeto do contrato, no estado e local em que se encontrar, por ato próprio e discricionário da Administração; (c) ocupação e utilização do local, das instalações, dos equipamentos, do material e do pessoal empregados na execução do contrato e necessários à sua continuidade (hipótese facultativa de ocupação temporária, que somente terá lugar nos casos do art. 104, V, e deve ser autorizada pelo ministro de Estado, secretário estadual ou secretário municipal competente, conforme o caso); (d) execução da garantia contratual, para ressarcimento da Administração Pública por prejuízos decorrentes da não execução, para o pagamento de verbas trabalhistas, fundiárias e previdenciárias, de valores das multas devidas à Administração Pública; (e) exigência da assunção da execução e conclusão do objeto do contrato pela seguradora, quando cabível; (f) retenção dos créditos decorrentes do contrato até o limite dos prejuízos causados à Administração Pública e das multas aplicadas. Neste último caso, havendo valor remanescente a receber após a incidência de todas essas consequências, o contratado fará jus a ele. Se remanescer débito, por seu turno, a Administração poderá cobrá-la, observadas as cláusulas contratuais e a disciplina das perdas e danos (que dependerá do que estiver estabelecido no contrato).

9.3.2 Rescisão consensual do contrato

Nos termos do art. 138, II da Lei 14.133/2021, a rescisão do contrato também pode se dar de maneira consensual, por acordo entre as partes, por conciliação, por mediação ou por comitê de resolução de disputas, desde que haja interesse da Administração.

O interesse da Administração em solucionar o contratado pelos meios consensuais não deve ser compreendido como opção eminentemente discricionária. Se a rescisão se dá por iniciativa do contratado, diante de comportamentos indevidos da Administração, o simples interesse administrativo na manutenção do contrato não é capaz de justificar a sua posição de não acolhimento da rescisão. Neste caso, caberá até mesmo mandado de segurança para obrigar a Administração ao acatamento.

A rescisão consensual, como o próprio nome diz, pressupõe consenso entre as partes. A Lei 8.666/1993 (art. 79, II) denominava essa forma de rescisão de amigável, remetendo a sua compreensão ao conceito de transação do Direito Civil (art. 840 do Código Civil). A alusão ao acordo entre as partes que consta da disposição da Lei 14.133/2021 deve ser apreendida na mesma direção.

Conforme as modernas tendências de consensualidade administrativa e de resolução extrajudicial de conflitos, a Lei 14.133/2021 prevê hipóteses autocompositivas para a rescisão consensual do contrato. A lei fala em conciliação, mediação e comitê de resolução de disputa (*dispute boards*). Nesse sentido é a disposição do art. 151 da Lei 14.133/2021. O arrolamento dos meios de resolução de conflitos na lei não é exaustivo, havendo espaços para que outras formas e mecanismos existentes ou que venham a existir sejam também adotadas no âmbito dos contratos administrativos (*v.g.*, adjudicação decisória).[65]

Convém gizar que a mediação (a conciliação) e os comitês de disputas são importantes aliados da Administração Pública e dos particulares em matéria contratual, especialmente em ajustes de infraestrutura, que envolvem grandiosos vultos financeiros, podendo prevenir ou solucionar controvérsias ao longo e depois da execução contratual, notadamente quanto aos aspectos técnicos e de difícil compreensão à luz exclusiva das normas e conhecimentos jurídicos.

---

[65] Sobre adjudicação decisória, confira-se o art. 119 do Regulamento Interno de Licitações e Contratos da Companhia Energética de Minas Gerais (CEMIG).

9.3.2.1 Mediação e conciliação

A Lei 14.133/2021, na esteira da Lei 13.140/2015 e com alguma diferença em relação ao Código de Processo Civil (CPC/2015), trata da conciliação e da mediação como mecanismos de mesma índole. "Em ambos os casos, uma terceira pessoa – que pode ser um agente público – busca aproximar as partes para obtenção de uma solução consensual, que se afigure aceitável para eliminar ou prevenir o litígio entre as partes".[66]

De acordo com o art. 165, §§ 2º e 3º, do CPC, o conciliador atuará preferencialmente nos casos em que não houver vínculo anterior entre as partes, podendo sugerir soluções para o conflito; já o mediador atuará preferencialmente nos casos em que houver vínculo anterior entre as partes, auxiliará os interessados a compreender as questões e os interesses em conflito, de modo que eles possam, pelo restabelecimento da comunicação, identificar, por si próprios, soluções consensuais que gerem benefícios mútuos.

Tratando-se de contratos com a Administração Pública, esse conhecimento anterior entre as partes é irrelevante em função da incidência do princípio constitucional da impessoalidade sobre as relações administrativas, pelo que não faz sentido distinguir mediação e conciliação, a não que se opte pelo critério da complexidade. Neste caso, a conciliação destinar-se-ia a questões mais singelas e a mediação se dirige a questões mais complexas, que podem até demandar produção de provas.[67]

Para qualquer caso, é de bom alvitre buscar fundamento na Lei 13.140/2015, que trata da mediação e da autocomposição com a Administração Pública. Quando a parte do conflito for pessoa jurídica de direito público, o art. 32, II, prevê que "a União, os Estados, o Distrito Federal e os Municípios poderão criar câmaras de prevenção e resolução administrativa de conflitos, no âmbito dos respectivos órgãos da Advocacia Pública, onde houver", com competência para "avaliar a admissibilidade dos pedidos de resolução de conflitos, por meio de composição, no caso de controvérsia entre particular e pessoa jurídica de direito público". Enquanto não forem criadas as câmaras de mediação (cuja criação é facultativa), os conflitos poderão ser dirimidos nos termos do procedimento de mediação previsto na Subseção I da Seção III do Capítulo I da própria lei. É dizer, por intermédio de mediadores alheios ao órgão da advocacia pública.

Nesse sentido, a mediação surge como meio de resolução de conflitos administrativos que prestigia a autocomposição, a *expertise* e a habilidade negocial do terceiro imparcial (que participa das negociações), recomendando sua utilização em conflitos rescisórios de certa complexidade e especialidade, até mesmo em função dos custos extras que acarreta às partes. A mediação será regida conforme a livre autonomia dos interessados, inclusive no que diz respeito à definição das regras procedimentais.

9.3.2.2 Comitê de Resolução de Disputas

A par da mediação, destaca-se no art. 151 da Lei 14.133/2021 a previsão dos Comitês de Resolução de Disputas. Advindos das práticas internacionais e de câmaras especializadas em resolução contratual de conflitos, os comitês de disputa (*dispute boards*) são pela primeira vez tratados em lei nacional. Trata-se de um comitê imparcial de *experts*,

---

[66] JUSTEN FILHO, Marçal. *Comentários à Lei de Licitações e Contratações Públicas:* Lei 14.133/2021. São Paulo: Thomson Reuters, 2021, p. 1579.

[67] JUSTEN FILHO. Marçal. *Comentários à Lei de Licitações e Contratações Públicas:* Lei 14.133/2021. São Paulo: Thomson Reuters, 2021, p. 1579.

responsável por, entre outros, prevenir litígios por meio de respostas a questionamentos e consultas, e também por solucionar controvérsias, mediante recomendações e/ou decisões, tudo de acordo com o que tiver sido entabulado anteriormente pelas partes.

O elevado grau de resolutividade, o custo mais baixo e a velocidade de resposta são pontos que militam em favor dos Comitês de Resolução de Disputas. O instrumento é um importante aliado da Administração Pública e dos particulares, especialmente em contratos de maior vulto, podendo prevenir e/ou solucionar controvérsias ao longo e depois da execução contratual.

Os *dispute boards* podem ser classificados pelo momento em que são constituídos: (a) *standing dispute board*, previstos desde o início do contrato como mecanismo de solução de disputas; ou (b) *dispute board ad hoc*, instalados para a resolução de controvérsia específica durante a execução do contrato; e pelo grau de vinculação de suas decisões: (a) *dispute review board*, os quais expedem recomendações de caráter não vinculantes às partes do contrato; (b) *dispute adjudication board*, que emitem decisões de caráter obrigatório para as partes, ressalvando-se a possibilidade de questionamento arbitral ou judicial; e (c) *combined disput boards*, comitê que adota ambas as sortes de decisão.[68]

A criação dos *dispute boards* para dirimir controvérsias contratuais, ainda que entre partes privadas (o que por certo não lhe retira a serventia), foi examinada pelo STJ no julgamento do REsp 1.569.422, 3ª T., Rel. Min. Marco Aurélio Bellizze, *DJ* 26.04.2016, *DJe* 20.05.2016, a ver que é "absolutamente possível que as partes, por anteverem futuras e pontuais divergências ao longo da consecução do objeto contratual, ou por conveniência/necessidade em não se fixar, de imediato, todos os elementos negociais, ajustem, no próprio contrato, a delegação da solução de tais conflitos a um terceiro ou a um comitê criado para tal escopo e, também com esteio no princípio da autonomia de vontades, disponham sobre o caráter de tal decisão, se meramente consultiva; se destinada a resolver a contenda imediatamente, sem prejuízo de a questão ser levada posteriormente à arbitragem ou à Justiça Pública, ou se vinculativa e definitiva, disposição contratual que, em qualquer circunstância – ressalvado, por óbvio, se existente algum vício de consentimento, deve ser detidamente observada".

9.4 Rescisão arbitral

O art. 151 da Lei 14.133/2021 permite, ainda, que a rescisão dos contratos seja determinada por decisão arbitral, em decorrência de cláusula compromissória (art. 8º da Lei 9.307/1996) ou compromisso arbitral (art. 9º da Lei 9.307/1996). A arbitragem, mercê da força vinculativa de suas decisões, é mecanismo de heterocomposição, e não de autocomposição dos conflitos.

A arbitragem é regulada no Brasil pela Lei 9.307/1996 e a possibilidade de sua utilização pela Administração Pública generalizadamente restou definitivamente patenteada com a edição da Lei 13.129/2015, que previu que a administração pública direta e indireta pudesse utilizar-se da arbitragem para dirimir conflitos relativos a direitos patrimoniais disponíveis.

Antes dessa alteração, havia larga divergência sobre a possibilidade de utilização da arbitragem nos contratos administrativos no país, notadamente porque a Lei 8.666/1993

---

[68] KRAMER, Evane Biguelman. Cometários aos artigos 151 a 154. In: DAL POZZO, Augusto Neves; CAMMAROSANO, Márcio; ZOUKCUN, Maurício (Coord.). *Lei de Licitações e Contratos Administrativos Comentada*. São Paulo: Thomson Reuters Brasil, 2021. p. 669.

era silente em relação ao tema, exigindo-se disposição legislativa própria para a espécie. Bem de ver que o art. 54 da Lei 8.666/1993, ao propugnar a aplicação subsidiária de normas de direito privado aos contratos administrativos já possibilitava que se cogitasse da integração normativa da lacuna via da Lei 9.307/1996, em ordem a admitir, com alguns temperamentos, a adoção da arbitragem como mecanismo de solução de conflitos nos contratos administrativos.

Foi somente a partir do julgamento do REsp 612.439/RS, rel. Min. João Otávio de Noronha, *DJ* 14.09.2006, que o STJ começou a validar as cláusulas arbitrais constantes de contratos de sociedade de economia mista. De lá pra cá, outros julgados semelhantes seguiram a mesma trilha (AgRg no MS 11.308/DF; EDcl no AgRg no MS 11.308/DF) e "acabaram por criar a tendência, na jurisprudência do STJ entre 2006 e 2015, de que os meios extrajudiciais de resolução de conflitos seriam opções apropriadas para contratos públicos, focando em arbitragem".[69]

As hipóteses passíveis de arbitragem, a envolver direitos patrimoniais disponíveis (arbitrabilidade objetiva), encontram-se disciplinadas exemplificativamente no parágrafo único do art. 151 da Lei 14.133/2021. Podem ser objeto de arbitragem, entre outros: (a) recomposição do equilíbrio econômico-financeiro dos contratos; (b) cálculo de indenizações decorrentes da extinção dos contratos; (c) inadimplemento de obrigações contratuais; (d) causas de rescisão e seus efeitos (o que aqui é objeto de consideração).

A arbitragem é realizada por intermédio de câmaras arbitrais privadas. Os árbitros são *experts* que atuam como juízes privados e suas decisões têm eficácia de sentença judicial e não são revisáveis pelo Poder Judiciário ou desafiáveis por recursos. É que ao optarem pela arbitragem, por intermédio da cláusula compromissória ou do compromisso arbitral, as partes (a Administração e o contratado, no caso) afastam, *a priori* (e nos limites do pactuado), a via judicial como caminho predileto para a solução do conflito.[70]

Com efeito, o princípio *kompetenz-kompetenz* (competência-competência) dita a prevalência do juízo arbitral sobre o Poder Judiciário para dirimir o conflito, como reiteradamente tem decidido o STJ, a ver que "a previsão contratual de convenção de arbitragem enseja o reconhecimento da competência do Juízo arbitral para decidir com primazia sobre o Poder Judiciário as questões acerca da existência, validade e eficácia da convenção de arbitragem e do contrato que contenha a cláusula compromissória" (STJ, AgInt no AREsp 1.934.018/SP, 4ª T., Rel. Min. Luis Felipe Salomão, j. 20.06.2022, *DJe* 24.06.2022).

---

[69] PEREIRA, César; SOUZA, Leonardo. Meios extrajudiciais de resolução de disputas na Lei 14.133/2021. In: HARGER, Marcelo (Coord.). *Aspectos polêmicos sobre a nova Lei de Licitações e Contratos Administrativos nº 14.133/2021*. Belo Horizonte: Fórum, 2022. p. 72-73.

[70] A utilização da expressão "caminho predileto" considera a decisão do STJ no Recurso Especial 1.894.715/MS, em que a Corte concluiu pela possibilidade de renúncia à convenção de arbitragem pelas partes, uma vez que, anteriormente, foram propostas, no Poder Judiciário, duas demandas discutindo questões de mérito do contrato, sem que houvesse, pela parte demandada, alegação de existência da convenção de arbitragem. Nesse caso, segundo o STJ, teria havido conduta contraditória da parte em não suscitar a existência da convenção de arbitragem como fundamento para extinção de nova ação monitória. Ao ensejo, convém registrar o entendimento do STJ adotado no Conflito de Competência 165.678/SP, conforme o qual, após a instauração da arbitragem, a jurisdição para julgar o recurso interposto contra decisão em ação cautelar preparatória a procedimento arbitral ajuizada no Poder Judiciário é do tribunal arbitral, competência esta que abrange, inclusive, os honorários de sucumbência referentes à ação cautelar, visto que estes apenas se incorporariam ao patrimônio do advogado – que não é parte do procedimento arbitral – após o trânsito em julgado da decisão que os fixou.

A Arbitragem quando envolve a Administração será sempre de direito (descabe no caso a arbitragem por equidade) e respeitará o princípio da publicidade (art. 2º, § 3º, da Lei 9.307/1996 e art. 152 da Lei 14.133/2021), reconhecendo-se que "a administração pública promoverá a publicidade, nos termos da Lei de Acesso à Informação", consoante o Enunciado 15 das Jornadas de Direito Administrativo do CJF/2020.

O processo de escolha dos árbitros, dos colegiados arbitrais e dos comitês de resolução de disputas observará critérios isonômicos, técnicos e transparentes. A Câmara Arbitral eleita pelas partes constará da cláusula própria do contrato. Nesse sentido, aluda-se à solução dada pelo Decreto Federal 10.025/2019 para a escolha das Câmaras Arbitrais, mediante credenciamento, com a possibilidade de escolha da câmara pelo contratado entre aquelas previamente credenciadas.

Em relação aos árbitros, o Enunciado 39 das Jornadas de Direito Administrativo do CJF/2020 propõe que "a indicação e a aceitação de árbitros pela Administração Pública não dependem de seleção pública formal, como concurso ou licitação, mas devem ser objeto de fundamentação prévia e por escrito, considerando os elementos relevantes".

Note-se que mesmo que os contratos tenham sido contratados sob a égide da Lei 8.666/93 ou tenham sido formalizados sob a vigência da Lei 14.133/2021 sem a previsão dos mecanismos consensuais ou arbitrais de solução de conflitos, os contratos poderão ser aditados para permitir a sua adoção (art. 153 da Lei 14.133/2021).

Dita orientação já constava do Enunciado 10 das Jornadas de Direito Administrativo do CJF/2020 editado a propósito da Lei 8.666/1993, segundo o qual, "em contratos administrativos decorrentes de licitações regidas pela Lei n. 8.666/1993, é facultado à Administração Pública propor aditivo para alterar a cláusula de resolução de conflitos entre as partes, incluindo métodos alternativos ao Poder Judiciário como Mediação, Arbitragem e *Dispute Board*".

9.5 Rescisão judicial

A última forma de rescisão tratada pela Lei 14.133/2021 é a rescisão judicial do contrato, que na verdade terá aplicação apenas quando a iniciativa rescisória couber ao contratado e não houver opção pelo juízo arbitral (sem prejuízo das medidas cautelares preparatórias que continuam sendo de competência do Poder Judiciário). Tal hipótese de rescisão judicial terá lugar, portanto, nos casos de rescisão por comportamentos imputáveis à Administração, por interesse público, caso fortuito ou força maior, e dar-se-á mediante ações judiciais manejadas perante o órgão competente do Poder Judiciário. As consequências da rescisão do contrato dependerão evidentemente do resultado da demanda.

10. NULIDADES DOS CONTRATOS ADMINISTRATIVOS E CONSEQUÊNCIAS DA PRONÚNCIA NA LEI 14.133/2021

A matéria a ser tratada agora sobre a disciplina dos contratos na Lei 14.133/2021 respeita às nulidades e às consequências de sua pronúncia. Nesse linha, dispõe o art. 147 da Lei 14.133/2021 que, uma vez constatada irregularidade no procedimento licitatório ou na execução contratual, caso não seja possível o saneamento (superação dos vícios ou convalidação), a decisão sobre a suspensão da execução ou anulação do contrato somente será adotada na hipótese em que se revelar medida de interesse público, com avaliação, entre outros, dos seguintes aspectos: (a) impactos econômicos e financeiros decorrentes do atraso na fruição dos benefícios do objeto do contrato; (b) riscos sociais, ambientais e à segurança da população local decorrentes do atraso na fruição dos benefícios do objeto do contrato; (c) motivação social e ambiental do contrato; (d) custo da deterioração ou da perda das parcelas executadas; (e) despesa necessária à preservação das instalações e dos serviços já executados; (f) despesa inerente à desmobilização e ao posterior retorno às atividades; (g) medidas efetivamente adotadas pelo titular do órgão ou entidade para o saneamento dos indícios de irregularidades apontados; (h) custo total e estágio de execução física e financeira dos contratos, dos convênios, das obras ou das parcelas envolvidas; (i) fechamento de postos de trabalho diretos e indiretos em razão da paralisação; (j) custo para realização de nova licitação ou celebração de novo contrato; (k) custo de oportunidade do capital durante o período de paralisação.

Ao disciplinar a questão da nulidade contratual desta maneira, a Lei 14.133/2021 incorporou tendência de relativização da unilateralidade administrativa e de pronúncia de nulidades, reconhecendo a prevalência do desfazimento contratual com efeitos *tout court* apenas em casos extremos. Seguiu-se, no particular, a trilha das disposições da Lei de Introdução às Normas do Direito Brasileiro (LINDB), que impôs uma aproximação entre ser e dever jurídicos, determinando soluções mais afinadas com as realidades fáticas vivenciadas pela Administração e o contratado.

Com efeito, os avanços na teoria das nulidades dos atos administrativos em geral (procedimento e contratos, inclusive), já há tempos vem sustentado um abrandamento no exercício da autotutela, mercê de perspectivas como a da boa-fé e a da segurança jurídica, a ponto de reconhecer condicionamentos aos efeitos desconstitutivos da anulação dos atos e dos contratos.

O legislador da Lei 14.133/2021 prescreveu a possibilidade de uma avaliação quantitativa e qualitativa das irregularidades constatadas nas licitações e nos contratos, admitindo soluções customizadas de acordo com o interesse público *in concreto* e com os juízos prognósticos identificados pela Administração no ato da decisão. É que "o risco de prejuízos para a Administração pode excepcionalmente justificar a convalidação de atos irregulares ocorridos na licitação e a continuidade da execução do contrato, em razão da prevalência do interesse público" (Acórdão 988/2022-TCU-Plenário).

Nesse sentido, o parágrafo único do art. 147 da Lei 14.133/2021 expõe que caso a paralisação ou anulação não se revele medida de interesse público, o poder público deverá optar pela continuidade do contrato e pela solução da irregularidade por meio de indenização por perdas e danos, sem prejuízo da apuração de responsabilidade e da aplicação de penalidades cabíveis.

Dessa forma, reconheceu-se o que as soluções-padrão e uniformes são na maioria das vezes insuficientes para estabilizar expectativas legítimas das partes envolvidas na execução do contrato e, sobretudo, para promover a segurança jurídica. "Não há dúvida de que o sistema fechado e predelimitado de espécies e consequências para a modificação e a extinção dos atos administrativos é insuficiente para lidar com a variedade das situações concretas. Especialmente porque não permite que terceiros, que se relacionam com a Administração Pública, possam se planejar com segurança a partir das decisões do Estado. A construção hermética acaba levando o administrador e o julgador a optarem pelo caminho tradicional de extinção do ato, que parece mais seguro, mas onera a condição do administrado e nem sempre é condizente com os princípios constitucionais."[71]

---

[71] SILVEIRA, Marilda de Paula. *Segurança jurídica e ato administrativo: por um regime de transição de avaliação cogente.* Tese (Doutorado) Programa de Pós-Graduação em Direito da UFMG. Área de concentração: Direito Administrativo, 2013. Orientador: Professor Doutor Florivaldo Dutra de Araújo, p. 151-152.

Na jurisprudência pátria convém aludir a importante decisão que exemplifica o equilíbrio e a ponderação propostos pela Lei 14.133/2021 em âmbito contratual, notadamente o julgamento pelo STJ do Recurso Especial nº 950.489/DF, rel. min. Luiz Fux. No caso, o Tribunal reconheceu a superação de uma nulidade da etapa da licitação, determinando a manutenção do contrato, na medida em considerou sanável o vício apontado e considerou que eventual extinção do contrato acarretaria consequências desfavoráveis ao interesse público.

Outro exemplo importante, embora a tese discutida seja controvertida, encontra-se no Acórdão 160/2009 – TCU – Plenário, Rel. Min. Walton Alencar Rodrigues, TC 008.210/2004-7, Sessão Plenária: 11/02/2009, relativamente aos aditamentos contratuais e seus limites, a se destacar que "sob o ponto de vista financeiro, houve benefícios à contratante. Pelas informações apresentadas pode-se presumir que a alteração contratual não acarretou encargos superiores aos oriundos de uma eventual rescisão contratual por razões de interesse público, acrescidos aos custos da elaboração de novo procedimento licitatório; propiciou a execução contratual e decorreu de fatos supervenientes não previsíveis na contratação original. Esse conjunto de informações autoriza o acolhimento das razões de justificativa".

Nessa perspectiva, é inquestionável a evolução e a sensibilidade do tratamento da matéria na Lei 14.133/2021, que redimensiona o exercício da prerrogativa administrativa de anulação dos contratos eivados de ilegalidade, trazendo para a Administração Pública novas possibilidades que extrapolam os esquemas clássicos estruturados pelas Leis de processo administrativo. Esses novos dispositivos trazem impactos relevantes para a teoria das nulidades dos atos administrativos, em favor da modulação dos efeitos de sua pronúncia em cada caso. Agora, é a Lei – e não mais apenas os princípios jurídicos – que se predica à compreensão de que a utilização de uma fórmula geral – *one size fits all* – deve ser abandonada, prenunciando a superação da lógica da invalidação com efeitos *ex tunc* ou *ex nunc* – ou a simples preservação do ato inválido praticado – para impor a avaliação por parte da Administração Pública, dos órgãos de controle e do Poder Judiciário da necessidade de adoção em cada caso de um regime de transição em favor da adequada acomodação dos direitos e deveres dos administrados.[72]

Como se vê, conforme as dificuldades reais da Administração, a Lei 14.133/2021 abarca a possibilidade de superação de juízos ortodoxos de tudo ou nada. Ela continua a reconhecer a prerrogativa da anulação dos contratos com efeitos *ex tunc*, como se vê do art. 148, mas obriga a que a situação concreta e as consequências práticas da decisão sejam aquilatadas, antes de se adotar a medida. Assim, caso não seja possível o retorno à situação anterior (sem efeitos indesejados), a nulidade deverá se resolver pela indenização por perdas e danos, sem prejuízo da apuração de responsabilidade e aplicação das penalidades cabíveis.

Ainda é possível que, com vistas à continuidade da atividade administrativa, venha a Administração a decidir pela modulação de efeitos, para que a eficácia da pronúncia de nulidade seja projetada para momento futuro, por lapso de até 6 (seis) meses, prorrogável uma única vez, lapso este suficiente que se supõe será bastante para efetuar nova contratação.

Assim é que por ocasião de decidir sobre a declaração de nulidade do vínculo contratual, a Administração deve avaliar a natureza do vício, sua origem, o comportamento do contratado na execução do contrato e fora dele, os efeitos jurídicos e administrati-

---

[72] FERRAZ, Luciano. *Controle e consensualidade*: fundamentos para o controle consensual da Administração Pública (TAG, TAC, SUSPAD, acordos de leniência, acordos substitutivos e instrumentos afins). 2. ed. Belo Horizonte: Fórum, 2020. p. 151.

vos decorrentes da anulação, os custos envolvidos na extinção do contrato e na promoção de novo procedimento licitatório, *vis-à-vis* a continuidade na prestação dos serviços, a fim de decidir por uma das seguintes alternativas: (i) manutenção do contrato com ajustes necessários (saneamento); (ii) desfazimento do contrato, com os efeitos retroativos possíveis; (iii) declaração de nulidade com modulação de efeitos para o futuro; (iv) declaração de nulidade com o estabelecimento do regime de transição para restabelecimento da legalidade; (v) utilização de instrumentos de consensualidade administrativa para repaginar o ajuste.[73]

Como não poderia deixar de ser, em prestígio aos princípios da boa-fé e do não enriquecimento sem causa, a Lei 14.133/2021 reproduz, ainda, a benfazeja orientação que já constava do art. 59, parágrafo único, da Lei 8.666/1993, estabelecendo que "a nulidade não exonerará a Administração do dever de indenizar o contratado pelo que houver executado até a data em que for declarada ou tornada eficaz, bem como por outros prejuízos regularmente comprovados, desde que não lhe seja imputável, e será promovida a responsabilização de quem lhe tenha dado causa" (art. 149 da Lei 14.133/2021).

Sobre o tema, existe compreensão na jurisprudência do TCU de que "o fato de um contrato ser nulo, mas licitamente executado, não retira o direito da contratada se ver ressarcida pelo que tenha executado até a declaração da nulidade, sob pena de enriquecimento ilícito da Administração Pública [...] A exegese do comando é a de que a Administração não pode se enriquecer ilicitamente às custas do contratado, fazendo este jus à indenização pelas despesas da execução do contrato realizadas e que ainda teriam que ser recebidas do poder público no momento da anulação" (Acórdão 130/2019, Plenário e Acórdão 758/2023, Plenário).

REFERÊNCIAS BIBLIOGRÁFICAS

ABBUD, Wassila Caleiro. Contratos da administração entre os regimes de direito público e de direito privado. In: DI PIETRO, Maria Sylvia Zanella (org.). *Direito privado administrativo*. São Paulo: Atlas, 2013.

BACELLAR FILHO, Romeu Felipe. *Direito administrativo e o novo Código Civil*. Belo Horizonte: Fórum, 2007.

CÂMARA, Jacintho Arruda; NOHARA, Irene Patrícia. *Licitação e contratos administrativos*. In: DI PIETRO, Maria Sylvia Zanella (Coord.). *Tratado de direito administrativo*. São Paulo: Revista dos Tribunais, 2014.

CRETELLA JÚNIOR, José. *Curso de direito administrativo*. 10. ed. Rio de Janeiro: Forense, 1989.

DI PIETRO, Maria Sylvia Zanella. *Direito administrativo*. 29. ed. são Paulo: Atlas, 2018.

DI PIETRO, Maria Sylvia Zanella. Introdução do direito privado na Administração Pública. In: DI PIETRO, Maria Sylvia Zanella (org.). *Direito privado administrativo*. São Paulo: Atlas, 2013.

---

[73] FERRAZ, Luciano; COLOMBAROLI, Bruna. Anulação dos contratos de concessão de serviços de saneamento à luz da LINDB e o controle jurisdicional. In: FORTINI, Cristiana; SALAZAR, Gabriel; MASSARA, Luiz Henrique Nery; CAMPOS, Marcelo Hugo de Oliveira (org.). *Novo Marco Legal do Saneamento Básico*: aspectos administrativos, ambientais, regulatórios e tributários. Belo Horizonte: De Plácido, 2021. p. 227 e ss.

FERRAZ, Luciano. *Controle e consensualidade: Fundamentos para o controle consensual da Administração Pública* (TAG, TAC, SUSPAD, acordos de leniência, acordos substitutivos e instrumentos afins). 2. ed. Belo Horizonte: Fórum, 2020.

FERRAZ, Luciano; COLOMBAROLI, Bruna. Anulação dos contratos de concessão de serviços de saneamento à luz da LINDB e o controle jurisdicional. In: FORTINI, Cristiana; SALAZAR, Gabriel; MASSARA, Luiz Henrique Nery; CAMPOS, Marcelo Hugo de Oliveira (org.). *Novo marco legal do saneamento básico*: aspectos administrativos, ambientais, regulatórios e tributários. Belo Horizonte: De Plácido, 2021.

FORTINI, Cristiana. Contratos de prestação continuada na nova Lei de Licitações e Contratos. Disponível em: https://www.conjur.com.br/2021-abr-08/interesse-publico-contratos-prestacao-continuada-lei-licitacoes. Acesso em: 12 abr. 2021.

FRANÇA, Vladmir Rocha. Alteração dos Contratos Administrativos e seus preços na Lei Federal nº 14.133/2021. In: HARGER, Marcelo (Coord.). *Aspectos polêmicos sobre a nova Lei de Licitações e Contratos Administrativos nº 14.133/2021*. Belo Horizonte: Fórum, 2022.

JÉZE, Gaston. *Princípios Generales de Derecho Administrativo*: la técnica jurídica del derecho público francês. Prefácio del autor a la edición francesa. Buenos Aires: Depalma, 1948.

JUSTEN FILHO, Marçal. *Comentários à Lei de Licitações e Contratos Administrativos*. 16. ed. São Paulo: RT, 2014.

JUSTEN FILHO, Marçal. *Comentários à Lei de Licitações e Contratações Públicas: Lei 14.133/2021*. São Paulo: Thomson Reuters, 2021.

JUSTEN FILHO, Marçal. *Curso de direito administrativo*. 2. ed. São Paulo: Saraiva, 2006.

KRAMER, Evane Biguelman. Cometários aos artigos 151 a 154. In: DAL POZZO, Augusto Neves; CAM-MAROSANO, Márcio; ZOUKCUN, Maurício (Coord.). *Lei de Licitações e Contratos Administrativos Comentada*. São Paulo: Thomson Reuters Brasil, 2021.

MASSARA, Luiz Henrique Nery; CAMPOS, Marcelo Hugo de Oliveira. *Novo marco legal do saneamento básico*: aspectos administrativos, ambientais, regulatórios e tributários. Belo Horizonte: De Plácido, 2021.

MARTINS, Ricardo Marcondes. *Estudos de direito administrativo neoconstitucional*. São Paulo: Malheiros, 2015.

MEIRELLES, Hely Lopes. *Licitação e contrato administrativo*. 11. ed. São Paulo: Malheiros, 1997.

MENEZES ALMEIDA, Fernando Dias. A distinção entre "público" e "privado" aplicada aos contratos celebrados pela Administração. In: DI PIETRO, Maria Sylvia Zanella (org.). *Direito privado administrativo*. São Paulo: Atlas, 2013.

MONCADA, Luis Cabral. *Consenso e autoridade na teoria do contrato administrativo*. Lisboa: Quid Juris, 2012.

MOTTA, Carlos Pinto Coelho. *Eficácia nas licitações e contratos*: estudos e comentários sobre as Leis n. 8.666/93 e 8.987/95, com a redação dada pela Lei n. 9.648, de 27/5/1998. Belo Horizonte: Del Rey, 2002.

NIEBUHR, Joel de Menezes. *Licitação pública e contrato administrativo*. 5. ed. Belo Horizonte: Fórum, 2022.

NOHARA, Irene Patrícia. *Nova Lei de Licitações e Contratos Comparada*. São Paulo: Revista dos Tribunais, 2021.

PORTUGAL, Maurício; SANDE, Felipe. Estudo quantitativo e probabilístico sobre a combinação entre as noções de previsibilidade de eventos e extraordinariedade dos seus impactos: contribuição para a compreensão da função e aplicação das regras sobre equilíbrio econômico-financeiro de contratos administrativos. Disponível em: https://papers.ssrn.com/sol3/papers.cfm?abstract_id=4251145d. Acesso em: 9 jan. 2023.

SILVA, Márcio Heleno da. Contratos administrativos. In: MOTTA, Carlos Pinto Coelho. *Curso de direito administrativo*. 2. ed. Belo Horizonte: Del Rey, 1999.

SILVEIRA, Marilda de Paula. *Segurança jurídica e ato administrativo*: por um regime de transição de avaliação cogente. Orientador: Professor Doutor Florivaldo Dutra de Araújo. 2013. Tese (Doutorado) – Programa de Pós-Graduação em Direito da UFMG, Belo Horizonte, 2013.

TEIXEIRA, Ana Carolina Wanderley. Direitos dos contratos administrativos e suas transformações. *In*: BICALHO, Alécia Paolocci Nogueira; DIAS, Maria Teresa Fonseca (coord.). *Contratações públicas*: estudos em homenagem a Carlos Pinto Coelho Motta. Belo Horizonte: Fórum/Imda/Del Rey, 2013.

TORRES, Ronny Charles Lopes de. *Leis de Licitações Públicas Comentadas*. 11. ed. Salvador: JusPodivm, 2021.

WALD, Arnoldo. Novas tendências do direito administrativo: a flexibilidade no mundo da incerteza. Disponível em: http://bibliotecadigital.fgv.br/ojs/index.php/rda/article/viewFile/46615/4635. Acesso em: 5 maio 2021.

Quadro comparativo

Lei nº 14.133/2021	Leis nºs 8.666/1993, 10.520/2002 e 12.462/2011
Título III Dos Contratos **Administrativos**	**L. 8.666/93** ~~Capítulo III~~ DOS CONTRATOS
CAPÍTULO I DA FORMALIZAÇÃO DOS CONTRATOS	~~Seção II~~ Da Formalização dos Contratos
Art. 89. Os contratos de que trata esta Lei regula**r**-se-**ão** pelas suas cláusulas e pelos preceitos de direito público, **e a eles serão** aplicado**s**, supletivamente, os princípios da teoria geral dos contratos e as disposições de direito privado.	**Art. 54.** Os contratos ~~administrativos~~ de que trata esta Lei regulam-se pelas suas cláusulas e pelos preceitos de direito público, ~~aplicando-se-lhes~~, supletivamente, os princípios da teoria geral dos contratos e as disposições de direito privado.
§ 1º Todo contrato deverá mencionar os nomes das partes e os de seus representantes, a finalidade, o ato que autorizou sua lavratura, o número do processo da licitação ou **da contratação direta e** a sujeição dos contratantes às normas desta Lei e às cláusulas contratuais.	**Art. 61.** Todo contrato deve mencionar os nomes das partes e os de seus representantes, a finalidade, o ato que autorizou a sua lavratura, o número do processo da licitação, ~~da dispensa ou da inexigibilidade,~~ a sujeição dos contratantes às normas desta Lei e às cláusulas contratuais.

Lei nº 14.133/2021	Leis nºˢ 8.666/1993, 10.520/2002 e 12.462/2011
§ 2º Os contratos deverão estabelecer com clareza e precisão as condições para sua execução, expressas em cláusulas que definam os direitos, **as** obrigações e **as** responsabilidades das partes, em conformidade com os termos **do edital** de licitação e **os** da proposta **vencedora** ou com os termos do ato que autorizou **a contratação direta** e **os** da respectiva proposta.	**Art. 54.** [...] § 1º Os contratos devem estabelecer com clareza e precisão as condições para sua execução, expressas em cláusulas que definam os direitos, obrigações e responsabilidades das partes, em conformidade com os termos da licitação e da proposta a que se vinculam. § 2º Os contratos decorrentes de dispensa ou de inexigibilidade de licitação devem atender aos termos do ato que os autorizou e da respectiva proposta.
Art. 90. A Administração convocará regularmente o **licitante vencedor** para assinar o termo de contrato **ou para** aceitar ou retirar o instrumento equivalente, dentro do prazo e nas condições estabelecidas **no edital de licitação**, sob pena de decair o direito à contratação, sem prejuízo das sanções previstas nesta Lei.	**Art. 64.** A Administração convocará regularmente o interessado para assinar o termo de contrato; aceitar ou retirar o instrumento equivalente, dentro do prazo e condições estabelecidos, sob pena de decair o direito à contratação, sem prejuízo das sanções previstas no art. 81 desta Lei.
§ 1º O prazo de convocação poderá ser prorrogado 1 (uma) vez, por igual período, **mediante** solicita**ção da** parte durante seu transcurso**, devidamente justificada,** e desde que **o** motivo **apresentado seja** aceito pela Administração.	§ 1º O prazo de convocação poderá ser prorrogado uma vez, por igual período, quando solicitado pela parte durante o seu transcurso e desde que ocorra motivo justificado aceito pela Administração.
§ 2º **Será** facultado à Administração, quando o convocado não assinar o termo de contrato ou não aceitar ou **não** retirar o instrumento equivalente no prazo e **nas** condições estabelecid**as**, convocar os licitantes remanescentes, na ordem de classificação, para a celebração do contrato nas condições **propostas** pelo licitante vencedor.	§ 2º É facultado à Administração, quando o convocado não assinar o termo de contrato ou não aceitar ou retirar o instrumento equivalente no prazo e condições estabelecidos, convocar os licitantes remanescentes, na ordem de classificação, para fazê-lo em igual prazo e nas mesmas condições propostas pelo primeiro classificado, inclusive quanto aos preços atualizados de conformidade com o ato convocatório, ou revogar a licitação independentemente da cominação prevista no art. 81 desta Lei. **L. 12.462/2011** **Art. 40.** É facultado à administração pública, quando o convocado não assinar o termo de contrato ou não aceitar ou retirar o instrumento equivalente no prazo e condições estabelecidos: I – [...] II – convocar os licitantes remanescentes, na ordem de classificação, para a celebração do contrato nas condições ofertadas pelo licitante vencedor.

Lei n° 14.133/2021	Leis n°s 8.666/1993, 10.520/2002 e 12.462/2011
§ 3° Decorrido **o prazo de validade** da proposta **indicado no edital** sem convocação para a contratação, fica**rão** os licitantes liberados dos compromissos assumidos.	§ 3° Decorridos ~~60 (sessenta) dias da data da entrega~~ das propostas~~,~~ sem convocação para a contratação, ficam os licitantes liberados dos compromissos assumidos.
§ 4° Na hipótese de nenhum dos licitantes aceitar a contratação nos termos do § 2° deste artigo, a Administração, **observados o valor estimado e sua eventual atualização nos termos do edital,** poderá: I – convocar os licitantes remanescentes para **negociação,** na ordem de classificação, **com vistas à obtenção de preço melhor, mesmo que acima do preço do adjudicatário;** II – **adjudicar e** celebra**r** o contrato nas condições ofertadas **pelos licitantes remanescentes, atendida a ordem classificatória, quando frustrada a negociação de melhor condição.**	**L. 12.462/2011** **Art. 40.** [...] ~~Parágrafo único.~~ Na hipótese de nenhum dos licitantes aceitar a contratação nos termos do ~~inciso II do caput~~ deste artigo, a administração ~~pública~~ poderá convocar os licitantes remanescentes, na ordem de classificação, para ~~a celebração~~ do contrato nas condições ofertadas ~~por estes, desde que o respectivo valor seja igual ou inferior ao orçamento estimado para a contratação, inclusive quanto aos preços atualizados nos termos do instrumento convocatório.~~
§ 5° A recusa injustificada do adjudicatário em assinar o contrato **ou em** aceitar ou retirar o instrumento equivalente **no** prazo estabelecido pela Administração caracterizará o descumprimento total da obrigação assumida **e o** sujeita**rá** às penalidades legalmente estabelecidas **e à imediata perda da garantia de proposta em favor do órgão ou entidade licitante.**	**L. 8.666/93** ~~Art. 81.~~ A recusa injustificada do adjudicatário em assinar o contrato~~,~~ aceitar ou retirar o instrumento equivalente~~, dentro do~~ prazo estabelecido pela Administração~~,~~ caracteriza o descumprimento total da obrigação assumida, sujeita~~ndo-o~~ às penalidades legalmente estabelecidas.
§ 6° **A regra do § 5°** não se aplica**rá** aos licitantes **remanescentes** convocados **na forma do inciso I do § 4° deste artigo.**	~~Parágrafo único. O disposto neste artigo~~ não se aplica aos licitantes convocados ~~nos termos do art. 64, § 2° desta Lei, que não aceitarem a contratação, nas mesmas condições propostas pelo primeiro adjudicatário, inclusive quanto ao prazo e preço.~~
§ 7° **Será facultada à Administração a convocação dos demais** licitantes classifica**dos para** a contratação de remanescente de obra, **de** serviço ou **de** fornecimento em consequência de rescisão contratual**,** observa**dos os mesmos critérios estabelecidos nos §§ 2° e 4° deste artigo.**	**L. 8.666/93** **Art. 24 [...]** XI – na contratação de remanescente de obra, serviço ou fornecimento, em consequência de rescisão contratual, ~~desde que atendida a ordem de classificação da licitação anterior e aceitas as mesmas condições oferecidas pelo~~ licitante ~~vencedor, inclusive quanto ao preço, devidamente corrigido;~~ **L. 12.462/2011** **Art. 41.** ~~Na hipótese do inciso XI do art. 24 da Lei no 8.666, de 21 de junho de 1993,~~ a contratação de remanescente de obra, serviço ou ~~fornecimento de bens~~ em consequência de rescisão contratual observará ~~a ordem de~~ classificação ~~dos licitantes remanescentes e as condições por estes ofertadas, desde que não seja ultrapassado o orçamento estimado para a contratação.~~

Lei nº 14.133/2021	Leis nºˢ 8.666/1993, 10.520/2002 e 12.462/2011
§ 8º Na situação de que trata o § 7º deste artigo, é autorizado o aproveitamento, em favor da nova contratada, de eventual saldo a liquidar inscrito em despesas empenhadas ou em restos a pagar não processados. § 9º Se frustradas as providências dos §§ 2º e 4º, o saldo de que trata o § 8º deste artigo poderá ser computado como efetiva disponibilidade para nova licitação, desde que identificada vantajosidade para a administração pública e mantido o objeto programado.	Sem correspondente
Art. 91. Os contratos e seus aditamentos **terão forma escrita e** serão junta**dos a**o processo que **tiver dado** origem à **contratação, divulgados e mantidos à disposição do público em sítio** eletrônico oficial.	**L. 8.666/93** ~~**Art. 60.**~~ Os contratos e seus aditamentos serão ~~lavrados nas repartições interessadas, as quais manterão arquivo cronológico dos seus autógrafos e registro sistemático do seu extrato, salvo os relativos a direitos reais sobre imóveis, que se formalizam por instrumento lavrado em cartório de notas, de tudo juntando-se cópia no processo que lhe deu origem.~~
§ 1º Será admitida a manutenção em sigilo de contratos e de termos aditivos quando imprescindível à segurança da sociedade e do Estado, nos termos da legislação que regula o acesso à informação.	Sem correspondente
§ 2º Contratos relativos a direitos reais sobre imóveis **serão** formaliza**dos** por **escritura pública** lavrada em notas de **tabelião, cujo teor deverá ser divulgado e mantido à disposição do público em sítio eletrônico oficial.**	**L. 8.666/93** ~~**Art. 60.** Os~~ contratos ~~e seus aditamentos serão lavrados nas repartições interessadas, as quais manterão arquivo cronológico dos seus autógrafos e registro sistemático do seu extrato, sal~~vo ~~os~~ relativos a direitos reais sobre imóveis, ~~que~~ se formalizam por ~~instrumento~~ lavrado em ~~cartório de notas, de tudo juntando-se cópia no processo que lhe deu origem.~~
§ 3º Será admitida a forma eletrônica na celebração de contratos e de termos aditivos, atendidas as exigências previstas em regulamento. § 4º Antes de formalizar ou prorrogar o prazo de vigência do contrato, a Administração deverá verificar a regularidade fiscal do contratado, consultar o Cadastro Nacional de Empresas Inidôneas e Suspensas (Ceis) e o Cadastro Nacional de Empresas Punidas (Cnep), emitir as certidões negativas de inidoneidade, de impedimento e de débitos trabalhistas e juntá-las ao respectivo processo.	Sem correspondente

Lei nº 14.133/2021	Leis nºˢ 8.666/1993, 10.520/2002 e 12.462/2011
Art. 92. São necessárias em todo contrato cláusulas que estabeleçam:	**L. 8.666/93** ~~Art. 55.~~ São cláusulas necessárias em todo contrato as que estabeleçam:
I – o objeto e seus elementos característicos;	I – o objeto e seus elementos característicos;
II – a vinculação ao edital de licitação e à proposta do licitante vencedor ou ao **ato** que **tiver autorizado a contratação direta e à respectiva proposta**;	~~XI~~ – a vinculação ao edital de licitação ou ao ~~termo~~ que ~~a dispensou ou a inexigiu, ao convite~~ e à proposta do licitante vencedor;
III – a legislação aplicável à execução do contrato, **inclusive quanto** aos casos omissos;	~~XII~~ – a legislação aplicável à execução do contrato ~~e especialmente~~ aos casos omissos;
IV – o regime de execução ou a forma de fornecimento;	~~II~~ – o regime de execução ou a forma de fornecimento;
V – o preço e as condições de pagamento, os critérios, **a** data-base e **a** periodicidade do reajustamento de preços **e** os critérios de atualização monetária entre a data do adimplemento das obrigações e a do efetivo pagamento;	~~III~~ – o preço e as condições de pagamento, os critérios, data-base e periodicidade do reajustamento de preços; os critérios de atualização monetária entre a data do adimplemento das obrigações e a do efetivo pagamento;
VI – os critérios e a periodicidade da medição, quando for o caso, e o prazo para liquidação e para pagamento;	**Sem correspondente**
VII – os prazos de início d**as** etapas de execução, conclusão, entrega, observação e recebimento definitivo, quando for o caso;	~~IV~~ – os prazos de início d~~e~~ etapas de execução, ~~de~~ conclusão, ~~de~~ entrega, ~~de~~ observação e ~~de~~ recebimento definitivo, conforme o caso;
VIII – o crédito pelo qual correrá a despesa, com a indicação da classificação funcional programática e da categoria econômica;	~~V~~ – o crédito pelo qual correrá a despesa, com a indicação da classificação funcional programática e da categoria econômica;
IX – a matriz de risco, quando for o caso; **X – o prazo para resposta ao pedido de repactuação de preços, quando for o caso;** **XI – o prazo para resposta ao pedido de restabelecimento do equilíbrio econômico-financeiro, quando for o caso;**	**Sem correspondente**
XII – as garantias oferecidas para assegurar sua plena execução, quando exigidas, **inclusive as que forem oferecidas pelo contratado no caso de antecipação de valores a título de pagamento;**	~~VI~~ – as garantias oferecidas para assegurar sua plena execução, quando exigidas;
XIII – o prazo de garantia mínima do objeto, observados os prazos mínimos estabelecidos nesta Lei e nas normas técnicas aplicáveis, e as condições de manutenção e assistência técnica, quando for o caso;	**Sem correspondente**

Lei nº 14.133/2021	Leis nºs 8.666/1993, 10.520/2002 e 12.462/2011
XIV – os direitos e as responsabilidades das partes, as penalidades cabíveis e os valores das multas **e suas bases de cálculo**;	VII – os direitos e as responsabilidades das partes, as penalidades cabíveis e os valores das multas;
XV – as condições de importação **e** a data e a taxa de câmbio para conversão, quando for o caso;	X – as condições de importação, a data e a taxa de câmbio para conversão, quando for o caso;
XVI – a obrigação do contratado de manter, durante toda a execução do contrato, em compatibilidade com as obrigações por ele assumidas, todas as condições **exigidas para a** habilitação na licitação, **ou para a** qualificação, **na contratação direta**;	XIII – a obrigação do contratado de manter, durante toda a execução do contrato, em compatibilidade com as obrigações por ele assumidas, todas as condições ~~de~~ habilitação **e** qualificação ~~exigidas~~ na licitação.
XVII – a obrigação de o contratado cumprir as exigências de reserva de cargos prevista em lei, bem como em outras normas específicas, para pessoa com deficiência, para reabilitado da Previdência Social e para aprendiz;	**Sem correspondente**
XVIII – o modelo de gestão do contrato, observados os requisitos definidos em regulamento;	
XIX – os casos de **extinção**.	VIII – os casos de ~~rescisão~~;
§ **1º** Os contratos celebrados pela Administração Pública com pessoas físicas ou jurídicas, inclusive **as** domiciliadas no **exterior**, deverão **conter** cláusula que declare competente o foro da sede da Administração para dirimir qualquer questão contratual, **ressalvadas as seguintes hipóteses**:	§ 2º ~~Nos~~ contratos celebrados pela Administração Pública com pessoas físicas ou jurídicas, inclusive ~~aquelas~~ domiciliadas no ~~estrangeiro~~, deverá ~~constar necessariamente~~ cláusula que declare competente o foro da sede da Administração para dirimir qualquer questão contratual, ~~salvo o disposto no § 6º do art. 32 desta Lei.~~
I – licitação internacional para a aquisição de bens e serviços cujo pagamento seja feito com o produto de financiamento concedido por organismo financeiro internacional de que o Brasil faça parte ou por agência estrangeira de cooperação;	**L. 8.666/93**
II – contratação com empresa estrangeira para a compra de equipamentos fabricados e entregues no exterior **precedida de** autorização do Chefe do Poder Executivo;	**Art. 32.** [...]
III – aquisição de bens e serviços realizada por unidades administrativas com sede no exterior.	§ 6º ~~O disposto no § 4º deste artigo, no § 1º do art. 33 e no § 2º do art. 55, não se aplica às~~ licitações internacionais para a aquisição de bens e serviços cujo pagamento seja feito com o produto de financiamento concedido por organismo financeiro internacional de que o Brasil faça parte, ou por agência estrangeira de cooperação, ~~nem nos casos de~~ contratação com empresa estrangeira, para a compra de equipamentos fabricados e entregues no exterior, ~~desde que para este caso tenha havido prévia autorização~~ do Chefe do Poder Executivo, ~~nem nos casos de~~ aquisição de bens e serviços realizada por unidades administrativas com sede no exterior.

Lei nº 14.133/2021	Leis nºs 8.666/1993, 10.520/2002 e 12.462/2011
§ 2º De acordo com as peculiaridades de seu objeto e de seu regime de execução, o contrato conterá cláusula que preveja período antecedente à expedição da ordem de serviço para verificação de pendências, liberação de áreas ou adoção de outras providências cabíveis para a regularidade do início de sua execução.	Sem correspondente
§ 3º Independentemente do prazo de duração, o contrato deverá conter cláusula que estabeleça o índice de reajustamento de preço, com data-base vinculada à data do orçamento estimado, e poderá ser estabelecido mais de um índice específico ou setorial, em conformidade com a realidade de mercado dos respectivos insumos.	L. 8.666/93 Art. 40 [...] XI – critério de reajuste, que deverá retratar a variação efetiva do custo de produção, admitida a adoção de índices específicos ou setoriais, desde a data prevista para apresentação da proposta, ou do orçamento a que essa proposta se referir, até a data do adimplemento de cada parcela;
§ 4º Nos contratos de serviços contínuos, observado o interregno mínimo de 1 (um) ano, o critério de reajustamento de preços será por: I – reajustamento em sentido estrito, quando não houver regime de dedicação exclusiva de mão de obra ou predominância de mão de obra, mediante previsão de índices específicos ou setoriais; II – repactuação, quando houver regime de dedicação exclusiva de mão de obra ou predominância de mão de obra, mediante demonstração analítica da variação dos custos. § 5º Nos contratos de obras e serviços de engenharia, sempre que compatível com o regime de execução, a medição será mensal. § 6º Nos contratos para serviços contínuos com regime de dedicação exclusiva de mão de obra ou com predominância de mão de obra, o prazo para resposta ao pedido de repactuação de preços será preferencialmente de 1 (um) mês, contado da data do fornecimento da documentação prevista no § 6º do art. 135 desta Lei. § 7º Para efeito do disposto nesta Lei, consideram-se como adimplemento da obrigação contratual a prestação do serviço, a realização da obra ou a entrega do bem, ou parcela destes, bem como qualquer outro evento contratual a cuja ocorrência esteja vinculada a emissão de documento de cobrança.	Sem correspondente

Lei nº 14.133/2021	Leis nᵒˢ 8.666/1993, 10.520/2002 e 12.462/2011
Art. 93. **Nas contratações de projetos ou de** serviços técnicos especializados, **inclusive daqueles que contemplem o desenvolvimento de programas e aplicações de internet para computadores, máquinas, equipamentos e dispositivos de tratamento e de comunicação da informação (*software*) – e a respectiva documentação técnica associada –, o autor deverá** ceder **todos** os direitos patrimoniais a eles relativos **para a Administração Pública, hipótese em que poderão ser livremente utilizados e alterados por ela em outras ocasiões, sem necessidade de nova autorização de seu autor.**	L. 8.666/93 ~~Art. 111. A Administração só poderá contratar, pagar, premiar ou receber projeto ou~~ serviço técnico especializado ~~desde que o autor~~ ceda os direitos patrimoniais a ele relativos ~~e a Administração possa utilizá-lo de acordo com o previsto no regulamento de concurso ou no ajuste para sua elaboração.~~
§ 1º Quando o projeto se referir a obra imaterial de caráter tecnológico, insuscetível de privilégio, a cessão dos direitos **a que se refere o *caput* deste artigo** incluirá o fornecimento de todos os dados, documentos e elementos de informação pertinente à tecnologia de concepção, desenvolvimento, fixação em suporte físico de qualquer natureza e aplicação da obra.	Parágrafo único. Quando o projeto referir-se a obra imaterial de caráter tecnológico, insuscetível de privilégio, a cessão dos direitos incluirá o fornecimento de todos os dados, documentos e elementos de informação pertinentes à tecnologia de concepção, desenvolvimento, fixação em suporte físico de qualquer natureza e aplicação da obra.
§ 2º É facultado à Administração Pública deixar de exigir a cessão de direitos a que se refere o *caput* deste artigo quando o objeto da contratação envolver atividade de pesquisa e desenvolvimento de caráter científico, tecnológico ou de inovação, considerados os princípios e os mecanismos instituídos pela Lei nº 10.973, de 2 de dezembro de 2004. **§ 3º Na hipótese de posterior alteração do projeto pela Administração Pública, o autor deverá ser comunicado, e os registros serão promovidos nos órgãos ou entidades competentes.**	**Sem correspondente**
Art. 94. **A divulgação no Portal Nacional de Contratações Públicas (PNCP) é condição indispensável para a eficácia do** contrato **e de** seus aditamentos **e deverá ocorrer nos seguintes prazos, contados da data de sua assinatura:** I – **20** (vinte) dias **úteis, no caso de licitação;** II – **10 (dez) dias úteis, no caso de contratação direta.**	L. 8.666/93 **Art. 61 [...]** ~~Parágrafo único. A publicação resumida do instrumento de~~ contrato ou de seus aditamentos ~~na imprensa oficial, que é condição indispensável para sua eficácia, será providenciada pela Administração até o quinto dia útil do mês seguinte ao de sua assinatura, para ocorrer no prazo de vinte dias daquela data, qualquer que seja o seu valor, ainda que sem ônus, ressalvado o disposto no art. 26 desta Lei.~~

Lei nº 14.133/2021	Leis nºs 8.666/1993, 10.520/2002 e 12.462/2011
§ 1º Os contratos celebrados em caso de urgência terão eficácia a partir de sua assinatura e deverão ser publicados nos prazos previstos nos incisos I e II do *caput* deste artigo, sob pena de nulidade. § 2º A divulgação de que trata o *caput* deste artigo, quando referente à contratação de profissional do setor artístico por inexigibilidade, deverá identificar os custos do cachê do artista, dos músicos ou da banda, quando houver, do transporte, da hospedagem, da infraestrutura, da logística do evento e das demais despesas específicas. § 3º No caso de obras, a Administração divulgará em sítio eletrônico oficial, em até 25 (vinte e cinco) dias úteis após a assinatura do contrato, os quantitativos e os preços unitários e totais que contratar e, em até 45 (quarenta e cinco) dias úteis após a conclusão do contrato, os quantitativos executados e os preços praticados.	Sem correspondente
§ 4º A contratada deverá divulgar em seu sítio eletrônico e manter à disposição do público, no prazo previsto nos incisos I e II do *caput* deste artigo, o inteiro teor dos contratos de que trata esta Lei e de seus aditamentos. (VETADO)	Art. 31 [...] § 2º O leilão será precedido da divulgação do edital em sítio eletrônico oficial, que conterá:
§ 5º Não se aplica o disposto no § 4º deste artigo às microempresas e às empresas de pequeno porte, a que se refere a Lei Complementar nº 123, de 14 de dezembro de 2006. (VETADO)	Sem correspondente
Art. 95. O instrumento de contrato é obrigatório, **salvo nas seguintes hipóteses,** em que a Administração **poderá** substituí-lo por outro instrumento hábil, como carta-contrato, nota de empenho de despesa, autorização de compra ou ordem de execução de serviço:	**L. 8.666/93** **Art. 62.** O instrumento de contrato é obrigatório nos casos de concorrência e de tomada de preços, bem como nas dispensas e inexigibilidades cujos preços estejam compreendidos nos limites destas duas modalidades de licitação, e facultativo nos demais em que a Administração puder substituí-lo por outros instrumentos hábeis, tais como carta-contrato, nota de empenho de despesa, autorização de compra ou ordem de execução de serviço.
I – dispensa de licitação em razão de valor;	Sem correspondente

Lei nº 14.133/2021	Leis nºs 8.666/1993, 10.520/2002 e 12.462/2011
II – compras com entrega imediata e integral dos bens adquiridos e dos quais não resultem obrigações futuras, inclusive **quanto a** assistência técnica, independentemente de seu valor.	§ 4º É dispensável o "termo de contrato" e facultada a substituição prevista neste artigo, a critério da Administração e independentemente de seu valor, nos casos de compra com entrega imediata e integral dos bens adquiridos, dos quais não resultem obrigações futuras, inclusive assistência técnica.
§ 1º Às hipóteses de substituição do instrumento de contrato, aplica-se, no que couber, o disposto no art. 92 desta Lei.	Sem correspondente
§ 2º É nulo e de nenhum efeito o contrato verbal com a Administração, salvo o de pequenas compras **ou o de prestação de serviços** de pronto pagamento, assim entendidos aqueles de valor não superior a **R$ 11.981,20 (onze mil novecentos e oitenta e um reais e vinte centavos – Dec. 11.871/2023).**	L. 8.666/93 **Art. 60. [...]** Parágrafo único. É nulo e de nenhum efeito o contrato verbal com a Administração, salvo o de pequenas compras de pronto pagamento, assim entendidas aquelas de valor não superior a 5% (cinco por cento) do limite estabelecido no art. 23, inciso II, alínea "a" desta Lei, feitas em regime de adiantamento.
CAPÍTULO II **DAS GARANTIAS**	Sem correspondente
Art. 96. A critério da autoridade competente, em cada caso, poderá ser exigida, **mediante** previs**ão** no **edital,** prestação de garantia nas contratações de obras, serviços e fornecimentos.	L. 8.666/93 **Art. 56.** A critério da autoridade competente, em cada caso, e desde que prevista no instrumento convocatório, poderá ser exigida prestação de garantia nas contratações de obras, serviços e compras.
§ 1º Caberá ao contratado optar por uma das seguintes modalidades de garantia:	§ 1º Caberá ao contratado optar por uma das seguintes modalidades de garantia:
I – caução em dinheiro ou em títulos da dívida pública emitidos sob a forma escritural, mediante registro em sistema centralizado de liquidação e de custódia autorizado pelo Banco Central do Brasil, e avaliados **por** seus valores econômicos, conforme definido pelo Ministério da **Economia;**	I – caução em dinheiro ou em títulos da dívida pública, devendo estes ter sido emitidos sob a forma escritural, mediante registro em sistema centralizado de liquidação e de custódia autorizado pelo Banco Central do Brasil e avaliados pelos seus valores econômicos, conforme definido pelo Ministério da Fazenda;
II – seguro-garantia;	II – seguro-garantia;

Lei nº 14.133/2021	Leis nºˢ 8.666/1993, 10.520/2002 e 12.462/2011
III – fiança bancária **emitida por banco ou instituição financeira devidamente autorizada a operar no País pelo Banco Central do Brasil;**	III – fiança bancária.
IV – título de capitalização custeado por pagamento único, com resgate pelo valor total.	Sem correspondente

IV – título de capitalização custeado por pagamento único, com resgate pelo valor total.

§ 2º Na hipótese de suspensão do contrato por ordem ou inadimplemento da Administração, o contratado ficará desobrigado de renovar a garantia ou de endossar a apólice de seguro até a ordem de reinício da execução ou o adimplemento pela Administração.

§ 3º O edital fixará prazo mínimo de 1 (um) mês, contado da data de homologação da licitação e anterior à assinatura do contrato, para a prestação da garantia pelo contratado quando optar pela modalidade prevista no inciso II do § 1º deste artigo.

Art. 97. **O seguro-garantia tem por objetivo garantir o fiel cumprimento das obrigações assumidas pelo contratado perante à Administração, inclusive as multas, os prejuízos e as indenizações decorrentes de inadimplemento, observadas as seguintes regras nas contratações regidas por esta Lei:**

I – o prazo de vigência da apólice será igual ou superior ao prazo estabelecido no contrato principal e deverá acompanhar as modificações referentes à vigência deste mediante a emissão do respectivo endosso pela seguradora;

II – o seguro-garantia continuará em vigor mesmo se o contratado não tiver pago o prêmio nas datas convencionadas.

Parágrafo único. Nos contratos de execução continuada ou de fornecimento contínuo de bens e serviços, será permitida a substituição da apólice de seguro-garantia na data de renovação ou de aniversário, desde que mantidas as mesmas condições e coberturas da apólice vigente e desde que nenhum período fique descoberto, ressalvado o disposto no § 2º do art. 96 desta Lei.

Lei nº 14.133/2021	Leis nºs 8.666/1993, 10.520/2002 e 12.462/2011
Art. 98. **Nas contratações de** obras, serviços e fornecimentos**, a** garantia **poderá ser de até 5% (cinco por cento)** do valor **inicial** do contrato, **autorizada a majoração desse percentual** para até 10% (dez por cento), desde que justificada mediante análise da complexidade técnica e dos riscos envolvidos.	**L. 8.666/93** ~~**Art. 56.** [...]~~ ~~§ 2º A Administração, nas compras para entrega futura e na execução de obras e serviços, poderá estabelecer, no instrumento convocatório da licitação, a exigência de capital mínimo ou de patrimônio líquido mínimo, ou ainda as garantias previstas no § 1º do art. 56 desta Lei, como dado objetivo de comprovação da qualificação econômico-financeira dos licitantes e para efeito de garantia ao adimplemento do contrato a ser ulteriormente celebrado.~~ ~~§ 3º O capital mínimo ou o valor do patrimônio líquido a que se refere o parágrafo anterior não poderá exceder a 10% (dez por cento) do valor estimado da contratação, devendo a comprovação ser feita relativamente à data da apresentação da proposta, na forma da lei, admitida a atualização para esta data através de índices oficiais.~~
Parágrafo único. Nas contratações de serviços e fornecimentos contínuos com vigência superior a 1 (um) ano, assim como nas subsequentes prorrogações, será utilizado o valor anual do contrato para definição e aplicação dos percentuais previstos no *caput* deste artigo. Art. 99. **Nas contratações de obras e serviços de engenharia de grande vulto, poderá ser exigida a prestação de garantia, na modalidade seguro-garantia, com cláusula de retomada prevista no art. 102 desta Lei, em percentual equivalente a até 30% (trinta por cento) do valor inicial do contrato.**	**Sem correspondente**
Art. 100. A garantia prestada pelo contratado será liberada ou restituída após a **fiel** execução do contrato **ou após a sua extinção por culpa exclusiva da Administração,** e, quando em dinheiro, atualizada monetariamente.	**L. 8.666/93** **Art. 56.** [...] ~~§ 4º~~ A garantia prestada pelo contratado será liberada ou restituída após a execução do contrato e, quando em dinheiro, atualizada monetariamente.
Art. 101. Nos casos de contratos que **impliquem** a entrega de bens pela Administração, dos quais o contratado ficará depositário, o valor desses bens deverá ser acrescido ao valor da garantia.	~~§ 5º~~ Nos casos de contratos que ~~importem na~~ entrega de bens pela Administração, dos quais o contratado ficará depositário, ao valor da garantia deverá ser acrescido o valor desses bens.

Lei nº 14.133/2021	Leis nºs 8.666/1993, 10.520/2002 e 12.462/2011
Art. 102. **Na contratação de obras e serviços de engenharia, o edital poderá exigir a prestação da garantia na modalidade seguro-garantia e prever a obrigação de a seguradora, em caso de inadimplemento pelo contratado, assumir a execução e concluir o objeto do contrato, hipótese em que:**	Sem correspondente
I – a seguradora deverá firmar o contrato, inclusive os aditivos, como interveniente anuente, e poderá:	
a) ter livre acesso às instalações em que for executado o contrato principal;	
b) acompanhar a execução do contrato principal;	
c) ter acesso a auditoria técnica e contábil;	
d) requerer esclarecimentos ao responsável técnico pela obra ou pelo fornecimento;	
II – a emissão de empenho em nome da seguradora, ou a quem ela indicar para a conclusão do contrato, será autorizada desde que demonstrada sua regularidade fiscal;	
III – a seguradora poderá subcontratar a conclusão do contrato, total ou parcialmente.	
Parágrafo único. Na hipótese de inadimplemento do contratado, serão observadas as seguintes disposições:	
I – caso a seguradora execute e conclua o objeto do contrato, estará isenta da obrigação de pagar a importância segurada indicada na apólice;	
II – caso a seguradora não assuma a execução do contrato, pagará a integralidade da importância segurada indicada na apólice.	
CAPÍTULO III **DA ALOCAÇÃO DE RISCOS**	
Art. 103. **O contrato poderá identificar os** riscos **contratuais previstos e presumíveis e prever matriz de alocação de riscos, alocando-os entre** contratante e contratado, **mediante indicação daqueles a serem assumidos pelo setor público ou pelo setor privado ou daqueles a serem compartilhados.**	**Lei 12.462/2011** **Art. 9º** [...] § 5º Se o anteprojeto contemplar matriz de alocação de riscos entre a administração pública e o contratado, o valor estimado da contratação poderá considerar taxa de risco compatível com o objeto da licitação e as contingências atribuídas ao contratado, de acordo com metodologia predefinida pela entidade contratante.

Lei nº 14.133/2021	Leis nos 8.666/1993, 10.520/2002 e 12.462/2011
§ 1º A alocação de riscos de que trata o *caput* deste artigo considerará, em compatibilidade com as obrigações e os encargos atribuídos às partes no contrato, a natureza do risco, o beneficiário das prestações a que se vincula e a capacidade de cada setor para melhor gerenciá-lo.	Sem correspondente
§ 2º Os riscos que tenham cobertura oferecida por seguradoras serão preferencialmente transferidos ao contratado.	
§ 3º A alocação dos riscos contratuais será quantificada para fins de projeção dos reflexos de seus custos no valor estimado da contratação.	
§ 4º A matriz de alocação de riscos definirá o equilíbrio econômico-financeiro inicial do contrato em relação a eventos supervenientes e deverá ser observada na solução de eventuais pleitos das partes.	
§ 5º Sempre que atendidas as condições do contrato e da matriz de alocação de riscos, será considerado mantido o equilíbrio econômico-financeiro, renunciando as partes aos pedidos de restabelecimento do equilíbrio relacionados aos riscos assumidos, exceto no que se refere:	
I – às alterações unilaterais determinadas pela Administração, nas hipóteses do inciso I do *caput* do art. 124 desta Lei;	
II – ao aumento ou à redução, por legislação superveniente, dos tributos diretamente pagos pelo contratado em decorrência do contrato.	
§ 6º Na alocação de que trata o *caput* deste artigo, poderão ser adotados métodos e padrões usualmente utilizados por entidades públicas e privadas, e os ministérios e secretarias supervisores dos órgãos e das entidades da Administração Pública poderão definir os parâmetros e o detalhamento dos procedimentos necessários a sua identificação, alocação e quantificação financeira.	
<div align="center">**CAPÍTULO IV** **DAS PRERROGATIVAS** **DA ADMINISTRAÇÃO**</div>	
Art. 104. O regime jurídico dos contratos instituído por esta Lei confere à Administração, em relação a eles, as prerrogativas de:	**L. 8.666/93** ~~Art. 58.~~ O regime jurídico dos contratos ~~administrativos~~ instituído por esta Lei confere à Administração, em relação a eles, a prerrogativa de:

Lei nº 14.133/2021	Leis nºˢ 8.666/1993, 10.520/2002 e 12.462/2011
I – modificá-los, unilateralmente, para melhor adequação às finalidades de interesse público, respeitados os direitos do contratado;	I – modificá-los, unilateralmente, para melhor adequação às finalidades de interesse público, respeitados os direitos do contratado;
II – **extingui**-los, unilateralmente, nos casos especificados **n**esta Lei;	II – ~~rescindi~~-los, unilateralmente, nos casos especificados ~~no inciso I do art. 79~~ desta Lei;
III – fiscalizar **sua** execução;	III – fiscalizar ~~lhes a~~ execução;
IV – aplicar sanções motivadas pela inexecução total ou parcial do ajuste;	IV – aplicar sanções motivadas pela inexecução total ou parcial do ajuste;
V – ocupar provisoriamente bens móveis **e** imóveis **e utilizar** pessoal e serviços vinculados ao objeto do contrato na**s** hipótese**s** d**e**: a) **risco à prestação de serviços essenciais;** b) necessidade de acautelar apuração administrativa de faltas contratuais pelo contratado, **inclusive após extinção** do contrato.	V – ~~nos casos de serviços essenciais,~~ ocupar provisoriamente bens móveis, imóveis, pessoal e serviços vinculados ao objeto do contrato, na hipótese da necessidade de acautelar apuração administrativa de faltas contratuais pelo contratado, ~~bem como na hipótese de rescisão~~ do contrato ~~administrativo.~~
§ 1º As cláusulas econômico-financeiras e monetárias dos contratos não poderão ser alteradas sem prévia concordância do contratado.	§ 1º As cláusulas econômico-financeiras e monetárias dos contratos ~~administrativos~~ não poderão ser alteradas sem prévia concordância do contratado.
§ 2º Na hipótese **prevista n**o inciso I **do** *caput* deste artigo, as cláusulas econômico-financeiras do contrato deverão ser revistas para que se mantenha o equilíbrio contratual.	§ 2º Na hipótese ~~do~~ inciso I deste artigo, as cláusulas econômico-financeiras do contrato deverão ser revistas para que se mantenha o equilíbrio contratual.
CAPÍTULO V **DA DURAÇÃO DOS CONTRATOS**	**Sem correspondente**
Art. 105. A duração dos contratos regidos por esta Lei **será a prevista em edital, e deverão ser observadas, no momento da contratação e a cada exercício financeiro, a disponibilidade de** créditos orçamentários, **bem como a previsão no plano plurianual, quando ultrapassar 1 (um) exercício financeiro.**	**L. 8.666/93** **Art. 57.** A duração dos contratos regidos por esta Lei ficará adstrita à ~~vigência dos respectivos~~ créditos orçamentários, ~~exceto quanto aos relativos~~:
Parágrafo único. Não serão objeto de cancelamento automático os restos a pagar vinculados a contratos de duração plurianual, senão depois de encerrada a vigência destes, nem os vinculados a contratos rescindidos, nos casos dos §§ 8º e 9º do art. 90 desta Lei.	**Sem correspondente**

Lei nº 14.133/2021	Leis nos 8.666/1993, 10.520/2002 e 12.462/2011
Art. 106. **A Administração poderá celebrar contratos com prazo de até 5 (cinco) anos nas hipóteses** de serviços **e fornecimentos** contínu**os, observadas as seguintes diretrizes:**	II – à prestação de serviços a serem executados de forma contínua, que poderão ter a sua duração prorrogada por iguais e sucessivos períodos com vistas à obtenção de preços e condições mais vantajosas para a administração, limitada a sessenta meses;
I – a autoridade competente do órgão ou entidade contratante deverá atestar a maior vantagem econômica vislumbrada em razão da contratação plurianual; **II – a Administração deverá atestar, no início da contratação e de cada exercício, a existência de créditos orçamentários vinculados à contratação e a vantagem em sua manutenção;** **III – a Administração terá a opção de extinguir o contrato, sem ônus, quando não dispuser de créditos orçamentários para sua continuidade ou quando entender que o contrato não mais lhe oferece vantagem.** **§ 1º A extinção mencionada no inciso III do** *caput* **deste artigo ocorrerá apenas na próxima data de aniversário do contrato e não poderá ocorrer em prazo inferior a 2 (dois) meses, contado da referida data.**	Sem correspondente
§ 2º Aplica-se o disposto neste artigo ao aluguel de equipamentos e à utilização de programas de informática.	IV – ao aluguel de equipamentos e à utilização de programas de informática, podendo a duração estender-se pelo prazo de até 48 (quarenta e oito) meses após o início da vigência do contrato.
Art. 107. **Os contratos de** serviços **e forneci-mentos** contínu**os** poderão **ser** prorrogad**os su-cessiv**amente, **respeitada a vigência máxima decenal, desde que haja previsão em edital e que a autoridade competente ateste que as condições e os preços permanecem** vantajosos para a Administração, **permitida a negociação com o contratado ou a extinção contratual sem ônus para qualquer das partes.**	Art. 57. A duração dos contratos regidos por esta Lei ficará adstrita à vigência dos respectivos créditos orçamentários, exceto quanto aos relativos: II – à prestação de serviços a serem executados de forma contínua, que poderão ter a sua duração prorrogada por iguais e sucessivos períodos com vistas à obtenção de preços e condições mais vantajosas para a administração, limitada a sessenta meses;
Art. 108. **A Administração poderá celebrar** contratos **com prazo de até 10 (dez) anos nas** hipóteses previstas **nas alíneas "f" e "g" do inci-so IV e** nos incisos **V, VI, XII e XVI do** *caput* **do art. 75 desta Lei.**	V – às hipóteses previstas nos incisos IX, XIX, XXVIII e XXXI do art. 24, cujos contratos poderão ter vigência por até 120 (cento e vinte) meses, caso haja interesse da administração.

Lei nº 14.133/2021	Leis nºˢ 8.666/1993, 10.520/2002 e 12.462/2011
Art. 109. **A Administração poderá estabelecer a** vigência **por** prazo indeterminado **nos** contratos **em que seja usuária de serviço público oferecido em regime de monopólio, desde que comprovada, a cada exercício financeiro, a existência de créditos orçamentários vinculados à contratação.**	Art. 57. [...] ~~§ 3º É vedado o~~ contrato ~~com~~ prazo ~~de~~ vigência indeterminado.
Art. 110. **Na contratação que gere receita e no contrato de eficiência que gere economia para a Administração, os prazos serão de:** I – **até 10 (dez) anos, nos contratos sem investimento;** II – **até 35 (trinta e cinco) anos, nos contratos com investimento, assim considerados aqueles que impliquem a elaboração de benfeitorias permanentes, realizadas exclusivamente a expensas do contratado, que serão revertidas ao patrimônio da Administração Pública ao término do contrato.** Art. 111. **Na contratação que previr a conclusão de escopo predefinido, o prazo de vigência será automaticamente prorrogado quando seu objeto não for concluído no período firmado no contrato.** **Parágrafo único. Quando a não conclusão decorrer de culpa do contratado:** I – **o contratado será constituído em mora, aplicáveis a ele as respectivas sanções administrativas;** II – **a Administração poderá optar pela extinção do contrato e, nesse caso, adotará as medidas admitidas em lei para a continuidade da execução contratual.** Art. 112. **Os prazos contratuais previstos nesta Lei não excluem nem revogam os prazos contratuais previstos em lei especial.** Art. 113. **O contrato firmado sob o regime de fornecimento e prestação de serviço associado terá sua vigência máxima definida pela soma do prazo relativo ao fornecimento inicial ou à entrega da obra com o prazo relativo ao serviço de operação e manutenção, este limitado a 5 (cinco) anos contados da data de recebimento do objeto inicial, autorizada a prorrogação na forma do art. 107 desta Lei.** Art. 114. **O contrato que previr a operação continuada de sistemas estruturantes de tecnologia da informação poderá ter vigência máxima de 15 (quinze) anos.**	Sem correspondente

Lei nº 14.133/2021	Leis nºs 8.666/1993, 10.520/2002 e 12.462/2011
CAPÍTULO VI DA EXECUÇÃO DOS CONTRATOS	**L. 8.666/93** ~~Seção IV~~ Da Execução dos Contratos
Art. 115. O contrato deverá ser executado fielmente pelas partes, de acordo com as cláusulas avençadas e as normas desta Lei, **e cada parte** responde**rá** pelas consequências de sua inexecução total ou parcial.	~~Art. 66.~~ O contrato deverá ser executado fielmente pelas partes, de acordo com as cláusulas avençadas e as normas desta Lei, ~~respondendo cada uma~~ pelas consequências de sua inexecução total ou parcial.
§ 1º É proibido à Administração retarda**r** imotiva**d**amente a execução de obra ou serviço, ou de suas parcelas**, inclusive na hipótese de posse do respectivo chefe do Poder Executivo ou de novo titular no órgão ou entidade contratante.**	**Art. 8º [...]** ~~Parágrafo único.~~ É proibido ~~o~~ retardamento imotivado ~~da~~ execução de obra ou serviço, ou de suas parcelas, ~~se existente previsão orçamentária para sua execução total, salvo insuficiência financeira ou comprovado motivo de ordem técnica, justificados em despacho circunstanciado da autoridade a que se refere o art. 26 desta Lei.~~
~~§ 2º Nas contratações de obras, a expedição da ordem de serviço para execução de cada etapa será obrigatoriamente precedida de depósito em conta vinculada dos recursos financeiros necessários para custear as despesas correspondentes à etapa a ser executada.~~ **(VETADO)** ~~§ 3º São absolutamente impenhoráveis os valores depositados na conta vinculada a que se refere o § 2º deste artigo.~~ **(VETADO)** **§ 4º Nas contratações de obras e serviços de engenharia, sempre que a responsabilidade pelo licenciamento ambiental for da Administração, a manifestação prévia ou licença prévia, quando cabíveis, deverão ser obtidas antes da divulgação do edital.**	**Sem correspondente**
§ 5º **Em caso de** impedimento, ordem de paralisação ou suspensão do contrato, o cronograma de execução será prorrogado automaticamente **pelo** tempo **correspondente, anotadas tais circunstâncias mediante simples apostila.**	**L. 8.666/93** **Art. 79. [...]** § 5º ~~Ocorrendo~~ impedimento, paralisação ou sustação do contrato, o cronograma de execução será prorrogado automaticamente ~~por igual~~ tempo.
§ 6º Nas contratações de obras, verificada a ocorrência do disposto no § 5º deste artigo por mais de 1 (um) mês, a Administração deverá divulgar, em sítio eletrônico oficial e em placa a ser afixada em local da obra de fácil visualização pelos cidadãos, aviso público de obra paralisada, com o motivo e o responsável pela inexecução temporária do objeto do contrato e a data prevista para o reinício da sua execução.	**Sem correspondente**

Lei nº 14.133/2021	Leis nºˢ 8.666/1993, 10.520/2002 e 12.462/2011
§ 7º Os textos com as informações de que trata o § 6º deste artigo deverão ser elaborados pela Administração.	Sem correspondente
Art. 116. **Ao longo de tod**a a execução do contrato, **o contratado** deverá cumprir a reserva de cargos prevista em lei para pessoa com deficiência, para reabilitado da Previdência Social **ou para aprendiz,** bem como as **reservas de cargos previstas em outras normas específicas.**	Art. 66-A. As empresas enquadradas no inciso V do § 2º e no inciso II do § 5º do art. 3º desta Lei deverão cumprir, durante todo o período de execução do contrato, a reserva de cargos prevista em lei para pessoa com deficiência ou para reabilitado da Previdência Social, bem como as regras de acessibilidade previstas na legislação.
Parágrafo único. Sempre que solicitado pela Administração, o contratado deverá comprovar o cumprimento da reserva de cargos a que se refere o *caput* **deste artigo, com a indicação dos empregados que preencherem as referidas vagas.**	Sem correspondente
Art. 117. A execução do contrato deverá ser acompanhada e fiscalizada por **1** (um) **ou mais fiscais do contrato,** representantes da Administração especialmente designado**s conforme requisitos estabelecidos no art. 7º desta Lei, ou pelos respectivos substitutos,** permitida a contratação de terceiros para assisti-lo**s** e subsidiá-lo**s com** informações pertinentes a essa atribuição.	Art. 67. A execução do contrato deverá ser acompanhada e fiscalizada por um representante da Administração especialmente designado, permitida a contratação de terceiros para assisti-lo e subsidiá-lo de informações pertinentes a essa atribuição.
§ 1º **O fiscal do contrato** anotará em registro próprio todas as ocorrências relacionadas **à** execução do contrato, determinando o que for necessário **para a** regularização das faltas ou **dos** defeitos observados.	§ 1º O representante da Administração anotará em registro próprio todas as ocorrências relacionadas com a execução do contrato, determinando o que for necessário à regularização das faltas ou defeitos observados.
§ 2º **O fiscal do contrato informará** a seus superiores, em tempo hábil para a adoção das medidas convenientes, **a situação que demandar** decis**ão ou** providência que ultrapasse **sua** competência.	§ 2º As decisões e providências que ultrapassarem a competência do representante deverão ser solicitadas a seus superiores em tempo hábil para a adoção das medidas convenientes.
§ 3º O fiscal do contrato será auxiliado pelos órgãos de assessoramento jurídico e de controle interno da Administração, que deverão dirimir dúvidas e subsidiá-lo com informações relevantes para prevenir riscos na execução contratual. **§ 4º Na hipótese da contratação de terceiros prevista no** *caput* **deste artigo, deverão ser observadas as seguintes regras:**	Sem correspondente

Lei nº 14.133/2021	Leis nºˢ 8.666/1993, 10.520/2002 e 12.462/2011
I – a empresa ou o profissional contratado assumirá responsabilidade civil objetiva pela veracidade e pela precisão das informações prestadas, firmará termo de compromisso de confidencialidade e não poderá exercer atribuição própria e exclusiva de fiscal de contrato; II – a contratação de terceiros não eximirá de responsabilidade o fiscal do contrato, nos limites das informações recebidas do terceiro contratado.	Sem correspondente
Art. 118. O contratado deverá manter preposto aceito pela Administração no local da obra ou do serviço para representá-lo na execução do contrato.	Art. 68. O contratado deverá manter preposto, aceito pela Administração, no local da obra ou serviço, para representá-lo na execução do contrato.
Art. 119. O contratado **será** obrigado a reparar, corrigir, remover, reconstruir ou substituir, **a** suas expensas, no total ou em parte, o objeto do contrato em que se verificarem vícios, defeitos ou incorreções resultantes d**e sua** execução ou de materiais **nela** empregados.	Art. 69. O contratado é obrigado a reparar, corrigir, remover, reconstruir ou substituir, às suas expensas, no total ou em parte, o objeto do contrato em que se verificarem vícios, defeitos ou incorreções resultantes da execução ou de materiais empregados.
Art. 120. O contratado **será** responsável pelos danos causados diretamente à Administração ou a terceiros **em razão d**a execução do contrato, **e não excluirá nem** reduzirá essa responsabilidade a fiscalização ou o acompanhamento pelo **contratante**.	Art. 70. O contratado é responsável pelos danos causados diretamente à Administração ou a terceiros, ~~decorrentes de sua culpa ou dolo~~ na execução do contrato, não excluindo ~~ou~~ reduzindo essa responsabilidade a fiscalização ou o acompanhamento pelo ~~órgão interessado~~.
Art. 121. **Somente** o contratado **será** responsável pelos encargos trabalhistas, previdenciários, fiscais e comerciais resultantes da execução do contrato.	Art. 71. O contratado é responsável pelos encargos trabalhistas, previdenciários, fiscais e comerciais resultantes da execução do contrato.
§ 1º A inadimplência do contratado **em relação** aos encargos trabalhistas, fiscais e comerciais não transfer**irá** à Administração a responsabilidade **pelo** seu pagamento **e não** poderá onerar o objeto do contrato **nem** restringir a regularização e o uso das obras e **das** edificações, inclusive perante o registro de imóveis, **ressalvada a hipótese prevista no § 2º deste artigo.**	§ 1º A inadimplência do contratado, ~~com referência~~ aos encargos trabalhistas, fiscais e comerciais não transfere à Administração ~~Pública~~ a responsabilidade ~~por~~ seu pagamento, ~~nem~~ poderá onerar o objeto do contrato ~~ou~~ restringir a regularização e o uso das obras e edificações, inclusive perante o Registro de Imóveis.
§ 2º Exclusivamente nas contratações de serviços contínuos com regime de dedicação exclusiva de mão de obra, a Administração responderá solidariamente pelos encargos previdenciários e subsidiariamente pelos encargos trabalhistas se comprovada falha na fiscalização do cumprimento das obrigações do contratado.	~~§ 2º A Administração Pública responde solidariamente com o contratado pelos~~ encargos previdenciários ~~resultantes da execução do contrato, nos termos do~~ art. 31 da Lei nº 8.212, de 24 de julho de 1991.

Lei nº 14.133/2021	Leis nºˢ 8.666/1993, 10.520/2002 e 12.462/2011
§ 3º Nas contratações de serviços contínuos com regime de dedicação exclusiva de mão de obra, para assegurar o cumprimento de obrigações trabalhistas pelo contratado, a Administração, mediante disposição em edital ou em contrato, poderá, entre outras medidas: **I – exigir caução, fiança bancária ou contratação de seguro-garantia com cobertura para verbas rescisórias inadimplidas;** **II – condicionar o pagamento à comprovação de quitação das obrigações trabalhistas vencidas relativas ao contrato;** **III – efetuar o depósito de valores em conta vinculada;** **IV – em caso de inadimplemento, efetuar diretamente o pagamento das verbas trabalhistas, que serão deduzidas do pagamento devido ao contratado;** **V – estabelecer que os valores destinados a férias, a décimo terceiro salário, a ausências legais e a verbas rescisórias dos empregados do contratado que participarem da execução dos serviços contratados serão pagos pelo contratante ao contratado somente na ocorrência do fato gerador.** **§ 4º Os valores depositados na conta vinculada a que se refere o inciso III do § 3º deste artigo são absolutamente impenhoráveis.** **§ 5º O recolhimento das contribuições previdenciárias observará o disposto no art. 31 da Lei nº 8.212, de 24 de julho de 1991.**	Sem correspondente
Art. 122. Na execução do contrato **e** sem prejuízo das responsabilidades contratuais e legais, o contratado poderá subcontratar partes da obra, **do** serviço ou **do** fornecimento até o limite **autorizado**, em cada caso, pela Administração.	~~Art. 72.~~ O contratado, na execução do contrato, sem prejuízo das responsabilidades contratuais e legais, poderá subcontratar partes da obra, serviço ou fornecimento, até o limite ~~admitido~~, em cada caso, pela Administração.
§ 1º O contratado apresentará à Administração documentação que comprove a capacidade técnica do subcontratado, que será avaliada e juntada aos autos do processo correspondente. **§ 2º Regulamento ou edital de licitação poderão vedar, restringir ou estabelecer condições para a subcontratação.**	Sem correspondente

Lei nº 14.133/2021	Leis nºˢ 8.666/1993, 10.520/2002 e 12.462/2011
§ 3º Será vedada a subcontratação de pessoa física ou jurídica, se aquela ou os dirigentes desta mantiverem vínculo de natureza técnica, comercial, econômica, financeira, trabalhista ou civil com dirigente do órgão ou entidade contratante ou com agente público que desempenhe função na licitação ou atue na fiscalização ou na gestão do contrato, ou se deles forem cônjuge, companheiro ou parente em linha reta, colateral, ou por afinidade, até o terceiro grau, devendo essa proibição constar expressamente do edital de licitação. Art. 123. A Administração terá o dever de explicitamente emitir decisão sobre todas as solicitações e reclamações relacionadas à execução dos contratos regidos por esta Lei, ressalvados os requerimentos manifestamente impertinentes, meramente protelatórios ou de nenhum interesse para a boa execução do contrato. Parágrafo único. Salvo disposição legal ou cláusula contratual que estabeleça prazo específico, concluída a instrução do requerimento, a Administração terá o prazo de 1 (um) mês para decidir, admitida a prorrogação motivada por igual período.	Sem correspondente

CAPÍTULO VII DA ALTERAÇÃO DOS CONTRATOS **E DOS PREÇOS**	**L. 8.666/93** ~~Seção III~~ Da Alteração dos Contratos
Art. 124. Os contratos regidos por esta Lei poderão ser alterados, com as devidas justificativas, nos seguintes casos:	~~Art. 65.~~ Os contratos regidos por esta Lei poderão ser alterados, com as devidas justificativas, nos seguintes casos:
I – unilateralmente pela Administração:	I – unilateralmente pela Administração:
a) quando houver modificação do projeto ou das especificações, para melhor adequação técnica a seus objetivos;	a) quando houver modificação do projeto ou das especificações, para melhor adequação técnica ~~aos~~ seus objetivos;
b) quando **for** necessária a modificação do valor contratual em decorrência de acréscimo ou diminuição quantitativa de seu objeto, nos limites permitidos por esta Lei;	b) quando necessária a modificação do valor contratual em decorrência de acréscimo ou diminuição quantitativa de seu objeto, nos limites permitidos por esta Lei;
II – por acordo **entre** as partes:	II – por acordo ~~das~~ partes:

Lei nº 14.133/2021	Leis nºˢ 8.666/1993, 10.520/2002 e 12.462/2011
a) quando conveniente a substituição da garantia de execução;	a) quando conveniente a substituição da garantia de execução;
b) quando necessária a modificação do regime de execução da obra ou **do** serviço, bem como do modo de fornecimento, em face de verificação técnica da inaplicabilidade dos termos contratuais originários;	b) quando necessária a modificação do regime de execução da obra ou serviço, bem como do modo de fornecimento, em face de verificação técnica da inaplicabilidade dos termos contratuais originários;
c) quando necessária a modificação da forma de pagamento por imposição de circunstâncias supervenientes, mantido o valor inicial atualizado **e** vedada a antecipação do pagamento **em** relação ao cronograma financeiro fixado sem a correspondente contraprestação de fornecimento de bens ou execução de obra ou serviço;	c) quando necessária a modificação da forma de pagamento, por imposição de circunstâncias supervenientes, mantido o valor inicial atualizado, vedada a antecipação do pagamento, ~~com~~ relação ao cronograma financeiro fixado, sem a correspondente contraprestação de fornecimento de bens ou execução de obra ou serviço;
d) para restabelecer o equilíbrio econômico-financeiro inicial do contrato em caso de força maior, caso fortuito ou fato do príncipe **ou em decorrência de** fatos imprevisíveis ou previsíveis de consequências incalculáveis, **que inviabilizem** a execução do **contrato tal como pactuado, respeitada, em qualquer caso, a repartição objetiva de risco estabelecida no contrato.**	d) para restabelecer ~~a relação que as partes pactuaram inicialmente entre os encargos do contratado e a retribuição da administração para a justa remuneração da obra, serviço ou fornecimento, objetivando a manutenção do~~ equilíbrio econômico-financeiro inicial do contrato, ~~na hipótese de sobrevirem~~ fatos imprevisíveis, ou previsíveis ~~porém~~ de consequências incalculáveis, ~~retardadores ou impeditivos~~ da execução do ~~ajustado, ou, ainda,~~ em caso de força maior, caso fortuito ou fato do príncipe, configurando álea econômica extraordinária e extracontratual.
§ 1º Se forem decorrentes de falhas de projeto, as alterações de contratos de obras e serviços de engenharia ensejarão apuração de responsabilidade do responsável técnico e adoção das providências necessárias para o ressarcimento dos danos causados à Administração.	**Sem correspondente**
§ 2º Será aplicado o disposto na alínea "d" do inciso II do *caput* deste artigo às contratações de obras e serviços de engenharia, quando a execução for obstada pelo atraso **na conclusão de procedimentos de desapropriação, desocupação, servidão administrativa ou licenciamento ambiental, por circunstâncias alheias ao contratado.**	Art. 57. [...] ~~§ 1º Os prazos de início de etapas de execução, de conclusão e de entrega admitem prorrogação, mantidas as demais cláusulas do contrato e assegurada a manutenção de seu equilíbrio econômico-financeiro, desde que ocorra algum dos seguintes motivos, devidamente autuados em processo:~~ ~~[...]~~ ~~VI – omissão ou~~ atraso ~~de providências a cargo da Administração, inclusive quanto aos pagamentos previstos de que resulte, diretamente, impedimento ou retardamento na execução do contrato, sem prejuízo das sanções legais aplicáveis aos responsáveis.~~

Lei nº 14.133/2021	Leis nºs 8.666/1993, 10.520/2002 e 12.462/2011
Art. 125. Nas alterações unilaterais a que se refere o inciso I do *caput* **do art. 124 desta Lei,** o contratado **será** obrigado a aceitar, nas mesmas condições contratuais, acréscimos ou supressões **de** até 25% (vinte e cinco por cento) do valor inicial atualizado do contrato que se fizerem nas obras, **nos** serviços ou **nas** compras, e, no caso de reforma de edifício ou de equipamento, o limite **para os acréscimos será** de 50% (cinquenta por cento).	**L. 8.666/93** **Art. 65. [...]** ~~§ 1º~~ O contratado ~~fica~~ obrigado a aceitar, nas mesmas condições contratuais, ~~os~~ acréscimos ou supressões que se fizerem nas obras, serviços ou ~~compras;~~ até 25% (vinte e cinco por cento) do valor inicial atualizado do contrato, e, no caso ~~particular~~ de reforma de edifício ou de equipamento, ~~até~~ o limite de 50% (cinquenta por cento) ~~para os seus acréscimos.~~ ~~§ 2º Nenhum acréscimo ou supressão poderá exceder os limites estabelecidos no parágrafo anterior, salvo:~~ ~~I – (VETADO)~~ ~~II – as supressões resultantes de acordo celebrado entre os contratantes.~~
Art. 126. As alterações unilaterais a que se refere o inciso I do *caput* **do art. 124 desta Lei não poderão transfigurar o objeto da contratação.**	**Sem correspondente**
Art. 127. Se **o** contrato não contemplar preços unitários para obras ou serviços **cujo aditamento se fizer necessário**, esses serão fixados **por meio da aplicação da relação geral entre os valores da proposta e o do orçamento-base da Administração sobre os preços referenciais ou de mercado vigentes na data do aditamento, respeitados os limites estabelecidos no art. 125 desta Lei.**	**L. 8.666/93** **Art. 65. [...]** ~~§ 3º~~ Se ~~no~~ contrato não ~~houverem sido~~ contemplados preços unitários para obras ou serviços, esses serão fixados ~~mediante acordo entre as partes, respeitados os limites estabelecidos no § 1º deste artigo.~~
Art. 128. Nas contratações de obras e serviços de engenharia, a diferença percentual entre o valor global do contrato e o preço global de referência não poderá ser reduzida em favor do contratado em decorrência de aditamentos que modifiquem a planilha orçamentária.	**Sem correspondente**
Art. 129. **Nas alterações contratuais para** supressão de obras, bens ou serviços, se o contratado já houver adquirido os materiais e **os colocado** no local dos trabalhos, estes deverão ser pagos pela Administração pelos custos de aquisição regularmente comprovados e monetariamente reajustados, podendo caber indenização por outros danos eventualmente decorrentes da supressão, desde que regularmente comprovados.	**L. 8.666/93** **Art. 65. [...]** ~~§ 4º No caso de~~ supressão de obras, bens ou serviços, se o contratado já houver adquirido os materiais e ~~posto~~ no local dos trabalhos, estes deverão ser pagos pela Administração pelos custos de aquisição regularmente comprovados e monetariamente corrigidos, podendo caber indenização por outros danos eventualmente decorrentes da supressão, desde que regularmente comprovados.

Lei nº 14.133/2021	Leis nºs 8.666/1993, 10.520/2002 e 12.462/2011
Art. 130. **Caso haja** alteração unilateral do contrato que aumente **ou diminua** os encargos do contratado, a Administração deverá restabelecer, **no mesmo termo** adi**tivo**, o equilíbrio econômico-financeiro inicial.	§ 6º Em havendo alteração unilateral do contrato que aumente os encargos do contratado, a Administração deverá restabelecer, por aditamento, o equilíbrio econômico-financeiro inicial.
Art. 131. **A extinção do contrato não configurará óbice para o reconhecimento do desequilíbrio econômico-financeiro, hipótese em que será concedida indenização por meio de termo indenizatório.** **Parágrafo único. O pedido de restabelecimento do equilíbrio econômico-financeiro deverá ser formulado durante a vigência do contrato e antes de eventual prorrogação nos termos do art. 107 desta Lei.** Art. 132. **A formalização do termo aditivo é condição para a execução, pelo contratado, das prestações determinadas pela Administração no curso da execução do contrato, salvo nos casos de justificada necessidade de antecipação de seus efeitos, hipótese em que a formalização deverá ocorrer no prazo máximo de 1 (um) mês.**	**Sem correspondente**
Art. 133. Nas hipóteses em que for adotada a contratação integrada **ou semi-integrada,** é vedada a alteração dos valores contratuais, **exceto nos seguintes casos:**	**L. 12.462/2011** **Art. 9º** [...] § 4º Nas hipóteses em que for adotada a contratação integrada, é vedada a celebração de termos aditivos aos contratos firmados, exceto nos seguintes casos:
I – para **restabelecimento** do equilíbrio econômico-financeiro decorrente de caso fortuito ou força maior;	I – para recomposição do equilíbrio econômico-financeiro decorrente de caso fortuito ou força maior; e
II – por necessidade de alteração do projeto ou das especificações para melhor adequação técnica aos objetivos da contratação, a pedido da Administração, desde que não decorrente de erros ou omissões por parte do contratado, observados os limites **estabelecidos no art. 125 desta Lei;**	II – por necessidade de alteração do projeto ou das especificações para melhor adequação técnica aos objetivos da contratação, a pedido da administração pública, desde que não decorrentes de erros ou omissões por parte do contratado, observados os limites previstos no § 1º do art. 65 da Lei nº 8.666, de 21 de junho de 1993.

Lei nº 14.133/2021	Leis nºˢ 8.666/1993, 10.520/2002 e 12.462/2011
III – por necessidade de alteração do projeto nas contratações semi-integradas, nos termos do § 5º do art. 46 desta Lei; **IV – por ocorrência de evento superveniente alocado na matriz de riscos como de responsabilidade da Administração.**	**Sem correspondente**
Art. 134. **Os preços contratados serão alterados,** para mais ou para menos, conforme o caso, **se houver,** após a data da apresentação da proposta, cria**ção,** altera**ção** ou extin**ção de** quaisquer tributos ou encargos legais **ou** a superveniência de disposições legais, **com** comprovada repercussão **sobre os** preços contratados.	**L. 8.666/93** **Art. 65.** [...] § 5º Quaisquer tributos ou encargos legais criados, alterados ou extintos, bem como a superveniência de disposições legais, quando ocorridas após a data da apresentação da proposta, de comprovada repercussão nos preços contratados, implicarão a revisão destes para mais ou para menos, conforme o caso.
Art. 135. **Os preços dos contratos para serviços contínuos com regime de dedicação exclusiva de mão de obra ou com predominância de mão de obra serão repactuados para manutenção do equilíbrio econômico-financeiro, mediante demonstração analítica da variação dos custos contratuais, com data vinculada:** **I – à da apresentação da proposta, para custos decorrentes do mercado;** **II – ao acordo, à convenção coletiva ou ao dissídio coletivo ao qual a proposta esteja vinculada, para os custos de mão de obra.** **§ 1º A Administração não se vinculará às disposições contidas em acordos, convenções ou dissídios coletivos de trabalho que tratem de matéria não trabalhista, de pagamento de participação dos trabalhadores nos lucros ou resultados do contratado, ou que estabeleçam direitos não previstos em lei, como valores ou índices obrigatórios de encargos sociais ou previdenciários, bem como de preços para os insumos relacionados ao exercício da atividade.** **§ 2º É vedado a órgão ou entidade contratante vincular-se às disposições previstas nos acordos, convenções ou dissídios coletivos de trabalho que tratem de obrigações e direitos que somente se aplicam aos contratos com a Administração Pública.**	**Sem correspondente**

Lei nº 14.133/2021	Leis nºˢ 8.666/1993, 10.520/2002 e 12.462/2011
§ 3º A repactuação deverá observar o interregno mínimo de 1 (um) ano, contado da data da apresentação da proposta ou da data da última repactuação. § 4º A repactuação poderá ser dividida em tantas parcelas quantas forem necessárias, observado o princípio da anualidade do reajuste de preços da contratação, podendo ser realizada em momentos distintos para discutir a variação de custos que tenham sua anualidade resultante em datas diferenciadas, como os decorrentes de mão de obra e os decorrentes dos insumos necessários à execução dos serviços. § 5º Quando a contratação envolver mais de uma categoria profissional, a repactuação a que se refere o inciso II do *caput* deste artigo poderá ser dividida em tantos quantos forem os acordos, convenções ou dissídios coletivos de trabalho das categorias envolvidas na contratação. § 6º A repactuação será precedida de solicitação do contratado, acompanhada de demonstração analítica da variação dos custos, por meio de apresentação da planilha de custos e formação de preços, ou do novo acordo, convenção ou sentença normativa que fundamenta a repactuação.	Sem correspondente
Art. 136. **Registros que** não caracterizam alteração do **contrato** pode**m ser realizados** por simples apostila, dispensa**da** a celebração de **termo aditivo, como nas seguintes situações:** I – variação do valor contratual para fazer face ao reajuste **ou à repactuação** de preços previstos no próprio contrato**;** II – atualizações, compensações ou penalizações financeiras decorrentes das condições de pagamento previstas **no contrato;** III – **alterações na razão ou na denominação social do contratado;** IV – empenho de dotações orçamentárias**.**	**L. 8.666/93** **Art. 65.** [...] § 8º A~~ variação do valor contratual para fazer face ao reajuste de preços previsto no próprio contrato~~, as ~~atualizações, compensações ou penalizações financeiras decorrentes das condições de pagamento~~ nele ~~previstas, bem como o empenho de dotações orçamentárias~~ suplementares até o limite do seu valor corrigido, ~~não caracterizam alteração do~~ mesmo, ~~podendo ser~~ registrados ~~por simples apostila, dispensando~~ a celebração de ~~aditamento.~~

Lei nº 14.133/2021	Leis nºs 8.666/1993, 10.520/2002 e 12.462/2011
CAPÍTULO VIII **DAS HIPÓTESES DE** **EXTINÇÃO** DOS CONTRATOS	~~Seção V~~ ~~Da Inexecução e da Rescisão~~ dos Contratos
Art. 137. Constitu**irão** motivos para **extinção** do contrato, **a qual deverá ser formalmente motivada nos autos do processo, assegurados o contraditório e a ampla defesa, as seguintes situações:**	**L. 8.666/93** ~~Art. 78.~~ Constitu**em** motivo para ~~rescisão~~ do contrato:
I – não cumprimento ou cumprimento irregular de **normas editalícias ou** de cláusulas contratuais, **de** especificações, **de** projetos ou **de** prazos;	**Art. 78. [...]** I – ~~o~~ não cumprimento de cláusulas contratuais, especificações, projetos ou prazos; ~~II – o~~ cumprimento irregular de cláusulas contratuais, especificações, projetos e prazos;
II – desatendimento das determinações regulares **emitidas pela** autoridade designada para acompanhar e fiscalizar sua execução **ou por autoridade** superior;	~~VII~~ – ~~o~~ desatendimento das determinações regulares ~~da~~ autoridade designada para acompanhar e fiscalizar ~~a~~ sua execução, ~~assim como as de seus~~ superiores;
III – alteração social ou modificação da finalidade ou da estrutura da empresa que **restrinja sua capacidade de concluir** o contrato;	~~XI~~ – ~~a~~ alteração social ou ~~a~~ modificação da finalidade ou da estrutura da empresa, que ~~prejudique a execução~~ do contrato;
IV – decretação de falência ou de insolvência civil, dissolução da sociedade ou falecimento do contratado;	~~IX~~ – ~~a~~ decretação de falência ou ~~a instauração~~ de insolvência civil; ~~X~~ – ~~a~~ dissolução da sociedade ou ~~o~~ falecimento do contratado;
V – caso fortuito ou força maior, regularmente comprovad**os**, impeditiv**os** da execução do contrato;	~~XVII~~ – ~~a ocorrência de~~ caso fortuito ou ~~de~~ força maior, regularmente comprovada, impeditiva da execução do contrato.
VI – atraso na obtenção da licença ambiental, ou impossibilidade de obtê-la, ou alteração substancial do anteprojeto que dela resultar, ainda que obtida no prazo previsto; **VII – atraso na liberação das áreas sujeitas a desapropriação, a desocupação ou a servidão administrativa, ou impossibilidade de liberação dessas áreas;**	**Sem correspondente**

Lei nº 14.133/2021	Leis nºˢ 8.666/1993, 10.520/2002 e 12.462/2011
VIII – razões de interesse público, justificadas pela autoridade máxima **do órgão ou da entidade contratante;**	XII – razões de interesse público, ~~de alta relevância e amplo conhecimento,~~ justificadas ~~e determinadas~~ pela máxima autoridade ~~da esfera administrativa a que está subordinado o~~ contratante ~~e exaradas no processo administrativo a que se refere o contrato;~~
IX – não cumprimento das obrigações relativas à reserva de cargos prevista em lei, bem como em outras normas específicas, para pessoa com deficiência, para reabilitado da Previdência Social ou para aprendiz. **§ 1º Regulamento poderá especificar procedimentos e critérios para verificação da ocorrência dos motivos previstos no** *caput* **deste artigo.** **§ 2º O contratado terá direito à extinção do contrato nas seguintes hipóteses:**	**Sem correspondente**
I – supressão, por parte da Administração, de obras, serviços ou compras **que** acarret**e** modificação do valor inicial do contrato além do limite permitido no **art. 125** desta Lei;	**L. 8.666/93** **Art. 78. [...]** ~~XIII~~ – a supressão, por parte da Administração, de obras, serviços ou compras~~;~~ acarret~~ando~~ modificação do valor inicial do contrato além do limite permitido ~~no § 1º do art. 65~~ desta Lei;
II – suspensão de execução **do contrato,** por ordem escrita da Administração, por prazo superior a **3 (três) meses;** III – repetidas suspensões que totalizem **90 (noventa) dias úteis,** independentemente do pagamento obrigatório de indenização pelas sucessivas e contratualmente imprevistas desmobilizações e mobilizações e outras previstas;	~~XIV~~ – a suspensão de ~~sua~~ execução, por ordem escrita da Administração, por prazo superior ~~a 120 (cento e vinte) dias, salvo em caso de calamidade pública, grave perturbação da ordem interna ou guerra, ou ainda por~~ repetidas suspensões que totalizem ~~o mesmo prazo,~~ independentemente do pagamento obrigatório de indenizações pelas sucessivas e contratualmente imprevistas desmobilizações e mobilizações e outras previstas~~, assegurado ao contratado, nesses casos, o direito de optar pela suspensão do cumprimento das obrigações assumidas até que seja normalizada a situação;~~
IV – atraso superior a **2 (dois) meses, contado da emissão da nota fiscal,** dos pagamentos ou **de** parcelas **de pagamentos** devidos pela Administração **por despesas** de obras, serviços ou fornecimentos;	~~XV~~ – o atraso superior a ~~90 (noventa) dias~~ dos pagamentos devidos pela Administração ~~decorrentes~~ de obras, serviços ou fornecimento, ou parcelas ~~destes, já recebidos ou executados, salvo em caso de calamidade pública, grave perturbação da ordem interna ou guerra, assegurado ao contratado o direito de optar pela suspensão do cumprimento de suas obrigações até que seja normalizada a situação;~~
V – não liberação **pela** Administração, **nos prazos contratuais,** de área, local ou objeto, para execução de obra, serviço ou fornecimento**, e de** fontes de materiais naturais especificadas no projeto, **inclusive devido a atraso ou descumprimento das obrigações atribuídas pelo contrato à Administração relacionadas a desapropriação, a desocupação de áreas públicas ou a licenciamento ambiental.**	~~XVI~~ – a não liberação~~, por parte da~~ Administração, de área, local ou objeto para execução de obra, serviço ou fornecimento, nos prazos contratuais, bem como das fontes de materiais naturais especificadas no projeto;

Lei nº 14.133/2021	Leis nºs 8.666/1993, 10.520/2002 e 12.462/2011
§ 3º As hipóteses de extinção a que se referem os incisos II, III e IV do § 2º deste artigo observarão as seguintes disposições: I – não serão admitidas em caso de calamidade pública, de grave perturbação da ordem interna ou de guerra, bem como quando decorrerem de ato ou fato que o contratado tenha praticado, do qual tenha participado ou para o qual tenha contribuído; II – assegurarão ao contratado o direito de optar pela suspensão do cumprimento das obrigações assumidas até a normalização da situação, admitido o restabelecimento do equilíbrio econômico-financeiro do contrato, na forma da alínea d do inciso II do *caput* do art. 124 desta Lei. § 4º Os emitentes das garantias previstas no art. 96 desta Lei deverão ser notificados pelo contratante quanto ao início de processo administrativo para apuração de descumprimento de cláusulas contratuais.	Sem correspondente
Art. 138. A **extinção** do contrato poderá ser:	**L. 8.666/93** ~~Art. 79.~~ A ~~rescisão~~ do contrato poderá ser:
I – determinada por ato unilateral e escrito da Administração, **exceto no caso de descumprimento decorrente de sua própria conduta**;	I – determinada por ato unilateral e escrito da Administração, ~~nos casos enumerados nos incisos I a XII e XVII do artigo anterior~~;
II – **consensual**, por acordo entre as partes, **por conciliação, por mediação ou por comitê de resolução de disputas**, desde que haja **interesse d**a Administração;	II – ~~amigável~~, por acordo entre as partes, ~~reduzida a termo no processo da licitação~~, desde que haja ~~conveniência para~~ a Administração;
III – **determinada por decisão arbitral, em decorrência de cláusula compromissória ou compromisso arbitral, ou por decisão** judicial.	III – judicial~~, nos termos da legislação~~;
§ 1º A **extinção determinada por ato unilateral da Administração e a extinção consensual** deverão ser precedidas de autorização escrita e fundamentada da autoridade competente **e reduzidas a termo no respectivo processo.**	§ 1º ~~A rescisão administrativa ou amigável~~ deverá ser precedida de autorização escrita e fundamentada da autoridade competente.
§ 2º Quando a extinção **de**correr **de** culpa **exclusiva da Administração, o** contratado será ressarcido **pelos** prejuízos regularmente comprovados que houver sofrido e **terá** direito a:	§ 2º Quando a rescisão ocorrer ~~com base nos incisos XII a XVII do artigo anterior, sem que haja~~ culpa ~~do~~ contratado, será ~~este~~ ressarcido ~~dos~~ prejuízos regularmente comprovados que houver sofrido~~, tendo ainda~~ direito a:

Lei nº 14.133/2021	Leis nºˢ 8.666/1993, 10.520/2002 e 12.462/2011
I – devolução **da** garantia;	I – devolução ~~de~~ garantia;
II – pagamentos devidos pela execução do contrato até a data **de extinção**;	II – pagamentos devidos pela execução do contrato até a data ~~da rescisão~~;
III – pagamento do custo da desmobilização.	III – pagamento do custo da desmobilização.
Art. 139. A **extinção determinada por ato unilateral da Administração poderá** acarretar, sem prejuízo das sanções previstas nesta Lei, as seguintes consequências:	**L. 8.666/93** **Art. 80.** A ~~rescisão de que trata o inciso I do artigo anterior~~ acarreta as seguintes consequências, sem prejuízo das sanções previstas nesta Lei:
I – assunção imediata do objeto do contrato, no estado e local em que se encontrar, por ato próprio da Administração;	I – assunção imediata do objeto do contrato, no estado e local em que se encontrar, por ato próprio da Administração;
II – ocupação e utilização do local, **das** instalações, **dos** equipamentos, **do** material e **do** pessoal empregados na execução do contrato e necessários à sua continuidade;	II – ocupação e utilização do local, instalações, equipamentos, material e pessoal empregados na execução do contrato, necessários à sua continuidade, ~~na forma do inciso V do art. 58 desta Lei~~;
III – execução da garantia contratual para: **a)** ressarcimento da Administração **Pública por prejuízos decorrentes da não execução;** **b) pagamento de verbas trabalhistas, fundiárias e previdenciárias, quando cabível;** **c) pagamento** das multas devid**as à Administração Pública**; **d) exigência da assunção da execução e da conclusão do objeto do contrato pela seguradora, quando cabível;**	III – execução da garantia contratual, para ressarcimento da Administração~~, e dos~~ valores das multas ~~e indenizações a ela~~ devidos;
IV – retenção dos créditos decorrentes do contrato até o limite dos prejuízos causados à Administração **Pública e das multas aplicadas.**	IV – retenção dos créditos decorrentes do contrato até o limite dos prejuízos causados à Administração.
§ 1º A aplicação das medidas previstas nos incisos I e II **do** *caput* deste artigo fica**rá** a critério da Administração, que poderá dar continuidade à obra ou ao serviço por execução direta ou indireta.	§ 1º A aplicação das medidas previstas nos incisos I e II deste artigo fica a critério da Administração, que poderá dar continuidade à obra ou ao serviço por execução direta ou indireta.
§ 2º Na hipótese do inciso II **do** *caput* deste artigo, o ato deverá ser precedido de autorização expressa do ministro de Estado, **do** secretário estadual ou **do secretário** municipal **competente**, conforme o caso.	**L. 8.666/93** **Art. 80. [...]** ~~§ 3º~~ Na hipótese do inciso II deste artigo, o ato deverá ser precedido de autorização expressa do Ministro de Estado ~~competente, ou~~ Secretário Estadual ou Municipal, conforme o caso.

Lei nº 14.133/2021	Leis nºˢ 8.666/1993, 10.520/2002 e 12.462/2011
CAPÍTULO IX DO RECEBIMENTO DO OBJETO DO CONTRATO	**Sem correspondente**
Art. 140. O objeto **d**o contrato será recebido:	**L. 8.666/93** **Art. 73.** ~~Executado~~ o contrato, o ~~seu~~ objeto será recebido:
I – em se tratando de obras e serviços:	I – em se tratando de obras e serviços:
a) provisoriamente, pelo responsável por seu acompanhamento e fiscalização, mediante termo **detalhado**, **quando verificado o cumprimento das exigências de caráter técnico;**	a) provisoriamente, pelo responsável por seu acompanhamento e fiscalização, mediante ter-mo ~~circunstanciado, assinado pelas partes em até 15 (quinze) dias da comunicação escrita do contratado;~~
b) definitivamente, por servidor ou comissão de-signada pela autoridade competente, mediante termo **detalhado que** comprove **o atendimen-to das exigências** contratuais**.**	b) definitivamente, por servidor ou comissão de-signada pela autoridade competente, median-te termo ~~circunstanciado, assinado pelas partes, após o decurso do prazo de observação, ou vis-toria que~~ comprove ~~a adequação do objeto aos termos~~ contratuais~~, observado o disposto no art. 69 desta Lei;~~
II – em se tratando de compras:	II – em se tratando de compras ~~ou de locação de equipamentos~~:
a) provisoriamente, **de forma sumária, pelo res-ponsável por seu acompanhamento e fiscali-zação, com** verificação posterior da conformida-de do material com **as exigências contratuais;**	a) provisoriamente, para efeito de posterior veri-ficação da conformidade do material com a ~~es-pecificação;~~
b) definitivamente, **por servidor ou comissão designada pela autoridade competente, me-diante termo detalhado que comprove o aten-dimento das exigências contratuais.**	b) definitivamente, ~~após a verificação da qua-lidade e quantidade do material e conseqüen-te aceitação.~~
§ 1º O objeto do contrato poderá ser rejeita-**do**, no todo ou em parte, **quando estiver** em desacordo com o contrato.	**L. 8.666/93** **Art. 76.** ~~A Administração~~ rejeitará, no todo ou em parte, ~~obra, serviço ou fornecimento execu-tado~~ em desacordo com o contrato.
§ 2º O recebimento provisório ou definitivo não exclu**irá** a responsabilidade civil pela solidez e **pela** segurança da obra ou serviço nem **a res-ponsabilidade** ético-profissional pela perfeita execução do contrato, **n**os limites estabelecidos pela lei ou pelo contrato.	§ 2º O recebimento provisório ou definitivo não exclui a responsabilidade civil pela solidez e se-gurança da obra ou ~~do~~ serviço~~,~~ nem ético-profis-sional pela perfeita execução do contrato, ~~dentro dos~~ limites estabelecidos pela lei ou pelo contrato.

Lei nº 14.133/2021	Leis nᵒˢ 8.666/1993, 10.520/2002 e 12.462/2011
§ 3º Os prazos e os métodos para a realização dos recebimentos provisório e definitivo serão definidos em regulamento ou no contrato.	Sem correspondente
§ 4º Salvo disposição em contrário constante do edital ou de ato normativo, os ensaios, os testes e as demais provas para aferição da boa execução do objeto do contrato exigidos por normas técnicas oficiais correrão por conta do contratado.	**L. 8.666/93** **Art. 75.** Salvo disposições em contrário constantes do edital, ~~do convite~~ ou de ato normativo, os ensaios, testes e demais provas exigidos por normas técnicas oficiais para a boa execução do objeto do contrato correm por conta do contratado.
§ 5º Em se tratando de projeto de obra, o recebimento definitivo pela Administração não eximirá o projetista ou o consultor da responsabilidade objetiva por todos os danos causados por falha de projeto. § 6º Em se tratando de obra, o recebimento definitivo pela Administração não eximirá o contratado, pelo prazo mínimo de 5 (cinco) anos, admitida a previsão de prazo de garantia superior no edital e no contrato, da responsabilidade objetiva pela solidez e pela segurança dos materiais e dos serviços executados e pela funcionalidade da construção, da reforma, da recuperação ou da ampliação do bem imóvel, e, em caso de vício, defeito ou incorreção identificados, o contratado ficará responsável pela reparação, pela correção, pela reconstrução ou pela substituição necessárias. **CAPÍTULO X** **DOS PAGAMENTOS**	Sem correspondente
Art. 141. **No dever de** pagamento **pela Administração, será observada a** ordem cronológica para cada fonte diferenciada de recursos, **subdividida nas seguintes categorias de contratos:** I – fornecimento de bens; II – locações; III – prestação de serviços; IV – realização de obras.	**L. 8.666/93** **Art. 5º** ~~Todos os valores, preços e custos utilizados nas licitações terão como expressão monetária a moeda corrente nacional, ressalvado o disposto no art. 42 desta Lei, devendo cada unidade da Administração, no~~ pagamento ~~das obrigações relativas ao~~ fornecimento de bens, locações, ~~realização de obras~~ e prestação de serviços, ~~obedecer,~~ para cada fonte diferenciada de recursos, ~~a estrita~~ ordem cronológica ~~das datas de suas exigibilidades, salvo quando presentes relevantes razões de interesse público e mediante prévia justificativa da autoridade competente, devidamente publicada.~~

Lei nº 14.133/2021	Leis nⁿˢ 8.666/1993, 10.520/2002 e 12.462/2011
§ 1º A ordem cronológica referida no *caput* deste artigo poderá ser alterada, mediante prévia justificativa da autoridade competente e posterior comunicação ao órgão de controle interno da Administração e ao tribunal de contas competente, exclusivamente nas seguintes situações: I – grave perturbação da ordem, situação de emergência ou calamidade pública; II – pagamento a microempresa, empresa de pequeno porte, agricultor familiar, produtor rural pessoa física, microempreendedor individual e sociedade cooperativa, desde que demonstrado o risco de descontinuidade do cumprimento do objeto do contrato; III – pagamento de serviços necessários ao funcionamento dos sistemas estruturantes, desde que demonstrado o risco de descontinuidade do cumprimento do objeto do contrato; IV – pagamento de direitos oriundos de contratos em caso de falência, recuperação judicial ou dissolução da empresa contratada; V – pagamento de contrato cujo objeto seja imprescindível para assegurar a integridade do patrimônio público ou para manter o funcionamento das atividades finalísticas do órgão ou entidade, quando demonstrado o risco de descontinuidade da prestação de serviço público de relevância ou o cumprimento da missão institucional. § 2º A inobservância imotivada da ordem cronológica referida no *caput* deste artigo ensejará a apuração de responsabilidade do agente responsável, cabendo aos órgãos de controle a sua fiscalização. § 3º O órgão ou entidade deverá disponibilizar, mensalmente, em seção específica de acesso à informação em seu sítio na internet, a ordem cronológica de seus pagamentos, bem como as justificativas que fundamentarem a eventual alteração dessa ordem. Art. 142. **Disposição expressa no edital ou no contrato poderá prever pagamento em conta vinculada ou pagamento pela efetiva comprovação do fato gerador.**	Sem correspondente

Lei nº 14.133/2021	Leis nºs 8.666/1993, 10.520/2002 e 12.462/2011
Parágrafo único. Nas contratações de obras, observar-se-á o disposto no § 2º do art. 115 desta Lei. (VETADO) Art. 143. **No caso de controvérsia sobre a execução do objeto, quanto a dimensão, qualidade e quantidade, a parcela incontroversa deverá ser liberada no prazo previsto para pagamento.**	Sem correspondente
Art. 144. Na contratação **de** obras, **fornecimentos** e serviços, inclusive de engenharia, poderá ser estabelecida remuneração variável vinculada ao desempenho **do contratado**, com base em metas, padrões de qualidade, critérios de sustentabilidade ambiental e prazos de entrega definidos no **edital de licitação** e no contrato.	**Lei 12.462/2011** **Art. 10.** Na contratação das obras e serviços, inclusive de engenharia, poderá ser estabelecida remuneração variável vinculada ao desempenho da contratada, com base em metas, padrões de qualidade, critérios de sustentabilidade ambiental e prazo de entrega definidos no instrumento convocatório e no contrato.
§ 1º O pagamento poderá ser ajustado em base percentual sobre o valor economizado em determinada despesa, quando o objeto do contrato visar à implantação de processo de racionalização, hipótese em que as despesas correrão à conta dos mesmos créditos orçamentários, na forma de regulamentação específica.	Sem correspondente
§ 2º A utilização de remuneração variável será motivada e respeitará o limite orçamentário fixado pela Administração para a contratação.	**Lei 12.462/2011** **Art. 10 [...]** Parágrafo único. A utilização da remuneração variável será motivada e respeitará o limite orçamentário fixado pela administração pública para a contratação.
Art. 145. **Não será permitido pagamento antecipado, parcial ou total, relativo a parcelas contratuais vinculadas ao fornecimento de bens, à execução de obras ou à prestação de serviços.** **§ 1º A antecipação de pagamento somente será permitida se propiciar sensível economia de recursos ou se representar condição indispensável para a obtenção do bem ou para a prestação do serviço, hipótese que deverá ser previamente justificada no processo licitatório e expressamente prevista no edital de licitação ou instrumento formal de contratação direta.** **§ 2º A Administração poderá exigir a prestação de garantia adicional como condição para o pagamento antecipado.** **§ 3º Caso o objeto não seja executado no prazo contratual, o valor antecipado deverá ser devolvido.**	Sem correspondente

Lei nº 14.133/2021	Leis nºs 8.666/1993, 10.520/2002 e 12.462/2011
Art. 146. No ato de liquidação da despesa, os serviços de contabilidade comunicarão aos órgãos **da administração tributária** as características **da despesa** e os valores pagos, **conforme** o disposto no art. 63 da Lei nº 4.320, de 17 de março de 1964.	**L. 8.666/93** **Art. 55 [...]** § 3º No ato da liquidação da despesa, os serviços de contabilidade comunicarão, aos órgãos ~~incumbidos da arrecadação e fiscalização de tributos da União, Estado ou Município~~, as características e os valores pagos, ~~segundo~~ o disposto no art. 63 da Lei nº 4.320, de 17 de março de 1964.
CAPÍTULO XI **DA NULIDADE DOS CONTRATOS**	**Sem correspondente**
Art. 147. **Constatada irregularidade no** procedimento licitatório **ou na execução contratual, caso não seja possível o saneamento, a decisão sobre a suspensão da execução ou sobre a declaração de nulidade do** contrato **somente será adotada na hipótese em que se revelar medida de** interesse público, **com avaliação, entre outros, dos seguintes aspectos:** I – **impactos econômicos e financeiros decorrentes do atraso na fruição dos benefícios do objeto do** contrato; II – **riscos sociais, ambientais e à segurança da população local decorrentes do atraso na fruição dos benefícios do objeto do** contrato; III – **motivação social e ambiental do** contrato; IV – **custo da deterioração ou da perda das parcelas executadas;** V – **despesa necessária à preservação das instalações e dos serviços já executados;** VI – **despesa inerente à desmobilização e ao posterior retorno às atividades;** VII – **medidas efetivamente adotadas pelo titular do órgão ou entidade para o saneamento dos indícios de irregularidades apontados;** VIII – **custo total e estágio de execução física e financeira dos contratos, dos convênios, das obras ou das parcelas envolvidas;** IX – **fechamento de postos de trabalho diretos e indiretos em razão da paralisação;** X – **custo para realização de nova licitação ou celebração de novo contrato;** XI – **custo de oportunidade do capital durante o período de paralisação.**	**L. 8.666/93** ~~Art. 49. A autoridade competente para a aprovação do procedimento somente poderá revogar a licitação por razões de interesse público decorrente de fato superveniente devidamente comprovado, pertinente e suficiente para justificar tal conduta, devendo anulá-la por ilegalidade, de ofício ou por provocação de terceiros, mediante parecer escrito e devidamente fundamentado.~~ ~~§ 1º A anulação do procedimento licitatório por motivo de ilegalidade não gera obrigação de indenizar, ressalvado o disposto no parágrafo único do art. 59 desta Lei.~~ ~~§ 2º A nulidade do procedimento licitatório induz à do contrato, ressalvado o disposto no parágrafo único do art. 59 desta Lei.~~ ~~§ 3º No caso de desfazimento do processo licitatório, fica assegurado o contraditório e a ampla defesa.~~ ~~§ 4º O disposto neste artigo e seus parágrafos aplica-se aos atos do procedimento de dispensa e de inexigibilidade de licitação.~~

Lei nº 14.133/2021	Leis nºˢ 8.666/1993, 10.520/2002 e 12.462/2011
Parágrafo único. Caso a paralisação ou anulação não se revele medida de interesse público, o poder público deverá optar pela continuidade do contrato e pela solução da irregularidade por meio de indenização por perdas e danos, sem prejuízo da apuração de responsabilidade e da aplicação de penalidades cabíveis.	**Sem correspondente**
Art. 148. A declaração de nulidade do contrato administrativo **requererá análise prévia do interesse público envolvido, na forma do art. 147 desta Lei, e** opera**rá** retroativamente, impedindo os efeitos jurídicos que o contrato deveria produzir ordinariamente e desconstitu**indo** os já produzidos.	**L. 8.666/93** ~~Art. 59.~~ A declaração de nulidade do contrato administrativo opera retroativamente impedindo os efeitos jurídicos que ~~ele,~~ ordinariamente, deveria produzir, ~~além de~~ desconstituir os já produzidos.
§ 1º Caso não seja possível o retorno à situação fática anterior, a nulidade será resolvida pela indenização por perdas e danos, sem prejuízo da apuração de responsabilidade e aplicação das penalidades cabíveis. **§ 2º Ao declarar a nulidade do contrato, a autoridade, com vistas à continuidade da atividade administrativa, poderá decidir que ela só tenha eficácia em momento futuro, suficiente para efetuar nova contratação, por prazo de até 6 (seis) meses, prorrogável uma única vez.**	**Sem correspondente**
Art. 149. A nulidade não exonerará a Administração do dever de indenizar o contratado pelo que houver executado até a data em que for declarada **ou tornada eficaz, bem como** por outros prejuízos regularmente comprovados, **desde** que não lhe seja imputável, **e será** promo**vida** a responsabili**zação** de quem lhe **tenha dado** causa.	**L. 8.666/93** **Art. 59. [...]** Parágrafo único. A nulidade não exonera a Administração do dever de indenizar o contratado pelo que ~~este~~ houver executado até a data em que ~~ela~~ for declarada ~~e~~ por outros prejuízos regularmente comprovados, ~~contanto~~ que não lhe seja imputável, promo~~vendo-se~~ a responsabili~~dade~~ de quem lhe ~~deu~~ causa.
Art. 150. Nenhuma **contratação** será feita sem a caracterização adequada de seu objeto e **sem a** indicação dos **créditos** orçamentários para pagamento **das parcelas contratuais vincendas no exercício em que for realizada a contratação**, sob pena de nulidade do ato e **de** responsabilização de quem lhe tiver dado causa.	**L. 8.666/93** ~~Art. 14.~~ Nenhuma ~~compra~~ será feita sem a adequada caracterização de seu objeto e indicação dos ~~recursos~~ orçamentários para ~~seu~~ pagamento, sob pena de nulidade do ato e responsabilidade de quem lhe tiver dado causa.
CAPÍTULO XII **DOS MEIOS ALTERNATIVOS** **DE RESOLUÇÃO DE CONTROVÉRSIAS**	**Sem correspondente**

Lei nº 14.133/2021	Leis nºs 8.666/1993, 10.520/2002 e 12.462/2011
Art. 151. Nas contratações regidas por esta Lei, poderão ser **utilizados meios alternativos de prevenção e** resolução de **controvérsias, notadamente a conciliação, a mediação, o comitê de resolução de disputas e a** arbitragem.	**Lei 12.462/11** Art. 44-A. Nos contratos regidos por esta Lei, poderá ser admitido o emprego dos mecanismos privados de resolução de disputas, inclusive a arbitragem, a ser realizada no Brasil e em língua portuguesa, nos termos da Lei nº 9.307, de 23 de setembro de 1996, e a mediação, para dirimir conflitos decorrentes da sua execução ou a ela relacionados.
Parágrafo único. Será aplicado o disposto no *caput* **deste artigo às controvérsias relacionadas a direitos patrimoniais disponíveis, como as questões relacionadas ao restabelecimento do equilíbrio econômico-financeiro do contrato, ao inadimplemento de obrigações contratuais por quaisquer das partes e ao cálculo de indenizações.** Art. 152. **A arbitragem será sempre de direito e observará o princípio da publicidade.** Art. 153. **Os contratos poderão ser aditados para permitir a adoção dos meios alternativos de resolução de controvérsias.** Art. 154. **O processo de escolha dos árbitros, dos colegiados arbitrais e dos comitês de resolução de disputas observará critérios isonômicos, técnicos e transparentes.**	**Sem correspondente**

8

Infrações, Sanções e Acordos na Nova Lei de Licitações

Thiago Marrara

1. INTRODUÇÃO: DEFINIÇÕES BÁSICAS E CARACTERÍSTICAS DO SISTEMA SANCIONADOR EM LICITAÇÕES E CONTRATOS

Infrações e sanções administrativas assumem as mais diversas naturezas. Ora incidem no campo da polícia administrativa, ora aparecem no âmbito do poder disciplinar, ora resultam de relações contratuais. Na essência, a despeito dessas nuances e aparições, infrações e sanções apresentam certas características comuns nos mais variados capítulos do direito administrativo. Por isso, antes de se compreender como a Lei de Licitações de 2021 (doravante LLIC) tratou do assunto, é preciso retomar alguns conceitos e aspectos fundamentais do direito administrativo sancionador.

Infrações indicam comportamentos, omissivos ou comissivos, imputáveis a pessoas físicas ou jurídicas, de natureza pública ou privada, que violam norma jurídica ordenadora de comportamento diverso. As sanções, em contrapartida, são os males que o Estado impõe, por seus inúmeros órgãos ou entidades, contra aquele que infringe a norma (infrator) ou contra outra pessoa que, no caso concreto, figure como responsável pelos comportamentos do infrator.

Essas sanções são aplicadas pela Administração por finalidades múltiplas. Algumas vezes, a Administração busca simplesmente reprimir o infrator, responder a um mal com outro. Ocorre que essa lógica repressiva é de pouca utilidade social em si mesma. Assim, ao sancionar, também se intenta desincentivar novos comportamentos ilícitos pelo mesmo infrator (prevenção específica) ou por terceiros (prevenção geral). Adicionalmente, numa relação contratual, envolvendo um ente estatal, de um lado, e particulares, de outro, soma-se a essas finalidades a necessidade de garantir que o contrato venha a ser devidamente executado, cumprindo suas funções perante o Estado e a coletividade.

O adimplemento contratual é juridicamente desejável, quer porque viabiliza a concretização de um objetivo público maior, como a manutenção e operação adequada e eficaz da máquina estatal, de seus serviços e demais tarefas públicas, quer porque justifica os esforços empreendidos na licitação, cujo resultado frequentemente impõe um sacrifício aos interesses dos agentes econômicos que não a vencem. Sob essas circunstâncias, fazer o contratado honrar as obrigações que assumiu é dever estatal imprescindível à tutela de interesses públicos primários, à defesa de direitos fundamentais dos cidadãos, em especial dos usuários de serviços públicos, e à proteção de liberdades econômicas e de instituições como a concorrência nos mercados públicos.

A partir dessas finalidades e da vinculação do contrato, muitas vezes, a uma competição originária, extraem-se a importância do direito sancionador nessa matéria e a justificativa para seu regime diferenciado. A relação do contrato com tantos interesses públicos e com um rol alargado de direitos fundamentais, liberdades econômicas e princípios gerais, dirigentes da gestão pública, demonstra que a punição cominada pela Administração contra um licitante ou um contratado jamais poderia se sujeitar ao mesmo regime jurídico daquelas que tomam lugar no campo estritamente privado e não estatal. Sanções por infrações licitatórias ou contratuais públicas não podem seguir o regime do sistema contratual privado, uma vez que se situam em contexto inteiramente diverso.

Uma primeira peculiaridade do sistema público, resultante dos direitos fundamentais, consiste na obrigatoriedade de conduzir-se, sempre, um processo punitivo, com as garantias de ampla defesa e do contraditório. Aqui entra em jogo o chamado "processo administrativo sancionador", assentado em normas constitucionais e legais inafastáveis. Na Lei de Licitações, esse processo é chamado de PAR — processo administrativo de responsabilização.

A segunda peculiaridade consiste numa definição de infração mais alargada. As infrações administrativas na contratação pública podem ocorrer já por força de comportamentos ilícitos cometidos na fase pré-contratual, ou seja, durante procedimentos auxiliares, procedimentos de contratação direta e modalidades licitatórias. Além disso, há infrações administrativas contratuais. Elas, porém, não resultam somente de comportamentos que violam as cláusulas contratuais propriamente ditas. O contrato administrativo é conduzido e regido por mandamentos legais e regulamentares diversos, como leis, planos, editais e seus anexos, como termos de referência e matrizes de risco. Isso tem um resultado direto: a infração contratual não se reduz a uma mera violação de obrigações constantes do instrumento. Existe infração contratual administrativa ainda que a regra violada esteja fora do contrato, mas o dirija.

A terceira marca distintiva do direito sancionador na esfera das contratações tem natureza finalística, uma vez que abrange punições destinadas não somente a reprimir e prevenir infrações dentro da relação contratual. Muitas das sanções públicas visam à prevenção geral, ou seja, a evitar que o Estado (entendido em sentido organizacional amplo) se envolva novamente com um agente econômico indesejado, mal avaliado ou que tenha sido incapaz de honrar obrigações. É por isso que as sanções previstas na Lei de Licitações ultrapassam o tempo e o espaço da licitação ou do contrato em que a infração ocorreu. A sanção administrativa contratual não precisa se esgotar nem se limitar ao tempo, ao objeto ou ao espaço da relação contratual, como bem revelam o impedimento para contratar e a declaração de inidoneidade.

Todas essas características basilares do sistema sancionador público se enraízam na legislação passada e na atual. Apesar disso, a Lei n. 14.133/2021 tem várias peculiaridades em relação aos diplomas que a precederam e inspiraram. Para vislumbrar essas características da LLIC, cabe resgatar as características do sistema anterior, apresentar seus problemas centrais e então observar as normas editadas em 2021 em seus detalhes. Ao longo dessa exposição, ficará patente que a LLIC de 2021 não promove mudanças efetivamente estruturais no direito sancionador das licitações e contratos administrativos. Como se demonstrará, a LLIC limita-se a realizar ajustes pontuais nas normas que tratam de infrações e sanções,

Cap. 8 · INFRAÇÕES, SANÇÕES E ACORDOS NA NOVA LEI DE LICITAÇÕES | 431

destinados a aprimorar e tornar mais claro e moderno o sistema sancionador. Fora isso, a lei avança no direito brasileiro ao valorizar o plano do processo administrativo sancionador, tornando-o mais detalhado e, portanto, alinhado ao princípio da segurança jurídica.

2. REGIME SANCIONATÓRIO NA LEGISLAÇÃO PRECEDENTE

A Lei de Licitações de 2021 (LLIC) substituiu três leis anteriores: a Lei Geral de Licitações e Contratos (Lei n. 8.666/1993); a Lei do Pregão (Lei n. 10.520/2002) e a Lei do Regime Diferenciado de Contratações (Lei n. 12.462/2011). Daí já se intui que o sistema punitivo anterior padecia de acentuada fragmentação e assimetria.

Embora a LLIC de 1993 ditasse o ritmo da contratação pública, não havia um conjunto uniforme de normas. Chegava-se, assim, a situações inusitadas. Um contrato administrativo celebrado após pregão submetia-se a regras distintas daquele celebrado mediante realização de concorrência ou pelo regime diferenciado. A modalidade e a lei de regência da licitação transformavam, em certa medida, o regime punitivo, apesar de manter suas características centrais, a saber, a processualidade, a vinculação ao interesse público e a finalidade preventiva ampla. Uma breve exposição de cada lei revogada facilita a visualização do cenário.

A LLIC de 1993 tratava do direito sancionador (administrativo e penal) no seu capítulo IV, denominado "das sanções administrativas e da tutela judicial" (art. 81 a 108) – capítulo que, especificamente na parte criminal (art. 89 e seguintes), foi imediatamente revogado com a publicação da Lei n. 14.133/2021 por força de seu art. 193, inciso I, embora a parte sobre infrações e sanções administrativas tenha perdurado até o final da vigência da Lei de 1993, em dezembro de 2023. Nesse conjunto de artigos, a antiga LLIC apontava infrações que se distribuíam, de modo relativamente claro, em três categorias: (a) as infrações administrativas licitatórias; (b) as infrações contratuais propriamente ditas; e (c) as infrações penais.

As *infrações licitatórias* eram cometidas quer por um agente público, quer por um licitante. O art. 82 previa a infração do agente consistente em prática de atos em desacordo com a lei ou com o objetivo de "frustrar os objetivos da licitação", o que o sujeitava a sanções administrativas, sem prejuízo de responsabilidade civil e penal. A lei, a propósito, definia o servidor público como qualquer pessoa física que "exerce, mesmo que transitoriamente ou sem remuneração, cargo, função ou emprego público" (art. 84), inclusive os vinculados a entidade "paraestatal", como fundações, empresas públicas, sociedades de economia mista e demais empresas ou entidades controladas. Adotando a velha terminologia do Código Penal, o adjetivo paraestatal era utilizado na legislação contratual anterior de modo a indicar, na verdade, o que hoje forma a Administração Indireta.

Em sentido ainda mais amplo, as *infrações licitatórias* também podem abranger comportamentos pré-contratuais diversos, como os realizados no âmbito de procedimentos auxiliares, como o registro de preços, e da contratação direta, bem como os ocorridos entre o momento da adjudicação e o da assinatura do contrato administrativo, como a recusa na celebração do contrato ou a recusa de retirada do instrumento (art. 81). Essas infrações, porém, não podiam ser cometidas pelos demais licitantes, classificados na sequência do primeiro colocado, já que eles tinham faculdade para assinar o contrato se fossem eventualmente convocados. Ao exercer essa faculdade, deveriam aceitar os termos formulados na proposta do vencedor omisso. Ao recusar a assinatura, eram liberados sem qualquer sanção.

As *infrações contratuais propriamente ditas* dividiam-se em atraso no cumprimento da obrigação (mora) e inexecução parcial ou integral. A mora restava submetida a disposições próprias: o art. 86 previa que o "atraso injustificado" da execução ocasionaria processo administrativo que, por sua vez, poderia resultar em condenação e cominação de multa na forma do ato convocatório e do contrato, sem prejuízo da possibilidade de a Administração Pública rescindir unilateralmente o contrato, além de "aplicar outras sanções previstas nesta lei" (§ 1º). A lei ainda previa a necessidade de descontar a multa da garantia, que, se insuficiente, autorizaria o desconto nos pagamentos eventualmente devidos pela Administração ao contratado condenado e a cobrança residual na esfera judicial (§ 3º).

De outra parte, a LLIC de 1993 tratava da inexecução total ou parcial do contrato de maneira mais detalhada e gravosa. Contra essa infração, permitia impor as sanções de (i) advertência, (ii) multa na forma do ato convocatório e do contrato (seguindo a mesma lógica executória da multa por mora), (iii) suspensão temporária de participação de licitação e impedimento de contratar por prazo máximo de 2 anos ou (iv) a declaração de inidoneidade para licitar e contratar por prazo mínimo de 2 anos e máximo de 5 anos.

A reabilitação, ou seja, o afastamento da inidoneidade era condicionado à superação dos motivos que a determinavam ou à reabilitação perante a autoridade que aplicara a sanção. Havia dois requisitos, portanto, para que o condenado se reabilitasse: (i) o ressarcimento à Administração dos prejuízos decorrentes da infração e (ii) o decurso do prazo mínimo de dois anos. Esses requisitos, na LLIC de 2021, são bem mais amplos, como se demonstrará no momento oportuno.

No sistema antigo, a multa já despontava como sanção principal, dado que poderia somar-se a todas as outras três. Em todo caso, o sancionamento dependia, como não poderia deixar de ser, da condução de processo administrativo, sobre o qual, porém, o legislador não oferecia muitos detalhes. Em termos processuais, a Lei de 1993 era extremamente lacunosa, o que dificultava de forma evidente a apuração e a tomada de medidas punitivas.

Note-se, ainda, que a LLIC de 1993 dispunha as quatro sanções conforme sua gravidade, partindo da mais branda (advertência) à mais gravosa (inidoneidade). As mais brandas poderiam ser cominadas por autoridades de qualquer hierarquia a princípio. No entanto, a inidoneidade, por seus efeitos para toda a Administração nos três níveis federativos, restava sob a competência exclusiva de Ministro de Estado, Secretário Estadual ou Municipal. Essa característica permanece na nova legislação, que passou a detalhar as regras de competência.

Outra marca importante da LLIC de 1993 via-se na possibilidade de aplicar as sanções mais gravosas (ou seja, a suspensão temporária e a inidoneidade) contra empresas ou profissionais que tivessem, por força do contrato, sofrido condenação em razão de fraude fiscal, cometido atos anticoncorrenciais que buscassem frustrar os objetivos da licitação, ou que demonstrassem não possuir idoneidade para contratar em razão de atos ilícitos praticados. O problema é que a lei não dizia quais seriam esses demais ilícitos, que serviriam de fundamento para a extensão das sanções. Seriam ilícitos ao patrimônio público, ao ambiente, à saúde pública? Essa falta de resposta comprometia a utilidade do art. 88 da antiga LLIC.

Para além das infrações administrativas licitatórias (ou melhor, pré-contratuais) e contratuais, a LLIC de 1993 continha rol extenso de tipos criminais, que ensejavam sanções exclusivamente a pessoas físicas. Os infratores, quando servidores públicos, restavam sujeitos à perda de cargo, emprego, função ou mandato eletivo, ainda que simplesmente tentassem cometer esses crimes (art. 83). Já os comissionados e exercentes de funções de confiança na Administração Direta ou Indireta tinham sua pena majorada.

Os dispositivos da Lei de 1993, portanto, traziam um conjunto extenso de disposições materiais sobre infrações e sanções, administrativas e penais. Entretanto, tratavam muito fragilmente de questões de processo. Quem deveria conduzir o processo sancionador e como ele deveria ocorrer? Além dessa lacuna, no sistema anterior, certas dificuldades interpretativas resultavam da existência de várias leis licitatórias e contratuais e acabavam por obscurecer a compreensão da matéria.

Em contraste com a LLIC, a Lei do Pregão era extremamente sucinta e, ao tratar do tema, diferia em certos aspectos das normas gerais de 1993. O art. 7º da Lei de 2002 dispunha sobre a infrações e sanções de modo bastante reduzido. Previa as infrações juntas e embaralhadas, incluindo as de não celebração do contrato, omissão na entrega de documentação na licitação, retardamento, falha ou fraude na execução contratual, não manutenção da proposta, comportamento inidôneo e de fraude fiscal. Sem sistematizar essas infrações, estabelecia aparentemente para todas o impedimento de licitar ou contratar com todos os entes federativos, além do descredenciamento de cadastros de fornecedores por até 5 anos, sem prejuízo de multas e outras sanções. A disciplina era bastante irregular e lacunosa. Misturava tipos de infração e não estipulava com precisão as sanções para cada ilícito, remetendo ao contrato.

De maneira a tornar ainda mais complexo o sistema sancionador anterior, a Lei do RDC trazia normas igualmente próprias sobre o assunto a partir de seu art. 47. Dispunha, entre outras normas, que restariam impedidos de contratar por até 5 anos, sem prejuízo de sujeitar-se a multas, ao descredenciamento de cadastro de fornecedores e a outras cominações legais, os licitantes que não celebrassem o contrato, deixassem de entregar documentação, ensejassem retardamento da execução ou da entrega do objeto da licitação, não mantivessem sua proposta, fraudassem a licitação, adotassem comportamento inidôneo, cometessem fraude fiscal ou não executassem o contrato, total ou parcialmente. Previa, ainda, que as sanções criminais, administrativas e outras regras do capítulo IV da antiga LLIC se aplicariam a seus contratos. Estranhamente, portanto, a Lei do RDC assumia a lógica da Lei do Pregão, misturando os regimes das mais diversas infrações, além de fazer remissão ao mesmo tempo às normas gerais da LLIC.

Em poucas palavras, esse brevíssimo panorama das três leis de licitações substituídas pela Lei n. 14.133/2021 revela que o sistema sancionador anterior se caracterizava por, ao menos, cinco aspectos bastante problemáticos: (i) a fragmentação das normas jurídicas; (ii) a consequente assimetria dos regimes jurídicos, visto que as leis continham dispositivos próprios e diferenciados; (iii) as antinomias e divergências pontuais entre esses regimes simultâneos; (iv) a ausência de normas mais detalhadas sobre como apurar essas infrações e conduzir o processo sancionador e (v) a confusão entre diversos tipos de comportamentos infrativos, ou seja, as infrações propriamente licitatórias, as infrações que ocorrem entre o final da licitação e a celebração do contrato, além das infrações propriamente contratuais.

3. PANORAMA DO DIREITO SANCIONADOR NA LEI 14.133

A LLIC de 2021 sistematizou, em seu corpo, todos os temas e dispositivos que antes se espalhavam pela LLIC de 1993, pela Lei do Pregão e pela Lei do RDC. É indubitável que muitos ganhos advirão dessa sistematização, como: a redução da fragmentação normativa nacional; a superação de contradições normativas; além da facilitação da interpretação do direito positivo, que se mostrava anteriormente custosa em razão da convivência de três conjuntos normativos paralelos. Por todos esses motivos, a unificação dos três diplomas antigos numa única Lei de Licitações tende a elevar a segurança jurídica e a previsibilidade.

Resta saber se os outros problemas do sistema punitivo foram resolvidos: Existem normas mais precisas e detalhadas sobre os processos sancionadores? As infrações e sanções estão claramente divididas de acordo com a natureza da infração (licitação ou contratual)? Os acordos processuais encontram disciplina normativa?

A elaboração de respostas a essas perguntas requer uma apreciação das normas gerais de infrações e sanções na LLIC. Sem o objetivo de ser exaustiva, essa apreciação partirá de um panorama da estrutura legal e, em seguida, aprofundará alguns detalhes do regime jurídico do direito sancionador em matéria de licitações e contratos administrativos na legislação vigente.

4. ESTRUTURA DO CAPÍTULO I DO TÍTULO IV DA LEI 14.133

O tratamento das infrações e sanções na nova LLIC de 2021 aparece dentro do Título IV, que trata das irregularidades. Esse título subdivide-se em três blocos temáticos: o capítulo I se dedica às infrações e sanções administrativas (art. 155 a 163); o capítulo II cuida "das impugnações, dos pedidos de esclarecimento e dos recursos" (art. 164 a 168); o capítulo III trata do controle das contratações (art. 169 a 173).

Sobre essas disposições, em termos gerais, cabem dois alertas.

Em primeiro lugar, apenas as normas sobre infrações e sanções de natureza administrativa sujeitaram-se à regra geral do art. 193, inciso II, que, a princípio, estipulou um prazo de 2 anos de sobrevida para as demais normas da antiga LLIC, da Lei do Pregão e da Lei do RDC. Isso significa que: (i) contratos vigentes, porém assinados antes da entrada em vigor da Lei de 2021, continuam a aplicar infrações e sanções da legislação antiga; e (ii) contratos assinados até 31 de dezembro de 2023, porém com a opção pelo regime da legislação antiga, também continuarão sujeitos às normas de infrações e sanções anteriores.

Em segundo lugar, é preciso observar que, no conjunto de disposições que forma o Título IV da LLIC, não se encontram os crimes licitatórios que apareciam na legislação de 1993. O legislador preferiu lançar referidos crimes no próprio Código Penal. Nesse escopo, o art. 178 da LLIC de 2021 incluiu os arts. 337-E a 337-P no Código Penal, que compõem o "Capítulo II-B" dentro do Título XI da Parte Especial. Para as normas criminais que constavam da LLIC de 1993, vale a disposição do art. 193, inciso I, da LLIC de 2021, ou seja, tais normas foram revogadas de imediato com a publicação da lei, não se lhes aplicando a referida sobrevida, restrita às normas sancionatórias de caráter administrativo.

O capítulo do Código Penal inserido pela LLIC de 2021 trata exclusivamente dos "crimes em licitações e contratos administrativos", dispondo sobre crimes mais graves, com sanções de 04 a 08 anos de reclusão e multa, o que inclui: a contratação direta ilegal; a frustração do caráter competitivo de licitação; a modificação ou pagamento irregular em contrato administrativo, bem como a fraude em licitação (por exemplo, mediante entrega de mercadoria falsa, alterada ou em quantidade ou qualidade adulterada). Já o afastamento de licitante por violência, ameaça, fraude ou oferta de vantagem dá ensejo à reclusão de 3 a 5 anos, além da pena pela violência. A violação de sigilo em licitação ocasiona 2 a 3 anos de detenção e multa. A perturbação de processo licitatório, o patrocínio de contratação indevida e a omissão grave de dado ou de informação por projetista são crimes com pena de 6 meses a 3 anos de detenção e multa.

O referido capítulo do Código Penal abarca, ainda, os crimes de admissão de empresa ou profissional inidôneo na licitação, com reclusão de 1 ano a 3 anos e multa, bem como de contratação de empresa ou profissional nessa situação, com reclusão de 3 a 6 anos e multa. Referidas penas incidirão, igualmente, sobre aquele que, declarado inidôneo, participe da licitação ou contrate com a Administração, respectivamente. Já o crime de impedir ou dificultar inscrição em registros cadastrais, bem como de alteração, suspensão ou cancelamento de registro imporá multa de reclusão de 6 meses a 2 anos, e multa. Todas as referidas multas, vale registrar, não poderão ter valor inferior a 2% do valor do contrato celebrado por licitação ou diretamente.

5. TIPOLOGIA DAS INFRAÇÕES ADMINISTRATIVAS

Apesar de ter transferido as infrações penais em matéria licitatória e contratual para o Código Penal, a LLIC não somente mantém, como também alarga a disciplina das infrações e das sanções administrativas que absorveu da legislação passada.

A LLIC une todos os tipos infrativos administrativos nos incisos do art. 155. Em contraste com o que se via na Lei de 1993, o texto normativo atual reúne os diversos comportamentos ilícitos e, com isso, deixa de separar as infrações pelo seu momento e pelo vínculo jurídico. A LLIC aponta as infrações licitatórias em conjunto com as infrações propriamente contratuais. A matéria perdeu, com isso, a organização que apresentava na legislação anterior, que previa as infrações ao longo da licitação, separando-as das infrações pré-contratuais (relativas à assinatura do contrato) e das infrações contratuais (ocorridas ao longo do contrato). Desde 2021, não há mais essa categorização. A impressão que se tem é que o legislador se inspirou na Lei do Pregão e na Lei do RDC, que, conforme demonstrado, embaralhavam as distintas espécies infracionais sem diferenciá-las pelo momento e pela natureza.

A LLIC de 2021 também alarga o rol dos tipos infrativos. A lei anterior previa infrações separadas pela etapa da contratação, desde infrações na licitação, passando pelo momento da assinatura do contrato, até a execução contratual. Conquanto os tipos estejam todos embaralhados no art. 155 da LLIC de 2021, não se fazendo distinção entre infração contratual propriamente dita e outras infrações administrativas na licitação, fato é que o número de condutas ilícitas se expandiu. Para se examinar essa expansão, mais uma vez, é oportuno separar as infrações em grandes categorias.

As *infrações pré-contratuais*, aqui entendidas como comportamentos ilícitos, omissivos e comissivos, relacionados aos momentos da licitação, dos procedimentos auxiliares ou da contratação direta, ocupam boa parte dos incisos do art. 155 da LLIC. Elas são tipificadas como: "deixar de entregar a documentação exigida para o certame" (inciso IV); "apresentar declaração ou documentação falsa exigida para o certame ou prestar declaração falsa durante a licitação..." (inciso VIII); "fraudar a licitação..." (inciso IX) ou "praticar atos ilícitos como vistas a frustrar os objetivos da licitação" (inciso XI).

Esses vários incisos revelam a preocupação intensa do legislador com a lisura e a justa competição nos processos de contratação pública, daí a punição, também na esfera administrativa, de tentativas de fraude, falseamento de informações ou qualquer ação que distorça a competição. Na lei anterior, esses comportamentos destrutivos da licitação estavam fortemente associados a crimes licitatórios e apenas alguns deles aceitavam punições administrativas, que ficavam restritas ao impedimento e inidoneidade. Na LLIC de 2021, esses comportamentos, tipificados como infrações administrativas, dão ensejo à aplicação de sanção dessa mesma natureza. Entretanto, é preciso ter cautela, pois, como se verá oportunamente, a lei não autoriza a aplicação de todas as sanções para qualquer comportamento infrativo.

As *infrações pré-contratuais* também abrangem os comportamentos ilícitos cometidos pelo licitante vencedor. Elas ocorrem após a conclusão da licitação e antes do início da execução contratual. Nisso enquadram-se comportamentos, principalmente omissivos, que consistem em "não manter a proposta, salvo em decorrência de fato superveniente devidamente justificado" (inciso V), "não celebrar o contrato ou não entregar a documentação exigida para a contratação, quando convocado dentro do prazo de validade de sua proposta" (inciso VI).

Para essa categoria infrativa, a lei de licitações de 2021 não traz grande inovação, salvo por algumas ampliações, como a previsão de não entrega de documentação para o certame. Aliás, essa previsão é bastante estranha e questionável, pois o comportamento de deixar de entregar documentos de inscrição, habilitação ou de classificação não pode ser ilícito, salvo quando houver intenção de, com essa omissão, comprometer o andamento da licitação e frustrar seus objetivos. Outra possível utilidade desse dispositivo seria a de punir quem não respeita pedidos de documentação feitos pela autoridade pública também sem motivo plausível para tanto. É preciso ler com cautela, portanto, essa norma da LLIC.

Afora isso, assim como antes, a Lei de 2021 pune a omissão de contratar por parte do vencedor, desde que não possa ser justificada. Há apenas uma mudança que certamente restringirá a possibilidade de defesa nessa situação. A lei anterior exigia mera justificativa da impossibilidade de contratar. Já a lei atual faz referência a justificativa que envolva "fatos supervenientes", ou seja, fatos novos, aí se devendo incluir fatos inexistentes antes ou fatos que existiam, porém eram desconhecidos. Sob essa interpretação, não são legítimos motivos para a omissão de contratar fatos anteriores conhecidos ou que, ao menos, o licitante vencedor deveria conhecer. Isso revela que a legislação atual é mais rígida, mais favorável ao Estado e menos flexível em relação ao vencedor que se abstém de celebrar o contrato ou que pratica outras das condutas omissivas mencionadas.

A segunda categoria de ilícitos que se vislumbra no art. 155 da Lei de Licitações é formada pelas *infrações contratuais* propriamente ditas, ou seja, por ações ou omissões de inobservância de obrigações constantes, implícita ou explicitamente, nas cláusulas pactuadas no contrato firmado. Aqui, incluem-se os seguintes comportamentos: "dar causa à inexecução parcial do contrato" (inciso I), "dar causa à inexecução parcial do contrato que cause grave dano à Administração, ao funcionamento dos serviços públicos ou ao interesse coletivo" (inciso II), "dar causa à inexecução total do contrato" (inciso III), "ensejar o retardamento da execução ou da entrega do objeto da licitação sem motivo justificado" (inciso VII), "prestar declaração falsa durante... a execução do contrato" (inciso VIII)"; "praticar ato fraudulento na execução do contrato" (inciso IX).

A lei tratou da inexecução propriamente dita nos incisos I a III do art. 155, fazendo distinção entre a mera inexecução e a inexecução danosa aos serviços públicos e ao interesse coletivo, que constitui forma mais gravosa de infração. Essa diferenciação terá impacto nas sanções aplicáveis. Já o inciso IV diz respeito à mora, assunto que vem igualmente tratado no art. 162. Esse dispositivo prevê que: "o atraso injustificado na execução do contrato sujeitará o contratado à multa de mora, na forma prevista em edital ou em contrato", sem prejuízo de a Administração convertê-la em compensatória e rescindir unilateralmente o contrato, inclusive com aplicação de outras sanções da lei, cumulativamente.

Além das duas categorias de ilícitos diluídas no art. 155, a LLIC de 2021 prevê infrações que podem o ocorrer em todas as fases da contratação, como as de "comportar-se de modo inidôneo ou cometer fraude de qualquer natureza" (inciso X) e praticar ato lesivo previsto na Lei Anticorrupção (inciso XII).

O inciso XII faz remissão expressa ao art. 5º da Lei Anticorrupção e gera, com isso, algumas dúvidas. Como o art. 5º enumera diversos atos de corrupção,[1] muitos dos quais

---

[1] Em detalhes sobre esses tipos infrativos de corrupção, cf. MOTTA, Fabrício; ANYFANTIS, Spiridon Nicofotis. Comentários ao art. 5º. In: DI PIETRO, Maria Sylvia Zanella; MARRARA, Thiago. *Lei Anticorrupção comentada*. 3. ed. Belo Horizonte: Fórum, 2021. p. 92 e seguintes.

sem qualquer relação com a contratação pública, resta saber: a prática de qualquer ato tipificado no art. 5º por uma pessoa jurídica gera o poder dever de lhe aplicar sanções da Lei de Licitações a despeito de qualquer relação do comportamento ilícito com o contrato firmado? Ou, diferentemente, a LLIC autoriza a sancionar a pessoa jurídica que comete ato tipificado na Lei Anticorrupção apenas se referido ato de corrupção tiver relação simultânea com o contrato administrativo em questão?

A interpretação que me parece mais lógica é a de que somente os atos de corrupção que tiverem relação estrita com o contrato poderão gerar sanções. Assim, por exemplo, uma empresa que firma contrato de obras e corrompe os fiscais desse mesmo contrato para se beneficiar de uso indevido de materiais de baixa qualidade deverá ser sancionada tanto por infringir a Lei Anticorrupção, quanto por violação da Lei de Licitações. No entanto, se essa mesma empresa tiver celebrado cinco diferentes contratos de obras com diferentes entes públicos e corromper os fiscais em apenas um deles, somente em relação a esta relação contratual se aplicará o art. 155, inciso XII. A eventual condenação por corrupção e infração à Lei de Licitações incidirá unicamente sobre a relação contratual atingida, sem se estender às outras relações contratuais.

Interpretar o art. 155, inciso XII de outro modo equivaleria a transformar o órgão contratante em um órgão de controle geral, com competências para apurar todo e qualquer tipo de corrupção, mesmo sem relações com as licitações e contratos sob sua incumbência. Isso multiplicaria processos e geraria desarticulação administrativa, além de extrema insegurança jurídica quer para o contratado, quer dentro do Estado. Não bastasse isso, essa interpretação esbarraria no art. 159 da LLIC, que atribui a tarefa de apuração de infração de corrupção, inclusive quando atrelada à infração licitatória ou contratual, apenas ao órgão competente para conduzir processos de responsabilização por ato de corrupção (PAR). Em outras palavras, os órgãos contratantes não detêm competência para apurar e sancionar atos de corrupção, embora possam e devam levar a conhecimento dos órgãos responsáveis todo e qualquer indício de cometimento dessas práticas ilícitas e danosas ao Estado.

6. SANÇÕES: NORMAS GERAIS

Em sequência à exposição da lista de infrações, a LLIC cuida das respectivas sanções, apresentando-as em bloco. Para garantir clareza à exposição doutrinária, a disciplina legal necessita ser apartada em normas sancionatórias de caráter geral e normas particularmente direcionadas a cada uma das espécies de sanção.

Em termos gerais, a uma, a Lei n. 14.133 prevê quatro sanções administrativas. Aponta a advertência, a multa, o impedimento e a inidoneidade. A duas, permite que a multa seja cumulada com as outras três sanções (art. 156, § 7º) e, *a contrario sensu*, impede que essas últimas incidam simultaneamente. A três, a lei esclarece que a imposição das sanções não afasta o dever de o infrator condenado reparar integralmente o dano causado à Administração Pública. Não se deve confundir a multa compensatória com a multa por mora (art. 162) nem com o pagamento de valores para fins de ressarcimento de danos civis que não possam ser desfeitos de outra maneira (art. 120).

No campo das normas sancionatórias gerais, a LLIC de 2021 prevê critérios de dosimetria que, anteriormente, não apareciam na legislação licitatória, embora, desde 2018, a LINDB tenha consagrado critérios gerais para o direito administrativo sancionador (art. 22, § 2º). Superando a lacuna de norma especial, o art. 156, § 1º, da LLIC prevê que as sanções serão mensuradas conforme: I – a natureza e a gravidade da infração cometida; II – as peculiaridades do caso concreto; III – as circunstâncias agravantes ou atenuantes;

IV – os danos que dela provierem para a Administração Pública; V – a implantação ou o aperfeiçoamento de programa de integridade, conforme normas e orientações dos órgãos de controle.

De todos esses critérios de dosimetria, dois despertam atenção. O art. 156, § 1º, inciso III, ao tratar das circunstâncias agravantes ou atenuantes, é bastante perigoso, pois não as detalha. Tampouco existe na lei qualquer outro dispositivo que o complemente. Entendo, por isso, ser inaceitável permitir ao administrador inventar tais circunstâncias ou valer-se de analogia com outras leis, como o Código Penal. É essencial que referidas circunstâncias despontem na legislação contratual ou no próprio instrumento contratual. Na falta de detalhamento legal ou contratual, torna-se inviável sua aplicação. Em matéria de direito sancionador, opera a regra da *lex stricta*, ou seja, a vedação à analogia.

Já o art. 156, § 1º, inciso V prevê que a "implantação" ou o "aperfeiçoamento" de programa de integridade, conforme normas e orientações de órgãos de controle, devem ser levados em conta para mitigar a sanção. Implantar é adotar, colocar em prática algo que inexistia anteriormente. Aperfeiçoar é melhorar, aprimorar, tornar mais eficiente e efetivo. Isso significa que o condenado poderá se comprometer seja com a adoção de programas de que não dispunha, seja com a melhoria de programa preexistente com o objetivo de beneficiar-se da redução da sanção.

Essa interpretação pressupõe que a Administração Pública, antes de sancionar, negocie tais condições com o acusado, inclusive no tocante ao prazo de execução. Entendo, portanto, que o referido artigo legal embute uma possibilidade de negociação de compromisso. Sob a perspectiva material, referidos programas de integridade a princípio se guiarão pelas orientações de órgãos de controle, como os Tribunais de Contas. O órgão público contratante, que conduz o processo sancionador, somente deverá estabelecer parâmetros quando não houver outros ditados oficialmente pelos órgãos de controle.

Ainda no tocante à dosimetria, o art. 161, parágrafo único, da LLIC prevê que "o Poder Executivo regulamentará a forma de cômputo e as consequências da soma de diversas sanções aplicadas a uma mesma empresa e derivadas de contratos distintos". Esse dispositivo refere-se, ao que tudo indica, a situações em que um mesmo comportamento da empresa contratada ocasiona a violação de vários contratos simultaneamente, como vislumbra-se na participação em cartel licitatório. Em situações como essa, a legislação ocasiona a condução de diferentes processos sancionadores, cada qual por um órgão contratante.

Diante dessa possibilidade de múltipla responsabilização administrativa pelo efeito de um comportamento ilícito para dois ou mais contratos ou licitações, surge então a preocupação do legislador em coibir excessos punitivos. Aqui, nota-se a inspiração do art. 22, § 3º, da LINDB, segundo o qual: "as sanções aplicadas ao agente serão levadas em conta na dosimetria das demais sanções de mesma natureza e relativas ao mesmo fato". Tanto esse comando geral, quanto o art. 161, parágrafo único, da LLIC, buscam afastar os efeitos punitivos exagerados que a fragmentação das competências sancionatórias na Administração Pública pode ocasionar ao condenado e, inclusive, a interesses públicos primários, como a sobrevivência de empresas e a competitividade em licitações.

O problema é que a solução dada pelo legislador, impondo a regulamentação do tema por decreto, não necessariamente resolve a questão. Afinal, um mesmo comportamento pode gerar processos administrativos sancionadores em esferas federativas distintas. Em assim sendo, se a regulamentação exigida pelo legislador ocorrer em todos os níveis (federal, estaduais e municipais), o problema não restará solucionado. Entendo, pois, que a regulamentação nesse caso deve ser nacional, como norma geral seguida por todos os

439

entes federados. Não haveria, nessa matéria, portanto, a faculdade de observância do regulamento federal prevista no art. 187 da LLIC, mas sim sua compulsoriedade.

7. SANÇÕES EM ESPÉCIE

A Lei de Licitações de 2021, além de conter um abrangente conjunto de normas sancionadoras gerais, apresenta regras detalhadas sobre o regime de cada uma das quatro punições constantes do art. 156.

A sanção de *advertência*, mais branda dentre as quatro, será aplicada exclusivamente ao responsável pela infração administrativa prevista no inciso I do *caput* do art. 155, quando não se justificar a imposição de penalidade mais grave (art. 156, § 2º). Daí conclui-se que essa sanção se restringe a condenações por "inexecução parcial" do contrato administrativo, descabendo impô-la para qualquer outro tipo infrativo. Aqui, a lei merece crítica, pois seria adequado aceitar a sanção de advertência explicitamente para a mora ou a demora de entrega de documentação. No entanto, infelizmente, o legislador quis restringir a advertência à inexecução parcial.

A sanção de *multa*, por seu turno, tem utilidade extensa. A lei não a restringe, de modo que poderá ser cominada ao licitante ou ao contratado condenado da prática de qualquer tipo de infração. A novidade nesse assunto está na definição de limites mínimos e máximos. Dispõe o art. 156, § 3º que a multa será calculada na forma do edital ou do contrato e, em todo caso, não será "inferior a 0,5% (cinco décimos por cento) nem superior a 30% (trinta por cento) do valor do contrato".

Respeitados os percentuais legais mínimo e máximo, o ato ou contrato poderá estabelecer outros valores, como, apenas para ilustrar, mínimo de 10% e máximo de 20% por infração. O objetivo do legislador, com as fixações de piso e teto, foi evitar multas irrisórias, meramente simbólicas, sem qualquer efeito dissuasório, e, ao mesmo tempo, afastar multas excessivas, abusivas, cujo valor elevado possa comprometer a continuidade do contrato administrativo ou a existência do condenado. Essa preocupação do legislador é oportuna e legítima, pois excessos punitivos são capazes de transformar a sanção ao infrator em uma punição indireta ao Estado, à coletividade ou a terceiros que não tenham qualquer relação com o ilícito.

Os valores de multa, bem como das indenizações eventualmente determinadas, mas não pagos, devem ser descontados dos pagamentos e, diante de sua insuficiência, da garantia prestada, sem prejuízo da cobrança judicial subsidiária (art. 156, § 8º). Nesse aspecto, a Lei vigente mudou a lógica da anterior. O art. 86, § 2º e 3º da Lei de 1993 previa o desconto, em primeiro lugar, da garantia e, somente em um segundo momento, dos pagamentos. A Lei de 2021 mudou a ordem e exige cautela! Na sua sistemática, faz-se o desconto inicialmente dos pagamentos e somente aquilo que não for coberto por eles será abatido da garantia prestada. Aparentemente, a ideia do legislador foi a de não "queimar" imediatamente a garantia, lançando-a para uso subsidiário.

A terceira sanção prevista na LLIC de 2021 é a de *impedimento* de participação de licitações e de contratar com o Estado. Embora já figurasse no ordenamento brasileiro, a Lei de Licitações prevê de forma precisa em quais situações essa pena incidirá. Para tanto, é preciso que o licitante ou o contratado tenha sido condenado pelos ilícitos previstos nos incisos II, III, IV, V, VI e VII do *caput* do art. 155. Disso conclui-se ser inaplicável o impedimento para a mera inexecução parcial do contrato, assim como para as infrações mais graves, a saber: a declaração ou a entrega de documentação falsa; a fraude à licitação ou à execução do contrato; o comportamento inidôneo; o ato de frustração dos objetivos licitatórios ou atos previstos na lei anticorrupção. Para a mera inexecução parcial, cabem somente advertência e multa, enquanto, para as demais infrações citadas, descabe o impedimento, pois incide a declaração de inidoneidade, sem prejuízo de multa.

A sanção de impedimento perdurará por até 3 anos. O órgão competente se valerá dos critérios de dosimetria para definir a medida temporal justa no caso concreto. Ademais, solucionando qualquer dúvida sobre sua extensão subjetiva, a LLIC de 2021 esclarece que o impedimento de licitar ou contratar vale para todos os órgãos e entes que formam a "Administração Pública direta ou indireta do ente federativo que tiver aplicado a sanção". Determinada empresa punida com impedimento por uma autarquia municipal ficará, assim, proibida de participar de qualquer licitação ou celebrar qualquer contrato por dispensa ou inexigibilidade com qualquer órgão público do mesmo Município, como pessoa política, ou de suas entidades descentralizadas (autarquias, empresas, fundações ou associações municipais) pelo prazo máximo estabelecido na decisão administrativa condenatória (respeitado o limite legal de 3 anos).

A quarta e última sanção administrativa prevista na Lei de Licitações é a *declaração de inidoneidade* para licitar ou contratar (art. 156, § 5º). Essa sanção incide em todos os casos que aceitam impedimento, como alternativa a esta sanção, ou para os ilícitos mais graves previstos nos incisos VIII, IX, X, XI e XII do *caput* do art. 155. O condenado, declarado inidôneo, ficará proibido de contratar, por licitação ou diretamente, com qualquer órgão que componha a Administração Pública direta e indireta tanto do ente federativo em que a sanção é aplicada, quanto de todos os demais entes federativos.

Não há mais espaço para qualquer dúvida. Diante da redação legal, é indiscutível que os efeitos subjetivos da inidoneidade são nacionais! Apenas para ilustrar, a declaração de inidoneidade aplicada por uma autarquia municipal no Estado da Paraíba gerará para a empresa condenada efeitos em todo território brasileiro, impedindo-a de participar do mercado público pelo prazo mínimo de 3 anos e máximo de 6 anos no Município que aplicou a sanção ou em qualquer outro, bem como nos Estados ou na União.

O prazo da inidoneidade necessitará ser calibrado no caso concreto e de forma motivada à luz dos critérios de dosimetria previstos na legislação licitatória. Esse prazo é relevante, pois as relações da Administração com sujeitos condenados à inidoneidade implicam crime. Nos termos do art. 337-M do Código Penal, de um lado, cometerá ilícito penal o agente público que aceitar na licitação uma empresa ou profissional inidôneo (reclusão de 1 a 3 anos e multa) ou que com eles celebrar contrato administrativo (reclusão de 3 a 6 anos e multa). De outro lado, a pessoa física que, declarada inidônea, vier a participar ou contratar com a Administração cometerá igualmente referido crime e estará sujeita às mesmas sanções aplicáveis ao agente público.

Em síntese, do exame da Lei de Licitações, é possível descrever o sistema punitivo vigente da seguinte forma: (a) a mera inexecução parcial de contrato administrativo (sem danos ao serviço ou à coletividade) sujeita o infrator apenas à advertência, eventualmente cumulada com multa, vedada a imposição de impedimento ou de inidoneidade; (b) os ilícitos dos incisos II a VII do art. 155 (incluindo inexecução parcial danosa, inexecução total, mora etc.) sujeitam o infrator ao impedimento somado eventualmente à multa, com a possibilidade de substituir o impedimento pela inidoneidade; e (c) os ilícitos mais gravosos dos incisos VIII a XII do art. 155 (como fraude, cartel e corrupção) sujeitam o infrator à inidoneidade acrescida eventualmente à multa, sem a possibilidade de aplicação de impedimento ou de advertência.

8. MULTA MORATÓRIA

A multa prevista no art. 156, inciso II, pelas infrações previstas no art. 155 não deve ser confundida com a multa do art. 162. Enquanto a multa compensatória atinge infrações de inexecução contratual e outras pontuadas no art. 155, a multa do art. 162 é aplicada pela configuração de mora, ou seja, de atraso na execução de uma obrigação cujo cumprimento ainda se mostre útil e esperado pelo ente público contratante.

De acordo com a LLIC, a multa de mora será imposta sempre que houver atraso injustificado, ou seja, atraso na execução da obrigação ainda exequível por fato que seja imputável ao contratado. Se, por exemplo, o atraso do contratado decorrer de eventos que, de acordo com matriz de risco ou cláusula contratual, sejam de sua própria responsabilidade, não se poderá aplicar o art. 162.

Diferentemente da multa do art. 156, II, não há previsão de mínimo ou máximo para a multa de mora. A ausência de um limite é compreensível, pois permite que a multa se adapte à extensão do atraso. Assim, o legislador simplesmente afirma que o edital ou o contrato deverá tratar do assunto. Ao cuidar do assunto na fase preparatória da licitação, é importante que o contratante trace normas sobre a mora que levem em conta o tipo de obrigação que sofre atraso, bem como uma forma objetiva de cálculo que considere o período de atraso pela unidade mais adequada (minuto, hora, dia, mês etc.).

A multa de mora poderá ser convertida em multa compensatória, quando a Administração contratante desejar promover motivadamente a extinção unilateral do contrato, somando-se a isso, eventualmente, a aplicação de outras sanções, como o impedimento ou a inidoneidade (art. 162, parágrafo único).

9. ABERTURA DO PROCESSO SANCIONADOR

O sistema sancionador que se construiu no Brasil de 1993 até 2021 estava fragmentado em inúmeras leis de licitações e contratos e prescindia de regras processuais pormenorizadas. A legislação dispunha, de modo relativamente organizado, acerca das infrações e das sanções, mas não oferecia aos agentes públicos diretrizes e normas claras sobre como preparar e conduzir o processo sancionador. Na prática, a escassez de normas processuais dificultava a efetividade desejada da fiscalização contratual e fragilizava a validade de suas iniciativas. A insuficiência do direito positivo ocasionava dificuldades na apuração de ilícitos, na aplicação adequada de sanções e, não raramente, favorecia a impunidade.

Em comparação com o cenário anterior, a LLIC de 2021 dá um passo relevante ao dedicar mais atenção às normas processuais. Ao mesmo tempo em que cuida de temas que já recebiam tratamento normativo, como a competência decisória, a lei aponta regras sobre a composição da comissão processante, prazos, decisão, reconsideração, recursos e leniência. A maior completude normativa certamente contribuirá com o incremento da qualidade e efetividade do sistema sancionador contratual no Brasil. De outro lado, porém, criará mais desafios e ônus para a Administração Pública, que terá que destacar servidores e treiná-los a fim de cumprir adequadamente o que manda a legislação.

Em termos procedimentais, a nova lei apresenta inicialmente dois dispositivos relevantes: o art. 157 e o art. 158. O primeiro dispõe que a multa será aplicada mediante garantia de faculdade de defesa do interessado no prazo de 15 dias úteis a partir da intimação. Uma leitura rápida desse comando dá a entender que processos que redundem unicamente em multa terão regime processual simplificado, diferentemente dos processos conduzidos nos termos do art. 158. Contudo, essa interpretação não pode prevalecer por diversas razões.

Na grande parte das situações, não há como se saber de antemão, em um processo, se haverá condenação e quais sanções serão aplicadas. Ainda que o órgão público responsável indique os dispositivos violados pelo licitante ou pelo contratado como condição para sua defesa, isso não permite que antecipe a conclusão (de absolvição ou condenação) ou que já logre indicar a sanção que será imposta. Afinal, na lei de licitações, as sanções não estão precisamente separadas para cada um dos incisos que tipificam as infrações. Várias sanções podem ser aplicadas a uma mesma conduta. Ademais, a multa é aceita para qualquer tipo de infração, podendo ser cumulada com as sanções restantes.

Exatamente por isso, o fato de a multa ter sido tratada no art. 157 não pode sustentar a crença de que exista um regime processual simplificado para essa sanção. Todo e qualquer tipo de processo sancionador necessita observar o rito estabelecido nos art. 158 e seguintes. Não interessa o fato de o art. 157 ter se referido a multa e o art. 158, mencionado as sanções de impedimento e de inidoneidade. A despeito do tipo de sanção, as garantias processuais não variam, pois decorrem de uma base de processualidade derivada de comandos constitucionais, principalmente a garantia de ampla defesa, de impessoalidade, de moralidade e de legalidade nos processos administrativos. É sempre útil lembrar, nesse sentido, o art. 5º, inciso LV, da Constituição da República, que assim dispõe: "[...] aos acusados em geral são assegurados o contraditório e ampla defesa, com os meios e recursos a ela inerentes".

10. APURAÇÃO CONJUNTA OBRIGATÓRIA (INFRAÇÃO DE CORRUPÇÃO)

A LLIC revela uma ferramenta útil e positiva no tocante à articulação das esferas sancionadoras administrativas no âmbito das licitações e contratos, estipulando a unificação processual em hipóteses específicas. Nessa linha, o art. 159, *caput,* prevê o seguinte: se um mesmo comportamento, omissivo ou comissivo, tipificar infração prevista em leis de licitações e contratos e, simultaneamente, infração administrativa de corrupção, a apuração e o julgamento ocorrerão de modo conjunto, nos mesmos autos, observando-se o rito e as demais normas de competência constantes da Lei Anticorrupção.

Essa regra exige alguns esclarecimentos. Em primeiro lugar, não se refere apenas às infrações contidas na Lei de Licitações. Infrações contratuais ou licitatórias, por exemplo, previstas no Estatuto das Empresas Estatais ou em leis especiais, como a de licitações para contratos de publicidade, também seguirão a regra de unificação processual quando houver tipificação simultânea de infração de corrupção.

Em segundo lugar, a LLIC estipula uma conduta vinculada dos órgãos públicos competentes para apurar as infrações. Não sobra, aqui, espaço para juízos de conveniência e oportunidade. Será ilegal a condução de processos separados e paralelos nessa situação especial e, se isso ocorrer, inválida será a decisão condenatória. Identificada a possibilidade de que o comportamento infrinja as duas leis, então as autoridades agirão de ofício, comunicar-se-ão para que os processos administrativos se fundam em um só, afastando-se toda e qualquer chance de decisões distintas e eventualmente contraditórias.

Em terceiro lugar, a lei claramente oferece uma preferência às autoridades competentes para apurar os atos de corrupção. Destarte, se o comportamento estiver tipificado na legislação contratual e na Lei Anticorrupção, a apuração e a decisão competirão exclusivamente às autoridades que, de acordo com a regulamentação expedida no âmbito da União, dos Estados ou do Município que tiver celebrado o contrato, for competente para apurar infrações de corrupção.

Nesse cenário, entram em jogo as disposições do art. 8º e seguintes da Lei Anticorrupção que, resumidamente: (i) estabelecem a competência de apuração e julgamento à autoridade máxima de cada órgão ou entidade nos respectivos Poderes (Executivo, Legislativo ou Judiciário); (ii) permitem a delegação do exercício da competência de apuração e julgamento, vedada a subdelegação; (iii) reconhecem, no nível federal, a competência concorrente da Controladoria-Geral da União – CGU e (iv) estipulam a competência privativa da CGU para apuração de ilícitos praticados contra a Administração Pública Estrangeira.

Em quarto lugar, também deverão ser observadas as normas processuais da Lei Anticorrupção[2] em detrimento das normas processuais da legislação licitatória e contratual. Dessa maneira, nos termos do art. 10 da Lei Anticorrupção, o PAR será conduzido por comissão designada pela autoridade instauradora e composta por dois ou mais servidores estáveis. O prazo de defesa do acusado será de 30 dias e a comissão deverá concluir os trabalhos no prazo de 180 dias contados da sua instituição, permitida sua prorrogação. Ao final, apresentará relatório fundamentado sobre os fatos apurados, bem como seu parecer sobre a eventual responsabilidade do acusado, sugerindo, diante de opinião de condenação, as respectivas sanções.

11. INSTRUÇÃO E DEFESA NO PROCESSO SANCIONADOR

Feitas essas observações sobre a inter-relação da legislação licitatória com a legislação de combate à corrupção em situações excepcionais e, pelas razões anteriormente expostas, considerando-se que o art. 158 da LLIC é um comando geral para todo e qualquer tipo de processo sancionador, conclui-se que os órgãos públicos responsáveis somente poderão lançar mão das punições de advertência, multa, impedimento ou inidoneidade para participar de licitações ou contratar com a Administração Pública caso respeitem certas condições.

Em primeiro lugar, é imprescindível instaurar oficial e formalmente um processo administrativo de responsabilização, salvo quando for compulsória a transferência do exercício da competência investigatória e punitiva para autoridades de combate à corrupção (nos termos do art. 159). Em segundo lugar, cabe atribuir a condução desse processo administrativo a uma comissão composta de 2 ou mais servidores estáveis – possibilitada a composição por empregados públicos com, no mínimo, 3 anos de tempo de serviço quando não houver estatutários no quadro funcional.

Devidamente formada e abertos os trabalhos, essa comissão especial deverá, entre outras atividades, intimar o interessado para apresentação de defesa e provas; conduzir a fase de instrução; zelar pelo respeito ao direito de produção de provas, ao direito de acompanhamento de provas e ao direito de acesso aos autos, inclusive por cópias, carga, vista etc.

Seguindo essa lógica, típica de processos acusatórios realizados na Administração Pública, a LLIC adequadamente dispõe que, de início, o interessado (licitante ou contratado), devidamente intimado, terá até 15 dias úteis para defender-se por escrito e especificar provas. É preciso destacar, aqui, que o interessado não pode se restringir a meras alegações sem efetivamente provar o quanto dito, seja por provas constituídas, por provas a se constituir ao longo da instrução ou por provas que já constem dos bancos de dados da Administração Pública.

---

2   Em detalhes sobre o PAD na Lei Anticorrupção, cf. NOHARA, Irene Patrícia. Comentários ao art. 10. In: DI PIETRO, Maria Sylvia Zanella; MARRARA, Thiago (org.). *Lei anticorrupção comentada*. 3. ed. Belo Horizonte: Fórum, 2021. p. 143 e seguintes.

A defesa é um ônus do interessado, que o desempenhará diretamente ou por meio de representantes formalmente constituídos, como advogados. Essa é a regra geral do processo administrativo. Em não havendo exigência legal, a presença de advogado não é impositiva, até porque a decisão administrativa não goza de definitividade e poderá ser questionada judicialmente. Ainda assim, sabe-se que a defesa técnica é recomendável, quer para identificar e coibir abusos e ilegalidades na condução processual, quer para solucionar a questão mais rapidamente, evitando-se os custos e a demora que a judicialização geralmente ocasiona.

Como dito, a LLIC prevê um prazo de defesa de 15 dias úteis. A contagem desse prazo seguirá as normas gerais de processo administrativo, que foram praticamente reproduzidas no art. 183 da própria Lei de Licitações. De acordo com esse dispositivo, o prazo se iniciará no dia seguinte ao da intimação, mesmo quando feita pela internet, ou quando for juntada aos autos o aviso de recebimento da intimação feita pelos correios ao interessado. Esse prazo correrá apenas pelos dias de efetivo expediente na repartição até completar 15 dias úteis. Caso o término do prazo caia em data sem expediente ou com expediente reduzido, será então deslocado para o próximo dia com expediente normal. Essa mesma extensão valerá, automaticamente, sempre que a comunicação eletrônica estiver indisponível, inviabilizando a juntada de petições ou documentos.

Após a intimação, a comissão de instrução avaliará, a partir das provas, os fatos e as circunstâncias necessárias para verificar a materialidade da infração e sua autoria precisa. No exercício dessas funções, zelará pela objetividade, pela razoabilidade, pela oficialidade e interesse público.

A razoabilidade exige que o órgão de instrução somente imponha ao interessado medidas adequadas, necessárias e proporcionais. Isso vale especialmente para a exigência de provas e a distribuição do ônus para sua produção. É preciso ter em mente que, por se tratar de processo sancionador, as provas podem e devem ser produzidas pela própria Administração quando necessário. Ademais, as autoridades deverão contribuir com as provas de interesse do acusado quando este não puder trazê-las aos autos por impossibilidade ou dificuldades excessivas.

Seguindo-se essa lógica do razoável, é imprescindível aplicar a disposição do art. 37 da LPA federal (Lei 9.784/1999) também nesses processos. Por conseguinte, "quando o interessado declarar que fatos e dados estão registrados em documentos existentes na própria Administração responsável pelo processo ou em outro órgão administrativo, o órgão competente para a instrução proverá, de ofício, à obtenção dos documentos ou das respectivas cópias". Mandamento semelhante está contido na Lei Nacional de Desburocratização (Lei 13.726/2018), que se aplica a todos os entes federativos. Seu art. 3º, § 3º prescreve que: "Os órgãos e entidades integrantes de Poder da União, de Estado, do Distrito Federal ou de Município não poderão exigir do cidadão a apresentação de certidão ou documento expedido por outro órgão ou entidade do mesmo Poder, ressalvadas as seguintes hipóteses: I – certidão de antecedentes criminais; II – informações sobre pessoa jurídica; III – outras expressamente previstas em lei".

Os princípios da legalidade, da moralidade e da eficiência, de modo inevitável, também guiam a instrução. Observando esses valores maiores da Administração Pública, a LLIC claramente exige que a comissão recuse, fundamentadamente, provas ilícitas, impertinentes, desnecessárias, bem como provas protelatórias ou intempestivas (art. 158, § 3º).

Provas ilícitas são as produzidas com violação do direito material ou do direito processual, bem como todas as provas que derivem das originariamente contaminadas pela ilegalidade (teoria dos frutos da árvore envenenada).[3] As provas impertinentes não são ilícitas, mas sim provas que não guardam qualquer relação lógica com os assuntos debatidos no processo. São provas sobre fatos e circunstâncias irrelevantes para formação da decisão final.

Já as provas desnecessárias podem ser de dois tipos: ou são provas repetidas, como provas documentais exatamente idênticas às que constam dos autos, ou provas inúteis, que buscam a comprovar algo que já está evidente em razão de provas de outra natureza, como a confissão. Seguindo essa lógica, a Lei Nacional de Desburocratização dispõe, em seu art. 3º, § 1º, ser "vedada a exigência de prova relativa a fato que já houver sido comprovado pela apresentação de outro documento válido".

As provas protelatórias e as intempestivas merecem comentários adicionais. As provas protelatórias somente poderão ser recusadas se desnecessárias, impertinentes ou lícitas. Não sendo esse o caso, deverão ingressar nos autos, ainda que causem algum impacto temporal na duração do processo. Já a intempestividade na produção da prova jamais deverá servir de escusa para que a Administração cumpra seu poder dever de afastar ilegalidades e tutelar o interesse público. O formalismo, na consideração dos prazos, não pode colocar em jogo valores maiores do ordenamento jurídico. O princípio geral do processo administrativo não é o do formalismo exacerbado, mas sim do formalismo mitigado, do informalismo, do uso de formalidades para proteger o cidadão e os interesses públicos, não para servir de escusa a renúncias indevidas de competência por parte da autoridade pública.[4]

Além de examinar a defesa e as provas aceitas no processo sancionador, a comissão deverá abrir ao interessado (licitante ou o contratado sob acusação) a faculdade de apresentar alegações finais no prazo de 15 dias úteis, contado da data da intimação (art. 158, § 2º). Embora a Lei de Licitações não as defina, as alegações finais são considerações do interessado a respeito do conjunto probatório coletado na instrução no sentido de reforçar sua defesa. O prazo para apresentação conta-se da mesma forma que o prazo de defesa, descontando-se o dia do início e incluindo-se o dia de vencimento.

Ainda no tocante à instrução, a LLIC contém uma lacuna sobre o relatório final. De maneira geral, em processos administrativos nos quais os órgãos de instrução são especializados e dissociados dos órgãos de julgamento, é fundamental que, depois da produção de provas e do recebimento das alegações finais pelo acusado, a comissão feche a instrução com um relatório, que tem a natureza jurídica de parecer obrigatório, mas meramente opinativo. Embora a lei não mencione esse ato, entendo que seja obrigatório por força do princípio da publicidade e da legalidade – tanto é assim, que essa peça aparece em inúmeras leis, como a LPA federal, a legislação disciplinar e a Lei Anticorrupção.

Não há motivo para diferenciação no processo de responsabilização licitatória ou contratual. O relatório final, aqui entendido como obrigatório apesar da lacuna da LLIC, deverá demonstrar como a instrução foi conduzida, a lista de provas juntadas e produzidas durante sua realização, os argumentos de defesa e, em especial, uma opinião de decisão amplamente fundamentada. Aqui, por óbvio, a comissão não decidirá, mas apenas opinará se entende haver elementos para a absolvição (por prova de inocência ou, em razão do *in dubio pro reo*, por insuficiência de provas) ou para condenação.

---

[3]   MARRARA, Thiago; NOHARA, Irene Patrícia. *Processo administrativo federal*: Lei 9.784/99 comentada. 2. ed. São Paulo: Revista dos Tribunais, 2018. p. 342.

[4]   Nesse sentido, MEDAUAR, Odete. *A processualidade no direito administrativo*. 2. ed. São Paulo: Revista dos Tribunais, 2008. p. 131-133; FERRAZ, Sérgio; DALLARI, Adilson Abreu. *Processo administrativo*. 3. ed. São Paulo: Malheiros, 2012. p. 125; MARRARA, Thiago. Princípios do processo administrativo. *Revista Digital de Direito Administrativo*, v. 7, n. 1, 2020, p. 106.

12. DECISÃO DO PROCESSO SANCIONADOR

Muitos são os possíveis desfechos do processo sancionador por infrações em licitações e contratos. De um lado, as decisões serão absolutórias quando se comprovar a inexistência de autoria ou de materialidade, e quando forem insuficientes as provas a respeito desses elementos essenciais da condenação (*in dubio pro reu*). De outro lado, as decisões serão condenatórias somente quando demonstrados os pressupostos fáticos (comportamento omissivo ou comissivo) e jurídicos (enquadramento no tipo infrativo legal), bem como a ausência de excludentes, como o cumprimento de dever legal.

A decisão igualmente poderá reconhecer a prescrição da pretensão punitiva, que recebe tratamento explícito na LLIC de 2021. De acordo com seu art. 158, § 4º, a prescrição ocorrerá em cinco anos a partir da ciência da infração pela Administração. Não interessa, portanto, a data de início ou de término do comportamento, senão apenas o momento em que a entidade pública contratante toma ciência do ocorrido, podendo então tomar as providências necessárias de apuração. Administração, nesse contexto, não é sinônimo de Estado, de qualquer ente público, mas sim do ente que efetivamente contrata e tem o poder de apurar infrações e aplicar sanções.

O prazo prescricional quinquenal se interrompe ou se suspende por alguns motivos apontados legalmente. A instauração do processo de responsabilização gera a *interrupção* do prazo. Nessa hipótese específica, reitere-se, opera-se a interrupção, de modo que o prazo é zerado. Já a celebração de acordo de leniência nos termos da Lei Anticorrupção – instituto que será comentado em mais pormenores a seguir – ocasiona a suspensão do prazo. A suspensão equivale à paralisação do curso, da contagem do prazo prescricional. Assim, se decorridos três anos até o momento da celebração do acordo, o prazo restante voltará a correr pelos dois anos faltantes caso, por eventualidade, o acordo seja desfeito ou descumprido. Note-se que a suspensão da prescrição se dá somente com a celebração do acordo, não interessando o momento de início das negociações. Outra causa de suspensão se vislumbra em decisão judicial que "inviabilize a conclusão da apuração administrativa". Caso, por algum motivo, o Judiciário obste a continuidade das apurações, a contagem do prazo restará paralisada e voltará a correr somente quando cessada a ordem judicial que proibiu ou, de algum modo, obstou a apuração pela Administração Pública.

Embora a Lei de Licitações trate com mais cuidado dos aspectos processuais do sistema punitivo, observa-se a inexistência de um prazo de condução do processo sancionador ou, ao menos, de expedição da decisão final. A solução que me parece adequada para superar essa lacuna é aplicar por analogia o prazo de julgamento de recursos previsto na própria Lei de Licitações.

Nos termos dos arts. 166 e 167, a Administração Pública terá vinte dias úteis para julgar recursos ou pedidos de reconsideração contra decisões de aplicação de sanções. Assim, na falta de prazo para a decisão em primeira instância, cabe aplicar o mesmo prazo de 20 dias. É fundamental a definição desse prazo por analogia, pois é ele que dá efetividade ao dever de decisão! Nesse contexto, pois, não há necessidade de recorrer-se a normas gerais das leis de processo administrativo ou dos Códigos Processuais, uma vez que a própria LLIC apresenta uma solução objetiva mediada pela analogia interna.

13. COMPETÊNCIA PARA DECLARAÇÃO DE INIDONEIDADE

Entre as regras processuais trazidas do sistema anterior pelo legislador encontram-se as que definem competências especiais para aplicação da sanção mais gravosa: a declaração de inidoneidade. A legislação atual, nessa matéria, segue a lógica da antiga ao visar conter o poder dos órgãos públicos na aplicação da inidoneidade.

Essa restrição de competência se afigura bastante adequada, quando se considera que referida sanção, conquanto desempenhe relevante função punitiva, deflagra efeitos concorrenciais intensos. Ao excluir o agente econômico de qualquer licitação ou contratação direta nas três esferas da federação, a inidoneidade pode ser lesiva ao próprio Estado e à coletividade, já que ocasiona, entre outras consequências, a redução do número de competidores nos mercados públicos, o favorecimento de oligopólios ou monopólios, a potencial elevação de preços, a diminuição de pressões pelo avanço qualitativo e tecnológico de produtos e serviços, bem como a facilitação de colusão, já que o menor número de competidores sempre facilita a comunicação e o alinhamento de comportamentos.

Em vista desses riscos, andou bem o legislador não somente ao restringir a competência para a declaração de inidoneidade para participar de licitações e contratos com o Estado, mas também por detalhar as regras competenciais a partir de um parâmetro subjetivo (*i.e.*, que leva em conta o Poder envolvido).

O art. 156, § 6º, da LLIC prescreve que a declaração de inidoneidade, quando determinada na condenação por órgão do Poder Executivo, será de competência exclusiva de ministro de Estado, de secretário estadual ou de secretário municipal. Ao utilizar a expressão "competência exclusiva", a legislação sugere que se trata de competência indelegável, ou seja, cujo exercício não se transfere a agentes de menor hierarquia. É necessário observar, porém, que a competência do segundo escalão do governo (Ministros e Secretários) está limitada aos processos sancionadores que correm dentro da Administração Direta, ou seja, dentro dos próprios ministérios e secretarias.

Quando referida sanção de inidoneidade for aplicada por autarquia ou fundação (entidades da Administração Indireta), será de competência exclusiva da autoridade máxima dessa mesma entidade. Assim, por exemplo, a sanção de inidoneidade somente poderá ser imposta, dentro de uma autarquia universitária, pelo Reitor. Embora a LLIC mencione unicamente as autarquias e fundações, essa regra se aplica igualmente a consórcios estatais, seja com personalidade jurídica de direito público ou de direito privado. As empresas estatais, porém, não se sujeitam a esse mandamento, pois estão regidas pelo Estatuto próprio (Lei n. 13.303), no qual a sanção de declaração de inidoneidade inexiste. Na verdade, o sistema sancionador licitatório e contratual das empresas estatais absorve tão somente as sanções de advertência, multa, suspensão temporária de participação em licitação e impedimento para contratar com a entidade sancionadora por dois anos no máximo.

A LLIC, de maneira bastante oportuna, ainda traz regras de competência para contratos celebrados no âmbito de órgãos públicos que, embora façam parte das pessoas políticas (União, Estados e Municípios), são portadores de autonomia especial. Em processos sancionadores por infrações licitatórias ou contratuais sob competência dos Poderes Legislativo e Judiciário, do Ministério Público ou da Defensoria Pública no desempenho da função administrativa, a inidoneidade somente poderá ser declarada por autoridade de nível hierárquico equivalente às autoridades referidas no inciso I do art. 156, § 6º, ou seja, por autoridade equivalente a Ministro (no âmbito federal) ou Secretário de governo (nos Estados e Municípios).

14. DESCONSIDERAÇÃO DA PERSONALIDADE JURÍDICA

A LLIC de 2021 prevê, no art. 160, a possibilidade de desconsideração da personalidade jurídica. O tema não é novo. Já vinha sendo discutido na jurisprudência e doutrina nacionais há certo tempo, fortalecendo-se de início no âmbito do direito privado. Na legislação, o reconhecimento da teoria se deu pela primeira vez no Código de Defesa do Consumidor em 1990, espraiando-se depois para diplomas públicos, como a Lei de Defesa da Concorrência de 1994 e a Lei de Crimes Ambientais de 1998. Em 2002, ela ganhou previsão no Código Civil, que foi então bastante ampliado pela Lei n. 13.874, de 2019.[5]

Na Lei 8.666, na Lei do Pregão e na Lei do RDC, inexistia previsão explícita sobre o tema. Contudo, ainda que não se referisse expressamente à "desconsideração da personalidade jurídica", o art. 88 da LLIC de 1993 tratava da extensão das sanções de impedimento e de inidoneidade a outras pessoas, inclusive as que tivessem "praticado atos lícitos visando a frustrar os objetivos da licitação" ou demonstrassem "não possuir idoneidade para contratar com a Administração em virtude de atos ilícitos praticados".

Superando as deficiências da legislação anterior, o art. 160 da Lei n. 14.133 esclarece definitivamente a possibilidade de desconsideração da personalidade jurídica da pessoa condenada pelo órgão público contratante para se atingir outras pessoas que tenham cometido abuso de direito no intuito de: (i) "facilitar, encobrir ou dissimular a prática" de ilícitos previstos na lei ou (ii) "provocar confusão patrimonial" (conceito que a própria Lei de Licitações não detalha, mas encontra definição no art. 50, § 2º, do Código Civil).

Mais que isso, a Lei evidencia que a desconsideração da personalidade no sistema sancionador contratual prescinde de decisão judicial. Em contraste ao art. 50 do Código Civil, que faz referência expressa à necessidade de autorizativo expedido por juiz a pedido da parte ou do Ministério Público, a Lei de Licitações não o exige. Implicitamente, reconhece que o ato administrativo declaratório da desconsideração é caracterizado pela autoexecutoriedade.[6] Absorve, assim, posicionamento que já aflorava no STJ (15.166-BA) e em textos de especialistas como Jessé Pereira Torres e Marinês Dotti, que argumentam ser a desconsideração não uma forma de supressão de direito, mas sim uma técnica de com-

---

[5] A redação originária do Código Civil se resumia ao seguinte: "Art. 50. Em caso de abuso da personalidade jurídica, caracterizado pelo desvio de finalidade, ou pela confusão patrimonial, pode o juiz decidir, a requerimento da parte, ou do Ministério Público quando lhe couber intervir no processo, que os efeitos de certas e determinadas relações de obrigações sejam estendidos aos bens particulares dos administradores ou sócios da pessoa jurídica".

Em 2019, com as modificações impostas pela Lei 13.874, o artigo foi significativamente ampliado. Vale a transcrição: "Art. 50. Em caso de abuso da personalidade jurídica, caracterizado pelo desvio de finalidade ou pela confusão patrimonial, pode o juiz, a requerimento da parte, ou do Ministério Público quando lhe couber intervir no processo, desconsiderá-la para que os efeitos de certas e determinadas relações de obrigações sejam estendidos aos bens particulares de administradores ou de sócios da pessoa jurídica beneficiados direta ou indiretamente pelo abuso. § 1º Para os fins do disposto neste artigo, desvio de finalidade é a utilização da pessoa jurídica com o propósito de lesar credores e para a prática de atos ilícitos de qualquer natureza. § 2º Entende-se por confusão patrimonial a ausência de separação de fato entre os patrimônios, caracterizada por: I – cumprimento repetitivo pela sociedade de obrigações do sócio ou do administrador ou vice-versa; II – transferência de ativos ou de passivos sem efetivas contraprestações, exceto os de valor proporcionalmente insignificante; e III – outros atos de descumprimento da autonomia patrimonial. § 3º O disposto no *caput* e nos §§ 1º e 2º deste artigo também se aplica à extensão das obrigações de sócios ou de administradores à pessoa jurídica. § 4º A mera existência de grupo econômico sem a presença dos requisitos de que trata o *caput* deste artigo não autoriza a desconsideração da personalidade da pessoa jurídica. § 5º Não constitui desvio de finalidade a mera expansão ou a alteração da finalidade original da atividade econômica específica da pessoa jurídica".

[6] Também nesse sentido, HEINEN, Juliano. *Comentários à Lei de Licitações e Contratos Administrativos*. Salvador: JusPodivm, 2021, p. 772.

bate a abusos para, exatamente, prestigiar direitos alheios e interesses públicos. Isso é que justifica a autoexecutoriedade do ato administrativo de desconsideração, repelindo qualquer exigência de autorizativo judicial não previsto em lei. Vale a transcrição de algumas palavras de Torres e Dotti:

> Do ato administrativo de desconsideração da personalidade jurídica de sociedade empresária, que age com comprovado abuso de direito e pratica fraude contra a Administração, não surte supressão de direito algum, porém, ao revés, restauração de direito que o abuso e a fraude pretenderiam eliminar. Pondere-se que a sociedade fraudadora estava impedida de participar de licitação e de contratar, cabendo à Administração, no exercício regular de seus poderes-deveres de atender à ordem jurídica, fazer prevalecer o impedimento nesta previsto. A cautela que se impõe à Administração estará em comprovar o abuso e a fraude, em processo administrativo no qual garanta a ampla defesa e o contraditório.[7]

Ao consagrar o instituto, o legislador mira, assim, reprimir pessoas jurídicas e físicas que se valem da faculdade de criação de novas pessoas jurídicas (pela garantia constitucional da livre-iniciativa) para, abusivamente, participar de licitação ou, mediante dispensa ou inexigibilidade, beneficiar-se da contratação direta.

Essa tática é empregada há muito tempo por certos proprietários de empresas que, por exemplo: (a) perderam os requisitos de habilitação, em razão de falta de pagamento de tributos, condenações trabalhistas, falência etc.; (b) não poderiam participar da licitação por encontrarem-se em situação de conflito de interesses ou vedação, como a do autor do anteprojeto, do projeto básico ou do executivo, ou (c) encontram-se sob o efeito de sanções que obstam sua participação em certames e sua contratação pelo Estado, principalmente, as sanções de impedimento e de inidoneidade da Lei de Licitações, e a de proibição de contratar da Lei de Improbidade,[8] da Lei de Defesa da Concorrência e da Lei de Crimes Ambientais.

A desconsideração da pessoa jurídica deverá ocorrer somente se houver comprovado abuso de direito na criação e condução da pessoa jurídica. Não há necessidade de que essa pessoa jurídica substitua necessariamente outra. Em outras palavras: surgirão situações ilícitas também quando uma pessoa física, para se desviar dos comandos legais, lançar mão de uma pessoa jurídica independentemente de qualquer relação com pessoas jurídicas anteriores.

Em qualquer situação, o abuso, como condição da desconsideração, revela-se pelo objetivo dos sócios e/ou administradores de se desviarem da lei, de impedirem a efetividade de sanções, de encobrirem a atuação de pessoas que não poderiam participar da licitação, nem ser contratadas pelo Estado. Conforme explica Jessé Torres Pereira Júnior

---

[7] PEREIRA JÚNIOR, Jessé Torres; DOTTI, Marinês Restelatto Dotti. A desconsideração da personalidade jurídica em face de impedimentos para participar de licitações e contratar com a Administração Pública: limites jurisprudenciais. *Revista do TCU*, n. 119, 2010, p. 61.

[8] De acordo com a modificação operada na Lei de Improbidade pela Lei nº 14.230/2021, a sanção de proibição de contratação com o poder público: (i) terá prazo máximo de vinte anos (art. 18-A, parágrafo único); (ii) apenas excepcionalmente extrapolará o âmbito do ente público lesado pelo ato de improbidade (art. 12, § 4º) e (iii) deverá constar do Cadastro Nacional de Empresas Inidôneas e Suspensas (CEIS) de que trata a Lei Anticorrupção, observadas as limitações territoriais contidas em decisão judicial (art. 12, § 8º).

e Marinês Dotti, a abusividade despontará a se confirmar que o sujeito desafiou as proibições e restrições do ordenamento por meio "do escuso expediente de manipular a personalidade de pessoa jurídica diversa, ou tergiversando sobre o sentido da norma ou dos princípios que o censuram".[9]

Quando se encontrarem indícios dessa finalidade no processo sancionador, então o órgão competente pela instrução deverá obrigatoriamente expor a possibilidade de desconsideração, tomando em seguida duas medidas: (i) abrir prazo para manifestação e defesa dos interessados, ou seja, das pessoas físicas e jurídicas que serão atingidas pelas sanções caso a desconsideração se opere e (ii) coletar obrigatoriamente um parecer do órgão responsável pela advocacia pública para confirmar as condições da desconsideração.

Se, apesar dos argumentos de defesa dos interessados, a personalidade for entendida como impositiva em razão da confirmação de abuso de direito, então as sanções, sejam elas quais forem, incidirão não somente contra a pessoa jurídica que cometeu o ilícito, mas igualmente contra aqueles que se valeram abusivamente da pessoa jurídica condenada.

Reitere-se: a desconsideração não pode ser empregada pela Administração Pública para atingir qualquer pessoa. Sujeitam-se aos efeitos punitivos as pessoas físicas que figurem como administradores e sócios com poderes de administração. Disso se conclui que, por exemplo, sócios minoritários sem qualquer poder de administração não poderão ser punidos. De igual modo, não poderão ser atingidos trabalhadores que não atuem como verdadeiros administradores.

No geral, os administradores são aqueles que expressam a vontade social e estabelecem as diretrizes de ação. A estrutura da administração varia de acordo com a tipologia das sociedades, incluindo desde uma única pessoa física a um conjunto de pessoas físicas reunidas e distribuídas em órgãos. Essas pessoas podem ora figurar como proprietárias da sociedade (sócios, quotistas, acionistas etc.), ora como não sócios.[10] Não interessa aqui aprofundar o significado da estrutura de administração empresarial. Basta, por ora, tomar em consideração que os administradores, sempre como pessoas físicas, equivalerão a diretores, membros de conselhos de administração e membros de outros órgãos diretivos com poderes de deliberação e comando.

Afora isso, a legislação permite atingir outras pessoas jurídicas que figurem como sucessoras da que foi condenada por infração licitatória ou contratual ou "empresa do mesmo ramo com relação de coligação ou controle, de fato ou de direito, com o sancionado" (art. 160 da LLIC de 2021).

Esse dispositivo legal atinge não somente as pessoas jurídicas que exercem poder de controle, inclusive de fato, como também as empresas com relação de coligação. Segundo Gustavo Saad Diniz, "[...] uma sociedade controladora pode formar relações societárias de preponderância permanente nas deliberações e na administração das sociedades controladas, em estruturas que podem combinar holdings puras ou mistas e mesmo mol-

---

[9] PEREIRA JÚNIOR, Jessé Torres; DOTTI, Marinês Restelatto Dotti. A desconsideração da personalidade jurídica em face de impedimentos para participar de licitações e contratar com a Administração Pública: limites jurisprudenciais. *Revista do TCU*, n. 119, 2010, p. 50.

[10] Ricardo Negrão explica, porém, que "na sociedade em nome coletivo, somente os sócios podem fazer uso da firma (art. 1.042), como também ocorre nas sociedades em comandita simples e em conta de participação (respectivamente: aos sócios comanditados: arts. 1.045 e 1.046 e aos sócios ostensivos: art. 991)". NEGRÃO, Ricardo. *Curso de direito comercial e de empresa*: teoria geral da empresa e do direito societário. 17. ed. São Paulo: Saraiva Educação, 2021. v. 1, p. 438.

Cap. 8 · INFRAÇÕES, SANÇÕES E ACORDOS NA NOVA LEI DE LICITAÇÕES | 451

dar desenhos radiculares, circulares, estelares, piramidais, de acordo com a criatividade e a necessidade da atividade empresarial. Diante disso, a identificação do poder passa por detida investigação do encadeamento das participações societárias, atribuindo-se responsabilidades ou contenções de controle justamente a partir do isolamento da fonte de onde emana o poder".[11] Independentemente do arranjo, Diniz esclarece que, no Brasil, prevalece a tese da preponderância nas deliberações e na escolha dos administradores como critério de identificação do controle.

Já na coligação, observa-se participação de capital por uma pessoa jurídica em outra sociedade qualificada pela influência significativa, nos termos do art. 243, § 1º da Lei das Sociedades Anônimas. Existirá influência significativa, nos termos do § 4º deste dispositivo, quando a investidora detiver ou exercer "poder de participar nas decisões das políticas financeira ou operacional da investida". Essa influência será presumida juridicamente quando a relação de capital atingir 20% ou mais dos "votos conferidos pelo capital da investida, sem controlá-la" (art. 243, § 5º, da Lei das S.A., conforme redação da Lei 14.195/2021). Portanto, "a simples participação apresenta[rá] caracteres de coligação se ocorrer o plus qualificador da influência significativa, real ou presumida pela disposição legal".[12]

Diniz ainda explica que, com o Código Civil, fez-se diferenciação entre sociedades controladas (art. 1.098), coligadas ou filiadas (art. 1.099) e simples participação (art. 1.100). O texto da LSA, do art. 243, passou a ser aplicado no que fosse compatível com esse novo regime. Isso tornou, a seu ver, a identificação de coligação mais confusa, "porque passou a ser qualificada pelo volume mínimo de 10% de participação no capital de outra sociedade, sem implicações de controle (art. 1.099 do CC)". Mais tarde, porém, a Lei nº 11.941/2009 incluiu na LSA o art. 243, § 5º, no sentido de que "a presunção de coligação para a investidora é de 20% de participação no capital, levando-se em conta o 'arranjo de poder interno da sociedade investida' e o poder de uma sociedade na outra. Assim, a coligação passou a se basear (a) na influência significativa, (b) no investimento presumido de 20% ou mais e (c) na ausência de controle característico de grupo". Em síntese, "estabeleceu-se um regime dual para a relação simétrica e bilateral característica da coligação: em matéria societária geral, com investidora que não seja S/A, a presunção de coligação é de 10%. Para investidoras S/A, a presunção é de 20%".[13]

15. RECURSOS NO PROCESSO SANCIONADOR

Uma vez proferida a decisão condenatória, o processo sancionador de infrações licitatórias e contratuais abre-se à fase recursal. Diante da decisão desfavorável, garante ao condicionado o direito de peticionar para, com base em elementos de fato e de direito, tentar reverter a decisão. O recurso devolve, portanto, o exame da matéria à Administração Pública e prolonga o processo administrativo.

Na LLIC, a sistemática recursal se afigura bastante simples. Contra a aplicação das sanções de advertência, multa pecuniária e impedimento para licitar ou contratar, o condenado terá 15 dias úteis para apresentar recurso, contado da data de intimação (art. 166).

O trâmite recursal segue uma lógica bem conhecida, comum em matéria administrativa. Nos termos do art. 166, parágrafo único, cabe ao recorrente dirigir sua petição à

---

[11] DINIZ, Gustavo Saad. *Grupos societários*: da formação à falência. São Paulo: Atlas, 2016. p. 93.
[12] DINIZ, Gustavo Saad. *Grupos societários*: da formação à falência. São Paulo: Atlas, 2016. p. 91.
[13] DINIZ, Gustavo Saad. *Grupos societários*: da formação à falência. São Paulo: Atlas, 2016. p. 91.

autoridade que tiver proferido a decisão recorrida. Essa autoridade terá então 5 dias úteis para reconsiderar ou não a decisão que proferiu. Caso não a reverta, encaminhará sua motivação para mantê-la e a petição recebida, agora sim como efetivo recurso hierárquico, para a autoridade hierarquicamente superior, que deverá proferir sua decisão no prazo máximo de 20 (vinte) dias úteis, contado do recebimento dos autos.

Diferentemente, caso o recorrente tenha sido apenado com a declaração de inidoneidade para licitar e contratar, o trâmite será reduzido, pois caberá tão somente pedido de reconsideração, que deverá ser apresentado no prazo de 15 (quinze) dias úteis, contado da data da intimação, e decidido no prazo máximo de 20 (vinte) dias úteis, contado do seu recebimento (art. 167).

A declaração de inidoneidade aceita apenas reconsideração por uma razão simples. Trata-se de sanção necessariamente proferida por uma autoridade de alto escalão. Como se viu anteriormente, por força do art. 156, § 6º, a competência exclusiva para declará-la recai: (i) na Administração Direta do Poder Executivo, sobre ministro de Estado, secretário estadual ou secretário municipal; (ii) na Administração Indireta, especificamente em autarquia ou fundação estatal, sobre a autoridade máxima da entidade; (iii) nos Poderes Legislativo e Judiciário, no Ministério Público e na Defensoria Pública, sobre autoridades de nível hierárquico equivalente a Ministro, secretário estadual ou municipal, conforme norma regulamentar.

Os prazos de interposição são de 15 dias úteis para ambas as situações, ou seja, para as sanções em geral, inclusive para a inidoneidade. A contagem desses prazos seguirá as disposições contidas no art. 183 da própria LLIC. Dessa maneira, tratando-se de prazo em dia útil, serão computados no seu cálculo somente os dias de expediente administrativo no órgão público competente. O prazo se iniciará no primeiro dia útil seguinte ao da intimação eletrônica ou pessoal, ou da data de juntada aos autos do aviso de recebimento, quando a intimação ocorrer pelos correios. O termo final cairá, por seu turno, em dia de expediente normal. Caso não haja expediente ou ele seja encerrado antes da hora normal, o prazo se estenderá ao próximo dia útil. Essa extensão vale de igual forma sempre que a comunicação eletrônica para protocolo da defesa estiver indisponível.

Para além dessas regras gerais, o art. 168, *caput*, da LLIC trata dos efeitos dos pedidos de reconsideração e recurso. Ao fazê-lo, expressa que a interposição ocasionará a suspensão da decisão até que sobrevenha uma manifestação final da autoridade competente – que pode ser a decisão sobre a reconsideração ou a que se profere sobre o recurso hierárquico. O duplo efeito recursal (devolutivo e suspensivo) é a regra geral do processo sancionador da LLIC e, por ser determinado pela norma legal, não necessita ser solicitado de modo expresso pelo recorrente. Nesse aspecto, a lei difere dos diplomas da legislação processual administrativa, que afastam o efeito suspensivo automático, tornando-o excepcional e dependente de requerimento específico.

Afora os mandamentos apontados, a LLIC destaca que a autoridade competente para julgar reconsideração e recursos será auxiliada pelo órgão de assessoramento jurídico, que deverá dirimir dúvidas e subsidiá-la com as informações necessárias (art. 168, parágrafo único). Essa norma não implica que a autoridade *ad quem* necessite obrigatoriamente colher um parecer jurídico da advocacia pública antes de decidir. A norma somente faculta ao órgão competente solicitar pareceres, ou seja, atos opinativos de conteúdo jurídico. Trata-se, pois, de hipótese de parecer não obrigatório e com conteúdo meramente opinativo. No entanto, feita a solicitação do apoio técnico-jurídico, o órgão responsável não poderá se recusar a atender a demanda da autoridade a quem compete julgar a reconsideração ou recurso, sob pena de responsabilização pessoal pelos danos que omissão de cooperar gerará.

Cap. 8 · INFRAÇÕES, SANÇÕES E ACORDOS NA NOVA LEI DE LICITAÇÕES | **453**

Outras normas gerais sobre o sistema recursal não se encontram na LLIC. Essa lacunosidade abre espaço para que se aplique, nos processos sancionadores por infração licitatória ou contratual, normas básicas das Leis de Processo Administrativo editadas nos vários níveis da federação. Por conseguinte, para processos sancionadores conduzidos no âmbito da União, a falta de norma recursal na legislação licitatória deverá ser suprida mediante o emprego subsidiário de normas recursais da Lei n. 9.784/1999 (art. 69). Sem a intenção de ser exaustivo, aponto alguns exemplos de situações em que essa lei processual certamente auxiliará as autoridades contratantes.

A primeira situação é a de definição da legitimidade recursal. A LLIC não cuida do tema, mas a LPA federal esclarece algo importante. Não é qualquer sujeito processual que poderá se valer de recurso. A legitimidade para tanto recai sobre: (i) os titulares de direitos e interesses que forem parte no processo; (ii) aqueles cujos direitos ou interesses forem indiretamente afetados pela decisão recorrida; (iii) as organizações e associações representativas, no tocante a direitos e interesses coletivos; (iv) os cidadãos ou associações, quanto a direitos ou interesses difusos.

A partir desse dispositivo de aplicação subsidiária, entendo, por exemplo, que os licitantes em geral, ainda que não tenham sido parte no processo sancionador contra aquele que viola regras da licitação, poderão interpor recursos contra eventual decisão absolutória, já que esta decisão afetará seus interesses. É igualmente possível que entidades defensoras de direitos ou interesses difusos se voltem contra as decisões que os afetem. Diferentemente, não poderão recorrer pessoas que, por exemplo, venham simplesmente a participar de audiências públicas na fase preparatória da licitação. A condição de participante não se confunde com a de interessado-recorrente, como bem explicita o art. 31, § 2º da LPA federal.[14]

A segunda situação em que a LPA federal poderá ser útil aparece na limitação das instâncias recursais. A LLIC trata do assunto apenas indiretamente ao afirmar que não existe instância para recurso hierárquico contra declaração de inidoneidade. Porém, silencia em relação aos demais casos. Assim, nos processos federais, entrará em cena a regra contida no art. 57 da Lei 9.784/1999, que prevê uma limitação de três instâncias administrativas para interposição de recursos. Assim, caso o órgão superior ao que proferiu a decisão não a reverta em atendimento ao pedido do recorrente, entendo que caberá nova petição e remessa dos autos e da matéria à apreciação por uma terceira instância.

A LPA federal ainda é bastante relevante no tocante às fases de processamento do recurso. Antes de ser examinado no mérito, é preciso que o órgão que o receba verifique o cumprimento de requisitos formais de recebimento ou conhecimento. A esse respeito, o art. 63 prescreve que não se conhecerá de recurso interposto: I – fora do prazo; II – perante órgão incompetente; III – por quem não seja legitimado; e IV – após exaurida a esfera administrativa.

Mais que isso, o art. 63 é extremamente útil por apontar as providências relevantes da Administração diante dessas circunstâncias. Nesse sentido, de acordo com o § 1º, se o recurso for interposto perante órgão incompetente, a Administração necessariamente devolverá o prazo de recurso ao interessado e lhe indicará precisamente a autoridade para que deve dirigi-lo. Nada impede, porém, que adote solução ainda mais simples e célere, ou seja, que encaminhe de ofício o recurso ao órgão competente.

---

14 Vale a transcrição: "Art. 31. [...] § 2º O comparecimento à consulta pública não confere, por si, a condição de interessado do processo, mas confere o direito de obter da Administração resposta fundamentada, que poderá ser comum a todas as alegações substancialmente iguais".

Já o § 2º contém uma das regras mais interessantes do processo administrativo, ao prescrever que "o não conhecimento do recurso não impede a Administração de rever de ofício o ato ilegal, desde que não ocorrida preclusão administrativa". Esse dispositivo é relevantíssimo, pois deixa claro que o desrespeito a requisitos formais, pelo recorrente, não deve servir de escusa para que órgãos públicos deixem de apurar ilegalidades. Por exemplo, caso tenha conhecimento de um ilícito danoso por meio de um recurso intempestivo, a autoridade pública, embora possa não o receber, terá que necessariamente apurar a ilegalidade. A formalidade recursal não se sobrepõe ao dever de proteção da legalidade, dos direitos fundamentais e dos interesses públicos primários.

16. REVISÃO DE SANÇÕES

Embora a LLIC tenha avançado no tratamento das normas processuais para viabilizar o direito sancionador em matéria de licitações e contratos, viu-se que existem muitas lacunas a ensejar a aplicação subsidiária das leis de processo administrativo. Mostrou-se, ainda, que a LPA aplicável em cada caso será a editada no âmbito de cada ente federativo: para licitações estaduais, incidirá LPAs estaduais; para as licitações municipais, as LPA locais; para licitações federais, a LPA da União, ou seja, a Lei n. 9.784/1999. Demonstrou-se, igualmente, que muitos mandamentos básicos desta última lei terão grande utilidade na condução dos processos sancionadores, em especial na fase recursal.

A complementar essa exposição, não se poderia deixar de lado o instituto da revisão de sanções administrativas. Esse instituto, que ocasiona o reexame de uma decisão condenatória, tampouco recebe tratamento normativo na LLIC, mas é disciplinado de forma bastante clara pelas normas básicas que formam a LPA federal. Por consequência, pode e deve ser utilizado para viabilizar a rediscussão de sanções por infrações contratuais e licitatórias quando suas condições forem cumpridas.

Como já comentei detalhadamente esse dispositivo alhures,[15] por ora me resumirei a destacar suas principais funções. O art. 65 da LPA federal dispõe o seguinte: "Os processos administrativos de que resultem sanções poderão ser revistos, a qualquer tempo, a pedido ou de ofício, quando surgirem fatos novos ou circunstâncias relevantes suscetíveis de justificar a inadequação da sanção aplicada".

Com essas palavras, o dispositivo legal autoriza a Administração Pública, em situações excepcionais, a rediscutir uma sanção aplicada, mas ainda pendente de execução, para ou amenizá-la (por exemplo, ao reduzir o montante de uma multa ou o período de um impedimento), ou substituí-la por sanção por mais branda (por exemplo, um impedimento no lugar da inidoneidade) ou extinguir completamente a sanção.

Essa medida pode ser tomada pelo órgão que aplicou a sanção a qualquer tempo, desde que, como dito, ainda exista pertinência lógica, ou seja, a sanção não tenha sido executada ou esteja em fase de execução. Além disso, a revisão pode ser iniciada a pedido do condenado ou por iniciativa da própria Administração. Para tanto, é preciso que dois requisitos sejam cumpridos cumulativamente, quais sejam:

(i) Constate-se um fato novo ou uma circunstância relevante. Fatos novos são dados ou informações que não existiam ou não se conheciam quando da elaboração da

---

[15] MARRARA, Thiago; NOHARA, Irene Patrícia. *Processo administrativo federal*: Lei 9.784/99 comentada. 2. ed. São Paulo: Revista dos Tribunais, 2018, p. xxx e seguintes.

decisão, mas, se existissem antes, teriam reduzido a punição ou a evitado. Trata-se de informações a respeito dos elementos probatórios que influenciam a condenação ou a dosimetria da pena. De outra parte, as circunstâncias relevantes não dizem respeito a evidências probatórias novas, mas sim a eventos externos ao processo e que constroem um cenário novo no qual a sanção se torna inadequada. Fatos novos são internos ao processo, dizem respeito à comprovação da autoridade, bem como do comportamento e suas características; circunstâncias relevantes são externas ao processo, mas afetam a utilidade pública da punição nele imposta.[16]

(ii) Por conta do fato novo ou da circunstância relevante, *a sanção se mostre inadequada*. É preciso que se demonstre, por isso, que a mudança do contexto fático torna a sanção inapta para atingir os fins públicos que dela se espera. Inadequação nada mais é que impossibilidade de gerar o efeito pretendido. Isso poderá ocorrer, por exemplo, quando um fato novo, antes desconhecido, revelar que a sanção foi aplicada contra um inocente e que não cumpre sua função de reprimir verdadeiros infratores. Esse mesmo fato novo poderá atestar, ainda, que o condenado é o verdadeiro infrator, porém cometeu infração mais branda que a comprovada de início. De outra parte, haverá inadequação por circunstância relevante, quando se perceber, por ilustração, que a sanção gera efeito destrutivo e desproporcional de interesses públicos primários. Imagine-se uma sanção de impedimento de licitar e contratar imposta contra uma empresa que, posteriormente, venha a se tornar a única capaz de produzir determinado medicamento essencial e fornecê-lo ao SUS. Sob essas circunstâncias, melhor será rever o impedimento para garantir o direito dos pacientes a um remédio imprescindível que sacrificar a vida de milhares de pacientes pelo rigorismo sancionatório contrário ao interesse público. Nenhuma sanção encontra justificativa em si mesma. Todas perseguem uma finalidade, de modo que, se essa finalidade deixar de existir ou se ela se tornar desproporcionalmente nociva para o Estado e para a sociedade, deverá ser rediscutida e, eventualmente, mitigada ou extinta. É exatamente essa calibragem que o art. 65 da LPA federal permite.

17. DIVULGAÇÃO DAS SANÇÕES

A decisão administrativa condenatória expedida em razão de infração licitatória ou contratual implica, para os entes públicos que as impõem, deveres acessórios adicionais. Entre eles, destaca-se o de alimentar bancos de dados públicos para garantir a publicidade das medidas punitivas tanto no Cadastro Nacional de Empresas Inidôneas e Suspensas (Ceis), quanto no Cadastro Nacional de Empresas Punidas (Cnep), geridos pela União.

Nos termos do art. 161 da LLIC, o órgão competente tem o prazo de 15 dias úteis, contados da aplicação da sanção, para realizar sua divulgação. Por "momento de aplicação" da sanção, deve-se compreender o momento de esgotamento do prazo de interposição de recursos administrativos ou o momento em que o último julgamento é expedido sem a possibilidade de novos recursos ou pedidos de reconsideração. Por conseguinte, sanções ainda pendentes de reconsideração ou reapreciação em fase recursal não devem ser informadas, uma vez que poderão ser divulgadas de modo indevidamente precipitado nos

---

[16] MARRARA, Thiago; NOHARA, Irene Patrícia. *Processo administrativo federal*: Lei 9.784/99 comentada. 2. ed. São Paulo: Revista dos Tribunais, 2018. p. 508.

Cadastros, gerando danos antes ou sem que a pessoa tenha sido definitivamente condenada. Da mesma forma, sanções cuja exequibilidade esteja obstada por decisão judicial não devem ser divulgadas sob pena de gerar danos indevidos aos interessados. A divulgação antecipada e indevida, caso danosa, gerará não apenas a responsabilização extracontratual civil do Estado, quanto a responsabilidade da autoridade que divulga informação incorreta de modo doloso, por imprudência ou imperícia.

Independentemente dessas eventuais falhas de divulgação, fato é que a informação das sanções administrativas aos referidos cadastros é fundamental para que a Administração Pública, em todas as esferas federativas, possa dar efetividade aos comandos restritivos da legislação, sobretudo em relação a agentes econômicos condenados por infrações mais graves com sanções de impedimento ou inidoneidade para licitar ou ser contratado, ainda que diretamente. Como demonstrado em momento anterior, o agente público que contrata empresa inidônea comete crime, daí a necessidade de que tenha acesso à informação atualizada em tempo hábil para evitar contratações ilícitas.

Comportamentos de agentes públicos realizados em descordo com a legislação – como a contratação de empresa que desconhece ser inidônea – em razão de atrasos ou de omissão dos órgãos públicos competentes na divulgação de sanções ou na alimentação dos cadastros não poderão ser punidas. Em casos assim, o agente responsável pela contratação incorre em erro inevitável de proibição, ou seja, não tem meios para conhecer a situação que gera a proibição de contratar com a empresa punida ou de aceitá-la na licitação. Há excludente de culpabilidade. Assim, a responsabilidade pelas consequências decorrentes da contratação ilícita, inclusive na esfera civil, deverá recair sobre quem falhou ou se omitiu seja na divulgação dos dados sobre as punições, seja na inserção desses dados nos cadastros nacionais.

18. REABILITAÇÃO

As sanções de impedimento e de inidoneidade ocasionam efeitos punitivos que se estendem ao longo de anos e, como visto, limitam tanto as atividades econômicas do condenado, quanto a competitividade dentro dos mercados públicos. Levando-se em conta esses efeitos abrangentes, por vezes nocivos ao próprio Estado e à população, é inconveniente que se mantenham referidas sanções por todo o período estipulado quando, após um prazo mínimo de sujeição à pena, o condenado satisfizer determinadas condições.

A reabilitação, nesse contexto, surge para afastar inconvenientes que a própria sanção pode gerar ao Estado e para evitar injustiças. Do ponto de vista jurídico, trata-se de um ato administrativo que afasta os efeitos da decisão condenatória para o futuro e cuja prática depende do cumprimento de uma série de condições.

A LLIC reconhece a possibilidade de reabilitação do condenado perante a autoridade que aplicou as sanções, desde que:

1) o dano resultante do ilícito para a Administração tenha sido integralmente reparado – o que pressupõe, de antemão, que os danos sofridos tenham sido mensurados e apresentados ao condenado;
2) a sanção de multa, aplicada no caso concreto, tenha sido integralmente paga;
3) comprove-se a execução da sanção de impedimento pelo mínimo de um ano ou, alternativamente, da inidoneidade por no mínimo três anos;
4) observem-se condições adicionais previstas no próprio ato sancionatório;

Cap. 8 · INFRAÇÕES, SANÇÕES E ACORDOS NA NOVA LEI DE LICITAÇÕES · 457

5) o órgão competente obtenha parecer jurídico comprobatório do cumprimento de todos os requisitos anteriores; e

6) cumpram-se eventuais requisitos adicionais, que serão comentados a seguir.

Uma leitura da nova legislação revela que as condições de reabilitação podem variar de acordo com cada caso, já que se autoriza ao órgão que determina a punição o estabelecimento de requisitos não enumerados na lei. Em outras palavras, o ato sancionatório pode incluir requisitos adicionais de reabilitação, desde que não altere os exigidos pela lei. Essa margem de discricionariedade administrativa é útil para adaptar a reabilitação à gravidade de cada ilícito. No entanto, arrisca abrir margem para que a Administração estipule requisitos irrazoáveis ou impossíveis.

Para conter eventuais abusos, ao fazer uso do poder de estabelecer requisitos adicionais de habilitação, entendo ser imprescindível que o órgão competente leve em conta os princípios gerais de direito administrativo, em especial: (i) a isonomia, de maneira a estabelecer requisitos idênticos para situações idênticas; (ii) a adequação, de modo que os requisitos criados para a reabilitação sejam essenciais para se atingir a finalidade pública desejada; (iii) a moralidade, de sorte que os requisitos guardem relação de pertinência com o processo sancionador – vedando-se, por conseguinte, requisitos que visam a gerar benefícios a entidades públicas ou privadas sem qualquer relação com a infração – e (iv) a segurança jurídica, estabelecendo-se requisitos precisos e claros, cujo cumprimento possa ser avaliado de modo objetivo pela Administração Pública, afastando-se subjetivismos ou incertezas.

Além dos requisitos apontados na lei e da possibilidade de criação de certos requisitos adicionais pelo órgão sancionador, o art. 161, parágrafo único, ainda prevê condição adicional para a reabilitação de condenados por prática de infrações de corrupção (art. 155, inciso VIII) e de apresentação de declaração ou documentação falsa (art. 155, inciso VIII). Nessas duas situações, a reabilitação dependerá igualmente de implantação ou aperfeiçoamento de programa de integridade.

Como já se esclareceu neste texto, "implantar" é adotar um programa que não existia. De outra parte, "aperfeiçoar" é melhorar ou aprimorar o que já estava implantado. Ora, esses verbos apontam a necessidade de que essa condição venha detalhada pela autoridade quer por indicações dispostas no próprio ato sancionador, quer pela negociação de um compromisso específico. É preciso que, de antemão, o condenado logre vislumbrar, com precisão, quais são os parâmetros para que se cumpra o requisito do art. 161, parágrafo único. Na falta de indicações da autoridade, em analogia com o disposto no art. 156, § 1º, inciso V, o condenado deverá adotar as orientações de programas explicitadas por órgãos de controle, como a Controladoria-Geral da União – CGU.

19. O ACORDO DE LENIÊNCIA

O Estado brasileiro, nas últimas décadas, foi intensamente influenciado pela consensualização, isto é, por um movimento de valorização de técnicas pró-consensuais de natureza orgânica, procedimental e contratual. No âmbito das funções punitivas de diferentes ordens floresceram técnicas de negociação e celebração de acordos, ora com o objetivo de fortalecer a apuração de infrações, incrementando a instrução, ora com o objetivo de substituir os processos sancionadores.

Os acordos de leniência disseminaram-se pelo ordenamento a partir desse movimento. Surgiram em 2000 na legislação de defesa da concorrência, depois apareceram na legislação anticorrupção e assim por diante. Não foram, porém, reconhecidos ainda como institutos gerais do direito administrativo, já que não constam de leis gerais aplicáveis a todos os processos punitivos.[17]

No campo das licitações e contratos administrativos, a LLIC entrou nesse movimento e, de modo desnecessariamente discreto, sem o destaque que o assunto mereceria, afirmou que a prescrição do poder punitivo de ilícitos contratuais e licitatórios ficará suspensa em razão "pela celebração de acordo de leniência previsto na Lei n. 12.846, de 1º de agosto de 2013" (art. 158, § 4º, inciso II). O legislador poderia (ou melhor, deveria) ter tratado do assunto com a seriedade e profundidade que merece, dados seus expressivos impactos na eficácia sancionatória. Contudo, preferiu essa menção quase disfarçada, sem qualquer criação de regras novas.

Ao simplesmente mencionar a possibilidade de celebração de acordos de leniência no art. 158, § 4º, a LLIC faz remissão à Lei Anticorrupção, que, como se sabe, tratou do instituto em dois artigos bastante polêmicos: o art. 16[18] e o art. 17.[19] Em ambos os dispositivos, a leniência desponta como um acordo administrativo de natureza integrativa (que se acopla e acompanha o processo sancionador até o final) e cujo objetivo maior, da perspectiva do Estado, é o de gerar provas robustas de materialidade e autoria com a colaboração de um infrator confesso, que, de sua parte, interessa-se por oferecer auxílio aos órgãos públicos na instrução do processo sancionador em troca da extinção ou da mitigação das sanções a que se sujeitará quando for condenado.

Apesar de as várias espécies de leniência revelarem a mesma essência e perseguirem idêntica finalidade (cooperação instrutória em troca de abrandamento punitivo), os dois artigos da Lei Anticorrupção diferem bastante no conteúdo. E aqui surge um primeiro problema interpretativo, pois a Lei de Licitações não faz remissão a um artigo específico, mas sim à Lei Anticorrupção de forma genérica. Qual será, então, o acordo aplicável em cada caso? O do art. 16 ou o do art. 17?

Sinteticamente, entendo que existem três situações hipotéticas distintas. Na primeira delas, quando o ilícito cometido pela pessoa jurídica se enquadrar exclusivamente em certas hipóteses do art. 5º da Lei Anticorrupção que não guardam qualquer relação com licitações ou contratos, o acordo de leniência previsto no art. 16 da Lei Anticorrupção deverá ser aplicado isoladamente.

Na segunda situação, diferentemente, quando o ilícito cometido pela pessoa jurídica tipificar, ao mesmo tempo, infração de corrupção e infração licitatória ou contratual, a Administração deverá considerar ambos os artigos. O art. 16 regerá a leniência de forma geral, sobretudo na sua fase preparatória, já que traz os requisitos para celebração e demais detalhes. Contudo, em relação aos benefícios, as sanções pela infração de corrupção se subordinarão ao art. 16, enquanto as sanções por infração licitatória ou contratual se sujeitarão ao regime de benefícios do art. 17.[20]

---

[17] Em mais detalhes, MARRARA, Thiago. Acordos de leniência no processo administrativo brasileiro: modalidades, regime jurídico e problemas emergentes. *Revista Digital de Direito Administrativo*, v. 2, n. 2, 2015, p. 513 e seguintes.

[18] MARRARA, Thiago. Comentários ao art. 16. In: DI PIETRO, Maria Sylvia Zanella; MARRARA, Thiago (org.). *Lei anticorrupção comentada*. 4. ed. Belo Horizonte: Fórum, 2024. p. 219.

[19] FORTINI, Cristiana. Comentários ao art. 17. In: DI PIETRO, Maria Sylvia Zanella; MARRARA, Thiago (org.). *Lei anticorrupção comentada*. 4. ed. Belo Horizonte: Fórum, 2024. p. 269.

[20] Em sentido diverso ao aqui defendido, Luciano Ferraz e João Paulo Forni entendem que o art. 17 da Lei Anticorrupção contém uma espécie de ajustamento de conduta, não um acordo integrativo

Cap. 8 · INFRAÇÕES, SANÇÕES E ACORDOS NA NOVA LEI DE LICITAÇÕES | **459**

Para compreender essa interpretação é preciso recordar o seguinte: se um mesmo comportamento violar a legislação anticorrupção e a legislação licitatória e contratual, por força do art. 159, *caput*, da Lei de Licitações, somente um único processo administrativo sancionador será conduzido e uma única decisão condenatória será proferida. Em outras palavras: a Lei de Licitações veda a multiplicação de processos sancionadores para examinar e punir um mesmo comportamento que viole as duas leis. Nesses casos, o exercício da competência punitiva será obrigatoriamente deslocado do órgão contratante para o órgão competente para a condução do processo administrativo de responsabilização por corrupção. O acordo de leniência, nesse contexto, deverá ser aquele adotado para infrações de corrupção, ou seja, o do art. 16. Porém, como dito, os benefícios desse artigo somente valerão para as sanções por corrupção, devendo o art. 17 ser empregado para as sanções previstas na Lei de Licitações.

Em linhas gerais, nessa segunda situação hipotética, a aplicação simultânea dos benefícios do art. 16 e do art. 17 implica que o infrator confesso, que se qualificou e atuou como colaborador do Estado por meio do programa de leniência, receberá os seguintes benefícios ao cumprir o acordo de cooperação instrutória:

(i) *Quanto às infrações de corrupção*, não se publicará a decisão condenatória (art. 6º, inciso II, da Lei Anticorrupção); a multa administrativa será reduzida em até dois terços e, na ação civil pública, não se poderá aplicar a sanção de "proibição de receber incentivos, subsídios, subvenções, doações ou empréstimos de órgãos ou entidades públicas e de instituições financeiras públicas ou controladas pelo poder público, pelo prazo mínimo de 1 (um) e máximo de 5 (cinco) anos" (art. 19, IV da Lei Anticorrupção).

(ii) *Quanto às infrações licitatórias ou contratuais*, poderá haver mera mitigação ou completa extinção das quatro sanções, ou seja, o art. 17 não estabelece limites mínimos ou máximos de benefícios, abrindo espaço para que se afastem por completo a advertência, a multa, o impedimento ou a declaração de inidoneidade ou, por via diversa, que apenas se reduza o valor da multa ou os períodos de aplicação do impedimento ou da inidoneidade.

Há, ainda, uma terceira situação concebível, na qual comportamento omissivo ou comissivo do licitante ou do contratante representa somente infração pela Lei de Licitações, sem paralelo na Lei Anticorrupção. Em assim sendo, o art. 159 não se aplicará, de modo que o processo administrativo sancionador correrá nos termos da própria Lei de Licitações, com as sanções ali previstas. O regime dos benefícios da leniência será, por isso, o do art. 17, que autoriza tanto a mitigação das sanções (de multa, impedimento ou inidoneidade) quanto sua extinção completa.

Como se sabe, porém, o art. 17 da Lei Anticorrupção é extremamente incompleto e mal redigido. Não se encontra, no seu texto, esclarecimentos sobre o regime de negociação, sobre os requisitos de celebração, sobre os efeitos do descumprimento, nem mesmo limites mínimos ou máximos para os benefícios.[21] Uma maneira de se explicar as insufi-

---

de leniência. Cf. FERRAZ, Luciano; FORNI, João Paulo. Nova Lei de Licitações tem instrumento de consensualidade para chamar de seu? *Conjur*, 4 jul. 2024, edição digital, s.p.

[21] Certos especialistas, como Luciano Ferraz, chegam a classificar a leniência do art. 17 como um acordo substitutivo – e não integrativo como a leniência propriamente dita –, pois o regime jurídico aberto

ciências normativas do art. 17 leva em conta a estrutura federativa. Como ao Congresso Nacional compete tão somente expedir normas gerais de contratação pública, deixando-se aos demais entes o tratamento de seus processos administrativos (essenciais para a garantia da autonomia federativa), então pode-se interpretar a legislação no sentido de que cada Estado e Município deverá disciplinar o regime de negociação, celebração, fiscalização e avaliação de seus acordos de leniência baseados no art. 17, ou seja, acordos exclusivos de processos punitivos contra infrações licitatórias ou contratuais. Na falta de normas próprias, os entes federativos poderão aplicar regras procedimentais por analogia a partir do art. 16 da Lei Anticorrupção ou de outras espécies de leniência, como a prevista no direito concorrencial e que conta com o melhor e mais sofisticado regime jurídico nessa matéria.[22]

20. COMPROMISSOS DE AJUSTAMENTO DE CONDUTA

É usual a confusão de acordos de leniência e acordos ou compromissos de ajustamento de conduta. A diferença de regime jurídico e de finalidade é, porém, enorme!

Enquanto a leniência visa transferir provas para o Estado em troca de uma suavização do poder punitivo que incidirá sobre o infrator confesso, acoplando-se ao processo sancionador até sua conclusão (daí ser entendida como acordo integrativo), os acordos de ajustamentos negociados de conduta não visam ao fornecimento de provas para robustecer a instrução, nem se integram ao processo administrativo sancionador. Na prática, esses compromissos ou acordos têm como finalidade maior substituir o processo, afastá-lo, torná-lo desnecessário, por meio da imediata correção ou a suspensão da conduta suspeita sem que se tenha qualquer julgamento acerca de sua ilicitude. Note-se bem: a prática ajustada não é ainda uma prática ilícita, exatamente porque o processo não chegou, nem provavelmente chegará a uma condenação.

O objetivo dos compromissos não é fortalecer a instrução para que o processo chegue a um resultado útil, mas sim livrar o Estado e o compromissário dos inconvenientes processuais. Para a Administração Pública, o processo sancionador tradicional traz certos malefícios ou inconvenientes, pois gera custos financeiros significativos, exige a mobilização de servidores públicos, retirando-os de suas tarefas cotidianas, traz riscos de não se realizar uma apuração efetiva pelas dificuldades probatórias ou por motivos como a prescrição, além de ser geralmente bastante demorado.

Já para o acusado, o processo enseja custos de defesa e de acompanhamento, danos à imagem e à honra, eventuais prejuízos financeiros seja pela exposição de sua acusação à imprensa e à sociedade, seja pela efetiva aplicação de sanções caso venha a ser condenado.

O ajustamento afasta parte desses custos e inconvenientes, além de ser capaz de reduzir riscos de empréstimo de provas, que, se ocorressem, poderiam embasar a responsabilização do acusado, bem como de seus sócios e administradores, inclusive no campo penal a depender da conduta infrativa. Esse efeito é bastante expressivo, sobretudo quando se considera que o ordenamento jurídico brasileiro tem multiplicado as esferas de punição,

---

criado pela Lei Anticorrupção permitiria empregá-lo como um compromisso de ajustamento. A respeito dessa posição, cf. FERRAZ, Luciano. *Controle e consensualidade*. 2. ed. Belo Horizonte: Fórum, 2019, p. 225-226.

[22] Sobre o regime da leniência concorrencial, cf. MARRARA, Thiago. *Sistema Brasileiro de Defesa da Concorrência*. São Paulo: Atlas, 2015. p. 331-376.

Cap. 8 • INFRAÇÕES, SANÇÕES E ACORDOS NA NOVA LEI DE LICITAÇÕES | **461**

inclusive permitindo a cumulação de condenações na esfera administrativa por implicações derivadas de um mesmo comportamento para diferentes órgãos públicos.

Quando se realiza um ajustamento de conduta, a Administração deixa de realizar a apuração para verificar se o comportamento é ilícito ou lícito. Essa apuração se torna desnecessária, pois o órgão público acerta com o acusado uma alteração de seus comportamentos ou a própria extinção do comportamento juridicamente duvidoso. Ao celebrar o compromisso, o processo sancionador é suspenso; uma vez cumprido o compromisso, o processo sancionador é definitivamente arquivado.

Pode-se indagar se esse tipo de acordo tem algum espaço em matéria de licitações e contratos. Essa pergunta é inteiramente legítima, uma vez que a Lei de Licitações de 2021, seguindo a linha da legislação precedente, ignorou o assunto e não fez qualquer menção aos ajustamentos ou compromissos. O legislador incorreu mais uma vez no erro que também marca a Lei Anticorrupção. Em ambos os diplomas, fala-se de leniência, mas não se encontram quaisquer menções aos ajustamentos de conduta.

Como não existe previsão legal na Lei de Licitações, alguns poderiam imaginar que a celebração de ajustamento configuraria uma hipótese de renúncia ilegal de competência, capaz de suscitar a responsabilização dos agentes públicos competentes para apurar e punir. Esse raciocínio somente estaria correto se o ordenamento não contivesse permissivos gerais. Entretanto, o direito processual administrativo evoluiu e, ao longo das últimas décadas, consagrou o ajustamento na esfera administrativa, inclusive sem impedimentos no campo dos processos sancionatórios aqui tratados.[23]

Na atualidade, a possibilidade de ajustamento está prevista na Lei 13.140 de 2015, conhecida como Lei de Mediação. Ao tratar de meios de solução de controvérsias também na Administração Pública, dispõe expressamente o seguinte: "Art. 32. A União, os Estados, o Distrito Federal e os Municípios poderão criar câmaras de prevenção e resolução administrativa de conflitos, no âmbito dos respectivos órgãos da Advocacia Pública, onde houver, com competência para: I – dirimir conflitos entre órgãos e entidades da administração pública; II – avaliar a admissibilidade dos pedidos de resolução de conflitos, por meio de composição, no caso de controvérsia entre particular e pessoa jurídica de direito público; III – *promover, quando couber, a celebração de termo de ajustamento de conduta*" (g.n.).

Alguns anos após a Lei de Mediação, a Lei de Introdução às Normas do Direito Brasileiro foi aprimorada e ampliada, passando a incluir igualmente um autorizativo geral para a celebração de compromissos ou ajustamentos. Nesse sentido, prescreve seu art. 26 que, "para eliminar irregularidade, incerteza jurídica ou situação contenciosa na aplicação do direito público [...] a autoridade administrativa poderá, após oitiva do órgão jurídico e, quando for o caso, após realização de consulta pública, e presentes razões de relevante interesse geral, *celebrar compromisso com os interessados*, observada a legislação aplicável, o qual só produzirá efeitos a partir de sua publicação oficial" (g.n.).[24]

---

[23] Também em sentido favorável ao uso de acordos substitutivos no campo do direito sancionador da Lei de Licitações, cf. HEINEN, Juliano. *Comentários à Lei de Licitações e Contratos Administrativos*. Salvador: JusPodivm, 2021, p. 759. Luciano Ferraz também defende essa possibilidade, embora com fundamento no art. 17 da Lei Anticorrupção – que, na verdade, trata de leniência. Cf. FERRAZ, Luciano. *Controle e consensualidade*. 2. ed. Belo Horizonte: Fórum, 2019, p. 225.

[24] A respeito, cf., entre outros, MARRARA, Thiago. Compromissos como técnica de administração consensual: breves comentários ao art. 26 da LINDB. *RDA*, v. 283, n. 1, 2024, em geral; CRISTÓVAM, José Sérgio da Silva; EIDT, Elisa Berton. O compromisso do artigo 26 da LINDB e a sua celebração

A redação da LINDB não é das mais concisas, claras e objetivas. Sem prejuízo, evidencia que compromissos podem ser firmados pela Administração pública nas três esferas federativas com particulares para eliminar irregularidade ou situação contenciosa. A palavra "irregularidade", nesse comando, deve ser interpretada em sentido amplo, como qualquer tipo de violação da norma legal de caráter administrativo, inclusive em matéria de licitações e contratos.

Dessa maneira, ainda que a União, os Estados e os Municípios não criem leis próprias sobre ajustamentos de conduta,[25] valerão as disposições da Lei de Mediação e da LINDB. Nesse contexto, a celebração restará condicionada à observância dos seguintes requisitos: (i) presença de razões de interesse geral, ou seja, razões de interesse público primário, a demonstrar que o acordo tem benefícios não somente para o acusado, mas igualmente para o Estado e para a sociedade; e (ii) oitiva prévia do órgão jurídico, isto é, coleta obrigatória de parecer jurídico sobre o cumprimento dos requisitos no caso concreto.

Pela LINDB, porém, a participação popular via consulta pública pode ser realizada para conferir mais legitimidade ao compromisso, porém não se mostra compulsória. Aliás, entendo que a menção à consulta pública é imprópria. Na verdade, o legislador quer se referir à participação popular em geral, podendo-se optar por audiências públicas, consultas públicas ou os dois expedientes. Com ou sem participação popular, importante é que o acordo viabilize o ajustamento ou a extinção das condutas duvidosas, prevendo de modo claro e objetivo as obrigações das partes, bem como os prazos para seu cumprimento e as consequências pela não observância das obrigações.

A legislação não chega a apontar quais seriam essas obrigações. No entanto, há um certo padrão obrigacional nesses ajustamentos que deriva de sua própria racionalidade e finalidade.

Como anotei em outro estudo,[26] "ao se optar pela via consensual com o aval da Administração Pública, o acusado aceitará o abandono da discussão acerca da legalidade de sua conduta, afastará o risco da conclusão processual, tornará prescindível a decisão de condenação ou absolvição. Em troca, concordará em submeter-se a um ajustamento de conduta construído de modo dialógico. Nessa situação, pois, o ajustamento não se dará pela imposição estatal da decisão administrativa condenatória...". Em termos práticos, "para se beneficiar da via alternativa consensual, o administrado assumirá como obrigação principal o compromisso de cessar a prática, imediatamente ou em tempo ajustado com o Estado, ou de, ao menos, alterá-la de modo a afastar seus potenciais efeitos nocivos, sem prejuízo de certas obrigações acessórias, como a de prestar contas". Aqui, vale reiterar mais uma vez: "cessar a prática pode significar uma obrigação de deixar de agir por completo ou uma obrigação de alterar a conduta de modo a abater preocupações a seu respeito. A escolha entre uma opção ou outra há que se pautar pelo princípio da razoabilidade". Na

---

no âmbito das câmaras administrativas de prevenção e de solução de conflitos, bem como VALIATI, Thiago Priess; FERREIRA, Pedro Henrique. LINDB, consensualidade e seus impactos na aplicação da Lei de Licitações e Contratos Administrativos (Lei n. 14.133/2021), ambos em MAFFINI, Rafael; RAMOS, Rafael (org.). *Nova LINDB*. Rio de Janeiro: Lumen Juris, 2021, em geral.

[25] Também nesse sentido, GUERRA, Sérgio; PALMA, Juliana Bonacorsi. Art. 26 da LINDB: novo regime jurídico de negociação com a Administração Pública. *Revista de Direito Administrativo*, edição especial, nov. 2018, p. 146.

[26] MARRARA, Thiago. Regulação consensual: o papel dos compromissos de cessação de prática no ajustamento de condutas dos regulados. *Revista Digital de Direito Administrativo*, v. 4, n. 1, 2017, p. 281.

falta de uma previsão legal explícita, o ajustamento não demandará confissão de infração, já que, como se frisou, o objetivo não é punir, mas resolver!

Em relação ao compromissário, o acordo substituirá o processo sancionador, que, entretanto, poderá subsistir em relação a outros acusados que não o tenham celebrado. Nada impede, porém, que vários acusados celebrem o ajustamento, diferentemente do que se vislumbra na leniência, normalmente restrita uma única pessoa jurídica acusada. Aliás, no compromisso, é recomendável que o acordo seja coletivo, de modo a abarcar todos os acusados, exatamente para que ele possa produzir os resultados esperados (como a redução de custos com processos, a solução imediata do problema etc.).

Apesar de o ajustamento ou o compromisso destacar o papel do acusado, são igualmente relevantes as obrigações assumidas pelo Estado ao aprovar o emprego da via pró-consensual. De maneira geral, as obrigações centrais da Administração Pública compromitente resumem-se a: "1) suspender imediatamente o processo acusatório ou o procedimento preparatório de acusação após a celebração do compromisso; 2) não realizar qualquer atividade instrutória ao longo da suspensão processual, nem buscar impor medidas contra o agente em outras esferas pelo comportamento que é objeto do pacto e 3) arquivar o procedimento ou o processo punitivo após julgar cumprido o acordo" por parte do compromissário.[27]

REFERÊNCIAS BIBLIOGRÁFICAS

CRISTÓVAM, José Sérgio da Silva; EIDT, Elisa Berton. O compromisso do artigo 26 da LINDB e a sua celebração no âmbito das câmaras administrativas de prevenção e de solução de conflitos. In: MAFFINI, Rafael; RAMOS, Rafael (org.). *Nova LINDB*. Rio de Janeiro: Lumen Juris, 2021.

DINIZ, Gustavo Saad. *Grupos societários*: da formação à falência. São Paulo: Atlas, 2016.

DI PIETRO, Maria Sylvia Zanella; MARRARA, Thiago (org.). *Lei anticorrupção comentada*. 3. ed. Belo Horizonte: Fórum, 2021.

FERRAZ, Luciano. *Controle e consensualidade*. 2. ed. Belo Horizonte: Fórum, 2019.

FERRAZ, Luciano; FORNI, João Paulo. Nova Lei de Licitações tem instrumento de consensualidade para chamar de seu? *Conjur*, 4 jul. 2024, edição digital, s.p.

FERRAZ, Sérgio; DALLARI, Adilson Abreu. *Processo administrativo*. 3. ed. São Paulo: Malheiros, 2012.

FORTINI, Cristiana. Comentários ao art. 17. In: DI PIETRO, Maria Sylvia Zanella; MARRARA, Thiago (org.). *Lei anticorrupção comentada*. 3. ed. Belo Horizonte: Fórum, 2021.

GUERRA, Sérgio; PALMA, Juliana Bonacorsi. Art. 26 da LINDB: novo regime jurídico de negociação com a Administração Pública. *Revista de Direito Administrativo*, edição especial, nov. 2018.

HEINEN, Juliano. *Comentários à Lei de Licitações e Contratos Administrativos*. Salvador: JusPodivm, 2021.

MARRARA, Thiago. Acordos de leniência no processo administrativo brasileiro: modalidades, regime jurídico e problemas emergentes. *Revista Digital de Direito Administrativo*, v. 2, n. 2, 2015.

---

[27] MARRARA, Thiago. Regulação consensual: o papel dos compromissos de cessação de prática no ajustamento de condutas dos regulados. *Revista Digital de Direito Administrativo*, v. 4, n. 1, 2017, p. 281.

MARRARA, Thiago. Compromissos como técnica de administração consensual: breves comentários ao art. 26 da LINDB. RDA, v. 283, n. 1, 2024.

MARRARA, Thiago. Comentários ao art. 16. In: DI PIETRO, Maria Sylvia Zanella; MARRARA, Thiago (org.). *Lei anticorrupção comentada*. 3. ed. Belo Horizonte: Fórum, 2021.

MARRARA, Thiago. *Princípios de direito administrativo*. 2. ed. Belo Horizonte: Fórum, 2021.

MARRARA, Thiago. Princípios do processo administrativo. *Revista Digital de Direito Administrativo*, v. 7, n. 1, 2020.

MARRARA, Thiago. Regulação consensual: o papel dos compromissos de cessação de prática no ajustamento de condutas dos regulados. *Revista Digital de Direito Administrativo*, v. 4, n. 1, 2017.

MARRARA, Thiago. *Sistema Brasileiro de Defesa da Concorrência*. São Paulo: GEN Atlas, 2015.

MARRARA, Thiago; NOHARA, Irene Patrícia. *Processo administrativo federal*: Lei 9.784/99 comentada. 2. ed. São Paulo: RT, 2018.

MEDAUAR, Odete. *A processualidade no direito administrativo*. 2. ed. São Paulo: RT, 2008.

MOTTA, Fabrício; ANYFANTIS, Spiridon Nicofotis. Comentários ao art. 5º. In: DI PIETRO, Maria Sylvia Zanella; MARRARA, Thiago. *Lei Anticorrupção comentada*. 3. ed. Belo Horizonte: Fórum, 2021.

NEGRÃO, Ricardo. *Curso de direito comercial e de empresa*: teoria geral da empresa e do direito societário. 17. ed. São Paulo: Saraiva Educação, 2021. v. 1.

NOHARA, Irene Patrícia. Comentários ao art. 10. In: DI PIETRO, Maria Sylvia Zanella; MARRARA, Thiago (org.). *Lei anticorrupção comentada*. 3. ed. Belo Horizonte: Fórum, 2021.

PEREIRA JÚNIOR, Jessé Torres; DOTTI, Marinês Restelatto. A desconsideração da personalidade jurídica em face de impedimentos para participar de licitações e contratar com a Administração Pública: limites jurisprudenciais. *Revista do TCU*, n. 119, 2010.

VALIATI, Thiago Priess; FERREIRA, Pedro Henrique. LINDB, consensualidade e seus impactos na aplicação da Lei de Licitações e Contratos Administrativos (Lei n. 14.133/2021). In: MAFFINI, Rafael; RAMOS, Rafael (org.). *Nova LINDB*. Rio de Janeiro: Lumen Juris, 2021.

Quadro comparativo

Lei nº 14.133/2021	Leis nºs 8.666/1993, 10.520/2002 e 12.462/2011
Título IV Das Irregularidades	Sem correspondente
CAPÍTULO I DAS INFRAÇÕES E SANÇÕES ADMINISTRATIVAS	L. 8.666/93 Capítulo IV DAS SANÇÕES ADMINISTRATIVAS E DA TUTELA JUDICIAL

Lei nº 14.133/2021	Leis nºˢ 8.666/1993, 10.520/2002 e 12.462/2011
Art. 155. O licitante ou o contratado será responsabilizado administrativamente pelas seguintes infrações: **I – dar causa à inexecução parcial do contrato;**	**Lei 12.462/11** Art. 47. ~~Ficará impedido de licitar e contratar com a União, Estados, Distrito Federal ou Municípios, pelo prazo de até 5 (cinco) anos, sem prejuízo das multas previstas no instrumento convocatório e no contrato, bem como das demais cominações legais, o licitante que:~~ [...] VII – ~~der~~ causa à inexecução total ou parcial do contrato.
II – dar causa à inexecução parcial do contrato que cause grave dano à Administração, ao funcionamento dos serviços públicos ou ao interesse coletivo; **III – dar causa à inexecução total do contrato;**	**Sem correspondente**
IV – deixar de entregar a documentação exigida para o certame;	**Lei 12.462/11** Art. 47. [...] II – deixar de entregar a documentação exigida para o ~~certame ou apresentar documento falso;~~
V – não manter a proposta, salvo em decorrência de fato superveniente devidamente justificado;	**Lei 12.462/11** Art. 47. [...] IV – não mantiver a proposta, salvo se em decorrência de fato superveniente, devidamente justificado;
VI – não celebrar o contrato ou não entregar a documentação exigida para a contratação, quando convocado dentro do prazo de validade de sua proposta;	**Lei 12.462/11** Art. 47. [...] I – convocado dentro do prazo de validade da sua proposta não celebrar o contrato, ~~inclusive nas hipóteses previstas no parágrafo único do art. 40 e no art. 41 desta Lei;~~
VII – ensejar o retardamento da execução ou da entrega do objeto da licitação sem motivo justificado;	**Lei 12.462/11** Art. 47. [...] III – ensejar o retardamento da execução ou da entrega do objeto da licitação sem motivo justificado;
VIII – apresentar declaração ou documentação falsa exigida para o certame ou prestar declaração falsa durante a licitação ou a execução do contrato;	**Sem correspondente**
IX – fraudar a licitação ou praticar ato fraudulento na execução do contrato;	**Lei 12.462/11** Art. 47. [...] V – fraudar a licitação ou praticar atos fraudulentos na execução do contrato;

Lei nº 14.133/2021	Leis nºˢ 8.666/1993, 10.520/2002 e 12.462/2011
X – comportar-se de modo inidôneo ou cometer fraude **de qualquer natureza;**	**Lei 12.462/11** Art. 47. [...] VI – comportar-se de modo inidôneo ou cometer fraude ~~fiscal; ou~~
XI – praticar atos ilícitos com vistas a frustrar os objetivos da licitação; **XII – praticar ato lesivo previsto no art. 5º da Lei nº 12.846, de 1º de agosto de 2013.**	Sem correspondente
Art. 156. Serão aplica**das** ao **responsável pelas infrações administrativas previstas nesta Lei** as seguintes sanções:	**L. 8.666/93** ~~Art. 87. Pela inexecução total ou parcial do contrato a Administração poderá, garantida a prévia defesa,~~ aplicar ao ~~contratado~~ as seguintes sanções:
I – advertência;	I – advertência;
II – multa;	II – multa~~, na forma prevista no instrumento convocatório ou no contrato;~~
III – impedimento **de** licita**r** e contratar;	III – ~~suspensão temporária de participação em licitação e~~ impedimento de contratar ~~com a Administração, por prazo não superior a 2 (dois) anos;~~
IV – declaração de inidoneidade para licitar ou contratar.	IV – declaração de inidoneidade para licitar ou contratar ~~com a Administração Pública enquanto perdurarem os motivos determinantes da punição ou até que seja promovida a reabilitação perante a própria autoridade que aplicou a penalidade, que será concedida sempre que o contratado ressarcir a Administração pelos prejuízos resultantes e após decorrido o prazo da sanção aplicada com base no inciso anterior.~~
§ 1º Na aplicação das sanções serão considerados: **I – a natureza e a gravidade da infração cometida;** **II – as peculiaridades do caso concreto;** **III – as circunstâncias agravantes ou atenuantes;** **IV – os danos que dela provierem para a Administração Pública;** **V – a implantação ou o aperfeiçoamento de programa de integridade, conforme normas e orientações dos órgãos de controle.** **§ 2º A sanção prevista no inciso I do** *caput* **deste artigo será aplicada exclusivamente pela infração administrativa prevista no inciso I do** *caput* **do art. 155 desta Lei, quando não se justificar a imposição de penalidade mais grave.**	Sem correspondente

Lei nº 14.133/2021	Leis nºs 8.666/1993, 10.520/2002 e 12.462/2011
§ 3º A sanção prevista no inciso II do *caput* deste artigo, calculada na forma do edital ou do contrato, não poderá ser inferior a 0,5% (cinco décimos por cento) nem superior a 30% (trinta por cento) do valor do contrato licitado ou celebrado com contratação direta e será aplicada ao responsável por qualquer das infrações administrativas previstas no art. 155 desta Lei.	Sem correspondente
§ 4º A sanção prevista no inciso III do *caput* deste artigo será aplicada ao responsável pelas infrações administrativas previstas nos incisos II, III, IV, V, VI e VII do *caput* do art. 155 desta Lei, quando não se justificar a imposição de penalidade mais grave, e impedirá o responsável de licitar ou contratar no âmbito da Administração Pública direta e indireta do ente federativo que tiver aplicado a sanção, pelo prazo máximo de 3 (três) anos.	
§ 5º A sanção prevista no inciso IV do *caput* deste artigo será aplicada ao responsável pelas infrações administrativas previstas nos incisos VIII, IX, X, XI e XII do *caput* do art. 155 desta Lei, bem como pelas infrações administrativas previstas nos incisos II, III, IV, V, VI e VII do *caput* do referido artigo que justifiquem a imposição de penalidade mais grave que a sanção referida no § 4º deste artigo, e impedirá o responsável de licitar ou contratar no âmbito da Administração Pública direta e indireta de todos os entes federativos, pelo prazo mínimo de 3 (três) anos e máximo de 6 (seis) anos.	
§ 6º A sanção estabelecida no inciso IV **do *caput*** deste artigo **será precedida de análise jurídica e observará as seguintes regras:** **I – quando aplicada por órgão do Poder Executivo, será** de competência exclusiva de ministro de Estado, de secretário estadual ou **de secretário** municipal e, quando aplicada por autarquia ou fundação, será de competência exclusiva da autoridade máxima da entidade;	**L. 8.666/93** **Art. 87.** § 3º A sanção estabelecida no inciso IV deste artigo é de competência exclusiva do Ministro de Estado, do Secretário Estadual ou Municipal, conforme o caso, facultada a defesa do interessado no respectivo processo, no prazo de 10 (dez) dias da abertura de vista, podendo a reabilitação ser requerida após 2 (dois) anos de sua aplicação.
II – quando aplicada por órgãos dos Poderes Legislativo e Judiciário, pelo Ministério Público e pela Defensoria Pública no desempenho da função administrativa, será de competência exclusiva de autoridade de nível hierárquico equivalente às autoridades referidas no inciso I deste parágrafo, na forma de regulamento.	Sem correspondente

Lei nº 14.133/2021	Leis nºˢ 8.666/1993, 10.520/2002 e 12.462/2011
§ 7º As sanções previstas nos incisos I, III e IV **do caput** deste artigo poderão ser aplicadas **cumulativamente** com a **prevista** no inciso II **do caput deste artigo.**	§ 2º As sanções previstas nos incisos I, III e IV deste artigo poderão ser aplicadas juntamente com a do inciso II, facultada a defesa prévia do interessado, no respectivo processo, no prazo de 5 (cinco) dias úteis.
§ 8º Se a multa aplicada **e as indenizações cabíveis** forem superio**res** ao valor **de pagamento eventualmente** devido pela Administração **ao contratado,** além da perda **desse valor, a** diferença será descontada **da garantia prestada ou será** cobrada judicialmente.	§ 1º Se a multa aplicada for superior ao valor da garantia prestada, além da perda desta, responderá o contratado pela sua diferença, que será descontada dos pagamentos eventualmente devidos pela Administração ou cobrada judicialmente.
§ 9º A aplicação das sanções previstas no *caput* deste artigo não exclui, em hipótese alguma, a obrigação de reparação integral do dano causado à Administração Pública.	Sem correspondente
Art. 157. Na aplicação da sanção prevista no inciso II do *caput* do art. 156 desta Lei, será facultada a defesa do interessado no prazo de 15 (quinze) dias úteis, contado da data de sua intimação.	
Art. 158. A aplicação das sanções previstas nos incisos III e IV do *caput* do art. 156 desta Lei requererá a instauração de processo de responsabilização, a ser conduzido por comissão composta de 2 (dois) ou mais servidores estáveis, que avaliará fatos e circunstâncias conhecidos e intimará o licitante ou o contratado para, no prazo de 15 (quinze) dias úteis, contado da data de intimação, apresentar defesa escrita e especificar as provas que pretenda produzir.	
§ 1º Em órgão ou entidade da Administração Pública cujo quadro funcional não seja formado de servidores estatutários, a comissão a que se refere o *caput* deste artigo será composta de 2 (dois) ou mais empregados públicos pertencentes aos seus quadros permanentes, preferencialmente com, no mínimo, 3 (três) anos de tempo de serviço no órgão ou entidade.	
§ 2º Na hipótese de deferimento de pedido de produção de novas provas ou de juntada de provas julgadas indispensáveis pela comissão, o licitante ou o contratado poderá apresentar alegações finais no prazo de 15 (quinze) dias úteis, contado da data da intimação.	
§ 3º Serão indeferidas pela comissão, mediante decisão fundamentada, provas ilícitas, impertinentes, desnecessárias, protelatórias ou intempestivas.	
§ 4º A prescrição ocorrerá em 5 (cinco) anos, contados da ciência da infração pela Administração, e será:	

Lei nº 14.133/2021	Leis nºs 8.666/1993, 10.520/2002 e 12.462/2011
I – interrompida pela instauração do processo de responsabilização a que se refere o *caput* deste artigo; II – suspensa pela celebração de acordo de leniência previsto na Lei nº 12.846, de 1º de agosto de 2013; III – suspensa por decisão judicial que inviabilize a conclusão da apuração administrativa. **Art. 159.** Os atos previstos como infrações administrativas nesta Lei ou em outras leis de licitações e contratos da Administração Pública que também sejam tipificados como atos lesivos na Lei nº 12.846, de 1º de agosto de 2013, serão apurados e julgados conjuntamente, nos mesmos autos, observados o rito procedimental e a autoridade competente definidos na referida Lei. ~~Parágrafo único. Na hipótese do caput deste artigo, se for celebrado acordo de leniência nos termos da Lei nº 12.846, de 1º de agosto de 2013, a Administração também poderá isentar a pessoa jurídica das sanções previstas no art. 156 desta Lei e, se houver manifestação favorável do tribunal de contas competente, das sanções previstas na sua respectiva lei orgânica.~~ (VETADO) **Art. 160.** A personalidade jurídica poderá ser desconsiderada sempre que utilizada com abuso do direito para facilitar, encobrir ou dissimular a prática dos atos ilícitos previstos nesta Lei ou para provocar confusão patrimonial, e, nesse caso, todos os efeitos das sanções aplicadas à pessoa jurídica serão estendidos aos seus administradores e sócios com poderes de administração, a pessoa jurídica sucessora ou a empresa do mesmo ramo com relação de coligação ou controle, de fato ou de direito, com o sancionado, observados, em todos os casos, o contraditório, a ampla defesa e a obrigatoriedade de análise jurídica prévia. **Art. 161.** Os órgãos e entidades dos Poderes Executivo, Legislativo e Judiciário de todos os entes federativos deverão, no prazo máximo 15 (quinze) dias úteis, contado da data de aplicação da sanção, informar e manter atualizados os dados relativos às sanções por eles aplicadas, para fins de publicidade no Cadastro Nacional de Empresas Inidôneas e Suspensas (Ceis) e no Cadastro Nacional de Empresas Punidas (Cnep), instituídos no âmbito do Poder Executivo federal.	**Sem correspondente**

Lei nº 14.133/2021	Leis nᵒˢ 8.666/1993, 10.520/2002 e 12.462/2011
Parágrafo único. Para fins de aplicação das sanções previstas nos incisos I, II, III e IV do *caput* do art. 156 desta Lei, o Poder Executivo regulamentará a forma de cômputo e as consequências da soma de diversas sanções aplicadas a uma mesma empresa e derivadas de contratos distintos.	**Sem correspondente**
Art. 162. O atraso injustificado na execução do contrato sujeitará o contratado **a** multa de mora, na forma prevista **em edital** ou **em** contrato.	**L. 8.666/93** **Art. 86.** O atraso injustificado na execução do contrato sujeitará o contratado à multa de mora, na forma prevista ~~no instrumento convocatório~~ ou ~~no~~ contrato.
Parágrafo único. A **aplicação de** multa **de mora** não impedi**rá** que a Administração **a converta em compensatória e promova a extinção** unilateral **d**o contrato **com a aplicação cumulada de** outras sanções previstas nesta Lei.	§ 1º A multa ~~a que alude este artigo~~ não impede que a Administração ~~rescinda~~ unilateral~~mente~~ o contrato ~~e aplique as~~ outras sanções previstas nesta Lei.
Art. 163. É admitida a reabilitação **do licitante ou contratado** perante a própria autoridade que aplicou a penalidade, **exigidos, cumulativamente:** **I – reparação integral do dano causado à Administração Pública;** **II – pagamento da multa;** **III – transcurso d**o prazo **mínimo de 1 (um) ano da aplicação da penalidade, no caso de impedimento de** licitar **e** contratar, **ou de 3 (três)** anos **da** aplicação **da penalidade, no caso de** declaração de inidoneidade; **IV – cumprimento das condições de reabilitação definidas no ato punitivo;** **V – análise jurídica prévia, com posicionamento conclusivo quanto ao cumprimento dos requisitos definidos neste artigo.**	**L. 8.666/93** **Art. 87.** [...] IV – declaração de inidoneidade ~~para~~ licitar ~~ou contratar com a Administração Pública enquanto perdurarem os motivos determinantes da punição ou até que seja promovida~~ a reabilitação perante a própria autoridade que aplicou a pe~~nalidade, que será concedida sempre que o contratado ressarcir a~~ Administração ~~pelos prejuízos resultantes e após decorrido~~ o prazo ~~da sanção aplicada com base no inciso anterior.~~ ~~§ 3º A sanção estabelecida no inciso IV deste artigo é de competência exclusiva do Ministro de Estado, do Secretário Estadual ou Municipal, conforme o caso, facultada a defesa do interessado no respectivo processo, no prazo de 10 (dez) dias da abertura de vista, podendo a reabilitação ser requerida após 2 (dois) anos de sua aplicação.~~
Parágrafo único. A sanção pelas infrações previstas nos incisos VIII e XII do *caput* do art. 155 desta Lei exigirá, como condição de reabilitação do licitante ou contratado, a implantação ou aperfeiçoamento de programa de integridade pelo responsável. **CAPÍTULO II DAS IMPUGNAÇÕES, DOS PEDIDOS DE ESCLARECIMENTO E DOS RECURSOS**	**Sem correspondente**

Lei nº 14.133/2021	Leis nºs 8.666/1993, 10.520/2002 e 12.462/2011
Art. 164. Qualquer **pessoa** é parte legítima para impugnar edital de licitação por irregularidade na aplicação desta Lei **ou para solicitar esclarecimento sobre os seus termos,** devendo protocolar o pedido até **3 (três)** dias úteis antes da data **de** abertura **do certame.** **Parágrafo único. A** resposta à impugnação **ou ao pedido de esclarecimento será divulgada em sítio eletrônico oficial no prazo de até** 3 (três) dias úteis, **limitado ao último dia útil anterior à data da abertura do certame.**	**L. 8.666/93** **Art. 41.** [...] ~~§ 1º~~ Qualquer cidadão é parte legítima para impugnar edital de licitação por irregularidade na aplicação desta Lei, devendo protocolar o pedido até ~~5 (cinco)~~ dias úteis antes da data ~~fixada para a~~ abertura ~~dos envelopes de habilitação, devendo a Administração julgar e~~ responder à impugnação ~~em até~~ 3 (três) dias úteis, ~~sem prejuízo da faculdade prevista no § 1º do art. 113.~~
Art. 165. Dos atos da Administração decorrentes da aplicação desta Lei cabem:	**L. 8.666/93** ~~Art. 109.~~ Dos atos da Administração decorrentes da aplicação desta Lei cabem:
I – recurso, no prazo de **3 (três)** dias úteis, contado da data de intimação ou de lavratura da ata, **em face** de:	**L. 8.666/93** ~~Art. 109.~~ [...] I – recurso, no prazo de ~~5 (cinco)~~ dias úteis a contar da intimação ~~do ato~~ ou da lavratura da ata, ~~nos casos~~ de:
a) ato que defira ou indefira pedido de **pré-qualificação de interessado ou** de inscrição em registro cadastral, sua alteração ou cancelamento;	**L. 8.666/93** **Art. 109.** [...] ~~I – [...]~~ ~~d)~~ indeferimento ~~do~~ pedido de inscrição em registro cadastral, sua alteração ou cancelamento;
b) julgamento das propostas;	**L. 8.666/93** **Art. 109.** [...] ~~I – [...]~~ b) julgamento das propostas;
c) ato de habilitação ou inabilitação de licitante;	**L. 8.666/93** **Art. 109.** [...] ~~I – [...]~~ ~~a)~~ habilitação ou inabilitação ~~do~~ licitante;
d) anulação ou revogação da licitação;	**L. 8.666/93** **Art. 109.** [...] ~~I – [...]~~ ~~c)~~ anulação ou revogação da licitação;

Lei nº 14.133/2021	Leis nºs 8.666/1993, 10.520/2002 e 12.462/2011
e) **extinção** do contrato, **quando determinada por ato unilateral e escrito da Administração;**	**L. 8.666/93** **Art. 109.** [...] I – [...] e) rescisão do contrato, a que se refere o inciso I do art. 79 desta Lei;
II – pedido de reconsideração, no prazo de **3 (três)** dias úteis, **contado** da **data de** intimação, **relativamente a ato do qual** não caiba recurso hierárquico.	II – representação, no prazo de 5 (cinco) dias úteis da intimação da decisão relacionada com o objeto da licitação ou do contrato, de que não caiba recurso hierárquico; III – pedido de reconsideração, de decisão de Ministro de Estado, ou Secretário Estadual ou Municipal, conforme o caso, na hipótese do § 4º do art. 87 desta Lei, no prazo de 10 (dez) dias úteis da intimação do ato.
§ 1º Quanto ao recurso apresentado em virtude do disposto nas alíneas "b" e "c" do inciso I do *caput* **deste artigo, serão observadas as seguintes disposições:**	**Sem correspondente**
I – a intenção de recorrer deverá ser manifestada imediatamente, sob pena de preclusão, e o prazo para apresentação das razões recursais previsto no inciso I do *caput* **deste artigo será iniciado na data de intimação ou de lavratura da ata de habilitação ou inabilitação ou, na hipótese de adoção da inversão de fases prevista no § 1º do art. 17 desta Lei, da ata de julgamento;**	**Lei 12.462/11** Art. 45. [...] § 1º Os licitantes que desejarem apresentar os recursos de que tratam as alíneas a, b e c do inciso II do *caput* deste artigo deverão manifestar imediatamente a sua intenção de recorrer, sob pena de preclusão.
II – a apreciação dar-se-á em fase única.	**Sem correspondente**
§ 2º O recurso **de que trata o inciso I do** *caput* **deste artigo** será dirigido à autoridade **que tiver editado** o ato **ou proferido a decisão** recorrida, **que, se não** reconsiderar **o ato ou a** decisão no prazo de **3 (três)** dias úteis, **encaminhará o recurso com a sua motivação à autoridade superior, a qual deverá proferir sua decisão no prazo máximo de 10 (dez) dias úteis, contado do recebimento dos autos.**	**Lei 12.462/11** Art. 45. [...] § 6º O recurso será dirigido à autoridade superior, por intermédio da autoridade que praticou o ato recorrido, cabendo a esta reconsiderar sua decisão no prazo de 5 (cinco) dias úteis ou, nesse mesmo prazo, fazê-lo subir, devidamente informado, devendo, neste caso, a decisão do recurso ser proferida dentro do prazo de 5 (cinco) dias úteis, contados do seu recebimento, sob pena de apuração de responsabilidade.

Lei nº 14.133/2021	Leis nºˢ 8.666/1993, 10.520/2002 e 12.462/2011
§ 3º O acolhimento do recurso implicará invalidação apenas de ato insuscetível de aproveitamento.	**Sem correspondente**
§ 4º O prazo para apresentação de contrarrazões será o mesmo do recurso e **terá início na data de intimação pessoal ou de divulgação da interposição do recurso.**	**Lei 12.462/11** Art. 45. [...] § 2º O prazo para apresentação de contrarrazões será o mesmo do recurso e ~~começará imediatamente após o encerramento do prazo recursal~~.
§ 5º Será assegurado ao licitante vista dos elementos indispensáveis à defesa de seus interesses.	§ 3º É assegurado aos licitantes vista dos elementos indispensáveis à defesa de seus interesses.
Art. 166. Da aplicação das sanções previstas nos incisos I, II e III do *caput* **do art. 156 desta Lei caberá recurso no prazo de 15 (quinze) dias úteis, contado da data da intimação.** **Parágrafo único. O recurso de que trata o** *caput* **deste artigo será dirigido à autoridade que tiver proferido a decisão recorrida, que, se não a reconsiderar no prazo de 5 (cinco) dias úteis, encaminhará o recurso com sua motivação à autoridade superior, a qual deverá proferir sua decisão no prazo máximo de 20 (vinte) dias úteis, contado do recebimento dos autos.** **Art. 167. Da aplicação da sanção prevista no inciso IV do** *caput* **do art. 156 desta Lei, caberá apenas pedido de reconsideração, que deverá ser apresentado no prazo de 15 (quinze) dias úteis, contado da data da intimação, e decidido no prazo máximo de 20 (vinte) dias úteis, contado do seu recebimento.**	**Sem correspondente**
Art. 168. O recurso e o pedido de reconsideração terão **efeito suspensivo do ato ou da decisão recorrida até que sobrevenha decisão final da autoridade competente.**	**L. 8.666/93** Art. 109. [...] ~~§ 2º~~ O recurso ~~previsto nas alíneas "a" e "b" do inciso I deste artigo~~ terá efeito suspensivo, ~~podendo a autoridade competente, motivadamente e presentes razões de interesse público, atribuir ao recurso interposto eficácia suspensiva aos demais recursos.~~
Parágrafo único. Na elaboração de suas decisões, a autoridade competente será auxiliada pelo órgão de assessoramento jurídico, que deverá dirimir dúvidas e subsidiá-la com as informações necessárias.	**Sem correspondente**

9

Controle das Contratações Públicas

Luciano Ferraz
Fabrício Motta

1. INTRODUÇÃO: CONTROLE DA ADMINISTRAÇÃO PÚBLICA

Lafayette Pondé afirmava que a expressão *controle* tem tamanha amplitude que, a bem dizer, a vida social — ela própria — não é senão um processo contínuo de interação e controle. *Controle* é um componente indissociável da ideia de ordem e organização — e até poderíamos dizer que ele surgiu no Paraíso com as primeiras palavras do Criador.[1]

Do latim medieval *rotulum*, do francês *rôle*, o vocábulo controle originalmente designava o catálogo dos contribuintes pelo qual se contrastava a operação do cobrador de impostos. O *contra-rotulum* ou *contre-rôle* era o registro que possibilitava o confronto entre aquele catálogo e os tributos recolhidos pelo agente responsável.[2]

Uma vez incorporado pelos diversos idiomas, o vocábulo "controle" assumiu sentido amplo, podendo significar, em ordem decrescente de intensidade e força, tal como ensina Bergeron, dominação (hierarquia/subordinação), direção (comando), limitação (proibição), vigilância (fiscalização contínua), verificação (exame), registro (identificação).[3]

Controlar, como ideia de fiscalização em âmbito estatal, consiste em "verificar se tudo ocorre de acordo com o programa adotado, as ordens dadas e os princípios admitidos", tendo como objetivo "assinalar os erros, a fim de que possa evitar sua repetição".[4]

Com efeito, a existência de mecanismos de controle da Administração Pública é, no âmbito da organização estatal, um dos instrumentos hábeis a assegurar a liberdade dos cidadãos, mediante contenção do poder estatal, sendo certo que a subordinação da atividade contratual da Administração Pública aos ditames da lei e do Direito responde a exigências de impessoalidade e isonomia, e também de consecução do interesse público.

---

[1] PONDÉ, Lafayette. Controle dos atos da Administração Pública. *Revista de Direito Administrativo*, p. 41, abr./jun. 1998.
[2] MEDAUAR, Odete. *Controle da Administração Pública*, 1993. p. 13.
[3] *Apud* MEDAUAR, Odete. *Controle da Administração Pública*, 1993. p. 12-14.
[4] FAYOL, Henri. *Administração industrial e geral:* previsão, organização, comando, coordenação e controle, 1994. p. 130.

2. CONTROLE DAS CONTRATAÇÕES PÚBLICAS EM SENTIDO SUBJETIVO: ÓRGÃOS E ENTIDADES

A Lei 14.133/2021 reservou espaço destacado ao tema do controle das licitações e dos contratos administrativos, dedicando-lhe disposições que vão do art. 168 ao art. 173. Por outro lado, da leitura mais ampla das disposições da Lei 14.133/2021, é perceptível a ausência de apurada técnica legislativa na uniformidade das expressões. No texto da lei, há referências a *órgãos de controle* (art. 60, IV; art. 141, § 2º e art. 156, § 1º, V); *órgãos de controle interno* (e em conjunto com órgão de assessoramento jurídico, no art. 7º, § 2º; art. 19, IV, 117, § 3º e art. 169, II); *órgão central de controle interno* (art. 169, III); *controle externo* (art. 24, I) e ainda *Tribunal de Contas* (art. 141, § 1º; art. 169, III; art. 170 § 4º e art. 171, § 1º).

Para adequada interpretação das diversas expressões, é importante abrir parênteses para rememorar o delineamento constitucional dos órgãos responsáveis pela atividade de controle da Administração Pública.

Usualmente, a expressão *controle interno* é utilizada para designar aquele exercido pela Administração Pública sobre suas próprias atividades no interior de uma mesma estrutura subjetiva, assemelhando-se à noção de autotutela ou autocontrole. Entretanto, a expressão controle interno, como *sistema ou organismo de controle* (utilizada pelo constituinte nos arts. 70 e 74 da Constituição), não é sinônima da expressão controle interno utilizada para designar a *atividade de controle* que um órgão administrativo realizada sobre si mesmo – e que se encontra nas Súmulas n. 346 e 473 do Supremo Tribunal Federal e nas leis de processo administrativo.[5]

É para a finalidade de apartá-los, evitando confusões, que se prefere designar a segunda acepção de *autocontrole*. *Controle interno*, por sua vez, designa organismos, em sistema, incumbidos de realizar, em harmonia com os órgãos de controle externo (Tribunais de Contas e Poderes Legislativos), a fiscalização financeira, operacional e patrimonial da Administração Pública em sentido amplo (art. 70 c/c 74). Tais órgãos têm a competência parelha à dos órgãos de Controle Externo.[6] Em suma, "o controle interno (referido sem a expressão 'sistema' que o antecede) é parte integrante do sistema de controle interno, possuindo atuação técnica limitada a depender da competência que detém e estrutura que integra [...] representa a especialização do controle administrativo, em que o poder de fiscalização é exercido pela própria Administração Pública".[7]

---

[5] Atualmente, para o exercício da autotutela em hipóteses que tragam reflexos na esfera de terceiros, é de rigor a garantia prévia do contraditório, como dispõe o Tema 138 do STF.

[6] FERRAZ, Luciano. A Cesar o que é de César: contornos e perspectivas do controle Interno da Administração Pública. In: FORTINI, Cristiana; IVANEGA, Miriam Mabel (coord.). *Mecanismos de Controle Interno e sua matriz constitucional*: um diálogo entre Brasil e Argentina. Belo Horizonte: Fórum, 2014. p. 274. PIRONTI, Rodrigo Aguirre de Castro. *Ensaio avançado de controle interno*: profissionalização e responsividade. Belo Horizonte: Fórum, 2016. p. 155.

[7] PIRONTI, Rodrigo Aguirre de Castro. *Ensaio avançado de controle interno*: profissionalização e responsividade. Belo Horizonte: Fórum, 2016. p. 154. Ao evidenciar que o *sistema de auditoria interna está contido no sistema de controle interno*, o TCU anotou que "[...] a fiscalização contábil, orçamentária, financeira, operacional e patrimonial, prevista no art. 70 da CF/1988, não exclui outras atividades e procedimentos que, de forma integrada, podem compor o controle interno da administração pública federal. Afinal, o controle consiste em serviço difuso e multiforme na administração e deve ser exercido em todos os níveis e em todos os órgãos (art. 70, da CF/88; art. 13, do DL 200/1967). 148. O art. 70 da CF/1988 c/c o art. 13 do DL 200/1967 estabelece, então, o arcabouço jurídico para

Com efeito, a Constituição da República determina a criação e manutenção de sistema integrado de controle interno pelos Poderes Legislativo, Executivo e Judiciário, para exercício das competências constantes dos incisos dos artigos 70 e 74. As regras literalmente *impõem* a existência de controles internos distintos em cada um dos Poderes, sendo necessário que exista comunicação entre as estruturas de controle, mas sem qualquer grau de subordinação, de superposição (ou confusão) com as competências relativas ao controle externo. É esse o sentido da referência constitucional a "sistema de controle interno".

Por outro lado, a designação *controle externo*, conforme artigos 70 e 71 da Constituição, é utilizada como gênero que abrange duas espécies (como tipologia ou taxinomia de controle subjetivo): a) controle parlamentar indireto ou colaborado; b) controle pelo Tribunal de Contas. Para explicar essa dicotomia, o primeiro desafio consiste em não compreender o Tribunal de Contas como órgão submisso ou apêndice do Poder Legislativo. O Tribunal de Contas goza de independência funcional, embora organicamente esteja encartado no âmbito do Poder Legislativo.[8] O segundo desafio exige a constatação de que, nas matérias próprias de controle externo, o Poder Legislativo somente atua com o auxílio ou colaboração do Tribunal de Contas (controle parlamentar indireto ou colaborado).[9] O terceiro desafio impõe perceber que o Tribunal de Contas possui competências próprias que defluem diretamente do texto constitucional e que não podem ser mitigadas pela legislação infraconstitucional, embora possam ser ampliadas por esta via (desde que respeitada a competência *ratione materiae*).[10]

Em outras palavras, os *Tribunais de Contas*, além da relevante atribuição de coadjuvar a parcela de controle externo exercido pelo Poder Legislativo, foram brindados com competências constitucionais próprias e autônomas, essenciais ao Estado Democrático de Direito (arts. 71 e 72 da Constituição). O Tribunal de Contas da União (TCU), paradigma organizatório de reprodução obrigatória para os demais (estados e municipais), possui nos incisos do artigo 71 da Constituição competências de *controle externo* a serem exercidas de forma autônoma, sem qualquer subordinação ao Congresso Nacional. Na distribuição constitucional de competências, os Tribunais de Contas possuem atribuição para avaliar políticas públicas e mesmo programas de gestão de risco, mas não para conceber e implementar tais atividades administrativas em órgãos e entidades públicas.

Também não cabe ao Tribunal de Contas "solucionar controvérsias entre os jurisdicionados e terceiros, originadas da execução de contratos administrativos. Eventuais perdas reclamadas por empresa contratada devem ser questionadas administrativa ou judicialmente, fóruns adequados para pleitos dessa natureza, uma vez que a atuação do Tribunal se destina a assegurar a proteção do interesse público" (Acórdão 2399/2022, Plenário).

---

a teoria das linhas ou camadas de defesa, pois o sistema de controle interno a que a Constituição Federal se refere não é o que se entende atualmente por Sistema de Controle Interno" (Relatório do Acórdão 1171/2017 – Plenário, Rel. Min. Walton Rodrigues).

[8] ADI nº 375 MC/AM, Rel. Min. Octávio Gallotti, *DJ*, 1991; ADIMC nº 4.190/RJ, Rel. Min. Celso de Mello, *DJ*, 1º jul. 2009.

[9] Nos referimos à fiscalização contábil, financeira e orçamentária tratada pela Seção IX do Capítulo I, Título III da Constituição da República.

[10] FERRAZ, Luciano. *Controle da Administração Pública*: elementos para a compreensão dos Tribunais de Contas. Belo Horizonte: Mandamentos, 1999. p. 142.

2.1 Controle das contratações em sentido subjetivo: as três linhas de defesa

No art. 169 da Lei 14.133/2021, o legislador positivou o modelo das três linhas (de defesa), adotado pela União Europeia, e defendido pelo IIA (*The Institute of Internal Auditors*), na pressuposição da importância de estabelecer diretrizes de governança, gestão de riscos e controle em todos os seus matizes.

A configuração gráfica do modelo, referido a uma companhia privada, é apresentada ordinariamente da seguinte forma pelo IIA:

Modelo de Três Linhas de Defesa

Gráfico da Declaração de Posicionamento do The IIA. As Três Linhas de Defesa no Gerenciamento Eficaz de Riscos e Controle publicado em 2013, adaptado da Guidance on the 8th EU Company Law Directive, artigo 41, da ECIIA/FERMA.

Além disso, de acordo com o COSO (*Committee of Sponsoring Organizations of the Treadway Commission*), o modelo das três linhas constitui

> uma forma simples e eficaz de melhorar a comunicação do gerenciamento de riscos e controle por meio do esclarecimento dos papéis e responsabilidades essenciais. O modelo apresenta um novo ponto de vista sobre as operações, ajudando a garantir o sucesso contínuo das iniciativas de gerenciamento de riscos, e é aplicável a qualquer organização – *não importando seu tamanho ou complexidade*[11].

Convém anotar que no desenho original das três linhas a *terceira* é composta pela auditoria interna[12], o que de certa forma poderia conduzir à escalação a esta linha do órgão central de controle interno da Administração, como feito pelo art. 169, III, mas não do Tribunal de Contas competente, que, como dito, se encontra formalmente alo-

---

[11] The Committee of Sponsoring Organizations of the Treadway Commission (COSO). Leveraging COSO across the three lines of defense. Durham (Estados Unidos), 2015. p.2. Disponível em: https://www.coso.org/Documents/COSO-2015-3LOD.pdf.

[12] "Internal auditors serve as an organization's third line of defense. The IIA defines internal auditing as an independent, objective assurance and consulting activity designed to add value and improve an organization's operations. It helps an organization accomplish its objectives by bringing a systematic, disciplined approach to evaluate and improve the effectiveness of risk management, control, and governance processes" (ID., p. 7).

cado no âmbito do Poder Legislativo, fora do raio de estruturação hierárquica da Administração Pública.[13]

Mesmo na metodologia COSO, como se percebe, os auditores externos, reguladores e outros órgãos externos de controle são eventualmente considerados como *linhas adicionais de defesa* cujas avaliações sugerem fortalecimento dos controles antecedentes e incidentes sobre as organizações em geral.

Na estrutura idealizada pelo legislador da Lei 14.133/2021 para as três linhas, na *primeira linha* estarão atores que exercem funções essenciais ao ciclo da contratação pública (das licitações, inclusive), como agentes de contratação, fiscais do contrato e agentes que atuam na proteção à integridade. Na *segunda linha*, o *órgão de assessoramento jurídico* exerce também atividade de controle – sendo responsável pela verificação prévia de legalidade das contratações em geral (art. 53) – e o *controle interno do próprio órgão ou entidade*, por seu turno, além de suas atribuições típicas exerce, também, atividades de assessoramento (como previsto, por exemplo, no art. 8º, § 3º e art. 117, § 3º da Lei 14.133/2021). Na *terceira linha*, são colocados lado a lado o órgão central de controle interno e os Tribunais de Contas.

O enquadramento dos Tribunais de Contas na *terceira linha* junto com o órgão central de controle interno, possui o mérito de relembrar que, na sistemática constitucional, os órgãos centrais de controle interno de cada Poder possuem espaço próprio e autônomo de atuação, conquanto o desenho mais adequado tivesse sido prever os Tribunais de Contas como quarta linha de defesa, conforme adiante se comentará.

Evidentemente, os modelos das três linhas referidos apresentam-se como *diretrizes de governança* e revelam uma *configuração ideal*, convindo sempre a quem pretende implantá-los avaliar adaptações e peculiaridades conforme as realidades de cada organização, em especial União, Estados, Distrito Federal, Municípios, autarquias e fundações estatais, que são as entidades subordinadas à Lei 14.133/2021.

Por fim, a organização em linhas de defesa evidencia a necessidade de considerar a atividade de controle de forma sistemática, a partir do desenho constitucional, evitando sobreposição de esforços, ações contraditórias em prol de uma atuação articulada e voltada à efetividade do interesse público. Em recente julgado, esse entendimento foi positivado pelo TCU:

---

[13] Ainda no que se refere à *terceira linha*, importante anotar que no modelo original proposto pelo COSO são identificados "princípios do modelo das três linhas", equivalendo a diretrizes para a implementação eficiente e eficaz do modelo. Os princípios de números 4 e 5 merecem destaque em razão de sua ligação com o papel desempenhado pelos atores que integram a terceira linha: "**Princípio 4: Papéis da terceira linha.** A auditoria interna presta avaliação e assessoria independentes e objetivas sobre a adequação e eficácia da governança e do gerenciamento de riscos. Isso é feito através da aplicação competente de processos sistemáticos e disciplinados, expertise e conhecimentos. Ela reporta suas descobertas à gestão e ao corpo administrativo para promover e facilitar a melhoria contínua. Ao fazê-lo, pode considerar a avaliação de outros prestadores internos e externos. **Princípio 5: A independência da terceira linha.** A independência da auditoria interna em relação a responsabilidades da gestão é fundamental para sua objetividade, autoridade e credibilidade. É estabelecida por meio de: prestação de contas ao corpo administrativo; acesso irrestrito a pessoas, recursos e dados necessários para concluir seu trabalho; e liberdade de viés ou interferência no planejamento e prestação de serviços de auditoria" (Destaques originais. *The Institute of Internal Auditors*. Modelo das três linhas do IIA 2020. Uma atualização das três linhas de defesa. Disponível em Three-Lines--Model-Updated-Portuguese.pdf (theiia.org).

[...] considerando o princípio da eficiência insculpido no art. 37 da Constituição Federal e as disposições previstas no art. 169 da Lei 14.133/2021, deve o interessado acionar inicialmente a primeira e a segunda linhas de defesa, no âmbito do próprio órgão/entidade, antes do ingresso junto à terceira linha de defesa, constituída pelo órgão central de controle interno e tribunais de contas, evitando, por exemplo, a apresentação de pedidos de esclarecimentos ou impugnação a edital lançado, ou mesmo de recurso administrativo concomitantemente com o ingresso de representações junto a esta Corte de Contas, sob pena de poder acarretar duplos esforços de apuração desnecessariamente, em desfavor do interesse público, bem como alertá-la de que isso pode configurar litigância de má-fé e ensejar a aplicação da multa prevista nos arts. 80 e 81 do Código de Processo Civil.[14]

A articulação inteligente do papel das três linhas em matérias de controle de licitações e contratos é um desafio permanente. E somente com o correto delineamento e a adequada segregação de funções é que se poderá justificar, por assim dizer, a relevância e a importância dos investimentos públicos em fiscalização dos procedimentos e seus consectários, sob pena de se realizar controle apenas pelo controle ou pelo capricho.

2.2 Controle das contratações em sentido objetivo: diretrizes para a atividade de controle

A despeito da anotada perspectiva subjetiva do controle (art. 169 da Lei 14.133/2021), é importante apresentar também a perspectiva objetiva (funcional), que remete à verificação da atividade de controle em movimento (controle prévio, concomitante, posterior), incidindo sobre as práticas licitatória e contratual em diferentes momentos. Além disso, existe uma estratégia consequencialista, a qual se pode revelar como apropriada às providências de caráter preventivo, corretivo ou responsabilizador no âmbito da Administração Pública.

Na classificação que utiliza como critério o *momento* do exercício da atividade do controle, o *controle prévio* é aquele realizado de forma antecedente à produção de efeitos jurídicos pelo ato controlado, tal como se infere do art. 53 da Lei 14.133/2021; o *controle concomitante* implica o acompanhamento *pari passu* da realização dos diversos movimentos que integram o procedimento licitatório, privilegiando o objetivo de prevenir irregularidades e ilegalidades, sob a estratégia de prevenção. Era a forma de controle proposta pelo vetado art. 32, XII do projeto de lei, mas que não deixa de poder se efetivar, por força das competências constitucionais e legais dos órgãos de controle interno e externo; o *controle posterior* é o que se dará depois de executada a contratação e sofreu impacto significativo com a alteração da lógica das nulidades, suas consequências e providências jurídicas, tudo conforme o disposto na Lei 14.133/2021 (arts. 147 a 150).

A nova lei estabelece importantes *diretrizes* para a atividade de controle no âmbito das licitações e contratos. No artigo 169 está prescrito que as contratações públicas deverão submeter-se a práticas contínuas e permanentes de *gestão de riscos* e de *controle preventivo*

---

[14] Acórdão 1805/2022 – Plenário, Rel. Min. Vital do Rego. Em relatório de levantamento que reconheceu a robustez atual da estrutura de governança do Banco Central do Brasil, o TCU anotou a relevância de que a 3ª linha de defesa – a auditoria interna – detenha a "independência necessária para fornecer avaliações mais abrangentes sobre a eficácia dos processos de governança, de gerenciamento de riscos e de controles internos e sobre a forma como a 1ª e a 2ª linhas de defesa alcançam os seus objetivos organizacionais" (Acórdão 2.762/2022 – Plenário, Rel. Min. Bruno Dantas).

(inclusive mediante recursos de tecnologia da informação) e controle social (sendo, para tanto, fundamental o cumprimento do dever de transparência).

O § 1º do mesmo artigo 169 da Lei 14.133/2021 determina que a implementação das práticas será de responsabilidade da alta administração do órgão ou entidade que deverá levar em consideração *os custos e os benefícios* decorrentes de sua implementação, na forma do regulamento, optando-se pelas medidas que promovam relações íntegras e confiáveis, revelando segurança jurídica para todos os envolvidos, e resultados mais vantajoso para a Administração, com eficiência, eficácia e efetividade nas contratações públicas.

O *controle preventivo*, enquanto diretriz, não se confunde com o *controle prévio* de legalidade previsto no art. 53 da Lei 14.133/2021. A seguir-se o critério classificatório quanto ao momento, o *controle preventivo* (art. 169, *caput*) pode ser considerado como *controle concomitante*: trata-se de uma diretriz que implica acompanhamento dos diversos atos que integram o procedimento, privilegiando o objetivo de prevenir irregularidades e ilegalidades. Desta forma, espera-se dos diversos agentes ligados às atividades de controle a adoção de posturas proativas de *prevenção*, em estreita ligação com a gestão de riscos.[15]

A ampla acessibilidade aos documentos necessários é mais uma diretriz inolvidável para o controle das contratações públicas. Estabelece o art. 169, § 2º, da Lei nº 14.133/2021, que para a realização de suas atividades, os órgãos de controle deverão ter acesso irrestrito aos documentos e às informações necessárias à realização dos trabalhos, inclusive aos documentos classificados como sigilosos pelo órgão ou entidade nos termos da Lei nº 12.527, de 18 de novembro de 2011, tornando-se o órgão de controle com o qual foi compartilhada a informação sigilosa corresponsável pela manutenção do sigilo.

Na esfera federal, a Controladoria-Geral da União (órgão central de controle interno) já possuía competência para requisitar, a órgão ou a entidade da administração pública federal, as informações e os documentos necessários a seus trabalhos ou a suas atividades, conforme estabelecia o art. 51, VIII da Lei nº 13.844/2019 e hoje estabelece, com mais cuidado, o art. 49, § 5º, da Lei 14.600/2023. O Decreto Federal 11.529, de 16 de maio de 2023, trata do tema. E competência semelhante foi prevista no art. 42 da Lei Orgânica do Tribunal de Contas da União (Lei nº 8.443/1992).[16-17]

Dessa forma, a regra inscrita na nova lei de licitações e contratos não configura propriamente novidade no cenário nacional, sendo relevante anotar que a corresponsabilidade do órgão de controle com o sigilo também já era prevista no nosso ordenamento jurídico.

---

[15] A *gestão de riscos* pode ser considerada uma das diretrizes da governança pública, e já era obrigatória no Poder Executivo Federal, por imposição do Decreto Federal nº 9.203/2017. É importante não confundir gestão de riscos (diretriz associada à governança) da *alocação de riscos* (art. 103) entre contratante e contratado, materializada por meio da elaboração de *matriz de risco* específica para determinado. A Lei nº 14.133/2021, como se afirmou, impõe a adoção de gestão de risco para as contratações públicas.

[16] "Art. 42. Nenhum processo, documento ou informação poderá ser sonegado ao Tribunal em suas inspeções ou auditorias, sob qualquer pretexto".

[17] No âmbito do TCU, a classificação da informação quanto à confidencialidade está regrada na Resolução 294/2018. A Portaria 114/2020, que dispõe sobre o recebimento de documentos e objetos e sobre o acesso aos autos e cópia de autos no âmbito do Tribunal estabelece que, no momento doa protocolização, o documento que contenha informações classificadas na origem como sigilosas deve ser acompanhado da indicação objetiva da hipótese de restrição de acesso, consoante disposto na Lei de Acesso à Informação, bem assim do responsável pela classificação (do contrário, será tido por documento público).

Impende ressaltar que a comunicação ou o uso compartilhado de dados pessoais deverá se subordinar às disposições da Lei Geral de Proteção de Dados (Lei nº 13.709/2018), como não poderia deixar de ser.

2.3 A efetiva implementação das diretrizes do controle

As diretrizes e a organização das atividades do controle e dos sujeitos que a executarão foram estabelecidas pela nova lei de forma geral, demandando a edição de norma infralegal para adaptação comezinha à realidade de cada órgão ou entidade.

Nesse sentido, a implementação das práticas e processos de governança a cargo da alta administração deve ser efetivada por meio da edição de regulamento (e outros atos normativos inferiores) que leve em conta os aspectos antes mencionados, associados ao "alinhamento das contratações ao planejamento estratégico e às leis orçamentárias e promover eficiência, efetividade e eficácia" (art. 11, parágrafo único, da Lei 14.133/2021).

A expressão *alta administração* designa o escalão superior dos órgãos e entidades, posicionado topograficamente acima das linhas de defesa e contemplando cargos e empregos cujas competências abrangem atribuições ligadas às definições estratégicas, chefia e direção geral da respectiva estrutura. Na Administração Federal, integram a alta administração "Ministros de Estado, ocupantes de cargos de natureza especial, ocupantes de cargo de nível 6 do Grupo – Direção e Assessoramento Superiores – DAS e presidentes e diretores de autarquias, inclusive as especiais, e de fundações públicas ou autoridades de hierarquia equivalente" (Decreto nº 9.203/2017). Nos Estados, Distrito Federal e Municípios, a especificação das autoridades superiores e suas competências deve ser prevista em atos normativos editados nos limites das respectivas competências.

O que se quer significar, com isso, é que mercê da autonomia administrativa de cada entidade federativa, as práticas de governança, gestão de riscos e controle serão adotadas, nos termos de regulamento (editado pelo Chefe do Executivo de cada esfera), avaliando-se o custo-benefício de sua implementação concreta com vistas à produção de resultados mais vantajosos para a Administração.[18] O legislador, portanto, indica uma solução conformada em três linhas, *mas não quer sua concretização a qualquer custo.*

No âmbito de cada ente político – União, Estados, Distrito Federal e Municípios – e, em um segundo momento, em cada entidade ou órgão público, é importante exercer a função normativa, no limite da competência organizacional, e dispor de forma adequada

---

[18] O exposto remete à importância da organização da Administração Pública: "pode-se falar em "organização da Administração Pública" em *sentido amplo*, abrangendo as acepções *subjetiva* e *objetiva*, definindo-a como a composição e conformação de estruturas, competências, processos e instrumentos da Administração voltados ao alcance de finalidades públicas. Nesse sentido amplo, a organização da Administração compreende objetos diversos, tais como: (a) criação e composição de estruturas subjetivas e objetivas adequadas para o alcance de finalidades; (b) determinação e distribuição das tarefas entre estruturas e agentes mediante critérios estabelecidos e voltados para o alcance dos objetivos; (c) provisão de pessoal para o exercício das tarefas; (d) relações de coordenação, subordinação e controle entre as diversas estruturas organizativas; (e) estruturação específica da prestação de cada uma das diversas atividades realizadas pela Administração de forma a atingir, de forma satisfatória, as finalidades públicas específicas buscadas; e (f) controle de todos os processos planejados e executados" (MOTTA, Fabrício. Administração Pública. In: DI PIETRO, Maria Sylvia Zanella; MOTTA, Fabrício. *Tratado de direito administrativo*: administração pública e servidores públicos. 2. ed. rev., atual. e ampl. São Paulo: Thomson Reuters Brasil, 2019. p. 38).

sobre a composição e conformação de estruturas, processos e instrumentos voltados ao alcance das finalidades do controle.[19]

Retomando as já mencionadas *linhas de defesa*, é possível perceber que a Lei 14.133/2021 previu que as áreas de *compliance*, gestão de riscos e os fiscais do contrato, por pertencerem à *primeira linha*, são responsáveis pelo autocontrole dos atos e contratos dos órgão ou entidade. Ao alocar a *segunda linha*, o legislador terminou transformando o órgão de assessoramento jurídico da Administração em órgão de controle, e o órgão de controle interno em órgão de assessoramento. Para evitar confusões, assimetrias e retrabalhos no desempenho dos relevantes papéis de um e outro, é essencial que a legislação de cada entidade discipline a questão.

Tal como enfatiza Rodrigo Fontenelle, ao tratar da realidade concreta dessa divisão de funções na esfera da União:

> [N]a Administração Pública Federal, considerando que os órgãos não possuem auditoria interna em sua estrutura, o responsável pela 3ª linha de defesa é o Ministério da Transparência e Controladoria-Geral da União – CGU, que é considerada a auditoria interna do Poder Executivo Federal. Nas esferas estaduais e municipais essa função é exercida pelas controladorias estaduais e municipais. O TCU tem sido considerado como a 4ª linha, expandindo o modelo de três linhas de defesa para abarcar o controle externo.[20]

Note-se que a afirmação do autor corrobora com a ideia de que a disciplina do art. 169 da Lei 14.133/2021 é indicativa de uma *realidade ideal e não vinculante* a todas as Administrações Públicas, deixando ver que a decisão sobre a absorção do modelo das três linhas, em cada esfera federativa, exige uma avaliação específica da realidade organizacional subjacente, a ser disciplinada por meio de atos normativos em geral.

De qualquer forma, a previsão do órgão central de controle interno e do Tribunal de Contas na mesma linha pelo legislador da Lei 14.133/2021 deixa patente que *não há subordinação hierárquica* entre ambos, embora aos responsáveis pelo controle interno seja prescrito o dever de auxiliar o Tribunal de Contas na sua missão institucional (art. 74, IV, da Constituição), comunicando-lhe ilegalidades detectadas (no prazo e foram que dispuser a legislação pertinente), sob pena de responsabilidade solidária.

Recomenda-se, evidentemente, que a atuação de todos os controladores internos se dê, na medida do possível, em harmonia com as orientações emanadas do Tribunal de Contas competente, sem olvidar a que os *obstáculos e dificuldades reais*[21] dos casos concretos

---

[19] Na avaliação e concepção de desenhos institucionais e ferramentas gerenciais voltadas ao alcance dos objetivos e à racionalidade do controle, por exemplo, pode-se admitir a expressa atribuição de efeitos vinculantes ao parecer do órgão de assessoramento jurídico (advocacia pública), como previsto na LC 73/1993: "Art. 40. Os pareceres do Advogado-Geral da União são por este submetidos à aprovação do Presidente da República. § 1º O parecer aprovado e publicado juntamente com o despacho presidencial vincula a Administração Federal, cujos órgãos e entidades ficam obrigados a lhe dar fiel cumprimento".

[20] FONTENELLE DE A. MIRANDA, Rodrigo. *Implementando a gestão de riscos no setor público*. Belo horizonte: Fórum, 2017. p. 71.

[21] Convém relembrar o texto do art. 22 da Lei de introdução às Normas do Direito Brasileiro – Decreto nº 4.657/1942, inserido pela Lei nº 13.655/2018: "Art. 22. Na interpretação de normas sobre gestão pública, serão considerados os obstáculos e as dificuldades reais do gestor e as exigências das políticas públicas a seu cargo, sem prejuízo dos direitos dos administrados".

podem direcionar a atuação do controle interno em sentido distinto, sempre em benefício do interesse público, com as necessárias motivações.

2.4   Critérios para exercício das atividades de controle

Ao lado das diretrizes, a Lei 14.133/2021 estabeleceu *critérios* para as diversas atividades relacionadas com o controle das licitações e contratações públicas. Nesse particular, é nítida a influência da Lei de Introdução às Normas do Direito Brasileiro (LINDB – Decreto-lei nº 4.657/1942, com as alterações realizadas pela Lei nº 13.655/2018), especialmente no que toca às *consequências das ações de controle*.

A LINDB trouxe à gestão pública ingredientes de *pragmatismo* (força normativa dos fatos) e *consequencialismo* (avaliação concreta dos efeitos da decisão administrativa, controladora ou judicial). A *regulação normativa* do controle deve avaliar as diversas possibilidades envolvidas no ato de sua realização e, motivadamente, optar por "medidas que promovam relações íntegras e confiáveis, com segurança jurídica para todos os envolvidos, e que produzam o resultado mais vantajoso para a Administração, com eficiência, eficácia e efetividade nas contratações públicas" (art. 169, § 1º, da Lei 14.133/2021).

Nesse sentido, foram estabelecidos *critérios para a seleção das ações de fiscalização das licitações e contratos* por parte dos órgãos de controle. No particular, a expressão "órgãos de controle" constante do art. 170 da Lei 14.133/2021 deve ser interpretada para se referir exclusivamente a *instituições de controle interno e externo*.

Com efeito, o órgão de assessoramento jurídico, apesar de realizar a atividade de controle prévio de legalidade, de acordo com a nova lei de licitações e contratos, não possui atribuições gerais de fiscalização da governança das contratações, pautando sua atuação por procedimentos específicos de provocação do autocontrole (não realizando, por exemplo, auditorias e fiscalizações).

Os critérios de *oportunidade*, *materialidade*, *relevância* e *risco* constantes *do* art. 170 da Lei 14.133/2021 devem orientar a seleção de objetos e ações de controle de maneira racional. Os mesmos critérios já eram previstos desde o art. 19 da Resolução TCU 269/2015, que disciplinava o Sistema de Planejamento e Gestão da Estratégia do Tribunal de Contas da União[22].

Os critérios mencionados são assim definidos pelo TCU: (a) **relevância**, que indica se o objeto de controle envolve questões de interesse da sociedade, que estão em debate público e são valorizadas; (b) **materialidade**, que indica o volume de recursos que o objeto de controle envolve; (c) **risco**, que é a possibilidade de algo acontecer e ter um impacto nos objetivos de organizações, programas ou atividades governamentais, sendo medido em

---

[22]   "Além disso, a seleção de áreas nas quais o controle atuará deve considerar o processo de planejamento estratégico, pois o 'processo de seleção é orientado por escolhas fundamentais, que definem a alocação de recursos e diretrizes de atuação' da EFS (TRIBUNAL DE CONTAS DA UNIÃO, 2010, p. 15). A Resolução TCU 269/2015 foi revogada pela Resolução TCU 308/2019. A nova Resolução atribui ao Plano Estratégico do Tribunal (PET) a finalidade de estabelecer, a cada seis anos, as principais diretrizes de controle externo e de gestão para o período. O Plano Estratégico do TCU 2015-2021 estabelece como um de seus objetivos "intensificar a atuação com base em análise de risco". No mesmo sentido, o Plano de Diretrizes do Tribunal de Contas da União, aprovado pela Portaria TCU 130/2015, define como uma das iniciativas estratégicas 'aperfeiçoar e utilizar metodologia de análise de risco para subsidiar a seleção de objetos de controle'" (BRASIL. Tribunal de Contas da União. Orientações para Seleção de Objetos e Ações de Controle. Brasília: TCU, Segecex, Secretaria de Métodos e Suporte ao Controle Externo (Semec), 2016).

termos de consequências e probabilidades; (d) **oportunidade**, que indica se é pertinente realizar a ação de controle em determinado momento, considerando a existência de dados e informações confiáveis, a disponibilidade de auditores com conhecimentos e habilidades específicas e a inexistência de impedimento para a sua execução[23].

Dessa forma, a escolha dos objetos e ações de fiscalização não é livre, mas juridicamente regulada e condicionada para que a *priorização recaia sobre contratações que envolvam maior volume de recursos financeiros, estejam sujeitas a maiores riscos de desvios e que possam trazer maiores benefícios para a sociedade e para o interesse público.* A efetiva aplicação dos critérios comentados e o peso atribuído a cada qual deve ser objeto de motivação consistente nos processos de fiscalização.

Uma vez estabelecidos os critérios e seus modos de aplicação para *seleção dos objetos e ações de controle,* a fiscalização deve levar em consideração os *resultados obtidos com a contratação realizada.* É o que dispõe o art. 170 da Lei nº 14.133/2021, parte final, ao determinar que os órgãos de controle levem em consideração na fiscalização de licitações e contratos as razões apresentadas pelos órgãos e entidades responsáveis e os resultados obtidos com a contratação, observado o disposto no § 3º do art. 169. Eis uma questão muito relevante a desafiar os órgãos controladores e fazer com que a realidade dos fatos, e não apenas o aspecto normativo, seja considerada no exercício de suas competências.

Trata-se de mais uma diretriz que dialoga com a Lei de Introdução às Normas do Direito Brasileiro (LINDB) no sentido de impor a avaliação das consequências práticas da decisão de controle *vis-à-vis* a situação administrativa estampada, notadamente diante da possibilidade de saneamento, convalidação, superação das invalidades no âmbito das licitações e contratos administrativos ao revés da invalidação *tout court* do ato ou contrato. Nesse sentido, encontra-se a orientação dos arts. 147 e 148 da Lei 14.133/2021. A ilustrar o que se diz, de acordo com o TCU:

> [O] risco de prejuízos para a Administração pode excepcionalmente justificar a convalidação de atos irregulares ocorridos na licitação e a continuidade da execução do contrato, em razão da prevalência do interesse público (Acórdão 988/2022-TCU--Plenário).

Assim sendo, a ação dos órgãos controladores deve abranger juízo de *proporcionalidade* que considere necessariamente os resultados obtidos com a contratação perante as eventuais ofensas ao princípio da legalidade (nesse particular, consistente na prática de impropriedades ou irregularidades). O mesmo raciocínio se aplica para a diretriz que impõe a "definição de objetivos, nos regimes de empreitada por preço global, empreitada integral, contratação semi-integrada e contratação integrada, atendidos os requisitos técnicos, legais, orçamentários e financeiros, de acordo com as finalidades da contratação, devendo, ainda, ser perquirida a conformidade do preço global com os parâmetros de mercado para o objeto contratado, considerada inclusive a dimensão geográfica" (art. 171, III, da Lei 14.133/2021).

Outras *diretrizes* foram estabelecidas na nova lei seguindo a mesma trilha inaugurada pela LINDB. Ao contrário das anteriores, trata-se de diretrizes específicas para o exercício processual das atividades de controle: (a) necessidade de considerar as consequências

---

[23] BRASIL. Tribunal de Contas da União. Orientações para Seleção de Objetos e Ações de Controle. Brasília: TCU, Segecex, Secretaria de Métodos e Suporte ao Controle Externo (Semec), 2016.

práticas da decisão (art. 20 da LINDB), que dialoga com o dever de "viabilização de oportunidade de manifestação aos gestores sobre possíveis propostas de encaminhamento que terão impacto significativo nas rotinas de trabalho dos órgãos e entidades fiscalizados, a fim de que eles disponibilizem subsídios para avaliação prévia da relação entre custo e benefício dessas possíveis proposições." (art. 171, I, da Lei nº 14.133/2021); (b) pragmatismo, consequencialismo e motivação consistente (artigos 20 e 21 da LINDB), a revelar a necessidade do exercício de um "controle sem rosto e sem paixão", obrigado a adotar "procedimentos objetivos e imparciais e elaboração de relatórios tecnicamente fundamentados, baseados exclusivamente nas evidências obtidas e organizados de acordo com as normas de auditoria do respectivo órgão de controle, de modo a evitar que interesses pessoais e interpretações tendenciosas interfiram na apresentação e no tratamento dos fatos levantados" (art. 171, II, da Lei nº 14.133/2021).

3. CONSEQUÊNCIAS DAS ATIVIDADES DO CONTROLE

As diretrizes antes comentadas são essenciais para identificar as *consequências da ação fiscalizadora* e o *regime de nulidades* no controle das contratações públicas (controle interno, externo e judicial). E a observação atenta da seção constitucional destinada à regulação da fiscalização contábil, financeira e orçamentária permite perceber a complementaridade entre Tribunais de Contas e o sistema de controle interno (arts. 70 e 74 da Constituição), para além do papel de *ultima ratio* exercido pelo Poder Judiciário.

É possível construir interpretação favorável à existência de distintos graus de ofensa ao ordenamento jurídico e de diferentes encaminhamentos a serem determinados, a depender da gravidade da agressão aos valores fundamentais da sociedade consagrados no ordenamento jurídico.

Na sistemática constitucional dos controles, a utilização de termos linguísticos distintos *irregularidade* e *ilegalidade* nas competências arroladas no art. 71, IX e XI, da Constituição impõe a necessidade de lhes construir distintas consequências práticas. Nesse sentido, *ilegalidade* pode ser considerada a ofensa à competência, às finalidades e aos pressupostos da norma legal, enquanto *irregularidade* implicará ofensa à forma ou formalidade prevista na norma legal.

Nessa linha de pensar, o Tribunal de Contas possui competência constitucional para "assinar prazo para que o órgão ou entidade adote as providências necessárias ao exato cumprimento da lei, se verificada *ilegalidade*" (art. 71, IX). É que a prática de ato com ofensa à competência, às finalidades e/ou aos pressupostos objetivo e teleológico da norma legal poderá acarretar a determinação à autoridade para paralisar os efeitos do ato, por parte do Tribunal de Contas, ou a sustação direta pelo próprio Tribunal, se não atendido, com posterior comunicação ao Poder Legislativo (art. 71, X, da Constituição).[24]

---

[24] Em caso de fraude no âmbito dos contratos administrativos, compreende o TCU que lhe compete "assinar prazo para que o órgão ou entidade pública adote as providências necessárias (art. 71, IX, da Constituição Federal), administrativas ou judiciais, visando ao não pagamento ou restituição de lucro ilegítimo obtido por empresa contratada por meio de fraude à licitação, a fim de buscar, com base nos efeitos retroativos da nulidade contratual (art. 59 da Lei 8.666/93 e arts. 148 e 149 da Lei 14.133/21), na vedação ao enriquecimento sem causa (art. 884 do Código Civil) e no princípio de que ninguém pode se beneficiar da própria torpeza, a restauração do *status quo ante*" (Acórdão 1842/2022, Plenário).

Tratando-se de *irregularidade*, ou seja, de ofensa à forma ou à formalidade prevista na norma legal, compete ao Tribunal de Contas representar ao Poder competente sobre a qualidade irregularmente formal do apurado (art. 71, XI, da Constituição). A representação é feita com o intuito de que *o próprio órgão ou entidade possa tomar providências relativas ao saneamento da irregularidade*, se possível, sem necessidade de atuação direta do Tribunal de Contas.

Registre-se que os responsáveis pelo controle interno, como dito antes, devem comunicar ao Tribunal de Contas o conhecimento de qualquer *irregularidade* ou *ilegalidade*, sob pena de responsabilidade solidária (art. 74, § 1º, da Constituição). Essa comunicação não inibe o dever atribuído ao comunicante de envidar providências necessárias para o saneamento das irregularidades, reconhecendo-se autonomia decisória e dever de motivação, em ordem a eximi-lo – também assim – da responsabilização solidária.

A regulação normativa das consequências da ação fiscalizadora das contratações públicas na Lei nº 14.133/2021 deve ser interpretada de acordo com os dispositivos constitucionais referidos. A sistemática legal contempla, como dito, dois graus de ofensa ao ordenamento jurídico: *impropriedades formais* (em sentido similar às irregularidades previstas na Constituição) e *irregularidades que configurem dano à Administração* (em sentido aproximado às ilegalidades referidas no texto constitucional).

A verificação de simples *impropriedades formais* deve ter como consequência a adoção de medidas para o saneamento e para a mitigação de riscos de nova ocorrência, preferencialmente mediante o aperfeiçoamento dos controles preventivos e com a capacitação dos agentes públicos responsáveis (art. 169, § 3º, I, da Lei 14.133/2021).

Por outro lado, a constatação de *irregularidades que configurem dano à Administração* deve acarretar, além das medidas aplicáveis às impropriedades formais, a avaliação da situação fática, o sopesamento do interesse público envolvido, sem prejuízo da adoção de providências para a apuração das infrações administrativas, observadas a segregação de funções e a necessidade de individualização das condutas, exigindo o mais das vezes a comunicação ao Ministério Público competente (art.169, § 3º, II, da Lei 14.133/2021).

A expressão *dano à Administração* deve ser interpretada de forma mais ampla do que só o *dano ao erário*, não para efeito de imputação de dever de ressarcimentos, mas para que possa abranger, no âmbito das responsabilidades funcionais, também danos não exclusivamente quantificáveis sob o viés econômico-financeiro.

Por último, importante anotar que a exegese ora proposta é pautada na sistemática constitucional que destaca diferentes atividades, funções e órgãos de controle, tal como já exposto. Ao valorizar o exercício da autotutela e da ação do controle interno na apuração e correção de impropriedades formais nas licitações e contratos, reservando dimensão material própria aos Tribunais de Contas, imprime-se racionalidade ao sistema de controle como um todo e evita superposição de esforços e recursos (segregação de funções), além de preservar a autonomia das instituições.[25]

---

[25] Para construir essa racionalidade, em benefício da efetividade e eficácia do sistema de controle como um todo, é preciso superar o entendimento ainda vigente segundo o qual "toda e qualquer irregularidade tem de ser comunicada, necessariamente, ao Tribunal de Contas pelo controle interno. A documentação correspondente será arquivada no controle interno e estará permanentemente à disposição do controle externo para exame mediante requisição, pois sua atribuição "para dizer se a irregularidade é formal ou não é indelegável". O trecho citado integra a resposta do TCE-MG à consulta formulada pelo Secretário de Finanças e pelo Controlador-Geral do Município de Belo

4. CAUTELARIDADE ADMINISTRATIVA NO ÂMBITO DOS TRIBUNAIS DE CONTAS

A regra do § 1º do art. 171 da Lei 14.133/2021 prevê que os Tribunais de Contas, ao suspenderem cautelarmente o processo licitatório, deverão se pronunciar definitivamente sobre o mérito da irregularidade que tenha dado causa à suspensão no prazo de 25 (vinte e cinco) dias úteis, contado da data do recebimento das informações, prazo este prorrogável por igual período uma única vez.

Ao ser intimado da ordem de suspensão do processo licitatório, o órgão ou entidade responsável deverá, no prazo de 10 (dez) dias úteis, admitida a prorrogação, adotar as seguintes providências: (a) informar as medidas adotadas para cumprimento da decisão; (b) prestar todas as informações cabíveis; (c) dar início à apuração de responsabilidade funcional interna, se for o caso.

O dispositivo tem afinidade com o art. 113, *caput* e § 2º da revogada Lei 8.666/1993. E segue orientação firmada pelo Supremo Tribunal Federal a partir do MS 24.510,[26] no sentido de que os Tribunais de Contas possuem competência para a expedição de medidas cautelares tendentes a sustar procedimentos licitatórios, independentemente da fixação de prazo para o para o exato cumprimento da lei, em razão da necessidade de conferir eficácia às decisões por ele proferidas. De acordo com o STF a medida cautelar expedida pelos Tribunais de Contas busca fundamento no art. 71, IX, da Constituição, interpretado conforme a teoria dos poderes implícitos.

Horizonte por meio das seguintes indagações: "1 – Nos procedimentos de controle interno do Município, verificando o órgão controlador a presença de irregularidades formais, sem repercussão para o erário e sem a constatação de grave violação a norma legal ou regulamentar de natureza contábil, financeira, orçamentária, operacional ou patrimonial, será necessário remetê-los ao TCMG, na forma do art. 74, § 1º c/c art. 75 da Constituição da República e dispositivos afins da Constituição do Estado? 2 – Se a resposta ao quesito anterior for negativa, poderão os procedimentos ser arquivados no âmbito do órgão de controle interno, ficando à disposição do TCMG para ulteriores providências do controle externo?" (Processo n 00751297, Rel. Cons. Eduardo Carone Costa). A comunicação de toda e qualquer irregularidade pode sinalizar o exercício desproporcional das competências do controle interno (subaproveitado, contendo-se na mera comunicação ao Tribunal de Contas) e também do controle externo (por receber excesso de informações que não necessariamente preencherão os critérios de risco, relevância, critério e oportunidade para suscitar a ação fiscalizadora). Em outras palavras, o sucesso dessa articulação entre Tribunal de Contas e órgãos de controle interno "dependerá da confiança recíproca e mutuamente cultivada – órgãos de controle externo não devem desconfiar do controle interno; devem, ao contrário, creditar sua atuação, de modo a não exercer sua atividade num ciclo pouco inteligente de controle sobre o controle" (FERRAZ, Luciano. Órgão de controle externo não devem desconfiar do controle interno. Disponível em: https://www.conjur.com.br/2017-dez-07/interesse-publico-orgaos-controle-externo-nao-desconfiar-controle-interno. Acesso em: 12 fev. 2021).

[26] "Procedimento licitatório. Impugnação. Competência do TCU. Cautelares. Contraditório. Ausência de instrução. 1. Os participantes de licitação têm direito à fiel observância do procedimento estabelecido na lei e podem impugná-lo administrativa ou judicialmente. Preliminar de ilegitimidade ativa rejeitada. 2. Inexistência de direito líquido e certo. O Tribunal de Contas da União tem competência para fiscalizar procedimentos de licitação, determinar suspensão cautelar (artigos 4º e 113, § 1º e 2º da Lei nº 8.666/93), examinar editais de licitação publicados e, nos termos do art. 276 do seu Regimento Interno, possui legitimidade para a expedição de medidas cautelares para prevenir lesão ao erário e garantir a efetividade de suas decisões). 3. A decisão encontra-se fundamentada nos documentos acostados aos autos da Representação e na legislação aplicável. 4. Violação ao contraditório e falta de instrução não caracterizadas. Denegada a ordem" (MS 24.510, Relatora Min. Ellen Gracie, Tribunal Pleno, j. 19/11/2003, Publicação: 19/03/2004).

Cap. 9 • CONTROLE DAS CONTRATAÇÕES PÚBLICAS | **489**

O legislador tratou adequadamente o tema, porquanto ao Tribunal de Contas é assegurada pela Constituição (art. 71, X) a competência para sustar atos administrativos – e o procedimento licitatório é uma sucessão de atos administrativos –, embora não se lhes reconheça, pelo menos a princípio, a competência para sustar contratos administrativos que pertence ao Poder Legislativo (art. 71, § 1º, da Constituição).

Com efeito, se o contrato já estiver formalizado, o ato de sustação compete ao Poder Legislativo, é este o dizer constitucional. Apenas se este permanecer inerte durante o prazo de 90 (noventa) dias é que a Constituição prevê que o Tribunal de Contas decidirá a respeito (art. 71, § 2º). Sem embargo disso, o Supremo Tribunal Federal, a partir do MS 23.550/DF, passou a reconhecer que, embora o Tribunal de Contas não detenha competência para sustar contratos, o tem para determinar à autoridade administrativa que promova sua anulação, e, se for o caso, da licitação de que se originou.[27]

Neste último caso, tratando-se de processo típico de fiscalização, se o Tribunal de Contas determinar à Administração que suspenda o contrato ou suste a produção de seus efeitos (por vislumbrar nulidade), termina por adentrar no seio da competência que a Constituição prescreveu ao Poder Legislativo, nos termos do art. 71, § 1º, da Constituição. Assim sendo, a mesma teoria dos poderes implícitos poderia ser invocada para reconhecer a possibilidade de que o Poder Legislativo, com fundamento na competência implícita do art. 71, § 1º, imprimisse uma espécie de contracautela à decisão do Tribunal de Contas para assegurar a continuidade do contrato firmado pela Administração Pública. O reconhecimento dessa possibilidade não inibe, por certo, a competência anulatória da própria Administração ou do Poder Judiciário. É este mais um capítulo interessante da constante evolução do papel das instituições estatais e tema relativo ao controle da Administração Pública.

De se notar que o § 1º do art. 171 da Lei 14.133/2021 prescreve um prazo de 25 (vinte e cinco) dias úteis, contados da data do recebimento de informações da Administração,

---

[27] "I. Tribunal de Contas: competência: contratos administrativos (CF, art. 71, IX e §§ 1º e 2º). O Tribunal de Contas da União – embora não tenha poder para anular ou sustar contratos administrativos – tem competência, conforme o art. 71, IX, para determinar à autoridade administrativa que promova a anulação do contrato e, se for o caso, da licitação de que se originou. II. Tribunal de Contas: processo de representação fundado em invalidade de contrato administrativo: incidência das garantias do devido processo legal e do contraditório e ampla defesa, que impõem assegurar aos interessados, a começar do particular contratante, a ciência de sua instauração e as intervenções cabíveis. Decisão pelo TCU de um processo de representação, do que resultou injunção à autarquia para anular licitação e o contrato já celebrado e em começo de execução com a licitante vencedora, sem que a essa sequer se desse ciência de sua instauração: nulidade. Os mais elementares corolários da garantia constitucional do contraditório e da ampla defesa são a ciência dada ao interessado da instauração do processo e a oportunidade de se manifestar e produzir ou requerer a produção de provas; de outro lado, se se impõe a garantia do devido processo legal aos procedimentos administrativos comuns, a fortiori, é irrecusável que a ela há de submeter-se o desempenho de todas as funções de controle do Tribunal de Contas, de colorido quase – jurisdicional. A incidência imediata das garantias constitucionais referidas dispensariam previsão legal expressa de audiência dos interessados; de qualquer modo, nada exclui os procedimentos do Tribunal de Contas da aplicação subsidiária da lei geral de processo administrativo federal (L. 9.784/99), que assegura aos administrados, entre outros, o direito a 'ter ciência da tramitação dos processos administrativos em que tenha a condição de interessado, ter vista dos autos (art. 3º, II), formular alegações e apresentar documentos antes da decisão, os quais serão objeto de consideração pelo órgão competente'. A oportunidade de defesa assegurada ao interessado há de ser prévia à decisão, não lhe suprindo a falta a admissibilidade de recurso, mormente quando o único admissível é o de reexame pelo mesmo plenário do TCU, de que emanou a decisão" (MS 23.550, Rel. Marco Aurélio, Rel. p/ acórdão Sepúlveda Pertence, Tribunal Pleno, j. 04/04/2001, *DJ* 31/10/2001, PP-00006 EMENT VOL-02050-03 PP-00534).

para que, após a expedição da medida cautelar, o mérito do processo seja apreciado pela Corte de Contas. A previsão legal de prazo é positiva, mas a lei não impõe consequência prática para o seu descumprimento, tratando-se, portanto, de prazo processual impróprio. Isso exigirá que a Administração ingresse em juízo para que o Tribunal de Contas delibere, mediante ordem judicial, o que reforça a reduzida utilidade prática do dispositivo.

A decisão da medida cautelar deve expor as causas da ordem de suspensão e o modo como será garantido o atendimento do interesse público obstado pela suspensão da licitação, fundamentalmente no caso de objetos essenciais ou de contratação por emergência. O segundo requisito se alinha às perspectivas da LINDB tratadas antes e corrobora o princípio da continuidade do serviço público.

No exame do mérito do processo, o Tribunal de Contas definirá as medidas necessárias e adequadas, em face das alternativas possíveis, para o saneamento do processo licitatório, ou para determinar a convalidação ou a anulação da licitação. A solução preferida pelo legislador, na linha da contemporânea da teoria das nulidades dos atos (objeto de abordagem no espaço próprio desta obra), é pela possibilidade de saneamento[28] dos vícios detectados no certame, sendo a determinação de desfazimento da licitação, e especialmente do contrato, medida excepcional.

5. CONTROLE CONSENSUAL DAS LICITAÇÕES E CONTRATOS PELOS ÓRGÃOS DE CONTROLE INTERNO E EXTERNO

Para concluir o capítulo, convém assinalar que essa peculiaridade preventiva e corretiva da atividade de controle destacada na Lei 14.133/2021 permite concluir que a atuação repressiva dos órgãos competentes deve constituir-se em *ultima ratio*, pois o que é fundamental nesse âmbito é contribuir para a regularidade e a eficiência e a efetividade das contratações administrativas, ditando atuações coercitivas apenas nos casos cuja reprovabilidade da conduta efetivamente o exija (controle consensual da Administração Pública).

Com fundamento na noção de consensualidade administrativa aplicada à atividade de controle, os órgãos de controle interno (o primeiro foi a Controladoria-Geral do Município de Belo Horizonte, pelo Decreto 12.634 de janeiro de 2007); e depois os Tribunais de Contas estaduais e municipais (o primeiro foi o TCE de Goiás, pela Lei 17.620 de janeiro 2011; o segundo foi o TCE de Minas Gerais, pela Lei Complementar 120, de dezembro de 2011), passaram a se valer dos Termos de Ajustamento, Ajuste ou Compromisso de Gestão (TAG), como instrumento jurídico apto a proporcionar soluções consensuais no âmbito das licitações e contratos administrativos, inclusive. Praticamente todos os tribunais de contas estaduais e municipais, com raríssimas exceções, estabelecem hoje em suas leis orgânicas e/ou normas internas o TAG ou similar.

A alteração da LINDB, pela Lei 13.655/2018, com a previsão de cláusula geral de ajustes do art. 26, possibilitou, no âmbito da União, a edição do Decreto 9.830/2019, cujo art. 11 dispôs sobre o Termo de Ajustamento de Gestão a cargo da Controladoria-Geral da União (CGU).

O TCU, embora já tivesse utilizado, mesmo sem previsão em normas internas, o TAG para solucionar conflitos, como se vê dos Acórdãos 1707/2017-Plenário e 393/2018-Plená-

---

[28] Sobre o tema, ver FERRAZ, Luciano. *Controle e consensualidade*: fundamentos para o controle consensual da Administração Pública. 2. ed. Belo Horizonte: Fórum, 2020.

rio, em dezembro de 2022 passou a adotar mecanismo consensual de controle, com perfil e contornos similares ao TAG, porém fundado na Lei de Mediação – Lei 13.140/2015).

Por intermédio da edição da Instrução Normativa 91, de 22 de dezembro de 2022, o TCU instituiu o procedimento de solução consensual de controvérsias relevantes e prevenção de conflitos afetos a órgãos e entidades da Administração Pública Federal. Para tanto, criou um órgão técnico denominado Secretaria de Controle Externo de Solução Consensual e Prevenção de Conflitos (Secex-Consenso).[29]

Em princípio, a aplicação da solução consensual no TCU leva à autocomposição das partes (União e contratado, por exemplo), mas ela também gera efeitos substitutivos dos processos ou das sanções de sua competência, assemelhando-se ao TAG adotado pelos outros tribunais de contas.

Recentemente, a expansão da consensualidade administrativa no âmbito do TCU registra esse perfil mais substitutivo e menos mediador, como constou do Acórdão 1.425/2024-Plenário, que dispôs: "em tomada de contas especial instaurada com fundamento na não comprovação da contrapartida em contrato de subvenção econômica para a realização de projeto abarcado pela Lei de Inovação (art. 19, § 3º, Lei 10.973/2004), quando não houver registro de irregularidade na execução do objeto, alcançando a subvenção o seu objetivo principal, e verificada a boa-fé dos responsáveis, pode o TCU sobrestar o processo e determinar ao repassador, com fundamento no art. 3º, § 3º, do CPC, aplicável subsidiariamente aos processos do Tribunal, que inicie tratativas junto à empresa beneficiária dos recursos com vistas à adoção de meio de solução consensual para admitir a dação em pagamento como forma de quitação do débito, desde que demonstrados o interesse público no objeto transacionado e a vantajosidade para a Administração".

No âmbito das licitações e contratos administrativos, a utilização de instrumentos de controle consensual é alvissareira e pode contribuir significativamente para o aumento da eficiência da atividade administrativa, com foco nas suas consequências práticas.

REFERÊNCIAS BIBLIOGRÁFICAS

COSO, The Committee of Sponsoring Organizations of the Treadway Commission (COSO). Leveraging COSO across the three lines of defense. Durham (Estados Unidos), 2015. p. 2. Disponível em: https://www.coso.org/Documents/COSO-2015-3LOD.pdf. Acesso em: 20 abr. 2021.

FAYOL, Henri. *Administração industrial e geral*: previsão, organização, comando, coordenação e controle. São Paulo: Atlas, 1994.

FERRAZ, Luciano. A Cesar o que é de César: contornos e perspectivas do controle Interno da Administração Pública. In: FORTINI, Cristiana; IVANEGA, Miriam Mabel (coord.). *Mecanismos de controle interno e sua matriz constitucional: um diálogo entre Brasil e Argentina*. Belo Horizonte: Fórum, 2014.

FERRAZ, Luciano. *Controle e consensualidade*: fundamentos para o controle consensual da Administração Pública. 2. ed. Belo Horizonte: Fórum, 2020.

---

[29] A Instrução Normativa 91/2022 do TCU foi questionada pelo Partido Novo na ADPF 1.183 em tramitação perante o STF e pendente de julgamento (até o final da atualização desta obra).

FERRAZ, Luciano. *Controle da administração pública*: elementos para a compreensão dos Tribunais de Contas. Belo Horizonte: Mandamentos, 1999.

FERRAZ, Luciano. *Órgão de controle externo não devem desconfiar do controle interno*. Disponível em: https://www.conjur.com.br/2017-dez-07/interesse-publico-orgaos-controle-externo-nao-desconfiar-controle-interno. Acesso em: 12 fev. 2021.

IAA, The Institute of Internal Auditors. Modelo das três linhas do IIA 2020. Uma atualização das três linhas de defesa. Disponível em: https://na.theiia.org/translations/PublicDocuments/Forms/DispForm.aspx?ID=1836.

MEDAUAR, Odete. *Controle da administração pública*. São Paulo: RT, 1993.

MIRANDA, Rodrigo Fontenelle de A. *Implementando a gestão de riscos no setor público*. Belo Horizonte: Fórum, 2017.

MOTTA, Fabrício. Administração pública. In: DI PIETRO, Maria Sylvia Zanella; MOTTA, Fabrício. *Tratado de direito administrativo*: administração pública e servidores públicos. 2. ed. rev., atual. e ampl. São Paulo: Thomson Reuters Brasil, 2019.

PIRONTI, Rodrigo Aguirre de Castro. *Ensaio avançado de controle interno*: profissionalização e responsividade. Belo Horizonte: Fórum, 2016.

PONDÉ, Lafayette. Controle dos atos da Administração Pública. *Revista de Direito Administrativo*, n. 212, abr.-jun. 1998.

Quadro comparativo

Lei nº 14.133/2021	Leis nºs 8.666/1993, 10.520/2002 e 12.462/2011
CAPÍTULO III **DO CONTROLE DAS CONTRATAÇÕES** **Art. 169.** As contratações públicas deverão submeter-se a práticas contínuas e permanentes de gestão de riscos e de controle preventivo, inclusive mediante adoção de recursos de tecnologia da informação, e, além de estar subordinadas ao controle social, sujeitar-se-ão às seguintes linhas de defesa: I – primeira linha de defesa, integrada por servidores e empregados públicos, agentes de licitação e autoridades que atuam na estrutura de governança do órgão ou entidade; II – segunda linha de defesa, integrada pelas unidades de assessoramento jurídico e de controle interno do próprio órgão ou entidade; III – terceira linha de defesa, integrada pelo órgão central de controle interno da Administração e pelo tribunal de contas. § 1º Na forma de regulamento, a implementação das práticas a que se refere o *caput* deste artigo será de responsabilidade da alta administração do órgão ou entidade e levará em consideração os custos e os benefícios decorrentes de sua implementação, optando-se pelas medidas que promovam relações íntegras	Sem correspondente

Lei nº 14.133/2021	Leis nºˢ 8.666/1993, 10.520/2002 e 12.462/2011
e confiáveis, com segurança jurídica para todos os envolvidos, e que produzam o resultado mais vantajoso para a Administração, com eficiência, eficácia e efetividade nas contratações públicas. § 2º Para a realização de suas atividades, os órgãos de controle deverão ter acesso irrestrito aos documentos e às informações necessárias à realização dos trabalhos, inclusive aos documentos classificados pelo órgão ou entidade nos termos da Lei nº 12.527, de 18 de novembro de 2011, e o órgão de controle com o qual foi compartilhada eventual informação sigilosa tornar-se-á corresponsável pela manutenção do seu sigilo. § 3º Os integrantes das linhas de defesa a que se referem os incisos I, II e III do *caput* deste artigo observarão o seguinte: I – quando constatarem simples impropriedade formal, adotarão medidas para o seu saneamento e para a mitigação de riscos de sua nova ocorrência, preferencialmente com o aperfeiçoamento dos controles preventivos e com a capacitação dos agentes públicos responsáveis; II – quando constatarem irregularidade que configure dano à Administração, sem prejuízo das medidas previstas no inciso I deste § 3º, adotarão as providências necessárias para a apuração das infrações administrativas, observadas a segregação de funções e a necessidade de individualização das condutas, bem como remeterão ao Ministério Público competente cópias dos documentos cabíveis para a apuração dos ilícitos de sua competência. **Art. 170.** Os órgãos de controle adotarão, na fiscalização dos atos previstos nesta Lei, critérios de oportunidade, materialidade, relevância e risco e considerarão as razões apresentadas pelos órgãos e entidades responsáveis e os resultados obtidos com a contratação, observado o disposto no § 3º do art. 169 desta Lei. § 1º As razões apresentadas pelos órgãos e entidades responsáveis deverão ser encaminhadas aos órgãos de controle até a conclusão da fase de instrução do processo e não poderão ser desentranhadas dos autos. § 2º A omissão na prestação das informações não impedirá as deliberações dos órgãos de controle nem retardará a aplicação de qualquer de seus prazos de tramitação e de deliberação. § 3º Os órgãos de controle desconsiderarão os documentos impertinentes, meramente protelatórios ou de nenhum interesse para o esclarecimento dos fatos.	Sem correspondente

Lei nº 14.133/2021	Leis nºˢ 8.666/1993, 10.520/2002 e 12.462/2011
§ 4º Qualquer licitante, contratado ou pessoa física ou jurídica poderá representar aos órgãos de controle interno ou ao tribunal de contas **competente** contra irregularidades na aplicação desta Lei.	**L. 8.666/93** **Art. 113.** [...] 1º Qualquer licitante, contratado ou pessoa física ou jurídica poderá representar ao Tribunal de Contas ou aos órgãos ~~integrantes do sistema~~ de controle interno contra irregularidades na aplicação desta Lei, ~~para os fins do disposto neste artigo~~.
Art. 171. Na fiscalização de controle será observado o seguinte: **I – viabilização de oportunidade de manifestação aos gestores sobre possíveis propostas de encaminhamento que terão impacto significativo nas rotinas de trabalho dos órgãos e entidades fiscalizados, a fim de que eles disponibilizem subsídios para avaliação prévia da relação entre custo e benefício dessas possíveis proposições;** **II – adoção de procedimentos objetivos e imparciais e elaboração de relatórios tecnicamente fundamentados, baseados exclusivamente nas evidências obtidas e organizados de acordo com as normas de auditoria do respectivo órgão de controle, de modo a evitar que interesses pessoais e interpretações tendenciosas interfiram na apresentação e no tratamento dos fatos levantados;** **III – definição de objetivos, nos regimes de empreitada por preço global, empreitada integral, contratação semi-integrada e contratação integrada, atendidos os requisitos técnicos, legais, orçamentários e financeiros, de acordo com as finalidades da contratação, devendo, ainda, ser perquirida a conformidade do preço global com os parâmetros de mercado para o objeto contratado, considerada inclusive a dimensão geográfica.** **§ 1º Ao suspender cautelarmente o processo licitatório, o tribunal de contas deverá pronunciar-se definitivamente sobre o mérito da irregularidade que tenha dado causa à suspensão no prazo de 25 (vinte e cinco) dias úteis, contado da data do recebimento das informações a que se refere o § 2º deste artigo, prorrogável por igual período uma única vez, e definirá objetivamente:** **I – as causas da ordem de suspensão;** **II – o modo como será garantido o atendimento do interesse público obstado pela suspensão da licitação, no caso de objetos essenciais ou de contratação por emergência.** **§ 2º Ao ser intimado da ordem de suspensão do processo licitatório, o órgão ou entidade deverá, no prazo de 10 (dez) dias úteis, admitida a prorrogação:**	**Sem correspondente**

Lei nº 14.133/2021	Leis nos 8.666/1993, 10.520/2002 e 12.462/2011
I – informar as medidas adotadas para cumprimento da decisão; II – prestar todas as informações cabíveis; III – proceder à apuração de responsabilidade, se for o caso. § 3º A decisão que examinar o mérito da medida cautelar a que se refere o § 1º deste artigo deverá definir as medidas necessárias e adequadas, em face das alternativas possíveis, para o saneamento do processo licitatório, ou determinar a sua anulação. § 4º O descumprimento do disposto no § 2º deste artigo ensejará a apuração de responsabilidade e a obrigação de reparação do prejuízo causado ao erário. Art. 172. ~~Os órgãos de controle deverão orientar-se pelos enunciados das súmulas do Tribunal de Contas da União relativos à aplicação desta Lei, de modo a garantir uniformidade de entendimentos e a propiciar segurança jurídica aos interessados.~~ (VETADO) Parágrafo único. ~~A decisão que não acompanhar a orientação a que se refere o caput deste artigo deverá apresentar motivos relevantes devidamente justificados.~~ (VETADO) Art. 173. Os tribunais de contas deverão, por meio de suas escolas de contas, promover eventos de capacitação para os servidores efetivos e empregados públicos designados para o desempenho das funções essenciais à execução desta Lei, incluídos cursos presenciais e a distância, redes de aprendizagem, seminários e congressos sobre contratações públicas. **Título V** **Disposições Gerais** **CAPÍTULO I** **DO PORTAL NACIONAL DE CONTRATAÇÕES PÚBLICAS (PNCP)** Art. 174. É criado o Portal Nacional de Contratações Públicas (PNCP), sítio eletrônico oficial destinado à: I – divulgação centralizada e obrigatória dos atos exigidos por esta Lei; II – realização facultativa das contratações pelos órgãos e entidades dos Poderes Executivo, Legislativo e Judiciário de todos os entes federativos.	Sem correspondente

Lei n° 14.133/2021	Leis n°s 8.666/1993, 10.520/2002 e 12.462/2011
§ 1° O PNCP será gerido pelo Comitê Gestor da Rede Nacional de Contratações Públicas, a ser presidido por representante indicado pelo Presidente da República e composto de: I – 3 (três) representantes da União indicados pelo Presidente da República; II – 2 (dois) representantes dos Estados e do Distrito Federal indicados pelo Conselho Nacional de Secretários de Estado da Administração; III – 2 (dois) representantes dos Municípios indicados pela Confederação Nacional de Municípios. § 2° O PNCP conterá, entre outras, as seguintes informações acerca das contratações: I – planos de contratação anuais; II – catálogos eletrônicos de padronização; III – editais de credenciamento e de pré-qualificação, avisos de contratação direta e editais de licitação e respectivos anexos; IV – atas de registro de preços; V – contratos e termos aditivos; VI – notas fiscais eletrônicas, quando for o caso. § 3° O PNCP deverá, entre outras funcionalidades, oferecer: I – sistema de registro cadastral unificado; II – painel para consulta de preços, banco de preços em saúde e acesso à base nacional de notas fiscais eletrônicas; III – sistema de planejamento e gerenciamento de contratações, incluído o cadastro de atesto de cumprimento de obrigações previsto no § 4° do art. 88 desta Lei; IV – sistema eletrônico para a realização de sessões públicas; V – acesso ao Cadastro Nacional de Empresas Inidôneas e Suspensas (Ceis) e ao Cadastro Nacional de Empresas Punidas (Cnep); VI – sistema de gestão compartilhada com a sociedade de informações referentes à execução do contrato, que possibilite: a) envio, registro, armazenamento e divulgação de mensagens de texto ou imagens pelo interessado previamente identificado;	Sem correspondente

Lei nº 14.133/2021	Leis nºs 8.666/1993, 10.520/2002 e 12.462/2011
b) acesso ao sistema informatizado de acompanhamento de obras a que se refere o inciso III do *caput* do art. 19 desta Lei;	Sem correspondente

c) comunicação entre a população e representantes da Administração e do contratado designados para prestar as informações e esclarecimentos pertinentes, na forma de regulamento;

d) divulgação, na forma de regulamento, de relatório final com informações sobre a consecução dos objetivos que tenham justificado a contratação e eventuais condutas a serem adotadas para o aprimoramento das atividades da Administração.

§ 4º O PNCP adotará o formato de dados abertos e observará as exigências previstas na Lei nº 12.527, de 18 de novembro de 2011.

§ 5º A base nacional de notas fiscais eletrônicas conterá as notas fiscais e os documentos auxiliares destinados a órgão ou entidade da Administração Pública, que serão de livre consulta pública, sem constituir violação de sigilo fiscal. (VETADO)

Art. 175. **Sem prejuízo do disposto no art. 174 desta Lei, os entes federativos poderão instituir sítio eletrônico oficial para divulgação complementar e realização das respectivas contratações.**

§ 1º **Desde que mantida a integração com o PNCP, as contratações poderão ser realizadas por meio de sistema eletrônico fornecido por pessoa jurídica de direito privado, na forma de regulamento.**

§ 2º **Até 31 de dezembro de 2023, os Municípios deverão realizar divulgação complementar de suas contratações mediante publicação de extrato de edital de licitação em jornal diário de grande circulação local.**

Art. 176. **Os Municípios com até 20.000 (vinte mil) habitantes terão o prazo de 6 (seis) anos, contado da data de publicação desta Lei, para cumprimento:**

I – **dos requisitos estabelecidos no art. 7º e no** *caput* **do art. 8º desta Lei;**

II – **da obrigatoriedade de realização da licitação sob a forma eletrônica a que se refere o § 2º do art. 17 desta Lei;**

Lei nº 14.133/2021	Leis nºs 8.666/1993, 10.520/2002 e 12.462/2011
III – das regras relativas à divulgação em sítio eletrônico oficial. Parágrafo único. Enquanto não adotarem o PNCP, os Municípios a que se refere o *caput* deste artigo deverão: I – publicar, em diário oficial, as informações que esta Lei exige que sejam divulgadas em sítio eletrônico oficial, admitida a publicação de extrato; II – disponibilizar a versão física dos documentos em suas repartições, vedada a cobrança de qualquer valor, salvo o referente ao fornecimento de edital ou de cópia de documento, que não será superior ao custo de sua reprodução gráfica. <div align="center">CAPÍTULO II DAS ALTERAÇÕES LEGISLATIVAS</div> Art. 177. O *caput* do art. 1.048 da Lei nº 13.105, de 16 de março de 2015 (Código de Processo Civil), passa a vigorar acrescido do seguinte inciso IV: "Art. 1.048. .... IV – em que se discuta a aplicação do disposto nas normas gerais de licitação e contratação a que se refere o inciso XXVII do *caput* do art. 22 da Constituição Federal. ...." (NR) Art. 178. O Título XI da Parte Especial do Decreto-Lei nº 2.848, de 7 de dezembro de 1940 (Código Penal), passa a vigorar acrescido do seguinte Capítulo II-B: <div align="center">"CAPÍTULO II-B DOS CRIMES EM LICITAÇÕES E CONTRATOS ADMINISTRATIVOS</div>	Sem correspondente
Contratação direta ilegal **Art. 337-E.** Admitir, possibilitar ou dar causa à contratação direta fora das hipóteses previstas em lei: **Pena – reclusão, de 4 (quatro) a 8 (oito)** anos, e multa.	**L. 8.666/93** ~~Art. 89. Dispensar ou inexigir licitação fora das hipóteses previstas em lei, ou deixar de observar as formalidades pertinentes à dispensa ou à inexigibilidade:~~ ~~Pena – detenção, de 3 (três) a 5 (cinco)~~ anos, e multa.
Frustração do caráter competitivo de licitação **Art. 337-F.** Frustrar ou fraudar, com o intuito de obter para si ou para outrem vantagem decorrente da adjudicação do objeto da licitação, **o caráter competitivo do processo licitatório:** **Pena – reclusão, de** 4 (quatro) **anos a 8 (oito) anos,** e multa.	**L. 8.666/93** Art. 90. Frustrar ou fraudar, ~~mediante ajuste, combinação ou qualquer outro expediente, o caráter competitivo do procedimento licitatório,~~ com o intuito de obter, para si ou para outrem, vantagem decorrente da adjudicação do objeto da licitação: Pena – ~~detenção, de 2 (dois) a~~ 4 (quatro) anos, e multa.

Cap. 9 · QUADRO COMPARATIVO

Lei nº 14.133/2021	Leis nºs 8.666/1993, 10.520/2002 e 12.462/2011
Patrocínio de contratação indevida **Art. 337-G.** Patrocinar, direta ou indiretamente, interesse privado perante a Administração **Pública**, dando causa à instauração de licitação ou à celebração de contrato cuja invalidação vier a ser decretada pelo Poder Judiciário: **Pena** – reclusão, de 6 (seis) meses a **3 (três)** anos, e multa.	**L. 8.666/93** Art. 91. Patrocinar, direta ou indiretamente, interesse privado perante a Administração, dando causa à instauração de licitação ou à celebração de contrato, cuja invalidação vier a ser decretada pelo Poder Judiciário: Pena – ~~detenção~~, de 6 (seis) meses a ~~2 (dois)~~ anos, e multa.
Modificação ou pagamento irregular em contrato administrativo **Art. 337-H.** Admitir, possibilitar ou dar causa a qualquer modificação ou vantagem, inclusive prorrogação contratual, em favor do **contratado,** durante a execução dos contratos celebrados com a **Administração Pública,** sem autorização em lei, no **edital** da licitação ou nos respectivos instrumentos contratuais, ou, ainda, pagar fatura com preterição da ordem cronológica de sua exigibilidade: **Pena – reclusão, de 4** (quatro) **anos a 8 (oito) anos,** e multa.	**L. 8.666/93** Art. 92. Admitir, possibilitar ou dar causa a qualquer modificação ou vantagem, inclusive prorrogação contratual, em favor do ~~adjudicatário~~, durante a execução dos contratos celebrados com o ~~Poder Público~~, sem autorização em lei, no ~~ato convocatório~~ da licitação ou nos respectivos instrumentos contratuais, ou, ainda, pagar fatura com preterição da ordem cronológica de sua exigibilidade, ~~observado o disposto no art. 121 desta Lei~~: Pena – ~~detenção, de dois a~~ quatro anos, e multa. ~~Parágrafo único. Incide na mesma pena o contratado que, tendo comprovadamente concorrido para a consumação da ilegalidade, obtém vantagem indevida ou se beneficia, injustamente, das modificações ou prorrogações contratuais.~~
Perturbação de processo licitatório **Art. 337-I.** Impedir, perturbar ou fraudar a realização de qualquer ato de processo licitatório: Pena – detenção, de 6 (seis) meses a **3 (três)** anos, e multa.	**L. 8.666/93** Art. 93. Impedir, perturbar ou fraudar a realização de qualquer ato de procedimento licitatório: Pena – detenção, de 6 (seis) meses a ~~2 (dois)~~ anos, e multa.
Violação de sigilo em licitação **Art. 337-J.** Devassar o sigilo de proposta apresentada em processo licitatório ou proporcionar a terceiro o ensejo de devassá-lo: Pena – detenção, de 2 (dois) **anos** a 3 (três) anos, e multa.	**L. 8.666/93** Art. 94. Devassar o sigilo de proposta apresentada em procedimento licitatório, ou proporcionar a terceiro o ensejo de devassá-lo: Pena – detenção, de 2 (dois) a 3 (três) anos, e multa.
Afastamento de licitante **Art. 337-K.** Afastar ou **tentar** afastar licitante por meio de violência, grave ameaça, fraude ou oferecimento de vantagem de qualquer tipo: Pena – **reclusão, de 3 (três) anos a 5 (cinco)** anos, e multa, além da pena correspondente à violência. Parágrafo único. Incorre na mesma pena quem se abstém ou desiste de licitar em razão de vantagem oferecida.	**L. 8.666/93** Art. 95. Afastar ou ~~procurar~~ afastar licitante, por meio de violência, grave ameaça, fraude ou oferecimento de vantagem de qualquer tipo: Pena – ~~detenção, de 2 (dois) a 4 (quatro)~~ anos, e multa, além da pena correspondente à violência. Parágrafo único. Incorre na mesma pena quem se abstém ou desiste de licitar, em razão da vantagem oferecida.

Lei nº 14.133/2021	Leis nºˢ 8.666/1993, 10.520/2002 e 12.462/2011
Fraude em licitação ou contrato **Art. 337-L.** Fraudar, em prejuízo da **Administração** Pública, licitação ou contrato dela decorrente, **mediante:**	**L. 8.666/93** Art. 96. Fraudar, em prejuízo da ~~Fazenda~~ Pública, licitação ~~instaurada para aquisição ou venda de bens ou mercadorias~~, ou contrato dela decorrente:
I – entrega de mercadoria ou prestação de serviços com qualidade ou em quantidade diversas das previstas no edital ou nos instrumentos contratuais; II – **fornecimento**, como verdadeira ou perfeita, **de** mercadoria falsificada, deteriorada, **inservível para consumo ou com prazo de validade vencido;** III – entrega **de** uma mercadoria por outra; IV – altera**ção** da substância, qualidade ou quantidade da mercadoria **ou do serviço** fornecid**o;** **V – qualquer meio fraudulento que torne injustamente** mais onerosa **para a Administração Pública a** proposta ou a execução do contrato. Pena – **reclusão, de 4 (quatro) anos a 8 (oito)** anos, e multa.	~~I – elevando arbitrariamente os preços;~~ II – vendendo, como verdadeira ou perfeita, mercadoria falsificada ou deteriorada; III – entreg~~ando~~ uma mercadoria por outra; IV – alter~~ando~~ substância, qualidade ou quantidade da mercadoria fornecid~~a~~; ~~V – tornando, por qualquer modo, injustamente,~~ mais onerosa a proposta ou a execução do contrato: Pena – ~~detenção, de 3 (três) a 6 (seis)~~ anos, e multa.
Contratação inidônea **Art. 337-M.** Admitir à licitação empresa ou profissional declarado inidôneo: Pena – **reclusão, de 1 (um) ano a 3 (três)** anos, e multa. § 1º Celebrar contrato com empresa ou profissional declarado inidôneo: Pena – **reclusão, de 3 (três) anos** a 6 (seis) **anos, e multa.** § 2º Incide na mesma pena **do *caput* deste artigo** aquele que, declarado inidôneo, venha **a participar de licitação e, na mesma pena do § 1º deste artigo, aquele que, declarado inidôneo, venha** a contratar com a Administração **Pública.**	**L. 8.666/93** Art. 97. Admitir à licitação ~~ou celebrar contrato com~~ empresa ~~ou~~ profissional declarado inidôneo: ~~Pena – detenção, de 6 (seis) meses a 2 (dois) anos, e multa.~~ Parágrafo único. Incide na mesma pena aquele que, declarado inidôneo, venha a ~~licitar ou a~~ contratar com a Administração.
Impedimento indevido **Art. 337-N.** Obstar, impedir ou dificultar injustamente a inscrição de qualquer interessado nos registros cadastrais ou promover indevidamente a alteração, a suspensão ou o cancelamento de registro do inscrito: Pena – **reclusão**, de 6 (seis) meses a 2 (dois) anos, e multa.	**L. 8.666/93** Art. 98. Obstar, impedir ou dificultar, injustamente, a inscrição de qualquer interessado nos registros cadastrais ou promover indevidamente a alteração, suspensão ou cancelamento de registro do inscrito: Pena – ~~detenção,~~ de 6 (seis) meses a 2 (dois) anos, e multa.

Lei nº 14.133/2021	Leis nºs 8.666/1993, 10.520/2002 e 12.462/2011
Omissão grave de dado ou de informação por projetista **Art. 337-O.** Omitir, modificar ou entregar à Administração Pública levantamento cadastral ou condição de contorno em relevante dissonância com a realidade, em frustração ao caráter competitivo da licitação ou em detrimento da seleção da proposta mais vantajosa para a Administração Pública, em contratação para a elaboração de projeto básico, projeto executivo ou anteprojeto, em diálogo competitivo ou em procedimento de manifestação de interesse: **Pena – reclusão, de 6 (seis) meses a 3 (três) anos, e multa.** **§ 1º** Consideram-se condição de contorno as informações e os levantamentos suficientes e necessários para a definição da solução de projeto e dos respectivos preços pelo licitante, incluídos sondagens, topografia, estudos de demanda, condições ambientais e demais elementos ambientais impactantes, considerados requisitos mínimos ou obrigatórios em normas técnicas que orientam a elaboração de projetos. **§ 2º** Se o crime é praticado com o fim de obter benefício, direto ou indireto, próprio ou de outrem, aplica-se em dobro a pena prevista no *caput* deste artigo.	**Sem correspondente**
Art. 337-P. A pena de multa cominada aos crimes previstos neste Capítulo seguirá a metodologia de cálculo prevista neste Código e não poderá ser inferior a **2% (dois por cento) do valor do contrato licitado ou celebrado** com contratação direta.	**L. 8.666/93** Art. 99. A pena de multa cominada nos arts. 89 a 98 desta Lei consiste no pagamento de quantia fixada na sentença e calculada em índices percentuais, cuja base corresponderá ao valor da vantagem efetivamente obtida ou potencialmente auferível pelo agente. § 1º Os índices a que se refere este artigo não poderão ser inferiores a 2% (dois por cento), nem superiores a 5% (cinco por cento) do valor do contrato licitado ou celebrado com dispensa ou inexigibilidade de licitação. § 2º O produto da arrecadação da multa reverterá, conforme o caso, à Fazenda Federal, Distrital, Estadual ou Municipal.
Art. 179. Os incisos II e III do *caput* do art. 2º da Lei nº 8.987, de 13 de fevereiro de 1995, passam a vigorar com a seguinte redação: "Art. 2º (...) **II – concessão de serviço público: a delegação de sua prestação, feita pelo poder concedente, mediante licitação, na** modalidade concorrência **ou diálogo competitivo, a** pessoa jurídica ou consórcio de empresas que demonstre capacidade para seu desempenho, por sua conta e risco e por prazo determinado;	**L. 8.987/95** Art. 2º Para os fins do disposto nesta Lei, considera-se: II – concessão de serviço público: a delegação de sua prestação, feita pelo poder concedente, mediante licitação, na modalidade de concorrência, à pessoa jurídica ou consórcio de empresas que demonstre capacidade para seu desempenho, por sua conta e risco e por prazo determinado;

Lei nº 14.133/2021	Leis nºˢ 8.666/1993, 10.520/2002 e 12.462/2011
III – concessão de serviço público precedida da execução de obra pública: a construção, total ou parcial, conservação, reforma, ampliação ou melhoramento de quaisquer obras de interesse público, delegad**os** pelo poder concedente, mediante licitação, na modalidade concorrência **ou diálogo competitivo, a** pessoa jurídica ou consórcio de empresas que demonstre capacidade para a sua realização, por sua conta e risco, de forma que o investimento da concessionária seja remunerado e amortizado mediante a exploração do serviço ou da obra por prazo determinado;	III – concessão de serviço público precedida da execução de obra pública: a construção, total ou parcial, conservação, reforma, ampliação ou melhoramento de quaisquer obras de interesse público, delegada pelo poder concedente, mediante licitação, na modalidade de concorrência, à pessoa jurídica ou consórcio de empresas que demonstre capacidade para a sua realização, por sua conta e risco, de forma que o investimento da concessionária seja remunerado e amortizado mediante a exploração do serviço ou da obra por prazo determinado;
Art. 180. O *caput* **do art. 10 da Lei nº 11.079, de 30 de dezembro de 2004, passa a vigorar com a seguinte redação:** "Art. 10. A contratação de parceria público-privada será precedida de licitação na modalidade concorrência **ou diálogo competitivo**, estando a abertura do processo licitatório condicionada a: **(NR)**"	**L. 11.079/04** Art. 10. A contratação de parceria público-privada será precedida de licitação na modalidade de concorrência, estando a abertura do processo licitatório condicionada a:
CAPÍTULO III DISPOSIÇÕES TRANSITÓRIAS E FINAIS	**Capítulo VI DISPOSIÇÕES FINAIS E TRANSITÓRIAS**
Art. 181. Os entes federativos instituirão centrais de compras, com o objetivo de realizar compras em grande escala, para atender a diversos órgãos e entidades sob sua competência e atingir as finalidades desta Lei. **Parágrafo único. No caso dos Municípios com até 10.000 (dez mil) habitantes, serão preferencialmente constituídos consórcios públicos para a realização das atividades previstas no** *caput* **deste artigo, nos termos da Lei nº 11.107, de 6 de abril de 2005.**	**Sem correspondente**
Art. 182. **O** Poder Executivo federal **atualizará, a cada dia 1º de janeiro, pelo Índice Nacional de Preços ao Consumidor Amplo Especial (IPCA-E) ou por índice que venha a substituí-lo,** os valores fixados por esta Lei, o**s quais serão divulgados no PNCP.**	**L. 8.666/93** ~~Art. 120.~~ Os valores fixados por esta Lei ~~poderão ser anualmente revistos pelo~~ Poder Executivo Federal, ~~que os fará publicar no Diário Oficial da União, observando como limite superior a variação geral dos preços do mercado, no período.~~
Art. 183. **Os** prazos **previstos** nesta Lei serão contados com exclusão do dia do começo e inclusão do dia do vencimento e observarão **as seguintes disposições**: I – os prazos expressos em dias corridos serão computados de modo contínuo; II – os prazos expressos em meses ou anos serão computados de data a data; III – nos prazos expressos em dias úteis, serão computados somente os dias em que ocorrer expediente **administrativo** no órgão ou entidade **competente.**	**L. 8.666/93** ~~Art. 110. Na contagem dos~~ prazos ~~estabelecidos nesta Lei, excluir-se-á o dia do~~ início ~~e incluir-se-á o do vencimento, e considerar-se-ão os dias consecutivos, exceto quando for explicitamente disposto em contrário.~~ Parágrafo único. Só se iniciam e vencem os prazos referidos neste artigo em dia de ~~expediente no órgão ou~~ na ~~entidade.~~

Lei nº 14.133/2021	Leis nºˢ 8.666/1993, 10.520/2002 e 12.462/2011
§ 1º Salvo disposição em contrário, considera-se dia do começo do prazo: I – o primeiro dia útil seguinte ao da disponibilização da informação na internet; II – a data de juntada aos autos do aviso de recebimento, quando a notificação for pelos correios. § 2º Considera-se prorrogado o prazo até o primeiro dia útil seguinte se o vencimento cair em dia em que não houver expediente, se o expediente for encerrado antes da hora normal ou se houver indisponibilidade da comunicação eletrônica. § 3º Na hipótese do inciso II do *caput* deste artigo, se no mês do vencimento não houver o dia equivalente àquele do início do prazo, considera-se como termo o último dia do mês.	Sem correspondente
Art. 184. Aplicam-se as disposições desta Lei, no que couber **e na ausência de norma específica,** aos convênios, acordos, ajustes e outros instrumentos congêneres celebrados por órgãos e entidades da Administração **Pública, na forma estabelecida em regulamento do Poder Executivo federal.**	**Lei 8.666/93** ~~Art. 116.~~ Aplicam-se as disposições desta Lei, no que couber, aos convênios, acordos, ajustes e outros instrumentos congêneres celebrados por órgãos e entidades da Administração.
§ 1º (VETADO pela Lei nº 14.770, de 2023.) § 2º Quando, verificada qualquer das hipóteses da alínea d do inciso II do *caput* do art. 124 desta Lei, o valor global inicialmente pactuado demonstrar-se insuficiente para a execução do objeto, poderão ser: I – utilizados saldos de recursos ou rendimentos de aplicação financeira; II – aportados novos recursos pelo concedente; III – reduzidas as metas e as etapas, desde que isso não comprometa a fruição ou a funcionalidade do objeto pactuado. § 3º São permitidos ajustes nos instrumentos celebrados com recursos de transferências voluntárias, para promover alterações em seu objeto, desde que: I – isso não importe transposição, remanejamento ou transferência de recursos de uma categoria de programação para outra ou de um órgão para outro; II – seja apresentada justificativa objetiva pelo convenente; e III – quando se tratar de obra, seja mantido o que foi pactuado quanto a suas características. § 4º (VETADO pela Lei nº 14.770, de 2023.)	Sem correspondente
Art. 184-A. À celebração, à execução, ao acompanhamento e à prestação de contas dos convênios, contratos de repasse e instrumentos congêneres em que for parte a União, com valor global de até R$ 1.500.000,00 (um milhão e quinhentos mil reais), aplicar-se-á o seguinte regime simplificado:	Sem correspondente

Lei nº 14.133/2021	Leis nºs 8.666/1993, 10.520/2002 e 12.462/2011

I – o plano de trabalho aprovado conterá parâmetros objetivos para caracterizar o cumprimento do objeto;

II – a minuta dos instrumentos deverá ser simplificada;

III – (VETADO pela Lei nº 14.770, de 2023.)

IV – a verificação da execução do objeto ocorrerá mediante visita de constatação da compatibilidade com o plano de trabalho.

§ 1º O acompanhamento pela concedente ou mandatária será realizado pela verificação dos boletins de medição e fotos georreferenciadas registradas pela empresa executora e pelo convenente do Transferegov e por vistorias in loco, realizadas considerando o marco de execução de 100% (cem por cento) do cronograma físico, podendo ocorrer outras vistorias, quando necessárias.

§ 2º Não haverá análise nem aceite de termo de referência, anteprojeto, projeto, orçamento, resultado do processo licitatório ou outro documento necessário para o início da execução do objeto, e caberá à concedente ou mandatária verificar o cumprimento do objeto pactuado ao final da execução do instrumento.

§ 3º (VETADO pela Lei nº 14.770, de 2023.)

§ 4º O regime simplificado de que trata este artigo aplica-se aos convênios, contratos de repasse e instrumentos congêneres celebrados após a publicação desta Lei.

Art. 185. Aplicam-se às licitações e aos contratos regidos pela Lei nº 13.303, de 30 de junho de 2016, as disposições do Capítulo II-B do Título XI da Parte Especial do Decreto-Lei nº 2.848, de 7 de dezembro de 1940 (Código Penal).

Art. 186. Aplicam-se as disposições desta Lei subsidiariamente à Lei nº 8.987, de 13 de fevereiro de 1995, à Lei nº 11.079, de 30 de dezembro de 2004, e à Lei nº 12.232, de 29 de abril de 2010.

Art. 187. Os Estados, o Distrito Federal e os Municípios poderão aplicar os regulamentos editados pela União para execução desta Lei.

Art. 188. Ao regulamentar o disposto nesta Lei, os entes federativos editarão, preferencialmente, apenas 1 (um) ato normativo. (VETADO)

Lei nº 14.133/2021	Leis nºs 8.666/1993, 10.520/2002 e 12.462/2011
Art. 189. **Aplica-se esta Lei às hipóteses previstas na legislação que façam referência expressa à Lei nº 8.666, de 21 de junho de 1993, à Lei nº 10.520, de 17 de julho de 2002, e aos arts. 1º a 47-A da Lei nº 12.462, de 4 de agosto de 2011.**	**Sem correspondente**

Art. 190. **O contrato cujo instrumento tenha sido assinado antes da entrada em vigor desta Lei continuará a ser regido de acordo com as regras previstas na legislação revogada.**

Art. 191. **Até o decurso do prazo de que trata o inciso II do** *caput* **do art. 193, a Administração poderá optar por licitar ou contratar diretamente de acordo com esta Lei ou de acordo com as leis citadas no referido inciso, e a opção escolhida deverá ser indicada expressamente no edital ou no aviso ou instrumento de contratação direta, vedada a aplicação combinada desta Lei com as citadas no referido inciso.**

Parágrafo único. Na hipótese do *caput* **deste artigo, se a Administração optar por licitar de acordo com as leis citadas no inciso II do** *caput* **do art. 193 desta Lei, o contrato respectivo será regido pelas regras nelas previstas durante toda a sua vigência.**

Art. 192. **O contrato relativo a imóvel do patrimônio da União ou de suas autarquias e fundações continuará regido pela legislação pertinente, aplicada esta Lei subsidiariamente.**

Art. 193. **Revogam-se:**

I – os arts. 89 a 108 da Lei nº 8.666, de 21 de junho de 1993, na data de publicação desta Lei;

II – em 30 de dezembro de 2023:

a) a Lei nº 8.666, de 21 de junho de 1993;

b) a Lei nº 10.520, de 17 de julho de 2002; e

c) os arts. 1º a 47-A da Lei nº 12.462, de 4 de agosto de 2011.

Art. 194. Esta Lei entra em vigor na data de sua publicação.	**L. 8.666/93**
Brasília, 1º de abril de 2021; 200º da Independência e 133º da República.	~~**Art. 125.**~~ Esta Lei entra em vigor na data de sua publicação.
JAIR MESSIAS BOLSONARO	Brasília, 21 de junho de 1993, 172º da Independência e 105º da República.
	ITAMAR FRANCO